Chère Mme Marchand,

28 avril 2008

Très heureuse de dédicacer ce livre à la ... de Jean de Marchand

Gérard Dion

Artisan de la Révolution tranquille

Agréable lecture,

Suzanne Clavette

Gérard Dion

Artisan de la Révolution tranquille

Suzanne Clavette

en collaboration avec
Hélène Bois, Jean-Paul Rouleau,
Gilles Routhier et Jean Sexton

Les Presses de l'Université Laval

Les Presses de l'Université Laval reçoivent chaque année du Conseil des Arts du Canada et de la Société d'aide au développement des entreprises culturelles du Québec une aide financière pour l'ensemble de leur programme de publication.

Nous reconnaissons l'aide financière du gouvernement du Canada par l'entremise de son Programme d'aide au développement de l'industrie de l'édition (PADIÉ) pour nos activités d'édition.

Nous tenons à remercier le Fonds Gérard-Dion de la Fondation de l'Université Laval, pour le soutien financier accordé à cet ouvrage.

Mise en pages : In Situ inc.

Maquette de couverture : Marc Brazeau

Photo de la couverture : Gérard Dion vers 1959 (photographe inconnu).

Source : Division des archives de l'Université Laval (DAUL), Fonds G. Dion, P117, A1, 3.2.

ISBN 978-2-7637-8501-1

LES PRESSES DE L'UNIVERSITÉ LAVAL
2305, rue de l'Université
Québec (Québec)
Canada G1V 0A6
www.pulaval.com

TABLE DES MATIÈRES

II
LE CATHOLIQUE

III
EN GUISE D'ÉPILOGUE, UN TÉMOIGNAGE...

REMERCIEMENTS

Qu'il me soit d'abord permis de remercier celle qui est à l'origine de cette recherche, Mme Lucie Maheu-Labelle, dont le coup de fil de novembre 2004 sur l'urgence de produire une biographie de Gérard Dion a déclenché tout le reste. La rencontre d'éventuels collaborateurs aux fêtes et la demande de bourse postdoctorale subséquente au Fonds Gérard-Dion permirent d'enclencher rapidement le projet. Nous tenons à souligner le soutien indéfectible accordé par l'ex-président de cet organisme, M. Germain Trottier.

Comme vous serez à même de le constater à sa lecture, cet ouvrage repose sur plusieurs témoignages de proches de Gérard Dion. Nous souhaitons donc signifier toute notre gratitude à d'aussi précieux témoins : de la famille Dion, Claire, Paule et Denise ; de la famille Côté, Gilberte, Gaston et Jean-Thomas ; les Boissinot, Yolande et Georges-Albert ; Louis O'Neill, Guy Rocher, Roch Bolduc, Jean Sexton ainsi que les autres professeurs du Département des relations industrielles qui ont accepté d'apporter leur témoignage, Jacques Saint-Laurent et Jean-Paul Deschênes.

Le présent livre est également le fruit d'un travail d'équipe : ont collaboré à sa réalisation Hélène Bois, Pierre-René Côté, Jean-Paul Rouleau, Gilles Routhier et Jean Sexton. Parmi ceux-ci, nous tenons à souligner l'apport de l'abbé Côté à divers moments cruciaux (au départ, les entrevues dans sa famille à Sherbrooke ; à mi-parcours, une contribution financière qui a permis de payer la saisie de la bibliographie des écrits de Gérard Dion ; etc.) ; le rôle de directeur postdoctoral tenu par Gilles Routhier ainsi que les nombreux compléments d'informations fournis par Jean Sexton. Dans le travail de révision de certains chapitres nous avons aussi pu bénéficier des précieux commentaires de MM. Guy Rocher, Fernand Morin et Jean Boivin. Notre gratitude à chacun pour leur contribution respective.

Sans d'importantes contributions financières, cette recherche n'aurait pu être réalisée. Durant deux années, le Fonds Gérard-Dion en a assuré le financement grâce à l'octroi d'une bourse postdoctorale. Au cours de cette période, nous avons également pu bénéficier d'un bureau au Centre interuniversitaire d'études québécoises (CIEQ) – section Laval. Des remerciements particuliers à ces deux organismes ainsi qu'à Mme Hélène Soucy pour la saisie de la bibliographie.

Cette recherche ayant rencontré plusieurs difficultés, notamment au moment d'expliciter les circonstances de l'obtention du droit de grève dans le secteur public, des fonds supplémentaires furent nécessaires. Un merci tout à fait spécial à ceux qui ont contribué au sauvetage de cette publication : le Département des relations industrielles, la CSN, Fondaction et la Chaire Hector-Fabre. Au sein de ces institutions, des remerciements particuliers vont à MM. Paul-André Lapointe, Pierre Patry, Léopold Beaulieu, Robert Comeau et Jean-Marie Fecteau.

Nous aimerions souligner l'excellent service donné par l'ensemble des centres d'archives consultés et souhaitons remercier plus particulièrement le personnel de la Division des archives de l'Université Laval, notamment James H. Lambert, Marie-Claude Bouchard et Audrey Gaulin.

Pour les photographies fournies, nous tenons à remercier M. Guy Dion et Mme Lucie Couture, MM. Jean-Thomas Côté et Louis O'Neill, le Collège de Lévis, le Centre de recherche Lionel-Groulx, la Société d'histoire de la région de l'amiante (SARHA), la Division des archives de l'Université Laval, la Société royale du Canada, la municipalité de Saint-Anselme ainsi que la CSN.

Enfin, merci infiniment aux Presses de l'Université Laval pour leur efficacité et leur diligence à produire dans les délais impartis ainsi qu'à nos proches, en particulier pour leur soutien dans les moments les plus difficiles.

LISTE DES SIGLES

AANQ	Archives de l'Assemblée nationale du Québec
AAQ	Archives de l'archevêché de Québec
ACJC	Association catholique de la jeunesse canadienne-française
ACO	Action catholique ouvrière
ACSN	Archives de la CSN
AEQ	Assemblée des évêques du Québec
AFL	American Federation of Labor (États-Unis)
ALN	Action libérale nationale
AN	Action nationale
ANQ	Archives nationales du Québec (Bibliothèques et Archives nationales du Québec depuis 2004)
API	Association professionnelle des industriels
ASC	Action sociale catholique (de Québec)
AUS	*Ad Usum Sacerdotum*
BIT	Bureau international du travail (ONU)
BRI	*Bulletin des relations industrielles*
CCC	Conférence catholique canadienne (deviendra CECC)
CCF	Canadian Commonwealth Federation (deviendra NPD)
CCT	Congrès canadien du travail
CDE	Centre des dirigeants d'entreprise
CD/SA	Centre de documentation de la CSN-Section archives
CEAC	Commission épiscopale d'action catholique
CEAS	Commission épiscopale d'action sociale (AEQ)
CECC	Conférence des évêques catholiques du Canada
CECM	Commission des écoles catholiques de Montréal
CEQ	Centrale des enseignants du Québec
CEQS	Commission épiscopale des questions sociales (CCC)
CHSH	Centre d'histoire de Saint-Hyacinthe
CIC	Centre des industriels chrétiens (Québec)

CIC	Corporation des instituteurs catholiques (deviendra CEQ et, ensuite, CSQ)
CIO	Congress of Industrial Organisations (États-Unis)
CIP	Conseil d'instruction publique
CJM	Canadian Johns Manville
CRLG	Centre de recherche Lionel-Groulx
CRO	Commission des relations ouvrières
CRT	Commission des relations du travail
CSE	Conseil supérieur de l'Éducation
CSES	Commission sacerdotale d'études sociales
CSN	Confédération des syndicats nationaux (ex-CTCC)
c.s.v.	Clercs de Sainte-Croix
CTC	Congrès du travail du Canada
CTCC	Confédération des travailleurs catholiques du Canada
CTM	Conseil du travail de Montréal
DAUL	Division des archives de l'Université Laval
DAS	Département d'action sociale (CCC et NCWC)
DIP.	Département de l'instruction publique
DR	*Divini Redemptoris*
ESP	École sociale populaire
FO	*Front ouvrier*
FPTQ	Fédération provinciale du travail du Québec (AFL)
FTQ	Fédération des travailleurs du Québec, 1957-...
FUIQ	Fédération des unions industrielles du Québec (CIO)
HEC	Hautes Études commerciales
ICAP	Institut canadien d'affaires publiques
ICEA	Institut canadien d'éducation des adultes
ISP	Institut social populaire (ex-ESP)
JAC	Jeunesse agricole catholique
JEC	Jeunesse étudiante catholique
JIC	Jeunesse indépendante catholique
JOC	Jeunesse ouvrière catholique
JSES	Journées sacerdotales d'études sociales
LAC	Ligue d'action corporative
LIC	Ligue indépendante catholique
LOC	Ligue ouvrière catholique

MEQ	Ministère de l'Éducation du Québec
MLLF	Mouvement laïque de langue française
NCWC	National Catholic Welfare Conference (États-Unis)
NPD	Nouveau Parti démocratique (ex-CCF)
o.m.i.	Oblats de Marie-Immaculée
ONU	Organisation des Nations unies
o.p.	Dominicains
OTJ	Œuvre des Terrains de jeux
PC	*Patron chrétien*
PLQ	Parti libéral du Québec
PP	Police provinciale
PS	*Perspectives sociales*
PSD	Parti social démocrate (branche québécoise du CCF-NPD)
p.s.s.	Prêtres de St-Sulpice
QA	*Quadragesimo Anno*
RI	*Relations industrielles*
RN	*Rerum Novarum*
r.s.v.	Religieux de Saint-Vincent-de-Paul
s.j.	Jésuites
SAHRA	Société des archives historiques de la région de l'amiante
SNAC	Secrétariat national d'action catholique
SNAS	Secrétariat national d'action sociale
SSC	Semaines sociales du Canada
SSJB	Société Saint-Jean-Baptiste
UCC	Union catholique des cultivateurs (ancêtre de l'UPA)
UN	Union nationale
UNIAPAC	Union internationale des associations patronales catholiques

I

L'INDIVIDU SOCIAL

INTRODUCTION

L'Histoire n'a généralement retenu que la fameuse intervention des abbés Dion et O'Neill sur l'immoralité électorale. À l'intérieur de la plupart des ouvrages historiques ne trouve-t-on que quelques lignes sur l'article « Lendemain d'élections » ou sur le livre *Le Chrétien et les élections*. Pourtant, le rôle de Gérard Dion s'avère beaucoup plus vaste.

D'abord, il sera l'un des grands opposants au régime de Maurice Duplessis. Peu de gens connaissent l'existence de sa petite revue destinée au clergé, *Ad Usum Sacerdotum* (*AUS*). Cette dernière, largement lue par les aumôniers sociaux, était publiée à 500 exemplaires, soit plus du double de la revue *Cité libre*. Et, à titre de fondateur et de premier professeur permanent du Département des relations industrielles de l'Université Laval, l'abbé Dion va devenir l'intellectuel québécois le plus engagé dans la lutte contre les mesures anti-syndicales de l'Union nationale.

De plus, toute sa vie sera consacrée à bâtir le champ des relations du travail au Québec. Dans ce contexte, il créera deux outils qui vont devenir de véritables institutions : la revue *Relations industrielles* et les fameux Congrès annuels du département. À cela s'ajoutera son célèbre *Dictionnaire*[1]. Sans l'ombre d'un doute, il fut notre premier grand spécialiste des relations du travail.

À titre d'anti-duplessiste, sa figure est aussi importante que celle du père Georges-Henri Lévesque, doyen de la Faculté des sciences sociales, celles de Gérard Filion et d'André Laurendeau au *Devoir*, celles de Gérard Picard, de Jean Marchand et autres à la CTCC, celles de Jacques Cousineau et de Jean-d'Auteuil Richard à *Relations*, celles de Me Jacques Perrault et de Mgr Joseph Charbonneau à l'archevêché de Montréal, celles de Mgr Jean-Charles Leclaire et de nombre d'aumôniers

---

1. Gérard Dion, *Dictionnaire canadien des relations du travail*, Québec, PUL, 1re édition en 1976 et 2e édition en 1986, 662 et 993 pages.

sociaux, celles de Gérard Pelletier et de Pierre Elliott Trudeau à *Cité libre*. Bref, il a été de ce petit noyau d'opposants à Duplessis.

Adepte de la «doctrine sociale de l'Église», il contribuera à diffuser les enseignements sociaux des papes Léon XIII, Pie XI et Jean XXIII. Sur les traces de Charles-Omer Garant, il fera sienne cette pensée dans ses écrits, son enseignement et ses conférences. Plus que tout autre, il tentera d'en faire une application concrète au Québec. Cela le conduira, avec les membres de la Commission sacerdotale d'études sociales et les aumôniers syndicaux, à prôner une réforme des entreprises et la participation des travailleurs à la gestion. Avec Paul-Émile Bolté, il répliquera à la campagne menée par les patrons conservateurs lors de la grève de l'amiante. En abordant cet aspect de la vie de l'abbé Dion[2], on réalise l'importance qu'avait, à l'époque, la pensée sociale de l'Église au Québec.

Ne serait-ce que pour son combat contre Duplessis, pour sa promotion du catholicisme social et pour sa contribution au champ des relations du travail, l'Histoire ne doit pas l'oublier. Cependant, il ne faut pas qu'elle s'en tienne là; ce serait ne pas tenir compte de toute sa participation à la Révolution tranquille. Et là, son engagement va se révéler multiple. Avec l'abbé O'Neill et quelques autres collaborateurs, il combattra pour une plus grande démocratisation de notre société et pour une libéralisation de l'Église, à l'instar de Vatican II. S'appuyant sur les écrits de Jean XXIII, il prônera la nécessité de réformes sociales ainsi que les idées de planification et de socialisation. Changeant de nom et devenant disponible à tous, la revue *Ad Usum*, maintenant *Perspectives sociales*, contribuera à répandre ces idées, chez les catholiques sociaux d'abord et au sein de la population québécoise ensuite, puisque plusieurs de ses articles seront repris par la grande presse. Enfin, Gérard Dion participera aux grandes réformes de l'époque, notamment celles de l'éducation et de la législation du travail. À la faveur de la montée du nationalisme québécois, il fera également la promotion des intérêts du Québec et du bilinguisme au Canada anglais.

---

2.   D'ailleurs, son attachement à la pensée sociale de l'Église et son inquiétude devant la diminution de la pratique religieuse le conduiront à mettre sur pied, en juillet 1969, une fondation ayant pour «but essentiel [...] d'appliquer les revenus de cette fiducie à la recherche en sciences religieuses (théologie, morale, sociologie, psychologie, pastorale, etc.) et, de façon générale, au développement des connaissances dans ce domaine et à leur diffusion» (article VI de «l'Acte de fiducie de la Fondation Gérard Dion», reproduit dans Jean-Paul Rouleau (2004), *Histoire du Fonds Gérard-Dion*, Québec, PUL, p. 113). Devenu son légataire universel à son décès en 1990, le Fonds Gérard-Dion a pour mandat de poursuivre, à perpétuité, cet objectif.

Ce premier tome de sa biographie s'arrête au moment de la défaite du parti de Jean Lesage en juin 1966. Jusqu'à cette date, une certaine unanimité existe sur sa contribution historique. Après, il y aura croisée des chemins, divergences avec plusieurs et éloignement de certains. C'est pourquoi nous avons jugé que cet événement constituait l'endroit idéal pour mettre un point final à cet ouvrage. L'avantage de cette division, c'est qu'elle nous donne une image uniforme : un Gérard Dion résolument progressiste, prônant une plus grande justice sociale et se battant pour la modernisation du Québec, un Québec en retard sur plusieurs plans.

Cette biographie, nous lui avons aussi donné un caractère particulier, en nous concentrant sur les interventions publiques de l'abbé Dion. Deux grandes raisons ont milité en faveur de ce choix. D'abord, son fonds d'archives[3] est constitué principalement de celles-ci. Ensuite, c'est par la connaissance de ses prises de position que l'on pourra mieux jauger son apport à l'histoire du Québec. C'est donc cet objectif limité que la présente étude cherche à atteindre. En aucun cas, elle ne prétend constituer une histoire sociale globale.

---

3.   Cet ouvrage s'est avéré plus difficile à produire que nous l'avions prévu. D'abord, plusieurs acteurs de premier plan n'y sont plus. Ensuite, la mémoire de plusieurs survivants s'est révélée vague. Enfin, à cause de ses multiples activités, surtout à partir de 1960, Gérard Dion a laissé des dossiers incomplets. Cela est particulièrement vrai pour ses interventions en coulisses ; on en retrouve que très rarement des traces écrites. À cet égard, le témoignage de son collaborateur Jean Sexton s'est avéré précieux puisqu'il nous a permis d'explorer plusieurs pistes qui, autrement, n'auraient pas été vues. Cet apport se devait d'être souligné.

Première partie

JEUNE NATIONALISTE

En vivant son enfance sur le bord de la *track*, plus précisément dans une gare, le jeune Gérard va rapidement entrer en contact avec la modernité puisque le chemin de fer représente, à l'époque, un moyen autant de transport que de communication. C'est par les trains qu'arrivent passagers, nouvelles et colis. C'est à la gare, donc chez lui, dans sa cour de jeu, qu'arrivent les étrangers en provenance des grandes villes, les nouvelles modes, les influences venues d'ailleurs et les toutes dernières nouvelles.

Ce lien très tôt avec le monde extérieur a, sans doute, façonné sa personnalité. Des parents engagés socialement dans leur communauté aussi. Par la suite, le village coopératif de Saint-Anselme l'ouvrira à l'importance de la solidarité. La terrible Crise des années 1930 et ses conséquences dévastatrices l'en convaincront davantage. Et, à un très jeune âge, il prendra la plume pour exprimer sa révolte. Au Collège de Lévis, deux mentors, Philibert Grondin et Lionel Groulx, lui serviront de modèles : le premier, par son engagement social ; le second, par sa ferveur nationaliste. Et, à la fin de son parcours, il choisira, comme eux, de devenir prêtre.

La fréquentation de l'Université Laval lui permettra de parachever sa formation. D'abord, en théologie, il complétera ses connaissances en matière d'enseignement social de l'Église, avant son accession à la prêtrise. Mais c'est surtout lors de son retour aux études au début des années 1940, en pleine Deuxième Guerre mondiale, que l'orientation sociale de sa carrière se décidera. Il choisira alors de passer de la philosophie aux sciences sociales, à la célèbre Faculté du père Georges-Henri Lévesque. Et, par après, c'est à l'Université Queen's que ce dernier l'enverra se spécialiser en relations du travail, afin qu'à son retour il mette sur pied, avec un petit noyau de collaborateurs, le Département des relations industrielles de l'Université Laval.

Entre 1912 et 1944, soit en 32 ans qui vont de sa naissance au début de sa carrière d'universitaire, le chemin de vie de Gérard Dion est définitivement fixé. Différentes influences et différents choix effectués au cours de ces années l'amènent à ce point de départ que constitue sa carrière de professeur et de spécialiste des relations du travail. C'est ce que nous verrons plus en détails à l'intérieur des deux premiers chapitres.

Gérard Dion, âgé de 4 ans, fin 1916, photographe inconnu. Source: Division des archives de l'Université Laval (DAUL), P117, A1/2.

Chapitre i

EMPREINTE D'UN MILIEU (1912-1935)

Retracer les premières années de quelqu'un, c'est un peu le voir renaître. Cela s'avère doublement vrai dans ce cas-ci puisque, malgré son jeune âge, Gérard Dion va, grâce à sa plume, accomplir sa naissance publique. Ainsi, après avoir évoqué sa tendre enfance, son adolescence à Saint-Anselme et ses années de formation au Collège de Lévis, nous verrons apparaître un jeune et fougueux nationaliste qui, au moment de la Grande Crise des années 1930, s'inscrira parfaitement dans le mouvement de contestation des années 1932-1936, alors que Jeune-Canada et le nouveau parti réformiste, l'Action libérale nationale (ALN), s'en prennent aux vieux partis, les « rouges » d'Alexandre Taschereau, aux prises avec des scandales financiers, et les « bleus », nouvellement dirigés par un chef charismatique, Maurice Duplessis.

ENFANCE À SAINTE-CÉCILE

Gérard Dion est né le 5 décembre 1912 à Sainte-Cécile-de-Whitton, une petite localité située dans le comté de Mégantic, tout près de la frontière américaine. Deuxième enfant de Paul-Albert Dion[1], chef de gare, et de Georgina Leblanc[2], il est porté au baptême le jour suivant par ses grands-parents paternels, Joseph-Eugène Dion et Julianna Brogan. D'origine irlandaise, sa grand-mère et marraine connaît très peu le français[3].

---

1. Albert était son nom usuel mais M. Dion signait toute sa correspondance P.-A. Dion. Nous prendrons son nom usuel.

2. Mme Dion signait Georgine et Georgie-Anna. Son mari l'appelait Georgine ; c'est donc ce nom que nous utiliserons.

3. Les sœurs de Gérard se souviennent des quelques mots que leur grand-mère leur adressait, tel « Beau petit fille ». Les autres informations sont tirées de « Copie de l'acte de naissance et de baptême de Gérard Dion, Paroisse de Sainte-Cécile, Mégantic-Compton », émise le 16 nov. 1990 par Laurent Paré, prêtre. Sur cet acte, le nom de sa grand-mère est Julie-Anne Bragon. Cette erreur nous a été signalée par Mme Claire Dion. Nous l'en remercions.

Du sang irlandais et des ancêtres dans le commerce

C'est probablement cette particularité dans son ascendance qui explique l'excellente maîtrise de l'anglais dont Gérard Dion fera preuve par la suite. D'ailleurs, son père a parlé uniquement cette langue durant toute sa tendre enfance, soit jusqu'à l'âge de 6 ans au moment de son entrée à l'école[4]. Par la suite, à cause de son métier de chef de gare, Albert devra souvent écrire en anglais[5]. C'est donc dire que, chez les grands-parents Dion, un certain bilinguisme régnait.

Cette connaissance de l'anglais a également pu être favorisée par le métier de ses ancêtres. Les Dion viennent d'une longue lignée et plusieurs d'entre eux ont travaillé dans le milieu commercial[6]. L'ancêtre Jean, originaire de Perche, est arrivé en Nouvelle-France en 1634. Il s'établit d'abord à Beauport et ensuite sur la rive sud, à Saint-Nicolas. Ses nombreux descendants s'installèrent dans les comtés de Mégantic et de Beauce, notamment à Laurierville et à Saint-Sébastien[7].

Le grand-père Dion, Joseph-Eugène, vécut d'abord à Saint-Ferdinand-d'Halifax, dans Mégantic, tout près de Thetford Mines. C'est là qu'il épousa sa femme, Julianna Brogan. Par la suite, les deux s'installeront à Saint-Sébastien, toujours dans Mégantic mais, cette fois, non loin de la frontière américaine. Ils y auront leurs trois enfants, une fille, Georgie, et deux garçons, Paul-Albert et Robert.

Attiré par le commerce, Joseph-Eugène était ce que l'on pourrait qualifier de *gentleman farmer*. Il possédait bien une ferme laitière, mais celle-ci était située à un kilomètre de sa résidence. Son activité principale était la fabrication du fromage, fromage qu'il vendait surtout à l'étranger, soit aux États-Unis et en Angleterre[8]. Ainsi, tant par son mariage

---

4.   Témoignage de Claire Dion, entrevue du 15 juin 2005 à Québec. Sa maîtrise de l'anglais, Gérard Dion ira la chercher en travaillant l'été, aux États-Unis, durant ses études à la Faculté des sciences sociales, au début des années 1940.

5.   Jusqu'à l'adoption de la Charte de la langue française, toute la correspondance dans la compagnie *Quebec Central* s'effectuait en anglais. Fait confirmé par Jean-Thomas Côté, ex-chef de gare, entrevue du 17 mai 2005 à Sherbrooke. Paule Dion-Couture ajoutera que, dans cette compagnie, tout devait se faire en anglais à cause de la présence de deux ou trois directeurs anglophones à Sherbrooke.

6.   Très attaché à sa famille, Gérard Dion s'intéressa de près à sa généalogie. Il collabora pleinement à l'Association des Dion d'Amérique. Nous tenons à remercier M. Guy Dion qui nous a gracieusement fourni les photos de la famille.

7.   Voir Hélène Bergeron (1961), «Biographie de l'abbé Gérard Dion», tirée de (1985), *Les Prix du Québec: présentation de Gérard Dion au Prix Léon-Gérin*, Québec, recueil de documents préparé par Hélène Bois, Département des relations industrielles, Faculté des sciences sociales, Université Laval, p. 172-177.

8.   Témoignage de Denyse Dion-Ouellette, entrevue du 14 juin 2005 à Québec.

Grand-mère Dion avec ses deux autres enfants, Robert et Georgie, assis sur le siège arrière de la voiture stationnée devant le studio du cousin photographe, au printemps 1908 ou 1910. Photographe : F.-X. Vachon. Source : Gracieuseté de la famille Dion.

Maison paternelle à Saint-Sébastien, vers 1900-1910. Photographe inconnu. Source : Gracieuseté de la famille Dion.

Les grands-parents Dion, Joseph-Eugène et Julianna Brogan à Saint-Sébastien le 11 novembre 1912. Photographe inconnu. Source : Gracieuseté de la famille Dion.

La famille Leblanc vers 1910. Georgie-Anna est assise à la gauche de son père.
Photographe inconnu. Gracieuseté de la famille Dion.

avec une Irlandaise que par ses activités commerciales, le grand-père de Gérard a été amené à maîtriser l'anglais.

Du côté maternel, la vie commerciale était également présente. Le père de Georgine Leblanc, Cyrille, possédait un magasin à Lac-Mégantic où il vendait principalement de la viande et des légumes. De cela, les sœurs de Gérard peuvent en témoigner abondamment. La plus jeune Denise dira : « La bonne viande, ma mère connaissait ça ! Chaque dimanche, on mangeait du bœuf. Ma mère nous servait le meilleur morceau, du rosbif de surlonge, la deuxième coupe à part ça ». Elle confirmera le fait par cette blague d'un neveu : « Chez les Dion, le poulet du dimanche, c'est du bœuf ![9] ».

Il faut toutefois souligner que, chez les Leblanc, dont les ancêtres sont d'origine acadienne, on maîtrisait peu l'anglais. Bien que Georgine, la mère de Gérard, l'ait appris jeune, elle préféra que le français soit langue d'usage à la maison. Une réalité commune demeure cependant : le monde commercial était présent des deux côtés de la famille. Chacun à sa façon, les deux grands-pères se sont adonnés au commerce.

Le monde du chemin de fer

Fils de commerçant, Albert Dion opta pour une carrière dans un moyen de transport et de communication moderne, le chemin de fer.

9. *Ibid.*

Carte mortuaire des grands-parents
Leblanc, produite en 1928.
Source : Gracieuseté de la famille Dion.

C'est avec le père de son grand ami, Alphonse C. Côté, qu'il apprit à maîtriser le télégraphe et s'initia aux diverses fonctions de chef de gare. Responsable de la station de Saint-Sébastien, Alphonse Côté, père, formera trois jeunes de la paroisse : son fils Alphonse C. qui deviendra chef de gare à Saint-Samuel, Napoléon Paradis qui s'établira dans la localité et Albert Dion qui obtiendra un poste dans une paroisse voisine, Sainte-Cécile-de-Whitton[10]. Ces trois jeunes recrues travailleront donc tous pour la même compagnie, le *Quebec Central*, qui, traversant la Beauce, permettait de relier Lévis à Boston.

Cette solidarité entre gens du chemin de fer se manifesta tout au long de la vie des deux grands amis. La famille d'Albert Dion se rendra souvent à la gare de Saint-Samuel visiter la famille d'Alphonse C. Côté, comme le montre la photo de la page suivante.

S'étant mariés en 1910, les Dion et Côté eurent leurs enfants en même temps. Ainsi, Gaston Côté, ex-commerçant de bois, maintenant âgé de 95 ans, qui est né la même année que Gérard, en témoigne : « Nous deux, on se connaissait très bien. Quand mes parents allaient visiter les Dion, on jouait ensemble. Il nous arrivait souvent de nous baigner dans le lac Mégantic[11] ». Les enfants des deux familles se fréquentèrent souvent, autant que le faisaient, à l'époque, cousins et cousines.

Famille nombreuse et traces de son enfance

En ce début de XXᵉ siècle, les familles québécoises étaient généralement très nombreuses. Malgré leur profession de chef de gare,

---

10. Témoignage de Claire Dion, entrevue du 15 juin 2005 à Québec et des membres de la famille Côté, entrevues des 16 et 17 mai 2005 à Sherbrooke.

11. Courriel de Gaston Côté à Pierre-René Côté.

Les deux jeunes familles sur le quai de la gare de Saint-Samuel, en 1916 ou 1917.
Photographe inconnu. Source : Gracieuseté de la famille Coté.

De gauche à droite (rangée du haut) : Alphonse Côté, père, Albert Dion, Georgine Leblanc-Dion, Alice Lemieux-Côté, son frère Joseph Lemieux, Alphonse C. Côté et l'abbé Gilbert Lemieux ; (rangée du bas) : Thérèse, Simone et Gérard Dion, Gaston, Gilberte et Yvonne Côté.

Alphonse C. Côté et Albert Dion ne feront pas exception. La famille Côté comptera 15 enfants tandis que les Dion en auront 12 : Thérèse, Gérard, Simone, Marie-Madeleine (décédée à la naissance), Georgette, Gabrielle, Claire, Françoise (décédée de la polio à 9 mois), Jeanne, Paule, Guy et Denise. Cette famille était donc largement féminine, comptant seulement deux garçons pour 8 filles vivantes[12]. Mais n'anticipons pas. Voyons d'abord la première tranche de vie de Gérard, soit son enfance à Sainte-Cécile-de-Whitton de 1912 à 1924.

Après avoir épousé Georgina Leblanc, en avril 1910, à Lac-Mégantic, Albert Dion obtint, en novembre 1912, son poste de chef de gare à Sainte-Cécile-de-Whitton. Bien qu'elle soit située dans une région éloignée, cette localité connaît une forte activité économique, grâce à l'abondance de ses richesses forestières. La petite famille s'installe donc à la gare de Sainte-Cécile-Station, située à 1 kilomètre du village, là où se trouvent seulement quelques maisons[13]. C'est dans cette demeure que Gérard Dion voit le jour peu de temps après, soit le 5 décembre 1912.

---

12. Comme son seul frère est né l'avant-dernier, Gérard a été, durant toute son enfance, le seul garçon de la famille. Il bénéficia donc d'une place de choix.

13. Témoignage de Gérard Dion tiré d'une entrevue radiodiffusée à Radio-Canada le 27 novembre 1969 à 21 h lors de l'émission « L'expérience des autres » animée par François Baby. Voir DAUL, P6394.

Photographie de mariage
d'Albert Dion et de Georgine
Leblanc, en avril 1910, à
Mégantic.
Photographe : F.-X. Vachon.
Source : Gracieuseté de la
famille Dion.

Registre des enfants confectionné par Georgie-Anna Leblanc et P. Albert Dion.
Gracieuseté de la famille Dion.

REGISTRE		DE FAMILLE	
Enfants issus du mariage de		P. Albert Dion + Georgie Anna Leblanc	
PRÉNOMS DES ENFANTS	LIEUX DE NAISSANCE	DATES	OBSERVATIONS
1 Marie-Thérèse, Simone, Juliette	Mégantic	15 Octobre 1911	petite communion le 2 avril 1918 née le dimanche
2 Joseph Guy, Gérard	Ste Cécile	5 Décembre 1912	né le jeudi
3 Marie Marguerite, Simone	Ste Cécile	10 Juillet 1914	née le vendredi
4 Marie Louise, Madeline, Loretto	"	28 Novembre 1915	Décédée le 12 Décembre 1915 dimanche
5 Marie-Cécile, Georgette	Ste Cécile	17 Janvier 1917	Mercredi petite communion 18 ans
6 Marie-Françoise, Gabrielle, Henriette	Ste Cécile	3 Avril 1918	Mercredi petite comm
7 Marie Claire, Gisèle, Yvonne	Ste Cécile	15 Juillet 1920	Jeudi petite comm 24 oct 1926
8 Marie Françoise, Jeanne d'Arc	Ste Cécile	3 Décembre 1921	Samedi Décédée le 24 Août 1922
9 Marie Marguerite, Jeanne d'Arc	Ste Cécile	27 Juin 1923	Mercredi
10 Marie Paule, Rollande, Julienne	St Anselme	19 Juin 1925	vendredi
11 Joseph Raymond, Guy	St Anselme	28 avril 1927	Jeudi
12 Marie Fernande, Denise	St Anselme	4 mai 1931	lundi
13			
14			

Gare de Sainte-Cécile-de-Whitton, vers 1911-1912. Photographe inconnu.
Gracieuseté de la famille Dion.

Mme Dion, enceinte de 8 mois, en
novembre 1912, à Sainte-Cécile-de-
Whitton. Photographe : Albert Dion.
Source : Gracieuseté de la famille Dion.

À l'endos de la photographie, un mot de
Mme Dion à sa famille.

Le jeune Gérard à deux ans, avec sa
sœur Thérèse, en 1914. Photographe :
F.-X. Vachon. Source : Gracieuseté de
la famille Dion.

Mᵐᵉ Dion, avec Thérèse, Gérard
et la petite Simone dans ses bras.
Photographe : F.-X. Vachon.
Source : DAUL, P117, A1, 3.2.

Les trois premiers enfants, Gérard,
Simone et Thérèse, en 1916.
Photographe : F.-X. Vachon. Source :
Gracieuseté de la famille Dion.

Les sœurs de Gérard se souviennent surtout de la « grosse côte »
que les enfants devaient franchir pour se rendre à la petite école locale.
Elles se rappellent également de l'engagement social de leurs parents.
Chef de gare, Albert Dion pouvait être appelé à rendre plusieurs services
à ses congénères, tels la rédaction de correspondance, la réception de
colis et du courrier, l'envoi de messages télégraphiques. De plus, à cause
d'un problème d'alcool d'un membre de sa famille, le père de Gérard
sera un fervent adepte de la Croix noire, cette société de tempérance

appuyée par l'Action sociale catholique[14]. Quant à Georgine, après ses grossesses, elle se rendait visiter les malades.

Au début des années 1920, un bien triste événement survient dans la jeune famille, qui compte maintenant sept enfants vivants[15]. Une maladie terrible, la polio, la frappe. Pour le bébé d'alors, Françoise, qui n'a pas encore un an, cela va s'avérer fatal. Âgée de deux ans seulement, Claire en est atteinte, à l'automne 1922, mais elle aura plus de chance. Grâce à de nouveaux traitements électriques, elle réussit à recouvrer la santé. C'est à cette époque, et probablement à cause de cette grave maladie, que Gérard fut envoyé à Saint-Ephrem-de-Beauce, dans un pensionnat que son père Albert avait fréquenté au cours de son enfance[16].

Tout comme Gérard, qui choisira d'y reposer éternellement, la famille Dion s'identifie davantage avec son prochain village d'adoption, Saint-Anselme.

ADOLESCENCE À SAINT-ANSELME

Lorsque, en 1924, son père Albert obtient un transfert dans ce village agricole situé au sud de Québec, Gérard n'a pas encore célébré ses douze ans. Durant toute son adolescence, sa famille va demeurer dans cette localité, soit jusqu'en août 1936. Au moment où les Dion y habitent, Saint-Anselme a commencé à vivre son formidable essor coopératif. Il y a fort à parier que ce phénomène y est pour beaucoup dans les premières prises de conscience sociale de Gérard Dion.

---

14. Fondée en 1907 à la suite d'une *Lettre pastorale* de Mgr Bégin, l'Action sociale catholique (ASC) s'avère le premier organe officiel de diffusion du catholicisme social dans le diocèse de Québec. Dirigée par Paul-Eugène Roy, l'ASC vise à unir les forces catholiques désireuses de promouvoir l'action sociale catholique telle qu'elle a été recommandée par les papes Léon XIII et Pie X ainsi que d'assurer le développement de la presse catholique. Sa plus grande réalisation sera la création du journal catholique de Québec, *L'Action sociale*, qui deviendra bientôt *L'Action catholique*. P.-E. Roy s'engagera également dans une vaste campagne de tempérance. Parmi ses autres buts, *L'Action sociale* devait encourager «la fondation de chaires d'économie politique et de sciences sociales», établir et diriger «des cercles d'études sociales, des conférences et des congrès», soutenir les associations sociales existantes et, au besoin, en établir de nouvelles tels les «Unions ouvrières, syndicats professionnels, sociétés de crédit et de secours, caisses rurales, etc.» *(1908), Statuts et règlements de l'Action sociale catholique*, Québec, Imprimerie de l'Action sociale, 32 pages. Voir p. 16-17.

15. Signalons qu'à la fin de 1915 les Dion ont perdu une première petite fille, Madeleine, que vécut seulement quelques semaines.

16. Témoignage téléphonique de Claire Dion du 22 juin 2005.

Un village coopératif

Comme dans tous les coins du Québec, Saint-Anselme a connu l'effort collectif dès les débuts de son histoire. Ses paroissiens ont eu à collaborer lors de la construction de l'église, du presbytère, de l'école et des routes. Désireux d'avoir un contact plus rapide avec la Beauce, les gens de Saint-Anselme mirent sur pied un organisme dans le but de construire un pont sur la rivière Etchemin, pont inauguré le 21 novembre 1849[17]. Mais il n'y a rien là de très exceptionnel car cela a pu se produire dans bien d'autres localités.

En 1900, le premier geste coopératif posé sera la fondation de la «Mutuelle d'assurance-feu et ouragans[18]» afin de protéger chacun des risques d'incendie ou d'éventuels dommages causés par une nature devenue trop violente. Saint-Anselme va ensuite se faire remarquer en fondant, dès l'automne 1910, le premier des «comités paroissiaux» prônés par l'Action sociale catholique[19]. En plus de promouvoir la tempérance et d'appuyer la presse catholique, ces comités pouvaient mettre sur pied un cercle d'études afin de voir à la création et au développement de nouveaux organismes sociaux tels une «caisse populaire», une «coopérative agricole» ou un «syndicat rural[20]».

C'est après cette expérience que l'esprit coopératif se développera. Vint d'abord la création de la Caisse populaire de Saint-Anselme. En ce «26e jour d'août 1923, à la suite d'une conférence publique donnée par l'abbé Philibert Grondin[21]», trente-six paroissiens signent leur adhésion et se réunissent en assemblée afin de procéder à la fondation. Ainsi, en 1924, lorsque les Dion arrivent au village, l'essor coopératif est bien commencé.

Le phénomène va s'accentuer lors de l'abandon de l'agriculture traditionnelle, au moment de l'arrivée de la mécanisation agricole. En raison de l'existence de plusieurs poulaillers dans les environs, ce sont d'abord les aviculteurs qui se tournent vers cette nouvelle formule. En

---

17. Ernest Arsenault (1975), *Ton histoire est une épopée: la paroisse de Saint-Anselme*, Saint-Anselme, s. éd., 315 pages. Voir p. 241.

18. *Ibid.*, p. 242.

19. Sœur Amadeus Welton (1941), *Un orateur apôtre: Mgr Paul-Eugène Roy, archevêque de Québec (1859-1926)*, Québec, Éditions de l'Action catholique, p. 98, et Gilles Routhier (2005), «Paul-Eugène Roy», *Dictionnaire biographique du Canada*, en ligne, p. 2. Au cours de l'hiver 1910-1911, une trentaine de ces comités paroissiaux sont créés.

20. Sans auteur (1913), *Le Guide des comités paroissiaux de l'Action sociale catholique*, Québec, Éditions de l'Action sociale catholique, 38 pages. Voir p. 16.

21. Arsenault (1975), p. 245. Philibert Grondin, un pionnier du mouvement coopératif, aura une influence déterminante dans la vie du jeune Gérard. Nous en reparlerons.

1931, ils mettent sur pied le «Couvoir coopératif» afin de régler leur problème d'incubation des œufs et de production de jeunes poulets[22].

Par la suite, les difficultés amenées par la Grande Crise des années 1930 vont retarder quelque peu le processus. Tous membres de l'Union catholique des cultivateurs (UCC) et lecteurs de la *Terre de chez nous*, les agriculteurs de Saint-Anselme s'intéressent de plus près à cette formule qui fait des merveilles pour les aviculteurs. Sous l'instigation de l'un des leurs, Pierre Turgeon, un agriculteur modèle qui recevra même les éloges du premier ministre Godbout, le mouvement coopératif va connaître son véritable développement[23]. Dans tous les rangs de la paroisse et au village, des cercles d'études sont alors mis sur pied. Ces équipes de réflexion et de discussion existeront durant une quinzaine d'années, soit jusqu'à l'avènement de la télévision au début des années 1950[24].

C'est avec la Seconde Guerre mondiale que la vague coopérative va véritablement déferler sur Saint-Anselme, au point d'en faire un village modèle. Dès 1939, le «Syndicat coopératif agricole», une coopérative d'achat et de vente, est mis sur pied. Mieux connu sous le nom de «Magasin coopératif», celui-ci perdurera longtemps[25]. En 1941, la «Société coopérative agricole» avec sa beurrerie, son poste de mirage des œufs, son service de machines agricoles et son centre de vente des animaux, regroupe 98% des agriculteurs[26]. Deux ans plus tard, la «Boulangerie coopérative» voit le jour. En 1945, un «syndicat de battage» et une «coopérative d'habitation» sont fondés.

Après la guerre, une «meunerie coopérative» est organisée. Dans ce village maintenant devenu modèle, on verra même la mise sur pied d'un «aqueduc coopératif[27]». La renommée de Saint-Anselme sera telle que l'Office national du film viendra y tourner un documentaire.

Cet essor coopératif extraordinaire explique sûrement l'attachement de Gérard Dion à son village d'adoption. Plusieurs témoins nous ont confirmé cette grande fierté qu'il éprouvait pour l'expérience novatrice qui y avait cours. C'est d'ailleurs à Saint-Anselme que ce dernier a choisi d'être enterré. Ce geste parle plus que tout.

---

22. Adrien Bouffard (1946), *Saint-Anselme de Dorchester, une paroisse coopérative*, s. l., Gérard Poulin imprimeur, p. 30.

23. *Ibid.*, p. 29.

24. Arsenault (1975), p. 243.

25. Collectif (1980), *Saint-Anselme, une histoire d'amour, 1830-1980*, Saint-Anselme, Comité directeur des fêtes du 150e, p. 89. Voir aussi Collectif (2005), *175e Aniversaire: Saint-Anselme, 1830-2005. Comme une rivière*, Cap-Saint-Ignace, La Plume d'oie édition, p. 129.

Vivre dans une gare

À leur arrivée en août 1924, les Dion s'installent cette fois à la gare de Saint-Anselme Station, située à près d'un mille du village. Aux étages supérieurs, un logement accueille la famille qui comprend sept enfants. La vie commune se passe donc juste au-dessus de la gare, au deuxième où se trouvent boudoir, salon et cuisine spacieuse. Les enfants Dion se souviennent de la grande table entourée d'un immense banc et de nombreuses chaises. Ce sera le lieu de plusieurs «grosses tablées» lors de la venue de parents et d'amis, ou encore des fréquentes visites de la famille Côté.

Sous les combles, au troisième étage, la plupart des enfants dorment puisque les deux chambres du deuxième sont réservées aux parents et aux plus jeunes. Plusieurs lits s'y trouvent ainsi qu'un luxueux bain. En ce début des années 1920, les Dion s'avèrent privilégiés de disposer de cette baignoire puisque plusieurs familles n'en ont toujours pas. La gare étant chauffée au charbon, ainsi que le logis des Dion, l'immeuble est confortable[28].

Les enfants se rappellent tous de l'endroit comme d'un lieu où il faisait bon vivre. De surcroît, leurs parents leur permettent de jouer dans la gare[29]. Vaste domaine, cet endroit où travaille leur père est le lieu de nombreux jeux improvisés. À l'affût de trésors, les jeunes Dion font souvent d'heureuses découvertes: «On ramassait les cennes que les voyageurs pouvaient perdre ou laisser tomber[30]».

Dans cette gare, chaque jour, les trains arrivent et partent. Les gens de Saint-Anselme viennent y attendre leur prochain départ alors que de nombreux voyageurs peuvent être entrevus par les fenêtres des trains de passagers. Comme les trains constituent toujours le principal moyen de communication, les Dion sont en contact continuel avec le monde extérieur. De plus, grâce au métier de leur père, tous les enfants

---

26. Bouffard (1946), p. 31.

27. *Saint-Anselme [...] 1830-1980*, p. 90.

28. Cette reconstitution a été possible grâce aux témoignages de Paule Dion-Couture, entrevue du 28 juin 2005 à Saint-Bruno-de-Montarville, et de Claire Dion, entretien téléphonique du 30 août 2005.

29. Albert et Georgine semblent avoir été d'avant-garde. L'éducation donnée à leurs enfants n'était pas empreinte du trop lourd autoritarisme souvent fréquent en ces temps dans plusieurs familles québécoises. Les enfants se souviennent de parents novateurs qui leur laissaient une belle liberté. De plus, ayant un côté artiste, Mme Dion s'adonnait à l'artisanat et produisait de très belles choses. Témoignage de Paule Dion-Couture, entrevue du 28 juin 2005 à Saint-Bruno-de-Montarville.

30. *Ibid.*

Gare de Saint-Anselme vers 1900. Photographe inconnu.
Source : Municipalité de Saint-Anselme.

Carte d'identification d'Alphonse
C. Côté, délégué à un congrès tenu
à Chicago, en mai 1930. Source :
Gracieuseté de M. Jean-Thomas Côté.

disposent d'une « passe » de train leur permettant de voyager gratuitement sur la ligne du *Quebec Central*. Ainsi, ils pourront souvent partir
en vacances, avec leur mère, à Lac-Mégantic.

Le clan du chemin de fer

Les enfants Dion sont également entourés de plusieurs adultes car
« les employés du chemin de fer », incluant chefs de gare, conducteurs de
locomotive, vendeurs de billets et employés d'entretien, se connaissent
tous et « se tiennent ensemble[31] ». Une très grande solidarité y règne,
d'autant plus que les conditions de travail peuvent être difficiles.

Bien qu'ayant la chance de disposer d'un salaire régulier durant la
grave crise économique des années 1930, les gens du chemin de fer ont

---

31.   Témoignages de Paule Dion-Couture du 28 juin 2005 et de Jean-Thomas Côté du
17 mai 2005 à Sherbrooke.

souvent à faire de longues heures pour un salaire fixe. En ces temps-là, personne n'était payé pour les heures supplémentaires. Ils ne disposent pas non plus de fonds de retraite. Ce sera d'ailleurs une grande source de frustration dans la famille Côté. Car, à sa retraite, Alphonse C. Côté n'aura pas droit à aucune pension de son employeur. Plus chanceux, Albert Dion sera l'un des premiers à en bénéficier[32].

Contrairement à ce que l'on pourrait croire, les deux grands amis chefs de gare sont membres d'un syndicat. En effet, à titre de télégraphistes, ils ont joint un syndicat international, l'*Order of Railroad Telegraphers*. D'ailleurs, Alphonse C. Côté en aurait été l'un des fondateurs. Il en sera longtemps le président et assistera à plusieurs congrès aux États-Unis[33].

L'intérêt de Gérard Dion pour les relations industrielles pourrait s'expliquer par ce contexte. D'autant plus que ses sœurs se souviennent « qu'étant alors le seul garçon de la famille, Gérard se tenait avec les adultes et ne s'occupait pas des enfants[34] ». Pour sa part, Gilberte Côté se rappelle que « Gérard discutait souvent avec son père[35] ». Ainsi, très tôt, le jeune Gérard a baigné dans une certaine solidarité, celle du monde du chemin de fer. Il a également eu connaissance de cette toute nouvelle expérience de syndicalisation. Cela a sûrement dû jouer dans le choix de son orientation professionnelle.

Poursuite de sa formation

À son arrivée à Saint-Anselme, Gérard Dion, qui va bientôt fêter ses douze ans, fréquente d'abord la petite école du village, l'« école modèle[36] » des garçons. Étant alors le seul garçon de la famille, Gérard voit aussi son développement intellectuel favorisé dans cette localité. L'une de ses sœurs dira : « Il était gâté. Je me souviens que le gérant de la Banque nationale, M. Bernard Noël, lui prêtait alors des livres[37] ». À cette école où Gérard étudie de 1924 à 1926, enseigne alors un professeur d'expérience, M. Auguste Lavallée, dont on dira qu'il « a fait fleurir et mûrir quinze[38] » vocations religieuses et sacerdotales.

---

32.   Témoignage de Paule Dion-Couture du 28 juin 2005.

33.   Lettre de Jean-Thomas Côté du 7 juin 2005.

34.   Témoignage de Claire Dion, entretien du 30 août 2005. De ce protecteur, nous reparlerons plus loin.

35.   Témoignage de Gilberte Côté, entretien du 16 mai 2005 à Sherbrooke.

36.   Malheureusement, son dossier n'a pu être retracé à la commission scolaire.

37.   Témoignage de Paule Dion-Couture, entrevue du 28 juin 2005 à Saint-Bruno-de-Montarville.

38.   *Saint-Anselme, [...] 1830-1980*, p. 67. Il nous fut cependant impossible de confirmer si Gérard Dion comptait dans ce nombre ou si ce professeur a joué un certain rôle.

Photographie aérienne du collège prise en 1949. Source : Gracieuseté du Collège de Lévis.

C'est bien à Saint-Anselme que le jeune Dion manifeste, pour une première fois, de l'intérêt pour la vie religieuse. Sa sœur Claire se souvient de son empressement et de sa joie lorsque, âgé de 17 ans seulement, Gérard a, en 1930, assisté à une première ordination, l'ordination d'un jeune de Saint-Anselme de dix ans son aîné, l'abbé Émile Couture[39]. Elle se rappelle également de ses nombreux amis qui venaient souvent à la résidence des Dion, dont Rodolphe Mercier, Lactance Blais, Henri Samson et Jean Roy. Plusieurs d'entre eux choisiront également de se diriger vers la prêtrise ou d'entrer dans une communauté religieuse[40].

Son intérêt pour le sacerdoce a aussi pu être favorisé par la fréquentation, à partir de 1926, d'un collège classique de la région, le Collège de Lévis, une institution d'enseignement tournée vers le social.

VIE DE PENSIONNAIRE

Alors que la plupart des jeunes devaient abandonner l'école à la fin de leur huitième année, Gérard a la chance d'être né dans une famille assez aisée. Grâce à sa fonction de chef de gare, Albert Dion pourra payer des études à tous ses enfants. Ayant lui-même fréquenté le Collège de Lévis, il décidera d'y envoyer son fils afin qu'il y complète son cours classique.

Le Collège de Lévis

Principale institution d'enseignement de la rive sud à Québec, le Collège de Lévis est réputé pour sa vocation sociale, notamment son appui aux caisses populaires, au mouvement coopératif et au syndicalisme agricole. Cet engagement social de ses dirigeants et professeurs a commencé très tôt puisque, dès le milieu du XIXe siècle, son fondateur, le curé Déziel, s'est intéressé aux associations de secours mutuel de la localité[41].

Lorsque, en 1900, Alphonse Desjardins, ancien élève et ex-professeur de sténographie, fonde la Caisse populaire de Lévis, il reçoit un important appui du collège. Tout d'abord, durant la phase préparatoire, il a bénéficié du concours de l'un de ses professeurs, l'abbé Joseph Hallé, qui lui traduisit les auteurs européens de la coopération ainsi que sa correspondance avec ces derniers. Et, lors de la fondation de cette première caisse populaire, on remarque la présence d'une demi-douzaine de professeurs du collège ainsi que du supérieur du temps, Charles-Édouard Carrier. Prenant la parole, celui-ci soulignera le succès d'expériences similaires en Europe[42].

Quant à la participation financière de l'institution d'enseignement à cette nouvelle expérience, Mgr Élias Roy confirma le fait : « Le Collège de Lévis s'est toujours empressé de verser le montant nécessaire pour avoir le maximum de parts sociales et il a toujours gardé un important dépôt d'épargne[43] ». Pas moins de 16 de ses prêtres possèdent 27 parts sociales tandis que le collège en acheta 10 au moment de la fondation de la Caisse populaire de Lévis[44]. Par la suite, l'institution d'enseignement mettra gracieusement sa salle de théâtre à la disposition de la jeune caisse pour la tenue de ses assemblées annuelles. Afin d'y attirer un public

39.   Témoignage de Claire Dion, entrevue du 15 juin 2005 à Québec. Signalons qu'Émile Couture fut longtemps aumônier de l'Union des cultivateurs catholiques (UCC).

40.   *Ibid.* et Arsenault (1975), p. 201.

41.   On dira même qu'il élabora les règlements de plusieurs d'entre elles. Joseph-Edmond Roy (1989), *Mgr Déziel, sa vie, ses œuvres*, Lévis, Société d'histoire régionale de Lévis (réédition Marcier et cie, 1885), 159 pages. Voir p. 140. Sur l'histoire du collège, voir aussi Mgr Élias Roy (1953), *Le Collège de Lévis, esquisse historique*, Lévis, collège de Lévis, 424 pages, et Pierre Bélanger, Roger Beaumont et Alphonse Tardif, dir. (2003), *Le Collège de Lévis, 150 ans d'éducation, 1853-2003*, Lévis, collège de Lévis, 440 pages.

42.   Guy Bélanger (2000), *La Caisse populaire de Lévis (1900-2000). Là où tout a commencé*, Québec, Éditions Multimondes et Dorimène, 322 pages. Voir p. 48.

43.   Mgr Élias Roy (1955), « Conférence de Mgr Élias Roy du 9 novembre 1954 », *Revue Desjardins*, vol. 21, n° 1, p. 9.

44.   Pierre Poulin (1990), *Histoire du mouvement Desjardins, Tome 1- Desjardins et la naissance des caisses populaires (1900-1920)*, Montréal, Québec/Amérique, 373 pages. Voir p. 203.

Gérard Dion, en novembre 1932,
soit à la veille de ses 20 ans.
Photographe : Montminy.
Source : Gracieuseté du Collège de Lévis.

plus nombreux, les élèves prépareront, chaque année, une courte séance dramatique qui sera présentée avant le début des délibérations[45].

Pendant plusieurs années, le procureur du collège, l'abbé Irénée Lecours, percevra les dépôts des prêtres, pour ensuite les acheminer, avec celui de l'institution, vers les coffres de la Caisse populaire de Lévis. De plus, plusieurs de ses prêtres compteront parmi les officiers de cette caisse[46]. C'est également au Collège de Lévis qu'Alphonse Desjardins trouva son plus fidèle collaborateur et son meilleur propagandiste, l'abbé Philibert Grondin, auteur de nombreux articles et du célèbre *Catéchisme des caisses populaires*, une brochure qui sera diffusée à près de 100 000 exemplaires[47]. Sur cette collaboration particulière, nous reviendrons.

Outre son appui au mouvement des caisses populaires, le personnel de l'institution d'enseignement s'intéresse à la coopération et au syndicalisme agricole. Certains de ses prêtres sont membres des premiers cercles d'études d'action sociale. Ainsi, en 1914, l'abbé Joseph Hallé est directeur du cercle de la Société d'économie sociale et politique de

---

45.   À propos de la participation à ces assemblées, l'abbé Philibert Grondin précisa : « Tout le personnel de la maison y assistait. Nous en faisions partie ». Philibert Grondin, « Préface » dans Cyrille Vaillancourt et Albert Faucher (1950), *Alphonse Desjardins, pionnier de la coopération d'épargne et de crédit en Amérique*, Lévis, Le Quotidien ltée, p. 14.

46.   Poulin (1990), p. 203 ; Bélanger (2000), p. 63 et Roy (1955), p. 9.

47.   Philibert Grondin (1951), *Catéchisme des caisses populaires Desjardins, sociétés coopératives d'épargne et de crédit*, Sherbrooke, Imprimerie Le Messager, 150 pages.

Québec, un organisme fondé par Stanislas Lortie[48]. Il a dû en aller de même de l'Action sociale catholique ; à l'instar de Philibert Grondin, d'autres prêtres du collège participèrent à ce mouvement.

Si déjà le grand coopérateur Cyrille Vaillancourt, également de Saint-Anselme, a témoigné du caractère social du Collège de Lévis et du très bénéfique rôle de l'abbé Grondin dans le choix de son orientation future, le vécu de Gérard Dion s'avère moins connu.

Témoignage d'un ancien

Au moment d'être honoré du titre d'« Ancien de l'année », l'abbé Dion livra un éloquent témoignage sur son *alma mater*. Dans un premier temps, il confirme son importance :

> Mon propos, ce soir, n'est pas de venir exposer devant vous une thèse sur les collèges classiques ni de raconter ce que fut pour moi la vie au Collège pendant mes neuf années de pensionnat. Je veux simplement me contenter de vous dire comment mon séjour ici a été déterminant pour ma carrière dans le domaine social[49].

Dès le départ, il insiste sur le caractère social de l'institution :

> On a souvent soutenu que les collèges, à cette époque, étaient renfermés sur eux-mêmes, qu'ils étaient en marge de la vie sociale et que toute l'organisation et la discipline étaient orientées vers la formation des prêtres. Même s'il peut y avoir, avec beaucoup de nuances, certains éléments de vérité dans ce jugement, cela est loin de correspondre à la réalité en ce qui regarde le Collège de Lévis[50].

Il est vrai que le contexte des années 1930 s'y prêtait pour beaucoup :

> C'était l'époque de la grande crise économique, du réveil nationaliste sous l'impulsion de l'abbé Lionel Groulx, de la création du groupe des Jeune Canada, de la campagne menée par Philippe Hamel contre le trust de l'électricité, ainsi que de la naissance du mouvement de restauration sociale suscité par l'École sociale populaire à la suite de la publication de l'encyclique *Quadragesimo Anno* de Pie XI en 1931. Ce mouvement auquel avaient collaboré toutes les têtes d'affiche contestataires et progressistes de l'époque a été d'ailleurs à l'origine de la fondation du parti politique l'Action libérale nationale.

---

48.   « Faits et œuvres : cercles d'études sociales », *Semaine religieuse de Québec et Bulletin des œuvres de l'Action sociale catholique*, vol. 26, n° 28, 26 mars 1914, p. 447. Durant toute l'année, ce cercle étudia la question ouvrière.

49.   Gérard Dion (1977), « Propos et souvenirs », *L'Écho*, vol. 57, n° 1 (sept.-oct. 1977), p. 4.

50.   *Ibid.*, p. 5.

Philibert Grondin, date inconnue.
Photographe : Montminy.
Source : Fédération des caisses populaires
Desjardins.

Classe de rhétorique du collège de 1933, photographie souvenir
réimprimée lors du conventum de 1943. Gérard Dion est le cinquième
en partant du coin gauche. Source : DAUL, P117, A3.1. Licence :
Collège de Lévis.

Malgré l'éloignement de leur famille, les jeunes pensionnaires ont accès à l'information :

> Il nous était possible au Collège de suivre de près les évènements et le mouvement des idées dans le domaine social grâce à la lecture de deux quotidiens : *L'Action catholique* et *Le Devoir*. Les pensionnaires pouvaient s'abonner à *L'Action* au taux spécial de $2.00 par année. Quant au *Devoir*, ils pouvaient l'obtenir d'un professeur qui leur passait son exemplaire à chaque jour[51].

Ensuite, l'abbé Dion nous livre sa vision de son passage dans cette institution d'enseignement :

> Pour les pensionnaires du moins, le Collège n'était pas seulement une institution où se donnaient des cours. C'était un milieu de vie. Les moments de récréation avaient autant d'importance que les heures de classe pour la formation. Pour ma part, j'ai énormément tiré profit de ces multiples rencontres et été stimulé par des échanges de vues, des discussions avec des prêtres qui avaient la patience de s'intéresser à mes préoccupations. Ils ont suppléé aussi à l'inexistence tragique des bibliothèques en me passant des livres à lire et en m'orientant dans mes lectures[52].

Au Collège de Lévis, le jeune Gérard a également été sensibilisé à la réalité des minorités francophones et à l'importance de la survivance de notre langue :

> Et grâce à des hommes comme Mgr Élias Roy et son frère Joseph qui ont toujours conservé des relations étroites avec les anciens de la diaspora, l'ensemble du Collège était sensibilisé aux problèmes des minorités françaises de l'Ontario, de l'Ouest et des États-Unis. Je me souviens encore avec quelle ardeur nous chantions : « Ils ne l'auront jamais l'âme de la Nouvelle-France »[53].

Enfin, il nous dévoile ce fait hautement significatif :

> Parmi ces prêtres à qui je dois beaucoup, il en est un particulier qui, en un certain sens, m'a marqué et à qui, pour la première fois, je veux payer une dette de reconnaissance. Il s'agit de l'abbé (plus tard chanoine) Philibert Grondin. Il est la première personne que j'ai connue travaillant

---

51. *Ibid.* À propos de l'influence de ces lectures, Gérard Dion précisa : « C'est ainsi que pendant tout mon temps de collège, et par la suite évidemment, j'ai été un lecteur assidu de ces journaux dans lesquels j'ai puisé non seulement une habitude de rester en contact avec les problèmes de notre société, mais encore qu'est né chez moi le désir de vouloir travailler à les résoudre ». La lecture quotidienne de *L'Action catholique* et du *Devoir* a donc été déterminante.

52. *Ibid.*

53. *Ibid.*

dans le domaine social et il a aussi été le premier à m'entretenir des problèmes sociaux[54].

L'espace de quelques instants, laissons le témoignage de Gérard Dion et voyons qui était ce Philibert Grondin.

Un mentor, apôtre de la coopération

Également originaire de la Beauce, Philibert Grondin est né en 1879. Après ses études au Collège de Lévis, il y enseignera le français, les mathématiques et le catéchisme de 1902 à 1914[55]. Très tôt après son accession à la prêtrise en 1906, il est amené à s'intéresser aux questions sociales. C'est d'abord l'abbé Paul-Eugène Roy de l'Action sociale catholique qui, en 1908, obtient sa nomination à titre de « missionnaire agricole[56] ».

Peu de temps après, lors de l'une de ses marches devant le collège, Alphonse Desjardins l'aborde et lui demande de devenir propagandiste des caisses populaires. Débute alors pour Philibert Grondin une prolifique carrière de rédacteur. Sous divers pseudonymes, dont D. Jardins, Louis Arneau et J. Lefranc, l'abbé Grondin rédige, chaque semaine, des articles en faveur de la coopération. Après obtention de l'assentiment d'Alphonse Desjardins, ses textes sont publiés dans le journal de Jules Tardivel, *La Vérité*[57].

Vers 1909, le fondateur des caisses populaires le sollicite à nouveau. Cette fois, il désire un outil de propagande auprès de la population et des membres. Alors très débordé, M. Desjardins lui dit : « Vous enseignez le catéchisme à vos élèves ; vous allez nous faire un *Catéchisme des caisses populaires* pour nos futurs coopérateurs[58] ». Chaque soir, à partir de 9 h, l'abbé Grondin s'enferme dans sa chambre pour rédiger ce qui deviendra un ouvrage de vulgarisation par excellence[59].

---

54. *Ibid.*

55. Mgr Élias Roy (1951), « Le chanoine Grondin et le Collège de Lévis », *Revue Desjardins*, numéro spécial, *Le chanoine Grondin, un pionnier de la coopération*, vol. 27, n° 1, p. 17.

56. Eugène Delisle (1933), « Vingt-cinq ans d'éducation économique et sociale », *Les noces d'argent de l'Action sociale catholique, le 1er mars 1933*, Québec, L'Action catholique, p. 42-42. Voir p. 45.

57. Sur cet épisode, voir les témoignages de Philibert Grondin et de Cyrille Vaillancourt dans Philibert Grondin (1954), « Les débuts de l'œuvre des caisses populaires », *Revue Desjardins*, vol. 20, n° 10, p. 148-151, et Cyrille Vaillancourt (1951), « Il n'est plus... Son souvenir demeure », *Revue Desjardins*, numéro spécial, *Le chanoine Grondin, un pionnier de la coopération*, vol. 27, n° 1, p. 3-4.

58. Philibert Grondin (1954), p. 150.

59. Ce catéchisme aura une influence, non seulement dans le mouvement des caisses populaires, mais également dans le monde agricole. À ce sujet, voir le témoignage de Léon Lebel, s.j. (1951), « Une perte pour la classe agricole », *Revue Desjardins*, numéro spécial, *Le chanoine Grondin, un pionnier de la coopération*, vol. 27, n° 1, p. 9.

Ses nouvelles fonctions devenant tellement nombreuses, Philibert Grondin devra bientôt délaisser l'enseignement. En 1914, il est nommé aumônier agricole, une tâche qui l'occupera à plein temps. Commence alors pour lui une vie d'errance qui le mènera dans les diverses paroisses du diocèse de Québec. Conservant un pied-à-terre au Collège de Lévis, l'abbé Grondin se rend dans les localités y vanter, souvent sur le perron de l'église, les bienfaits de l'organisation dans le monde agricole. Quelquefois, il vient donner une séance d'information avec un agronome ; d'autres fois, il se déplace pour encourager la fondation d'une coopérative agricole ; à un autre moment, ce sera pour y faire une ardente promotion du syndicalisme agricole, notamment de la future Union des cultivateurs catholiques (UCC). Fervent partisan de cette association, il sera d'ailleurs à son congrès de fondation en 1924. Par la suite, il en deviendra l'aumônier pour la région de Québec[60].

En plus de son travail de propagandiste des caisses populaires qui l'amène à collaborer fréquemment à la *Revue Desjardins*, l'abbé Grondin participe à la page agricole de *L'Action catholique* où il défend le coopératisme sous toutes ses formes. En 1916, alors qu'Alphonse Desjardins est atteint d'une maladie incurable, Philibert Grondin devra assurer la relève. C'est lui dorénavant qui se rendra sur place lors de la fondation d'une nouvelle caisse populaire. Et, en 1918, il comptera parmi les collaborateurs qui se réuniront avec le fondateur pour mettre sur pied un comité visant à créer la Fédération des caisses populaires.

Toutes ces collaborations inciteront plusieurs à qualifier l'abbé Grondin de véritable « bras droit » d'Alphonse Desjardins. Après le décès du fondateur, Philibert Grondin continuera de s'occuper de ce mouvement. À partir de 1924, il sera l'un des piliers de l'Union régionale de Québec. Au cours des années 1930, avec Cyrille Vaillancourt, il œuvrera à la mise sur pied de la Fédération des caisses[61].

On peut donc dire que l'abbé Grondin, en plus d'être le propagandiste des jeunes caisses et un proche collaborateur d'Alphonse Desjardins, a été un ardent promoteur du coopératisme et de l'organisation syndicale dans le monde agricole. Jusqu'à sa mort en 1950, il a continué, soit par la plume, soit par la parole, à promouvoir les œuvres qui lui étaient chères.

---

60. Voir Mgr Élias Roy (1951) ainsi que les écrits sur l'UCC.

61. Voir Pierre Poulin (1994), *Histoire du mouvement Desjardins, Tome 2- La percée des caisses populaires (1920-1944)*, Montréal, Québec/Amérique, 449 pages.

L'abbé Grondin, une influence déterminante

Laissons maintenant Gérard Dion nous rappeler les circonstances de leur rencontre :

> Quand je suis arrivé au Collège en 1926, il n'enseignait plus mais il était simplement en résidence et avait sa chambre près de la salle d'étude de la petite salle. Je suis venu en contact avec lui parce qu'il avait bien connu mon père au Collège, les deux venant de la Beauce.

Après avoir décrit les diverses réalisations de cet homme, l'abbé Dion nous livre ensuite comment son influence fut déterminante à plusieurs égards. D'abord, Philibert Grondin joua un rôle significatif dans sa prise de conscience sociale :

> Homme de Dieu, au zèle infatigable, entièrement dévoué au service de notre petit peuple, il menait de front une action dans divers domaines sociaux. C'est en l'écoutant me parler de son travail, de son action et de ses expériences que j'ai été initié aux problèmes sociaux de notre milieu. Quoi de plus fascinant encore pour un jeune que de prendre connaissance du manuscrit d'un article que je pouvais lire quelques jours plus tard dans le journal et de recevoir de l'auteur des explications supplémentaires[62].

C'est donc ce maître qui initia Gérard Dion à son futur métier d'intellectuel. De lui, il recevra également cet important conseil qu'il saura mettre à profit tout au long de sa carrière :

> C'est l'abbé Grondin qui me donna ma première leçon d'éthique professionnelle. « Si tu écris un jour, me disait-il, prend bien garde de ne rien affirmer que tu puisses prouver. La moindre erreur de fait suffit pour démolir tout ce que tu auras écrit et détruire ta crédibilité[63] ».

Enfin, l'abbé Dion nous dévoile cette influence diffuse exercée au moment de son choix de s'orienter vers le sacerdoce :

> Je n'étais pas arrivé au Collège avec l'idée arrêtée de devenir un prêtre et, de fait, je crois que j'aurais pu aisément m'orienter vers d'autres carrières, mais lorsqu'à la fin de mes études est venu le temps de faire un choix, si je ne peux affirmer que mes relations avec l'abbé Grondin ont joué un rôle, il est probable que dans mon subconscient il n'y fut pas complètement étranger[64].

L'ensemble de ce témoignage nous montre l'importance de ce prêtre qui joua un véritable rôle de mentor auprès du jeune Gérard

---

62. Gérard Dion (1977) « Propos et souvenirs », *L'Écho*, vol. 57, n° 1 (sept.-oct. 1977), p. 5.
63. *Ibid.*, p. 5 et 6.
64. *Ibid.*, p. 6.

Dion. Dans sa future carrière, ce dernier va, à plus d'un égard, suivre l'exemple de ce maître prolifique.

Décision bénéfique

Dans cette même allocution aux anciens, Gérard Dion livre également quelques faits sur son dossier académique. Une décision, à première vue catastrophique, allait s'avérer déterminante pour son avenir. Laissons-le raconter :

> J'ai été classé dans la deuxième C par le préfet des études d'alors, M. l'abbé Joseph Roberge, parce que mes connaissances de l'anglais, disait-il, n'étaient pas suffisantes pour me placer en troisième ou en éléments latins. Ce fut sur le moment une déception, car je voyais pour autant retardée la fin de mes études[65].

Ce passage obligé allait l'amener à développer une heureuse habitude :

> Ce n'est que bien longtemps plus tard que j'ai pu me rendre compte non de la sagesse de la décision du préfet des études mais de son impact sur toute ma vie. En effet, comme je n'avais pas de difficulté à passer à travers mon travail scolaire, j'ai pris alors l'habitude d'être un dévoreur de livres, habitude que j'ai conservée pendant toutes mes études[66].

Surtout, cette année supplémentaire allait lui permettre d'arriver à l'Université Laval au moment de l'explosion de nouveaux champs d'études qui va survenir au cours de la Deuxième Guerre mondiale :

> Et cette année que je croyais perdue a permis mon insertion plus tard à l'université juste au bon moment pour être orienté dans une carrière d'enseignement en sciences sociales et particulièrement en relations industrielles. C'est donc dire que toute ma vie aurait été différente[67].

Ainsi, malgré cette première décision malheureuse, Gérard Dion éprouva une reconnaissance très grande pour le Collège de Lévis qui lui donna une excellente formation de base. Avec le temps, il a su apprécier tout ce qu'il a pu en tirer.

Un élève engagé

Probablement à cause de cette décision, le jeune Dion devra faire une année de cours commercial avant d'entreprendre, en 1927, son cours classique d'une durée de huit ans. Des témoignages nous ont

---

65. *Ibid.*, p. 5.
66. *Ibid.*
67. *Ibid.*

révélé un étudiant très fort en histoire, philosophie, mathématiques et science[68]. Pour le reste des matières, il aura un parcours moyen qui lui vaudra la mention *Cum Laude* à la fin de son cours classique[69]. Une lettre de Paul-Émile Paquet, professeur au collège, nous révèle cependant une très bonne performance à l'échelle du Québec, ce dernier lui déclarant : « Permettez-moi de vous féliciter sincèrement du succès que vous venez de remporter au bac : 44e de tous les collèges de la province[70] ».

Comme il le déclara ultérieurement, la vie extra-scolaire le captivait davantage :

> [...] pendant mon séjour au Collège, c'est beaucoup plus l'ensemble du milieu et les relations informelles avec les professeurs et les confrères qui ont développé chez moi des préoccupations d'ordre social que tout ce que l'on pourrait trouver dans les programmes officiels d'études. C'est là peut-être une consolation pour tous ceux qui œuvrent dans des tâches ingrates et sans éclat[71].

À son arrivée au Collège de Lévis, le jeune Gérard participe à un premier cercle littéraire, l'Académie Saint-Joseph, ainsi qu'à la Société Hermann. Dès 1929, il fréquente l'Académie Saint-Augustin réservée aux élèves du cours classique[72]. Il entre aussi dans des associations à caractère religieux telles les Congrégations de l'Ange-Gardien et de la Sainte-Vierge. À partir de 1931, il chante dans les chorales du collège, la Palestrina et la Schola[73].

Intéressé grandement par les questions sociales et par la préservation de notre identité nationale, le jeune Dion devient, en 1931, membre du Cercle Saint-Augustin de l'Association catholique de la

---

68. Témoignage de Claire Dion surtout. Dans ses archives, Gérard Dion a conservé certains livres de philosophie, dont un ouvrage en plusieurs tomes de Stanislas-A. Lortie sur saint Thomas d'Aquin. Voir DAUL, P117, A4, 1.1 à 1.3.

69. Hélène Bergeron (1961), « Biographie de l'abbé Gérard Dion », tirée de (1985), *Les Prix du Québec : présentation de Gérard Dion au Prix Léon-Gérin*, Québec, recueil de documents préparé par Hélène Bois, Département des relations industrielles, Faculté des sciences sociales, Université Laval, p. 172-177.

70. DAUL, P117, G5, 2.2, « Lettre de Paul-Émile Paquet à G. Dion du 28 juin 1935 », p. 2.

71. Gérard Dion (1977), « Propos et souvenirs », *L'Écho*, vol. 57, n° 1 (sept.-oct. 1977), p. 5.

72. Pour une description des divers cercles littéraires du collège, voir Jean-Paul Bernard, « Académies, cercles littéraires et patriotiques », tiré de Pierre Bélanger, Roger Beaumont et Alphonse Tardif, dir. (2003), *Le Collège de Lévis, 150 ans d'éducation, 1853-2003*, Lévis, Collège de Lévis, p. 183-192.

73. Toutes ces informations proviennent des archives du Collège de Lévis, dossier Gérard Dion. Nous tenons à remercier M. Pierre Bélanger pour les précisions fournies sur sa participation extra-scolaire et pour les photographies.

Cartes de membre de l'ACJC, Cercle Saint-
Augustin du Collège de Lévis, 1931-1932 et
1934-1935. Source: DAUL, P117, A3.1.

jeunesse canadienne-française
(ACJC), dont il sera président
en 1933-1934 et vice-président
en 1934-1935. C'est à partir
de ce moment-là que Gérard
Dion va manifester ses talents
d'écrivain et d'orateur. Dans un
premier temps, il se fait l'ardent
promoteur de *L'Action catholique*[74]. Ensuite, dans les pages
de ce même journal, il donne un compte rendu des séances tenues par
le Cercle Saint-Augustin de l'ACJC au cours de l'année 1933-1934[75].
Les activités de ce cercle culmineront dans une fête en hommage au
nouveau «modèle de la jeunesse canadienne-française[76]», Dollard.

Au début de ce rassemblement, Gérard Dion prononce une conférence intitulée «Nous, les jeunes!» où il exprime d'abord sa nouvelle
ferveur nationaliste:

> L'heure est grave, l'ordre social est bouleversé de fond en combles.
> Notre esprit national et chrétien est fortement ébranlé chez nous. On
> nous prédit une grande mission, on nous attend, on met tout espoir
> en nous. M. l'abbé Groulx disait: «Il y a des générations qui décident
> de l'avenir d'une race, la nôtre en est peut-être»[77].

Et il termine en lançant ce vibrant appel à son jeune auditoire:

> Nous serions des lâches, messieurs, si nous refusions d'accepter notre
> rôle. Notre élite, chez-nous, a toujours eu peur de s'implanter chez le

---

74.   G. Dion, «L'action catholique» et «Préjugés», février 1934, textes de 2 pages retrouvés
dans DAUL, P117, C4.3.

75.   G. Dion, «27 séances au Cercle St-Augustin, *L'Action catholique*, s.d. (print. 1934),
dans DAUL, P117, C4.8. Outre les séances d'études, on y fait état d'une campagne en faveur de
la diffusion de *L'Action catholique* et de *L'Action nationale*. Des séances publiques avec des invités
tel Cyrille Vaillancourt furent aussi tenues.

76.   DAUL, P117, C4.3, «Fête de Dollard», 1 page.

77.   *Ibid.*, Sans titre, 2ᵉ version de «Nous, les jeunes!», daté du 17 mai 1934, p. 2.

peuple ; elle a laissé le champ libre aux médiocres et aux chevaliers de l'industrie. Assez de ces démissions, messieurs, assez !

Jeunesse étudiante d'aujourd'hui, nous allons comprendre notre tâche, nous allons comprendre que si, pris en particulier, nous ne valons rien, soutenus et aidés par toute la jeune génération qui nous entoure et que nous allons diriger, nous pouvons ressusciter notre esprit français et catholique, nous pouvons peut-être, comme Dollard, sauver la race[78].

Lors de sa dernière année de collège, le jeune Dion poursuit son engagement. Au Cercle Saint-Augustin, il donne, à l'automne, une conférence sur Louis Fréchette[79]. À l'hiver, il traite cette fois d'éducation nationale[80]. Par la suite, il y va d'une élogieuse présentation d'André Laurendeau lors d'un hommage à Armand Lavergne.

À cette dernière occasion, il témoigne également de l'influence de la revue nationaliste :

Voulez-vous dire aux directeurs de *L'Action nationale* que mes confrères et moi, nous ne voulons pas subir la honte de sortir du collège sans connaître nos raisons de rester français. Voulez-vous leur dire que nous puisons notre doctrine nationale dans leur revue et que nous voulons désormais être franchement catholiques et franchement français[81].

Au cours de ce printemps 1935, il reprendra la plume ; cette fois pour faire la promotion de la Jeunesse étudiante catholique (JEC)[82]. Dans son dernier article au nom du Cercle Saint-Augustin, c'est son admiration pour Groulx qui ressort pleinement. Il y pose d'abord cette question digne d'un jeune laurentien :

Voulez-vous être un chef, un chef de chez-nous, un « homme sage, intègre, joignant à une science étendue, un abîme d'amour pour Dieu et sa patrie, le Canada français, la Laurentie » ?

Le voulez-vous ?

Et la réponse qu'il donnera sera double :

Il faut que vous méditiez bien votre patriotisme et votre religion : c'est le seul moyen.

Vous devez tous avoir en main *NOS POSITIONS* de l'abbé GROULX ; lisez cette brochure, pénétrez-vous de ces idées et vous saurez pourquoi il nous faut rester français.

---

78. *Ibid.*, « Nous, les jeunes ! », p. 3.

79. *Ibid.*, « Louis Fréchette », conférence du 4 nov. 1934, 13 pages.

80. *Ibid.*, « Éducation nationale », conférence du 14 et 21 février 1935, 3 pages.

81. *Ibid.*, Présentation d'André Laurendeau datée du 31 mars 1935, p. 4. Le jeune Dion, en grande admiration devant ce fondateur de Jeune Canada, apprécie grandement le programme et les actions d'éclat de ce groupe de jeunes.

Vous devez tous avoir aussi *L'ÉVANGILE*. Méditez-le. Prenez un cinq minutes à l'étude chaque matin, par exemple : ce n'est pas du temps perdu[83] !

Ainsi Lionel Groulx aurait eu une influence déterminante sur lui. Nous y reviendrons. À son nationalisme s'ajoute maintenant un intérêt pour *L'Évangile*. L'heure des choix semble donc arrivée.

Pour l'instant, ce qui ressort de ce qui précède c'est qu'au Collège de Lévis le jeune Dion s'est largement engagé dans les mouvements d'action catholique (ACJC et JEC) et qu'il affichait un fort sentiment nationaliste. À ce titre, on peut affirmer qu'il participa de plain-pied à l'effervescence politique et sociale des années 1932-1936. Son cas s'avère probablement une excellente illustration de ce qu'une partie de la jeunesse des collèges classiques a vécu au cours de la Grande Crise. Sur le plan personnel, ses multiples engagements révèlent bien comment ce sont surtout les activités extra-scolaires qui le captivaient alors[84]. On peut y voir là une première manifestation de son penchant pour la vie sociale et les débats de société.

Un ardent nationaliste

Dans deux entrevues ultérieures, Gérard Dion a souligné son fort sentiment nationaliste. Il a alors insisté sur l'influence exercée par les écrits de Lionel Groulx au cours de sa jeunesse. Lors d'un premier entretien radiophonique, il déclara que la lecture de la collection complète de la revue *L'Action française* « m'a marqué extrêmement ». Il ajouta : « Je me souviens fort bien de la fameuse enquête de 1921 sur l'avenir des Canadiens français[85] ». Au cours de ce même entretien, il avoua : « J'ai toujours été nationaliste ». Se remémorant le contexte d'alors, il spécifia : « On était une minorité ! » Concernant leur maître à penser,

---

82. DAUL, P117, C4.8, G. Dion, « Privilèges et responsabilités ; jécistes, soyons à la hauteur de notre rôle ! », *L'Action catholique*, 8 février 1935, s.p. et « À qui la Jeunesse étudiante catholique », *ibid.*, 6 avril 1935, s.p. À ce moment-là, on vient de procéder à une refonte des organisations catholiques de la jeunesse, en réunissant ACJC et JEC. La correspondance estivale de l'aumônier du collège, Paul-Émile Paquet, révèle les tensions entre les partisans de l'action nationale (ACJC) et ceux prônant l'action sociale (JEC). DAUL, P117, G5, 2.2, « Lettre de Paul-Émile Paquet à G. Dion des 4 et 24 juillet 1935 », 2 pages.

83. *Ibid.*, G. Dion, « Vous voulez être un chef ! », *L'Action catholique*, 20 avril 1935, s.p.

84. Au cours de son dernier semestre, Gérard Dion aura un geste qui montre son penchant revendicateur. Avec d'autres, il présentera une requête aux maîtres de la petite salle pour protester contre le mauvais service aux tables effectué par un étudiant. Voir DAUL, P117, A4.1, « Requeste (sic) par des finissants de philosophie », 1 page.

85. DAUL, P117, P6394, Entretien avec Gérard Dion lors de l'émission « L'expérience des autres » animée par François Baby et diffusée à la radio de Radio-Canada le 27 novembre 1969 à 21 h.

Lionel Groulx en 1937, âgé de 59 ans.
Photographe : Larose.
Source : Centre de recherche Lionel-Groulx.

il ajouta : « À l'époque, Lionel Groulx était rejeté » ; cela parce que ses contemporains étaient très loin de lui accorder la reconnaissance qu'il obtiendra ultérieurement.

Dans une entrevue subséquente, Gérard Dion a, à nouveau, confirmé l'influence déterminante de Lionel Groulx. Parlant du contexte sociopolitique des années 1930-1935, il ajouta : « J'en discutais beaucoup au collège, je faisais beaucoup de lectures et j'ai passé à travers la collection complète de *L'Action française* de l'abbé Lionel Groulx. Cet homme m'a marqué profondément[86] ».

Au cours de sa dernière session au Collège de Lévis, le jeune Gérard, maintenant âgé de 22 ans, va profiter de la première occasion qui lui sera donné pour entrer en contact avec son maître à penser d'alors :

> Au retour des vacances de Noël, j'ai appris avec un grand plaisir que vous aviez accepté l'invitation de notre aumônier, Monsieur l'abbé P. E. Paquet. Enfin, mes confrères et moi, nous pourrions vous voir, entendre de votre bouche cette doctrine que nous goûtons dans vos œuvres. Car ne l'oubliez pas, monsieur, les jeunes qui ne sont pas momifiés (et il y en a encore quelques-uns qui poussent) vous lisent et vous estiment peut-être beaucoup plus que vous ne le pensez[87].

---

86.   Guy Brouillet, « Une interview avec Gérard Dion », *Affaires*, vol. 3, n° 7 (nov. 1980), p. 29 tirée des archives du Collège de Lévis, dossier G. Dion.

87.   DAUL, P117, G5, 2.1, « Lettre de G. Dion à l'abbé Lionel Groulx du 24 janvier 1935 », 1 page. Les deux prochaines citations proviennent également de cette source. Dans sa réponse du 30 janvier, l'abbé Groulx lui apprendra, à regret, qu'il ne pourra se rendre au Collège de Lévis, son agenda étant trop surchargé lors de son prochain séjour à Québec. Il l'invitera à écouter sa conférence devant le Jeune Barreau, qui sera radiodiffusée.

À ce chef de file nationaliste, il confie le découragement éprouvé devant le peu de sensibilité de ses concitoyens canadiens-français à l'importance de préserver leur identité nationale :

> Comme vous et les membres de la Ligue d'A.N., nous sommes désolés de voir qu'un si grand nombre de nos compatriotes sont indifférents aux questions nationales et même penchent vers une éducation plutôt anglaise. Cela nous fait de la peine de rencontrer de ces gens même dans nos proches.

> Quant à nous, nous sommes convaincus, un peu tard il est vrai, depuis que nous lisons *L'Action nationale*, que notre survie est de rester nous-mêmes, de penser et d'agir en Canadiens français catholiques.

Et, continuant de s'exprimer au nom de ses confrères, il termine sa courte missive par ces deux phrases très significatives : « Nous tenons à vous dire que vous avez tout notre appui. Monsieur l'abbé, vous êtes notre maître, nous sommes à vos ordres ». Ce premier contact avec Lionel Groulx nous montre un Gérard Dion très nationaliste, prêt à s'engager dans la bataille pour la survie des Canadiens français.

Son nationalisme, le jeune Dion l'a aussi exprimé dans ses travaux étudiants. Une participation au Concours Casgrain en fait largement foi. Cette « dissertation historique » de sept pages a pour point de départ la réplique d'Étienne Parent publiée dans *Le Canadien* du 3 septembre 1831 en réponse à une déclaration d'un journaliste de Kingston sur le retard des Canadiens français : « Reprocher au peuple du Bas-Canada d'être stationnaire, c'est reprocher à un homme qu'on environne de précipices de ne pas avancer[88] ».

Après avoir relaté les conditions difficiles vécues lors de la Conquête, Gérard Dion souligne que « dès 1763, en effet, on a complètement éliminé les Canadiens français de la direction du pays ». Au sujet du gouvernement constitutionnel de 1791, il déclare : « Mais, ce fut une véritable farce ! À quoi ont servi tous les efforts de nos députés ? Le fameux Conseil législatif était toujours là pour annuler leur travail et prendre le parti de la minorité hostile[89] ».

Notre jeune nationaliste s'en prend ensuite au bannissement des Canadiens français « de toutes les charges publiques » ainsi qu'à « la distribution des terres de la Couronne au clergé anglican et aux seigneurs

---

88. DAUL, P117, A4, 2.2, « Concours Casgrain : Dissertation historique », p. 1.
89. *Ibid.*, p. 2.
90. *Ibid.*, p. 4.

anglais». Ayant vertement dénoncé la *Loi d'éducation* de 1801 qui imposa l'Institution royale, il s'exclame :

> On a voulu empoisonner notre race par le système scolaire de 1801, on a voulu la saigner en lui enlevant tous les moyens de colonisation, on a voulu tuer son influence en rendant nulle l'action des nôtres au Parlement et en les éloignant des charges publiques.
>
> Puis, après tout cela, on vient nous reprocher de rester stationnaire...[90].

Dans la dernière partie de sa dissertation, Gérard Dion s'attarde à ce prétendu retard des Canadiens français. Il souligne la forte croissance démographique de la population qui, de 60 000 en 1760, est passée à 700 000 en 1831, «cela contrairement au Haut-Canada, sans aucune immigration[91]». Malgré les obstacles, la colonisation des terres s'est poursuivie. Du côté de l'éducation, le clergé catholique a commencé à établir les premiers collèges classiques tandis que des communautés religieuses ont été fondées pour s'occuper de l'éducation primaire. Sur la scène politique, de grands noms commencent à s'affirmer, les Papineau, La Fontaine et autres.

Enfin, après avoir insisté sur la responsabilité des anglophones dans le faible développement du Bas-Canada, notre jeune auteur conclut :

> Mais, les Canadiens français, s'ils semblent, aux yeux des Anglais, n'avoir pas avancé, c'est qu'ils solidifient le terrain, c'est qu'ils posent des bases fortes à leur race, c'est qu'ils se préparent à mieux sauter les précipices qui les entourent et à bondir vers l'idéal qu'ils se sont tracé[92].

Ces derniers mots vont s'avérer lourds de sens. En effet, tout au long de sa carrière et de son engagement social, Gérard Dion travaillera à poser des bases pour aider son peuple à entrer dans la modernité. Et il y a fort à parier que c'est cette dissertation qui lui permit de rafler le Prix d'histoire du Canada de la Société Saint-Jean-Baptiste de Montréal[93].

Un partisan, un conseiller et un ami

Au cours de de sa formation collégiale, Gérard Dion bénéficia également des généreux conseils de son protecteur de Saint-Anselme, M. Noël Bélanger, ce gérant de la Banque canadienne nationale qui lui prêtait ses livres lorsqu'il fréquentait l'école du village. Sa correspondance avec le jeune Gérard montre comment ce dernier l'initia aux questions économiques et sociales, lui fournit des éléments historiques tout en lui conseillant de faire preuve de pondération dans ses jugements.

---

90. *Ibid.*, p. 5.
91. *Ibid.*, p. 5.
92. *Ibid.*, p. 7.
93. Prix de la SSJB retrouvé dans DAUL, P117, A4, 3.1.

Annexé à sa première lettre, celle du 16 octobre 1933, il lui fait parvenir le discours du bouillant maire de Saint-Hyacinthe, T. D. Bouchard, en faveur de la « municipalisation de l'électricité » et contre les *trusts*[94]. Après avoir donné son appréciation, il demande à son protégé de lire ce texte et, ensuite, de lui faire part de ses réflexions ; ce que ce dernier s'empresse aussitôt de faire.

Dans sa réponse du 19 octobre, Gérard Dion révèle que leurs échanges de vue se poursuivent depuis un certain temps déjà :

> Je suis d'abord très heureux de vous voir converti. Une conversion, me dites-vous ? Eh bien, oui, je le soutiens. Vous vous en souvenez, dans nos longues conversations, je vous entretenais des trusts, des grosses compagnies à capital mouillé, et surtout du cartel de l'électricité. Dans ce temps-là, vous n'aviez [pas] l'air de croire ce que je vous disais et voilà que maintenant vous avez les trusts en horreur.
>
> Je vous en félicite grandement. C'est déjà un premier pas de fait et j'espère que vous allez continuer d'avancer[95].

Avec ce petit ton insolent propre à la jeunesse, il reproche ensuite à son aîné de ne pas lire les bons journaux : « Comme les journaux trustards sont les seuls que vous lisez, il n'est donc pas surprenant que vous n'ayez entendu mot [de ce discours] ». Et il lui suggère alors de s'abonner à « L'ACTION CATHOLIQUE », de lire les éditoriaux d'Eugène L'Heureux contre les *trusts* et en faveur de la nationalisation de l'électricité. Il lui rappelle également le rôle de précurseur joué le « Dr Philippe Hamel de Québec ». Enfin, il lui livre ce commentaire très peu tendre sur T. D. Bouchard :

> Voulez-vous que je vous dise ce que pense la jeunesse de ce M. Bouchard.
>
> [...] nous les jeunes, nous disons bien haut ce que nous pensons tout bas. Je ne sais pas si c'est un mal, mais il n'y a pas d'hypocrisie dans cela.
>
> Nous trouvons que ce M. Bouchard a de l'audace, du courage en agissant comme il le fait dans cette question de l'électricité. Nous admirons cette force de volonté qu'il possède et que malheureusement il n'emploie pas toujours pour le bien. Nous savons un peu ce qu'il a fait précédemment contre nos écoles catholiques. Nous avons raison de douter de la justesse de ses principes religieux et parfois même nationaux.

---

94. DAUL, P117, G5, 2.3, « Lettre de Bernard Noël à G. Dion du 16 octobre 1933 », 2 pages.

95. *Ibid.*, « Lettre de G. Dion à Bernard Noël du 19 octobre 1933 », p. 1.

Mais, question de principes mise de côté, nous essaierons de marcher sur ces traces et de faire le bien avec autant d'entrain et de vigueur qu'il a déjà fait le mal...

Je ne crains pas de vous le dire, dans cette question de l'électricité, Monsieur Bouchard en est un qui vient à point pour cueillir des lauriers mérités par les autres[96].

Et il termine cet échange en assurant demeurer «votre ami» et déclarant même que «votre réponse me sera très agréable». Définitivement, déjà à 21 ans, Gérard Dion aime polémiquer, ce qu'il fera tout au long de sa vie.

Malgré ce ton quelque peu impertinent du jeune Gérard, son ami gérant de banque ne s'en offusque pas. Dans sa longue réponse de sept pages datée du 4 novembre, il lui déclare, d'entrée de jeu, ressentir un «véritable agrément» à «correspondre avec toi sur un tel sujet d'actualité et à échanger nos opinions», allant jusqu'à affirmer: «C'est un régal». Néanmoins, il lui fait cette remarque de départ:

L'âge tempère ces sentiments belliqueux, exaltés ressentis au cours de ce stage de la jeunesse. On devient moins ardent, c'est-à-dire qu'on réfléchit plus avant de partir.

Les opinions changent et prennent souvent une direction tout a fait opposée. On finit par s'apercevoir, au beau milieu, qu'à travers tant d'intérêts divers, épars, opposés, mais tout aussi légitimes les uns que les autres, il faut disposer des idées bien sincères préconisées au début, parce que irréalisables, et en adopter des nouvelles plus sensibles et capables d'être acceptées par ses concitoyens[97].

Il se livre ensuite à un long exposé sur la nationalisation de l'électricité réalisée par l'Ontario en 1905, ce qui a permis d'avantageux tarifs dont profitent les résidents de la province voisine. Pour sa part, le Québec, qui n'en menait «pas large dans le pays, il y a 35 ans», a préféré percevoir les taxes et les impôts des compagnies privées d'électricité pour se doter de «bonnes routes», de services en «éducation, hygiène, etc., etc.».

Après ce bref rappel historique, il fait à son jeune correspondant tout un exposé sur le «mouillage» de capitaux qui a suivi: les cours montant très rapidement «tout le monde voulait en acheter... Tous gagnaient, et personne ne s'apercevait que l'électricité servant à l'éclairage des maisons était trop cher[98]». Il invite alors son protégé à modérer son jugement sur le journal qu'il lui a proposé de lire assidûment:

---

96. *Ibid.*, p. 3 et 5.

97. *Ibid.*, «Lettre de Bernard Noël à G. Dion du 4 novembre 1933», p. 1.

98. *Ibid.*, p. 3.

L'Action catholique, presque seule dans ce louable mouvement, fait une campagne effrénée depuis trois ans contre les trusts à capital mouillé, c'est toi-même qui le dis. Mais il ne se « mouille » plus de stock depuis 1930, et tu le sais bien... Allons donc à présent sauver le navire quand il est enfoncé, qu'il ne reste que des épaves et que tout le monde est noyé.

Pourquoi ce bon journal ne commença-il pas plus tôt, quand il était temps de dénoncer ees organisations...[99]?

Enfin, il rappelle le rôle bénéfique joué par T. D. Bouchard pour bloquer le mouvement en faveur de la prohibition, une opération menée par le clergé québécois :

En 1916, un grand mouvement se répandait à travers la province. Il fallait se débarrasser complètement des liqueurs alcooliques. Le clergé en tête (il était sincère), suivi des bons journaux, firent tant de train, et soulevèrent tant le peuple... sur les méfaits de la boisson que, sans songer aux conséquences qui pourraient s'ensuivre, ils réussirent à passer la prohibition dans plusieurs villes..., à Sorel, Lachute, Hull et Saint-Jean. La série devait se continuer à travers les villes et villages importants[100].

Mais, à Saint-Hyacinthe, T. D. Bouchard s'engagea dans le camp adverse. Dans cette ville, « la prohibition fut battue par 312 de majorité ». Cette victoire eut des conséquences énormes :

L'événement eut tant de retentissement, d'échos dans la province, que les prohibitionnistes, pris de peur, lâchèrent tout. N'osant plus se présenter ailleurs, nous n'en entendîmes plus parler...

Un membre éminent du clergé que je rencontrai plus tard, Mgr Desranleau, curé de Sorel, un ami des jeunes, [qui] avait pris une part active à cette lutte à Saint-Hyacinthe, me déclara que ses opinions sur le sujet avaient changé. La prohibition était chose du passé : la tempérance, enseignée par la persuasion, valait plus, donnait à la longue de meilleurs résultats[101].

Cette correspondance qui va se poursuivre jusqu'au-delà des années de collège de Gérard Dion traitera d'une foule de sujets. Et, sur chaque question, son protecteur de Saint-Anselme va lui prodiguer de précieux conseils, l'invitant à ne pas voir qu'un côté de la médaille, à éviter de s'emporter, à ne pas condamner les gens de manière catégorique, à ne pas dépeindre tout en noir et blanc, mais plutôt à rechercher les zones grises et à apprécier les aspects positifs d'une personne. Bref, à nuancer son jugement.

---

99. *Ibid.*, p. 4.
100. *Ibid.*, p. 6.
101. *Ibid.*, p. 7.

Un été prolifique

À sa sortie du Collège de Lévis, le jeune Dion n'abandonna pas la plume. Bien au contraire. Au plus fort de la crise, étant sans emploi pour l'été, il en profita pour y aller de quelques articles percutants, continuant ainsi à participer à ce mouvement de contestation qualifié par Fernand Dumont de «première Révolution tranquille[102]».

Son premier texte est un appel à la jeunesse, à cette jeunesse «en branle» qui de «tous les milieux [...] veut du changement[103]». Ce réveil, qui se manifeste par le renouvellement des cadres de l'action catholique et par la création de plusieurs groupements de jeunes, doit se faire sous le signe de l'unité. Celle-ci devrait s'avérer possible puisque tous poursuivent les mêmes buts:

> Tous s'entendent encore sur la nécessité de se refaire une âme intégralement catholique et française. Entente encore sur la grande opportunité de délivrer notre peuple du servage que lui imposent les trusts, de débarrasser à jamais notre province et nos financiers du libéralisme économique et de le remplacer par la doctrine de l'Église catholique prônée dans QUADRAGESIMO ANNO[104].

L'heure est à la «COOPÉRATION», aux «actions concertées, aux groupes compacts, aux armées bien liées» tel que vient de le recommander «l'un des chefs de notre génération, le R.-P. Georges-Henri Lévesque, o.p.». Ce principe d'union, Gérard Dion le voit dans deux sources:

> *Pour être catholiques,* suivons la doctrine de l'Église catholique, doctrine qui nous est si clairement expliquée par nos évêques et spécialement par notre archevêque, S. E. le Cardinal VILLENEUVE.
>
> *Pour être Canadien français,* suivons la doctrine de L'ACTION NATIONALE. C'est là que se trouvent nos chefs nationaux. Le patriotisme est une vertu à cultiver, nous a rappelé récemment Son Eminence[105].

Ce texte se révèle significatif à plus d'un titre. *Primo,* il fait foi de ce sentiment de réveil de la jeunesse québécoise au cours de la Grande Crise des années 1930. *Secundo,* il fait état de la conscience qu'on avait de la nécessité d'une action concertée et d'une unité parmi les divers groupements de jeunes. En ce sens, il est à situer à l'orée du mouvement

---

102. Fernand Dumont (1978), «Les années 30, la première Révolution tranquille», dans F. Dumont, Jean Hamelin et Jean-Paul Montminy (dir.), *Idéologies au Canada-français, 1930-1939,* Québec, PUL, p. 1-20.

103. DAUL, P117, C4.8, «Jeunes gens... unissons-nous!», *L'Action catholique,* 20 juillet 1935, 2 pages. À cause de l'importance de ce texte, nous vous le livrons, dans sa version intégrale, à la fin du présent chapitre.

104. *Ibid.,* p. 1.

105. *Ibid.,* p. 2.

de la jeunesse d'ici. *Tertio*, il dévoile les deux grands courants de pensée qui nourrissent une bonne partie de cette génération, le nationalisme canadien-français et le catholicisme social.

Sur le plan biographique, deux points sont à souligner. On y voit notre jeune nationaliste se tourner vers le maître à penser du coopératisme, Georges-Henri Lévesque. On y dénote également son intérêt grandissant pour les encycliques sociales et la doctrine sociale de l'Église. Le Gérard Dion de la maturité commence ici à émerger.

Son second texte intitulé « Ce que je ferai de mon premier vote » laisse aussi transparaître sa ferme adhésion au catholicisme social. Fervent adepte du mouvement anti-*trust* de l'époque, le jeune Dion affiche sa désillusion politique face aux partis traditionnels :

> Les enquêtes sur l'électricité, le charbon et la gazoline et surtout les douces mesures prises par les gouvernants pour faire croire au public qu'ils veulent réprimer ces abus démontrent clairement que politique et trusts concubinent[106].

Ensuite, c'est contre « l'esprit de parti » et la partisanerie politique qu'il s'en prend. Il nous apprend alors que « les méfaits » d'un tel esprit ont été largement étudiés dans « nos cercles de l'ACJC ». Pas question donc de poursuivre la tradition familiale de voter « rouge ». Sans position et sans emploi d'été, Gérard Dion refuse de croire aux offres alléchantes qu'on peut lui faire miroiter. C'est plutôt vers le candidat du renouveau qu'il se tourne :

> Je suis pour un ordre nouveau, un ordre qui tiendra compte de notre entité catholique et canadienne-française : à la Province de Québec, une politique franchement propre à développer nos caractères ethniques et qui donnera la Province, non à des monopoles étrangers, mais aux fils des découvreurs et des pionniers, les Canadiens français[107].

Et dans cette quête de dirigeants qui ont « des yeux de sages, des cœurs de héros et des épaules de géants pour mieux porter le fardeau de l'autorité » (R. P. Lévesque), il est à peu près certain qu'en cet été 1935 le jeune Dion accorda son vote au candidat de l'Action libérale nationale, dirigée par Paul Gouin[108]. C'est ce à quoi il invita les jeunes de 21 à 25 ans, avec l'espoir que « toute la jeunesse nous suivra ».

---

106. DAUL, P117, C4.8, « Ce que je ferai de mon prochain vote », *L'Action catholique*, 28 juillet 1935, 1 page.

107. *Ibid.*

108. La proximité de ces jeunes collégiens avec l'Action libérale nationale est confirmée par une lettre reçue de son ami Louis-Philippe Bonneau qui lui déclare : « Je corresponds toujours avec le Dr Hamel. Je lui ai envoyé dernièrement un paquet de fiches pour l'ALN et des renseignements au sujet de certains petits scandales qui se sont passés chez nous au sujet de l'électricité ». DAUL, P117, G5, 2.2, « Lettre de Louis-Philippe Bonneau à G. Dion du 25 juillet 1935 », p. 4.

Ses deux derniers articles sont empreints d'humour. Le premier, «Exotisme : hier, aujourd'hui, demain», condamne cette fascination des Québécois pour ce qui est étranger. Tout d'abord, Gérard Dion dénonce ces collégiens qui « se pâment d'admiration » devant les anglophones qui viennent étudier ici : « De l'Anglais, ma sœur. Y penses-tu ? Ils parlent anglais ! Que c'est donc chic de savoir l'anglais[109] !» Et ces mêmes étudiants sortiront des institutions d'enseignement sans avoir lu les auteurs d'ici.

Notre jeune nationaliste s'en prend ensuite au trop fort ascendant que possède la langue de Shakespeare partout au Québec :

> Voyez-le à la campagne, ils font vivre les *peddlars*, leur donnent de l'argent sonnant, tandis que le marchand du coin, un Canadien français est écrasé par des crédits. À la ville, des industriels font des affaires sous une raison sociale anglaise et répondent aux questions du fisc en anglais. S'ils ont une raison sociale française, ils demandent aux Canadiens français de les protéger, tandis qu'eux ils achètent chez des Juifs. Des professionnels, des «gens de la haute» sont heureux de se marier avec des anglaises...[110]

Cet attrait pour l'étranger et l'exotisme, il ne faudrait cependant pas le remplacer par de la xénophobie :

> Il faut aimer son prochain comme soi-même. Bien. Ces messieurs étrangers qui nous entourent ont des qualités, peut-être de plus grandes que les nôtres À CERTAINS POINTS DE VUE, sachons les reconnaître et leur attribuer ce qui leur revient, mais de là à dire qu'il faut plier l'échine et «singer!» NON!

Notre jeune nationaliste propose plutôt à ses compatriotes de se tenir droit : «De grâce, un peu plus de fierté! Nous avons pourtant raison d'être fiers. Restons nous-mêmes. Faisons en sorte que ce soit chic d'être Canadiens français».

Encore davantage sous le mode humoristique, son dernier article s'en prend à ces gens bien nantis qui frissonnent devant tout changement. Dans « Théorie et pratique : "Faut pas!" », le jeune Dion houspille d'abord ces «catholiques qu'en théorie» qui se font «les pires ennemis du syndicalisme catholique[111] ». Il met ensuite en scène deux patrons d'ici qui, malgré les fermes propos tenus par le cardinal Villeneuve lors de sa conférence de janvier 1934 au Château Frontenac sur *Quadragesimo Anno*, continuent «à tripoter dans l'argent des autres».

---

109. DAUL, P117, C4.8, «Exotisme : hier, aujourd'hui, demain», *L'Action catholique*, 3 août 1935, 1 page.

110. *Ibid.* Les citations suivantes proviennent de la même source.

111. DAUL, P117, C4.8, «Théorie et pratique : "Faut pas!" », *L'Action catholique*, 10 août 1935, 1 page.

Suit une longue conversation qu'il a eue avec un « monsieur de la haute » où, à toutes les suggestions de notre auteur pour limiter les *trusts*, à savoir instaurer des mécanismes permettant de contrôler leurs abus et, au besoin, les municipaliser, ce dernier se fait invariablement répondre « Faut pas ! », cela au nom de la sacro-sainte « liberté de commerce ».

À ces « vieux » qui utilisent à profusion « des médisances et des calomnies » en politique, qui maintiennent les mauvaises mœurs électorales et qui continuent « d'acheter chez les Juifs », le jeune Dion fait entendre ce poème coloré de Jean Narrache :

On a fait des discours magnifiques
Pis des processions l'vingt-quatr'juin,
Mais nos élans patriotiques
Sont déjà oubliés l'lend'main.

On crie : « Encourageons les nôtres !
Soyons des fr'rs ! Mercier l'a dit »
Mais les plus guelards d'ces apôtres
S'habill'nt chez les Juifs à crédit.

C'est ça notr'grand patriotisme ;
Des mots, du vent pis des drapeaux,
Pis, mêm' ces drapeaux-là, torvisse !
Vienn't d'chez Eaton de Toronto !

Aux jeunes qui sourient devant ces propos évocateurs, il propose de faire preuve de l'une des grandes caractéristiques de l'esprit français, « la logique », logique qui « demande que la théorie et la pratique accordent leurs violons ».

Tout au long de cet été passé à ne pas travailler, Gérard Dion n'a donc pas « chômé » ; il vient de réussir sa naissance publique. C'est ce que nous révèlent ces articles parus dans *L'Action catholique*. On y devine déjà l'abbé Dion de la maturité ; un homme plein d'humour fortement attaché à la justice sociale et soucieux de préserver la langue et la culture de son peuple.

CONCLUSION

Dans ce premier chapitre, nous avons tenté de cerner les prises de conscience du jeune Dion ainsi que ses diverses influences.

Nous avons d'abord vu que son milieu familial lui a permis de s'introduire au catholicisme social et au syndicalisme naissant chez les gens du chemin de fer. Son village d'adoption, Saint-Anselme, lui a fait voir les bienfaits du coopératisme tandis que le Collège de Lévis l'a doté d'une solide formation de base.

Cette institution d'enseignement est aussi grandement responsable de nouvelles prises de conscience. C'est à cet endroit qu'il a lu *L'Action française* de Lionel Groulx et *L'Action nationale*, lectures qui le marquèrent grandement. Il a aussi pu y dévorer quotidiennement les deux journaux catholiques les plus influents, *Le Devoir* de Montréal et *L'Action catholique* de Québec. Et c'est là qu'il a affiché son nationalisme en participant aux cercles de l'ACJC.

En ce lieu, il a également trouvé un modèle dans la personne de Philibert Grondin, ce missionnaire agricole à la plume vive, fervent promoteur du coopératisme. Grâce à son exemple, le jeune Dion a pu s'initier à son futur métier d'intellectuel. L'apprentissage fut tel qu'à la fin de son cours classique il prenait la plume lui aussi.

Dans ses écrits de l'été 1935, on voit notre jeune nationaliste être attiré davantage par le catholicisme social. À tel point qu'il s'associe au fort mouvement anti-*trust* de l'époque pour demander un « ordre nouveau » où seraient banni les abus et où le peuple canadien-français pourrait se libérer de la tutelle de l'Anglais.

Dans toute cette prise de conscience, il ne faut pas non plus sous-estimer les conséquences de la Grande Crise des années 1930. À la veille d'atteindre sa maturité, Gérard Dion a vu le chômage se généraliser et la misère se répandre comme une traînée de poudre dans ce Québec où n'existait presque aucune mesure sociale. Il a aussi vu de ses camarades devoir abandonner leurs études, faute d'argent. Que tant de jeunes aient ainsi été sacrifiés malgré leur très grand potentiel, cela l'a profondément indigné. De cela, il en témoignera à plusieurs reprises tout au long de sa vie.

Cette reconstitution partielle des jeunes années de l'abbé Dion nous aide donc à comprendre ses orientations futures et ses choix de vie, choix qu'il s'apprête maintenant à vivre.

Annexe

«JEUNES GENS... UNISSONS-NOUS!»

Le coup de barre est donné.

La jeunesse est en branle. Dans tous les milieux, elle est éveillée: elle veut du changement.

Depuis quelque temps on a vu surgir un grand nombre de nouvelles associations et on a rebrossé les vieilles. À Québec, par exemple, on a tout transformé l'A.C.J.C., excepté le but à atteindre et nous voilà avec une association rajeunie, adaptée aux besoins de l'heure. Il ne nous reste qu'une chose à faire: mettre intégralement en pratique notre constitution, et déjà on a commencé.

De plus, jamais au Canada français on a vu tant de journaux ou revues ou tracts écrits par des jeunes et pour les jeunes.

En somme, malgré les efforts des associations «politicailles» pour contraindre la jeunesse à demeurer dans un conformisme béat, on sent partout un réveil. Et ce n'est pas si mal.

Toutes ces associations, ces groupes divers sont nécessaires. En effet, si toutes ont, à peu de choses près, le même but éloigné, elles prennent des moyens différents pour l'atteindre.

Membre de l'A.C.J.C., je ne suis pas contre cela. Elles ont des moyens dont notre association ne peut pas se servir. Par exemple, dans nos cercles, nous pouvons bien parler des méfaits de la politicaillerie, nous pouvons étudier cette question à la lumière des faits, mais notre association, comme telle, ne peut pas prendre la responsabilité de tenir des assemblées comme celles des JEUNE CANADA.

Toutes ces associations, groupes ou auteurs de la jeune génération s'entendent sur quelques points généraux et essentiels.

Sans renier le passé complètement, ils veulent s'en servir comme d'une expérience pour l'avenir. Ils veulent prendre ce qu'il y a de bon dans les générations précédentes, mais bouter dehors vigoureusement et sans pitié ces vieilles racailles qui nous ont valu notre déchéance à bien des points de vue. Ils sont peut-être sévères pour leurs devanciers, mais ils ont conscience d'avoir perdu le droit de recommencer leurs fautes.

Tous s'entendent encore sur la nécessité de se refaire une âme intégralement catholique et française. Entente encore sur la grande opportunité de délivrer notre peuple du servage que lui imposent les trusts, de débarrasser à jamais notre province et nos financiers du libéralisme économique et de le remplacer par la doctrine de l'Église catholique prônée dans QUADRAGESIMO ANNO.

Cette entente à peu près générale sur les grands principes est déjà quelque chose, mais ce n'est pas tout.

Si nous, jeunes d'aujourd'hui, nous voulons réellement apporter du nouveau chez nous, nous devrons NOUS UNIR, avoir une doctrine et une pratique de COOPÉRATION.

Dans le passé, on a déjà vu chez-nous de beaux mouvements individuels, mais pas d'ensemble! C'est de valeur de le dire, mais c'est vrai.

Il faut absolument changer cela!

L'un des chefs de notre génération, le R.P. George-Henri LÉVESQUE, O.P., nous donnait ce mot d'ordre en avril dernier:

« Qu'on le veuille ou non, l'heure est aux actions concertées, aux groupes compacts, aux armées bien liées. Pour résister aux forces du mal qui se font de plus en plus audacieuses, contre l'Église, c'est l'union que les souverains pontifes ne cessent de prêcher. Devant les maux qui anémient les énergies vitales de notre peuple, c'est l'union de nos résistances et de nos enthousiasmes qui nous permettra de transformer notre vie, de renverser nos adversaires et de remporter la victoire.

Unir notre jeunesse aussi: elle qui semble garder si haut son enthousiasme et son désir de vivre; elle qui, n'ayant pas encore plongé trop profondément ses racines dans l'ancien état de choses, est tout indiquée pour la création d'un ordre nouveau.

Que chacun enfin apporte sa collaboration en toute liberté et qu'on l'accueille en TOUTE LARGEUR D'ESPRIT... Nous cherchons le vrai et non les satisfactions de l'amour-propre ou de vaines chicaneries sur des vétilles ».

Acéjistes du même cercle, donnons-nous donc la main. C'est chez-nous qu'il faut commencer à mettre de l'ordre. Unissons-nous membre à membre; unissons-nous avec notre Comité Régional à notre Comité Central. Que chacun y mette du sien. Faisons entendre raison à ces bouches scorbutiques qui veulent à tout prix notre désagrégation. C'est difficile, mais c'est nécessaire.

Amis des JEUNE CANADA, amis de la RELÈVE, amis de la BOUSSOLE, rallions-nous donc, cessons de nous ignorer les uns les autres. Il serait possible, ce me semble, de se connaître davantage sans tomber dans une admiration béate les uns pour les autres qui serait plus nuisible qu'utile.

Voulons-nous un principe d'union?

Nous sommes décidés à demeurer catholiques et canadiens-français. Bien. Puisons nos directives à la même place.

Pour être catholique, suivons la doctrine de l'Église catholique, doctrine qui nous est si clairement expliquée par nos évêques et spécialement par notre archevêque, S.E. le Cardinal VILLENEUVE.

Pour être canadiens-français, suivons la doctrine de l'ACTION NATIONALE. C'est là que se trouvent nos chefs nationaux. Le patriotisme est une vertu à cultiver, nous a rappelé récemment Son Éminence.

Buvant à la même source, nous serons «ensemble pour préciser notre idéal, ensemble pour le faire aimer et ensemble pour le réaliser».

Gérard DION

Source: DAUL, P117, C4.8, *L'Action catholique*, 20 juillet 1935.

CHAPITRE 2

L'HEURE DES CHOIX (1935-1944)

À plusieurs égards, les années 1935-1944 seront cruciales dans la vie de Gérard Dion. Il fera d'abord un premier choix, celui du sacerdoce, et deviendra prêtre en 1939. Mais, deux ans après son ordination, il obtiendra de retourner aux études. C'est à l'Université Laval que tout se jouera. Inscrit en philosophie, il décidera, dès la fin de sa première année, de s'orienter vers les sciences sociales.

À partir de là, les choses vont s'enclencher rapidement. Le père Georges-Henri Lévesque, directeur de la jeune École des sciences sociales, qu'il souhaite ardemment développer et voir devenir faculté, le remarque. Au terme de sa formation, il s'organise pour l'envoyer, à l'Université Queen's, suivre une spécialisation en relations industrielles afin qu'il puisse mettre sur pied le département que l'on espère créer depuis un certain temps.

LE CHOIX DU SACERDOCE

À la fin du cours classique, le parcours académique du jeune Dion est bien loin d'être terminé. En cette année 1935, à la grande joie de ses parents, il a décidé d'opter pour la prêtrise.

Groulx, source d'inspiration

Dans une entrevue ultérieure, ce dernier explicita les circonstances de son choix. Outre son nationalisme, il est une autre facette de sa vie où l'abbé Groulx a exercé une influence : sa décision de devenir prêtre. Voulant d'abord défaire quelques mythes concernant les modes d'accès usuels au sacerdoce et les études de protégés payées par le curé de la paroisse, l'abbé Dion affirma :

> Mes études n'ont pas été payées par un prêtre. C'est parce que mon père croyait à l'éducation qu'il a payé mes cours. Je ne m'en allais pas

Ruban porté lors de sa graduation
du Collège de Lévis en 1935.
Source : DAUL, P117, A3.1.
Licence : Collège de Lévis.
Signalons que la couleur de ce ruban
désignait le choix professionnel ; dans
ce cas-ci, le blanc indique la décision de
s'orienter vers le clergé diocésain.

au Collège de Lévis pour devenir prêtre. J'ai fait mes études pour faire quelque chose, pour apporter une contribution[1].

Précisant ensuite que ce ne sont pas, non plus, des pressions provenant de personnes de son entourage qui le décidèrent à faire le choix du sacerdoce, il ajouta : « C'est au cours de ma dernière année d'études collégiales que j'ai choisi. Cela a surpris bien du monde ! »

Et à la question de François Baby : « Pourquoi êtes-vous devenu prêtre ? », il a fourni cette réponse détaillée :

Je pense c'est parce que j'ai trouvé que c'était le meilleur moyen de m'accomplir, d'être moi-même, de mieux servir, de mieux servir mon peuple. Un homme comme l'abbé Groulx a eu une influence énorme, énorme sur moi. Quand j'y réfléchis aujourd'hui, si je suis prêtre, c'est parce que j'avais vu l'abbé Groulx travailler.

J'en avais vu d'autres qui ont abandonné leurs idées généreuses et qui par après ont laissé de côté de leurs idéaux pour exploiter les leurs. Alors que je trouvais dans l'abbé Groulx une vocation où un homme a pu continuer à garder ses idéaux et continuer à travailler sans entrave. Et c'est justement cette liberté d'action pour mon accomplissement

---

1. DAUL, P117, P6394, Entretien avec Gérard Dion lors de l'émission « L'expérience des autres » animée par François Baby et diffusée à la radio de Radio-Canada le 27 novembre 1969 à 21 h. Les extraits suivants proviennent tous de cet entretien.

personnel, comme pour le travail auprès des miens, que j'ai choisi de devenir prêtre.

Survient alors cet échange entre les deux hommes :

– F. B. : – « Et le mysticisme ? »

– G. D. : – « Non, non, j'ai jamais été mystique ! Pas plus aujourd'hui !!! [rire] Au contraire, j'ai l'esprit très très pratique. Et je ne suis pas un poète à part de ça ! »

– F. B. : – « Vous n'avez pas senti l'appel ? »

– G. D. : – « Ah, non ! Ah non, il n'y a pas un ange qui est venu, l'ange Gabriel ou un autre, me demander : "Gérard veux-tu être prêtre ?" Ça été, disons, selon mon tempérament et avec un jugement très pratique et très pragmatique. Je me suis dit : "Qu'est-ce que je peux faire de mieux pour être Gérard Dion ?" Et puis, c'est ça que j'ai choisi et je ne le regrette pas. »

Ainsi le modèle que représentait Lionel Groulx a joué énormément dans sa décision. Comme nous l'avons déjà vu lors de son discours aux anciens du Collège de Lévis, l'abbé Dion a aussi souligné l'influence exercée par le chanoine Philibert Grondin. Ce serait donc dans le but d'exprimer ses idéaux et de vivre sa soif de justice que le choix de la prêtrise s'est imposé. Tant chez le nationaliste Lionel Groulx que chez le disciple du coopératisme Philibert Grondin, il a trouvé deux exemples qui l'ont inspiré.

Éloignement de sa famille et formation théologique

Dès septembre de l'année 1935, Gérard Dion entre au Grand Séminaire de Québec. Ses quatre années de formation l'éloigneront davantage de sa famille. Maintenant âgé de 22 ans, il ne peut revenir à la maison qu'à l'occasion des vacances des fêtes, vacances qui se déroulent du 15 au 30 janvier[2]. Pendant ses étés, il travaille auprès des jeunes à l'Œuvre des terrains de jeux de Québec. C'est donc dire que, durant toute sa formation ecclésiale, les contacts avec sa famille se limiteront à de brèves visites. Au séminaire, Gérard doit se contenter de correspondre avec ses proches. Sa sœur Claire se souvient d'une lettre qui l'avait drôlement étonnée ; ce dernier lui déclarait que sa chambre est sise « rue Sherbrooke ». Peu de temps après, elle apprendra que tous les corridors de l'institution portent le nom de rues connues.

---

2. Témoignage de Claire Dion, entrevue du 15 juin 2005 à Québec.

De gauche à droite : Le Petit Séminaire (de forme carrée), le Grand Séminaire et l'Université Laval. Source : DAUL, U506/43/2, tirée de *Cinquantenaire de l'Université Laval*.

Le Grand Séminaire et la Faculté de théologie de l'Université Laval, en 1902. Photographe : J. E. Livernois. Source : DAUL, U519/8/2, tirée de *Cinquantenaire de l'Université Laval*.

Sa formation académique, Gérard Dion la recevra de la Faculté de théologie de l'Université Laval. L'un de ses premiers doyens, Benjamin Pâquet, en poste de 1871 à 1900, sera reconnu pour son opposition à l'ultramontanisme, notamment à Mgr Ignace Bourget. À l'intérieur de ses écrits, il soutient, contrairement aux ultramontains qui appuient le Parti conservateur et combattent les libéraux, que l'Église ne doit ni regarder «à la forme politique des États» ni s'attacher à «aucune bannière[3]». Défenseur de libéraux et en faveur des lois contre l'influence indue du clergé, ce doyen vaudra à son institution la réputation d'être un peu trop «avancée».

À l'instigation de Léon XIII, la Faculté de théologie a, depuis 1884, adopté «la *Somme théologique* de saint Thomas d'Aquin comme texte de l'enseignement dogmatique[4]». L'un de ses plus célèbres professeurs, Mgr Louis-Adolphe Pâquet, doyen de 1903 à 1938, en a fait le commentaire dans un ouvrage de six volumes disponibles pour les étudiants.

Un autre de ses professeurs réputés, l'abbé Stanislas-Alfred Lortie, disciple de Frédéric Le Play et promoteur de l'enseignement social de Léon XIII, se fera «l'apôtre des ouvriers[5]». En 1905, il a fondé un cercle d'études, la Société d'économie sociale et politique, et, en 1907, avec Mgr Bégin et le curé Paul-Eugène Roy, ils mettent sur pied l'Action sociale catholique, dont nous avons déjà parlé, et un journal qui deviendra bientôt *L'Action catholique*. En 1909, Lortie publie également un manuel de philosophie en trois tomes sur l'enseignement de Thomas D'Aquin[6].

Au moment où le jeune Dion la fréquente, soit de 1935 à 1939, cette faculté est en train, à l'instigation de Pie XI, de procéder à une réforme de son programme qui vise à «relever le niveau des études théologiques et philosophiques». S'y trouve maintenant une «relève jeune et dynamique[7]», qui comprend notamment Maurice Roy, Ernest Lemieux et Charles-Omer Garant. Ces derniers travaillent en collaboration avec le directeur du Séminaire, l'abbé Arthur Robert. Certains

---

3. Cité dans Jacques Racine (2002), «De l'approche institutionnelle à l'interpellation critique : la Faculté de théologie», dans Brigitte Caulier, Nive Voisine et Raymond Brodeur (dir.), *De l'harmonie tranquille au pluralisme consenti : une histoire de la Faculté de théologie et de sciences religieuses de l'Université Laval (1852-1902)*, Québec, PUL, p. 315. Sur son opposition à Mgr Bourget et à l'ultramontanisme, voir Jean Hamelin (1995), *Histoire de l'Université Laval*, Québec, PUL, p. 67-69.

4. «Faculté de Théologie» dans *Annuaire général de l'Université Laval pour l'année académique 1935-1936*, Québec, L'Action sociale limitée, 1935, p. 159.

5. Mgr Paul-Eugène Roy, cité par Racine (2002), p. 323.

6. Déjà signalé au chapitre précédent, cet ouvrage a été conservé par Gérard Dion dans ses archives.

7. Nive Voisine (2002), «Les structures de la Faculté : le passage du Grand Séminaire à la faculté de théologie et de sciences religieuses», dans B. Caulier, N. Voisine et R. Brodeur (dir.), *De l'harmonie tranquille...*, p. 27.

d'entre eux, soit C.-O. Garant, Georges-Léon Pelletier et Arthur Robert, ainsi qu'Alphonse-Marie Parent de l'Institut supérieur de philosophie[8], appuient de multiples façons le père Georges-Henri Lévesque qui, en février 1938, obtiendra la fondation de l'École des sciences sociales.

À la faculté, les exigences sont assez élevées. Pour obtenir un diplôme, un étudiant doit avoir « assisté à tous les cours et participé à tous les exercices prescrits ». La licence s'obtient seulement si l'on a « conservé les deux tiers des points sur toutes les matières[9] ». À la fin de son parcours, le candidat doit passer un examen oral d'une durée d'une heure devant un jury de quatre professeurs. Cette évaluation est complétée par « une épreuve écrite d'une durée de cinq heures[10] » portant sur une thèse dogmatique et une question morale préalablement choisies. Pareille formation nécessite donc une participation active et soutenue de l'étudiant désireux de réussir. C'est ce régime que Gérard Dion va vivre à partir de l'automne 1935 alors qu'il entreprend sa formation, en même temps que son ami de Saint-Anselme, Rodolphe Mercier.

Dans ce nouveau milieu, le jeune Dion fera plusieurs rencontres importantes. Outre Mgr Pâquet, il y côtoiera trois futurs évêques avec lesquels il sera appelé à travailler : Maurice Roy, Georges-Léon Pelletier et Charles-Omer Garant. Le lien particulier qu'il développera avec ce dernier s'explique par une très forte communauté de pensée. Mais, avant d'aborder ce point, voyons ses écrits et la poursuite de ses relations antérieures. Car ce sont de tels textes ainsi que sa correspondance privée qui nous permettront de mieux cerner son état d'esprit.

Ses convictions, le jeune séminariste ne pourra s'empêcher de les exprimer. Mais, pour ce faire, il devra prendre un nouveau nom.

Nouveau nom de plume

C'est après sa première année de formation que Gérard Dion reprend la plume. Probablement parce qu'il ne peut effectuer aucune intervention extérieure, il adopte, cette fois, le pseudonyme Jules Escholier. Ce nom s'avère parfait pour ce séminariste dont les textes seront publiés dans le journal étudiant de l'Université Laval, *La Boussole*. Mais, auparavant, à l'intérieur de *L'Action catholique*, sous la signature de X, Gérard interpelle son nouveau député fédéral. Il lui demande de s'inspirer de *Quadragesimo Anno* lors de l'adoption de réformes sociales,

---

8.   Jean-Charles Falardeau (1988), « La Faculté du Cap Diamant », dans Albert Faucher (dir.), *Cinquante ans de sciences sociales à l'Université Laval. L'histoire de la Faculté des sciences sociales (1930-1988)*, Québec, PUL, p. 17.

9.   *Ibid.*, articles 19 et 20, p. 170.

de voir à la promulgation d'une monnaie bilingue et de veiller à ce que le caractère autonome du Québec soit préservé. À ce dernier effet, il condamne la « concentration abusive des pouvoirs par Ottawa[11] ».

Au début de juillet 1936, le jeune Dion signe trois textes polémiques. Dans le premier, la scission qui vient de survenir au sein de l'Action libérale nationale (ALN) l'amène à s'interroger sur la traditionnelle rivalité Québec-Montréal. Il y compare cette vieille querelle à « deux ânes qui tirent chacun de leur côté tandis que le chariot immobilisé est pillé par les étrangers et les profiteurs[12] ».

Son nationalisme ressort davantage dans son second texte « Les finances de nos universités ». À la suite du discours du recteur sur ce sujet, il constate le faible soutien des Canadiens français à leurs institutions d'enseignement. Toutefois, il refuse de condamner son peuple. Plutôt, sur le ton virulent qu'on lui connaît, il demande aux universités québécoises d'entreprendre une campagne d'éducation à cet égard :

> Est-ce que nos Universités (les collèges classiques en sont des filiales), est-ce qu'elles ont déjà dit aux étudiants que nous, Canadiens français, nous étions distincts des Anglais, que nous avons une culture canadienne-française à conserver, à enrichir, que nous avons un autre rôle à remplir que celui de *bell-boy*, de barbouilleur à l'encre rouge ou [de] petit avocat de grosses compagnies anglaises ?
>
> En un mot, est-ce que nos universités ont donné de l'ÉDUCATION NATIONALE[13] ?

Son troisième article est l'occasion d'exprimer haut et fort son sentiment anti-*trust*. Il s'attaque à une publicité d'une compagnie d'électricité, la *Northern Electric Company*, qui a « des rapports avec le trust inhumain qui pressure notre Laurentie[14] ». Ainsi, le jeune Dion continue dans la même veine, ajoutant sa voix à ce fort mouvement de contestation des années 1930, mouvement qui en avait particulièrement contre les grandes compagnies d'électricité, d'essence et de tramways.

---

10. *Ibid.*, articles 25, 27 et 28, p. 171.

11. DAUL, P 117, C4.8, « Lettre ouverte à M. le député », *L'Action catholique*, 28 mars 1936, 1 page.

12. DAUL, P117, C4.9, Jules Escholier, « Pourquoi ces rivalités ? », daté du 8 juillet 1936 mais publié dans l'édition de *La Boussole* d'août, 1 page. Signalons que l'Union nationale sera élue le 17 août et formera le nouveau gouvernement. Malgré sa promesse de combattre les *trusts* et son alliance avec l'ALN, Maurice Duplessis adoptera des mesures conservatrices. De plus, il n'accordera aucun poste important aux députés élus de l'Action libérale nationale, ce qui provoquera une crise dans cette formation et, à plus longue échéance, sa disparition complète.

13. DAUL, P117, C4.9, Jules Escholier, « Les finances de nos universités », daté du 8 juillet 1936 également mais sans date de parution dans *La Boussole*.

14. *Ibid.*, Jules Escholier, « Publicité perfide », 8 juillet 1936, 1 page.

Daté de la mi-juillet, l'article suivant est tout autant polémique. En cette campagne électorale de l'été 1936, Gérard Dion s'en prend aux membres des vieux partis, les unionistes et les libéraux, qui sortent encore leurs «vieilles rengaines de l'esprit de parti». Il en veut plus particulièrement aux jeunes libéraux dirigés par Adélard Godbout qui continuent de parler «de politique fédérale pendant les élections provinciales». À cause d'une pareille attitude, ces derniers ne feraient que nous mener «au séparatisme, à l'État français et cela, à brève échéance[15]».

À la fin de ce même été 1936, Jules Escholier nous entretient, cette fois, d'action catholique ouvrière. C'est que, le mercredi soir 12 août, il a assisté à une réunion jociste de la section Saint-Roch. Avec force détails, il y décrit l'atmosphère joviale qui y règne et le souci d'entraide dont tous font preuve: «Point de discours ampoulés, pas de fadaises... Quel réconfort que de s'aimer et de s'aider dans la JOC[16]».

Son dernier texte de l'année traite du deuxième Congrès de la langue française qui portera sur les valeurs intellectuelles et morales propres à notre culture. Notre aspirant au sacerdoce y demande que la jeunesse puisse participer à cet important événement. Il suggère même aux divers groupes de jeunes du Québec d'exercer des pressions en ce sens:

> Membre de toute association, nous avons toute liberté de demander qu'on invite par exemple les Jeune Canada, les Jeunesses patriotes, les Jeunesses nationales, les groupes de *La Relève* et de *La Nation* à faire les frais d'une journée du Congrès.

> Ceci aura pour effet de faire communier tous les congressistes à l'âme de la jeunesse laurentienne en attendant l'autre réunion célébrant le centenaire des patriotes de 1837[17].

Le dernier article publié sous le pseudonyme Jules Escholier s'attaque à un nouveau concours instauré pour «les élèves de mathématique des vingt-six collèges classiques» du Québec. Dans «Le Prix Webster», le jeune Dion dénonce d'abord le contrôle des *trusts* sur «la presque totalité de la presse canadienne-française» et, ensuite, ces professeurs

---

15. *Ibid.*, Jules Escholier, «Où ils nous mènent», 18 juillet 1936, 2 pages. Comme bien d'autres, le jeune Dion n'a pas su ici apprécier la différence entre le réformisme de Godbout et le conservatisme de Maurice Duplessis. Il est vrai que ce dernier n'a pas encore révélé son véritable visage. Ce discours contre les vieux partis indique que notre séminariste s'apprête à voter pour un candidat de l'ALN.

16. *Ibid.*, C4.8, Jules Escholier, «Une réunion jociste», *L'Action catholique*, 22 août 1936, 1 page.

17. *Ibid.*, C4.9, Jules Escholier, «Le 2ᵉ Congrès de la langue française ET LES JEUNES?», serait paru dans *La Boussole* du 18 octobre 1936, p. 2.

d'université d'ici qui font leur éloge. Mais il en a surtout contre ce nouveau concours instauré par ces «vampires qui se présentent sous une peau de "bienfaiteurs"».

À son confrère qui vit «sous le régime du secours direct», Jules Escholier affirme comprendre ce que «dix belles piastres» peuvent représenter au début de ses vacances. Cependant, il lui demande de faire preuve d'héroïsme et de refuser ces piastres «encore trempées de la sueur de pauvres exploités». Dans le but de convaincre le futur récipiendaire, il lui fait entendre cette voix des générations futures:

> Quoi, vous autres, les jeunes de 1937, vous avez accepté une humiliation semblable; vous avez laissé continuer ce scandale de voir dans les annuaires des maisons d'éducation canadiennes-françaises, le nom de notre oppresseur!
>
> Vous, les jeunes de 1937, vous ne vous êtes pas contenté de subir l'exploitation de votre race par les trustards, vous avez baisé leurs mains, vous les avez honorés!
>
> Vous, les jeunes de 1937, en cette année qui vous rappelle la belle lutte des Patriotes, vous avez voulu sciemment continuer la triste lignée des Cartier, des Cauchon, des Laurier, des Lapointe, des Chapais, [...][18].

Ainsi prenait fin la courte carrière de Jules Escholier. Sous ce nom de plume, Gérard Dion avait exprimé son nationalisme et son fort sentiment anti-*trust*. Il est à souligner que sa pensée semble afficher une teinte d'indépendantisme lorsqu'il fait appel à la «jeunesse laurentienne» et invoque la «Laurentie». En tout cas, ces textes montrent que le jeune Dion se situe toujours dans la mouvance de Lionel Groulx.

L'influence de Groulx persiste

Tout d'abord, une lettre de l'aumônier de l'ACJC du Collège de Lévis, Paul-Émile Paquet, nous apprend que le jeune Gérard a, au cours de l'été 1935, été rencontrer son maître à penser. En effet, dans sa lettre du mois d'août, ce dernier lui déclare: «J'ai appris que vous aviez eu l'heureuse fortune de voir l'abbé Groulx. Le voir et mourir dirait le poète[19]».

Et, à partir du début de l'année 1936, notre jeune séminariste va entreprendre une correspondance régulière avec Lionel Groulx. Dans sa première lettre, il lui rappelle sa visite:

18.   DAUL, P117, D1, 5.15, Jules Escholier, «Le Prix Webster», sans date mais rédigé en 1937, p. 2.

19.   DAUL, P117, G5, 2.2, «Lettre de Paul-Émile Paquet à G. Dion du 31 août 1935», p. 1.

Je ne sais pas si vous vous souvenez encore du jeune homme qui est allé vous rencontrer au Grand Séminaire de Montréal durant les dernières vacances. Mais moi, quoiqu'au Grand Séminaire de Québec depuis septembre dernier, je suis toujours de très près les activités de la Ligue d'Action nationale. Et ce n'est pas sans une grande tristesse que je lisais dans la revue du mois de novembre, sous la plume d'André Marois, que vous seriez forcés de cesser votre travail d'éducation nationale si l'on vous enlevait la jeunesse étudiante[20].

C'est que la bataille entre les tenants de l'ACJC et ceux de l'Action catholique fait toujours rage au sein de l'Église. Dans ce débat, le jeune Dion prend clairement position en faveur du maintien d'une « éducation nationale ». Et il ne serait pas le seul parmi les étudiants du Grand Séminaire de Québec :

> Plusieurs confrères et moi, nous nous disions : « Ah, s'ils peuvent tenir encore deux ou trois ans, après cela nous y verrons ! » En effet, mon cher monsieur, si parmi les étudiants en théologie de Laval, il y en a encore qui sont de la génération naïve de 1867, un bon nombre, vous dirai-je, sont convaincus de la nécessité de votre doctrine et se préparent de toute leur force à pouvoir l'appliquer quand ils seront professeurs dans les collèges classiques de notre région.

> Nous avons trop souffert, nous souffrons trop de voir des éducateurs incomplets compromettre notre avenir, tant religieux que national, car du train que l'on va, les prêtres vont certainement perdre leur emprise sur l'éducation de la jeunesse[21].

Après avoir imploré Lionel Groulx de tenir bon dans cette bataille, Gérard Dion lui signale des appuis importants en provenance de la capitale, celui du cardinal Villeneuve dans son communiqué « du 17 décembre dernier », celui du supérieur du Grand Séminaire, « M. le chanoine Robert[22] ». Bien que ses collègues et lui ne puissent prendre position publiquement, ils sont derrière leur maître à penser :

> Et, si nous, à l'heure actuelle, nous ne pouvons faire aucune action extérieure, au moins, nous nous trempons pour le combat et nous vous appuyons de tous les encouragements et de toute la sympathie que

---

20. DAUL, P117, G5, 2.1, « Lettre de G. Dion à Lionel Groulx du 5 janvier 1936 », p. 1.

21. *Ibid.* Un extrait d'une lettre antérieure de l'aumônier Paquet confirme la perte d'influence de l'Église et une nette volonté de laïcisation : « La vague d'anticléricalisme n'est pas loin de [se] dessiner à l'horizon ; en tout cas, un gros travail se fait dans l'ombre. On en veut à l'enseignement par le clergé et l'on en veut aux communautés religieuses. Priez, faites prier pour que nous gardions nos collèges classiques ». DAUL, P117, G5, 2.2, « Lettre de Paul-Émile Paquet à G. Dion du 7 octobre 1935 », p. 2.

22. DAUL, P117, G5, 2.1, « Lettre de G. Dion à Lionel Groulx du 5 janvier 1936 », p. 2.

peuvent avoir des jeunes canadiens-français catholiques qui voudraient avoir un abîme d'amour pour Dieu et voir leur race maîtresse chez-elle, belle et forte pour être mieux soumise au Christ-Roi[23].

Et il termine cette lettre d'appui, en signant : « Un jeune qui vous aime et vous admire beaucoup ».

Au début du mois d'avril de la même année, le jeune séminariste va y aller d'une lettre encore plus révélatrice de ses opinions. Adressé cette fois à François Hertel, pseudonyme du jésuite Rodolphe Dubé, ce témoignage révèle un Gérard Dion nettement indépendantiste, déclarant éprouver « des hauts-le-cœur en pensant à la Confédération canadienne » et espérer « une sécession[24] », tout en exprimant une très grande inquiétude devant la politique provinciale.

La suite de sa correspondance avec Lionel Groulx nous apprend que ces jeunes séminaristes viennent de passer à l'action. Ils ont d'abord élaboré « une petite prière pour la nation canadienne-française ». Cette dernière est maintenant « récitée chaque soir à la chapelle du Grand Séminaire ». Informé de son existence par le supérieur de l'établissement, le cardinal Villeneuve, qui « s'est montré très content », vient même de lui accorder « une valeur de 200 jours d'indulgence ». De plus, il a donné, à ces jeunes, « la permission de l'imprimer et de la répandre ».

Devant ce premier succès, ces séminaristes ont décidé d'aller plus loin :

> Grâce à la bienveillance de M. le chanoine Robert, *L'Action nationale* marche très bien au Grand Séminaire. Nous nous sommes formés un noyau de 10 élèves bien convaincus et, à l'insu des autres, nous dirigeons le mouvement. Cette prière, par exemple, a été distribuée à tous les séminaristes, elle est en vente au magasin et personne ne sait d'où elle sort. Nous en avons envoyé 600 à M. l'abbé Paquet de Lévis et il va la distribuer au Collège. Le travail dans l'ombre est notre force. Nous espérons, grâce à l'aide de M. le Supérieur, changer tout l'esprit du jeune clergé québécois. Cela ne se fera pas sans réaction, mais nous arriverons[...][25].

Ce noyau va bientôt donner lieu, au printemps 1937, à davantage, à l'élaboration d'un programme et à un regroupement. En faveur d'un « ordre laurentien catholique et français », les jeunes « Croisés de Dollard » souhaitent, dans la ligne des enseignements pontificaux, « la

---

23. *Ibid.*, p. 3.

24. DAUL, P117, G5, 2.1, « Lettre de G. Dion à François Hertel du 8 avril 1936 », p. 2. À cause de la teneur de ce document, nous le reproduisons, au complet et dans sa version manuscrite, en fin de chapitre.

25. *Ibid.*, « Lettre de G. Dion à Lionel Groulx du 16 mai 1936 », p. 1.

Version à l'origine du drapeau du Québec,
avec ses fleurs de lys inclinées.
Source : En-tête de la lettre du père
Paul-Émile Paquet du 14 août 1937,
trouvée à DAUL, P117, G5, 2.2.

mort du libéralisme » ; ils désirent combattre « les trusts » et encourager
« la petite industrie ». Sur le plan social, ils s'engagent à « favoriser les
associations professionnelles » de toutes sortes, dans le but « d'établir
le plus tôt possible l'organisation corporative[26] », fidèles en cela à la
pensée de la nouvelle Ligue d'action corporative fondée par le jésuite
Joseph-Papin Archambault, et regroupant plusieurs membres de *L'Action
nationale*. Ces jeunes se déclarent également « Laurentiens avant d'être
Canadiens et Canadiens avant d'être Britanniques », affirmant ainsi la
primauté de l'identité « canadienne-française » ou québécoise.

Allant plus loin, ils désirent, « le plus vite possible », la création
d'« un État français sur les bords du Saint-Laurent » où les Canadiens
français seront appelés à devenir « maîtres de leur vie économique[27] ». En
conclusion, chaque membre s'engage « à convertir au moins un jeune
homme à cette mystique », à lire et faire lire « L'ACTION NATIO-
NALE » ainsi qu'à faire « rapport » après leur départ du Séminaire.

Quelles furent les activités de ce groupe ? Il est difficile d'apporter
une réponse précise à cette question avec les sources dont nous dispo-
sons. Tout au plus, nous avons pu voir que ces jeunes se donnaient
rendez-vous dans une grange pour y tenir leurs réunions. La correspondance de Gérard Dion avec l'abbé Groulx au cours de l'été 1937
nous apprend qu'ils sont « dix <u>Croisés de Dollard</u> (groupe secret) », que
« trois » d'entre eux viennent d'être « ordonnés prêtres » et qu'ils seront
prêts, l'an prochain, à faire « du bon travail au Collège de Lévis et au
Petit Séminaire de Québec[28] ».

---

26.   DAUL, P117, G5, 3.4, « Les Croisés de Dollard », p. 1. À cause de l'importance de
ce programme, nous le reproduisons en fin de chapitre.

27.   *Ibid.*, p. 2 et 3. Soulignons que le débat ACJC/AC paraît terminé puisque, dans les
premiers articles, on se dit favorable à « l'action catholique ».

28.   DAUL, P117, G5, 2.1, « Lettre de G. Dion à Lionel Groulx du 3 juin 1937 », p. 2 et 3.

Au surplus, la période estivale devrait être propice à de nouvelles actions :

> Pendant les prochaines vacances, à moins d'obstacles très grands provenant de l'extérieur, nous pourrons à l'OTJ [Œuvre des terrains de jeux] donner un peu d'éducation nationale et sociale aux 25,000 enfants de Québec. Nous avons déjà commencé à nous organiser, à faire nos plans. Entre autres choses, nous imposerons sur les 11 terrains de jeux le drapeau national de l'AN et, chaque matin, les enfants feront solennellement en groupe le salut du drapeau[29].

Cette même lettre révèle que ce petit groupe a réussi à faire inviter l'abbé Lionel Groulx, en avril, au Grand Séminaire de Québec. Un contexte favorable explique cette visite :

> Tout d'abord votre présence dans le vieux vieux Séminaire a plus surpris les gens de l'extérieur que les élèves du Séminaire eux-mêmes. En effet, depuis que M. le chanoine Robert est à la tête de cette maison, que certains de nos professeurs s'occupent activement des problèmes sociaux en ville, les idées nationales font leur chemin et on allait même jusqu'à se demander souvent : « Pourquoi l'abbé Groulx ne vient-il pas nous parler ?[30] »

On y apprend ensuite que cette conférence a eu des effets bénéfiques. D'abord, des séminaristes, qui le considéraient « hérétique » et extrémiste, ont été « surpris de trouver en vous un homme modéré ». Enfin, son exposé a eu des répercussions sur l'enseignement :

> Je crois que tous ont bien compris la nécessité de réformer nos méthodes et de donner une véritable éducation intégrale. Durant le cours qui suivit votre conférence, un professeur qui vous admire beaucoup, M. l'abbé Pelletier, a cru bon de prendre l'heure complète pour gloser sur les différents problèmes nationaux et sociaux que le prêtre de demain aura à orienter. Les autres professeurs aussi ont souligné en classe l'urgence de ces problèmes. Ce n'était pas la première fois mais après votre conférence ces allusions étaient des « confirmatur » à votre exposé. Professeurs et élèves sont tellement contents que vous pouvez être assuré de recevoir encore un jour ou l'autre une autre invitation de venir nous adresser la parole[31].

Le jeune Gérard, sachant que Lionel Groulx s'apprête à assister au deuxième Congrès de la langue française qui va bientôt se tenir à Québec, lui demande une nouvelle rencontre, cela parce que « j'aurais certaines questions à vous communiquer et je ne puis le faire par lettre ». Et il termine en lui demandant de « dire aux amis de L'ACTION

---

29. *Ibid.*, p. 2.
30. *Ibid.*, p. 1.
31. *Ibid.*, p. 2.

NATIONALE que même si nous sommes de Québec, c'est l'esprit laurentien qui nous anime[32] ».

Dans sa réponse, l'abbé Groulx se dit débordé mais, puisqu'il logera « au Séminaire » lors de cette prochaine visite, il espère pouvoir avoir « le plaisir de vous y voir[33] ». Exprimant ensuite des craintes pour son discours, il s'en prend au fait qu'il devra le prononcer le dernier, en toute fin de soirée, soit « vers minuit », affirmant qu'il aura alors à « opérer un double réveil, quand un seul me serait suffisant[34] ».

Les archives nous permettent de savoir que les deux hommes se sont manqués[35]. Mais, chose certaine, le jeune Gérard a participé à ce deuxième Congrès de la langue française. Et il est à peu près certain qu'il a entendu le célèbre discours de son maître à penser. En tout cas, ses archives contiennent les comptes-rendus que les journaux de l'époque en ont faits.

On y décrit l'atmosphère qui régnait ce soir-là. Malgré l'heure tardive, une « salve d'applaudissements » accompagne l'arrivée de l'abbé Groulx : la « salle se dresse » et « entonne l'hymne national » à la vue de son « unique chef national depuis Papineau[36] ». Après cet accueil triomphant, Lionel Groulx commence son discours intitulé : « L'histoire, gardienne de traditions vivantes ». Retournant aux premiers jours de la colonie, il tire les « constantes », les « lignes de force » du passé du peuple canadien-français : 1- « notre vocation paysanne » ; 2- « notre tradition religieuse, notre foi catholique » ; 3- « notre mystique française ». Et si, lors de la Conquête anglaise de 1760, « nous perdons l'empire... nous gardons nos positions paysannes ». Et la « ligne maîtresse » de ces « 65 000 gueux » sera la suivante : « se dégager de l'étreinte du conquérant, se dégager un peu plus chaque jour, accroître d'étape en étape son autonomie, <u>tendre de toute la tension de son âme vers la fierté d'un destin français</u>[37] ».

L'historien nationaliste se penche ensuite sur les grandes dates de notre histoire : « 1774 : conquête des libertés civiles et religieuses » ; « 1791 : commencement de liberté politique et théoriquement, l'érection

---

32. *Ibid.*, p. 3.

33. DAUL, P117, G5, 2.1, « Lettre de Lionel Groulx à G. Dion du 23 juin 1937 », p. 1. Dans cette lettre, Lionel Groulx se plaint longuement du peu de sentiment national tant dans les « milieux populaires » que chez les « professionnels ».

34. *Ibid.*, p. 4.

35. Révélé dans « Lettre de Lionel Groulx à G. Dion du 14 juillet 1937 », p. 1.

36. « Apothéose à l'abbé Groulx : la foule vibre comme aux grands jours de Papineau », *La Nation*, 1er juillet 1937. Trouvé à DAUL, P117, G5, 2.1.

37. « M. l'abbé Lionel Groulx et l'histoire gardienne de traditions vivantes », *L'Évènement*, 30 juin 1937, p. 4, trouvé à *ibid.* Ce dernier passage a été souligné par Gérard Dion.

Portrait de l'abbé Lionel Groulx, qui avait
pour dédicace : «À mes jeunes amis de Québec.
Vivent les vivants!» Datant de 1937 ou 1938.
Photographe : Larose.
Source : Centre de recherche Lionel-Groulx,
P2/T1.42.

Carte du congrès. Source : DAUL, P117, S3.1.

de sa province en État français»; suivie par «50 années de luttes pour
l'amélioration de la liberté politique» qui menèrent à «l'insurrection
de 1837». Cet échec conduisit à «l'annexion de notre province au Canada» en 1840; mais, en 1842, «l'État unitaire devient fédératif»; et, en
1848, il y eut partage, «dans un cabinet de coalition», de la «puissance
politique, suite de l'autonomie coloniale»; enfin, avec la Confédération
de 1867, il y aura «pratiquement, cette fois, érection de l'État français
à politique française», grâce à la création de la province de Québec.

Mais l'entente de 1867 n'a pas donné les résultats escomptés. Et il
conclut sa dénonciation du fédéralisme canadien et son discours d'une
durée de près d'une heure par ces paroles :

Parce qu'il y a Dieu, parce qu'il y a notre histoire, parce qu'il y a la
jeunesse, j'espère. J'espère avec tous les ancêtres qui ont espéré : j'espère avec tous les espérants d'aujourd'hui; j'espère par-dessus mon
temps, par-dessus tous les découragés. Qu'on le veuille ou qu'on ne
le veuille pas, notre État français, nous l'aurons : nous l'aurons jeune,
fort, rayonnant et beau, foyer spirituel, pôle dynamique pour toute
l'Amérique française. Nous aurons aussi un pays français, un pays
qui portera son âme dans son visage. Les snobs, les bon-ententistes,
les défaitistes, peuvent nous crier, tant qu'ils voudront : «Vous êtes
la dernière génération de Canadiens Français...» Je leur réponds avec
toute la jeunesse : «Nous sommes la génération des vivants. Vous êtes
la dernière génération des morts»[38]!

Après ce discours mémorable, que l'on surnommera «L'Appel
aux vivants!», une lettre de Lionel Groulx apprendra au jeune Gérard
pourquoi ce dernier n'a pu être au rendez-vous fixé, la visite organisée

38. *Ibid.* Le souligné est de Gérard Dion.

à Sainte-Anne-de-Beaupré s'étant prolongée plus que prévu. Même si celui-ci l'invite à lui écrire afin de « me dire par lettre les propos que j'eusse été si heureux d'échanger[39] », la correspondance entre eux va s'interrompre pour ne reprendre qu'en 1939. Nous y reviendrons au moment de son ordination ; mais, auparavant, voyons un autre lien qui perdure.

Un protecteur toujours là

De l'été 1935 jusqu'au printemps 1937, André Noël, gérant de banque de Saint-Anselme, continue également d'échanger avec le jeune Dion. Leur correspondance traitera d'une foule de sujets, allant du rôle de Wilfrid Laurier, à celui d'Armand Lavergne, jusqu'au Crédit social[40]. Quant à ce nouveau parti politique, il y voit une manifestation de la crise qui « a fait naître tant de réformateurs prêchant des théories irréalisables et insensées ».

Après une critique dévastatrice de la théorie économique de ce parti, il suggère à son jeune ami de regarder ailleurs, cela même si « *L'Action catholique* dit que le Crédit social mérite l'étude et l'attention du peuple et des gouvernements ». Affirmant qu'il ne s'agit pas là d'une « parole de l'Évangile », il lui rappelle comment plusieurs se sont fourvoyés sur une autre recommandation de vote :

> Un jour Taschereau était la bête noire de la province. Godbout ne valait guère mieux, c'était un réactionnaire, il avait laissé perpétré tous les scandales, il en était responsable, enfin il avait trempé dans le sang... ; cet homme ne méritait pas la confiance de la nation. C'était l'honorable Maurice LeNoblet Duplessis de Beau Manoir qui devait, par son honorabilité, sa respectabilité, sauver la province du désastre. En plus de cela, c'était un bon bleu [...]. Nous répondions, dans le temps, que cet homme ne valait pas mieux que les autres et qu'il ne méritait pas plus la confiance des électeurs que les premiers. Les faits ne l'ont-ils pas prouvé par la suite ?... Les doutes exprimés par les vieux avant les élections étaient fondés, malgré l'ironie qu'ils reçurent des jeunes. N'offrent-ils pas le spectacle, aujourd'hui, de s'être fait rouler[41] ?

---

39. DAUL, P117, G5, 2.1, « Lettre de Lionel Groulx à Gérard Dion du 14 juillet 1937 », p. 2.

40. DAUL, P117, G5, 2.3, « Lettre de Bernard Noël à G. Dion du 3 mai 1935 », 5 pages ; « Lettre du 4 janvier 1936 », 2 pages et « Lettre du 7 mars 1937 », 3 pages.

41. *Ibid.*, « Lettre du 7 mars 1937 », p. 2. Le soutien d'une partie du clergé à Duplessis est confirmé par cet extrait d'une lettre antérieure de l'aumônier Paquet : « Je crois que nous aurons avant peu un gouvernement chrétien à Québec ». DAUL, P117, G5, 2.2, « Lettre de Paul-Émile Paquet à G. Dion du 31 août 1935 », p. 1.

Charles-Omer Garant, vers 1939.
Source : Archives du Séminaire de Nicolet,
F277, 177/2/107.

Pour lui, aucun doute, Maurice Duplessis et l'Union nationale n'augurent rien de bon. D'autres recueillent plutôt son adhésion : « L'homme du jour et celui que le peuple devrait suivre est bien le Dr Hamel et son brillant entourage. Ce sont des hommes vraiment sincères et désintéressés ».

Ainsi, au début de sa formation théologique, le jeune Gérard a pu profiter des conseils de son protecteur et grand ami de Saint-Anselme. Chaque fois que celui-ci lui répond, il l'invite à faire preuve d'indépendance d'esprit et d'un regard critique, même devant l'institution dont il s'apprête à faire partie, l'Église. Ce regard perçant sur les réalités sociales et politiques l'a sûrement aidé à se former « une bonne tête ».

Et, au même moment, au Séminaire, un professeur de la Faculté de théologie de l'Université Laval, spécialiste de l'enseignement social de l'Église, commencera à faire sentir son influence.

Un professeur influent

Professeur d'écriture sainte et d'exégèse biblique, Charles-Omer Garant s'avère être un professeur particulier grâce à son très grand intérêt pour les questions sociales. Les premiers enseignements du Christ sont pour lui l'occasion de faire un lien constant avec la doctrine sociale de l'Église et les réalités sociales du temps. De cela, plusieurs de ses anciens étudiants peuvent témoigner.

Dans son éloge funéraire, Gérard Dion viendra largement confirmer cette appréciation :

Pour nous, [Charles-Omer Garant] a été un maître, un guide, un ami. Nous l'avons connu comme professeur au Grand Séminaire alors qu'il nous enseignait l'Écriture sainte et qu'il animait le Cercles d'études sociales chez les séminaristes...

Il était un de ceux qui « ont faim et soif de la justice »[42].

Il décrit ainsi celui qui a d'abord été son maître :

Professeur au Grand Séminaire, en plus de son devoir d'état principal qu'il accomplissait fidèlement, il consacrait beaucoup de son temps aux groupements patronaux et à différents mouvements d'action sociale et nationale. Cette conscience aiguë qu'il possédait de la nécessité de la pénétration du Message évangélique dans la vie sociale, il savait la communiquer à son entourage. Comme il payait lui-même de sa personne sans jamais mesquiner, il a été pour plusieurs un stimulant et un modèle.

Et il est fort probable que, lors des cercles d'études sociales du Séminaire, Charles-Omer Garant a alors initié le jeune Dion à l'enseignement social de l'Église et aux grands encycliques sociaux de *Rerum Novarum* (1891) à *Divini Redemptoris* (1937), ce dernier enseignement de Pie XI qui constitue une nette condamnation du fascisme.

Son ancien étudiant rappelle aussi le soutien constant qu'il accorda à la nouvelle école en formation :

Plutôt autodidacte dans les sciences sociales, il avait compris l'urgence d'organiser un enseignement universitaire dans ce domaine. Avec quelques autres, il a été l'un des collaborateurs les plus fidèles du R.P. Lévesque dans la création de l'École des sciences sociales de Laval et son défenseur dans les difficultés qu'elle a rencontrées[43].

Par la suite, Charles-Omer Garant deviendra un « guide » pour Gérard Dion alors qu'il l'initiera à sa fonction d'aumônier patronal. Ce dernier souligne sa contribution :

Dans le domaine patronal, prenant la succession de Mgr Cyrille Gagnon auprès de l'Association des constructeurs de Québec, il a été l'instigateur du mouvement patronal catholique dans la province de Québec. Plusieurs associations ont été créées sous son impulsion et

---

42. Gérard Dion, « Son excellence Monseigneur Charles-Omer Garant », *Perspectives sociales*, vol. 17, n° 6 (nov.-déc. 1962), p. 118-119. Les prochaines citations proviennent de ce document.

43. À ce sujet, Georges-Henri Lévesque, au moment de la consécration épiscopale de Charles-Omer Garant, en 1948, ajoutait : « Mgr Garant a d'ailleurs fait partie du corps professoral et du bureau de direction de notre Faculté jusqu'au moment où le surcroît de travail que lui imposaient ses fonctions à la Faculté de théologie vint nous l'enlever ». Tiré de « Un évêque social », *Bulletin des relations industrielles*, vol. 4, n° 1 (sept. 1948), p. 1.

avec sa collaboration. L'Église canadienne lui devra [aussi] une reconnaissance insigne pour son travail délicat et persévérant dans le secteur des services hospitaliers[44].

Mais cette action dans le monde patronal n'amena pas celui-ci à adopter des positions anti-ouvrières, bien au contraire :

> Le syndicalisme ouvrier d'inspiration catholique a toujours trouvé chez lui un appui fidèle. Combien de fois dans des réunions patronales, ne l'avons-nous pas entendu dire : « Je suis l'aumônier des syndicats auprès des patrons ». Il ne craignait pas d'indiquer les exigences de la justice et de la charité sans faux-fuyants. Sa sincérité était convaincante et attachante. Il a été un grand artisan de la collaboration patronale-ouvrière. Qui dira un jour le rôle qu'il a joué dans l'orientation de l'actuelle loi de la convention collective refaite en 1938 et même de la loi des relations ouvrières en 1944[45] ?

Cette attitude deviendra également celle de Gérard Dion après la Seconde Guerre alors qu'ils œuvreront tous les deux à l'intérieur des associations patronales de Québec. Charles-Omer Garant sera aussi « à l'origine » des premières réunions d'aumôniers patronaux, des « Journées sacerdotales d'études sociales » qui vont réunir les aumôniers sociaux du Québec à partir du printemps 1945 ainsi que « l'un des membres de la première équipe de la Commission sacerdotale d'études sociales qui a joué un rôle de premier plan dans l'action sociale catholique en notre province ». C'est à cette occasion qu'un véritable lien d'amitié se développera entre les deux hommes.

Nommé évêque en juin 1948, Mgr Garant assumera la fonction d'auxiliaire de Mgr Maurice Roy et deviendra, ensuite, secrétaire de l'Assemblée des évêques du Québec. Gérard Dion rappelle qu'à ce titre il joua un rôle essentiel : « Il a eu une si grande part dans la fameuse *Lettre pastorale collective de l'Épiscopat du Québec sur les problèmes ouvriers*, en 1950, que l'on peut affirmer que, sans lui, elle n'aurait jamais été publiée ».

Ainsi, cette rencontre au Grand Séminaire de Québec au cours des années 1935-1939 comptera beaucoup. Ce professeur hors du commun l'initia à la doctrine sociale de l'Église. Par la suite, tous deux œuvreront à son implantation dans le milieu patronal de Québec. Ils seront à l'origine des réunions d'aumôniers et contribueront à la mise

---

44. C'est en 1932 que Charles-Omer Garant fut nommé aumônier de sept associations patronales de Québec. Tiré de son hommage funéraire dans *La Semaine religieuse de Québec*, vol. 75, nº 8 (25 nov. 1962), p. 115.

45. Sur ces derniers points, seule une étude de l'œuvre de Mgr Garant permettrait de fournir des indications plus précises.

sur pied de la Commission sacerdotale d'études sociales (CSES)[46]. Après 1948, cet ancien « maître » et « guide », devenu « ami », s'avérera un contact précieux au diocèse de Québec et à l'Assemblée des évêques, cela jusqu'au décès de Mgr Garant le 21 octobre 1962. On peut affirmer, sans l'ombre d'un doute, qu'il y avait communauté de pensée entre ces deux hommes.

Mais, pour l'instant, le jeune Dion est bien loin de soupçonner ce lien privilégié qui se développera au cours de la Deuxième Guerre mondiale, au moment de sa formation en sciences sociales, et après, alors que tous deux deviendront de virulents opposants à Duplessis.

ACCESSION À LA PRÊTRISE ET NOUVELLE PRISE DE CONSCIENCE SOCIALE

Tout au long de sa formation ecclésiale, Gérard Dion se montre doué. Les quelques documents qui nous restent de ces quatre années passées au Grand Séminaire permettent d'affirmer qu'il a accueilli cette formation avec réceptivité, en cherchant à se l'approprier avec les ressources de sa personnalité : curiosité intellectuelle, quête d'une pensée personnelle et désir de convertir ses compatriotes à Jésus-Christ, avec une attention spéciale aux moins bien nantis, les travailleurs.

Au terme de ses quatre années d'études, il obtiendra, cette fois, une licence en théologie de l'Université Laval avec la mention *Magna Cum Laude*[47]. Il ne lui reste ensuite qu'à se préparer au grand jour, à son ordination. Très peu d'informations nous permettent de cerner l'état d'esprit du jeune Gérard au moment de sa préparation à cet événement. Une lettre à son maître à penser de ses jeunes années, Lionel Groulx, nous indique toute la reconnaissance qu'il éprouve à l'égard de ce dernier :

> Mon cher maître,
>
> Pendant les quelques jours qui me séparent de mon sacerdoce, je pense à ceux qui m'ont fait du bien depuis mon enfance, à ceux à qui je dois d'être ce que je suis. Aussi je ne puis pas vous taire la grande influence que vous avez eue sur ma vie. Étudiant au collège, j'ai pris dans vos œuvres mon idéal de vie. C'est pour une bonne part grâce à vous si je comprends l'importance d'être moi-même – un vrai catholique, un vrai Canadien français à la Gérard Dion. Et si je veux de toute mon âme

---

46. Pour des détails sur la formation de cet organisme, voir *Les Dessous d'Asbestos*, p. 15-29.

47. Hélène Bergeron (1961), « Biographie de l'abbé Gérard Dion », tirée de (1985), *[...] Prix Léon-Gérin*, p. 173. La licence d'alors se situe entre le baccalauréat et la maîtrise. Bien des programmes de licence vont devenir des baccalauréats spécialisés.

Gérard Dion, photographie prise au
moment de son ordination, en mai 1939,
et probablement tirée d'une mosaïque.
Photographe inconnu. Source: DAUL,
P117, A1/1.2.

Souvenir d'ordination, mai 1939.
Source: DAUL, P117, A3.1.

Gérard Dion, avec sa famille, photographie prise entre 1938 et 1942.
Source: Gracieuseté de la famille Dion.
De gauche à droite: 1ʳᵉ rangée, Gérard, son père, la petite Denise, sa mère et Thérèse;
2ᵉ rangée: Jeanne, Paule, Claire, Gabrielle, Guy, Georgette et Simone.

que mon petit peuple réalise chez nous, en Laurentie, un type original de culture qui en définitive rendra plus de gloire à Dieu, c'est encore à vous que je le dois[48].

Et il termine cet aveu en lui promettant de penser à lui au moment d'offrir, pour une première fois, « au Créateur le corps et le sang de son divin Fils » ainsi que de devenir, par la suite, « de plus en plus "quelqu'un"[49] ».

C'est le 17 mai 1939, jour de la visite de la reine, que Gérard Dion est ordonné prêtre en la basilique de la vieille capitale par l'archevêque de Québec, le cardinal Jean-Marie Rodrigue Villeneuve[50]. Sa première grand-messe, le jeune abbé Dion, maintenant âgé de 26 ans, la célèbre le lendemain 18 mai, jour de l'Ascension, à East Broughton, puisque sa famille y habite depuis 1936 à cause d'un nouveau déplacement de son père.

Dans les notes qui nous restent de cet événement – son discours lors du banquet qui a suivi–, l'abbé Dion, après avoir exprimé sa reconnaissance à toutes les personnes et les institutions qui lui ont permis d'accéder à la prêtrise, évoque son désir de convertir le monde ainsi que sa préoccupation spéciale pour les moins favorisés de la société.

Ce séjour de ses proches au pays de l'amiante sera pour Gérard l'occasion de prendre conscience des problèmes d'hygiène industrielle vécus dans la région. Dix ans plus tard, à l'occasion de la célèbre grève de l'amiante, il dénoncera avec force, d'abord, l'insalubrité du village :

> Nous avons connu la poussière d'amiante, nous avons vu son nuage constant déferler sur le village, nous en avons respiré. Pendant plus de huit ans [notre famille] a habité ce village. Notre demeure était située en pleine zone du « coton ». Les fenêtres fermées, une heure après que l'époussetage avait été fait, on pouvait écrire son nom sur les meubles. Quand maman voulait faire sa lessive elle était obligée de choisir ses journées pour ne pas gaspiller son linge[51].

À la fin de chaque hiver, tant la municipalité que les résidants devaient intervenir :

---

48.   DAUL, P117, G5, 2.1, « Lettre de G. Dion à Lionel Groulx du 5 mai 1939 », p. 1.

49.   *Ibid.*, p. 2.

50.   Son ami de Saint-Anselme, Rodolphe Mercier, est ordonné prêtre en même temps que lui. Témoignage de Claire Dion, entrevue du 15 juin 2005 à Québec. Voir la carte d'ordination pour ses autres confrères.

51.   Gérard Dion, « East-Broughton, la lâcheté de l'élite et le communisme », *Le Devoir*, 8 mars 1949, p. 10. Soulignons que ce texte avait d'abord paru dans *Ad Usum Sacerdotum* de février. Il s'agit de la première fois que *Le Devoir* se permettait de publier un article de ce supplément réservé exclusivement à l'usage du clergé. Les prochaines citations proviennent de la même source.

Le printemps, après la fonte des neiges, nous avons vu les employés de la ville être obligés de nettoyer les rues avec les boyaux à incendie, car il y avait une couche de «coton» qui rendait la circulation dangereuse et dans nos parterres nous étions obligés d'enlever la croûte de poussière accumulée pendant l'hiver, car le gazon n'aurait pas pu passer à travers et aurait pourri. Ce sont des choses que nous avons vues.

Vue du moulin de la Quebec Asbestos no. 2, en 1947. Source : SAHRA, Série Office du film de Québec-Bibliothèques et Archives nationales du Québec. Cote ES, S7, P38801.

Enfin, Gérard Dion s'insurge contre les conditions inhumaines de travail et la crainte vécue par les mineurs :

Nous avons connu les travailleurs de la mine : nous avons été porter le Bon Dieu à des malades tuberculeux par le «coton». Notre voisin, père d'une douzaine d'enfants, est aujourd'hui malade. Il y a 13 ans que nous le connaissons ; c'était un gros gaillard plein de santé. Les médecins ne savent pas ce qu'il a. Lui, il s'en doute. Jeune encore, il travaille quand il peut, ne sait pas ce qu'il va advenir de sa famille et surtout n'ose pas dire un mot. Comme tous ses compagnons, il sait ce qui arriverait à ceux qu'il a à nourrir.

Pendant ce séjour de sa famille à East Broughton, l'abbé Dion a donc amplement vu les ravages de l'amiantose sur la santé des mineurs du village et sur la vie de leur famille. Cette triste réalité a aussi façonné sa conscience sociale. Tout cela l'amènera à donner une direction particulière à sa prêtrise. Très rapidement, il voudra se diriger vers le social.

Jeune prêtre

Très fasciné par les problèmes sociaux de son époque, Gérard Dion souhaite, à sa sortie du Grand Séminaire, poursuivre ses études à l'université. Voici comment il relata la décision de l'archevêque de Québec à son endroit :

Le cardinal Villeneuve ne croyait pas à la science infuse chez les prêtres. Aussi, il tenait à avoir parmi son clergé un certain nombre d'individus bien préparés dans tous les domaines et à leur faire poursuivre des études avancées...

Comme j'avais manifesté un intérêt particulier aux problèmes sociaux, sans nécessairement avoir en vue un champ précis, le cardinal, avant

Adhésion de Gérard Dion à
l'Union missionnaire du clergé,
le 2 novembre 1939.
Source: DAUL, P117, B2.3.

mon ordination, m'avait dit qu'il m'enverrait étudier les sciences sociales. Et, je devais commencer en septembre 1939[52].

Mais un concours de circonstances devait le conduire ailleurs:

Au cours de l'été, un prêtre du Collège de Lévis meurt subitement et le supérieur de l'institution demande à l'archevêque de le remplacer. À cette époque, le ministère de l'enseignement dans les collèges avait une priorité, immédiatement après le ministère paroissial, et, selon la coutume, on dirigeait vers chaque collège les nouveaux prêtres qui y avaient étudié. Étant en disponibilité, le cardinal m'assigne au Collège de Lévis, en me disant qu'il reportait à plus tard mes études en sciences sociales. Je devais donc m'inscrire à l'université en septembre de l'année suivante[53].

Pensant que son précieux projet serait retardé d'un an seulement, le jeune abbé accepte avec joie de répondre à la volonté de son évêque.

Professeur d'abord

Ainsi Gérard Dion retournait à son *Alma mater*, cette fois comme professeur. Lors d'un entretien ultérieur, il a livré ainsi ses sentiments sur cette première expérience d'enseignement:

F.B.: «Ça vous a plu?»

G.D.: «Je ne peux pas dire que cela m'a plu! Cette année où j'ai été professeur au Collège de Lévis, je pense que c'était pire que d'être pensionnaire...

Ça va vous faire rire, la matière que j'enseignais. J'étais professeur d'anglais. Imaginez-vous!»

F.B.: «Nationaliste comme vous!»

---

52. Gérard Dion (1984), «Les relations industrielles à l'Université Laval», Collectif, *Continuité et ruptures: les sciences sociales au Québec*, Montréal, PUM, p. 65-85. Voir p. 66-67.

53. *Ibid.*, p. 67.

G.D. : «J'étais nationaliste, professeur d'anglais![54]»

Son arrivée en poste lui procure un certain choc. La surveillance et la discipline propres à la vie d'un collège classique ne semblent pas lui plaire au plus haut point :

> Pauvre surveillant de dortoir ! Que ton rôle et tes sacrifices sont méconnus des élèves ! Premier soir : grand remue-ménage : valises dans les allées, désordre sur les armoires. Il y a un petit là-bas qui pleure. Une fois les lumières éteintes, les uns, écrasés de fatigue, s'endorment profondément. Moi aussi, je suis fatigué, j'entre dans ma cellule, une vraie cellule de moine, murs nus, pas même une fenêtre. J'ajuste mon réveil-matin, cet instrument indispensable du maître de dortoir et me couche. Ce matin quand je me suis réveillé, je me demandais où j'étais. J'ai sonné la cloche maladroitement ; il me coûtait beaucoup d'interrompre le somme de soixante enfants. J'étais presque gêné de lancer le traditionnel *Benedicamus Domino*[55].

Il n'en tente pas moins de s'adapter en se tournant vers son activité favorite :

> Le lendemain, je me suis apporté de la lecture. Pourquoi perdre mon temps ? Pendant que les élèves font leur toilette, se préparent à se mettre au lit, je puis consacrer au moins vingt minutes à lire. Les lumières éteintes, je me promène en récitant mon chapelet. Jeune, j'avais aspiré à devenir une «personnalité», une personnalité qui rayonne, qui attire, qui élève. Je suis surveillant de dortoir. Quel champ d'action ! Autour de moi, silence, sommeil. Moi ? Endormeur. Je n'ai jamais songé à ce genre d'apostolat, mais c'est la volonté de Dieu.

Désireux d'orienter ses lectures, lectures qu'il a amplement le temps de faire en surveillant les élèves à l'étude ou au dortoir, Gérard Dion se rend, au milieu de l'année scolaire, rencontrer le supérieur du collège. Ce dernier déclare alors ne pas connaître l'affectation du nouveau professeur pour la prochaine année.

Furieux devant cette attitude timorée, le jeune abbé Dion décide de se rendre chez le cardinal Villeneuve où il lui fait son rapport. À sa grande joie, l'archevêque de Québec lui donne cette réponse nette : «Allez donc dire au supérieur du Collège de Lévis que l'année prochaine vous ne serez pas là![56]»

---

54. DAUL, P117, P6394, Entretien avec Gérard Dion lors de l'émission «L'expérience des autres» animée par François Baby et diffusée à la radio de Radio-Canada le 27 novembre 1969 à 21h.

55. Pierre Bélanger et autres (2003), *Le Collège de Lévis, 150 ans d'éducation, 1853-2003*, Lévis, Collège de Lévis, p. 224. La prochaine citation vient également de cet ouvrage, p. 225.

56. DAUL, P117, P6394, Entretien avec Gérard Dion lors de l'émission «L'expérience des autres» animée par François Baby et diffusée à la radio de Radio-Canada le 27 novembre 1969 à 21h.

Vicaire à Sillery

À l'été 1940, le jeune professeur s'attendait à quitter l'enseignement et à poursuivre ses études universitaires à l'Université Laval. Encore une fois, des circonstances particulières l'amèneront à surseoir ce projet qui lui est si cher. Tout d'abord, au mois de juin, une maladie bénigne l'oblige à un court séjour à l'hôpital. Ensuite, un nouveau cas de force majeure se présente :

> Mais comme [...] il fallait de toute urgence combler un poste de vicaire dans la paroisse de Sillery, le cardinal me fait venir pour m'annoncer qu'il avait décidé de m'envoyer dans le ministère paroissial pour un an, mais qu'il n'écartait pas du tout son intention de me faire poursuivre des études en sciences sociales. « Vous avez passé toute votre vie dans des maisons d'enseignement et les livres, me dit-il, ce contact direct avec la population va vous "dépoussiérer" l'esprit et vous sera une expérience profitable »[57].

Obéissant à son supérieur, le jeune prêtre devient donc vicaire à la paroisse Saint-Colomban de Sillery. Cette nouvelle expérience va s'avérer très profitable, comme en fait foi cet échange :

> F.B. : Me permettez-vous un petit souvenir ? Vous étiez bon vicaire à ce moment-là !
>
> G.D. : Et je me souviens de toi très très bien ! D'ailleurs, ces quatorze mois que j'ai passé à Sillery, j'en garde un excellent, excellent souvenir. Je me suis fais des amis là. Ça été une espèce de détente dans ma vie ; cesser d'être dans les milieux d'éducation, soit comme étudiant, soit comme professeur. Et puis là, mener une vie avec les gens, le ministère, rencontrer les familles, s'occuper de leurs problèmes. J'en garde un excellent, excellent souvenir[58].

Ému par ce rappel, son interviewer lui avoue le choc créé dans la paroisse à l'annonce de son départ : « Je peux vous dire qu'on n'avait pas compris pourquoi vous aviez quitté le ministère dans lequel vous aviez eu beaucoup de succès... parce qu'on vous aimait beaucoup![59] »

---

57. Gérard Dion (1984), « Les relations industrielles à l'Université Laval », *Continuité et ruptures...*, p. 67. Lors de son entretien avec François Baby, l'abbé Dion rapportait ainsi les paroles du cardinal : « Ah, on n'est pas pour vous envoyer étudier, vous êtes fatigué ! On va vous nommer vicaire. Ça va vous faire du bien de sortir votre nez des livres ; ça va vous épousseter l'esprit ! »

58. DAUL, P117, P6394, Entretien avec Gérard Dion lors de l'émission « L'expérience des autres » animée par François Baby et diffusée à la radio de Radio-Canada le 27 novembre 1969 à 21 h.

59. *Ibid.* Cet extrait d'une lettre à l'abbé Groulx montre que leurs échanges se poursuivent : « Mes compagnons et moi ont bien hâte de vous rencontrer et de prendre contact avec le maître que nous estimons tous ». DAUL, P117, G5, 2.1, « Lettre de G. Dion à Lionel Groulx du 24 février 1941 », p. 1.

Gérard Dion, avec sa mère Georgine, au bout du quai de la gare d'East Broughton, photographie prise entre 1940 et 1944.
Photographe inconnu.
Source : Gracieuseté de la famille Dion.

En cet été 1941, les choses en sont là. De nouveau malade, Gérard Dion est accueilli par l'abbé Leblond à l'Œuvre des terrains de jeux, au parc victoria[60]. C'est au cours de cette convalescence qu'il réfléchira à son souhait de poursuivre ses études universitaires. Il prendra alors la décision de s'inscrire à l'Université Laval. Et il semble que, cette fois, le cardinal Villeneuve acquiesça à sa demande et donna son aval.

RETOUR AUX ÉTUDES

En septembre 1941, quand Gérard Dion entreprend enfin de poursuivre sa formation universitaire, sa situation financière est précaire :

> Prêtre diocésain n'appartenant à aucune institution d'enseignement pour me loger et payer mes cours – à cette époque, les bourses d'études étaient à peu près inexistantes et il était exclu qu'un prêtre puisse en bénéficier – ne recevant aucune aide du diocèse et ne pouvant compter sur ma famille, j'ai dû me débrouiller seul pendant la durée de mes études[61].

Il lui faut absolument trouver un moyen de gagner l'argent qui lui permettra de payer ses études. Étant prêtre et pouvant officier, il décide que, désormais, durant ses étés, il se rendra à Brooklyn, Long Island, dans l'État de New York :

> C'est ainsi qu'au cours des vacances, j'allais faire du ministère aux États-Unis, ce qui m'a permis de me familiariser avec la langue anglaise et de m'enrichir de nombreux contacts avec des personnes qui œuvraient dans le domaine de l'action syndicale et particulièrement dans le syndicalisme[62].

---

60. Témoignage de Claire Dion, entrevue du 15 juin 2005 à Québec.

61. Gérard Dion (1984), « Les relations industrielles à l'Université Laval », *Continuité et ruptures...*, p. 67.

62. *Ibid.*

C'est peut-être à cet endroit que Gérard Dion a développé son intérêt dans les relations du travail. En tout cas, cette activité estivale lui procure les moyens suffisants pour parfaire sa formation. Faisant, encore une fois, contre mauvaise fortune, bon cœur, il confiera :

> Ce n'est que plus tard que j'ai pu apprécier le degré de liberté et de latitude d'action que m'a procuré pour toute ma vie cette situation temporairement pénible, mais qui me rendait complètement indépendant puisque je ne devais rien à personne et que je n'étais rattaché à aucune institution religieuse[63].

Disposant de revenus modestes mais ayant une complète indépendance, l'abbé Dion goûtera d'autant plus cette nouvelle possibilité de développement intellectuel.

En cet automne 1941, alors qu'il s'apprête à faire une nouvelle entrée à l'Université Laval, ce dernier possède une certaine longueur d'avance. D'abord, maintenant âgé de près de 29 ans, il a plusieurs années de plus que ses confrères étudiants. Ensuite, il dispose déjà d'une formation universitaire de quatre ans, ayant obtenu sa licence en théologie. Au surplus, il est prêtre.

Le contexte de la Seconde Guerre mondiale le favorise également, car il n'est plus du tout possible de faire venir des professeurs d'Europe. L'université devra donc veiller à les former en son sein. De plus, le père Lévesque a bien des ambitions pour sa nouvelle école, qu'il souhaite voir devenir faculté. Tous ces facteurs joueront dans le parcours accéléré que Gérard Dion s'apprête à suivre. À l'automne 1941, il entre d'abord en philosophie dans le but d'y obtenir une licence ; mais, dès l'année suivante, il décide de s'inscrire également en sciences sociales[64].

L'aventure des sciences sociales

À cause des nouvelles réalités amenées par cette Deuxième Guerre mondiale, une certaine effervescence se vit dans le domaine des sciences sociales alors en plein essor :

> L'École était un milieu formidable. Le nombre restreint d'étudiants et de professeurs partageant le même enthousiasme pour acquérir et développer la connaissance ainsi que servir la communauté favorisait entre nous l'existence d'une grande intimité dans le respect de la

---

63. *Ibid.*

64. Son vif intérêt pour l'enseignement social de l'Église y serait pour beaucoup. Les jeunes qui fréquentaient le parc Victoria en ont largement fait état. Avec passion, il leur parlait abondamment des encycliques pontificales de Pie XI, *Quadragesimo Anno* et *Divini Redemptoris*. Témoignage de Mme Lucie Maheu-Labelle.

Georges-Henri Lévesque, directeur de la célèbre École
des sciences sociales de l'Université Laval, en 1944, et
bientôt doyen de la nouvelle faculté. Source : DAUL,
Fonds des relations publiques, U519, 92/2, 7320.

personnalité de chacun. Tous, nous nous sentions embarqués dans une
véritable aventure[65].

Cette nouvelle école fondée par le père Georges-Henri Lévesque
a « pour but de donner un enseignement social *supérieur* basé sur les
principes de la philosophie thomiste et de la doctrine chrétienne[66] ».
En plus de ses cours habituels, elle reçoit des conférenciers lors de ses
« Lundis sociaux » et de ses « Mercredis coopératifs ». Afin d'appuyer ce
dernier mouvement, le père Lévesque a créé le Conseil supérieur de la
coopération et la revue *Ensemble*.

Parmi sa petite équipe professorale, Victor Barbeau, Cyrille
Vaillancourt, Thuribe Belzile et Henri-C. Bois offrent des cours sur
la coopération et les mutualités. L'enseignement relatif à la doctrine
sociale de l'Église est donné par Mgr Wilfrid Lebon, l'abbé Charles-
Omer Garant, Charles De Koninck et Jacques de Monléon, suppléant
de Jacques Maritain à l'Institut catholique de Paris. Me Victor-E. Trépanier est responsable d'Histoire de l'action sociale de l'Église tandis
que le docteur Wilfrid Leblond offre Hygiène sociale où il traite plus
particulièrement de l'épineuse question de l'hygiène industrielle. Deux
professeurs de droit, Louis-Philippe Pigeon et Marie-Louis Beaulieu,
donnent respectivement les cours Droit civil et Législation sociale et
industrielle[67].

65.   Gérard Dion (1984), « Les relations industrielles à l'Université Laval », *Continuité et
ruptures...*, p. 67-68.

66.   *École des sciences sociales (1938)*, dans *Annuaire de l'Université Laval*, Québec, Éd. de
l'Action sociale, p. 7.

67.   *Ibid.*, p. 19-22.

Outre cette formation orientée vers le social, l'institution offre à ses étudiants ses « cercles d'études[68] » hebdomadaires afin de leur permettre de creuser les questions d'actualité et d'apprendre l'art de débattre. En fait, cette école va s'avérer une pépinière du catholicisme social. La plupart de ses diplômés deviendront d'ardents promoteurs de ce courant de pensée. Gérard Dion y fera la connaissance de plusieurs d'entre eux : Paul-Émile Bolté, Roland Frigon, Henri Pichette, Fernand Jolicœur et Jean Marchand notamment. Il y rencontrera aussi plusieurs de ses futurs collègues : Jean-Charles Falardeau, Albert Faucher, Maurice Lamontagne et Maurice Tremblay ainsi qu'un futur proche collaborateur, Jean-Pierre Després[69].

Toutefois, à l'époque, ce choix d'opter pour ces toutes nouvelles sciences sociales est très mal jugé par la société. L'abbé Dion nous le rappelle : « On était des "méchants" ! [...] Il y avait ceci en commun entre nous tous. Ça prenait des gens originaux, des gens marginaux en un sens, pour s'orienter en sciences sociales... Je pense qu'il se faisait une sorte de sélection naturelle[70] ».

En ces temps-là, plusieurs personnes manifestaient leur appréhension par cette insistante question : « Et puis, la grande question : "Qu'est-ce que vous allez faire plus tard ; allez-vous être capable de gagner votre vie ?" Ah, ce que l'on a pu se faire poser cette question ! »

À l'interviewer qui lui demande si cette question les atteignait, celui-ci aura cette réponse candide qui confirme le caractère particulier de ces premiers étudiants en sciences sociales : « Nous autres, non ! On était des espèces d'aventuriers. On misait sur l'avenir ! On était intéressés à faire marcher le monde, à transformer le monde. On était certain d'être capables de gagner notre vie ! »

Il n'est pas nécessaire de rappeler que le contexte se prêtait à cette effervescence. La Crise des années 1930, avec son chômage massif et sa misère généralisée dans les villes, venait de susciter plusieurs remises en question ; des questionnements auxquels nous avons d'ailleurs vu le jeune Dion participer pleinement. Enfin, la Seconde Guerre mondiale en cours accélère l'industrialisation du Québec et provoque de nombreux changements, des changements maintenant favorisés par le nouveau gouvernement réformiste du libéral Adélard Godbout. Sur plusieurs plans, tout est à faire.

---

68. *École des sciences sociales (1942-1943)*, dans *Annuaire de l'Université Laval*, Québec, Éditions de l'Action sociale, p. 11-12.

69. *Ibid.*, p. 29-30.

70. DAUL, P117, P6394, Entretien avec Gérard Dion lors de l'émission « L'expérience des autres » animée par François Baby et diffusée à la radio de Radio-Canada le 27 novembre 1969 à 21 h.

Grâce à son âme dirigeante, la vie dans cette institution sera bien loin de se limiter aux seules études universitaires :

> Le père Georges-Henri Lévesque qui, en plus de diriger l'École et de donner ses cours, menait parallèlement une activité débordante auprès d'une multitude de mouvements sociaux qui requérait ses services, avait le don de mobiliser toutes les ressources humaines disponibles, même les étudiants de l'École. Il considérait que cela entrait dans notre formation[71].

Les études de Gérard Dion prendront donc une tournure particulière :

> C'est ainsi qu'en plus des nombreuses retraites que je prêchais pour les groupements d'action catholique, je ne sais à combien de sessions d'étude pour la création de coopératives ou de caisses populaires j'ai participé, soit avec le père Lévesque, soit seul. Au cours de ces années, nous avons ratissé presque toutes les paroisses de la côte de Beaupré, de l'île d'Orléans, des comtés de Beauce, Montmagny, Bellechasse, Dorchester et Lévis. Aujourd'hui encore, je me demande comment j'ai pu mener de front toutes ces activités[72].

Cette jeune École des sciences sociales favorisait donc grandement l'initiative et le dépassement chez ses étudiants.

Formation et professeurs influents

Gérard Dion a longuement insisté sur ce climat de proximité et sur cette intimité qui existait aux « Sciences sociales » :

> On n'était pas nombreux, on était quarante ou quarante-cinq. Nous nous connaissions tous. On avait des cours en commun, qu'on soit en première ou en troisième année. Si bien qu'il existait entre les étudiants et les professeurs de sciences sociales une très très grande intimité[73].

En regardant de plus près ses archives, on constate que ce sont ses cours en sciences sociales qui l'ont davantage marqué. En effet, il a précieusement conservé plusieurs d'entre eux.

Parmi ceux-ci, on compte les cours d'un réputé père dominicain d'Europe, le père J.-T. Delos. Durant l'automne 1941, l'abbé Dion prend Civilisation et culture[74]. Ce cours d'anthropologie s'intéresse plus

---

71. Gérard Dion (1984), « Les relations industrielles à l'Université Laval », *Continuité et ruptures...*, p. 68.

72. *Ibid.*, p. 68.

73. DAUL, P117, P6394, Entretien avec Gérard Dion lors de l'émission « L'expérience des autres » animée par François Baby et diffusée à la radio de Radio-Canada le 27 novembre 1969 à 21 h.

74. Voir DAUL, P117, A4, 1.11, *Civilisation et culture* du père J.-T. Delos.

Mosaïque des diplômés 1943-1944 de la Faculté des sciences sociales. En partant de la gauche, la photographie de Gérard Dion est la septième, juste à côté de celle de l'archiduchesse d'Autriche. Source : DAUL, P117, A4.3.

particulièrement au concept de nation et à la conscience nationale. Le soir, l'abbé Dion assiste à des séances de sociologie où le célèbre invité européen aborde les notions de justice commutative, justice distributive et justice sociale, tous des concepts fondamentaux de la doctrine sociale de l'Église[75]. En 1942, il suit également ses cours Autorité, Sociologie internationale et Droit international[76].

À cause du conflit mondial en cours, Gérard Dion porte un vif intérêt à la situation européenne. C'est ainsi qu'il s'inscrit aux deux cours Mouvements politiques contemporains de l'abbé Georges Savard où ce dernier expose, d'une façon très détaillée, l'avènement du fascisme en Italie et du nazisme en Allemagne[77]. Cet enseignement jette un discrédit sur les thèses corporatistes défendues par certains catholiques sociaux au cours de la Crise des années 1930. La guerre en cours le fera encore davantage.

Bien entendu, l'abbé Dion assiste également aux cours du père Georges-Henri Lévesque. À l'hiver 1942, à l'intérieur du cours Philosophie économique qui présente les diverses écoles de pensée, il s'intéresse

---

75. *Ibid.*, 1.14, *Sociologie* du père J.-T. Delos, o.p.

76. *Ibid.*, 1.16 et 1.21.

77. *Ibid.*, 1.13 sur le fascisme italien et 1.17 sur le nazisme en Allemagne.

à la notion de propriété chez saint Thomas d'Aquin[78]. Dans ses archives, on retrouve aussi les notes de cours de Philosophie de la coopération et de Technique de l'action[79].

Cet enseignement du père Lévesque prendra une importance particulière dans la vie de Gérard Dion. À ce propos, sa sœur Claire précisa : « Gérard a suivi un premier cours avec le père Lévesque et, après cela, ça toujours bien été entre ces deux-là[80] ». Ainsi, il y a fort à parier que, ayant constaté le très grand potentiel de cet étudiant hors du commun, Georges-Henri Lévesque l'ait convaincu, au cours de la session de l'hiver 1942, de s'orienter vers les sciences sociales. Charles-Omer Garant a aussi pu influer sur cette dernière décision puisqu'il enseignait également en sciences sociales.

Il est un autre cours qui aura une influence significative dans la vie de Gérard Dion, celui de Me Marie-Louis Beaulieu intitulé Prévoyance et sécurité sociale. Grâce à cet enseignement, il entre en contact avec les relations du travail. Il y entend parler, pour une première fois, de « droit ouvrier international ». Son professeur brosse alors un historique des mouvements ouvriers européens jusqu'à la création de l'Organisation internationale du travail (OIT), subséquente au traité de Versailles conclu au terme de la Première Guerre mondiale. Il s'initie aussi à la législation relative aux accidents du travail ainsi qu'aux diverses mesures de sécurité sociale. Une attention particulière est alors accordée au nouveau plan qui vient d'être présenté au gouvernement canadien, le plan Marshall[81], qui prône l'instauration de programmes d'assurances sociales et l'avènement de l'État-providence. Mais tout ce travail académique n'empêche pas Gérard Dion de consacrer un peu de temps à son activité parascolaire favorite.

Nouvelles interventions publiques

C'est sous le pseudonyme d'Henri Des Lauriers[82] que Gérard Dion reprend la plume en 1942. Dans « *Foreign Language* », il s'en prend à

78. *Ibid.*, 1.14, *Philosophie économique* de G.-H. Lévesque avec annotations de G. Dion, 21 pages.

79. *Ibid.*, 1.9 et 1.5.

80. Témoignage de Claire Dion du 15 juin 2005.

81. Voir DAUL, P117, A4, 1.15, *Prévoyance et sécurité sociale* de Me Louis-Marie Beaulieu.

82. Une seule fois au cours de son adolescence, Gérard Dion avait usé de ce nom de plume dans une lettre où il demandait au premier ministre Taschereau de favoriser le transport ferroviaire et de limiter le camionnage qui débutait. Voir DAUL, P117, C4.8, Henri Des Lauriers, lettre envoyée au *Soleil* en juillet 1931, 1 page. Sur ce texte se trouve ce mot : « Dans ce temps-là, j'étais libéral enragé ; je croyais encore à la bonne foi de M. Taschereau ».

ce soldat anglophone qui, lors du passage d'un train de l'armée canadienne à Québec a répliqué à une question d'un journaliste : « *I don't
speak french... Sir, I speak no foreign language* ». Devant pareil affront,
sa réplique sera catégorique : « Des provocations de ce genre, il faut
que cela cesse ». Et il conclura sur ces paroles très explicites : « L'unité
canadienne, la bonne entente, jusqu'ici nous en avons fait les frais seuls.
C'est fini, nous en avons assez. Si on ne veut pas de nous tels que nous
sommes, qu'on nous laisse la paix dans le Québec[83] ».

Ses séjours estivaux aux États-Unis l'amèneront également à prendre conscience de la mauvaise presse qu'a le Québec chez nos voisins du
Sud. À l'occasion de la diffusion d'un article de la revue *Life* contre les
Canadiens français et les catholiques du Québec, Gérard Dion décide
de signer, cette fois, de son nom. Au cours de l'été, il a pu constater
la crédulité des Américains envers les préjugés répandus sur nous, à
savoir que « nous étions des illettrés », « des arriérés », « des fascistes »,
etc. Mais, au lieu de blâmer ces derniers, il souligne l'un de nos points
faibles : « Notre tort a été de laisser faire notre publicité par des gens qui
avaient intérêt à nous ravaler et de ne pas nous occuper nous-mêmes
de notre affaire ». Afin de pallier cette situation, il propose d'« organiser
nous-mêmes notre propagande[84] ».

Cette lettre ouverte aura de l'effet. Peu de temps après, l'éditorialiste Eugène L'Heureux reprend l'idée dans les pages de *L'Action
catholique* : « On nous permettra d'insister sur l'urgence d'organiser un
service de propagande canadienne-française ». Un tel service serait à
mettre sur pied « sans délai au Canada d'abord, puis aux États-Unis et
dans l'Amérique du Sud, comme en Europe[85] ».

Comme on le sait, un service de ce genre ne sera établi qu'au
moment de la Révolution tranquille à la suite de la forte montée du
nationalisme québécois. Cependant, au cours de cette Seconde Guerre
mondiale où l'image du Québec est malmenée par les anglophones, certains en eurent l'idée. À ce titre, Gérard Dion fait office de précurseur.

Au cours de la même année 1942, ce dernier prend, pour une
première fois, la parole en tant que prêtre. Dans « L'Ascension », il fustige
ces pays qui « ont trop laissé organiser leur vie politique, économique
et sociale en marge des principes élémentaires du christianisme ». En
ces temps de « triste guerre », il invite tous et chacun à faire « régner
autour de nous la justice et la charité » ainsi qu'à mettre « en pratique

83.   DAUL, P117, C4.8, Henri Des Lauriers, « *Foreign Language* », 2 pages.

84.   *Ibid.*, G. Dion, « Les Américains et nous », *L'Action catholique*, 3 nov. 1942, 1 page.

85.   *Ibid.*, Eugène L'Heureux, « Nécessité d'une propagande canadienne-française organisée », *L'Action catholique*, 18 novembre 1942, 2 pages.

les enseignements [...] de Pie XII, dont nous célébrons la fête cette semaine[86] ».

Dans ce dernier article, on voit donc l'abbé Dion se tourner vers le message du Christ et la doctrine sociale de l'Église. Dorénavant, il en fera son principal leitmotiv. Tant l'Évangile que l'enseignement social catholique l'inspireront dans sa réflexion et ses actions. Le Gérard Dion de la maturité vient ici de s'afficher et de s'affirmer définitivement.

Circonstances favorables

Si ce contexte de la Deuxième Guerre a empêché l'abbé Dion de penser à la possibilité d'une formation européenne, il va lui procurer une chance sans pareille. Ce conflit mondial lui permettra une dérogation à certaines règles :

> En entrant à l'École des sciences sociales comme étudiant, il ne m'est jamais venu à l'esprit que j'y deviendrais professeur pour toute ma vie et pas davantage en relations industrielles. C'est bien simple, l'université était alors financée et dirigée par le Séminaire de Québec ; selon la tradition, des prêtres appartenant au diocèse de Québec, seuls ceux qui avaient fait leurs études au Séminaire pouvaient accéder à un poste de professeur à l'Université et moi, j'avais fait mon cours classique au Collège de Lévis[87].

Mais cette guerre en cours fait obstacle à l'embauche de professeurs européens :

> L'École des sciences sociales avait à peine un an d'existence que la guerre est venue lui imposer des contraintes qui auront une influence sur son développement et sur son originalité. L'absence de relations avec l'Europe l'a momentanément empêchée de bénéficier de ressources professorales en provenance des universités européennes qui auraient pu lui être utiles, mais du même coup, elle l'a libérée du danger de voir transplanter ici des traditions qui auraient pu être stérilisantes[88].

Pareille situation imposera à l'école un recrutement à l'interne :

> Elle l'a ensuite forcée à ne compter que sur le développement de ses propres ressources professorales à partir de ses anciens étudiants qui sont allés parfaire leurs études dans diverses universités canadiennes ou étatsuniennes.

C'est avec la volonté délibérée de ne pas voir la nouvelle institution devenir tributaire d'une seule université, si prestigieuse fût-elle, que le

---

86. *Ibid.*, G. Dion, ptre, « L'Ascension », *L'Action catholique*, 13 mai 1942, 2 pages.

87. Gérard Dion (1984) « Les relations industrielles à l'Université Laval », *Continuité et ruptures...*, p. 68.

88. *Ibid.*

père Lévesque, de concert avec ceux qu'il avait choisis pour former son futur corps professoral, a insisté pour qu'ils se dirigent vers des universités distinctes : Harvard, Chicago, Columbia, Université catholique de Washington, Toronto et Queen's[89].

Gérard Dion ayant été sélectionné par Georges-Henri Lévesque, il pourra être du lot des quelques-uns qui verront ainsi une carrière universitaire s'ouvrir devant eux ; cela même s'il n'a pas fait son cours classique au Séminaire de Québec. Il ne restait plus qu'à obtenir l'assentiment des instances supérieures :

> Comme le père Lévesque entretenait de bonnes relations avec le cardinal Villeneuve et les autorités du Séminaire de Québec qui l'avaient toujours soutenu dans ses projets, il n'eut pas trop de peine, ayant reçu mon assentiment, à leur faire accepter que je me spécialise en relations industrielles en vue de revenir enseigner à l'Université[90].

Demeurait ensuite le choix de l'université où Gérard Dion irait chercher cette fameuse spécialisation en relations du travail : « Après avoir pris des contacts avec Princeton et [Michigan State University], les seuls endroits aux États-Unis où il y avait des sections de relations industrielles, il fut décidé qu'il était préférable que j'étudie au Canada, à l'Université Queen's, à Kingston[91] ».

C'est ainsi qu'au début de l'année 1944[92], maintenant âgé de 31 ans et dépositaire de deux licences, l'une en philosophie et l'autre en sciences sociales, avec mention *Summa Cum Laude*[93], Gérard Dion part pour l'Ontario afin d'y acquérir sa formation en relations industrielles.

---

89. *Ibid.*, p. 68-69.

90. *Ibid.*, p. 69.

91. *Ibid.*

92. À la fin de 1943, survient l'un des derniers échanges avec Lionel Groulx. Après l'avoir félicité pour sa récente nomination de chanoine, Gérard Dion lui donne des nouvelles de son parcours en sciences sociales : « Depuis la dernière fois que je vous ai vu [à Sillery, au début de 1941], j'ai suivi des cours à l'Université, pris mes licences en Philosophie et en Sciences sociales. Actuellement, je prépare mon doctorat en sciences sociales et j'enseigne la doctrine de l'Église aux finissants du Cours secondaire scientifique de l'Académie de Québec. C'est dans le domaine des sciences sociales que j'aurai à travailler et vous pouvez être assuré que je tâcherai de marcher sur vos traces. De nouveau, je vous remercie beaucoup pour le sens que vous avez donné à ma vie ». Dans sa réponse, l'abbé Groulx approuve le choix de ce dernier et manifeste son inquiétude devant la désaffection religieuse qui s'amplifie : « Je suis bien content de vous voir revenu aux études et aux études sociales. Vous serez un bon serviteur de l'Église, de la jeunesse et de votre petit peuple, parce que vous avez le tempérament d'un homme d'action et d'un apôtre. Préparez-vous. Nous aurons tant à faire pour ressaisir nos classes ouvrières qui nous échappent. Et la guerre aura encore éloigné de nous beaucoup de gens, surtout dans les milieux de jeunesse ». DAUL, P117, G5, 2.1, « Lettre de G. Dion au chanoine Lionel Groulx du 19 novembre 1943 », p. 2 et « Réponse de Lionel Groulx à G. Dion du 7 décembre 1943 », p. 2-3.

Spécialisation à Queen's

Fondé en 1937, l'*Industrial Relations Center* de Queen's se dédie à l'étude des relations du travail au Canada. Inspiré des premières formules américaines (Princeton et Michigan State University), il est rattaché à l'École de commerce et d'administration[94]. Le professeur James C. Cameron, qui jouit d'une immense réputation dans le monde du travail, sera à sa tête jusqu'en 1960. Outre la renommée de M. Cameron, ce centre se démarque par ses activités de recherche. Ses publications visent à former les praticiens dans le domaine, ainsi qu'à conseiller les gouvernements sur les nouvelles politiques à instaurer. Il s'agit alors du seul endroit spécialisé en relations industrielles au Canada.

Cette jeune institution possède également une importante bibliothèque dans son champ de spécialisation. À l'époque où l'abbé Dion la fréquente, soit à l'hiver 1944, elle offre, selon la formule anglaise en usage, des séminaires à ses étudiants[95]. Des conférenciers invités de renom viennent y donner des présentations. Le tout est suivi de discussions avec les étudiants, habituellement sur des textes fournis à l'avance.

Sur cette formation à Queen's, les archives de Dion sont peu loquaces. Nous avons cependant retrouvé quelques études rapportées dans ses bagages, à l'été 1944, notamment un *Bulletin d'information* du Centre sur les clauses de sécurité syndicale. Après la définition des clauses les plus courantes, un relevé suit des conventions collectives où celles-ci sont en usage[96]. Le même dossier comprend une étude de huit conventions collectives dans l'industrie minière.

Bien qu'il n'en demeure que peu de traces, on peut facilement imaginer l'importance de cette spécialisation pour celui qui allait devenir le grand pionnier québécois des relations du travail.

---

93.   Hélène Bergeron (1961), p. 173. Le mémoire qui lui vaudra l'obtention de ces deux diplômes s'intitulait *Notion organique de la société civile et fonction supplétive de l'État selon la philosophie thomiste*.

94.   Sur cette influence américaine et les débuts de Queen's, voir Laurent Kelly (1987) «Industrial Relations at Queen's: The First Fifty Years», *Relations industrielles*, vol. 42, n° 3, p. 475-499. Soulignons que, malgré des efforts importants, les gens de Queen's n'ont pu nous apporter de précisions sur le formation reçue par Gérard Dion.

95.   Signalons que, bien qu'il ait prit le titre de département à partir de 1944, ce centre continuera à dispenser une formation d'une année seulement. En 1960, au moment où il reprendra le titre de centre, il abandonnera ses activités d'enseignement pour concentrer ses efforts sur la recherche. Par la suite, un programme interdisciplinaire de maîtrise y sera offert. Informations provenant de l'article de Laurent Kelly, d'une brochure sur cette institution et d'un entretien avec Jean Sexton le 9 mai 2006.

96.   DAUL, P117, E6, 2.25, «Closed shop and other union security clauses in recent canadian collective bargaining agreements», *Industrial Relations*, n° 3 (16 juin 1944), 7 pages.

Retour à Québec

Depuis sa fondation en 1938 par le père Lévesque, l'École des sciences sociales offrait des cours communs à tous ses étudiants. Afin de répondre davantage aux critères universitaires et aux besoins du milieu, la spécialisation en divers départements s'imposait. La décision officielle de les fonder fut prise en décembre 1943. Outre les relations industrielles, la jeune école, devenue faculté, décidait de créer les départements de sociologie, d'économie et de travail social. Il fut alors prévu que ces nouveaux départements commenceraient à fonctionner en septembre 1944[97].

Au terme de sa formation à l'Université Queen's, Gérard Dion revenait, en mai 1944, à Québec. Son été sera consacré à tout mettre en œuvre afin d'assurer l'ouverture du Département des relations industrielles à l'automne. Débutera alors pour lui une carrière universitaire prolifique ainsi qu'un engagement soutenu auprès de divers groupes sociaux, notamment les associations syndicales et patronales. Mais, de cette grande aventure, nous en traiterons dans la prochaine partie.

CONCLUSION

Décidé à devenir prêtre, le jeune Gérard Dion est arrivé au Grand Séminaire de Québec, en septembre 1935, encore marqué par l'influence de l'abbé Groulx. Au cours de ses deux premières années d'études, il est passé à l'action en fondant « les Croisés de Dollard ». Le nationalisme de ce petit groupe de séminaristes est si fort qu'il les conduit à espérer une rupture du lien fédéral et une accession à l'indépendance de la « Laurentie ». Et la lettre de Gérard Dion à François Hertel en constitue une preuve on ne peut plus éloquente. Jusqu'au milieu de l'année 1937, l'abbé Dion continue donc de se situer dans la mouvance de Lionel Groulx.

Mais le Grand Séminaire de Québec et la Faculté de théologie de l'Université Laval vont le mettre en contact avec l'enseignement social de l'Église catholique. À cet égard, un professeur particulièrement intéressé aux réalités sociales, Charles-Omer Garant, commencera à l'initier à ces questions et à la « doctrine sociale ». Le jeune séminariste en entendra parler dans les cours de ce dernier et à l'intérieur des cercles sociaux qu'il anime. Son intérêt sera tel que, peu de temps avant son ordination, en

---

97.   Gérard Dion (1984), « Les relations industrielles à l'Université Laval », *Continuité et ruptures...*, p. 69. Sur l'histoire de l'école et la création des départements, voir Albert Faucher, dir. (1988), *Cinquante ans de sciences sociales à l'Université Laval*, Québec, Faculté des sciences sociales et PUL, 390 pages.

mai 1939, il fera connaître au cardinal Villeneuve son désir de poursuivre des études dans ce domaine. Durant deux années consécutives, les hasards de la vie l'amènent à surseoir ce projet qui lui tient tant à cœur.

À l'automne 1941, il peut enfin réaliser son souhait de retourner aux études. Inscrit d'abord en philosophie à l'Université Laval, très vite il décide d'opter pour la nouvelle École des sciences sociales dirigée par Georges-Henri Lévesque. En ce bastion du catholicisme social, il étudie une foule de réalités peu explorées antérieurement. Avec cette nouvelle figure intellectuelle qu'est le père Lévesque et grâce à l'enseignement de plusieurs professeurs, l'abbé Dion se retrouve dans un milieu en pleine effervescence. Comme cette jeune institution est orientée également vers l'action, il aide à l'organisation de coopératives et de caisses populaires des environs.

La Seconde Guerre mondiale, qui accélère l'industrialisation du Québec, crée des besoins nouveaux, notamment le nécessaire développement de l'enseignement des sciences sociales. On songe alors à doter d'instances départementales les grandes disciplines reconnues : économie, sciences politiques, sociologie, travail social, etc. Profitant de la chance qui lui est offerte, Gérard Dion décide d'aller acquérir une spécialisation en relations industrielles à l'Université Queen's, dans le but de revenir mettre sur pied un nouveau département en ce domaine à Laval.

De 1937 à 1944, il est plus difficile de cerner l'évolution de la pensée de l'abbé Dion. Chose certaine, les écrits de l'historien Lionel Groulx l'influencent de moins en moins. Durant la Seconde Guerre, son penchant nationaliste s'est exprimé contre le chauvinisme de Canadiens anglais ou d'Américains, mais aucune volonté séparatiste n'apparaît dans ses textes. De plus, à l'École des sciences sociales, le catholicisme social est omniprésent. Le père Georges-Henri Lévesque et toute son équipe le forment aux problèmes sociaux de son époque. De là émergera le Gérard Dion de la maturité.

Son dernier texte public nous permet de voir comment le choix du sacerdoce a eu une influence déterminante dans sa vie. Au Grand Séminaire et à la Faculté de théologie, il est entré en contact avec les grandes encycliques sociales : les notions de redistribution de la richesse, de bien commun et de justice sociale. Cette pensée sociale de l'Église l'amena même à vouloir retourner aux études, à s'inscrire à la Faculté des sciences sociales et à s'orienter vers les relations industrielles. Et sa décision de suivre son intuition fondamentale, son intérêt pour le social, le conduira bien loin, comme nous allons maintenant le voir.

« LETTRE À FRANÇOIS HERTEL »

Grand Séminaire de Québec, le 8 avril 1936.

François Hertel. —
L'Action Nationale. —
Montréal.

Monsieur,

J'ai vingt-trois ans : je suis étudiant en théologie. Depuis cinq ans (par malheur rien que cinq ans) j'étudie nos problèmes nationaux. J'ai lu TOUS les numéros de l'ACTION NATIONALE depuis sa parution et aussi beaucoup de numéros de l'ACTION FRANCAISE.

Je suis donc nationaliste au plus profond de l'âme; j'essaie de VIVRE ma doctrine et je me butte à TOUS les obstacles que vous décrivez dans vos deux derniers articles.

Ah, que vous faites du bien aux jeunes qui pensent comme moi, qui vivent dans l'inquiétude.

À entendre raconter ses peines, à se sentir compris, à savoir que mon petit groupe d'amis et moi, ici au Grand Séminaire, à savoir que nous ne sommes pas seuls dans cet état d'esprit, je ne sais quel réconfort indicible nous surprend.

Au point de vue politique, par exemple,

notre inquiétude est Très grande.

Comme vous l'avez bien exprimé, nous éprouvons des hauts-le-cœur en pensant à la Confédération Canadienne. Nous espérons une sécession, nous prions pour sa réalisation.

Ah que notre <u>laurentie</u> nous attire et nous charme!

Par ailleurs, si nous tournons nos regards vers la colline parlementaire du vieux Québec, nous éprouvons le même dégoût pour la politique provinciale actuelle, son orientation, ses fauteurs.

Si Ottawa disparaissait du jour au lendemain, nous nous posons immédiatement cette inquiétante Question : "Est-ce que ce seront les mêmes vautours (qu'ils s'appellent Rinfret, Cardin, Hoide, Taschereau ou les "sénateurs-chômeurs" Dandurand, Chapais, Sauvé et autres), est-ce que ce seront les mêmes vautours qui vont nous donner la constitution de la laurentie et l'orienter vers leur idéal matérialiste <u>SATISFACTION</u>?

Si oui, vaut-il la peine de sortir de Charybde pour tomber en Scylla?

Pris dans cette Terrible alternative de mourir en tenant plus longtemps Ottawa ou de suivre Panurge dans notre <u>laurentie</u>, nous nous disons :

Que n'ayons-nous pas, nous les jeunes de 1936, que n'ayons-nous pas 40 ans et nos idées, les mêmes !

Que ne soyons-nous pas capables de bâtir nous-mêmes, avec notre idéal spirituel et catholique la forme politique nouvelle de notre Laurentie !

La réalité - - - - - la réalité - - - - -

Nous sommes perdus à jamais si le lien fédéral ne casse pas ;

Nous sommes perdus à jamais si le Club de Réforme oriente notre Laurentie. Nous sommes perdus, perdus - - - -

Mais non ! nous ne sommes pas perdus ! Nous sommes des croyants ; nous les jeunes, nous VIVONS notre foi. Notre maître vénéré, l'abbé Groulx nous l'a dit : " il y a des peuples à qui la foi ôte le droit de ne pas rêver grand."

Nous sommes les fils d'un peuple comme ça.

Nous voulons être des SAINTS, des vrais saints, pas plus, pas moins. Mais pas des saints Stylites, des saints vivant en Laurentie.

Nous voulons aussi que tous les Laurentiens en soient.

C'est la seule raison qui nous empêche de désespérer.

Mon ami, dans votre « Discours en l'air » de l'an dernier, vous nous disez que, par malheur, vous n'étiez plus jeune, laissez moi vous confier que vous êtes encore plus jeune que certains « petits vieux » de vingt ans.

Laissez-moi vous exprimer toute mon admiration pour votre bonne intelligence de l'inquiétude des jeunes.

Continuez de nous faire du bien.
Merci, merci.

Gérard Dion
E. E. Th.

LES CROISÉS DE DOLLARD[98]

Venit ut vitam habeant.

Pour un Ordre laurentien, catholique et français.

PRÉLIMINAIRES : Notre Chef : le Christ-Roi ; nos patrons : Notre Dame du Canada, St-Jean-Baptiste, les Ss. Martyrs Canadiens ; nos modèles humains : Dollard des Ormeaux, Madeleine de Verchères.

a) Hiérarchie : Au point de vue surnaturel, la religion doit informer toute activité naturelle, au point de vue naturel, le national doit informer toute notre activité sociale, économique et politique. C'est donc dire que nous ne voulons pas de cloisons étanches, nous distinguons pour mieux comprendre, mieux ordonner, mieux unir. Catholiques avant d'être nationalistes ; Français avant d'être Canadiens ; Canadiens avant d'être Britanniques.

b) Nous ne boudons pas le progrès, nous l'orientons pour qu'il puisse rendre plus de gloire à Dieu.

c) L'Éducation seule peut transformer une nationalité, aussi nous efforçons-nous de ne jamais laisser passer une occasion de répandre nos idées.

d) Pour créer un mouvement d'ensemble, nous nous rallions à la doctrine contenue dans les 5 paragraphes suivant aux points de vue religieux, social, économique, politique et national.

A – RELIGIEUX :

1- Notre premier souci est d'obéir aux directives pontificales et épiscopales.

2- Nous prêcherons une religion positive : il faut que cessent les « ne faites pas ça ! »

3- Nous nous vouerons à l'organisation de l'Action Catholique.

4- Nous ne délaisserons pas non plus les problèmes missionnaires.

5- Nous ferons en sorte que le Christ-Roi règne sur la Laurentie.

B – SOCIAL :

1- La personne humaine prime sur les institutions.

2- La famille doit être protégée afin de donner à l'homme le perfectionnement qu'il n'est pas capable de se procurer lui-même.

3- En plus de favoriser les associations professionnelles d'ouvriers, de patrons, et de cultivateurs, nous orienterons ces associations en vue d'établir le plus tôt possible l'organisation corporative.

---

98. Source : DAUL, P117, G5, 3.4.

4-   Les problèmes touchant l'agriculture, la colonisation devront être traités selon leur importance.

C – ÉCONOMIQUE :

1-   L'argent est au service de l'homme et non l'homme au service de l'argent.

2-   Nous voulons la mort du libéralisme.

3-   Par conséquent lutte contre les trusts.

4-   Nous encourageons la petite industrie.

5-   Nous voulons la réalisation de la doctrine sociale de l'Église, en particulier de « *Rerum Novarum* » et « *Quadragesimo Anno* », dans le domaine économique.

D – POLITIQUE :

1-   Nous sommes Laurentiens avant d'être Canadiens et Canadiens avant d'être Britanniques : c'est donc dire que chaque fois que nous aurons à choisir entre divers intérêts, c'est dans cet ordre que nous jugerons.

2-   La Confédération canadienne ayant non seulement manqué son but, mais étant pour nous, Canadiens-Français, une occasion d'avilissement, nous ne perdons pas notre temps à vouloir consolider ce cadre décrépit, nous travaillerons pour l'avenir en renforçant nos positions dans le Québec en sorte que le plus vite possible nous ayons un État français sur les bords du Saint-Laurent.

3-   Le corporatisme politique (ce n'est pas le fascisme ni le nazisme) bien qu'il ne puisse être recommandé au nom de l'Église parce que l'Église n'est liée à aucune forme politique, doit être encouragé, comme étant la forme politique la plus conforme à notre tempérament latin. Il est bien entendu cependant que le corporatisme économique ou social prôné par Pie XI passe avant.

4-   Nous ne nous attachons à aucun parti : les idées priment sur les hommes et sur les honneurs.

5-   Les seules idées politiques valables à nos yeux seront celles qui auront trait au bien commun de la province de Québec, c'est à dire au bien commun de la nation canadienne-française.

E – NATIONAL :

1-   Notre maître au point de vue national est M. l'abbé Lionel GROULX.

2-   Le national n'existe qu'en vue de l'accomplissement le plus parfait de notre personnalité, chez nous aussi en vue de conserver les biens supérieurs de notre religion et de notre culture.

3-   Comme la personne est à la fois charnelle et spirituelle, les Canadiens-Français devront donc devenir les maîtres de leur vie économique et se créer une culture bien canadienne-française.

4-   Ce n'est qu'en fonction de ce bien supérieur que nous encourageons l'Achat chez-nous, que nous travaillons à la conservation de la langue française et au développement des moyens d'expression de notre pensée tels que la littérature, les arts et les traditions, que nous travaillons à créer une mystique nationale.

5-   C'est donc dire que notre nationalisme ne veut du mal à personne : il ne consiste que dans une volonté bien arrêtée de réaliser la noble et grande mission que nous a confié le Créateur sur cette terre d'Amérique.

6-   Comme moyen pratique d'action, nous travaillons de toutes nos forces à faire cesser ces divisions qui nous tuent, v.g. divisions entre Universités, entre collèges classiques, entre régions, etc. C'est la seule place où la « bonne entente » est de mise.

CONCLUSION.

1-   Par tous les moyens qui sont en notre pouvoir, surtout par la prière, le sacrifice, l'étude, l'apostolat de la parole et de l'exemple, nous tacherons de répandre ces idées.

2-   Nous nous engageons à convertir au moins un jeune homme à cette mystique.

3-   Une fois sorti du Grand Séminaire, chacun de nous doit s'abonner à L'ACTION NATIONALE et la répandre.

4-   À chaque année, le jour de la St-Jean-Baptiste, nous communierons et prierons spécialement pour la nation ainsi que pour les « Croisés de Dollard ».

5-   Enfin pour rester en étroite collaboration, nous nous engageons au moins une fois par année à donner un petit rapport de nos activités au Centre de l'organisation qui se trouvera toujours au Grand Séminaire de Québec.

AD MAJOREM DEI GLORIAM.
POUR QUE LE CHRIST-ROI RÈGNE EN LAURENTIE.

Québec, le 31 mai 1937.
[Par Gérard DION.]

Deuxième partie

ANTI-DUPLESSISTE NOTOIRE
(1944-1956)

Créé à l'instigation du père Georges-Henri Lévesque, le Département des relations industrielles de l'Université Laval accueille ses premiers étudiants à l'automne 1944. De retour de Queen's, l'abbé Gérard Dion œuvre, avec une petite équipe, à bâtir ce nouveau département. Affichant un caractère nettement progressiste, cette jeune institution est tournée vers le milieu.

La nouvelle *Loi des relations ouvrières*, qui vient d'être adoptée en février par le gouvernement Godbout et qui met fin au « régime libre » en imposant à l'employeur l'obligation de négocier une convention collective avec le syndicat regroupant une majorité de travailleurs, lui promet un bel avenir. En effet, cette nouvelle obligation va créer un très grand besoin en spécialistes des relations du travail, tant dans les milieux syndicaux, patronaux que gouvernementaux. Le nouveau département arrive donc à point nommé. Et l'euphorie qui risque de survenir lors de l'après-guerre ainsi que la vague de syndicalisation en cours sont également prometteuses.

Mais c'était sans compter la réélection, à l'automne 1944, de l'Union nationale de Maurice Duplessis. Ce gouvernement conservateur, qui a déjà adopté en 1938 des lois antisyndicales, va revenir à la charge à partir de 1946, mais surtout après sa réélection de 1948. Et, tout au long du règne de Duplessis, soit jusqu'en 1959, le jeune Département des relations industrielles de Laval va constituer l'un des pôles d'opposition à ce régime. Durant les quinze premières années de son existence, il suscitera débats et réflexions visant à proposer une autre conception des relations du travail ainsi qu'une législation ouvrière plus généreuse envers les salariés. Dans cette bataille, Gérard Dion, surnommé « l'abbé » dans le milieu, jouera un rôle de premier plan.

Gérard Dion, vers 1950.
Photographe inconnu. Source : DAUL, P117, A1, 3.2.

Après la mise sur pied du département, nous nous attarderons aux interventions publiques de ce dernier en matière de relations du travail jusqu'en 1956, moment où il entreprend le combat qui le rendra célèbre.

CHAPITRE 3

FONDER LES RELATIONS INDUSTRIELLES

À son retour de Queen's, en mai 1944, Gérard Dion s'attelle à la tâche, travail d'autant plus urgent que la nouvelle *Loi des relations ouvrières*, adoptée par le gouvernement Godbout quelques mois auparavant, est venue changer la donne en imposant la négociation de conventions collectives aux employeurs et la reconnaissance du syndicat majoritaire dans chaque entreprise. L'abbé Dion sera le principal pilier de ce nouveau département ; c'est en son sein qu'il fera sa marque et apportera sa plus grande contribution.

Mais, pour bien saisir la nature de la grande aventure que Gérard Dion s'apprête à vivre, il faut la resituer dans son contexte et revenir à celui qui a eu l'idée de créer ce département et de l'intégrer à sa nouvelle Faculté des sciences sociales, le père Georges-Henri Lévesque.

Origine et mandat

Un mot d'abord sur la philosophie à la base de l'École des sciences sociales, un milieu considéré, par bien des gens du temps, trop «à gauche». Il faut avouer que, dans le Québec traditionnel, la petite institution constituait toute une innovation : d'abord, par son domaine d'études qui était nouveau ; ensuite, par son orientation particulière. En cette matière, le père Lévesque avait définitivement imprimé sa marque. Cela, grâce à sa vision des sciences sociales, un regard qui ne se contentait pas de l'étude pour l'étude, mais qui soulevait également la question des nécessaires transformations sociétales :

Pourquoi des études sociales, sinon pour connaître la vie sociale sous tous ses angles, qui se résument à deux aspects principaux ? Premièrement, l'aspect positif : en tant que vécue au passé et au présent, autrement dit les faits sociaux envisagés comme tels. Ensuite, l'aspect normatif : la vie sociale en tant que future, celle que les hommes auront à mener et qu'ils devront, comme personnes raisonnables, organiser rationnellement selon les règles de conduite appelées lois ou devoirs sociaux[1].

De nos jours, ces deux termes, le positif et le normatif, ne disent plus rien à personne, sauf aux plus âgés. Mais, à l'époque, ils étaient sur toutes les lèvres de ceux qui fréquentaient la nouvelle école. Pas question de se contenter d'une simple étude de la réalité présente ; sur ce, le point de vue du fondateur était très catégorique :

Une fois bien au courant [des] réalités [de la vie sociale] et des lois qui les enchaînent, il faut encore s'informer de ce qui doit être, connaître les devoirs sociaux qui s'imposent à l'homme de tels pays et de telle époque. Voilà le rôle spécifique des doctrines sociales : la recherche et la détermination des normes et fins à suivre et poursuivre en société. Sans ces deux formations essentiellement distinctes, et nécessairement complémentaires, une connaissance intégrale de la vie sociale devient impossible. Science sociale et philosophie sociale ne sont pas deux sœurs ennemies ; plutôt deux lumières qui éclairent chacune à sa façon la vie commune des hommes.

En matière de philosophie sociale, c'est la doctrine sociale de l'Église qui est enseignée dans cette jeune institution. Ainsi, les enseignements pontificaux sont présentés dans la plupart des cours offerts. Et cette orientation fondamentale, le père Lévesque insista pour son maintien : « Voilà l'inspiration première de notre programmation du début. Et lorsque, en 1943, l'école devenue faculté organisera ses départements, dans chacun elle agencera les cours en y assurant un bon dosage de positif et de normatif ».

De par son origine donc, le futur Département des relations industrielles s'est vu fixer un double mandat : comprendre le monde du travail et réfléchir aux moyens d'y apporter des améliorations. Ce nouveau département, il fut aussi décidé de le créer au sein de la nouvelle Faculté des sciences sociales parce qu'on avait une idée bien nette en tête :

---

1. Georges-Henri Lévesque (1983), *Souvenances*, tome 1, Montréal, Éd. La Presse, p. 304. Les deux prochaines citations proviennent du même endroit. Soulignons que le père Lévesque joua un rôle fondamental dans la création et l'orientation de ce département. À titre de doyen de la faculté, il assistera aux réunions de ses instances de direction durant plusieurs années.

Le père Lévesque s'adressant à l'assistance lors de la séance d'ouverture du deuxième Congrès des relations industrielles de 1947. À gauche, James O'Connell-Maher et Mgr Alphonse-Marie Parent. Photographe inconnu. Source: *Rapport du deuxième Congrès des relations industrielles de l'Université Laval: Convention collective, sécurité syndicale*, Québec, PUL, 1947, p. 24.

Nous avons cru aussi qu'un tel département devait être intégré à une faculté de sciences sociales plutôt que de le voir se rattacher à des écoles de commerce ou d'administration, comme cela se pratiquait aux États-Unis de même qu'à l'université Queen's de Kingston. Nous évitions ainsi, note Gérard Dion « le biais d'une vision affairiste ou déshumanisée pour bien marquer que les relations du travail étaient foncièrement des relations humaines et sociales »[2].

Voilà donc l'orientation que l'on souhaitait donner à ce futur département, cette «haute école professionnelle» qui aurait pour but de «former des spécialistes en relations du travail», que l'on aimait aussi nommer «ingénieurs sociaux». À ceux-ci, on désirait offrir une formation complète afin qu'ils deviennent de vrais «experts»:

[des] spécialistes bien au courant de la science économique, très au fait de toute la législation du travail et de la sécurité sociale, exercés à la psychologie des individus et des collectivités de même qu'aux subtiles techniques de l'organisation et de l'action humaines, et parfaitement rompus aux disciplines sociologiques et morales nécessaires à

---

2.   *Ibid.*, tome 2, p. 49.

l'observation des faits sociaux comme aussi à la direction des sociétés elles-mêmes[3].

À l'époque, un besoin pressant de tels experts se fait grandement sentir, surtout depuis le déclenchement du second conflit mondial : «Et en jetant maintenant nos regards sur la province de Québec, qui ne voit, surtout depuis la guerre, qu'elle est en pleine voie d'industrialisation ?[4]»

Comme le rappelle Gérard Dion, la participation du Canada aux hostilités avait donné une «acuité particulière» aux relations du travail et entraîné plusieurs conséquences :

> Les exigences d'une production maximale, d'une protection contre l'inflation et d'une réduction des conflits de travail avaient amené le gouvernement [fédéral] à établir une multitude de réglementations. Du côté des entreprises, une meilleure utilisation des ressources humaines avait amorcé l'établissement de la gestion du personnel.

Du côté des syndicats, l'obligation de soumettre toutes leurs réclamations salariales au Conseil national du travail en temps de guerre, pour approbation, nécessitait des dossiers biens préparés et du personnel possédant des connaissances appropriées. Enfin, les divers gouvernements avaient besoin de fonctionnaires spécialisés tant pour appliquer la législation déjà existante que pour en préparer de nouvelles[5].

Proche du gouvernement libéral d'Adélard Godbout, le père Lévesque n'est pas sans être bien informé de l'intention de ce dernier d'adopter sa nouvelle loi du travail qui est appelée à transformer profondément les relations dans tous les secteurs de l'emploi.

Le nouveau département pourra apporter sa contribution à la société de deux façons : grâce à ses travaux de recherche et à la formation de spécialistes, notamment pour les organisations syndicales et le monde patronal. Dans ce dernier milieu, la jeune institution souhaite accomplir une mission particulière :

> Ces hommes apprendront à l'Université que si les patrons ont des devoirs ils ont aussi des droits, que s'ils ont des droits ils ont aussi des devoirs ; que la propriété est un droit naturel, mais qu'elle a aussi ses charges sociales ; que les ouvriers ne sont pas des machines et que leur travail

---

3.   Georges-Henri Lévesque (1946), «L'Université et les relations industrielles», *Rapport du Congrès des relations industrielles*, Québec, Université Laval, p. 5.

4.   *Ibid.*, p. 3.

5.   Gérard Dion (1988) «Le Département des relations industrielles : A) Nos commencements», dans A. Faucher (dir.), *Cinquante ans de sciences sociales à l'Université Laval*, Québec, PUL, p. 165. Texte paru antérieurement dans *Continuité et ruptures : les sciences sociales au Québec*.

n'est pas une vulgaire marchandise ; que le travailleur est une personne humaine, et que, de ce fait, les conditions de son travail ne doivent pas être celles des esclaves, mais des hommes libres, égaux en dignité de nature, créés à l'image de Dieu et rachetés par son sang[6].

Bref, on espère y former un personnel patronal progressiste, conscient de ses responsabilités sociales ; non pas des individus centrés exclusivement sur la recherche de profits. Ici, encore, l'influence de l'enseignement social de l'Église est notoire. Et, comme nous le verrons, grâce à son principal animateur, le futur département en sera un lieu important de diffusion.

Il est une autre orientation de la jeune institution qui vaut la peine d'être soulignée : son discours particulier sur la paix sociale :

> Notre philosophie de base [...] était la suivante : ce que nous voulions était la paix sociale, mais pas la paix sociale à n'importe quel prix [...]. Dans la justice, dans la collaboration et avec, au départ, l'acceptation du syndicalisme comme étant une institution normale et indispensable dans une société démocratique [...]. Les problèmes de relations du travail devaient se régler grâce à la convention collective[7].

Sur le rôle du syndicalisme, l'abbé Dion apporta ces précisions supplémentaires :

> [...] nous acceptions le syndicalisme comme une institution normale et indispensable dans une économie industrielle et une société démocratique avec une double fonction : celle d'être un agent de négociation collective et instrument de transformation sociale[8].

Ainsi, tant la reconnaissance du syndicalisme que la négociation de conventions collectives sont vues comme des préalables à la paix dans le monde du travail. À l'époque, cette position s'avère être novatrice car la nouvelle loi obligeant l'employeur à négocier un contrat de travail vient tout juste d'être adoptée. Plusieurs patrons se montrent récalcitrants à une telle négociation obligatoire. Surtout, bien des chefs d'entreprise s'opposent aux formules de sécurité syndicale. D'ailleurs, au même moment où naît le département, la nouvelle Section des relations industrielles de l'Université de Montréal, avec à sa tête Émile Bouvier,

---

6.   Lévesque (1946), « L'Université et les relations industrielles »..., p. 8.

7.   Déclaration de Gérard Dion, citée par James Thwaites, Mario Lajoie et Hélène Bois (1985), « Supplément : Quarante ans au service des relations industrielles », dans *Le Statut du salarié en milieu de travail*, 40ᵉ Congrès de relations industrielles, Québec, Université Laval, p. 271. Se trouve aussi dans James Thwaites (1988), « Évolution et développement du Département de relations industrielles », dans Albert Faucher (dir.), *Cinquante ans de sciences sociales...*, Québec, PUL, p. 183-217.

8.   Gérard Dion (1988), « Le Département des relations industrielles... », p. 175.

commence à organiser le patronat québécois dans sa lutte contre la reconnaissance syndicale, notamment contre la formule Rand[9].

On ne pouvait donc avoir deux institutions plus aux antipodes. Dès sa création, le nouveau Département des relations industrielles de l'Université Laval se démarque par sa nette orientation progressiste.

Noyau de départ

Pendant que Gérard Dion recevait sa formation à Queen's, le travail d'organisation débutait à la Faculté des sciences sociales[10]. Deux personnes furent mises à l'œuvre. Le premier s'avère être un personnage prestigieux qui, grâce à son appui, protégera le jeune département dans les années à venir. Il s'agit du sous-ministre du Travail, Gérard Tremblay, qui sera son premier directeur, poste qu'il conservera jusqu'en 1956. Ancien journaliste au *Devoir*, il est ensuite devenu permanent de la Confédération des travailleurs catholiques du Canada (CTCC) et a œuvré à l'adoption de la *Loi d'extension des conventions collectives* de 1934, la première véritable grande victoire de la centrale catholique en matière de lois ouvrières. Devenu sous-ministre peu de temps après, il conserva l'estime de ses concitoyens. À son sujet, Gérard Dion précisa :

> Le père Lévesque avait eu la main heureuse en allant chercher comme premier directeur un homme remarquable dans la personne de Gérard Tremblay, sous-ministre du Travail. Bien connu de tous les milieux des relations industrielles au Québec, il y jouissait d'un grand prestige et de beaucoup d'autorité[11].

Grâce à cette présence, le jeune département pourra avoir accès à des informations privilégiées. Mais, surtout, il comptera là un excellent protecteur tout au long du règne de Maurice Duplessis. Fait révélateur, les réunions de son bureau de direction se tiendront dans les locaux du ministère du Travail jusqu'au milieu des années 1950[12].

La deuxième personne qui œuvra à la mise sur pied du département est Jean-Pierre Després, qui, au cours de ses études, a occupé le poste de secrétaire du père Lévesque. Comme ses recherches portaient

---

9. Pour plus de détails sur ce sujet, voir *Les Dessous d'Asbestos*.

10. Les informations suivantes sont tirées de G.-H. Lévesque (1983), *Souvenances*, tomes 1 et 2, p. 327 et p. 50-51. Signalons que la faculté offrait, dès 1942-1943, un « certificat d'études industrielles et financières » qui comprenait des cours sur les législations ouvrières, l'hygiène industrielle et les entreprises. Voir *Annuaire de 1943-1945*, p. 17.

11. Gérard Dion (1988), « Le Département des relations industrielles... », p. 166.

12. Témoignage de M. Jacques Saint-Laurent, entretien du 12 octobre 2006. Ce dernier a contribué à mettre fin à cette pratique peu de temps après son arrivée en 1954. Dorénavant, les réunions auront lieu à la faculté.

Le sous-ministre Gérard Tremblay,
premier directeur du département
de 1944 à 1956.
Photographe inconnu.
Source : DAUL, U519, 7320, 92/2.

sur « l'organisation internationale du travail », c'est vers lui que le doyen de la faculté s'est tourné au moment de procéder à la fondation concrète du nouveau département. Grâce à sa formation et à une excellente capacité de synthèse, il nous donnera le premier ouvrage en français sur l'histoire du mouvement ouvrier[13].

Gérard Dion sera très élogieux à son égard, affirmant : « [il] avait une capacité de travail extraordinaire, un esprit à la fois imaginatif et pratique, il était enfin un organisateur hors pair[14] ». En devenant le premier secrétaire du département, il allait jouer un rôle essentiel dans sa mise sur pied, cela bien qu'étant à temps partiel seulement, puisqu' occupant également un poste de fonctionnaire au ministère du Travail.

Sur le rôle capital de Gérard Tremblay et de Jean-Pierre Després, l'abbé Dion sera explicite :

> Bien que n'étant à l'Université qu'à temps partiel, on ne saurait jamais dire assez comment ces deux personnes ont contribué à intégrer le Département naissant dans le monde des relations du travail au Québec

---

13. Jean-Pierre Després (1946), *Histoire du mouvement ouvrier canadien*, Montréal, Fides, 205 pages.

14. Gérard Dion (1988), « Le Département des relations industrielles... », p. 167.

Jean-Pierre Després, à l'extrémité droite de la table lors du quatrième Congrès des relations industrielles en 1949. À la gauche : Esdras Minville, l'abbé Gérard Dion et Paul-Henri Guimont. Photographe inconnu. Source : DAUL, U684, 1,1.

et lui ont imprimé une impulsion et un dynamisme qui, par la suite, exigeront beaucoup d'efforts pour être soutenus[15].

À ces deux pionniers s'ajoutera un autre personnage de la fonction publique, James O'Connell-Maher, sous-ministre adjoint du Travail. Ce haut fonctionnaire occupera le poste de directeur adjoint du département de 1944 à 1947[16], en plus d'y donner plusieurs cours. Et, lorsque Gérard Dion viendra joindre ce petit noyau, en mai 1944, il s'agit de procéder à l'organisation des cours qui seront offerts à l'automne et de définir les grandes lignes du nouveau département.

Un projet tourné vers le milieu

L'Université Laval, en décidant de mettre sur pied le Département des relations industrielles, avait acquiescé aux nombreuses demandes provenant « d'employeurs » et de « groupements ouvriers[17] ». Ce souci de répondre aux besoins du milieu sera omniprésent dans le projet formulé par l'équipe de départ.

---

15.   *Ibid.*

16.   Les informations sur les cours et les professeurs proviennent des *Annuaires de l'Université Laval*, de 1944 à 1960. Signalons que M. O'Connell-Maher se trouve sur la précédente photographie du Congrès de 1947.

17.   DAUL, P117, E9, 2.1, « Département des relations industrielles », Université Laval, Faculté des sciences sociales, p. 4. Les informations et les citations suivantes proviennent de ce document-fondateur.

D'abord, sa structure de direction sera chapeautée par un « conseil consultatif » formé de spécialistes du domaine ainsi que de 11 membres provenant des organisations ouvrières et de 11 représentants patronaux provenant des différentes branches d'industrie. En plus de conseiller la direction, cet organe devra veiller à la préparation de « l'agenda » du Congrès annuel des relations industrielles, un agenda qui « s'inspirera évidemment des problèmes d'actualité[18] ».

Ensuite, l'« Office des recherches industrielles » sera créé afin de répondre aux demandes « d'information » et « d'enquêtes » formulées par « les employeurs, les ouvriers ou les organismes gouvernementaux ». À cette fin, un centre de documentation est constitué. En provenance de tous les milieux, ses documents serviront à connaître « l'évolution de la législation du travail et des conditions de travail » au Québec. L'existence d'un tel « office » devrait permettre aux professeurs et aux étudiants « d'apporter une contribution originale au problème des relations patronales et ouvrières », des contributions qui devront ensuite être mises « à la disposition des employeurs et des travailleurs[19] ».

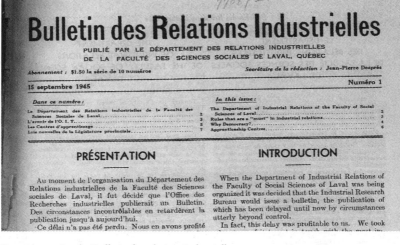

Premier numéro du *Bulletin des relations industrielles*.
Source : Département des relations industrielles, collection de Claudine Leclerc.

---

18. *Ibid.*, p. 7 et 13. Nous n'avons vu aucune trace de cet organisme consultatif. Son existence semble avoir été éphémère. Chose certaine, il n'était plus là en 1954, au moment de l'arrivée au département de Jacques Saint-Laurent comme professeur.

19. *Ibid.*, p. 8 et 9. Cet « office » deviendra, par la suite, le Centre de documentation.

Le principal moyen pour le faire sera une publication régulière :

> Dès que les circonstances le permettront, l'Office des recherches publiera un *Bulletin mensuel* sur les relations industrielles. C'est l'intention du département de publier en ANGLAIS et en FRANÇAIS, les travaux de recherches que fera l'Office[20].

Ainsi, à l'origine, le mandat du *Bulletin* était de diffuser les recherches produites par « l'Office » et par le département. Sa mission était de les rendre accessibles aux gens du milieu, cela dans les deux langues.

Un grave problème de l'heure, l'hygiène industrielle (aujourd'hui appelée « santé et sécurité au travail »), amena aussi le noyau de départ à concevoir la mise sur pied d'un « laboratoire » qui, sous la direction d'un médecin expert, « étudiera toutes les questions qui relèvent de la physiologie du travail, des conditions hygiéniques du travail et de sécurité [au] travail ». Ce laboratoire devait, sans doute, viser à étudier,

A l'ouverture du congrès annuel de la C.T.C.C.

● On remarque sur cette photographie quelques invités d'honneur. De gauche à droite, le R. P. Jacques Cousineau, s.j., de la Maison Bellarmin, Montréal, M. l'abbé Gérard Dion ,directeur du département des Relations industrielles de l'université Laval, Mgr Paul-Emile Gosselin, directeur général de l'"Action Sociale Catholique", MM. Jean Marchand, secrétaire général de la C.T.C.C., André Roy, président du Conseil Central des Syndicats Catholiques de Québec, M. le chanoine Henri *lchette, aumônier général de la C.T.C.C., M. l'échevin Joseph Conseiller, M. Gérard Picard, président de la C.T.C.C. (Photo Roger Bédard, "L'Action Catholique").

Photographie sans date (probablement prise lors du congrès de 1948) provenant de *L'Action catholique*.
Photographe : Roger Bédard. Source : DAUL, P117, C3.2.

Stage de Gérard Dion suivi à la RCA Victor en juillet 1944.
Photographe inconnu. Source : DAUL, P117, C3.12.

---

20. *Ibid.*, p. 9.

en premier lieu, les terribles maladies industrielles qu'étaient l'amiantose et la silicose.

En plus d'intégrer les activités de recherche dans la formation des étudiants (séminaire sur les problèmes sociaux en première année, séminaire à l'office et au laboratoire en deuxième année), le programme initial[21] comprend la rédaction d'une «thèse de licence» ainsi qu'un stage «d'expérience et d'entraînement dans les milieux industriels, ouvriers et patronaux (*field work*)». Ces stages sont d'ailleurs essentiels à l'obtention du diplôme de «techniciens» en relations industrielles. Encore là, le futur département se montre novateur. Cette formation pratique servira à accroître les liens avec les milieux et permettra de toucher les problèmes concrets vécus dans les entreprises et les organisations syndicales.

Sur l'importance de cette orientation fondamentale, l'abbé Dion insistera constamment auprès des nouveaux professeurs embauchés. À cet effet, Jean-Paul Deschênes, également professeur en relations industrielles, rappelle:

> Gérard Dion a implanté les stages dans l'entreprise afin de favoriser la formation des étudiants. Déjà, cela existait au temps de mes études, en 1950-1954. Et quand on arrivait comme professeur, Gérard Dion insistait pour qu'on ait des attaches dans le milieu, qu'on fasse des travaux dans le milieu, et que, dans nos cours, ce ne soit pas seulement un enseignement académique que l'on prenne dans les livres et qu'on répète. Ah, sur ce plan-là, il était un grand bonhomme[22].

Il aurait aussi exercé une influence certaine sur l'orientation du futur département et sur le contenu de son programme, toujours selon M. Deschênes:

> La grande qualité de Gérard Dion, c'est qu'il avait une vision large et future des relations industrielles. À Laval, il y avait des cours en hygiène industrielle. Cela aussi était particulier; ce n'était pas courant en relations industrielles à l'époque. Déjà en 1950, quand j'étais étudiant, il y avait un cours en génie industrielle donné par M. Delanay. Cela aurait été impensable dans les autres départements de relations industrielles. Cela ne se donnait pas ailleurs.

---

21. Ce programme initial prévoyait «450 heures de cours... consacrées exclusivement aux relations industrielles». Il stipulait également que, «chaque semaine», les étudiants devaient visiter «une entreprise afin de se familiariser davantage avec les problèmes industriels». Après chaque visite, ces derniers avaient à produire «un rapport de leurs observations». DAUL, Fonds du Département des relations industrielles, U684, 16/2, «Quelques renseignements sur le Département des relations industrielles de la Faculté des sciences sociales de Laval», p. 1 et 2.

22. Entretien avec Jean-Paul Deschênes du 23 mai 2006, p. 14. Soulignons que M. Deschênes est entré au département en 1956.

C'est pour ces raisons que je dis que Gérard Dion avait une vision large des relations industrielles ; il les voyait comme une entité complète, une entité intégrée aux divers milieux de travail[23].

Cette largeur de vue et ce côté novateur des orientations qui viennent d'être adoptées constitueront les grandes forces du jeune département.

Formation de base

Pour remplir l'ensemble de ces objectifs ambitieux, il fallait offrir, dès septembre 1944, un programme de base, cela avec très peu de ressources. En effet, seul Gérard Dion pouvait compter sur une embauche à temps plein[24]. À ce titre, c'est lui qui donnera le cours général de « sociologie et morale professionnelle » en première année et, en spécialisation, les cours portant sur « l'organisation professionnelle du Moyen-Âge à aujourd'hui », pour un total de 75 heures d'enseignement en relations industrielles[25].

Pour sa part, le sous-ministre Gérard Tremblay est, dès l'automne 1944, responsable de 50 heures d'enseignement. Il donne d'importants cours, notamment Loi des relations ouvrières du Québec, Convention collective de travail, Droit d'organisation, Comité paritaire, Conciliation et arbitrage, extension juridique et salaire[26]. En fait, c'est lui le spécialiste de la législation québécoise du travail. Dès 1945-1946, il donnera un total de 85 heures d'enseignement.

De son côté, James O'Connell-Maher donne le cours Direction du personnel ainsi que des cours sur des lois particulières : législation de sécurité, prévention des accidents, congés payés et service provincial de placement[27]. Bien qu'il enseigne à temps partiel lui aussi, il n'en offre pas moins de 63 heures d'enseignement. Et, en 1945-1946, sa charge atteindra même 90 heures. Ces deux hauts fonctionnaires du ministère du Travail donnent également, avec Léonce Girard des

---

23. *Ibid.*, p. 1.

24. L'abbé Dion fut d'abord embauché à titre de chargé de cours, avec une rétribution de 500 $ par année. Toutefois, dès 1947, son traitement était majoré à 1 000 $ et à 1 500 $ l'année suivante. Voir les lettres du 8 août 1944 et du 8 septembre 1947 dans DAUL, P117, E9, 1.1. Par la suite, il obtiendra un poste de professeur permanent.

25. Cours G-12, R4 et R5 dans *Annuaire de l'Université Laval de 1944-1945*, section Faculté des sciences sociales, Québec, Action catholique, p. 57-58. Soulignons que Gérard Dion donnait aussi un cours de doctrine sociale à la Faculté.

26. *Ibid.*, p. 58-59. Voir les cours R1, R14 à R20. Ces cours varient entre 5, 10 et 15 heures.

27. *Ibid.*, p. 59-60. Voir les cours R8 à R11 et R29.

comités paritaires, le cours d'éthique professionnelle, un cours d'une durée de 15 heures.

Le secrétaire du département, Jean-Pierre Després, est responsable du cours Histoire des organisations ouvrières au Canada, aux États-Unis et en Grande-Bretagne ainsi que de plusieurs cours sur la sécurité sociale, notamment sur l'assistance maladie, les allocations familiales et les logements ouvriers[28]. Outre ces 45 heures d'enseignement, il travaillera à la création du nouveau *Bulletin des relations industrielles*. À partir de 1945-1946, sa charge totale sera portée à 85 heures de cours. C'est donc dire que ces trois pionniers en provenance du ministère du Travail ont joué un rôle crucial au cours des premières années du département.

Mais ce petit noyau de départ ne saurait offrir toute la formation requise pour la spécialisation en relations industrielles. C'est pourquoi on se tournera vers la Faculté des sciences sociales. Son doyen, le père Lévesque, donnera son fameux cours Morale et technique de l'action[29]. Comme Gérard Dion considère que « les deux grands facteurs de restauration économiques et sociales sont le syndicalisme et la coopération[30] », il inclura une formation sur ce thème, un thème omniprésent à la faculté. C'est Eugène Bussière du Service extérieur d'éducation sociale[31] qui donnera le cours de 30 heures intitulé Coopération.

Deux autres professeurs d'expérience de la Faculté des sciences sociales vont venir consolider le jeune département. Il s'agit de deux enseignants dont Gérard Dion a pu apprécier la qualité des cours lors de sa propre formation. Le premier, Louis-Philippe Pigeon[32], s'avère être un éminent juriste dont la contribution demeure ignorée par l'histoire du Québec. À l'époque du gouvernement Godbout, il aurait été « l'instigateur et le rédacteur[33] » de la loi ouvrière de 1944. Plus

---

28.   *Ibid.*, p. 58 et 60. Cours R6, R31 et R35 à R37.

29.   Il s'agit de G20, un cours de 30 heures. Voir *ibid.*, p. 58.

30.   DAUL, P117, E9, 2.13, Session de formation de Gérard Dion intitulée Syndicalisme et coopératisme, p. 1.

31.   En charge de l'éducation aux adultes, le Service extérieur prendra, en 1950, le nom de Centre de culture populaire. De 1944 jusqu'à la Révolution tranquille, cet organisme donnera de nombreuses heures de formation, notamment sur les diverses formes de coopération. Il a grandement innové par son approche pédagogique basée sur la participation. Ce service, qui a agi comme éveilleur du Québec, mériterait une étude à part entière. Sur sa contribution, voir les témoignages d'Eugène Bussière et de Napoléon Leblanc dans Albert Faucher, dir. (1988), *Cinquante ans de sciences sociales à l'Université Laval*, p. 35 à 73.

32.   Il s'agit du père de l'ex-recteur de l'Université Laval, Michel Pigeon. Nous avons retrouvé très peu d'écrits sur sa contribution. Ce personnage de l'ombre gagnerait définitivement à être mieux connu.

33.   Gérard Dion (1988), « Le Département des relations industrielles... », p. 167. Témoignage de Jean Sexton sur son rôle crucial au cours des années 1960.

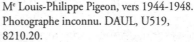

Mᶜ Louis-Philippe Pigeon, vers 1944-1948.
Photographe inconnu. DAUL, U519,
8210.20.

tard, au moment de la Révolution tranquille, il sera le grand conseiller juridique de Jean Lesage. En première année, les étudiants de relations industrielles suivront son cours Droit civil, un cours de 60 heures. Au moment de leur spécialisation, ils auront de lui, dès 1944-1945, une formation de 10 heures intitulée Juridiction du travail qui analyse les compétences fédérale et provinciale en matière de travail et qui aborde le rôle des tribunaux. Dès l'année suivante, ce cours passera à 15 heures, pour être porté, en 1951-1952 à 30 heures[34]. Jusqu'à sa retraite en 1962, ce grand juriste demeura un pilier du Département des relations industrielles.

Le jeune département pourra aussi compter sur un autre professeur de la Faculté des sciences sociales, le Dʳ Wilfrid Leblond, grand spécialiste en hygiène industrielle. Dès 1944, il offrira un cours de 30 heures sur la question. Jusqu'en 1959, les étudiants pourront profiter de son enseignement. C'est sans doute grâce à lui que fut conçu le Laboratoire d'hygiène industrielle. Dans le Québec duplessiste, cette institution novatrice ne pourra se remettre de la débâcle vécue lors de la lutte contre la silicose et l'amiantose[35]. L'échec retentissant de la revue *Relations* en 1948 sur le dossier de la silicose à Saint-Rémi-d'Amherst entraîna la destitution de son directeur-fondateur, Jean-d'Auteuil Richard, et la réorientation conservatrice de cette revue. À la suite de l'article de Burton Ledoux sur l'amiantose à East Broughton dans *Le*

---

34. Informations tirées des *Annuaires de l'Université Laval* de 1944 à 1960.

35. Sur ce sujet, voir l'ouvrage publié sous notre direction, en 2006, aux PUL, *L'Affaire silicose par deux fondateurs de* Relations.

À droite, le Dr Wilfrid Leblond, lors du centenaire de l'Université Laval, au cours d'un vin d'honneur offert par la Cité de Québec, le 22 septembre 1952, à l'hôtel de ville.
À gauche: Dr Marcel Langlois et le capitaine E. S. Brown.
Photographe inconnu. Source: DAUL, U519, 7920/2.39.

Devoir de février 1949, ce Franco-Américain sera honni du Québec. Il semble que ce double échec explique l'absence de financement du «laboratoire» du jeune département[36].

À ce corps enseignant, il faudra adjoindre plusieurs praticiens de l'extérieur afin de compléter le programme de relations industrielles. Et ce sera là l'une des grandes forces de Gérard Dion, sa capacité d'attirer des spécialistes de divers domaines. À ce titre, Henri Binet, administrateur du Bureau international du travail (BIT) situé alors à Montréal, donnera un cours de 10 heures sur la législation internationale du travail[37]. Également, le secrétaire général de la CTCC, Gérard Picard, offrira une formation de 15 ou 20 heures sur l'organisation syndicale. Et, malgré sa nomination à la présidence de la centrale catholique en 1946, il continuera cet enseignement jusqu'en 1950, moment où il

---

36. Ce «laboratoire» aurait donc connu une existence éphémère. Chose certaine, en 1954, à l'arrivée de Jacques Saint-Laurent, il ne disposait d'aucun lieu de recherche, ni d'aucun bureau.

37. Voir *Annuaire de l'Université Laval, 1944-1945*, p. 60 et Thwaites et autres (1985), «Supplément: Quarante ans au service...», p. 265.

sera remplacé par Marius Bergeron. Du côté patronal, Léonce Girard du Comité paritaire de l'industrie de la chaussure donnera Formation professionnelle tandis que John C. Whitelaw sera responsable d'un cours de 15 heures sur les organisations patronales. Ce dernier sera remplacé par H. J. Clawson et associés à partir de 1955[38]. Ainsi, pas moins d'une dizaine de spécialistes extérieurs viennent, chaque année, compléter la formation offerte aux étudiants.

Dès 1945-1946, on décidera d'ajouter au programme de spécialisation quatre gros cours d'économie de 60 heures, des cours obligatoires donnés par les éminents professeurs Maurice Lamontagne et Albert Faucher[39]. De plus, pas moins d'une dizaine d'autres cours d'économie de moindre importance, des formations de 15 ou 30 heures, figurent au programme durant les deux années suivantes. Par la suite, ce nombre sera réduit considérablement. À partir de 1947-1948, il n'y aura plus que sept cours en provenance d'économie. Cela n'empêche pas que ce département a grandement aidé celui des relations industrielles au cours de ses premières années d'existence.

Grâce à ces apports, le programme de relations industrielles a réussi à relever son pari. Mais, en 1947, la mort de James O'Connell-Maher viendra ébranler ses assises[40]. C'est par la suite que devront être embauchés deux jeunes chargés de cours, Jean Gagné et Émile Gosselin. Le premier prendra le cours de direction du personnel et participera au *Bulletin*. Le second donnera le cours Économique du travail[41] ainsi qu'un séminaire de recherche au cours des années suivantes.

Pour sa part, Gérard Dion deviendra, en 1947, secrétaire du département après le départ de Jean-Pierre Després pour le BIT. Ensuite, cette charge sera occupée par Jean Gagné de 1948 à 1950 et par Émile Gosselin à partir de cette date, et cela jusqu'en 1962. Après le décès subit de James O'Connell-Maher, l'abbé Dion assumera, à partir de septembre 1948, la fonction de directeur adjoint du département, poste qu'il conservera jusqu'en 1956.

---

38. Informations tirées des *Annuaires* de 1944 à 1956.

39. Tous deux sont les fondateurs du Département d'économie. En relations industrielles, le premier donne un cours de statistique et un cours portant sur la reconstruction d'après-guerre tandis que le second est responsable des cours Histoire économique générale et du Canada. Voir l'*Annuaire de 1945-1946*, p. 61. Déjà, à l'époque, l'économiste Maurice Lamontage était keynésien et se montrait favorable à l'instauration de meilleures mesures sociales. Témoignage de Jacques Saint-Laurent.

40. James O'Connell-Maher est décédé subitement le 19 octobre 1947, à l'âge de 38 ans seulement. Voir *BRI*, vol. 3, n° 2 (oct. 1947), p. 18.

41. Voir *Annuaire de 1950-1951*, p. 125.

Émile Gosselin, deuxième à gauche, lors du huitième Congrès des relations industrielles en 1953. À sa droite, le père Gilles-Marie Bélanger, et, à sa gauche, Mgr Parent, Gérard Tremblay, l'abbé Dion, Pierre Mercier et Charles Bélanger.
Photographe inconnu. Source : *Rapport du 8e Congrès des relations industrielles*, p. 160.

Me Beaulieu, deuxième à gauche, lors du neuvième Congrès des relations industrielles de 1954. À sa droite, l'abbé Dion, et, à sa gauche, le recteur Mgr Vandry, Gérard Tremblay, le père Lévesque, Me Émile Gosselin et Charles Bélanger.
Photographe inconnu. Source : DAUL, U684, 1,1.

En 1951, un autre pilier de la Faculté des sciences sociales, Me Marie-Louis Beaulieu, venait épauler le jeune département. En remplacement de Jean-Pierre Després, il donnera un cours de 75 heures sur la législation du travail et sur la sécurité sociale[42]. Il sera responsable de cette formation jusqu'en 1964. Tout comme celle de Louis-Philippe Pigeon, sa contribution sera grandement appréciée par le jeune département.

Son second coup dur, le Département des relations industrielles le vivra en 1955-1956 au moment du départ du sous-ministre Tremblay. Pour compenser le vide qu'il laisse, il faudra procéder à l'embauche de deux nouveaux professeurs, Jacques Saint-Laurent et Roger Chartier. L'année suivante, Jean-Paul Deschênes les rejoint. Enfin, le jeune département peut compter sur une équipe stable de professeurs. En 1959, un nouveau membre s'ajoutera, le Français Gaston Cholette[43].

Après la démission de Gérard Tremblay du poste de directeur en 1956, l'abbé Dion assumera cette fonction jusqu'en 1964. Au cours de cette même période, il sera appelé à bâtir deux nouveaux cours ; en 1958, Sociologie du syndicat et, par la suite, Morale du travail[44]. Ce sont ces deux cours qu'il enseignera durant les décennies suivantes.

Fabienne Tousignant, première femme à enseigner au département, de 1951 à 1957, elle donna notamment le cours Histoire des relations de travail en Amérique. Elle travailla également au *Bulletin* et à l'organisation des congrès. Photographie tirée d'une mosaïque de 1950. Source : DAUL, U519, 92.2.

---

42.   Voir *Annuaire de 1951-1952*, p. 34. Me Marie-Beaulieu avait été membre de la Commission sur l'extension juridique des conventions collectives de 1934 et aurait rédigé la Loi du travail de 1938. Tirées de G. Dion (1988), « Le Département des relations industrielles... », p. 167. Sur l'importance de ces deux juristes, voir aussi Georges-Henri Lévesque (1988), *Souvenances*, tome 2, p. 51.

43.   Informations tirées des *Annuaires* de 1955, 1956 et 1959.

44.   Notes de cours prêtées par Jean Sexton.

C'est durant la Révolution tranquille que le Département des relations industrielles prendra son véritable envol. Alors que son nombre annuel de diplômés du 1er cycle a stagné pendant les années 1950, se situant entre 4 à 8, voilà qu'il progresse rapidement à partir du milieu des années 1960, pour dépasser la vingtaine en 1968. La progression sera ensuite fulgurante : en 1975, le département diplômera près de 70 étudiants annuellement, pour ensuite atteindre le cap des 150 à la fin de la décennie[45]. Mais ce bref survol nous éloigne du travail des pionniers. Revenons-y en nous attardant à une autre expérience novatrice : la formation offerte aux adultes.

Former les praticiens du milieu

Au moment de sa création, le jeune département s'associe avec le Service extérieur d'éducation sociale afin d'offrir de la formation aux gens du milieu[46]. Gérard Dion en rappelle la première expérience :

> Dès la fin de la première année académique, en [mai] 1945, le Département organisait une session intensive générale d'une semaine qui réunissait 75 personnes venant des milieux patronaux, syndicaux et gouvernementaux. Ce fut un succès, mais par la suite on décida de tenir des sessions intensives plus spécialisées, soit à la demande de groupes particuliers, soit de notre propre initiative, mais toujours en collaboration avec eux[47].

Par après, on souhaitera s'adresser à des clientèles plus précises :

> Nous cherchions à répondre aux besoins de toutes les catégories de personnes engagées dans les relations du travail : dirigeants syndicaux, dirigeants d'entreprise, directeurs de personnel, contremaîtres, agents d'administration au ministère du Travail ou dans les services fédéraux, etc. C'est ainsi que pendant de nombreuses années, aux vacances d'été,

---

45. Voir les deux graphiques dans Thwaites et autres (1985), « Supplément : Quarante ans au service... », p. 266-267. Cet essor a été ressenti au département dès l'arrivée au pouvoir de Jean Lesage. L'attitude d'ouverture de ce gouvernement aux relations industrielles amènera la création de plusieurs postes dans la fonction publique. Témoignage de Jacques Saint-Laurent du 12 octobre 2006. L'arrivée en masse de la génération des *babyboomers* fera le reste.

46. Gérard Dion (1948), « L'Université Laval et les relations industrielles », *BRI*, vol. 4, n° 4 (déc.), p. 33. (Voir aussi DAUL, U684, 16/2, « Sommaire de l'activité du Département des relations industrielles de la Faculté des sciences sociales à l'Université Laval », 19 novembre 1945, 1 page. On y apprend que cette session intensive a été d'un durée « de quinze jours », que son « programme comportait 40 cours et 15 forums sur les relations patronales-ouvrières »).

47. Gérard Dion (1988), « Le Département des relations industrielles... », p. 170. La prochaine citation provient du même endroit. Sur cette formation, voir aussi le *Bulletin des relations industrielles*, vol. 1, n° 1 (sept. 1945), p. 8.

en collaboration avec la Corporation des instituteurs, une soixantaine d'enseignants venaient à Laval faire un séjour de deux semaines.

Il est difficile, de nos jours, de retracer l'ensemble de ces expériences puisqu'on n'en retrouve que des traces éparses dans les archives de Gérard Dion et à l'intérieur du *Bulletin*. Néanmoins, on peut affirmer qu'elles eurent de l'importance au cours des premières années du département. Ces sessions intensives vont de «quelques jours» à «deux semaines[48]».

Les procès-verbaux du bureau de direction nous apprennent qu'une autre «session intensive» se tiendra en mai 1946. Plus pratique et concrète que la précédente, cette formation traite de la productivité, des tâches, du rythme de travail, des problèmes de sécurité, d'hygiène industrielle et des diverses caisses sociales[49]. Le même procès-verbal prévoit la tenue, à l'hiver, d'une série de «journées industrielles» dans diverses villes du Québec. Ces sessions de trois jours se tiendront de février à juin à Trois-Rivières, Thetford Mines, Plessisville, Chicoutimi et Rimouski. Y seront abordés les principaux sujets de l'heure : la convention collective, le comité paritaire, la liberté syndicale, la conciliation et l'arbitrage ainsi que la sécurité sociale. Outre Gérard Dion et Jean-Pierre Després, les conférenciers seront Jean Marchand, Marius Bergeron, Donat Quimper, P.-E. Bernier et Louis Bilodeau[50]. Dans le *Bulletin*, on apprend ensuite que, dans le cas du Bas-du-Fleuve, plusieurs séances de tiendront, notamment à Price, Matane, Cabano et Rimouski[51].

À l'automne 1946, on organise une session «spécialement réservée aux employeurs et aux directeurs du personnel» où l'on traitera du taux de roulement des employés, de la négociation de conventions collectives et des problèmes vécus par les contremaîtres et les chefs de département[52]. Au début de 1947, une autre session visera une clientèle particulière, les employés des organismes publics de placement. D'une durée de trois jours également, cette formation porte sur des problèmes précis telles les entrevues, la sélection scientifique et les relations patronales. Encore une fois, l'assistance se situe à plus de soixante-dix personnes[53].

---

48.   Gérard Dion (1948), «L'Université Laval et les relations industrielles», p. 33.

49.   «Session intensive...», *BRI*, vol. 1, n° 8 (avril 1946), p. 3.

50.   DAUL, P117, E9, 2.3, «Procès-verbal de la réunion du Bureau de direction du 30 novembre 1945», 2 pages.

51.   «Journées industrielles», *BRI*, vol. 1, n° 10 (juin 1946), p. 8.

52.   «Session intensive...», *BRI*, vol. 2, n° 1 (oct. 1946), p. 7.

53.   *BRI*, vol. 2, n° 6 (fév. 1947), p. 1.

Par la suite, il semble que le jeune département mettra des énergies sur des cours du soir offerts par le Service extérieur d'éducation sociale et des «cours par correspondance». L'organisation de ces cours sera discutée au début de 1949. Outre l'abbé Dion et Jean Gagné, y collaborent deux membres du Service extérieur, le père Gilles-Marie Bélanger et Napoléon Leblanc, ainsi que Raymond Gérin, de l'association patronale de Québec, et Fernand Jolicœur, responsable de la formation à la CTCC. Divisé en cinq sections, ce cours traitera de l'histoire des relations industrielles, de l'entreprise, du syndicalisme, des relations du travail et d'économie[54].

Bien que nous ne connaissions pas la portée exacte de cette expérience, il nous a été possible de retracer plusieurs cours relatifs aux relations industrielles dans les programmes du Service extérieur d'éducation sociale et du Centre de culture populaire. Au cours de la décennie 1950-1960, Gérard Dion y donnera plusieurs formations. Il ne fait donc aucun doute que le jeune département accorda une importance particulière à la formation des praticiens et des adultes durant ses premières années d'existence. Par ailleurs, deux innovations viendront combler les besoins des divers milieux : une revue et des congrès.

Petite revue deviendra grande

La première de ces initiatives sera la création du *Bulletin des relations industrielles* à l'automne 1945. De facture très modeste, ce mensuel ne compte qu'une dizaine de pages. Il se présente sous une forme très rudimentaire ; de format $8^1/2$ par 11, il est simplement dactylographié et ronéotypé. Toutefois, son contenu est accessible et l'on y aborde les grands problèmes de l'heure. Son but est «de renseigner objectivement ses abonnés sur les sujets d'actualité qui intéressent le Capital et le Travail[55]». À cette fin, son premier numéro traite de l'Organisation internationale du travail, des clauses d'arbitrage et des nouvelles lois ouvrières. Une bibliographie des principaux volumes et articles parus au Québec, au Canada, en France et aux États-Unis dans le domaine des relations industrielles complète le tout.

Dès le début 1946, la nouvelle parution prend une facture plus soignée, en adoptant un procédé d'impression beaucoup plus agréable à lire. Ses articles sont toujours aussi accessibles. Grâce au travail de son secrétaire de rédaction, Jean-Pierre Després, sa bibliographie prend

---

54. DAUL, P117, E9, 3.2, «Procès-verbal de la 2ᵉ réunion du Comité, lettre du 27 juin 1949», 2 pages.

55. «Présentation», *Bulletin des relations industrielles*, vol. 1, nº 1 (sept. 1945), p. 1. Voir sa reproduction, p. 107.

de l'ampleur. À partir de 1947, on y trouve des dossiers plus substantiels, notamment celui de Gérard Tremblay sur la liberté syndicale et les pratiques interdites[56]. En 1948, le *Bulletin* compte une nouvelle section, la « Liste des publications reçues ». L'année suivante, Me Louis-Phillipe Pigeon en fera réagir plus d'un avec son article sur « la légalité des clauses de sécurité syndicale[57] ». Bref, lentement mais sûrement, la petite publication est en train de s'imposer.

Devenu « secrétaire de rédaction » après le départ de Jean-Pierre Després en septembre 1946, Gérard Dion va consacrer beaucoup d'énergie à son « bébé ». Très rapidement, les deux sections du *Bulletin* atteignent vingt-quatre pages. Et c'est à l'occasion du séjour de l'abbé Dion en Amérique latine que la décision de modifier sa formule est prise. Intitulée dorénavant *Relations industrielles*, la nouvelle publication sera, à partir de décembre 1950, trimestrielle. Outre le fait de paraître seulement trois fois l'an, son format est grandement modifié. En plus d'adopter celui qui est utilisé par la plupart des revues, chaque numéro comptera désormais une soixantaine de pages[58]. Les articles y sont plus longs et plus substantiels. Ainsi, à peine cinq ans après sa naissance, la jeune publication vient de prendre la forme d'une revue scientifique.

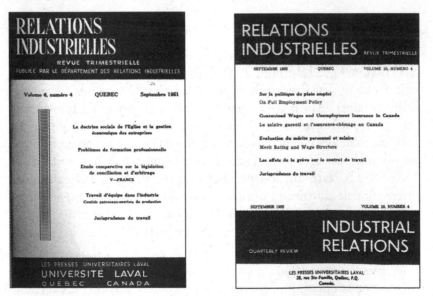

Bulletin des relations industrielles. Nouveau format de la revue et publicité.
Source : Département des relations industrielles, collection de Claudine Leclerc.

56. Voir *BRI*, vol. 2, n° 10 (juin 1947), p. 1-3 et 5.

57. Dans *BRI*, vol. 4, n° 10 (juin 1949), p. 91-94.

58. « La Revue des relations industrielles », *Relations industrielles*, vol. 6, n° 1 (sept. 1951), p. 3.

Au fil des années, de nombreuses améliorations seront introduites. Elle comptera une section « Statistiques ». À titre de collaborateur régulier, Mᵉ Jean Gagné y apportera une contribution originale en créant la section « Jurisprudence du travail[59] ». Plus tard, la section « Recension de livres » fera son apparition. Grâce à ces ajouts, *Relations industrielles* devient une revue très appréciée dans bien des milieux. En 1953, la traduction intégrale de tous les écrits ayant été jugé trop lourde, il est convenu « de faire paraître les articles simplement dans leur langue originale avec un résumé substantiel dans l'autre langue[60] ». Cette modification a également l'avantage de procurer plus d'espace.

L'année 1963 sera marquante pour elle. Au moment de la création de l'Institut canadien de recherche en relations industrielles[61], les collègues du Canada anglais acceptent d'abandonner leur projet de création d'une revue anglophone, *Relations industrielles* devenant alors la revue de l'organisme. Le professeur Harry Douglas Woods de l'Université McGill décide de se joindre à son comité de rédaction. Gérard Dion vient là de réussir un coup de maître ; son « bébé » va atteindre le statut de grande revue scientifique reconnue internationalement.

La même année, grâce au travail consciencieux de Laurent Bélanger, elle se dote d'un index. Après la venue de Jean Sexton en 1972, tous ses articles seront dorénavant soumis à une évaluation scientifique par des pairs[62]. Définitivement, *Relations industrielles* venait de franchir une autre étape essentielle. L'abbé Dion va demeurer à sa direction jusqu'à l'année de son décès en 1990. Nul doute qu'il s'agit là de l'une de ses grandes contributions.

Congrès réputés

L'autre grande initiative du jeune département sera l'organisation annuelle d'une rencontre où les gens du milieu pourront échanger, à la suite de conférences sur divers sujets de l'heure. Gérard Dion en rappelle le but :

> L'objectif que nous poursuivions était double : d'abord, donner aux employeurs, aux dirigeants syndicaux et [aux] agents gouvernementaux l'occasion de se rencontrer et de provoquer un éclairage et des échanges

---

59. Voir *RI*, vol. 7, nᵒ 3 (juin 1952), p. 185-191 ; nᵒ 4 (sept. 1952), p. 301-309 et les numéros suivants.

60. G. Dion (1988), « Le Département des relations industrielles... », p. 173.

61. Cet institut prendra ensuite le nom d'Association canadienne des relations industrielles (ACRI).

62. Témoignage de Jean Sexton.

sur des sujets importants controversés et d'actualité brûlante ; ensuite, par la publication des rapports, mettre à la disposition d'un public plus vaste des ouvrages de langue française[63].

Les organisateurs de l'événement, le père Lévesque, Gérard Tremblay, Jean-Pierre Després et l'abbé Dion, décident, pour la première séance, de s'en tenir à une initiation aux relations industrielles. À cette fin, le doyen de la faculté traitera brièvement du rôle de l'université, le sous-ministre du Travail fera un survol de l'évolution des relations patronales-ouvrières, Léonce Girard abordera l'aide à l'apprentissage dans l'industrie de la chaussure, le Dr Lucien Brouha, qui s'intéressera à la fatigue industrielle, annoncera la création d'un institut de recherche à la Faculté de médecine et Me Louis-Philippe Pigeon s'attardera au processus de conciliation et d'arbitrage établi par la loi ouvrière de 1944. Le tout sera clos par les allocutions du ministre du Travail, Antonio Barrette, et de Jef Rens du Bureau international du travail[64].

Programme du premier Congrès des relations industrielles de 1946. Source : DAUL, U684, 1.1.

---

63. G. Dion (1988), « Le Département des relations industrielles… », p. 171.

64. *Premier Congrès des relations industrielles de Laval, 1946*, Québec, Université Laval, 92 pages.

C'est le 11 mars 1946 que se tient, au Château Frontenac, le
« Premier Congrès des relations industrielles de Laval ». Les responsables
de l'initiative s'attendaient à une assistance d'une soixantaine de personnes ; à leur grande surprise, plus de cent quatre-vingts congressistes
s'y inscrivent. Les participants se montrent « tellement satisfaits de cette
première expérience qu'ils expriment illico le vœu d'être convoqués
l'année suivante et celui de recevoir le texte des communications[65] »
présentées.

Table d'honneur lors
du banquet de clôture
du premier Congrès des
relations industrielles
tenu au Château
Frontenac, le 11 mars
1946.
Source : *Rapport du
Premier Congrès...*

<u>Ci-contre</u> :
De gauche à droite :
Alfred Charpentier,
président de la
CTCC, Louis
Trottier, ex-président
de la Commission
d'assurance chômage,

le père Georges-Henri Lévesque,
doyen de la Faculté des sciences
sociales, Dr Charles Vézina,
doyen de la Faculté de médecine
et Wilfrid Hamel, député de
Saint-Sauveur.
Photographe inconnu.

<u>À droite</u> :
De gauche à droite : Anatole
Désy, président du Conseil
supérieur du travail, M. Jef
Rens, sous-directeur du Bureau
international du travail, Antonio
Barrette, ministre du Travail,
Mgr Ferdinand Vandry, recteur
de l'Université Laval.
Photographe inconnu.

---

65.   G. Dion (1988), « Le Département des relations industrielles... », p. 171.

Ainsi naissait donc la grande institution que deviendront les « Congrès des relations industrielles de Laval » et leurs rapports annuels. Établi à date fixe, « le lundi qui suit le lundi de Pâques », l'événement va devenir « le rendez-vous annuel de tous ceux qui œuvrent dans les relations du travail[66] ». Pendant près de trente ans, soit jusqu'en 1973, moment où les autres professeurs du département commenceront à assumer cette charge, Gérard Dion en sera le grand responsable.

Quelle constance se dégage des congrès organisés par ce dernier? Une chose ressort nettement : les thèmes choisis sont très liés aux problèmes de l'heure et l'on n'hésite pas à y prendre des positions qui peuvent déranger. En fait, la réputation des congrès va venir des sujets novateurs qu'on y discute et des conclusions aux antipodes de celles de Maurice Duplessis qu'on y présente. Les quelques exemples qui suivent permettent d'illustrer ce constat.

Au moment où d'importantes batailles se mènent pour l'obtention de la sécurité syndicale, le congrès de 1947 aborde la question de front. Gérard Dion y tient des propos qui en feront réagir plusieurs ; il se prononce sur « l'aspect moral » de telles formules et les déclare « légitimes[67] ». La réaction de Duplessis sera des plus vives, lui qui s'oppose vertement à ces clauses en argumentant qu'autoriser le prélèvement automatique des cotisations syndicales reviendrait à accorder un « pouvoir de taxation » aux syndicats.

D'ailleurs, il semble que l'opposition virulente du chef de l'Union nationale ait commencé sur ce sujet-là. À ce propos, l'abbé Dion, en parlant de la lutte contre le *bill* 5 de 1950, avoua :

> Depuis plusieurs années déjà, M. Duplessis ne me prisait guère. Nos conceptions sur la place et le rôle des syndicats dans notre société ne concordaient pas. Même s'il n'était pas un grand liseur, mes articles sur la sécurité syndicale parus quelques années auparavant lui avaient déplu

---

66. *Ibid.*, p. 172. En font foi, les chiffres de son assistance. Dès 1947, elle frôle 300 personnes et, de 1948 à 1952, elle se situe à près de 400. Un premier sommet est atteint en 1953, alors que 483 congressistes assistent au congrès sur les « problèmes humains du travail ». Par la suite, la difficile opposition au régime duplessiste explique sans doute la chute constante de son assistance. Celle-ci sera telle qu'en 1959 seulement 273 personnes se présentent. Mais, avec la Révolution tranquille, le Congrès des relations industrielles retrouve sa cote grâce à une assistance moyenne de 350 personnes. En 1965, « Code du travail » suscite un véritable engouement ; 693 congressistes participent à l'événement. Il s'agit là d'un sommet inégalé. Pour plus de détails, voir les données de Thwaites et autres (1985), « Supplément : Quarante ans au service… », p. 276-277.

67. G. Dion (1947), « Clauses de sécurité syndicale : définitions et aspect moral », *Deuxième Congrès des relations industrielles de Laval, 1947*, Québec, Université Laval, p. 77-123. Nous avons déjà traité de façon plus détaillée de ce congrès dans *Les Dessous d'Asbestos*, p. 74-76.

Programme du deuxième Congrès des relations industrielles.
Source : DAUL, U684, 1,1.

Banquet de clôture du deuxième Congrès, le 15 avril 1947. De gauche à droite : Mgr Joseph Guérin, Antonio Barrette, ministre du Travail, le père Lévesque et Gérard Tremblay.
Photographe inconnu.
Source : *Rapport du 2e Congrès des relations industrielles*, p. 25.

et il avait été grandement agacé par ma contribution à l'organisation des commissions scolaires en association. Aussi, après le retrait du *bill* 5, il manqua rarement l'occasion de m'attaquer en public. À ses dires, le Département des relations industrielles de Laval formait des révolutionnaires alors que la Section des relations industrielles de Montréal, sous une direction qui correspondait à son orthodoxie, jouait un rôle positif et recevait tous ses encouragements[68].

Par la suite, les fameuses idées de participation des travailleurs à la gestion seront présentes dans plusieurs congrès. Ainsi, en 1948, on s'attarde aux «formes de collaboration patronale-ouvrière[69]». À cette occasion, les dirigeants de la CTCC, Gérard Picard et Jean Marchand, y dénoncent vertement les «comités de coopération» créés par l'Association professionnelle des industriels (API) comme étant des instruments de collaboration qui visent à saper le développement du syndicalisme et la participation des travailleurs.

Quatre cents congressistes du troisième Congrès des relations industrielles en 1948. Photographe inconnu. Source : *Rapport du 3ᵉ Congrès...*

---

68.   G. Dion (1988), «Le Département des relations industrielles...», p. 179.

69.   *Troisième Congrès des relations industrielles de Laval, 1948*, Québec, Université Laval, 175 pages (pour plus de détails sur ces vifs débats, voir *Les Dessous d'Asbestos*, p. 133-135).

Lors de cette même rencontre, un fonctionnaire fera un aveu de taille concernant les décès dus à la silicose à Saint-Rémi-d'Amherst, dossier que vient de rendre public la revue *Relations*. Il avoue alors que le ministère étudie le «problème [...] depuis 1936» et que «sept expertises suivies chaque fois de recommandations sévères[70]» furent formulées, mais que rien n'a bougé. Comme les discussions sont intégrées aux premiers rapports, cette déclaration compromettante sera diffusée publiquement, dévoilant l'inertie dont fait preuve le gouvernement au pouvoir.

Tout au long du règne de Duplessis, soit jusqu'en 1959, le Congrès des relations industrielles sera un lieu où pourront s'exprimer ceux qui désapprouvent l'anti-syndicalisme du «Chef» et sa conception paternaliste des relations du travail. Mais cette opposition soutenue de Gérard Dion à l'autoritarisme du premier ministre, nous la verrons de plus près dans les deux prochains chapitres

Programme du troisième Congrès des relations industrielles.
Source : DAUL, U684, 1.1.

---

70. *Ibid.*, p. 155. Voir aussi *L'Affaire silicose par deux fondateurs de* Relations, Québec, PUL, 2006.

CONCLUSION

Pour l'instant, retenons que, dès sa création, l'orientation progressiste du Département des relations industrielles s'avère notoire. En plus de s'atteler à la tâche de comprendre le monde du travail, il doit voir à formuler des propositions visant à améliorer les relations patronales-ouvrières. En cela, il s'inscrit parfaitement dans l'orientation de la nouvelle Faculté des sciences sociales dirigée par le père Lévesque.

La formation qu'on y donne s'avère également faire preuve d'une grande largeur de vue, pour l'époque. Y sont présentés des aspects très peu traités ailleurs, notamment l'hygiène industrielle (santé et sécurité au travail), les mesures sociales, les coopératives, le génie industriel, etc. De plus, ce nouveau département est très tourné vers le milieu. Ses étudiants reçoivent une formation pratique grâce à des visites d'observation et à un stage professionnel.

La jeune institution offre également des sessions intensives de formation aux praticiens des divers milieux ainsi que des «journées industrielles» dans les villes des régions environnantes. Ensuite, toujours avec le Service extérieur d'éducation sociale, des «cours du soir» et des «cours par correspondance» sont élaborés.

Mais surtout, une revue, le *Bulletin des relations industrielles*, et un congrès annuel viennent offrir aux intervenants du monde du travail un lieu d'échanges ainsi que des productions écrites de langue française, réalité auparavant inexistante au Québec.

Avec sa petite équipe dynamique, le Département des relations industrielles vient définitivement combler un très grand besoin. Ainsi, de décembre 1943 à septembre 1944, le décor a été posé. Et, après l'élection du gouvernement conservateur de Maurice Duplessis, la tâche va s'avérer encore plus décisive. Étant le pilier de ce jeune département, l'abbé Dion sera appelé à prendre, maintes fois, position publiquement. Attardons-nous maintenant à ses actions.

Chapitre 4

DIFFICILE OPPOSITION
À DUPLESSIS (1945-1949)

Pendant les années qui vont suivre, Gérard Dion sera à l'avant-scène de la bataille menée par les forces anti-duplessistes. Ce combat, qui le marquera profondément, est le fait d'une petite minorité, composée principalement de syndicalistes, de catholiques sociaux, de journaux indépendants, d'esprits libres et de tenants de l'État-providence. Comme pionnier des relations industrielles, l'abbé Dion y jouera un rôle essentiel, rôle que certains ont sous-estimé de son vivant. Avec le recul, il appert qu'il s'agit là de l'une de ses grandes contributions à l'histoire du Québec.

Au cœur de cette tourmente, ce dernier prendra position en faveur de la sécurité syndicale, appuiera la participation des travailleurs à l'entreprise et les luttes contre la silicose et l'amiantose, se prononcera en faveur d'une amélioration de la législation ouvrière, dénoncera les lois du travail rétrogrades de Maurice Duplessis, donnera son appui à plusieurs grèves et combattra de toutes ses forces le patronat conservateur. De telles attitudes n'iront pas sans quelques difficultés. D'ailleurs, au moment du décès de Duplessis, le cardinal Roy lui avouera avoir subi maintes pressions du chef de l'Union nationale[1]. Heureusement, l'archevêque de Québec n'a jamais cédé à ces demandes répétées pour obtenir le déplacement de « l'enfant terrible ». Pareil appui indéfectible permettra à Gérard Dion de demeurer en poste et de poursuivre sa lutte pour la modernisation du Québec.

---

1. Fait révélé par Gérard Dion lors de son entretien avec François Baby.

APRÈS-GUERRE MOUVEMENTÉ

Pour comprendre la suite des choses, il faut se resituer dans le contexte de l'époque. Au cours du dernier conflit mondial, le nombre de travailleurs syndiqués a doublé et les gouvernements ont promis des réformes en échange d'une participation à l'effort de guerre. En 1944, les législations du travail d'Ottawa et de Québec furent modifiées en profondeur. Dorénavant, l'employeur sera tenu de négocier une convention collective là où existe un syndicat majoritaire. Adoptée par le gouvernement libéral d'Adélard Godbout, la *Loi des relations ouvrières* instaure la Commission des relations ouvrières (CRO), organisme gouvernemental qui accordera la reconnaissance syndicale. Cette loi change complètement la donne puisque le «régime libre», qui existait auparavant, ne forçait pas les patrons à signer de telles ententes avec leurs employés. Il s'agit donc d'une petite révolution dans le monde du travail, d'une véritable transformation des façons de faire. Et cela n'ira pas sans résistance.

Au Québec, l'arrivée au pouvoir du gouvernement conservateur de Maurice Duplessis viendra mettre en péril pareille réforme. Très rapidement, l'Union nationale cherchera à modifier cette loi jugée trop novatrice. En 1946, l'assemblée législative augmentera les pouvoirs coercitifs de la CRO. Par la suite, Duplessis, à la fois premier ministre et procureur général, enverra fréquemment, lors de conflits ouvriers, sa police provinciale, afin de permettre aux briseurs de grève de traverser les lignes de piquetage. Au Parlement, il tentera à plus d'une reprise de restreindre les droits des travailleurs. C'est dans un tel climat que Gérard Dion entreprendra son travail de pionnier en relations industrielles.

La sécurité syndicale, enjeu fondamental

Depuis la Première Guerre mondiale, plusieurs formules de sécurité syndicale ont été expérimentées. Avec l'adoption des nouvelles lois du travail en 1944, patrons et syndiqués sont maintenant obligés de s'entendre en vue de la signature d'une convention collective. Au cours de ces pourparlers, les unions ouvrières chercheront à s'assurer une pérennité grâce à l'inclusion de clauses de sécurité syndicale plus efficaces que l'ancien *check off* (cotisation syndicale volontaire et révoca-

---

2.   Dans ce cas, chaque travailleur devait signer une formule de consentement. De plus, cette autorisation était généralement révocable, moyennant un nouvel avis signé de l'employé. Ainsi, le syndicat était loin d'avoir une source garantie de revenu. Bien qu'il était protégé par la convention, un travailleur pouvait donc assez facilement, par simple signature d'un avis de désistement, se soustraire au procédé. Ce terme sera traduit par «précompte». La retenue des

ble). Sur cette question, les grévistes de Ford à Windsor venaient d'aller chercher un gain substantiel, la « retenue par l'employeur des cotisations syndicales ordinaires sur la paye de tous les travailleurs assujettis à la convention, qu'ils soient membres ou non du syndicat[3] », procédé mieux connu sous le nom de « formule Rand ». Cette formule novatrice a l'avantage de résoudre les problèmes que posait l'atelier fermé (*closed shop*) qui obligeait l'employeur à recruter son personnel uniquement parmi les membres du syndicat. Mais cette solution mitoyenne ne sera pas perçue sur-le-champ.

À l'époque, bien des gens lancèrent les hauts cris. On invoqua la « liberté des travailleurs » de refuser de tels prélèvements[4]. Maurice Duplessis argua que cela équivalait à accorder un « pouvoir de taxation » aux syndicats. En général, les associations d'employeurs se prononcèrent

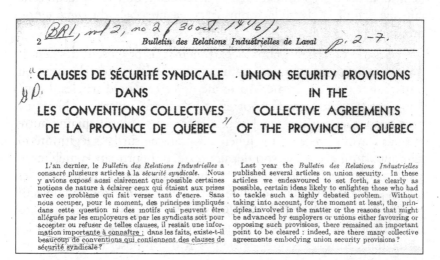

Article sur la sécurité syndicale. Source : *BRI*, vol. 2, n° 2, p. 2.

cotisations prendra diverses formes : précompte volontaire, révocable, spécial, obligatoire ou généralisé. Voir G. Dion (1986), *Dictionnaire canadien des relations du travail*, Québec, PUL. Pour les définitions complètes de l'ensemble des formules de sécurité syndicale, nous vous référons à cet instrument de travail.

3.   Gérard Dion (1975), « L'origine de la formule Rand », *Relations industrielles*, vol. 30, n° 4 (déc.), p. 758. Dans cet article, l'auteur souligne que le jugement d'Ivan C. Rand de février 1946 comportait deux autres facettes : 1) l'obligation pour le syndicat de tenir un vote secret avant le déclenchement d'une grève, vote auquel tous les travailleurs auront le droit de participer ; 2) des sanctions sévères en cas de grèves illégales, notamment l'arrêt de la retenue syndicale par l'employeur. Ces deux conditions ont été abandonnées par la suite et, aujourd'hui, le terme « formule Rand » désigne seulement la retenue obligatoire des cotisations syndicales. Cette forme de retenue se nomme aussi « précompte syndical généralisé et obligatoire ».

4.   Voir l'article précité.

contre, notamment la toute nouvelle association patronale catholique, l'Association professionnelle des industriels (API), dirigée par le jésuite Émile Bouvier, et dont l'abbé Dion fait partie à titre d'aumônier des patrons de la vieille capitale[5]. C'est dans cette situation et devant de tels changements que ce dernier va se pencher sur le sujet.

Dans ses écrits publiés à l'intérieur du *Bulletin des relations industrielles*, Gérard Dion adopte, au départ, une attitude prudente. Son premier article contient des définitions des clauses existantes. On y trouve seulement une brève argumentation sur «l'assurance de continuer d'exister» que doivent avoir les syndicats. Il invite alors les intervenants, notamment les employeurs et l'État, à «prendre les moyens de [...] garantir[6]» cette sécurité. Néanmoins, il ne se prononce aucunement sur la valeur des six formules en usage, préférant s'en tenir à de simples définitions. Son second texte n'est guère plus inquiétant puisqu'il ne fait que définir la clause la moins dérangeante, celle du *check off* ou précompte révocable[7].

Ses deux textes suivants font de même: ils proposent des définitions des clauses de maintien d'affiliation, d'atelier syndical parfait ou imparfait et d'atelier fermé. Au terme de cette série d'articles, l'abbé Dion prend bien soin d'apporter la précision suivante: «Nous ne prenons pas ici position en faveur d'une clause plutôt qu'une autre et nous n'avons porté aucun jugement pratique sur leur légitimité ni leur opportunité[8]». Dans son dernier texte, qui porte sur la préférence syndicale, le spécialiste en relations du travail montre néanmoins les faiblesses de cette dernière formule[9]. Mais, encore une fois, son objectif principal est d'offrir une définition qui pourra convenir aux gens intéressés par celle-ci. Son travail a surtout l'avantage de bien établir les distinctions entre les clauses existantes et de proposer un libellé pour

---

5.   Nous avons traité de cette division et de la lutte autour de la réforme de l'entreprise dans *Les Dessous d'Asbestos* (en abrégé *DA*). Pour plus de détails, le lecteur voudra bien s'y référer car nous nous contenterons ici d'en brosser les grandes lignes afin de nous attarder à la contribution de Gérard Dion. De plus, afin de ne pas alourdir nos références, nous nous contenterons d'indiquer les pages où elles se trouvent dans cet ouvrage.

6.   G. Dion, «Sécurité syndicale», *BRI*, vol. 1, n° 2 (oct. 1945), p. 6.

7.   G. Dion, «Clause de retenue des cotisations syndicales», *BRI*, vol. 1, n° 3 (nov. 1945), p. 2-4.

8.   G. Dion, «Clauses de maintien d'affiliation syndicale», *BRI*, vol. 1, n° 4 (déc. 1945), p. 2-3 et «Clauses d'atelier syndical et d'atelier fermé», *BRI*, vol. 1, n° 5 (janv. 1946), p. 2-4. La citation est tirée de ce dernier article, p. 4.

9.   G. Dion, «L'atelier préférentiel», *BRI*, vol. 1, n° 7 (mars 1946), p. 2 et 7. Peu de temps après, le contenu de cette série d'articles sera publié sous forme d'une brochure intitulée *Sécurité syndicale et convention collective*.

chacune d'elles. Ainsi, jusqu'à la création de la « formule Rand », Gérard Dion est demeuré très prudent[10].

Cette situation va changer du tout au tout au printemps 1946 avec la tenue du deuxième Congrès des aumôniers sociaux du Québec, précurseur des Journées de la fameuse Commission sacerdotale d'études sociales (CSES). Cette rencontre annuelle de tous les aumôniers patronaux et syndicaux vise à concerter les efforts et à adopter des positions communes. Elle est organisée par les futurs membres de la Commission : Jean-Charles Leclaire de Saint-Hyacinthe, Henri Pichette, aumônier de la CTCC, Charles-Omer Garant et Gérard Dion des associations patronales de Québec, les jésuites Jacques Cousineau et Émile Bouvier de Montréal, le sulpicien Paul-Émile Bolté et Omer Genest de Chicoutimi. Ses assises de 1946 seront importantes puisque les aumôniers présents

Réunion de la Commission sacerdotale d'études sociales au printemps 1949. De gauche à droite : P.-É. Bolté, H. Pichette, Mgr C.-O. Garant, Mgr J.-C. Leclaire, J. Cousineau, G. Dion et O. Genest. Le père Émile Bouvier n'est pas présent puisqu'il n'assistait plus aux réunions. Photographe : Léandre Bergeron. Tiré de Jacques Cousineau (1982), *L'Église d'ici et le social*, Montréal, Bellarmin, p. 18. Licence : Compagnie de Jésus, Province du Canada-français.

---

10. Soulignons que sa série, qui se termine un mois après le jugement Rand, ne traite pas du sujet.

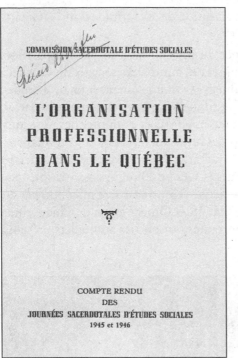

COMMISSION SACERDOTALE D'ÉTUDES SOCIALES

L'ORGANISATION PROFESSIONNELLE DANS LE QUÉBEC

COMPTE RENDU
DES
JOURNÉES SACERDOTALES D'ÉTUDES SOCIALES
1945 et 1946

Page titre de *L'Organisation professionnelle dans le Québec*, Commission sacerdotale d'études sociales (auteur anonyme). Source : DAUL, P117, D1/10,8.

se prononceront sur le sujet de l'heure qu'est la sécurité syndicale. Au cours de ces débats, le travail préalable de l'abbé Dion fut d'un apport certain puisque l'on se servit des définitions qu'il avait formulées. Il est aussi fort probable qu'il influa sur les conclusions adoptées, étant le principal spécialiste de la question.

Au terme des discussions, les participants se prononcent en faveur de la sécurité syndicale. Pour la garantir, ils affirment qu'il faut admettre « l'atelier syndical imparfait ou au moins la clause de maintien d'affiliation[11] ». Dans le cas des clauses plus contraignantes d'atelier syndical parfait et d'atelier fermé, celles-ci peuvent être insérées dans la convention collective « lorsque tous les acceptent ». Quant à la nouvelle formule Rand qui soulève les passions, une commission la juge

---

11. L'atelier syndical imparfait signifie que « les travailleurs qui sont membres d'un syndicat au moment de la signature d'une convention collective, qui le deviennent après ou sont engagés par la suite, doivent le demeurer, cependant que ceux qui n'avaient pas donné leur adhésion avant la signature ne sont astreints à cette obligation ». Le maintien d'affiliation stipule que « les travailleurs qui sont déjà membres d'un syndicat au moment de la conclusion d'une convention collective ou qui le deviennent par la suite sont obligés de le demeurer pendant toute sa durée comme condition de la conservation de leur emploi ». Ces définitions proviennent du *Dictionnaire...* de Dion.

légitime, affirmant que, «si on partage les avantages, on doit partager les fardeaux[12]». Ainsi, avec les aumôniers sociaux du Québec, l'abbé Dion vient de se prononcer sur la délicate question de la sécurité syndicale. Cette position s'avère novatrice puisqu'elle reconnaît la formule que vient de proposer le juge Yvan C. Rand.

Peu de temps après, Gérard Dion creusera davantage le sujet dans le *Bulletin des relations industrielles*, après avoir mené une recherche sur la présence de ces clauses dans les conventions signées en vertu de la

Page couverture du *Rapport du Congrès de 1947*. Source: Département des relations industrielles, collection de Claudine Leclerc.

Clauses de sécurité syndicale

Définitions - Aspect moral

ABBÉ GÉRARD DION,
secrétaire du Département des relations industrielles
de l'Université Laval

En-tête de sa conférence sur la sécurité syndicale. Source: *Rapport du deuxième Congrès...*

12.   DAUL, P117, D1, 13.8 (2/3), «Programme des journées d'études syndicales des 25-29 mars 1946», p. 33 et 34. Voir *Les Dessous d'Asbestos*, p. 20 et 21.

nouvelle *Loi ouvrière*. Son enquête révèle que celles-ci s'avèrent présentes dans près de 60 % d'entre elles et que l'atelier syndical parfait est celui qui est le plus en vogue[13]. Toutefois, c'est le Congrès des relations industrielles de 1947 qui lui fournira l'occasion de se pencher sur l'aspect moral de la question.

Sans nul doute, sa conférence, une véritable pièce d'anthologie, contribuera à faire avancer le débat. Après avoir défini les principaux termes et relevé les libertés en cause, l'abbé Dion en arrive à la conclusion que les diverses formules sont toutes «légitimes». Il va même jusqu'à remettre en question le fameux adage des corporatistes, «le syndicat libre dans la profession organisée», pour lui préférer celui-ci: «le syndicat obligatoire mais librement choisi[14]».

Il montre, ensuite, comment, depuis les années 1920 et surtout depuis la tentative de Duplessis d'interdire l'atelier fermé en 1937-1938,

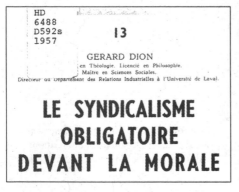

Page couverture de la réédition de 1957. Source: Bibliothèque des sciences humaines de l'Université Laval.

---

13.   95 cas ou 27 % des conventions contiennent cette forme de sécurité syndicale. Voir G. Dion, «Clauses de sécurité syndicale dans les conventions collectives», *BRI*, vol. 2, n° 2 (oct. 1946), p. 2-7. L'atelier syndical parfait stipule que «tous les travailleurs d'une unité de négociation doivent être membres du syndicat pour conserver leur emploi. Quant aux employés futurs, ils sont tenus de le devenir dans un délai déterminé». C'est donc que, contrairement à l'atelier fermé, il «n'y a pas obligation d'être membre du syndicat pour être engagé». Définition provenant également du *Dictionnaire... de Dion*.

14.   G. Dion, «Clauses de sécurité syndicale – Définitions et aspect moral», *2e Congrès des relations industrielles de Laval (1947)*, Québec. Université Laval, p. 77-123. Pour cette citation et ses conclusions sur la légitimité, voir p. 90, 101, 107 et 123 (déjà traité dans *Les Dessous d'Asbestos*, p. 74-75). Ce texte a aussi été publié sous forme d'une brochure intitulée *Sécurité syndicale et morale*. Par la suite, il connaîtra une diffusion européenne grâce à une réédition, en 1957, sous le titre *Le syndicalisme obligatoire devant la morale*, Pensée sociale et Office général du livre, Bruxelles et Paris, 52 pages.

la plupart des théologiens en sont venus à conclure à la moralité de cette clause. Enfin, il prend soin de préciser aux syndicats les conditions à respecter dans l'utilisation des diverses formules. Et ses derniers mots vont se révéler lourds de conséquence pour les opposants à ces mesures :

> [...] la seule conclusion qui puisse se dégager, c'est que la sécurité syndicale établie par des clauses contractuelles dans les conventions collectives est légitime. Personne n'a donc le droit de se prévaloir *uniquement de la liberté* pour la condamner, pas plus le législateur, quand il fait ses lois, que l'employeur, quand il négocie avec un syndicat. Si l'on veut s'y opposer raisonnablement, que l'on apporte d'autres motifs[15].

Nul doute que l'abbé Dion vient d'apporter une contribution déterminante en démolissant ainsi le principal argument des adversaires de la sécurité syndicale. Il vient de rendre là un très grand service aux syndiqués qui se battent pour l'obtention de telles clauses. Cette prise de position catégorique a certainement contribué à la très grande estime dans laquelle les chefs syndicaux le tiendront.

En 1949, Gérard Dion procédera à une nouvelle recherche sur la question. L'analyse de 1 823 conventions collectives lui permettra de constater que, maintenant, plus de 90 % de celles-ci contiennent différentes formes de sécurité syndicale[16]. Les clauses irrévocables de soutien au syndicat augmentent ainsi que l'atelier fermé, dans certains secteurs d'emploi. Quant à la formule Rand, elle commence à s'implanter. Le mois suivant, l'abbé Dion réfutera les propos d'un spécialiste américain qui a affirmé que l'atelier fermé n'existait pas en Angleterre[17].

En somme, l'ensemble de ces écrits vient de faire de lui le grand spécialiste québécois de la sécurité syndicale. Si ses conclusions ont l'heur de plaire aux syndicalistes, il n'en ira pas ainsi du chef de l'Union nationale et de certains patrons. Et ce n'est pas là la seule orientation de Dion qui va déranger, loin de là.

---

15. *Ibid.*, p. 123. Voir aussi «Aspect moral des clauses de sécurité sociale», *BRI*, vol. 2, n° 8 (avril 1947), p. 6.

16. G. Dion, «Sécurité syndicale dans la province de Québec», *BRI*, vol. 4, n° 5 (janv. 1949), p. 48-50.

17. G. Dion, «La sécurité syndicale en Angleterre», *BRI*, vol. 4, n° 6 (fév. 1949), p. 57-58.

Réforme de l'entreprise et participation des travailleurs

À cause du discrédit dans lequel le corporatisme est tombé après le déclenchement de la Seconde Guerre mondiale par les régimes fascistes, les catholiques progressistes[18] ont délaissé cette pensée. Ils se sont tournés vers la démocratisation de l'économie. Au moment de la Libération, les écrits français sur la réforme de l'entreprise vont traverser l'Atlantique en grand nombre[19]. Se fondant sur un article de l'encycli-

Page couverture de la réédition de *Participation des travailleurs...* et de *Réformes de l'entreprise* publiée par les PUL. Source : Presses de l'Université Laval.

18.   Nous avons adopté ce terme qui signifie : « partisan du progrès politique, économique et d'une plus grande justice sociale, obtenue par des réformes » (*Robert*). Cela parce que nous le préférons au terme réformiste qui désigne habituellement les tenants de l'État-providence. L'Église catholique ne se ralliera que très tardivement à cette perspective. Au cours des années 1930, Mgr Gauthier de Montréal avait condamné l'ancêtre du parti néo-démocrate (Nouveau Parti démocratique), la Canadian Commonwealth Federation (CCF). Bien que l'épiscopat canadien ait levé cet interdit de voter pour ce parti au cours de la Deuxième Guerre, plusieurs membres du clergé catholique québécois vont, au nom de la théorie de la « fonction supplétive » formulée dans l'enseignement social de l'Église, demeurer réfractaire à la CCF et à une plus grande intervention de l'État. Jusqu'à la fin des années 1950, la CCF était affublée de l'étiquette « socialiste ». Dans le contexte de la Guerre froide, du maccarthisme et de l'anticommunisme, cette épithète s'avérait constituer une réprobation certaine, voire une condamnation. Même si les catholiques progressistes étaient en faveur de réformes sociales, ils devaient éviter de remettre en question la théorie de la « fonction supplétive ». C'est seulement après la mort de Pie XII et l'arrivée de Jean XXIII qu'ils pourront le faire.

19.   Pour plus de détails sur ce courant, se reporter aux *Dessous d'Asbestos*.

que *Quadragesimo Anno*, ce courant de pensée prône la participation des travailleurs à la gestion, le partage des profits et la participation à la propriété de l'entreprise.

En Europe, plusieurs lois instaurant des comités d'entreprise sont promulguées, tandis qu'aux États-Unis les *profit sharing plans* connaissent une certaine vogue. Le CIO y défend également la création d'*industry councils*. Tant l'épiscopat français que les évêques américains ont salué ces initiatives.

De toute cette littérature, Gérard Dion et les membres de la Commission sacerdotale seront friands. À la suggestion de Paul-Émile Bolté, il est convenu que les Journées sacerdotales de 1947 aborderont le sujet. À cette fin, le jésuite Jacques Cousineau fait venir de France la brochure de l'Action populaire intitulée *Les Réformes de l'entreprise et la pensée chrétienne*[20], petite publication qui va devenir la « bible sociale » de ce mouvement.

Au cours des assises de la fin d'avril 1947, soixante-cinq aumôniers se penchent sur cette nouvelle pensée sociale. Cinq commissions leur permettent d'en étudier les diverses facettes. Gérard Dion est le présentateur de celle traitant des conditions qui devraient permettre de s'acheminer vers une telle réforme. Au terme de son exposé, le conférencier résuma ainsi sa pensée :

a) une réforme de l'entreprise capitaliste est nécessaire ;

b) cette réforme ne peut pas et ne doit pas s'accomplir brusquement ; il n'entre dans l'intention de personne ici de réaliser dans un avenir très rapproché la participation complète de tous les travailleurs à la gestion, aux bénéfices et à la propriété de l'entreprise. C'est une réforme vers laquelle nous devons nous orienter ;

c) ce travail d'orientation doit commencer sans tarder. Préparons les ouvriers à ces nouvelles responsabilités ; faisons comprendre aux patrons leurs obligations ; de notre côté, continuons d'étudier ces problèmes[21].

Après trois jours de débats, les participants en viennent à la conclusion que la réforme de l'entreprise s'avère être « un élément primordial de la doctrine sociale catholique » et que le « syndicalisme catholique... se doit de prendre la tête du mouvement vers cette participation effective à

---

20. Cet écrit des pères Desbuquois et Bigo a été réédité aux Presses de l'Université Laval, avec le texte de la CSES, sous le titre *Participation des travailleurs et réforme de l'entreprise*, Québec, PUL, 2006, 104 pages.

21. DAUL, P117, D1, 13.8 (3/3), « Rapport provisoire des Journées sacerdotales d'études sociales tenues à Sainte-Anne-de-Beaupré les 21-24 avril 1947 », p. 28.

la vie de l'entreprise[22] ». Il est également convenu que l'action catholique ouvrière s'associera à ce mouvement.

Au terme de cette rencontre fructueuse, les responsables se chargent de produire les actes des délibérations. C'est au cours de ce processus qu'ils obtiennent de l'Assemblée des évêques l'autorisation de publier le fruit de leur réflexion. En février 1948, l'épiscopat vient reconnaître le travail de cette équipe en fondant officiellement la Commission sacerdotale d'études sociales (CSES). Cette instance est chargée de conseiller les évêques sur les questions sociales, d'étudier « toute question d'actualité » qui intéresse les aumôniers et de « travailler à l'unité de pensée et d'action de ses membres[23] ».

Durant l'année 1948, la CSES concentra ses efforts sur la publication de ses délibérations antérieures, puisqu'elle vient d'en obtenir l'autorisation. Les débats tenus lors des congrès de 1945 et 1946 donneront lieu à la brochure *L'Organisation professionnelle dans le Québec*[24] où elle se prononce en faveur du droit d'association et de la sécurité syndicale. Déjà, quelques traces de la réforme de l'entreprise sont présentes. Au sujet de la participation à la gestion des travailleurs, on y déclare « qu'il faut favoriser l'établissement de [...] comités d'entreprise en notre pays, graduellement et avec prudence ». Quant au partage des profits, on affirme qu'il « perfectionnera peu à peu le système de salariat par le contrat de société[25] ». La CSES vient ainsi d'afficher sa pensée.

Et cette nouvelle orientation, elle va la débattre plus en profondeur au moment de la confection du rapport de ses Journées de 1947. Tout au long de l'automne 1948, les débats se prolongeront sur cette question, car le père Bouvier de l'API s'oppose à ces nouvelles idées sur plusieurs points. Il préfère notamment le « comité de coopération » au « comité d'entreprise » en raison de la présence syndicale et il souhaite que de tels comités n'aient qu'un simple rôle consultatif. Enfin, il est contre le « partage des bénéfices », affirmant : « si le travailleur veut s'intéresser à une compagnie à titre de propriétaire, qu'il achète des actions[26] » !

---

22. *Ibid.*, p. 7 et 8. Après l'élection à l'automne 1946 de la nouvelle équipe de Gérard Picard à la direction de la CTCC, ces nouvelles idées vont se répandre très rapidement au sein de la centrale catholique. Du côté de l'action catholique ouvrière, le journal *Front ouvrier* en traitera régulièrement. Plusieurs journaux catholiques reprendront cette pensée, notamment *Relations*, *Le Devoir*, *Le Progrès du Saguenay*, *The Ensign* et *L'Action catholique*.

23. Archives CECC, Fonds CSES, 168/70, « Lettre du secrétaire de l'AEQ, Mgr Albini Leblanc, à Mgr Leclaire du 3 mai 1948 ». Pour plus de détails, voir *DA*, p. 26-29.

24. DAUL, P117, D1, 10.8, CSES (1949), *L'Organisation professionnelle dans le Québec*, Compte-rendu des journées sacerdotales d'études sociales 1945 et 1946, Saint-Hyacinthe, 53 pages. Cette publication, qui paraîtra au début de 1949, sera vendue à plus de 7 000 exemplaires.

25. *Ibid.*, p. 27 et 29.

26. Cité dans *Les Dessous d'Asbestos*, p. 156.

Désireuse d'arriver à une entente, la Commission sacerdotale produira pas moins de cinq versions de son rapport. Au cours de ce processus, elle développera une formule progressive : 1) dans le domaine social (soit les conditions de travail, le traitement, la discipline, l'hygiène industrielle et les fonds d'assurance), la participation pourra être délibérative ; 2) sur le plan technique (soit l'organisation de la production, l'outillage et les procédés industriels), elle sera « consultative avec une tendance de plus en plus marquée vers une participation délibérative ». Et comme la mésentente porte surtout sur la participation des travailleurs dans les domaines commercial et financier, on optera pour une formule vague : « les trois étapes normales devraient être : l'information, la consultation, puis la délibération[27] ».

Ces débats internes de la CSES vont vite se retrouver sur la place publique. Émile Bouvier et son regroupement de patrons catholiques, l'API, se lancent dans une véritable offensive contre ce courant de pensée. À l'opposé, Gérard Dion a ouvert les pages du *Bulletin des relations industrielles* à ses tenants. Dès 1945, Jean-Pierre Després y a résumé l'expérience française des comités d'entreprise[28]. Mais surtout, à la fin de 1947, l'abbé Dion y signe le texte introductif d'une série portant sur le sujet.

Page titre de *La Participation des travailleurs à la vie de l'entreprise*, brochure de la CSES qui paraîtra en septembre 1949 (auteur anonyme). Source : DAUL, P117, D1, 10.9.

---

27. Archives CECC, Fonds CSES, 168/73-0, « Troisième révision (12-13 oct. 1948) du Rapport provisoire des Journées d'études sociales de 1947 – Participation des travailleurs à la vie de l'entreprise », p. 18. Rappelons que la version finale est parue, aux PUL, sous le titre *Participation des travailleurs et réforme de l'entreprise*.

28. Jean-Pierre Després, « Les comités d'entreprise en France », *BRI*, vol. 1, n° 3 (nov. 1945), p. 3.

Il insiste d'abord sur le fait suivant : «on ne peut oublier... que l'enjeu du conflit entre les patrons et les ouvriers n'est pas seulement une question de piastres et de cents, mais une répartition nouvelle de l'autorité et une reconnaissance pratique de la dignité humaine». Il souligne ensuite qu'au cours de la dernière guerre le fédéral a instauré «les comités mixtes de production», qui s'avèrent être une première forme de participation des travailleurs à la gestion. De plus, certains employeurs se sont tournés vers des *mutiple management plans* et d'autres, vers les *profit sharing plans*. Tous sont autant de signes des changements en cours dans le monde du travail.

Bien que cette transformation ne doive pas s'opérer par «changements brusques» mais par «évolution lente», il rappelle l'importance de bien connaître «les principes» de cette réforme de structure lorsque l'on veut se lancer «dans un travail de longue portée» :

> Il se peut que les nécessités présentes, la psychologie populaire, le degré de préparation des hommes obligent les travailleurs sociaux à retarder l'exécution d'une mesure, mais jamais ils ne doivent perdre de vue l'ensemble pour s'attacher à des détails qui, malgré l'importance qu'ils possèdent, demeurent toujours des détails. Pour cela, ils ont besoin de connaître aussi parfaitement que possible les principes qui doivent orienter leur action et les faits auxquels ils s'appliquent. Le succès d'une véritable réforme de structure en dépend[29].

Dans le premier article de cette série, Paul-Émile Bolté traite de la propriété et de l'enseignement social récent sur l'entreprise, notamment des écrits du père Chenu et les délibérations de la Semaine sociale de Toulouse. Il insiste alors sur le caractère «communautaire[30]» des entreprises et sur les responsabilités sociales des patrons.

Le reste de la série est le fait d'une jeune recrue française de la Faculté des sciences sociales, Marcel Clément[31]. Après avoir abordé des notions générales tels le paternalisme et le libéralisme, ce dernier présente les formules tentées en France : le système Romanet avec son plan de partage des bénéfices, le système Dubois qui en est une variante, le système Dubreuil-Rimailho avec ses équipes autonomes, le système Barbu de la communauté Boimondeau qui va «au-delà de la réforme de l'entreprise[32]» puisqu'il s'agit d'une coopérative autogérée.

---

29. Gérard Dion, «Réformes de structure», *BRI*, vol. 3, n° 3 (nov. 1947), p. 33.

30. Paul-Émile Bolté, «La doctrine chrétienne : Propriété et entreprise», *ibid.*, p. 34-40.

31. Voir ses articles dans le *Bulletin* de janvier à juin 1948.

32. Marcel Clément, «Les solutions proposées (suite et fin)», *BRI*, vol. 3, n° 10 (juin 1948), p. 147. Soulignons que la revue dominicaine *Économie et humanisme* appuyait cette dernière expérience.

Au début de 1949, l'ensemble de ces textes paraîtra sous le titre *Réformes de structure dans l'entreprise*[33]. Par cette publication, le Département des relations industrielles affichait son appui à ces nouvelles

Page titre et endos de la brochure bilingue sur la réforme de l'entreprise publiée par le département au début de l'année 1949. Source: DAUL, U684, 43/1.

---

33.   Paul-Émile Bolté, Marcel Clément et Gérard Dion (1949), *Réformes de structure dans l'entreprise*, Québec, Département des relations industrielles, 112 pages.

expériences où une plus grande place était donnée aux travailleurs. Et ce n'est pas seulement par ce moyen que le jeune département soutiendra ce courant de pensée. En effet, Gérard Dion y est allé d'une autre initiative importante, la mise sur pied d'une nouvelle revue.

Ad Usum, une revue essentielle

En devenant l'un des piliers de la Commission sacerdotale, l'abbé Dion s'est trouvé à la tête de tout le réseau des catholiques sociaux. Il y jouera un rôle très actif grâce à la création, en septembre 1947, de la nouvelle revue *Ad Usum Sacerdotum*. De même format que le *Bulletin des relations industrielles* et annexée à celui-ci, cette petite publication est, comme son nom l'indique, réservée aux seuls membres du clergé. Distribuée gratuitement, *Ad Usum* atteindra rapidement un tirage de plus de 500 exemplaires. Beaucoup moins glorifiée que *Cité libre*, cette revue n'en a pas moins exercé une influence certaine au sein du clergé et chez les catholiques sociaux[34].

C'est à cause du caractère plus contraignant du *Bulletin des relations industrielles* que le besoin de cette petite parution s'est fait sentir :

> [...] il faut admettre que le public à qui [le *Bulletin*] s'adresse ne permet pas toujours de fournir des informations et des communications qui doivent rester entre les mains des prêtres qui s'occupent d'action sociale chez nous. Il arrive parfois, dans les relations du travail où les esprits s'échauffent si facilement, que certains commentaires que l'on peut faire <u>entre nous</u>, à condition qu'ils restent <u>entre nous</u>, seraient d'une grande utilité[35].

Ad Usum Sacerdotum va permettre à l'abbé Dion de s'exprimer librement sur les sujets les plus chauds. Sauf durant son séjour en Amérique latine au début des années 1950, il en sera l'unique rédacteur jusqu'en 1954. C'est lui qui assurera le contenu de tous les numéros mensuels et qui en produira les textes d'une couverture à l'autre.

Ce supplément vise aussi à informer les « prêtres qui s'occupent d'action sociale » des activités qui se déroulent un peu partout. Ainsi, outre ses commentaires sur l'actualité, *Ad Usum* comptera une deuxième section consacrée aux « initiatives et réalisations des apôtres sociaux chez nous », permettant ainsi à tous d'être informés des nouveaux développements. En troisième lieu, sa bibliographie vise à signaler articles intéressants et livres indispensables. Plusieurs de ses titres ont

---

34. *Le Devoir* publiera dans ses pages quelques-uns de ses articles les plus percutants, notamment « Lendemain d'élections » dont nous traiterons dans notre prochaine partie.

35. « Pourquoi ce supplément ? », *Ad Usum Sacerdotum*, vol. 3, n° 1 (sept. 1947), p. 1.

```
A D    U S U M    S A C E R D O T U M
```

Supplément au Bulletin des relations industrielles destiné
exclusivement aux prêtres qui s'occupent d'action sociale.

Rédacteur: l'abbé Gérard DION

Bulletin des relations industrielles, Vol. 3 - No 1. Septembre 1947

Pourquoi ce supplément ?

    Le BULLETIN DES RELATIONS INDUSTRIELLES fournit à ses lec-
teurs des articles d'intérêt général qui peuvent circuler entre
toutes les mains. Nous les croyons utiles et même que beaucoup
d'autres lecteurs que les abonnés actuels auraient intérêt à les
lire... Cependant, il faut admettre que le public à qui il s'a-
dresse ne permet pas toujours de fournir des informations et des
communications qui doivent rester entre les mains des prêtres qui
s'occupent d'action sociale chez-nous. Il arrive parfois, dans les
relations du travail où les esprits s'échauffent si facilement, que
certains commentaires que l'on peut faire entre nous, à condition
qu'ils restent entre nous, seraient d'une grande utilité.

Premier numéro de la revue *Ad Usum Sacerdotum*.
Source: Bibliothèque des sciences humaines de l'Université Laval.

d'ailleurs trait à la réforme de l'entreprise. Enfin, ses dernières pages contiendront des textes fondamentaux afin que chaque aumônier puisse les « posséder » en mains propres.

Chaque numéro comportera ces quatre éléments. Après des commentaires plus ou moins brefs sur les sujets de l'heure, les activités tenues aux divers coins du Québec sont brièvement présentées. C'est grâce à de nombreux collaborateurs anonymes que Gérard Dion réussira ce tour de force. Cependant, c'est lui qui, à partir de ses diverses lectures dans les grandes revues, confectionne la « bibliographie » contenue dans chaque parution. C'est également lui qui effectue le choix des textes de la dernière section.

Dès le numéro suivant, plusieurs prêtres applaudissent cette « magnifique » initiative qui contribuera à les sortir de leur isolement respectif. Et c'est par des « contributions volontaires » que les lecteurs vont assurer sa survie. *Ad Usum Sacerdotum* jouera donc un rôle essentiel en devenant le moyen de communication par excellence de ce réseau. Les idées de réforme de l'entreprise, de participation des travailleurs à la gestion et de partage des profits seront omniprésentes dans ses pages.

En tant que rédacteur principal, Gérard Dion accomplira un travail immense, tout en réalisant un geste très utile. Cette petite publication à caractère confidentiel va lui permettre de s'exprimer librement. C'est d'ailleurs dans ses pages qu'il appuiera la lutte contre la silicose de la revue *Relations* et la bataille contre l'amiantose menée par Burton Ledoux dans *Le Devoir*[36]. Sur tous les dossiers délicats, l'abbé Dion choisira de s'exprimer dans cette revue réservée à un auditoire restreint. *Ad Usum Sacerdotum* lui permettra ainsi d'exercer une influence réelle auprès de ses collègues. Grâce à elle, les aumôniers seront tenus au courant de tout ce qui se trame. Cette petite revue va aussi s'avérer un outil indispensable dans le combat contre le gouvernement Duplessis et les patrons catholiques conservateurs.

Combattre le patronat conservateur

En tant qu'aumônier patronal de la région de Québec, l'abbé Dion sera amené à jouer un très grand rôle dans l'affrontement qui va survenir entre catholiques progressistes et conservateurs. Au départ, il a suivi les traces de son mentor Charles-Omer Garant. Avec lui, il a été à l'origine des premières rencontres d'aumôniers patronaux convoquées au début de 1945 parce que l'on s'inquiétait du penchant conservateur que venait de prendre la nouvelle association patronale catholique, l'Association professionnelle des industriels (API), dirigée par le jésuite Émile Bouvier.

Dans ce contexte, Gérard Dion soumettra un mémoire au cardinal Villeneuve demandant qu'il y ait «ENTENTE DE PRINCIPES ET DE MÉTHODES D'ACTION AVEC CETTE ASSOCIATION[37]». Par la suite, plusieurs rencontres se tiendront avec les représentants montréalais. Au début de 1946, une entente sera conclue, entente qui établit que Québec aura droit à son «aviseur moral... choisi par l'autorité diocésaine» et qui stipule une nette «DÉCENTRALISATION». À ce dernier effet, il est convenu que l'exécutif de l'API devra «consulter l'exécutif régional avant de prendre une décision d'importance pour toute l'association[38]».

---

36.   Voir «La silicose», *AUS*, vol. 3, n° 7 (mars 1948), p. 52-53 et «Silicose-amiantose», *AUS*, vol. 4, n° 6 (fév. 1949), p. 65-67. Nous avons déjà présenté ce dernier texte à l'intérieur de notre deuxième chapitre.

37.   DAUL, P117, E7/3, «Associations patronales et association professionnelle», mémoire de l'abbé Dion au cardinal Villeneuve, p. 1. Pour plus de détails sur le sujet, voir *Les Dessous d'Asbestos*, p. 99-105.

38.   *Ibid.*, «Mémoire soumis par la Section de Québec à l'API», troisième version du 18 janvier 1946 avec Lettre de Charles-Omer Garant à Émile Bouvier. Lors de ces négociations, Garant aurait joué un rôle central.

Après la signature de cette entente, les patrons de Québec joignent les rangs de l'association, pensant être en mesure d'influer sur son orientation. Mais, très tôt, des problèmes surgissent. En 1947, ils sont tels qu'une nouvelle entente sera signée à l'occasion de la nomination du père Bouvier comme aumônier général. Cette fois, les termes sont encore plus clairs : on y stipule la nécessité d'une « réforme des entreprises » et d'une soumission « à la doctrine sociale de l'Église et aux directives des évêques ». L'API devra également favoriser l'adoption d'une « législation du travail progressive [signifie progressiste][39] ».

Malgré l'existence de telles ententes, cette association patronale optera pour des positions de plus en plus conservatrices. Le différend avec Québec va se manifester d'abord sur la question de la sécurité syndicale. À l'automne 1945, Émile Bouvier se prononce en faveur d'une « retenue syndicale volontaire », effectuée après « permission écrite de l'ouvrier[40] ». Ainsi, l'aumônier de l'API vient d'opter pour la formule la moins contraignante, le *check off* ou précompte volontaire et révocable.

Les divergences vont s'accentuer au printemps 1946. À sa séance d'avril, le conseil d'administration de l'organisme « désapprouve à l'unanimité la décision de monsieur le juge I.C. Rand, relativement à la retenue syndicale obligatoire[41] ». Rappelons que, lors de leurs journées d'études, les aumôniers sociaux viennent d'accueillir favorablement cette innovation. Il y a donc là un premier désaccord profond sur la question de la sécurité syndicale.

Sa nette désapprobation des propos tenus par l'abbé Dion lors de sa conférence au Congrès des relations industrielles de 1947, l'API va l'exprimer haut et fort à l'intérieur de son journal *Tirons franc* lorsqu'elle s'insurge contre « certaines voix [qui] ont légitimé toutes les clauses de sécurité, depuis le maintien d'affiliation jusqu'à l'atelier fermé [et qui] ont de plus approuvé la retenue syndicale obligatoire irrévocable et la formule Rand[42] ». Bien que Gérard Dion n'ait pas été désigné nommément, il s'agit d'une condamnation catégorique de sa récente prise de position.

---

39. *Ibid.*, « Texte sur lequel le R. P. Bouvier et l'abbé Dion se sont entendus avant la nomination du R. P. Bouvier comme aumônier de l'API », Québec, 2 mai 1947, 3 pages.

40. UQAM, SAGD, Fonds CDE-API, 43P, 205a/1, Congrès patronal de 1945, É. Bouvier, « Les patrons devant le mouvement ouvrier », p. 86.

41. *Ibid.*, 43P, 103A/1, *Procès-verbaux de l'API*, « Conseil d'administration du 2 avril 1946 », p. 88.

42. « Il faut revenir… », *Tirons franc*, mai 1947, p. 2.

Et les désaccords se manifesteront rapidement aussi autour de la réforme de l'entreprise. Il faut savoir que l'API a, en 1945, élaboré une nouvelle formule, le « comité de coopération ». Ceux-ci sont composés de « délégués » de chaque département et du « Président ou Gérant-général de la Compagnie » qui en dirige les réunions. Le principal but de ces comités est « de maintenir la bonne harmonie » dans l'usine. Et à l'intérieur de cette instance, les travailleurs ne sont que consultés. De plus, ils y sont invités à « manifester un grand esprit de coopération[43] ».

Évidemment, pareille formule sera décriée par les syndicats. Surtout qu'en certains endroits la mise sur pied de tels comités a fait avorter des tentatives de syndicalisation. Dans d'autres cas, ces comités viennent empiéter sur le mandat des associations ouvrières. La CTCC considère qu'il s'agit tout simplement de « faux paternalisme[44] ». Lors de leur rencontre de 1946, les aumôniers ont également exprimé de sérieuses réserves, demandant que « le syndicat ouvrier » puisse en nommer « les délégués[45] ».

À l'été 1947, Réginald Boisvert rapportait, dans *Front ouvrier*, un cas où les délégués d'un tel comité n'eurent d'autre choix que de se prononcer contre la mise sur pied d'une « union ouvrière[46] ». Par la suite, l'évêque de Saint-Hyacinthe, Mgr Arthur Douville, exprimera son mécontentement à l'API devant la formation d'un tel « comité de coopération à la *Marieville Shoe* [qui] a eu tout simplement pour effet d'empêcher la formation du syndicat[47] ». Au Congrès des relations industrielles du printemps 1948, Gérard Picard et Jean Marchand s'en prendront vivement à cette formule qu'ils jugent « inadmissible », la qualifiant de net recul, de « formules désuètes[48] ».

À titre d'aumônier patronal de Québec, Gérard Dion sera appelé à se prononcer sur le sujet. Dans un premier temps, il intervient, dans le *Bulletin des relations industrielles*, contre les « unions de compagnies »

---

43. « Comité de coopération industrielle », *Bulletin social des industriels*, n° 9, juin 1945, p. 1. Voir *DA*, p. 107-109.

44. DAUL, P117, A5.6, « Lettre de Gérard Dion à Philippe Bayart du 26 mai 1947 », p. 1 (voir *DA*, p. 114).

45. Voir *DA*, p. 21-22.

46. Réginald Boisvert, « La liberté vaut mieux que le gain immédiat », *Front ouvrier*, 12 juill. 1947, p. 4. Pour la vive réaction de l'API et ses pressions subséquentes, voir *DA*, p. 116.

47. UQAM, SAGD, Fonds CDE-API, 43P, 303b/1, « Réponse de Mgr Douville à Émile Bouvier du 24 avril 1948 », voir *DA*, p. 136-138.

48. « Délibérations », *Formes de collaboration patronale-ouvrière*, troisième Congrès des relations industrielles, Québec, Université Laval, p. 125. Pour plus de détails sur les débats, voir *DA*, p. 132-135.

Le président de la CTCC, Gérard Picard, se trouve à la deuxième place de la table d'honneur du cinquième Congrès des relations industrielles, tenu au printemps 1950. Source : DAUL, U684, 1,1.

Jean Marchand et Gérard Dion à une table d'honneur, à côté du sous-ministre Tremblay, sans date. Photographe : Roger Bédard. Source : DAUL, P117, A1/2.

et «certains soi-disant comités de coopération[49]». Ensuite, rédacteur des «Directives aux associations patronales d'inspiration chrétienne» adoptées par l'Assemblée des évêques, il y inclut un paragraphe qui exige que «dans un établissement où un syndicat d'inspiration catholique représente les travailleurs, l'employeur devra s'entendre avec lui sur les modalités de la formule à adopter[50]». Enfin, à titre d'aumônier des patrons de Québec, l'abbé Dion interviendra au sein même de l'API. À plus d'une reprise, il demandera «des corrections» à la formule des comités de coopération ainsi que la publication d'une nouvelle brochure sur le sujet[51].

Mais, à l'époque, ces divisions demeurèrent peu connues du public. Il en ira tout autrement de l'offensive de l'API contre les tenants de la réforme de l'entreprise. Au printemps 1947, Émile Bouvier effectue une première sortie en s'opposant à l'obtention d'une «voix délibérative[52]» pour les employés dans les comités de production. À l'automne, il y va d'un long article dans *L'Actualité économique* où il dénonce «l'école française» qui demanderait «la régie conjointe de l'usine par les patrons et les ouvriers[53]». Néanmoins, il y appuie le modèle belge qui accorde la voix délibérative sur le plan social et seulement une voix consultative sur les plans techniques.

Une telle prise de position sera, cependant, jugée trop avancée par certains membres de l'API. La régionale des Bois-Francs émet alors de sérieuses réserves et exige une consultation interne avant toute nouvelle prise de position publique. Après la tenue du congrès de 1947, elle s'oppose également au partage des bénéfices. Ces pressions porteront fruits puisque, lors de sa tournée des régions, Émile Bouvier se rallie. Fin janvier 1948, à Chicoutimi, il déclare que «les bénéfices d'une entreprise appartiennent de droit au patron». Les employés n'y auraient aucun «droit strict»; c'est seulement «si le patron veut librement partager ses bénéfices» qu'ils pourront en recevoir une certaine part. Au cours de cette même rencontre, le père Bouvier s'oppose catégoriquement à

---

49. G. Dion, «À propos du syndicalisme patronal», *BRI*, vol. 2, n° 1 (sept. 1946), p. 5.

50. DAUL, P117, E7/3, «Directives aux associations d'inspiration chrétienne», 17 mai 1947, p. 2.

51. *Ibid.*, E3, «Lettre du 19 mai 1948 – Réunion des secrétaires» de l'API.

52. «La part des ouvriers à la direction des compagnies», *La Presse*, 7 mars 1947. Pour plus de détails sur ces débats, voir *DA*, p. 111-113, 118 et 121.

53. Émile Bouvier, «La co-gestion des entreprises», *L'Actualité économique*, oct. 1947, tiré à part de 18 pages.

toute « voix délibérative » et recommande « la formule des comités de coopération avec voix consultative[54] ».

C'est cette déclaration publique qui conduira Gérard Dion à intervenir dans les pages du *Bulletin des relations industrielles* du mois de mai. Dans « La participation des travailleurs aux bénéfices est-elle un cadeau?[55] », il rappelle les enseignements pontificaux sur le sujet. À l'intérieur de sa célèbre encyclique *Quadragesimo Anno*, le pape Pie XI a salué les nouvelles expériences de participation des travailleurs à la gestion et aux profits (para. 72). Il a également déclaré « radicalement faux de voir soit dans le seul capital, soit dans le seul travail, la cause unique de tout ce que produit leur effort combiné », précisant que « c'est bien injustement que l'une des parties, contestant à l'autre toute efficacité, en revendiquerait pour soi tout le fruit » (para. 59).

Et Dion alors de conclure : « ce sont donc les deux éléments, capital et travail, qui ont des droits sur les profits ». Si les bénéfices ne sont pas « un attribut exclusif du capital », il devient faux de déclarer, comme le père Bouvier, que seuls les patrons y ont droit. L'aumônier de l'API entre donc en contradiction avec la doctrine sociale de l'Église lorsqu'il affirme « que les bénéfices appartiennent de droit strict à l'employeur ». Parler de cadeau, « c'est ressusciter la vieille rengaine paternaliste qui oublie que le contrat de travail est une entente bilatérale et libre dans laquelle les travailleurs ont leur mot à dire autant que l'employeur[56] ».

Dans cet article, l'abbé Dion s'oppose également à la récente réplique d'un permanent de la CTCC qui a affirmé que « l'ouvrier a droit... à la participation aux bénéfices ». Pas plus dans le cas des employés ne peut-on parler de « droit strict »; il pourra seulement en être question lorsque les deux parties en « auront convenu dans un contrat », soit après la signature d'une convention collective qui contiendrait un plan de partage des profits. Entre les deux protagonistes, Gérard Dion adopte donc une position mitoyenne.

De son côté, l'API va soumettre le dossier à l'épiscopat. À l'intérieur de son mémoire, l'association propose ses « comités de coopération » avec « voie consultative » et affirme que « les profits » doivent servir principalement « au développement de l'entreprise[57] ». Malgré de

---

54. « Une causerie du R. P. Bouvier sur l'entreprise », *L'Action catholique*, 29 janvier 1948 ; voir *DA*, p. 128-131.

55. *BRI*, vol. 3, n° 9 (mai 1948), p. 132-136.

56. *Ibid.*, p. 136.

57. UQAM, SAGD, Fonds CDE-API, 43P, 303b/1, Annexe 15, « Mémoire confidentiel à NN. SS. les Évêques et Archevêques de la Province de Québec », reçu le 7 avril 1948, p. 2. Pour plus de détails, voir *DA*, p. 135-144.

multiples incitations à la prudence de Mgr Douville, l'API décide de poursuivre sa campagne en faveur de «l'entreprise privée» et du «droit» des patrons aux profits.

Son congrès de l'automne 1948 sera l'occasion d'une véritable croisade. L'un de ses conférenciers, Jean-Louis Héon, y soutient que le patron n'est plus «maître dans sa maison» tandis que le père Bouvier associe la réforme de l'entreprise à rien de moins que du «socialisme». Son nouveau directeur général, J.-G. Lamontagne, dans ce qui deviendra le programme de l'API dans les mois à venir, propose que l'association entreprenne une campagne en vue «d'assurer le salut de l'entreprise privée[58]». Ainsi, en cette fin d'année 1948, les hostilités viennent d'être définitivement déclarées.

1949, UNE ANNÉE EXPLOSIVE

Toutes ces divisions éclateront au grand jour, dès le début de 1949. C'est d'abord la tentative de Duplessis de modifier la législation du travail qui va mettre le feu aux poudres.

Une loi rétrograde, le *bill* 5

Avant de traiter directement de cette question, il est nécessaire de faire un léger retour en arrière. Il faut savoir que la nouvelle *Loi des relations ouvrières* de 1944 suscite des résistances chez certains employeurs. Comme la législation du travail ne comporte pas de délais fixes, plusieurs font traîner les choses à toutes les étapes du processus: reconnaissance syndicale, rencontre des représentants ouvriers, négociations, conciliation et arbitrage.

De son côté, le fédéral a apporté quelques améliorations à son *Code du travail*[59]. Mais nos voisins du Sud ont pris une direction opposée; ils viennent d'adopter une loi qui sape plusieurs éléments de la *National Labor Relations Act* de 1935, mieux connue sous le nom de *Wagner Act*, loi dont les gouvernements canadien et québécois s'étaient largement inspirés. En effet, en 1947, le gouvernement républicain a entériné la *loi Taft-Hartley* qui exige des organisations syndicales de nombreux rapports, leur impose de fortes amendes en cas de non-respect d'une de ses clauses, restreint le droit de grève, prohibe les grèves de solidarité ainsi que l'atelier syndical fermé[60]. Plusieurs de ses disposi-

---

58.   Pour les détails, voir *DA*, p. 145-152.

59.   «Le Code du travail», *BRI*, 30 janvier 1947, p. 1-4.

60.   Voir (2001), *Histoire du mouvement ouvrier au Québec. 150 ans de luttes*, Montréal, CSN-CEQ, p. 181-182.

tions interdisent aussi la présence des communistes dans les syndicats, en cette terre d'Amérique en pleine « chasse aux sorcières » menée par le sénateur McCarthy. Au Québec, Maurice Duplessis a trouvé là un modèle d'inspiration.

À deux reprises, le *Bulletin des relations industrielles* s'est inquiété des aspects restrictifs de cette nouvelle loi[61]. De plus, cette revue a donné la parole aux centrales syndicales en reproduisant les mémoires soumis au gouvernement du Québec qui demandent de nombreuses améliorations aux lois du travail, notamment des délais fixes afin d'empêcher les employeurs d'user de mesures dilatoires et des sanctions plus sévères en cas de congédiements pour activités syndicales. Les centrales souhaitent également « que la Commission [CRO] ou le procureur général prenne l'initiative des procédures judiciaires » en cas de non-respect de la loi. Une refonte de tout le processus de conciliation et d'arbitrage est aussi exigée[62].

Sur cette dernière question, Gérard Dion a jugé bon de publier, dans *Ad Usum Sacerdotum*, un article d'André Laurendeau qui expose le cas des mineurs d'amiante de l'Asbestonos[63]. Après le long processus imposé par la loi, l'employeur a refusé l'arbitrage. Les syndiqués n'eurent d'autre choix que de déclencher la grève. La compagnie a alors mis sur pied un « syndicat de boutique », dont les membres agiront comme briseurs de grève. Étant contraints par la loi à des moyens de piquetage pacifiques, les grévistes se retrouvèrent impuissants : s'ils décident d'user de la force, ils seront passibles de poursuites judiciaires ; s'ils ne font rien, l'employeur, bien qu'il soit dans l'illégalité, poursuivra son action[64]. Ainsi, les dispositions de la loi s'avèrent, dans les faits, favoriser la partie patronale.

---

61. Gérard Tremblay, « Pratiques interdites et liberté syndicale » et « Restrictions à la liberté syndicale : la loi Taft-Hartley », *BRI*, vol. 2, n° 10 (juin 1947), p. 1-5 et vol. 3, n° 1 (sept. 1947), p. 2-4.

62. Voir les mémoires de la FPTQ et de la CTCC dans *BRI*, vol. 2, n° 5 (janv. 1947), p. 2-4.

63. Fondée en 1920 par Joseph Poulin, l'Asbestonos a vu le jour à East Broughton. Elle fut l'une des premières usines à fabriquer des produits finis à base d'amiante (freins, toiles, rubans et autres matériaux de friction). En 1928, cette usine déménagea à Saint-Lambert, en banlieue de Montréal. Par la suite, elle employa jusqu'à 400 personnes. Au moment de la grève de 1947, le patron avait mis sur pied un « comité de boutique » afin de casser le syndicat de l'amiante. L'entreprise mettra fin à ses activités en 1976. Source : « À Saint-Lambert, les grévistes gardent l'usine fermée », *Le Devoir*, 6 oct. 1947, p. 3 et informations fournies par la SAHRA tirées de (1983), *Voyage au cœur des Appalaches*, Musée minéralogique et minier de Thetford Mines.

64. « Problèmes tragiques », *AUS*, vol. 3, n° 2 (oct. 1947), p. 11-13.

Ce sont de telles situations qui incitent les travailleurs à court-circuiter les longs délais de conciliation et d'arbitrage, en déclenchant la grève, qui est alors qualifiée « d'illégale ». À la question « Faut-il condamner en MORALE toute grève ILLÉGALE ? », Omer Genest, aumônier syndical de Chicoutimi et membre de la Commission sacerdotale, conclut, dans le *Bulletin des relations industrielles*, que d'importantes modifications à la législation ouvrière québécoise s'imposent, notamment des délais fixes dans le processus de conciliation et d'arbitrage, à l'exemple du *bill* 338[65] du fédéral.

Dans ce même numéro, la « direction » du *Bulletin* relève les « carences » de la législation québécoise : nombreuses critiques adressées à la Commission des relations ouvrières (CRO) pour retards et décisions non motivées ainsi que lenteurs des tribunaux d'arbitrage. Sur ce dernier point, elle déclare : « Le législateur doit donc viser à réduire au minimum ces délais. La sentence devrait être rendue dans les trois mois à compter de la constitution du tribunal ». Ainsi, le Département des relations industrielles jugeait impérieuse une réforme, allant jusqu'à affirmer : « Il n'y a pas de doute que notre *Code des relations du travail* doive être refait[66] ».

Telle était la situation quelques années après l'arrivée au pouvoir de Maurice Duplessis. La reconnaissance, ensuite, de plusieurs « unions de compagnie » (syndicats de boutique) par la CRO augmenta le sentiment de révolte. Les centrales syndicales insistèrent alors pour que d'importantes améliorations soient apportées à la législation ouvrière. Le Conseil supérieur du travail, instance gouvernementale composée de représentants patronaux et ouvriers, se pencha sur les modifications à apporter, ayant même réussi à faire l'unanimité sur plusieurs points[67].

Désireux de court-circuiter cette possibilité de réformes, Maurice Duplessis décide de porter un grand coup : au début de 1949, il soumet au Parlement son propre projet de loi, le *bill* 5. Inspirée de la *loi Taft-Hartley*, cette pièce législative permettrait la désaccréditation de toute unité syndicale comptant des « communistes », terme non défini qui laisse craindre le pire aux syndicats jugés trop combatifs. Au surplus, si elle était votée, cette loi supprimerait « toute sécurité syndicale à l'exception de la retenue syndicale volontaire ». Sont particulièrement visés la nouvelle formule Rand et l'atelier fermé. Plusieurs des dispositions

---

65. Omer Genest, « Réflexions sur les grèves », *BRI*, vol. 3, n° 4 (déc. 1947), p. 51-55. À l'époque, l'utilisation du mot *bill* pour parler d'un projet de loi était très fréquente au Québec. Au fédéral, on devrait plutôt parler de P.C.

66. La Direction, « Rétrospective 1947 », *ibid.*, p. 50.

67. DAUL, P117, E5, 3.1, « Projet de Code du travail – Bill 5, 1949 », p. 1.

de ce *bill* limiteraient le droit de grève. Un plus grand contrôle sur des associations ouvrières est également prévu. De plus, les sanctions contre les travailleurs seraient augmentées, mais celles visant les employeurs seraient diminuées[68].

---

68   *Bulletin des relations industrielles de Laval*

DOCUMENTATION

LE PROJET DE CODE DU TRAVAIL

Le projet de Code du Travail présenté en janvier dernier à la Législature de Québec avec le Bill no 5 est passé à l'histoire. Comme ce projet de législation avait une portée considérable, diverses opinions à son sujet ont été exprimées et il a été retiré. Nous publions donc, à titre documentaire, la déclaration de l'honorable Antonio Barrette, ministre du Travail, lors du retrait du Bill no 5, ainsi que celles de la CTCC et de la Commission Sacerdotale d'Etudes sociales. On remarquera cependant que le texte de la Commission Sacerdotale d'Etudes sociales n'avait pas été adressé aux journaux mais aux membres de l'Assemblée Législative. Les membres de cette Commission sont: l'abbé Paul-Emile Bolté, p.s.s., professeur de sciences sociales à la Faculté de Théologie de l'Université de Montréal; le R. P. Emile Bouvier, s.j., directeur de la Section des relations industrielles de l'Université de Montréal et conseiller moral de l'Association professionnelle des Industriels; le R. P. Jacques Cousineau, s.j., conseiller moral du Conseil Central des Syndicats nationaux de Montréal et de différentes fédérations affiliées à la CTCC; l'abbé Gérard Dion, sous-directeur du Département des relations industrielles de Laval, aumônier des Associations patronales du diocèse de Québec; l'abbé Omer Genest, conseiller moral des Syndicats nationaux du diocèse de Chicoutimi et monsieur l'abbé Henri Pichette, aumônier général de la CTCC.

Article sur le *bill* 5 dans le *Bulletin* de mars 1949. Source : *Bulletin des relations industrielles*, vol. 4, n° 7, p. 69.

Évidemment, ce geste va provoquer une véritable levée de boucliers. À cette occasion, les centrales syndicales, regroupées pour une première fois en « cartel », déclenchent une offensive afin d'obtenir le retrait de ce *bill* 5. Dans cette bataille, elles recevront l'appui du Conseil supérieur du travail. De plus, la Commission sacerdotale d'études sociales y ira de sa première intervention publique.

Grâce aux précisions apportées par ses membres[69], la CSES sera en mesure de prendre rapidement position. À sa séance des 25 et 26 janvier, un « projet de déclaration » est rédigé. Tout au long du processus, la commission aura des contacts suivis avec le sous-ministre Gérard Tremblay d'abord, et, par la suite, avec le ministre Barrette, qui a pris connaissance du projet de loi en même temps que l'ensemble des

---

68.   « Le projet de Code du travail – La CTCC », *BRI*, vol. 4, n° 7 (mars 1949), p. 69 (paru dans *Le Travail* de février).

69.   Gérard Dion y déposa une critique point par point du *bill* 5. Voir DAUL, P117, E5, 3.1, « Code du travail », 6 pages. Il appert donc évident que, comme spécialiste des relations du travail, ce dernier joua alors un rôle très important. Et, dans *Ad Usum Sacerdotum*, il soulignera le tollé de protestations soulevé par ce projet de loi. Voir « Code provincial du travail », *AUS*, vol. 4, n° 6 (fév. 1949), p. 63.

députés. C'est d'ailleurs lui qui demanda de l'aide à cette instance, afin que « le projet de loi soit bloqué[70] ».

Comme l'intervention de la Commission sacerdotale doit se faire dans les plus brefs délais, de nombreuses tractations ont lieu. Son « projet de déclaration » est aussitôt remis à tous ses membres pour approbation avant publication[71]. Tous s'empressent d'acquiescer, sauf le père Émile Bouvier. N'ayant toujours pas reçu sa réponse, le 29, Mgr Leclaire le contacte par voie téléphonique. Puisque l'aumônier souhaite « des modifications » au texte, le président lui demande de les déposer, le soir même, par écrit à l'archevêché de Montréal. Avec Mgr Douville, ce dernier se rend rencontrer Mgr Charbonneau, président de la Commission épiscopale des questions sociales, instance en charge de la CSES, dans le but de s'entendre sur la teneur de cette première intervention publique. Il prend alors la missive du père Bouvier afin que la Commission, à sa « réunion spéciale » du dimanche 30 à Québec, puisse en prendre connaissance.

Lors de cette rencontre, les membres présents, Cousineau, Dion, Pichette et Leclaire, se penchent à nouveau sur leur texte. Quelques petites corrections de l'aumônier de l'API sont intégrées ; mais ne le seront pas sa demande de ne rien dire sur les « clauses de sécurité syndicale » ni sa volonté de souligner les « bonnes intentions » des auteurs du projet de loi. Car de telles modifications viendraient grandement réduire la portée de la future déclaration. Après approbation par les évêchés de Québec, Montréal et Saint-Hyacinthe, il est convenu que celle-ci sera signée par le président de la Commission sacerdotale, Mgr Jean-Charles Leclaire, et que son en-tête indiquera que cette instance a été constituée « par les archevêques et évêques de la province civile de Québec ». Pareil procédé permet d'éviter le problème que poserait une signature par tous ses membres ainsi que d'indiquer que, bien que la CSES prenne la pleine responsabilité de ses propos, elle a l'aval de l'épiscopat.

Restait à s'entendre sur la diffusion de ce texte qui condamnait le *bill* 5 sur plusieurs points et concluait que ce dernier ne satisfaisait « pas toutes les exigences actuelles de la justice sociale[72] ». Quelques membres, Mgr Leclaire et Henri Pichette, hésitent à ce qu'il soit adressé à tous les députés, de peur de blesser le premier ministre. Se pose également la

---

70. DAUL, P117, E5, 3.1, « Projet de Code du travail – Bill 5, 1949 », p. 2.

71. Pour les détails et les références complètes, voir *DA*, p. 170-176.

72. Voir la « Déclaration de la CSES sur le projet de *Code du travail* », dans *DA*, annexe 7, p. 533.

question de sa diffusion dans les médias. Le soir même, l'abbé Dion intervient auprès du président de la commission. Dans une longue lettre à Mgr Leclaire, il soutient que cette déclaration doit être envoyée « à tous les députés et au public ». À cause de la teneur du projet de loi, il est essentiel que l'Église s'en dissocie :

> Nous sommes tous convaincus que ce projet de loi contient des principes faux dont l'application serait désastreuse non seulement pour les associations patronales et ouvrières qui ont été établies chez nous à force de misères et de sacrifices, mais encore pour la paix et l'ordre dans les relations de travail. C'est ce qu'ont compris les unions ouvrières de la province[73].

Une certaine impatience se fait d'ailleurs sentir chez les syndiqués :

> Aussi dans les milieux du travail, on se demande avec angoisse ce que pense l'Église, ce que fait l'Église. Même, ici et là, on entend chuchoter des phrases comme celles-ci : « Les unions ouvrières sont menacées dans leur existence et dans leur action, que font les évêques qui nous ont demandé de les organiser. Si l'Église reste muette, on n'aura pas besoin d'être surpris qu'il arrive chez nous ce qui est arrivé dans les pays d'Europe, que la masse des travailleurs perde confiance dans l'Église et dans les prêtres »...

Il devient d'autant plus important que cette condamnation soit connue de tous :

> Je considère donc que le bien de l'Église exige que tous sachent que l'Église dans la province de Québec n'approuve pas et ne peut pas approuver une telle législation. Et je suis bien convaincu que même si nous jouons un rôle efficace pour empêcher la mise en vigueur d'un tel projet de loi, si le public ne connaît pas notre pensée, nous passerons pour avoir été solidaire avec le gouvernement ou même pour avoir été indifférent.

Sa publication permettrait également d'éviter la confusion dans les milieux protestants du Québec et de l'extérieur qui ont tendance à croire Maurice Duplessis qui se présente comme le « seul gouvernement catholique en Amérique du Nord ». Ne connaissant ni la doctrine sociale ni les encycliques, ces milieux risquent de prendre « le *bill* 5 comme une expression de la pensée de l'Église », d'autant plus que « dans certains articles du *bill*, on lutte contre le communisme ». Enfin, Gérard Dion amène un dernier argument : la publication s'impose « pour guider les

---

73. DAUL, P117, D1, 10.16, « Lettre de Gérard Dion à Mgr Leclaire du 30 janvier 1949 », p. 1. Les prochaines citations proviennent de cette source.

futurs législateurs et éviter ce qui arrive aujourd'hui ». Toutes ces observations en faveur d'une diffusion large du document n'ont qu'un seul but : « sauvegarder le prestige et l'influence bienfaisante de l'Église chez nous, but que tous les membres de la commission se proposent ».

Après plusieurs tractations, il est convenu que la déclaration sera envoyée, dans un premier temps, au premier ministre et au ministre du Travail, et, quelques jours plus tard, à l'ensemble des députés. Bien qu'il soit décidé de ne pas la communiquer aux médias, des fuites contribueront à ce qu'elle soit très largement diffusée. Par cette condamnation catégorique, la Commission vient, pour une première fois, de s'opposer à Maurice Duplessis. Et sa prise de position a été publiée intégralement dans bien des journaux.

Furieux, le chef de l'Union nationale va exiger, au moment du retrait du projet de loi, le 9 février, que le ministre Barrette prenne sa défense et dénonce l'attitude des opposants. Peu de temps après, Duplessis visera directement la Commission, déclarant avoir « consulté [des théologiens] plus compétents qu'eux » qui « n'ont rien à reprocher à cette loi[74] ». Chose certaine, par son geste hardi, l'organisme vient de s'attirer la rancœur du « Chef ».

De son côté, Émile Bouvier, lors de la prochaine rencontre de la Commission, va reprocher à ses collègues leur geste, le qualifiant d'inadéquat. L'aumônier de l'API leur en veut également de ne pas avoir rendu une « visite préalable » à Maurice Duplessis. Entre les deux camps, les ponts sont rompus. Les membres de la CSES apprendront, quelques mois plus tard, que cette association patronale était derrière cette tentative de modification législative, notamment concernant la limitation du droit de grève et la prohibition de la sécurité syndicale[75].

Définitivement, cette polémique autour du *bill* 5 vient confirmer la nette division au sein de la Commission sacerdotale. Cette fois, il fut impossible d'en arriver à un compromis avec l'aumônier de l'API. Tout au plus, on a réussi, grâce à la signature de son président, à ce que la division n'apparaisse pas sur la place publique. À quelques jours du déclenchement de la grève de l'amiante, les divergences viennent de s'exprimer de façon nette.

---

74. CASSH, Fonds SNAS, AFG180, 874-000-020, « Dossier constitué par Mgr Leclaire daté du 26 février 1949 », p. 5.

75. Déclaration de Jean-Louis Héon lors de la réunion d'urgence du 11 avril 1949, citée dans *DA*, p. 214.

Grève de l'amiante et réforme de l'entreprise

Très vite, les gens informés vont voir la polémique autour de la réforme de l'entreprise transparaître dans le conflit de l'amiante[76]. Dans un premier temps, les déclarations en Chambre de Duplessis contre les « théories qui vont conduire aux pires désastres », les « martyriseurs d'encycliques » et les « chefs des syndicats catholiques » qu'ils qualifient de « saboteurs », leur mettront la puce à l'oreille. Les commentaires du ministre Barrette sur les « syndicats catholiques [qui] agissent comme… des révolutionnaires » et sur « les aumôniers [qui]… endurent jusqu'à ce que le ménage se fasse[77] » viendront confirmer leurs craintes.

Mais c'est l'action de l'association patronale catholique, l'API, qui va s'avérer la plus révélatrice. À titre d'aumônier de Québec, Gérard Dion est très bien placé pour la voir venir. Dès le déclenchement de cette grève, l'organisme en dénonce le caractère illégal et réaffirme son opposition à la formule Rand, une revendication importante des mineurs. Lorsque, au début de mars, les représentants de Québec interviennent à son conseil d'administration, ils réalisent que ce dernier veut aller beaucoup plus loin, en organisant une « réunion d'urgence de tous les patrons de la province[78] ».

Les lettres annonçant l'événement sont tellement alarmistes, parlant de « lutte des classes », de « guerre systématique » contre les patrons, de « danger de la dictature du prolétariat », que le groupe de Québec décide d'en aviser plusieurs membres de la hiérarchie catholique. À cette occasion, Gérard Dion invite les membres de la vieille capitale à ne pas laisser « publier une telle propagande dans le diocèse de Québec[79] ». Cet avis, il en envoie copie à Mgr Garant, Pelletier et Douville ainsi qu'au délégué apostolique, Mgr Ildebrando Antoniutti. Par ce geste, il informe les autorités ecclésiales de l'offensive lancée.

Et c'est lors de cette « réunion d'urgence » du 11 avril que le chat sortira du sac. Devant plus de 250 patrons, le principal orateur de l'après-midi, Jean-Louis Héon, s'en prend directement aux tenants de la réforme :

> Des échos nous arrivent toutes les semaines de discours prononcés ici et là dans la Province, au cours desquels on réclame pour les employés

---

76. Pour les détails, se reporter aux chapitres 6 à 8 des *Dessous d'Asbestos*, p. 163-276.

77. Voir *ibid.*, p. 175 et 189 pour les citations intégrales. Cette dernière déclaration fut aussi rapportée dans « Anti-syndicalisme », *AUS*, vol. 4, n° 6 (fév. 1949), p. 64.

78. Pour les détails, voir *ibid.*, p. 191-203. Citation tirée de la p. 197.

79. DAUL, P117, E3, « Lettre de G. Dion à Roland Morneau du 17 mars 1949 », p. 4. Voir *DA*, p. 200-201.

RÉUNION D'URGENCE
des industriels
de
la province de Québec

✛

HÔTEL WINDSOR, MONTRÉAL
LE LUNDI 11 AVRIL 1949

✛

Convoquée par
l'ASSOCIATION PROFESSIONNELLE
DES INDUSTRIELS
743, rue de la Montagne
Montréal

Tél.: LA 9149

Invitation à la réunion d'urgence, auteur anonyme. Source : DAUL, P117, E7, 3.

la propriété ou la co-propriété des moyens de production, la co-gestion et le partage des bénéfices.

[...] Nous croyons toujours qu'il faut absolument assurer l'autorité du chef d'entreprise et respecter les droits de propriété, sans quoi c'est l'anarchie, le désordre et le renversement de la libre entreprise[80].

Après avoir dénoncé « le danger de dictature prolétaire », il invite ses auditeurs à se lancer dans une campagne pour « sauver l'entreprise privée ». Dans ce contexte, des pressions devront être exercées sur trois institutions, l'Église, le pouvoir politique et les médias. L'API souhaite donc rallier le patronat québécois dans sa croisade et compte intervenir auprès des autorités.

Au cours du « forum de discussions » qui suit, l'organisme met de l'avant ses « comités de coopération », propose de nombreuses limitations aux droits de grève et demande des sanctions sévères. L'API appuie le retrait de la « certification » syndicale en cas d'illégalité. Concernant les revendications des mineurs de l'amiante, elle se prononce contre toutes les formules de sécurité syndicale, sauf la retenue volontaire. La formule Rand demandée par les grévistes et la clause relative au Fonds de sécurité sociale sont jugées « inopportunes[81] ».

---

80. UQAM, SAGD, Fonds CDE-API, 43P, 208d/3, « Où nous a conduits notre individualisme ? », p. 5. Voir *DA*, p. 210-221 pour plus de détails sur cette réunion.

81. « Deux résolutions très importantes », *Tirons franc*, n° 56, avril 1949, p. 3. Voir *DA*, annexe 8, p. 534-535 pour le texte complet de ces résolutions.

En conclusion des débats, le père Émile Bouvier aura des propos encore plus explicites. Il s'en prend directement à Gérard Dion, affirmant : «[L'] Abbé un Tel n'est pas l'Église», et parle même de «faire tomber une tête». Tout cela, à cause de sa défense de la sécurité syndicale : «Si trois ou quatre patrons de Québec acceptent [la] formule Rand, Montréal, non!» Il reproche également à la Commission sacerdotale sa récente intervention contre le *bill* 5, déclarant que cette dernière «n'a pas le droit de parler au nom de l'Église» et se vantant d'avoir été le «seul à ne pas signer» cette déclaration. Devant le «glissement vers la gauche» de l'Église, seules des «idées de droite» viendront «tempérer» ce penchant et imposeront un «cran d'arrêt».

L'aumônier de l'API s'attarde ensuite à la grève de l'amiante qu'il qualifie de «cas majeur». Il vise plus spécifiquement deux demandes des mineurs, la «formule Rand» et la «caisse sociale», affirmant alors : «Si ces réclamations sont acceptées, nous sommes tous finis». Il demande à l'assistance d'«épauler» la partie patronale, clamant qu'à «Asbestos», «il ne faut pas céder». Comme solution, il propose l'élaboration d'une «convention collective-type[82]» pour l'ensemble du monde patronal.

Lors du banquet du soir, un invité européen, Thomas Lhoest, de l'association patronale belge, viendra parler explicitement de «réformes de structure». Selon lui, «certaines solutions chrétiennes trop hâtives» conduisent aux «solutions marxistes». En accord avec l'API, il suggère à ses auditeurs de s'en tenir «au stade des avis, des suggestions et des informations» pour ce qui est de la participation des travailleurs à la gestion. Il refuse également à «l'organisation syndicale» un rôle représentatif, affirmant que «laisser au syndicalisme le soin de prendre des responsabilités dans la conduite interne de l'entreprise conduit à l'éclatement de celle-ci et finalement au marxisme ; ce serait nier l'autonomie de l'entreprise libre[83]».

Quant à la «participation aux bénéfices», il s'agirait d'une «erreur dangereuse» qui, à terme, conduirait à l'expropriation de «l'entreprise privée». Sur toutes ces questions, il demande aux patrons québécois «de se montrer fermes», «de résister et d'être solides comme le roc». L'invité européen va même jusqu'à critiquer l'épiscopat québécois qui, selon lui, approuverait là des formules applicables «dans 40 ou 50 ans». Et le conférencier belge termine en s'en prenant aux «clauses canadiennes de sécurité syndicale» (entendre la formule Rand), qui

---

82. Pour les références complètes, voir *DA*, p. 215-216.

83. «La conférence de M. Thomas Lhoest à la réunion des industriels», *Tirons franc*, n° 6, avril 1949, p. 5. Voir *DA*, p. 217-220 pour plus de détails.

représenteraient de « graves dangers pour l'Europe ». Il supplie alors ses hôtes de ne pas accepter « ces formules ». Dans les médias, il prêchera le « respect de la légalité », en parlant des « conflits ouvriers actuellement existants ». Jugeant la situation « fort grave », il affirme que « l'action syndicale pourrait prendre, éventuellement, la tournure d'une lutte ouverte contre l'autorité et conduire au communisme[84] ». Ainsi, à ses dires, tant la réforme de l'entreprise que la grève de l'amiante pourraient conduire à la « dictature prolétaire ».

Il est évident que, devant pareille croisade, Gérard Dion n'allait pas demeurer muet. Disposant des notes de cinq rapporteurs présents à cette assemblée, il publiera, dans *Ad Usum Sacerdotum*, un compte-rendu des propos tenus lors de cette « réunion d'urgence ». Sa conclusion révèle quelques faits méconnus de plusieurs :

> Malgré les mises en garde les plus autorisées, M. Thomas Lhoest a été utilisé, par certains faux bergers, comme un instrument pour faire la leçon [aux] évêques, aux théologiens sociaux du Québec et aux syndicats catholiques sur des problèmes dont il ne pouvait connaître toutes les données. L'API s'est déclarée contre la formule Rand ; elle s'est vantée d'avoir inspiré la législation sur les grèves proposées dans le désormais fameux *Code du travail* mort-né et, enfin, elle s'est prononcée d'une façon fantaisiste sur les réformes de structure préconisées par l'Église. Ces positions nous les avons retrouvées, en partie, dans la page publicitaire que le président de la Canadian Johns-Manville a fait paraître dans tous les journaux le 22 avril. Heureusement que cette erreur passagère n'est pas le fait de tout le mouvement patronal[85].

Afin de calmer le jeu, un article tiré d'une revue belge paraît dans le *Bulletin des relations industrielles* sur l'expérience des comités d'entreprise dans divers pays. Sa lecture permet de réaliser qu'il n'y avait là aucun danger de communisme puisque la plupart de ceux-ci disposent « d'attributions consultatives », n'intervenant donc pas directement « dans la gestion de l'entreprise[86] ». Ce numéro comporte également une recension élogieuse d'André Roy de la brochure *Les Réformes de structure dans l'entreprise*, que vient de faire paraître le Département des relations industrielles[87].

---

84. « Un Belge prêche à nos ouvriers le respect de la légalité », *Le Devoir*, 16 avril 1949, p. 2.

85. « Un Congrès de l'API », *AUS*, vol. 4, n° 8 (avril 1949), p. 77. L'abbé Dion a dû faire rapport à ses supérieurs, Mgr Garant et Mgr Roy. Au début de mai, l'Assemblée des évêques du Québec votera en faveur du départ d'Émile Bouvier de l'API.

86. « Conseils d'entreprise », *BRI*, vol. 4, n° 8 (avril 1949), p. 75-76.

87. André Roy, « Les Réformes de structure », *ibid.*, p. 78-79. Parue initialement dans *L'Action catholique* de Québec.

Vers la fin du moins d'avril, la publicité dans les grands journaux québécois payée par la compagnie *Johns-Manville* d'Asbestos permettra, effectivement, de savoir que son président américain, Lewis Brown, en a contre l'orientation de la CTCC. D'entrée de jeu, il y affirme que la grève en cours « présente des aspects inusités ». Il accuse « la haute direction du groupement ouvrier auquel notre syndicat local est affilié » d'avoir « profondément » changée, en prenant un « aspect plus radical ». La centrale catholique prêcherait « une doctrine s'opposant au capitalisme » qui s'« apparente au communisme ou au socialisme ».

En-tête du journal de *L'Action catholique* du 22 avril 1949 pour l'article de Lewis Brown. Source : DAUL, P117, E8, 2.7.

Toujours selon Brown, cet arrêt de travail n'aurait « pas comme but unique d'obtenir les avantages d'ordinaire recherchés dans les négociations collectives », à savoir une augmentation des salaires et l'amélioration des conditions de travail. Non, le « point crucial » du conflit serait « l'insistance que les chefs du syndicat mettent à obtenir, pour eux-mêmes, un part d'autorité et de contrôle sur l'administration ». Le fond du litige reposerait sur « cette doctrine révolutionnaire voulant que le droit des propriétaires, jusqu'ici incontesté, de choisir leurs représentants pour administrer leur propriété, soit soumis au pouvoir de veto des chefs du syndicat ». Et le dirigeant de la *Johns-Manville* conclut en s'en prenant à « certains représentants de l'Église » qui « paraissent appuyer les chefs de la grève » qui auraient « l'intention d'usurper les fonctions de la direction et, de cette façon, affecter injustement les droits à la propriété de milliers de propriétaires qui ont placé leurs économies dans notre mine ».

Après avoir laissé planer le danger de « 100 000 » pertes d'emplois dans des secteurs connexes, Lewis Brown termine sur cette menace d'une grève très longue, en se faisant le défenseur de la libre entreprise :

> Puisque les questions en jeu sont des principes fondamentaux mettant en cause le droit de propriété et son administration et ne portent pas sur les salaires et les conditions de travail, il est impossible de prévoir pendant combien de temps la grève se prolongera.

Comme membres de la direction nous avons l'obligation morale et légale de défendre les principes qui protègent les droits à la propriété de nos actionnaires et les droits humains de nos employés[88].

Comme l'a souligné l'abbé Dion dans *Ad Usum Sacerdotum*, cette publicité de la *Johns-Manville* a permis aux gens informés de réaliser que cette compagnie s'était laissée entraîner dans la croisade de l'API. Car aucune des treize revendications[89] des mineurs ne parle de « droit de veto des chefs du syndicat » sur la nomination des membres de la direction. Tout au plus, les discussions de la Commission sacerdotale sur la réforme de l'entreprise ont porté sur une participation ouvrière à la « désignation du chef d'entreprise ». Mais l'opposition virulente d'Émile Bouvier a amené le retrait de cet article, en échange d'une reconnaissance de la participation syndicale aux comités d'entreprise[90].

Peu de temps après, Gérard Dion apprend que l'aumônier de l'API est en contact direct avec Lewis Brown. À titre d'expert en relations industrielles, l'abbé est sollicité parce qu'il n'y a « pas unanimité[91] » du coté de la *Johns-Manville*. Des cadres canadiens, Messieurs Filteau et McGaw, viennent le rencontrer, lui déclarant : « [...] ça na pas de bon sens. Tous les actes posés par la direction de la *Johns-Manville* au Canada, ça vient directement des États-Unis [...]. À New York, on est mal informés concernant la situation et l'orientation ». Et, au terme de cette rencontre privée survenue probablement à l'occasion du Congrès des relations industrielles, ils lui demandent s'il ne pourrait pas « intervenir à New York dans cette affaire-là[92] ».

La situation est d'autant plus grave que les négociations menées par Mgr Maurice Roy piétinent. Le 21 avril est survenu un premier blocage sur l'augmentation de « 12 sous l'heure » et la demande d'un « tribunal d'enquête présidé par l'Hon. Juge Fontaine[93] ». Sur cette dernière possibilité, Maurice Duplessis a opposé un refus catégorique. Quelques jours plus tard, une nouvelle médiation sous l'égide du ministre du Travail, Antonio Barrette, connaît un sort semblable. Cette fois, il y a refus d'accorder les conditions minimales de retour au travail soumises

---

88. Lewis Brown, « Un rapport sur la grève dans les mines d'amiante », *L'Action catholique*, 22 avril 1949, p. 13. Pour plus de détails, voir *DA*, p. 226-228.

89. Pour une énumération complète de celles-ci, voir *La Grève de l'amiante*, p. 214.

90. Voir *DA*, p. 176.

91. DAUL, P117, E4, 3.4, « Duplessis et le syndicalisme », p. 3.

92. Extrait d'entrevue de Michel Sarra-Bournet citée dans *DA*, p. 187. Dans le document précédent, l'abbé Dion indique qu'il aurait ensuite rencontré un certain « Carl Lindell » avant de se rendre à New York.

93. Voir *DA*, p. 223-225.

par les représentants des mineurs, soit 1) la remise des certificats, 2) la reprise des grévistes, 3) le retrait des poursuites judiciaires au civil[94].

Ce double échec va conduire l'Église à se prononcer publiquement. À la suite d'une rencontre le 26 avril avec le délégué apostolique, Ildebrando Antoniutti, Mgr Leclaire demande à la Commission sacerdotale de rédiger un texte sur « la nécessité de venir en aide aux travailleurs et à leurs familles[95] ». Les jours suivants, après consultation de Mgr Roy, Garant, Charbonneau et Douville, il y a entente sur un libellé. Et, le 29 au soir, ayant été informé de l'échec des pourparlers par Gérard Picard, président de la CTCC, Mgr Leclaire transmet aux agences de presse et aux médias le fameux appel de la Commission lançant les quêtes en faveur des « familles éprouvées[96] ». Le lendemain, dimanche 1er mai, Mgr Joseph Charbonneau ira de sa célèbre déclaration : « La classe ouvrière... est victime d'une conspiration qui veut son écrasement et, quand il y a conspiration pour écraser la classe ouvrière, c'est le devoir de l'Église d'intervenir[97] ». La quête en faveur des grévistes lancée dans plusieurs diocèses de la province connaîtra un franc succès ; près de 140 000 $[98] seront acheminés aux mineurs, leur permettant de tenir le coup.

Quelques jours après cet appel, la phase finale des négociations menées sous l'égide de Mgr Roy reprend. À ce moment-là, Gérard Dion apporte son concours, mais de manière très discrète. Dans le but de contribuer à débloquer la situation, il se rend à New York rencontrer le dirigeant américain, Lewis Brown. Ce voyage s'impose, puisque le président de la *Johns-Manville* y est allé d'un nouveau rapport.

Publié le 11 mai, son document est beaucoup plus volumineux que le précédent, comptant une quinzaine de pages. Cette fois, ses accusations s'avèrent plus précises. Selon lui, quatre demandes des grévistes visent à « s'arroger les droits de la direction[99] » : celles qui sont relatives aux promotions, aux mesures disciplinaires, à la productivité et aux changements apportés aux méthodes de travail et aux taux de rémunération. Les chefs syndicaux auraient des « intentions cachées » ;

---

94.   Voir *ibid.*, p. 229.

95.   CHSH, Fonds Mgr Leclaire, AFG90, 050-021, « Autour de la grève de l'amiante (13 fév.-mai 1949) – Efforts des autorités religieuses », p. 5. Pour les détails, voir *DA*, p. 230-236.

96.   Archives CECC, Fonds CSES, 169/74-6-2, « Troisième texte. Secourons les travailleurs de l'amiante », p. 8. Le texte complet se trouve dans *DA*, p. 234.

97.   « On veut écraser la classe ouvrière », *Le Devoir*, 2 mai 1949, p. 1.

98.   Total établi grâce aux données de Gérard Dion dans « L'Église et le conflit », *La Grève de l'amiante*, n. 15, p. 251.

99.   Lewis Brown (1949), *Rapport sur la grève d'Asbestos, Qué.*, s. éd., 11 mai 1949, p. 8. Voir *DA*, p. 259-261.

ils viseraient à «confisquer la propriété qui appartient légitimement à d'autres». Toujours selon ses dires, il s'agirait rien de moins que d'une «tentative de révolution[100]».

Bien qu'à la mi-mai les négociations aient reprises sous la médiation de Mgr Roy, plusieurs difficultés persistent. C'est dans ce contexte que Gérard Dion a décidé de se rendre rencontrer le président de la *Johns-Manville* à sa résidence privée, près de New York. Les discussions entre les deux hommes permettent alors de rédiger un texte d'entente basé sur le dernier discours de Pie XII du début de mai où ce dernier a, devant l'association internationale des patrons catholiques, déclaré que le propriétaire des moyens de production doit demeurer «maître de ses décisions économiques[101]». En contrepartie de l'acceptation de cette clause par le syndicat, la compagnie s'engagerait à reprendre tous les grévistes «sans discrimination[102]». Un comité serait également mis sur pied afin d'étudier tout éventuel cas de mineur lésé.

Cette initiative arrive à point nommé puisque la partie syndicale vient de refuser une nouvelle proposition du ministre Barrette qui ne la satisfait pas sur la question des représailles. Les négociations reprendront sur la base de ce texte et chacun ira de sa formulation. Après de nombreux pourparlers sur une clause de non-discrimination assurant le retour au travail de tous les grévistes et sur un arbitrage mené par le juge Thomas Tremblay, une possibilité d'entente se dégage. Cependant, la *Johns-Manville* fait savoir qu'elle veut exercer «des représailles contre 80 grévistes[103]». La très grande patience de Mgr Maurice Roy permettra de venir à bout de cette dernière mésentente. Et, à la fin de juin 1949, après plus de quatre mois de grève, un accord est finalement conclu avec cette compagnie la plus véhémente, celle qui a fait appel à la police provinciale, qui a procédé à l'embauche de nombreux *scabs*, intenté plusieurs poursuites civiles contre les grévistes et mené une campagne contre la participation des travailleurs.

Cette tristement célèbre grève d'Asbestos déteindra également sur un document capital de l'époque, la *Lettre pastorale* sur la condition ouvrière que l'épiscopat a chargé la Commission sacerdotale d'études sociales de produire.

---

100. *Ibid.*, p. 9 et 15.

101. «Directives aux patrons catholiques», *BRI*, vol. 4, n° 9 (mai 1949), p. 81-83. Pour le rôle joué par l'API à cette occasion, voir *DA*, p. 250-259.

102. DAUL, P117, E8, 2.7, «Lettre de Lewis H. Brown à Gérard Dion du 23 mai 1949», dans *Scrap Book IV*, p. 16-17.

103. Pour les détails, voir *DA*, p. 270-274.

Une *Lettre pastorale* engagée

Pour comprendre l'origine de cette commande, il faut rappeler quelques faits passés. À la suite de l'Affaire silicose à *Relations* et de la destitution de son directeur Jean-d'Auteuil Richard en juin 1948, des membres de la Commission sacerdotale vont exercer des pressions sur la hiérarchie catholique. Lors du sacre de Mgr Garant, il sera d'abord question que la CSES rédige une déclaration «proclamant la liberté pour les clercs et les publications catholiques de dénoncer les abus et les malaises sociaux[104]». Mais un tel procédé présentait un problème car il aurait constitué un blâme à mots couverts du rôle de Mgr Charbonneau dans le dénouement de cette affaire:

> C'est alors qu'est revenue à la surface l'idée de la publication d'une lettre collective de tout l'épiscopat traitant à fond le problème ouvrier au Québec. Dans cette lettre, on y insérerait une ferme prise de position sur cette liberté d'expression des prêtres et des laïcs œuvrant dans le domaine social[105].

Après vérification auprès du Vatican, le délégué apostolique informait l'épiscopat, à la fin de novembre 1948, que le Saint-Père avait donné son aval. Aussi, à sa réunion de janvier 1949, la Commission sacerdotale recevait de l'Assemblée des évêques la requête de préparer un projet de lettre «sur la doctrine sociale de l'Église, particulièrement en ce qui regarde le travail[106]». Ainsi, jusqu'à cette date, cette décision n'était nullement influencée par la grève de l'amiante puisque celle-ci n'avait pas encore été déclenchée. Mais, par la suite, il faut reconnaître que son influence se fera sentir. Au cours du processus, Gérard Dion jouera un rôle essentiel puisqu'il rédigera deux importantes sections du document.

En février, la Commission retient le plan proposé par Jacques Cousineau. Par la suite, des retards surviennent: le père Bouvier n'a pas fourni les statistiques nécessaires à la première section sur la condition ouvrière actuelle tandis qu'Émile Genest et le père Cousineau «n'ont pu se dégager pour rédiger le texte désiré» de la seconde partie. Lors de cette séance, la Commission décide donc de retravailler son plan. Il est alors convenu que la *Lettre* sera élaboré selon la méthode *voir*,

---

104. Gérard Dion, «La petite histoire d'un grand document», *Perspectives sociales*, vol. 25, n° 2 (mars-avril 1970), p. 46 (pour des détails sur cette première défaite en matière d'hygiène industrielle, voir *L'Affaire silicose*).

105. *Ibid.* Dans cet article, l'abbé Dion démontre que l'origine de la *Lettre pastorale* n'est pas, comme certains l'ont affirmé, la grève de l'amiante mais bien l'Affaire silicose.

106. Voir *DA*, p. 168, note 11 pour les références complètes.

juger et *agir* de l'action catholique spécialisée et qu'elle comptera donc trois parties.

Heureusement, à la fin d'avril, les deux prêtres arrivent avec un texte intitulé «Quelques principes en marge des événements actuels», un document de réflexion sur les débats suscités par la grève de l'amiante. Ils y traitent du «caractère obligatoire de la doctrine sociale de l'Église», de «l'autorité» devant être au service du «bien général» et des «intérêts communs de la société», de l'obligation aux «lois positives» qui disparaît lorsque celles-ci s'avèrent injustes, des limites à la réglementation du «droit de grève». Ils précisent aussi que les «mécanismes de conciliation et d'arbitrage» doivent «faciliter l'entente entre les parties en cause», mais non pas «revêtir le caractère de mesures partiales, vexatoires et dilatoires». En conclusion, ils établissent la distinction entre «légalité» et «légitimité[107]». La discussion des membres de la Commission amène la production d'un second texte, cette fois rédigé par Paul-Émile Bolté. Y sont précisées les notions de grève «défensive» et «offensive[108]». Ces deux documents serviront pour la suite des choses.

Original de la *Lettre pastorale* intitulée *La Condition ouvrière chrétienne...* Source: CHSH, Fonds Secrétariat national d'action sociale.

---

107. Archives CECC, Fonds CSES, 168/73-1, CSES, «Rapport de la réunion des 27-28 avril 1949», p. 1 et annexe 1. Pour plus de détails, voir *DA*, p. 286-288.

108. *Ibid.*, annexe 2, «Quelques principes en marge des problèmes actuels. Deuxième projet (12 mai 1949)», p. 11.

Le temps est maintenant compté puisque l'Assemblée des évêques vient de signifier à la Commission qu'elle souhaite recevoir son texte « le 20 juin prochain ». Devant cet échéancier serré, Mgr Leclaire convoque, pour la mi-juin, une réunion spéciale de travail de quatre jours. Des membres y arrivent avec leur production : le père Cousineau, un schéma développé de la seconde partie portant sur la condition ouvrière chrétienne ; pour la troisième partie traitant des réformes à instaurer, l'abbé Genest a produit « l'action des travailleurs » et « des autres classes », alors que Gérard Dion, en raison de sa fonction d'aumônier patronal, a rédigé « l'action du patronat ».

Commence alors un véritable marathon d'écriture. Dans les deux jours qui suivent, soit les 14 et 15 juin, les membres présents[109] produisent les sections manquantes : Bolté et Pichette se chargent de la première partie sur la situation actuelle des travailleurs ; Genest rédige « l'action du clergé » ; Dion, en s'inspirant des deux versions de « Quelques principes… », produit « l'action de l'État » tandis que Cousineau achève la seconde partie et élabore la conclusion finale. Ce travail intensif va permettre à la Commission de produire son document en respectant, à quelques jours près, l'échéance fixée. En effet, le 24 juin, Mgr Leclaire adresse *La Condition ouvrière chrétienne*[110] aux évêques québécois, qui vont y découvrir ce qui suit.

Dans son introduction, Jacques Cousineau reprend les paroles de Léon XIII sur la doctrine sociale « obligatoire », une doctrine qui doit être rappelée « devant l'agitation sociale qui a marqué l'après-guerre et cette année en particulier, devant la confusion des esprits qui menace de troubler notre peuple et de compromettre notre avenir ». Il y souligne ensuite que la population québécoise est maintenant composée, à majorité, de travailleurs, reconnaissant ainsi que la vocation du Québec n'est plus principalement agricole. Pour toutes ces raisons, l'Église a jugé bon se pencher sur la condition ouvrière. Enfin, à l'instar Pie XII, le père Cousineau insiste sur le soutien que cette dernière accorde à « ceux qui n'ont que leur travail pour se procurer à eux-mêmes et à leur famille le pain quotidien[111] ».

---

109. Rappelons que, depuis le début de mai, le père Bouvier n'assiste plus aux réunions de cette instance, ayant donné sa démission à la suite de sa destitution comme aumônier de l'API.

110. CSES, *La Condition ouvrière chrétienne au regard de la doctrine sociale de l'Église*, Saint-Hyacinthe, 23 juin 1949, 57 pages. Sous le même titre, ce texte vient, au printemps 2007, de paraître aux PUL. Nous allons donc référer à la pagination de cette publication (dorénavant *La Condition ouvrière...*).

111. *Ibid.*, para. 2 et 4, p. 39-41.

Portant sur la situation actuelle, la première partie brosse à grands traits les conséquences de cette industrialisation rapide des dernières années : désertion des campagnes, problèmes aigus de logement pour les familles ouvrières, grandes difficultés à boucler leur budget, impôts trop lourds et coût de la vie disproportionné par rapport à leur salaire[112]. Messieurs Bolté et Pichette soulignent ensuite ce « fait nouveau », la prise de « conscience collective » que vient de faire la « classe ouvrière ». En témoigne la création de nombreuses associations syndicales et coopératives. Et dans ce Québec devenu industriel, où la « population est urbaine en majorité », ils concluent que « le milieu ouvrier peut être sanctificateur[113] ».

Dans la deuxième partie, Jacques Cousineau développe cette idée. D'entrée de jeu, il affirme qu'« industrialisation n'est pas déchristianisation ». D'abord, l'industrie moderne, en plus d'offrir une « formidable possibilité de service », pourrait élever le « niveau général de vie ». Toutefois, celle-ci n'accorde pas au travail « la place à laquelle il a droit ». Seul « le sens chrétien du travail[114] » le permettrait. Dans cette conception, le travail vise l'« humanisation de la terre », est « au service de l'humanité » et contribue à « l'accomplissement » du travailleur. Cette « primauté de l'homme » requiert des conditions de travail adéquates.

Sur le plan national, une « démocratisation de l'économie » s'avère indispensable. Cette dernière doit comprendre une « représentation adéquate [des travailleurs] dans tous les organismes qui règlementent l'activité économique et sociale ». De plus, les lois du travail devront assurer la liberté syndicale. À cette fin, sont demandées « des sanctions efficaces » dans les cas de « congédiements pour activité syndicale » et « négociation de mauvaise foi[115] ». Sur le « plan de l'entreprise », le travail serait à organiser « plus humainement ». On devrait favoriser « la participation des travailleurs » : en premier lieu, « sur le plan de la vie sociale », car « il est anormal » que les ouvriers « ne jouent pas un rôle actif dans l'organisation de leur sécurité sociale[116] ».

La troisième partie qui traite des réformes à instaurer risque de faire réagir davantage. Dans « l'action des travailleurs », Émile Genest souligne l'importance de l'effort collectif. À cette fin, les ouvriers « doi-

---

112. *Ibid.*, para. 6, p. 43-44.

113. *Ibid.*, para. 13, p. 49.

114. *Ibid.*, para. 14 à 16, p. 51-52.

115. *Ibid.*, para. 29, p. 58. Soulignons que ces pratiques fréquentes n'étaient pas sanctionnées sous le gouvernement Duplessis.

116. *Ibid.*, para. 32, p. 59. Il s'agit ici d'une référence directe au Fonds social demandé par les mineurs d'amiante.

vent s'unir dans de solides organisations professionnelles» (entendre syndicats). Dans les «circonstances présentes», il s'agit même d'«<u>un devoir</u>». Il est aussi suggéré aux travailleurs de s'inspirer de «<u>la doctrine sociale chrétienne</u>». De plus, l'adhésion à la CTCC est «fortement» recommandée[117].

Les buts poursuivis par ces syndicats vont du juste salaire aux mesures de sécurité sociale en cas de maladie, de chômage et de vieillesse, jusqu'aux conditions de travail sécuritaires. Sur ce dernier sujet, on affirme: «De récentes enquêtes ont révélé que <u>l'hygiène industrielle</u>, malgré ses progrès appréciables, reste en souffrance dans un certain nombre d'usines de la province. C'est une situation qui ne peut être tolérée plus longtemps[118]». Vient d'être donné ici un appui explicite à la lutte des mineurs contre la silicose et l'amiantose ainsi qu'aux deux enquêtes menées par Burton LeDoux qui ont parues dans *Relations* et *Le Devoir*.

Après avoir rappelé les paroles des deux derniers papes, Pie XI et Pie XII, sur la réforme de l'entreprise, Omer Genest conclut que celle-ci s'impose afin de faire «participer graduellement les travailleurs

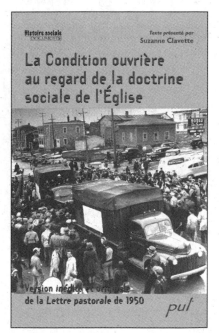

La Condition ouvrière ... parue aux PUL.
Source: Presses de l'Université Laval.

---

117. *Ibid.*, para. 42 et 43, p. 64.
118. *Ibid.*, para. 49, p. 66-67.

organisés au fonctionnement de l'entreprise, à sa gestion, à ses profits et même à sa propriété[119] ». C'est là réaffirmer l'orientation fondamentale adoptée par la Commission sacerdotale depuis ses Journées d'études de 1947. Et il termine en soulevant l'autre grand point litigieux de l'époque : « les diverses formules de <u>sécurité syndicale</u> sont toutes en principe moralement légitimes ; une saine législation ne doit pas les prohiber[120] ». Ce dernier commentaire s'avère être une condamnation catégorique de la récente tentative de prohibition par Duplessis, avec son controversé *bill* 5.

Dans la section suivante traitant de « l'action des patrons », Gérard Dion insiste sur le « rôle éminent » que doivent jouer « les chefs d'entreprises » dans « l'œuvre de restauration de la société économique ». En vertu des principes chrétiens, ces derniers devraient « traiter avec justice et charité les ouvriers », en leur accordant « un salaire juste[121] ». Au sein de son entreprise, le « patron chrétien » doit offrir « des conditions saines de travail qui protègent la santé et la vie des travailleurs ». Encore une fois, c'est souligner la justesse de la revendication des mineurs relative à la réduction de la poussière d'amiante.

Il en va de même des relations avec les employés. Puisque « les salariés ne sont pas de simples vendeurs de force physique » et qu'ils « collaborent à l'œuvre commune », ils devront être intégrés à l'entreprise. Pour ce faire, le patron chrétien cherchera « à tempérer le contrat de salariat par des éléments empruntés au contrat d'association » ; bref, à favoriser la participation des travailleurs[122].

Après avoir souligné la nécessité pour les patrons chrétiens de se regrouper, Gérard Dion n'en condamne pas moins la récente campagne de l'API au cours de la grève d'Asbestos, en déclarant : « les associations patronales ne sont pas fondées pour s'opposer aux syndicats ouvriers, comme une force à une autre force. Un tel esprit ne pourrait en effet que favoriser un climat de lutte des classes[123] ». Plutôt, l'abbé Dion incite à adopter une tout autre attitude, en dialoguant avec « ses travailleurs unis en syndicat » et en établissant des « relations cordiales » qui favoriseront « l'épanouissement d'un esprit communautaire au sein de l'entreprise ». Et il conclut en touchant « l'attitude secrète des consciences » :

---

119. *Ibid.*, para. 51, p. 67-68.
120. *Ibid.*, para. 53, p. 68.
121. *Ibid.*, para. 57 et 58, p. 70.
122. *Ibid.*, para. 59 et 60, p. 71-72.
123. *Ibid.*, para. 62, p. 72-73.

Les patrons seront donc parmi les principaux artisans de la paix sociale et de l'entente harmonieuse du Capital et du Travail. Pour être remplie chrétiennement, la fonction de chef d'entreprise suppose chez celui qui en est investi une volonté de travailler non pas d'abord et surtout pour réaliser des profits, mais davantage pour servir des frères au scin de la société[124].

Dans « l'action des autres classes », Omer Genest s'adresse aux professionnels et aux éducateurs. Aux premiers, il rappelle que, « plus on occupe un poste élevé, plus on a l'obligation de servir ». En ce sens, il leur demande d'user « d'une grande modération dans les tarifs qu'ils exigent de la classe ouvrière » et, lorsque l'occasion se présente, de « défendre les intérêts des ouvriers[125] ». Aux seconds, il propose de favoriser « la restauration de la société et surtout de la classe ouvrière », cela en donnant une « formation sociale[126] » à la jeunesse.

Si cette section risque moins de soulever les passions, il en ira tout autrement du second texte de Gérard Dion portant sur « l'action de l'État ». Toutes les questions controversées de l'heure sont abordées. Et c'est au législateur qu'il s'adresse, soit à l'Union nationale de Maurice Duplessis. Reprenant les grandes conclusions de « Quelques principes en marge des événements actuels », l'abbé Dion insiste, tout au long de son texte, sur la distinction à faire entre légalité et légitimité.

Tout d'abord, il plaide pour une « vraie conception de l'autorité » fondée sur les « exigences du bien commun » où les dirigeants ne sont pas « des dominateurs », mais plutôt « les premiers serviteurs de la nation » :

> [Si les hommes politiques] ne respectent pas les droits des citoyens et des diverses classes de la société, ils opèrent une opposition entre la légalité et la justice ; s'ils ne tiennent pas compte des aspirations et des intérêts légitimes de ceux qu'ils représentent, ils provoquent une rupture entre les administrateurs publics et les citoyens. Dans les deux cas, il en résulte fatalement de très graves conséquences, tant pour le prestige de l'autorité elle-même que pour l'ordre public[127].

Le danger d'un écart entre le « pays légal » et le « pays réel » est ainsi clairement souligné. Et devant les transformations profondes amenées par l'industrialisation, il invite le législateur à « mettre tout en œuvre pour adopter le plus tôt possible les institutions traditionnelles aux

---

124. *Ibid.*, para. 64, p. 73.
125. *Ibid.*, para. 69, p. 75-76.
126. *Ibid.*, para. 73, p. 77.
127. *Ibid.*, para. 77, p. 80-81.

besoins nouveaux». Dans le «domaine économique et social», l'intervention de l'État doit viser «le bien commun» et protéger «contre les abus du capitalisme vicié». Bien que l'autorité publique a le devoir de protéger les droits de tous les citoyens, «elle doit veiller à sauvegarder d'une façon particulière[128]» ceux des plus faibles.

La première mesure législative de protection vise à préserver «la santé et la vie des salariés». Le droit d'association étant l'un «des plus importants pour les travailleurs», l'État devra le protéger et «en faciliter l'exercice». Un reproche direct est alors adressé à Maurice Duplessis: «L'autorité publique... ne doit inconsidérément exercer un contrôle sur leur organisation; il ne lui appartient pas de déterminer qui les dirigera[129]».

Dans le paragraphe suivant, la *Loi des relations ouvrières* est vivement critiquée: «l'expérience» ayant «démontré que cette législation est insuffisante à prévenir les abus». La première réforme à y introduire s'avère être «un mécanisme efficace de conciliation et d'arbitrage auquel les parties pourront recourir avec confiance». C'est là demander correction du problème le plus fréquemment rencontré au cours des dernières années, problème vécu par les mineurs d'amiante. Et l'abbé Dion de donner ainsi raison aux ouvriers de déclarer des grèves illégales:

> Dans un domaine aussi délicat, toute législation incomplète, boiteuse, inefficace, qui n'aurait pas le pouvoir de créer chez les travailleurs une atmosphère de confiance, mais qui leur donnerait plutôt le sentiment d'une frustration serait préjudiciable à l'ordre public, car elle les pousserait à se faire justice eux-mêmes et à ne pas respecter des lois qui alors ne mériteraient pas de l'être[130].

Encore une fois, est soulignée la primauté de la «légitimité», sur une «légalité» déficiente et boiteuse. Et comment ne pas voir dans ce paragraphe une critique directe de Duplessis qui s'est rangé derrière la *Johns-Manville* au cours du conflit d'Asbestos:

> Une surveillance inadéquate ou une application guidée par des préoccupations politiques ou le souci de plaire à des puissances financières peut facilement détourner les meilleures lois de leur fin et en fausser le mécanisme. Si le pouvoir public se faisait le docile instrument des puissances d'argent et mettait tout le prestige de l'autorité civile et la force de coercition des lois au service d'un capitalisme exploiteur, on aboutirait inévitablement à créer chez les travailleurs des sentiments de défiance vis-à-vis la loi, à faire croître une sourde indignation suscep-

---

128. *Ibid.*, para. 79, p. 81.
129. *Ibid.*, para. 84, p. 83.
130. *Ibid.*, para. 85, p. 84.

tible de pousser à la violence et à engendrer un mépris anarchique de l'autorité. S'il est des préférences qui peuvent être acceptées, que ce soit au bénéfice des faibles, des dépourvus des biens de ce monde[131].

Enfin, Gérard Dion s'en prend à l'anticommunisme creux de Duplessis, en proposant plutôt cette approche positive : pour enrayer « la menace rouge, il importe avant tout d'établir une meilleure distribution des richesses, un état de sécurité pour tous les travailleurs honnêtes et un régime de travail qui respecte la dignité humaine de l'ouvrier[132] ».

La dernière section de cette lettre, celle sur « l'action du clergé », comporte évidemment la prise de position tant souhaitée à la suite de l'Affaire silicose à *Relations* et la destitution de son directeur, Jean-d'Auteuil Richard. Dans le but de s'assurer que pareille situation ne se reproduise plus, la liberté de critique est ainsi affirmée :

> Nous revendiquons pour les apôtres sociaux, prêtres et laïques, la liberté de dénoncer, sans menace de représailles, les abus de notre régime économique, dans le respect de la vérité telle qu'ils la connaissent après avoir utilisé tous les moyens d'informations dont ils disposent ; Nous demandons aux journaux et aux revues catholiques de les appuyer et de se constituer, avec courage mais charité, les défenseurs des légitimes revendications des travailleurs, afin que la classe ouvrière occupe dans le société de demain la place qui lui revient et puisse avoir une juste et digne participation dans l'économie de la nation[133].

Un dernier paragraphe vient souligner le travail de la Commission sacerdotale. Le tout est complété par la conclusion de Jacques Cousineau où celui-ci insiste sur l'importance de la « pensée chrétienne » et du respect de la « justice sociale ».

Par ce document on ne peut plus explicite, la Commission vient de proposer une solution très novatrice aux problèmes vécus dans le monde du travail. À quelques jours du règlement de la grève de l'amiante, son texte vise à remettre les pendules à l'heure, en formulant les améliorations qui s'imposent en matière de législation ouvrière. Avec les autres membres de la CSES, Gérard Dion a mis beaucoup d'énergie pour arriver à ce résultat dans un délai aussi bref. En ce début d'été 1949, la Commission poursuit sur sa lancée. Après sa condamnation du *bill* 5 en janvier, son « appel » en faveur « des familles des grévistes » en avril, elle vient de livrer un troisième texte à l'épiscopat. Cette *Lettre pastorale*, intitulée *La Condition ouvrière chrétienne* et datée du 23 juin, s'avère sa production la plus importante.

---

131. *Ibid.*, para. 88, p. 85-86.
132. *Ibid.*, para. 90, p. 86-87.
133. *Ibid.*, para. 97, p. 91. Cette section a été rédigée par Omer Genest.

CONCLUSION

Évidemment, dans toute cette action, Gérard Dion n'a pas agi seul. Ce dernier est intégré à tout un réseau de catholiques sociaux qui comprend le syndicalisme catholique, l'action catholique spécialisée et des publications catholiques telles que *Relations*, *Le Devoir*, *Front ouvrier* et *The Ensign*. À titre d'instance chargée des questions sociales par l'épiscopat, la Commission sacerdotale y joue un grand rôle. C'est elle qui réunit les aumôniers sociaux et qui détermine la pensée sociale de l'Église au Québec. Cette centaine d'aumôniers œuvrent dans les syndicats de la CTCC, les groupements d'action catholique et les associations patronales.

Dans ce réseau, l'abbé Dion possède plusieurs liens importants : avec Mgr Garant et Mgr Roy à l'archevêché de Québec, avec Henri Pichette, aumônier général de la CTCC, puisqu'ils demeurent dans la même résidence, avec Gérard Picard, président de la centrale catholique, qui donne un cours en relations industrielles, avec Jean Marchand, secrétaire général, qui a fait, en même temps que lui, ses études à la Faculté des sciences sociales, et avec les membres de la Commission sacerdotale qu'il rencontre mensuellement. Cette participation à la CSES lui permet d'ailleurs d'être à la tête du réseau. Sa fonction d'aumônier des patrons de Québec lui donne aussi l'occasion d'avoir une vue interne de l'API. Enfin, à titre de professeur en relations industrielles, il est appelé à intervenir dans le champ des relations du travail. Ces trois fonctions lui procurent donc une position de choix.

Cette situation l'a amené à créer deux outils indispensables, le *Bulletin des relations industrielles* et *Ad Usum Sacerdotum*. Ces deux revues s'avèrent d'autant plus précieuses depuis la réorientation conservatrice de *Relations* en juin 1948, à la suite de l'Affaire silicose. Dans le *Bulletin*, il a traité d'un dossier chaud, la sécurité syndicale. Peu de temps après, il reconnaissait la légitimité de toutes les formules, y compris la nouvelle formule Rand, lors des journées d'études des aumôniers de 1946 et au Congrès des relations industrielles de 1947. Sa prise de position lors de ce dernier colloque a d'ailleurs grandement fait avancer le débat. L'orientation novatrice du département transparaît ici nettement. Il en a été de même avec les articles sur la réforme de l'entreprise et la participation à la gestion. De plus, sa petite revue *Ad Usum* fournit aux aumôniers sociaux une multitude d'informations. À son rédacteur, elle permet également de s'exprimer librement sur les dossiers les plus délicats. D'ailleurs, plusieurs documents relatifs à la réforme de l'entreprise y seront recensés ou diffusés.

Avec Charles-Omer Garant, Gérard Dion est intervenu à l'Association professionnelle des industriels afin de l'orienter vers une action patronale progressiste, dans la ligne des regroupements patronaux européens. Très vite, cependant, des désaccords sont survenus sur la sécurité syndicale et les comités de coopération. Par la suite, c'est sur la réforme de l'entreprise et la participation des travailleurs que la polémique s'est poursuivie. Dans ce débat, l'abbé Dion a fait une intervention importante grâce à son article « La participation des travailleurs aux bénéfices est-elle un cadeau ? », publié dans le *Bulletin des relations industrielles*.

Cette revue a également ouvert ses pages aux centrales syndicales qui souhaitent obtenir des améliorations aux lois ouvrières. D'ailleurs, tant dans cette revue que dans *Ad Usum*, Gérard Dion s'est prononcé en faveur de telles réformes, notamment la fixation de délais fermes durant le processus de conciliation et d'arbitrage. Et lorsque la Commission a pris position contre le *bill* 5, il est intervenu pour que sa déclaration soit envoyée à tous les députés et diffusée dans les médias. Son geste a sûrement contribué aux plus grandes retombées de cette première intervention publique de la CSES dans un dossier chaud.

Au cours de la grève de l'amiante, l'abbé Dion a joué plus d'un rôle. D'abord, à titre d'aumônier patronal, il s'est opposé à la campagne de peur lancée par l'API à sa « réunion d'urgence ». Ensuite, avec les autres membres de la Commission, il a rédigé l'appel en faveur des familles des grévistes de l'amiante. À titre d'expert en relations du travail, il est intervenu discrètement auprès de Lewis Brown, lors des négociations en vue du règlement du conflit avec la *Johns-Manville*. Sa réunion avec des cadres canadiens et son voyage à New York en témoignent éloquemment. Grâce à ses liens fréquents avec Mgr Garant et l'archevêque de Québec, Mgr Roy, responsable de la médiation, il a sûrement joué un rôle plus grand, mais malheureusement ses archives ne nous permettent pas de le connaître. En effet, de ses nombreuses conversations téléphoniques avec l'archevêché, il n'a laissé aucune trace.

Enfin, il a pris une part active dans la rédaction de la *Lettre pastorale* intitulée *La Condition ouvrière chrétienne...*, en en rédigeant deux importantes sections, celles s'adressant au patronat et à l'État. Ce document, demeuré inédit jusqu'à tout récemment, s'avère d'importance puisqu'il nous révèle, sur toutes les questions chaudes de l'heure, la pensée complète de ces clercs engagés. Il reflète également les orientations fondamentales de tout ce réseau de catholiques sociaux. S'il était entériné par l'épiscopat, il pourrait devenir document officiel diffusé à la grandeur du Québec et le texte le plus avancé jamais publié par l'Église québécoise. En cette veille de Saint-Jean-Baptiste 1949, les plus grands espoirs sont permis. Par sa *Condition ouvrière*, la Commission sacerdotale y contribuerait grandement. Avec tous les membres de cet organisme, Gérard Dion devait en être particulièrement heureux.

Lors de cette contestation des années 1945 à 1949, moment d'agitation d'après-guerre, l'abbé Dion s'est retrouvé à la tête du mouvement. Dans la plupart des événements, il a joué un rôle essentiel. Il s'agit là de tout un changement pour celui qui avait participé, comme simple étudiant, au mouvement anti-*trust* des années 1930, cet autre prélude à la Révolution tranquille.

CHAPITRE 5

LE RESSAC (1949-1956)

Jusqu'à la rédaction de cette *Lettre pastorale*, la Commission sacerdotale était la grande conseillère de l'épiscopat sur les questions sociales. En son nom, elle avait condamné publiquement le *bill* 5 de Maurice Duplessis au début de 1949 et lancé l'appel en faveur des familles des grévistes de l'amiante à la fin d'avril. Jamais opposition aussi franche entre Église et État n'avait été visible aux yeux du public québécois. De pareils désaccords risquaient cependant d'entraîner plus d'un contrecoup.

OFFENSIVE DES FORCES DE DROITE

Si, durant toute la durée de la grève de l'amiante, la Commission sacerdotale d'études sociales a eu le vent dans les voiles, voilà qu'au moment du règlement du conflit plusieurs signes inquiétants lui parviennent. À la fin de juin, Gérard Dion reçoit à l'Université Laval, dans une enveloppe adressée à son nom mais sans expéditeur, un pamphlet rédigé par des éléments conservateurs, intitulé « Questions d'actualité. Extraits de presse et autres apports à la vérité[1] ». De même format qu'un journal tabloïde, cette petite publication de quatre pages condamne la grève de l'amiante, à cause de son illégalité. Signée du pseudonyme « ON. LEZAURA, ouvrier[2] », une lettre dénonce « les informations tendancieuses » sur le conflit des mineurs parues dans *Le Devoir*. S'y retrouve également une kyrielle de citations d'encycliques de plusieurs papes en faveur de la soumission à l'autorité et s'opposant à l'usage de la violence. Le tout se termine par cette déclaration enflammée où,

---

1. Trouvé à DAUL, P117, E8, 2.7, « Questions d'actualité… », 3 pages.

2. Certains ont affirmé qu'il pourrait s'agir d'Émile Bouvier. Cependant, nous n'en avons pas de preuve certaine. Pour sa part, Mgr Leclaire a déclaré que l'abbé J.-Alphonse Beaulieu, curé de L'Ascension de Patapédia, très près de Mgr Courchesne, aurait participé à la rédaction de ce feuillet. Voir *Les Dessous d'Asbestos* (*DA*), p. 322-323.

dans le style propre aux intégristes, on déclare que ni l'Église ni Rome ne devrait accorder son appui :

> Que les chrétiens scandalisés par certaines attitudes se rassurent : jamais l'Église ne sera du côté de la violence, du mensonge, du mépris de la loi et de l'autorité, et qu'ils ne confondent pas charité avec révolution. Rome ne tolérera pas davantage les néo-modernistes, les socialistes dit chrétiens ou progressistes-chrétiens qu'elle n'a toléré jadis la démocratie-chrétienne du Sillon et autres doctrines subversives qui réussirent à s'infiltrer dans l'Église. Aujourd'hui moins que jamais !

> « Car les vrais amis du peuple ne sont ni révolutionnaires, ni novateurs, mais traditionnalistes (sic) » (Pie X)[3].

Est ici directement attaqué, sous divers vocables, le courant progressiste du catholicisme social, courant omniprésent à la Commission sacerdotale et chez les aumôniers sociaux.

Malgré l'offensive des forces conservatrices, le Congrès des relations industrielles du printemps 1949 connaît un franc succès. Banquet de clôture du quatrième Congrès. DAUL, U684, 1.1.

---

3.   « Questions d'actualité… », p. 3. On reconnaît le style du dénommé Paul-Éverard Richemont, l'un des auteurs du *Rapport Custos*, et envoyé à Rome par Duplessis à l'automne 1949. Selon Esther Deslisle, il s'agirait d'un réfugié belge ayant participé à des mouvements nazis et antisémites et qui aurait pour nom véritable Paul Erwin Eberhard Riefenrath. Voir « De biens curieux héros », dans (1998), *Mythes, mémoire et mensonges*, Montréal, Éd. Multimédia Robert Davies, p. 17, 58, 77, 109 et 114.

Au cours de la grève des mineurs, les membres de la CSES ont été à même de percevoir la recrudescence des forces de droite dans l'Église. Parlant de ce courant intégriste, Mgr Leclaire l'associa à « *La Cagoule*, une société française d'extrême-droite ». En territoire québécois, ces éléments œuvreraient sous la couverture du « Secrétariat international littéraire », un organisme financé par Duplessis, qui a pour secrétaire le dénommé Richemont. Et ce curieux secrétariat se serait manifesté durant le conflit de l'amiante, en intervenant auprès de divers évêchés, grâce à « des correspondants un peu partout, dans les diocèses[4] ».

En juillet, au moment de la célébration de la fête de Sainte-Anne, des membres de la Commission eurent la confirmation que l'archevêque de Rimouski, Mgr Georges Courchesne, les « avait lâchés ». En effet, le 26, à Sainte-Anne-de-Beaupré, il se serait demandé, en s'adressant à d'autres membres de l'épiscopat, « s'il fallait se fier à Mgr Garant et Mgr Leclaire[5] ». Pareils doutes auraient d'abord été formulés en avril, dans son diocèse, au moment de la célébration du Jeudi saint. Ainsi, dès avant l'appel en faveur des grévistes, des dissensions se seraient exprimées au sein de la hiérarchie catholique. Et comme l'opposition vient du doyen de l'Assemblée des évêques, sa portée n'est pas à sous-estimer.

Outre l'API et Duplessis, voici que des éléments conservateurs de l'Église commencent à manifester leur désaccord. Parmi eux se trouvent les forces intégristes et des tenants du corporatisme. Il semble que c'est à la mi-juillet que Gérard Dion réalisa l'ampleur de la résurgence de ces forces. En fait foi cette déclaration devant la Jeunesse ouvrière catholique :

> Quant à moi, je croyais que nous pouvions donner au monde un exemple de la force de la doctrine de l'Église dans un ordre social. Se réalisera-t-il ? J'en doute. Nous avons actuellement à lutter au sein même des forces catholiques sociales [contre] des erreurs doctrinales lamentables, [contre] une peur grandissante de la vérité et surtout de sa mise en application[6].

Déjà, avec ce « J'en doute », est exprimée la crainte du virage à droite qui va s'opérer au sein de la hiérarchie catholique. Les membres

---

4.   CHSH, Fonds SNAS, AFG180, 200-000-012, « Entrevue avec Mgr Jean-Charles Leclaire, à Sorel, le 10 avril 1985 par Denise Robillard », p. 5 (Pour plus de détails, voir *DA*, p. 279).

5.   *Ibid.*, p. 6.

6.   DAUL, P117, E7, 1.78, « Lettre du 19 juillet annonçant le résumé d'une conférence donnée à la Session intensive de la JOC, à Duchesnay », avec résumé annexé et intitulé « Mouvement ouvrier canadien en 1949 », p. 29.

de la Commission le réaliseront pleinement au moment des discussions entourant leur dernier document, *La Condition ouvrière chrétienne*.

Autour de la *Lettre pastorale*

Lors de sa dernière réunion, l'Assemblée des évêques a chargé un comité, formé à partir de ses rangs, de «prendre connaissance des remarques sur le texte» de la *Lettre pastorale* remis par la Commission sacerdotale et de «réviser le projet soumis[7]». Composé de Mgr Roy et Garant de Québec, de Mgr Charbonneau de Montréal, de Mgr Pelletier de Trois-Rivières et de Mgr Jetté, auxiliaire à Joliette, ce comité tient sa réunion les 18 et 19 juillet 1949 à Neuville, à la résidence d'été des évêques de Québec. À cette séance de travail, Mgr Leclaire est également invité à titre de président de la Commission. Suivant ses papiers, Gérard Dion y aurait également été présent[8].

Lors de cette rencontre, Mgr Charbonneau dépose deux commentaires en provenance de son diocèse. Dans le premier, son évêque auxiliaire anglophone, Mgr Lawrence P. Whelan, trouve le document trop long et trop influencé «par les évènements survenus pendant la grève récente». Il reproche à ses auteurs de «viser les autorités» et de ne pas souligner «les devoirs des ouvriers[9]». Le deuxième texte provient d'un groupe de clercs conservateurs[10]. Davantage critiques, ceux-ci jugent que le document de la Commission «a l'allure d'une thèse» et que l'on y justifie «la grève d'Asbestos». Ils condamnent la distinction qui y est établie entre légalité et légitimité ainsi que l'allusion «aux articles de Burton LeDoux!!!» sur la silicose et l'amiantose. Ils s'en prennent encore plus vivement aux paragraphes sur la «participation à l'entreprise et à ses bénéfices». Enfin, ils en ont contre les critiques formulées à l'égard de l'intervention gouvernementale dans les conflits ouvriers et de la dernière tentative de Duplessis en matière de législation du travail. Selon eux, il faut «éviter un reproche direct».

---

7.   Archives CECC, Fonds CSES, 169/74-1-0, «Projet de Lettre sur le problème ouvrier (notes adressées à NN. SS. les Évêques le 19 oct. 1949)», p. 1.

8.   Pour les détails, voir *DA*, p. 297-303.

9.   CHSH, Fonds SNAS, AFG180, 874-000-059, Document sans titre mais contenant l'ensemble des remarques sur *La Condition ouvrière*, 17 pages. Les prochaines citations proviennent de cette source. Ce dossier comprend les appuis enthousiastes de Mgr Caza de Valleyfield, Mgr Henri Belleau, o.m.i., et Mgr Forget de Saint-Jean. Mgr Melançon de Chicoutimi suggère une série de corrections et de précisions mais se montre en total accord sur le fond de la *Lettre*.

10.   Il est composé de Mgr Laurent Morin, adjoint de Mgr Charbonneau et président du Comité national d'action catholique, de Jean-Baptiste Desrosiers, p.s.s., de l'Institut Pie XI, et de Mgr Bélanger, P.D.

Encore plus vives sont les critiques en provenance de l'archevêché de Rimouski. Dans un premier temps, Mgr Georges Courchesne accuse les auteurs de ne pas tenir compte de « l'organisation corporative » et de laisser entendre « que le syndicalisme suffit[11] ». Il s'en prend violemment aux « propos insolents » de certains « chefs des syndicats catholiques ». Concernant la réforme de l'entreprise, il considère que les écrits de la Commission relèvent « de la technique » et qu'ils devraient tenir « davantage compte de la substance du discours de SS. Pie XII, du 7 mai dernier[12] ». Dans une charge à fond de train, l'évêque de Rimouski revient ensuite sur plusieurs questions qui l'irritent : les récentes demandes d'augmentations salariales des institutrices rurales, les unions neutres, la déconfessionnalisation des coopératives et des syndicats catholiques[13]. Selon lui, cette *Lettre* devrait prendre des positions fermes sur l'ensemble de ces sujets. Enfin, il conclut que « la solution du malaise » ne se trouve pas du seul côté du « syndicalisme ouvrier », mais aussi « des patrons » s'acheminant vers le « corporatisme ».

Dans sa lettre du lendemain, son auxiliaire Mgr Charles-Eugène Parent se fait encore plus précis. Il juge préférable de retarder la publication de cette *Lettre* de « quelques mois ». Surtout, au sujet de la réforme de l'entreprise, il demande que soient intégrés les éléments principaux du discours du pape du 7 mai dernier. Sinon, ni Mgr Courchesne ni lui ne signeront le document. Une condition *sine qua non* vient donc d'être formulée.

Après l'étude de l'ensemble de ces commentaires, le comité d'évêques charge la Commission sacerdotale de procéder à une révision

---

11.   *Ibid.*, p. 6, adressée à Mgr Arthur Douville, sa lettre est datée du 14 juillet 1949.

12.   Ce discours devant l'association internationale des patrons catholiques comportait une première limitation de la réforme de l'entreprise puisqu'il déclarait que le patron doit « rester maître de ses décisions économiques ». Pour la citation complète, voir *DA*, p. 256.

13.   Rappelons qu'au sein de l'épiscopat l'intervention du père Lévesque en faveur de la déconfessionnalisation des coopératives avait suscité, en 1946, toute une réaction. À l'époque, le cardinal Villeneuve s'y était opposé et avait imposé le bâillon au doyen de la Faculté des sciences sociales. Sur le début de déconfessionnalisation de la CTCC, à la suite de la grève chez Price en 1943, il y avait eu entente avec le gouvernement Godbout : le terme catholique serait remplacé par « national » dans les appellations syndicales afin d'éviter toute accusation de discrimination religieuse. Mais certains évêques conservateurs, notamment Mgr Courchesne, manifestèrent leur opposition à ce changement. Pour ne pas favoriser l'expression d'une telle division, l'Assemblée des évêques avait pris soin de ne pas remettre le sujet à l'ordre du jour. Quant aux « unions neutres », c'est-à-dire aux syndicats internationaux, Mgr Courchesne souhaitait les voir condamnées explicitement par l'Église. Pour leur part, les membres de la Commission sacerdotale, Gérard Dion en tête, affichaient une attitude d'ouverture complètement aux antipodes. Rappelons que l'abbé Dion était souvent demandé pour dire un mot ou faire une prière d'ouverture lors de rencontres ou de congrès tenus par des syndicats internationaux.

globale de son texte. Commence alors pour elle un douloureux processus qui va se poursuivre jusqu'au début de 1950. À sa prochaine réunion de la fin de l'été, ses membres intègrent les suggestions formulées. Ensuite, son président, Mgr Leclaire, procède à une révision complète afin d'uniformiser le tout. Le nouveau texte fait «une large place au corporatisme», cite «l'allocution de Pie XII» du 7 mai, insiste sur «les devoirs des ouvriers» et souligne «l'intérêt pour le monde rural». La section sur les patrons est entièrement réécrite. L'ensemble du document comprend maintenant plusieurs passages moralisateurs. Le texte final s'avère modifié à tel point qu'un nouveau nom, *Problème ouvrier*, lui est donné. Évidemment, devant une transformation aussi substantielle, certains membres de la Commission expriment leurs désaccords. Les nouvelles formulations sur l'hygiène industrielle et la réforme de l'entreprise sont notamment jugées «pas assez fermes[14]». Ainsi, pour une première fois, des dissensions se font sentir entre les membres auparavant très unis de la CSES.

Bien qu'à sa réunion d'octobre l'Assemblée des évêques ait «accepté, dans son ensemble», cette deuxième version, de nouvelles critiques lui sont adressées. Alors à Rome, Mgr Courchesne revient à la charge. Dans sa lettre du 5 décembre, il s'en prend au terme «démocratisation de l'industrie» ainsi qu'aux paragraphes 74 à 77 relatifs à la réforme de l'entreprise[15]. À son retour au pays, il aurait également souhaité que le paragraphe en faveur de la Commission sacerdotale disparaisse[16].

Bref, jusqu'à sa publication, les débats autour du contenu de cette fameuse *Lettre* vont continuer. Prévue pour le 15 février 1950, sa parution sera à nouveau reportée à cause du départ obligé de Mgr Charbonneau de l'archevêché de Montréal à la fin de janvier. De plus, en mars, l'API et Duplessis l'accueilleront très négativement. Et il ne s'agit pas là des seules pressions exercées par les forces conservatrices sur l'Église d'ici.

Accusations portées à Rome

Dès l'été 1949, les membres de la Commission sacerdotale commencent à avoir vent que des dénonciations des forces progressistes parviennent au Vatican. D'abord, Mgr Leclaire est informé par le délégué apostolique qu'ils entendront «bien des choses» mais il leur donne cette

---

14. Voir *DA*, p. 304. Soulignons que l'abbé Dion compte parmi ceux-ci.
15. *Ibid.*, p. 396.
16. *Ibid.*, p. 335.

consigne très nette : « restez tranquille, continuez[17] ». Malgré ces quelques interventions rassurantes du représentant du Saint-Siège, le président de la Commission reçoit des signes inquiétants de diverses parts.

D'abord, en septembre, Paul-Émile Bolté l'informe qu'un curé très près de Mgr Courchesne, l'abbé Beaulieu, est « parti pour Rome aux frais du gouvernement, pour parler de la grève de l'amiante et de l'attitude sociale de NN. SS. les évêques sur divers problèmes[18] ». À la mi-décembre, par l'entremise des abbés Dion et Pichette, Mgr Leclaire apprend que « Mgr Georges Courchesne, archevêque de Rimouski, serait parti pour Rome porteur d'un MÉMOIRE de 150 pages défavorable aux grévistes de l'amiante[19] ». Peu de temps après, son assistant, l'abbé Roland Frigon, arrive à l'évêché de Saint-Hyacinthe avec un « mémoire de 149 pages (format 8¹/₂ x 14) », le fameux *Rapport Custos*.

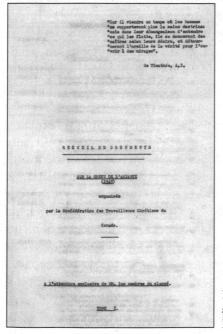

Page titre du *Rapport Custos*, auteur anonyme, sans date. Source : DAUL, P117, E8, 2.7.

---

17. Cette section constitue un résumé des éléments contenus dans le chapitre 10 des *Dessous d'Asbestos*, p. 317-349. Les déclarations de Mgr Antoniutti se trouvent aux pages 318-319.

18. CHSH, Fonds SNAS, AFG180, 872-000-004.

19. Voir *DA*, p. 320 pour la citation complète. Pour sa part, Renaude Lapointe, dans son reportage effectué au début des années 1960, parle d'un « mémoire de 128 pages » rédigé par Mgr Courchesne « où il demandait, avec quelques autres têtes, celle de Mgr Charbonneau ». Il l'aurait accusé de « préparer un schisme dans l'Église du Québec » et de « prêcher un catholicisme social avancé ». Ce serait ce mémoire qui aurait impressionné Pie XII. Voir (1962), *Histoire bouleversante de Mgr Charbonneau*, Montréal, Éditions du Jour, p. 17. Les membres de la Commission semblent plutôt avoir associé ce « mémoire » au *Rapport Custos*.

Aussitôt étudié, le style propre au discours intégriste et la signature CUSTOS amènent le président de la Commission à conclure que ce texte «n'émane pas de l'archevêché de Rimouski» mais plutôt du «Secrétariat international littéraire», dont l'âme est un laïc «venu de France, un tenant de l'Action française», le dénommé Richemont[20]. Depuis le début de septembre, la Commission savait que ce comité, financé par Duplessis et agissant dans le secret, «préparait une documentation sur la grève de l'amiante». Elle est également au courant que ce «secrétariat» dispose d'importants «protecteurs dans le clergé», notamment «Mgr Laurent Morin» de l'archevêché de Montréal et «M. le chanoine Labrecque», ce qui lui permet d'accomplir du «travail dans les évêchés[21]».

Truffé d'expressions intégristes, le *Rapport Custos*, rédigé par «un groupe de catholiques militants[22]», contient de nombreuses accusations à l'endroit de l'aile progressiste du clergé et des dirigeants de la CTCC. On y affirme que, lors de la grève de l'amiante, «les chefs syndicaux chrétiens et les aumôniers compromis dans cette affaire» se sont «laissés manœuvrer» et que «leur jugement a été faussé par l'assimilation inconsciente d'idées subversives».

Du côté de la centrale catholique, «Picard, Marchand et une foule d'autres agitateurs» sont accusés de tenir des propos similaires à ceux de «démagogues communistes[23]». Chez les aumôniers, le curé Camirand d'Asbestos et l'abbé Masson de Thetford sont dénoncés pour avoir incité «les ouvriers à la lutte des classes» et avoir «participé à l'émeute du 5 mai[24]». Deux membres de la Commission sacerdotale sont particulièrement visés: l'abbé Henri Pichette, aumônier général de la CTCC, pour son discours aux grévistes à la veille des événements des 5 et 6 mai, et le père Jacques Cousineau, pour son article sur le conflit dans *Relations*. Ce dernier est également accusé d'avoir des amis

---

20. Il s'agirait d'un intégriste ayant fui l'Europe au moment de la Libération. Selon certains, son nom véritable serait Paul Erwin Eberhard Reifenrath. Mais aucune étude en profondeur n'a été consacrée à ce mystérieux personnage.

21. Citation complète dans *DA*, p. 321. La correspondance de Richemont nous apprend que d'autres membres du clergé sont en lien avec ce comité secret de Duplessis, notamment Mgr Courchesne, l'abbé Gravel ainsi que les jésuites Dubois et Bouvier. Nous avons aussi dévoilé qu'une lettre confirme la participation à ce comité du fondateur de l'API, Eugène Gibeau. Voir *ibid.*, p. 325.

22. DAUL, P117, E8, 2.7, «Recueil de documents sur la grève de l'amiante», anonyme, sans date, p. 3 (pour une étude plus détaillée de ce mémoire, voir *DA*, p. 326-331).

23. *Ibid.*, p. 5.

24. *Ibid.*, p. 20.

dans une «cellule communiste[25]» de l'Université de Montréal. Outre la revue des jésuites, les journaux *Le Devoir*, *Front ouvrier* et *Le Travail* sont vertement dénoncés.

Au sein de l'épiscopat, Mgr Garant est accusé d'être «complètement» avec les grévistes alors que Mgr Desranleau est pris à partie pour son récent discours contre le capitalisme, une prise de parole qui aurait particulièrement outré les patrons catholiques[26]. Tout au long de ce document, les éléments progressistes sont accusés de «déformer» les enseignements des papes, «de pousser les ouvriers dans les bras du communisme» avec leurs «idées avancées» et de menacer la «propriété» des entreprises. Bref, sous un vocabulaire propre aux intégristes, se trouve là une charge contre les tenants de la réforme de l'entreprise.

D'ailleurs, Mgr Leclaire en aura des échos directement de Rome. En effet, lors de son séjour au Vatican, son supérieur, Mgr Arthur Douville, est informé de telles accusations : on lui parle «d'infiltrations communistes hypothétiques dans les rangs du clergé ou plutôt d'un certain nombre de prêtres au service des ouvriers[27]». Aussitôt, ce dernier demande à son subordonné de lui envoyer un argumentaire afin d'opposer une défense. Peu de temps après, des nouvelles encore plus graves arrivent en provenance de la ville sainte : cette fois, il est question d'une attaque directe contre la Commission sacerdotale. Un document du père Arthur Dubois, s.j., vise à obtenir une condamnation de sa brochure qui vient de paraître, *La Participation des travailleurs à la vie de l'entreprise*. Son paragraphe 26 sur le partage des profits est particulièrement critiqué[28].

Cependant, Mgr Leclaire va réaliser toute l'ampleur de l'offensive des forces conservatrices à Rome au moment de la destitution de l'archevêque de Montréal, Mgr Charbonneau, au début de 1950. Un coup de fil de l'avocat de l'archevêché, Me Antonio Perrault, lui apprend que d'autres évêques seraient également en danger : «Mgr Desranleau de Sherbrooke, Mgr Garant de Québec et vous-même». La rumeur est telle qu'elle circule même à Saint-Hyacinthe, «dans les milieux de l'Union nationale[29]».

À partir de ce moment-là, un véritable climat malsain s'installe ; plein de doutes, de craintes, de rumeurs et de tensions. Plusieurs

---

25. *Ibid.*, p. 59-60.

26. *Ibid.*, p. 88.

27. CHSH, Fonds SNAS, AFG180, 200-000-020, «Lettre de Mgr Douville à Mgr Leclaire du 26 nov. 1949», p. 1. Voir *DA*, p. 332.

28. Sur cette lettre du père Dubois, voir *DA*, p. 334-337.

29. *Ibid.*, p. 318-319.

membres de la Commission sacerdotale sont inquiets. Certains subissent des pressions directes, notamment Omer Genest à Chicoutimi, le jésuite Jacques Cousineau et Paul-Émile Bolté chez les Sulpiciens. Le supérieur de ce dernier lui signifie que Mgr Courchesne et Maurice Duplessis s'opposent « à la Commission[30] ». Et pareil climat va perdurer. Mgr Leclaire parlera de « moments pénibles après la *Lettre collective sur le problème ouvrier* » et d'un « ralenti ». Les membres de la Commission sont dans le « noir », ne savent pas ce qui se passe et entendent parler de « mémoires à Rome[31] » contre eux.

De tout cela, ils en auront bientôt confirmation par l'aumônier national de la JOC, le père Victor-Marie Villeneuve, o.m.i., à son retour d'un séjour en Europe. Au début de l'automne 1950, le cardinal Pizzardo lui a fait de nombreuses révélations sur le dénommé Richemont en poste à Rome, sur les liens de ce dernier avec le père Bouvier et sur les nombreux mémoires qu'il a déposés au Saint-Siège[32]. Les pièces présentées au père Villeneuve lui permettent de réaliser que trois membres de la Commission sont nommément attaqués, Cousineau, Bolté et Dion. Ces informations en provenance du Vatican viennent confirmer ce fait : depuis l'été 1949, la Commission sacerdotale est sur la sellette. Les attaques d'un intellectuel avaient d'ailleurs rendu la chose publique.

Attaques d'un économiste

À l'intérieur de *L'Actualité économique*, François-Albert Angers s'en prend, dans un premier temps, à la brochure *Réformes de structure de l'entreprise*[33], une collection d'articles déjà parus dans le *Bulletin des relations industrielles* et dont nous avons fait état au chapitre précédent. Tarissant d'éloges pour Marcel Clément[34], l'économiste des Hautes

---

30.   *Ibid.*, p. 327.

31.   « Entrevue de Mgr Jean-Charles Leclaire avec Hélène Bois à Sorel, le 26 octobre 1988 », p. 12.

32.   Pour le contenu détaillé de cette rencontre, voir *DA*, p. 337-340.

33.   Paul-Émile Bolté, Marcel Clément et Gérard Dion (1949), *Réformes de structure dans l'entreprise*, Québec, Département des relations industrielles, Faculté des sciences sociales, Université Laval, 112 pages.

34.   Depuis peu de temps, ce jeune Français avait commencé à afficher son penchant corporatiste. Après son congédiement de l'Université Laval, il révélera sa fascination pour Charles Maurras et la défunte *Action française* ainsi que pour le cardinal Billot identifié au courant intégriste. En 1953, sous le pseudonyme de Maurice Ladouceur, Gérard Dion dévoilera, dans le journal *Le Travail*, ses liens avec « la revue française la plus sectaire, *Itinéraires* de Jean Madiran ». Voir *DA*, p. 416-419 et p. 477, n. 82. Cet article d'Angers est le premier signe d'un rapprochement entre ces deux-là. Dès l'automne 1949, ils présenteront ensemble une plateforme corporatiste au Congrès de l'API.

Études commerciales réserve ses attaques aux écrits de Bolté et Dion. Dans son article de 40 pages, il accuse les deux prêtres d'accorder « une primauté absolue... au travail », de soutenir « que l'ouvrier est le seul maître de la question de la participation aux profits », de mal interpréter les enseignements pontificaux en y détachant « des bouts de phrases... ici et là », cela en s'inspirant des « pièces maîtresses du système socialiste » et même d'emprunter « beaucoup d'idées à la pensée et à la propagande marxiste[35] ». À l'époque, il ne pouvait y avoir plus grave accusation.

Dans son long texte, F.-A. Angers affirme que Paul-Émile Bolté est opposé à la « libre concurrence ». Il reproche aux deux auteurs d'avoir procédé à un « ingénieux détour[36] » pour justifier le droit des ouvriers au partage des bénéfices. En fait, son argumentation se centre surtout sur cette question du partage des profits résiduels. En premier lieu, il soutient que « *la propriété du capital* a été reconnue jusqu'ici comme donnant droit à la gérance et aux revenus qui en résultent ». Et, après un développement sur la « légitimité » du profit, il déclare que « personne d'autre n'y a droit que le patron[37] ». L'argument principal qu'il oppose à un partage des bénéfices est l'absence de participation des travailleurs aux « risques et responsabilités de l'entreprise ». À l'instar de l'API et de Mgr Courchesne, il conclut que seule une participation au moyen d'achat d'actions s'avère acceptable[38].

Selon l'économiste, les « vraies réformes de structures » passeraient par « le corporatisme », c'est-à-dire par une « réforme de l'économie par l'État, de façon à constituer ces instituts professionnels [entendre corporations][39] ». Sa critique des deux clercs se termine par un éloge de « l'organisation corporative », une solution pourtant tombée en désuétude au cours de la Deuxième Guerre mondiale. Cet article d'Angers s'avère important car il laisse présager la résurgence des forces corporatistes au sein de l'Église.

Les deux auteurs n'ont pas le temps de répliquer qu'ils ont aussitôt vent d'une nouvelle attaque. Cette fois, une rencontre préalable se tient. Paul-Émile Bolté y apprend que François-Albert Angers vient

---

35. F.-A. Angers, « Commentaires. *Réformes de structure de l'entreprise* », *L'Actualité économique*, juill.-sept. 1949, vol. XXV, n° 2, p. 323-362. Citations tirées des pages 332, 342, 353 et 354.

36. *Ibid.*, p. 333 (pour une analyse plus approfondie de cet article, voir *DA*, p. 307-310).

37. *Ibid.*, p. 343 et 347.

38. *Ibid.*, p. 327, 331 et 362.

39. *Ibid.*, p. 356-357 et 361-362.

d'être pressenti par « des prêtres[40] » qui s'opposent au paragraphe 26 de la brochure de la Commission, *La Participation des travailleurs à la vie de l'entreprise*. Ces derniers lui ont demandé « de montrer que ce passage n'était pas juste[41] », ce que l'économiste va faire dans le prochain numéro de *L'Actualité économique*.

Lors de cette seconde recension, le ton a nettement changé ; il s'avère beaucoup moins acerbe. Aucune accusation de communisme n'est lancée et le tout est présenté sur le mode interrogatif. Dans ce commentaire[42], F.-A. Angers centre toute son attention sur le paragraphe 26 qui traite du partage des bénéfices résiduels. Il réagit d'abord à l'affirmation qui stipule que « ce partage doit être proportionnel à l'apport de chacun des associés ». Selon lui, de tels propos « ont une portée si considérable » qu'ils pourraient prendre « un caractère vraiment révolutionnaire ». Jugeant ce principe « contestable », il formule une série de questions à la Commission sacerdotale : « Le patron a-t-il ou n'a-t-il pas le droit de refuser… ? Sa liberté de contracter irait-elle, comme il convient, jusqu'à rendre immorale une grève en vue de lui forcer la main ?[43] »

Par la suite, l'économiste y va d'une attaque sournoise. Sans mentionner le récent discours de Pie XII, il fait référence à l'un de ses éléments déterminants. Dans le paragraphe incriminé, il y aurait « confusion évidente entre le domaine du droit public et celui de droit privé » et un appel « à la justice distributive ». Selon lui, cette proposition ferait perdre au patron « ses droits légitimes de contracter librement ». Angers défend alors une notion de liberté absolue : liberté du patronat de refuser de partager les profits ; que les ouvriers récalcitrants se trouvent un emploi ailleurs ; et, surtout, impossibilité pour eux de faire la grève sur cette question. Sinon « la paix sociale » serait menacée et il y aurait là « un redoutable aliment de lutte des classes ». Et l'économiste va encore plus loin ; il demande à la Commission de préciser que sa proposition « est centrée sur la personne du travailleur, non sur le syndicat », reprenant ainsi le leitmotiv de l'API et du père Bouvier. De

---

40.   C'est ce même paragraphe que le père Dubois critique dans son attaque contre la Commission portée à Rome. Cette similitude incite à croire que ces « prêtres » pourraient être les deux jésuites conservateurs, Dubois et Bouvier.

41.   Les révélations de Bolté sont contenues dans les deux sources suivantes : DAUL, P117, A5.8, « Lettre de P.-É. Bolté à Gérard Dion du 5 déc. 1949 », 1 page et CHSH, Fonds SNAS, AFG180, 200-000-020, « Lettre de Mgr Leclaire à Mgr Douville du 18 déc. 1949 », p. 5. Pour les citations complètes, voir *DA*, p. 311.

42.   F.-A. Angers, « Les Livres : *La Participation des travailleurs à la vie de l'entreprise* », *L'Actualité économique*, vol. XXV, n° 3, oct.-déc. 1949, p. 550-556.

43.   *Ibid.*, p. 552-553 (pour les citations complètes, voir *DA*, p. 313-314).

plus, il considère que l'on devrait inciter l'ouvrier à développer « le goût de l'épargne pour la propriété » et non pas « aiguiser la convoitise d'un partage dans des revenus qui ne sont pas clairement siens[44] ». Il réitère alors sa solution : l'achat d'actions par les travailleurs comme seul moyen de recevoir une part des profits. Et ce serait à l'État de mettre en place des mesures visant à permettre « à tous ceux qui voudront se donner la peine de l'épargne et de l'initiative » de « devenir soit propriétaires individuels, soit propriétaires coopératifs de leur propre entreprise », cela sans porter atteinte à une « juste et loyale concurrence ». Il conclut en déclarant que ce serait l'« angle positif » qui permettrait de donner cette signification à « la doctrine sociale de l'Église[45] ».

Évidemment, Bolté et Dion se devaient de répondre à de telles critiques. Dans ses notes sur le premier article d'Angers, Gérard Dion s'en prend, à plusieurs reprises, au « libéralisme » ou à la vision « libérale » de l'économiste des Hautes Études commerciales[46]. Toutefois, la réplique commune des deux prêtres sera moins virulente. Ils se contenteront de soulever la question en abordant l'affirmation de ce dernier relative à la « libre concurrence » qui garantirait « que les services rendus tendent vers un maximum de quantité tout en ne laissant à chaque entrepreneur que le minimum de profit[47] ». Ils choisiront alors de parler de « libéralisme mitigé » et montreront comment l'enseignement social ne fait pas de la « libre concurrence » un « mécanisme » sacro-saint mais un « régulateur » qui doit être soumis à des « principes supérieurs » de « justice et... charité sociales » (*Q.A.*, n° 95). En dénonçant les abus du capitalisme, Pie XI, dans sa célèbre encyclique, s'en est pris à la loi « des plus forts » et a déclaré que la « libre concurrence », bien qu'elle soit « légitime », doit être « contenue dans de justes limites » (*Q.A.*, n°ˢ 95 et 115). C'est cet enseignement que Paul-Émile Bolté a repris dans son texte, voulant invoquer une « liberté surveillée ».

Et les deux auteurs de souligner que « la conception chrétienne du bien commun est tout autre que celle du libéralisme économique », car le bien commun « ne consiste pas en une addition des biens de

---

44. *Ibid.*, p. 555.

45. *Ibid.*, p. 555-556.

46. DAUL, P117, E3, 1.12, « Remarques générales » avec l'article annoté d'Angers, voir les points 42, 44, 46 et 48.

47. Paul-Émile Bolté et Gérard Dion, « La morale et la participation des travailleurs aux bénéfices », *L'Actualité économique*, vol. XXV, n° 4 (janv.-mars 1950), p. 667-766. Voir p. 699 et 700. Les échanges de lettres entre Bolté et Dion laissent voir que le premier a assuré la rédaction du texte alors que le second a effectué la révision et complété la bibliographie. Toutefois, les archives de l'abbé Dion ne permettent pas de dégager avec exactitude la participation de chacun lors de la phase préalable.

chacun mais dans une équitable et juste répartition des biens entre tous les hommes[48] ». Pareille différence les conduira à se demander si les idées de l'économiste « sont entièrement conformes à la doctrine de l'Église ». Voilà pourquoi leur article débute par une insistance sur les nombreux éléments sociaux contenus dans les enseignements pontificaux, à savoir l'existence d'une « justice naturelle plus élevée et plus ancienne », l'aspect « social » de la propriété de l'entreprise qui comprend le respect des « droits des autres » (travailleurs et consommateurs) et la notion de « bien commun ». À l'opposé du libéralisme, la doctrine sociale ne considère pas le travail humain comme une « chose » : Pie XI a affirmé que « le travail a la prééminence en dignité » et Pie XII vient même de souligner « l'aspect communautaire de l'entreprise » lors de son dernier discours. L'ensemble de ces éléments amène les deux prêtres à conclure que « l'Église ne peut que condamner comme contraire au droit naturel et à la dignité de la personne humaine "le primat de l'argent sur l'homme", "du capital sur le travail", "de l'intérêt privé sur l'intérêt commun"[49] ».

Au sujet de la question de fond qui est en débat, à savoir le droit des travailleurs à une part des bénéfices résiduels, les deux auteurs invoquent ce paragraphe des plus explicites de *Quadragesimo Anno* :

> Il serait donc radicalement faux de voir soit dans le seul capital, soit dans le seul travail, *la cause unique* de tout ce qui produit leur effort combiné ; c'est bien injustement que l'une des parties contestant à l'autre toute son efficacité revendiquerait pour soi tout le fruit[50].

Ainsi, ni l'un ni l'autre, patron et travailleurs, ne peut revendiquer l'exclusivité des profits. Cet enseignement conduit les deux prêtres à s'opposer aux affirmations d'Angers « sur le droit exclusif du propriétaire des moyens de production au profit et à la gestion ». Ils montrent aussi qu'une telle conclusion ne peut être tirée du dernier discours de Pie XII[51]. À nouveau, ils expliquent la distinction à faire « avant la passation

---

48.   *Ibid.*, p. 710. Toute cette argumentation se trouve aux pages 698 à 711.

49.   *Ibid.*, p. 689. L'argumentation sur l'aspect social de l'entreprise se trouve aux p. 673-679 et celle sur la primauté du travail, aux p. 679-689.

50.   *Ibid.*, p. 690, note 1.

51.   Voir les pages 695-698 et 711-713. Ils feront également ressortir que ses propos du 7 mai sur les « coopérateurs », la « communauté d'intérêt » et les « rapports de commune responsabilité » vont à l'encontre du droit exclusif d'une des parties. Ce n'est pas parce que le patron a des droits qu'il peut « dénier à d'autres [les travailleurs] la possibilité de jouer un rôle effectif dans l'organisation de leur vie de travail, par exemple » (p. 713). Ce dernier argument répond au prétendu droit exclusif des patrons à la gestion.

du contrat de travail» et «après[52]» celui-ci, ce qu'Angers avait qualifié «d'ingénieux détour». Ils soulignent alors que les travailleurs subissent également «les risques de l'entreprise», eux qui peuvent connaître diminution de salaires, chômage, mise à pied, déménagement de l'usine ou faillite de la compagnie[53].

Concernant le débat sur «l'obligation morale» de partager les profits, les deux prêtres reviennent aux enseignements pontificaux. Dans l'encyclique *Quadragesimo Anno*, Pie XI, en 1931, a seulement affirmé «préférable» la participation des travailleurs alors que Pie XII, en 1944, a clairement déclaré que «la grande exploitation... doit offrir[54]» cette possibilité. C'est ce dernier enseignement qui amène les auteurs à conclure que, dans le cas de la grande entreprise, il y a obligation morale. Une revue de la littérature leur permet alors de montrer que deux courants existent: ceux qui en font une simple question d'équité et ceux qui invoquent la justice sociale pour en faire une obligation[55]. S'inspirant de la Semaine sociale de Toulouse (1945) et de l'Action populaire des jésuites de Paris, les aumôniers québécois soutiennent le second courant. La question étant néanmoins en débat, les auteurs déclarent: «Nous dirions toutefois à un patron particulier qu'il n'est pas obligé de suivre notre opinion car les discussions sont ouvertes sur ce point[56]». Comme il arrive souvent au sein du catholicisme social, plus d'une école de pensée existe.

Au sujet de l'actionnariat ouvrier, Bolté et Dion n'y sont pas opposés. Toutefois, ils soulignent qu'en vertu du salariat actuel les «ouvriers pourront très difficilement arriver à être propriétaires de leur propre entreprise» et qu'il «ne faudrait pas se faire illusion», non plus, sur la place et le pouvoir des petits actionnaires[57]. D'autres formules de partage des profits sont à élaborer et à tenter. Comment les réaliser?

---

52. *Ibid.*, p. 691-692 et 714-715. Dans leur conclusion, les auteurs invoqueront le «droit naturel» pour justifier le partage proportionnel à l'apport de chacun des associés avant la passation du contrat de travail (p. 758).

53. *Ibid.*, p. 716.

54. *Ibid.*, p. 727-728 et 738-742. Néanmoins, les auteurs soulignent que Pie XI, en 1931, avait aussi déclaré: «Il faut... que la part des biens qui s'accumule aux mains des capitalistes soit réduite à une plus équitable mesure et qu'il s'en répande une suffisante abondance parmi les ouvriers».

55. *Ibid.*, p. 728-736.

56. *Ibid.*, p. 744. Aucune de ces deux écoles ne parle de «justice distributive». En traitant des responsabilités sociales du patron, les deux auteurs n'ont jamais, non plus, affirmé que l'entreprise relèverait du «droit public» au lieu du «droit privé» (p. 739).

57. *Ibid.*, p. 722 et 745. Ensuite, ils montrent que l'achat d'actions ne peut être déduit du dernier discours de Pie XII (voir p. 747).

Jamais les deux auteurs n'ont prétendu que « l'ouvrier est le seul maître de la question ». Comme il s'agit d'un contrat de travail, ni le patron ni les travailleurs « n'ont le droit de se l'imposer mutuellement ». À l'instar du *Profit Sharing Manual* en usage aux États-Unis, il y a nécessité d'une « action conjointe » pour en assurer le succès. Chez nos voisins du Sud, l'expérience « de plus de deux cents plans en vigueur le prouve abondamment ». Donc, pas question ici de recourir au *lock-out* ou à la grève. Il n'y a aucune « raison proportionnellement grave, suffisante » pour les légitimer. Cependant, dans ces discussions autour d'un plan de partage des profits, le syndicat aura un rôle à jouer puisque c'est « l'organe qui représente normalement les travailleurs[58] ». Enfin, les deux prêtres terminent en rappelant que la « prudence » est de mise dans l'implantation de ces réformes, des réformes qui « ne peuvent être l'ouvrage d'un jour » (Pie XII, 7 mai). Et, dans un tel débat, des accusations de socialisme ne devraient pas être lancées[59].

Pendant toute cette polémique entre intellectuels, l'affrontement sur le terrain n'a pas cessé de s'aggraver. À tel point qu'une véritable crise se dessine au sein du patronat catholique. En tant qu'aumônier de Québec, Gérard Dion sera alors appelé à jouer un rôle primordial.

COMBATTRE LE PATRONAT CONSERVATEUR

Dans le dernier chapitre, nous avons vu l'association patronale catholique dirigée par l'aumônier Émile Bouvier, l'API, se lancer dans une offensive contre la réforme de l'entreprise, en organisant notamment la « réunion d'urgence » des patrons québécois, en avril 1949, en pleine grève de l'amiante. À la suite de cette rencontre, l'Assemblée des évêques du Québec avait exigé la démission du père Bouvier. Après un certain temps de tergiversations, ce dernier avait fini par obtempérer, en remettant toutefois une démission double, de l'API et de la Commission sacerdotale. L'épiscopat lui avait nommé un remplaçant, mais l'association patronale s'y opposa farouchement, désireuse de conserver son âme dirigeante. Elle tentera même d'obtenir que ce dernier prenne la parole à son congrès de novembre[60].

Lors de l'événement, une pléiade de conférenciers tiennent des propos ultra-conservateurs : le dominicain Louis Lachance soutient que « le droit de gestion » est « partie intégrante » du droit de propriété ; l'éco-

---

58. *Ibid.*, p. 755.
59. *Ibid.*, p. 761-762.
60. Cet épisode est raconté plus en détails dans *DA*, p. 236-238 et 352-354.

nomiste François-Albert Angers demande une législation ouvrière plus restrictive afin d'« empêcher les ruptures d'équilibre », avant de présenter, avec Marcel Clément, une plateforme corporatiste ; et, non le moindre, le premier ministre Maurice Duplessis s'attaque « aux théories nouvelles » et « mal comprises, qui pourraient conduire au communisme », tout en prétendant que « la législation sociale et ouvrière » du Québec « est la plus avancée, la plus progressive et la plus conforme à l'enseignement de l'Église[61] ». Il s'en prend ensuite vivement à ceux qui ont critiqué son *bill* 5 et aux grévistes de l'amiante.

Dans ce concert unanime, le discours du président de l'Assemblée des évêques, Mgr Maurice Roy, détonne. En effet, l'archevêque de Québec demande aux patrons catholiques d'opter pour une orientation progressiste conforme à la doctrine sociale de l'Église quand il les invite à prendre « l'initiative de l'action sociale » et à trouver « les solutions aux problèmes » de l'heure. En deuxième lieu, il souligne que l'API doit aussi « docilité et obéissance à l'Église[62] », tant aux papes qu'aux évêques. Par ces paroles, il vient d'inviter cette association à abandonner son orientation anti-syndicale et à accepter la nomination d'un nouvel aumônier.

Mais les dirigeants de l'API décidèrent de faire la sourde oreille. Pis encore, dans leur compte-rendu de ce congrès, ils ne rapportèrent ni la présence ni les propos du chef de l'épiscopat. Une telle bévue va grandement indisposer et, cette fois, Québec va réagir. À titre d'aumônier patronal et de théoricien du catholicisme social, Gérard Dion se retrouvera au centre de ce qui va suivre.

Rassurer les anglophones

Afin de contrecarrer cette croisade de peur à l'endroit de la réforme de l'entreprise, une rencontre spéciale est organisée par la Faculté des sciences sociales de l'Université Laval. Près de 80 dirigeants anglophones de grandes compagnies sont invités à un échange ayant pour thème « L'Église et les changements économiques[63] ». Organisateur de l'événement, l'abbé Dion fait appel à ses contacts américains pour se procurer les enseignements pontificaux en version anglaise ainsi que

---

61. Pour les références exactes, voir *DA*, p. 355-360.

62. UQAM, SAGD, Fonds CDE-API, 43P, 301a/7, « Le patron doit être celui qui prend l'initiative de l'action sociale », *L'Action catholique*, 15 nov. 1949, s.p.

63. DAUL, P117, D1, 7.29, « The Church and Economic Changes », dépliant d'invitation de 4 pages. Sur cette rencontre, voir *DA*, p. 360-364.

des écrits sur les « conseils d'industrie » et la « démocratie industrielle[64] », deux termes connus en sol américain. Un orateur de New York, le frère Justin du *Manhattan College*, présentera la doctrine sociale de l'Église sur l'entreprise tandis que Murray G. Ballantyne, du journal montréalais *The Ensign*, parlera de la notion de propriété selon cet enseignement. Quant à lui, Gérard Dion traitera du droit d'organisation et Paul-Émile Bolté, du rôle des aumôniers sociaux.

Tenue à l'hôtel *Kent House* sur le bord de la chute Montmorency, les 21 et 22 novembre 1949, cette rencontre à huis clos donne lieu à des discussions franches. Un rapport des débats permet de voir comment la propagande de l'API a eu de l'emprise, même au sein du patronat anglophone. Des questions surgissent sur « la formule Rand », « l'actionnariat » ouvrier et l'avènement du « socialisme » ici. Sur ce dernier sujet, un participant reprend même le discours du père Bouvier, affirmant : « Quatre étapes sont déjà franchies ici et la cinquième est en voie de réalisation ».

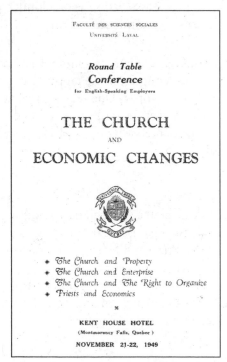

Brochure d'invitation à la conférence patronale *The Church and Economic Changes*, Faculté des sciences sociales, Université Laval (auteur anonyme). Source : DAUL, P117, D1, 7.29.

---

64.   La documentation remise aux participants lors de cette rencontre contient un texte de 6 pages sur les *industry council* et l'*industrial democracy*. Ces deux termes seront d'ailleurs abondamment utilisés lors des présentations et des débats. Voir DAUL, P117, D1, 7.29, « The Church and Economic Changes », p. 72-78.

Sa question : «Nous dirigerions-nous vers le socialisme...?[65]» montre toute l'ampleur des craintes, cela dans un Québec où le gouvernement conservateur de Duplessis est pourtant bien en selle.

Au terme de l'activité, les organisateurs se félicitent de son succès lors d'un point de presse. Mais les réjouissances seront de courte durée. Voilà que Gérard Dion est entraîné dans une véritable saga médiatique, l'affaire Mitchell-Thivierge-Duplessis[66]. Sur la foi du rapport du consul américain, Réginald Mitchell, le premier ministre déclare au journaliste d'une agence de presse, Marc Thivierge, que l'abbé Dion aurait affirmé «que le capital américain exploitait les gens de la province de Québec». Dans son communiqué, le journaliste parlera même «d'exploitation

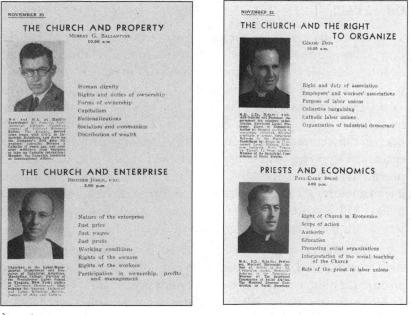

À gauche :
Les deux premiers conférenciers, Murray G. Ballantyne et Frère Justin, F.S.C. Photographe inconnu. Source : DAUL, P117, D1, 7.29.
À droite :
Les deux derniers conférenciers, Gérard Dion et Paul-Émile Bolté, p.s.s. Photographe inconnu. Source : DAUL, P117, D1, 7.29.

---

65. *Ibid.*, «L'assemblée de la Table ronde au Kent House», connu sous le nom d'«Affidavit Mitchell», 10 pages.

66. Saga racontée en détail dans *DA*, p. 366-370.

éhontée» des travailleurs. La nouvelle fera son tour de presse avant la publication de la mise au point[67] fournie par le spécialiste des relations du travail. Une nette volonté de discréditer ce dernier dans le public transparaîtra dans toute cette affaire.

Heureusement, le professeur de relations industrielles recevra, de la part de participants à la conférence, de nombreuses lettres d'appui dénonçant ce «faux rapport[68]». Le journaliste en question sera aussi dénoncé à son agence de presse pour manque flagrant d'éthique. Bref, cette tentative de Duplessis de couler Gérard Dion dans l'opinion publique ne réussira pas. Néanmoins, en cet automne 1949, elle permet de voir jusqu'où peuvent aller les forces conservatrices québécoises. Après cette saga, c'est au sein de l'association patronale catholique que les tensions vont éclater.

Crise à l'API

Cette affaire est suivie par un nouveau rebondissement à l'Association professionnelle des industriels. Après l'insulte à Mgr Roy à l'occasion de son congrès, le conseil d'administration de l'organisme fait parvenir une lettre à ce dernier dans le but d'obtenir le maintien d'Émile Bouvier «dans ses fonctions». Très peu respectueuse, cette demande contient une critique des évêques Roy, Douville et Garant pour leurs «versions des plus différentes» données au départ de leur aumônier. On y soutient également que «les deux supérieurs immédiats du père Bouvier», le provincial Léon Pouliot et Mgr Charbonneau, «sont pleinement disposés à le maintenir[69]» à son poste dans l'association. Bref, après plus de six mois, l'API persiste dans son opposition à la décision épiscopale. Ce sera la goutte qui fera déborder le vase.

Aussitôt, la «régionale» de Québec va se mêler de la question. Avec l'approbation de l'archevêché, un mémoire est présenté au conseil d'administration montréalais. Les patrons de la veille capitale reprochent à l'API son orientation ultra-conservatrice, ses accointances avec Duplessis, l'attitude provocatrice de son directeur général, J.-G. Lamontagne,

---

67.   Cette mise au point sera également publiée dans le *Bulletin des relations industrielles*: «L'Église dans la province de Québec est-elle opposée à l'étude des capitaux étrangers», *BRI*, vol. 5, n° 3 (déc. 1949), p. 21.

68.   Plusieurs lettres trouvées à DAUL, P117, D1, 7.29. Par la suite, l'API avouera avoir perdu le patronat anglophone.

69.   UQAM, SAGD, Fonds CDE-API, 43P,101B/1, «Lettre de l'API à Mgr Maurice Roy du 10 déc. 1949», 3 pages.

et son opposition virulente au départ d'Émile Bouvier[70]. Entre autres, ils demandent à l'association d'accepter la décision épiscopale et de refuser les octrois de l'Union nationale. Lors de la réunion avec des représentants de l'API, la trentaine de membres de Québec soumettent leurs doléances, tout en soulignant que l'association « a changé », qu'elle « ne devrait pas [...] combattre les unions ouvrières ». Gérard Dion affirme « être venu à cette réunion sur demande de l'archevêque de Québec ». Il soutient que le groupe de Québec « est en droit d'exiger que l'API accepte l'aviseur moral que les évêques désigneront ». Enfin, il demande à l'association entière « de rester fidèle aux directives de l'épiscopat[71] ».

Mais les dirigeants montréalais ne l'entendent pas ainsi ; ils soutiennent que l'association n'a « pas changé » et qu'elle doit « défendre les légitimes intérêts des patrons ». Ensuite, ils s'opposent à l'ensemble des demandes soumises. Dès leur retour dans la métropole, ils se réunissent pour entériner ce refus et voter « la fermeture du secrétariat de Québec ». Selon eux, le mémoire de la vieille capitale contient « de nombreuses allégations fausses et injustes », notamment l'accusation d'attiser la « lutte des classes ». Ils réaffirment que l'aumônier de l'organisme doit être « le père Bouvier, car c'est le prêtre qui connaît le mieux l'API, parce qu'il l'a fondée ». À leur avis, le problème origine principalement de la présence de Gérard Dion. Ils déclarent que leur association a « reçu d'évêques et de Rome même des témoignages non équivoques[72] ».

Afin de saper l'action des patrons de Québec, le conseil d'administration décide d'y solliciter des adhésions individuelles, avec rattachement direct à l'organisme. Son but est probablement de recruter assez de membres afin de procéder à la fondation d'une nouvelle « régionale ». Mais, devant la fermeture de son secrétariat, le groupe de patrons progressistes, appuyé par leur archevêque, prendra une importante initiative.

À Québec, un centre de patrons progressistes

À l'intérieur d'*Ad Usum Sacerdotum*, Gérard Dion va aussitôt faire connaître les deux grandes sources de l'affrontement qui vient d'avoir lieu :

---

70. *Ibid.*, 203h/2, « Mémoire présenté au nom du conseil d'administration de la Régionale de Québec à la réunion du 15 déc. 1949 », 3 pages. Crise racontée plus en détails dans *DA*, p. 371-380.

71. *Ibid.*, « Assemblée spéciale de la Régionale de Québec du 15 déc. 1949 », p. 1-3.

72. *Ibid.*, 103a/2, « P.-V. du comité exécutif du 27 déc. 1949 », p. 34 et « P.-V. du conseil d'administration du 13 janv. 1950 », p. 25-30.

Il s'agissait d'un problème d'orientation de l'API. Les membres du conseil d'administration de la Régionale de Québec, d'accord avec les autorités religieuses compétentes, étaient d'avis que ce mouvement s'était transformé en un syndicat de résistance tendant à opposer la force patronale à la force ouvrière et que, de plus, en n'acceptant pas le remplaçant désigné par NN. SS. les évêques pour succéder au R. P. Émile Bouvier, il posait un geste d'insubordination indigne de la doctrine sociale de l'Église, dont il se réclame[73].

Après une nouvelle consultation des autorités religieuses, les gens de Québec décident de fonder un nouveau groupement patronal catholique, « sous le nom de CENTRE DES INDUSTRIELS CHRÉ-TIENS[74] » (CIC). Le 23 janvier 1950, 35 chefs d'entreprises se réunissent pour adopter la constitution du nouvel organisme. À l'instar de la plupart des groupements européens, son orientation sera définitivement progressiste. Contrairement à l'API qui s'oppose aux revendications syndicales, le Centre vise « la collaboration entre syndicats patronaux et syndicats ouvriers ». Il adhère « entièrement à la doctrine sociale de l'Église », souhaite la propager « dans toutes les entreprises » et se propose « d'en faire pénétrer l'enseignement dans le milieu patronal[75] ». Sa constitution précise également que son conseiller moral sera « désigné par les autorités compétentes ». Évidemment, celles-ci nommeront Gérard Dion à ce poste. Assistant à cette réunion, l'auxiliaire de Québec, Mgr Garant, donne son « approbation[76] » à l'orientation de cette nouvelle association patronale catholique.

Pour diffuser sa pensée, un mensuel est aussitôt créé, *Patron chrétien*. Dès son premier numéro, la nouvelle publication affiche son orientation progressiste. La lettre de félicitations de Mgr Garant insiste, d'ailleurs, sur l'objectif principal du nouveau regroupement : témoigner « de la grandeur et de la noblesse de la fonction sociale d'un patron qui, dans sa vie économique, se laisse guider par les intérêts supérieurs[77] ». Dans ses « directives morales », l'abbé Dion souligne l'importance de se conformer à « la doctrine sociale de l'Église » et aux directives de l'épiscopat. Son président, Roland Morneau, rappelle les paroles de Pie XII

---

73.   « Centre des Industriels Chrétiens », *AUS*, vol. 5, n° 5 (fév. 1950), p. 57.

74.   UQAM, SAGD, Fonds CDE-API, 43P, 202/4, « Lettre de Roland Morneau du 26 janvier 1950 », p. 2. Le nom Centre des patrons chrétiens sera aussi utilisé par moment. L'appellation la plus commune sera « le Centre ».

75.   DAUL, P117, E7/3, « Constitution et règlements du Centre des patrons chrétiens », articles 3 et 4.

76.   « Cercle d'industriels pour un ordre social chrétien », *La Presse*, 25 janvier 1950. Déjà traité dans *DA*, p. 378-380.

77.   *Patron chrétien*, n° 1 (mars 1950), p. 3.

sur le caractère communautaire de l'entreprise et conclut que la question de l'heure est «l'introduction des grands principes de la justice et de la charité dans les relations du travail[78]». À l'intérieur de «L'autorité dans l'entreprise», Victor Morency invite à s'orienter vers «la démocratie économique chrétienne demandée par les enseignements pontificaux». Dans leur chronique, le Dr Wilfrid Leblond traite d'hygiène industrielle (santé et sécurité au travail), Gaston Cholette du «monde ouvrier» et Me Henri Beaupré de «législation sociale». Le tout est suivi d'un survol des revues et d'une «bibliothèque du patron» comprenant des résumés d'ouvrages d'intérêt.

Lors de la parution de son second numéro, le Centre publie sa déclaration d'appui à la Lettre pastorale des évêques, *Problème ouvrier*, qui vient de paraître[79]. Gérard Dion, dans ses «directives morales», conclut que les réactions à ce document permettront de «reconnaître clairement les tenants du libéralisme économique, les communistes, de ceux qui veulent franchement et loyalement l'édification d'un monde chrétien...[80]» Un extrait de la *Lettre* paraît également dans les pages de *Patron chrétien*.

Peu de temps après, le CIC organise une «Journée d'étude patronale» sur le document, se présentant comme «le premier groupement patronal à se rendre au désir de l'épiscopat[81]». Cette rencontre du 25 mai attire 80 dirigeants d'entreprises et chefs d'employés. Diverses associations patronales, notamment celles des services hospitaliers, des constructeurs et des commerçants, sont représentées. Les discussions portent principalement sur la participation des travailleurs à la gestion et aux bénéfices. On reconnaît qu'il y a «un problème ouvrier» et que «ce n'est pas en l'ignorant, ni en maugréant contre lui qu'il se réglera[82]». Le principal conférencier s'intéresse aux «causes du désintéressement ouvrier» et aux solutions à apporter. D'entrée de jeu, il affirme que les réformes de structure dans l'entreprise doivent être formulées par les patrons. Pour contrer le désintéressement du travailleur, il suggère de donner «une rémunération correspondante à l'accroissement du rendement que son initiative aura valu à l'entreprise[83]». Bref, il propose de s'orienter vers une certaine participation aux bénéfices.

---

78. Roland Morneau, «Éditorial. Le Centre des industriels chrétiens», *ibid.*, p. 7.

79. «Déclaration du Centre», *Patron chrétien*, n° 2 (avril 1950), p. 17.

80. G. Dion, «Directives morales», *ibid.*, p. 6.

81. Arthur Juneau, «Éditorial: Réflexions sur notre Journée d'étude», *Patron chrétien*, n° 4 (juin 1950), p. 3.

82. Ces données proviennent du compte-rendu de Raymond Gérin dans *ibid.*, p. 7-10. Citation tirée de la p. 7.

83. Bernard Benoît, «Le Patron chrétien devant les réformes d'entreprise», *ibid.*, p. 20.

Dans un geste officiel, le président du Centre, Roland Morneau, présente à l'assemblée une « Profession de foi » de l'association où elle se déclare, entre autres, en accord avec les comités d'entreprise « librement acceptés par les parties[84] ». Cette déclaration paraît fortement inspirée de la nouvelle loi belge qui vient d'instaurer des organes consultatifs et les conseils d'entreprise dans le pays. Un résumé de cette loi a d'ailleurs été présenté, le mois précédent, dans *Patron chrétien*. Après en avoir donné les grandes lignes, on souligne « le rôle prépondérant joué par les catholiques[85] » dans son adoption. En plus des comités d'entreprise, la loi instaure un organe bipartite sur le plan national, le « Conseil central de l'économie ». La profession de foi du Centre reprend cette même appellation. Sur le plan des industries, il y a, toujours en vertu de la législation belge, création de conseils professionnels composés de représentants patronaux et ouvriers ainsi que de « personnalités réputées ». Sur ce sujet, le Centre se contente de parler « d'organisation professionnelle de droit public », sans en préciser la composition.

Par la suite, *Patron chrétien* fera état d'une « expérience française de participation aux bénéfices[86] » qui a stimulé l'intérêt de chacun et permis d'accroître la production. En somme, en plus de se référer à de grands catholiques sociaux tels Frédéric Leplay et Léon Harmel, le Centre des industriels chrétiens (CIC) s'inspire des expériences en cours en sol européen. Il s'abreuve également aux revues des groupes de patrons chrétiens d'outre-Atlantique. Fait à souligner, l'approche du Centre s'avère très pragmatique. Pas question ici de grands débats théoriques et de positions de principes catégoriques comme à l'API. Les membres de l'organisme constatent qu'il y a des insatisfactions chez les travailleurs : ils en cherchent les causes et souhaitent trouver des solutions qui vont favoriser une meilleure collaboration dans leurs établissements. À titre d'aumônier patronal, Gérard Dion sera au cœur de cette expérience peu commune en sol nord-américain, cela même s'il ne peut être physiquement présent.

---

84.   Roland Morneau, « Profession de foi du Centre », *ibid.*, p. 25.

85.   Mᵉ Henri Beaupré, « Législation belge sur l'organisation de l'économie », *Patron chrétien*, nᵒ 3 (mai 1950), p. 20. Dans l'éditorial d'Émilien Fluet intitulé « Pour un Conseil supérieur de l'économie », il est fait explicitement mention de l'organisme « créé en Belgique ». Voir *ibid.*, nᵒ 12 (mars-avril 1951), p. 4.

86.   Voir *Patron chrétien*, nᵒ 7 (sept. 1950), p. 9-16 et 21-27.

Banquet de clôture du cinquième Congrès des relations industrielles tenu au printemps 1950. Soulignons l'absence de Gérard Dion à la table d'honneur. À noter également une plus forte présence des femmes lors de ce banquet. Source : DAUL, U684, 1.1.

VIRAGE À DROITE ET ÉLOIGNEMENT

En effet, depuis le printemps 1950, l'abbé Dion est très loin ; en juin, ses directives morales proviennent de Buenos Aires[87]. Sa revue *Ad Usum Sacerdotum* a été la première à faire état de son séjour en Amérique latine. Dans un premier temps, on y annonce que le « Conseil national des universités canadiennes » l'a désigné « comme titulaire d'une bourse fournie par la Commission nationale de culture de l'Argentine » pour mener une « enquête dans ce pays sur les méthodes d'enseignement des relations du travail sous toutes ses formes[88] ». Le mois suivant, une note apporte une précision sur la date de son départ, « le 10 avril », mais demeure très floue sur sa durée : « Nous ne croyons pas être de retour avant une dizaine de mois[89] ».

Au cours de notre recherche doctorale, nous n'avions pu trouver aucun fait révélateur sur ce mystérieux éloignement qui coïncidait avec le virage à droite de la hiérarchie catholique. En effet, à partir du printemps

---

87. G. Dion, « Directives morales », *Patron chrétien*, n° 4 (juin 1950), p. 6.

88. « M. l'abbé Gérard Dion en Argentine », *AUS*, vol. 5, n° 6 (mars 1950), p. 61.

89. « Note de rédaction », *AUS*, vol. 5, n° 7 (avril 1950), p. 72.

1950, la Commission sacerdotale commençait à perdre l'oreille de l'épiscopat. De multiples pressions étaient exercées sur ses membres. Après l'arrivée de Mgr Paul-Émile Léger à l'archevêché de Montréal, ce dernier interviendra à plusieurs reprises auprès des groupements d'action catholique pour les inciter à abandonner les « revendications sociales » ou les réformes de structure et à se tourner vers la prière[90]. De plus, dorénavant, ce sont les tenants du corporatisme, les Angers, Clément et Arès, qui seront écoutés par l'épiscopat. Au printemps 1951, la « déclaration de Nicolet » sur le monde agricole viendra confirmer cette nouvelle influence[91].

L'ensemble de ces faits nous avait amené à nous interroger sur ce curieux éloignement de l'abbé Dion, l'un des plus ardents défenseurs de la réforme de l'entreprise. Les entrevues menées auprès des membres de sa famille nous ont permis d'en apprendre davantage. Sur ce sujet, sa sœur Paule a été très explicite : « Cela ne se disait pas, mais dans la famille on savait : Duplessis est intervenu pour l'éloigner[92] ». Et elle s'en consola en ajoutant que ce séjour lui a fourni l'occasion de donner une dimension internationale à sa carrière.

Mesures de sauvegarde

Comme on le sait, Gérard Dion était responsable de deux publications, le *Bulletin des relations industrielles* et *Ad Usum Sacerdotum*. Son départ n'est donc pas sans conséquences et il risque d'avoir de fâcheuses répercussions. Une série de mesures devront donc être adoptées pour assurer la survie de ces deux parutions.

Le changement le plus significatif aura lieu du côté de la revue des relations industrielles. Devant le départ du seul professeur à temps plein du département, il va vite se révéler impossible de maintenir une publication mensuelle. En effet, après le numéro de mai 1950, le *Bulletin des relations industrielles* cesse de paraître. À l'automne, toujours rien. Enfin, en décembre 1950, la revue est de retour, mais elle vient d'être entièrement transformée. Dorénavant, elle sera trimestrielle et portera un nouveau nom, *Relations industrielles*[93]. Elle a délaissé le format 8 1/2 x 11 pour adopter celui de la plupart des grandes revues. Au

---

90. Sur ces sujets, voir *DA*, p. 393-414.

91. Sur la montée de la droite, voir *ibid.*, p. 415-428. Cette déclaration prônait ouvertement le corporatisme.

92. Entrevue avec Paule Dion-Couture du 28 juin 2005 à Saint-Bruno, notes manuscrites, p. 7.

93. Changements annoncés dans *Relations industrielles*, vol. 6, n° 1 (déc. 1950), p. 3. Sans nul doute, il s'agit ici du moment le plus difficile vécu par la jeune revue.

lieu des 24 pages d'avant, elle comptera maintenant une soixantaine de pages. Les articles y seront plus longs et plus substantiels. En fait, elle vient de prendre la forme d'une revue scientifique.

Du côté d'*Ad Usum Sacerdotum*, le séjour de l'abbé Dion pose un problème encore plus grand, puisqu'il en a été l'unique rédacteur depuis ses débuts. C'est pourquoi des mesures seront prises avant son départ. Dans son numéro d'avril, on annonce que le nouveau responsable de la revue sera « le R.P. Gilles Bélanger, o.p., directeur du Service extérieur de la Faculté », service offrant l'éducation aux adultes. Dans sa nouvelle tâche, il pourra compter sur la collaboration de deux aumôniers de la CTCC, Henri Pichette et Philippe Laberge de Québec, ainsi que de Paul-Émile Bolté de la Commission sacerdotale, « tous anciens élèves de la Faculté[94] ».

Cette prise en charge de dernière minute n'ira pas sans difficulté. *Ad Usum* s'en ressentira grandement. Dès le numéro suivant, on présente une parution double pour les mois de juin et de juillet. On annonce alors que la publication ne reviendra « qu'au mois d'octobre[95] ». Mais c'est seulement en décembre qu'elle paraît. Sans en modifier la facture, il est cependant convenu qu'elle sera produite trimestriellement au cours de l'absence de Gérard Dion[96]. Le numéro du printemps s'en ressent également ; son contenu est beaucoup moins abondant. Ce ne sera qu'en juin 1951, avec le retour de l'abbé, qu'elle retrouvera sa vigueur. À partir de septembre, elle reprendra sa périodicité antérieure, soit tous les mois. En somme, malgré plusieurs difficultés, les deux revues vont réussir à se maintenir durant l'éloignement de leur fondateur.

Production d'exil

En vertu de ce départ, certains ont pu espérer que Gérard Dion se taise et abandonne la plume. S'il n'écrit plus dans *Ad Usum Sacerdotum*, il continue à le faire à l'intérieur de *Relations industrielles* et, surtout, de *Patron chrétien*. Dans cette dernière publication, il poursuit sa réflexion sur le rôle du conseiller moral au sein d'une association patronale. Mais, auparavant, voyons ses autres textes.

Au moment de quitter le Québec, l'abbé Dion y va de deux interventions très explicites en appui à la *Lettre pastorale sur le problème*

---

94. « Note de rédaction », *AUS*, vol. 5, n° 7 (avril 1950), p. 72.

95. *AUS*, vol. 5, n°s 9-10 (juin-juill. 1950), p. 95.

96. « NDLR », *AUS*, vol. 6, n° 1 (déc. 1950), p. 1. On y déclare que l'abbé Dion « ne nous reviendra pas avant le mois de février 1951 », laissant voir que la date de son retour n'est pas encore fixée.

ouvrier que vient de publier l'épiscopat. Dans un premier temps, il remet en question l'accueil que lui ont réservé les journaux catholiques, en particulier *L'Action catholique* de Québec :

> Depuis deux semaines est parue la *Lettre* de NN. SS. les Évêques sur le problème ouvrier. Nous nous attendions à voir les journaux catholiques de la province en faire des commentaires et spécialement dans celui qui affiche publiquement dans son titre l'étiquette catholique. Est-ce que l'on est en train d'ourdir la conspiration du silence de ce document[97] ?

Si, dans cette revue réservée aux membres du clergé, il incite la presse catholique à remplir pleinement son rôle, son intervention dans le *Bulletin des relations industrielles* sera quelque peu différente. Elle vise à défendre la *Lettre* qui vient de paraître.

D'entrée de jeu, « la Rédaction » déclare que ce document « fera époque dans l'histoire de la pensée sociale catholique en cette province », qu'il s'agit d'une « magistrale adaptation de l'enseignement traditionnel de l'Église aux conditions particulières » et d'une « invitation à la collaboration de tous en vue de la restauration chrétienne du monde ouvrier[98] ». Après une présentation sommaire de son contenu, on s'attarde aux éléments qui ont « produit la plus grande surprise » et « attiré le plus l'attention générale », soit les paragraphes relatifs aux « réformes de structure de l'entreprise ». À leur défense, on invoque l'enseignement des épiscopats français en 1945, hollandais en 1949 et américain dès 1919, ainsi que celui de Pie XI en 1931. Finalement, on conclut en se réjouissant du fait que cette *Lettre* va « stimuler les apôtres sociaux » et faire avancer « la science sociale chrétienne ». En somme, au moment de quitter, Gérard Dion réaffirme ses idées et souhaite que le document de l'épiscopat soit abondamment diffusé et étudié.

Cette position catégorique sera suivie d'une prise de parole plus prudente par la suite. D'abord, dans *Relations industrielles*, une série d'articles paraît sur l'un des principaux problèmes de l'heure, la conciliation et l'arbitrage. Comme on le sait, la grève de l'amiante a nettement fait ressortir la perte de confiance des ouvriers dans ces mécanismes. Les décisions pro-patronales de juges nommés par Duplessis ont conduit les mineurs à déclarer une grève illégale. En abordant l'épineux sujet, l'abbé Dion fera preuve d'une très grande réserve. Il choisira de ne pas signer ses textes. La note de la rédaction qui annonce cette série indique qu'un

---

97. « Conspiration du silence », *AUS*, vol. 5, n° 7 (avril 1950), p. 74.

98. La Rédaction, « La lettre pastorale collective sur le problème ouvrier : une grande date dans l'histoire de la pensée sociale catholique en cette province », *BRI*, vol. 5, n° 7 (avril 1950), p. 61. Les prochaines citations proviennent de cette source.

Page couverture d'un numéro de *Patron chrétien*.
Source : Bibliothèque des sciences humaines de l'Université Laval.

« professeur du Département des relations industrielles » a préféré conserver l'anonymat « à cause de certaines circonstances particulières[99] ». De plus, l'auteur se contente de faire un strict résumé des lois existantes au Canada, au Québec, aux États-Unis, en France, au Royaume-Uni et en Irlande. À proprement parler, il ne s'agit donc pas d'une étude comparative. Tout au plus, cette série permet de voir les modalités différentes qui existent dans les pays retenus. Au terme de l'exercice, aucune analyse comparative n'est effectuée et aucune conclusion n'est formulée. Définitivement, le sujet devait être délicat.

À l'intérieur de *Patron chrétien*, Gérard Dion pourra, à titre d'aumônier patronal, signer ses « directives morales ». Son premier texte est un « appel au réalisme social ». Intervenant à nouveau sur la *Lettre pastorale*, il insiste sur le rôle des patrons dans la restauration de la société et fustige le patronat conservateur qui n'est intéressé qu'au « gain à tout prix », cultive l'individualisme, suit « les créateurs d'épouvantails » et refuse « l'évolution actuelle des idées et des faits[100] ». À mots couverts, il y a là une critique de l'API et des éléments conservateurs qui dénoncent le document épiscopal.

Dans ses deux prochains textes, l'abbé Dion va revenir sur l'enseignement des évêques. Il souligne d'abord que l'épiscopat ne rend pas les patrons « directement responsables de toutes les injustices sociales »,

---

99. « Étude comparative sur la législation de conciliation et d'arbitrage », *Relations industrielles*, vol. 6, n° 1 (déc. 1950), p. 11. Les trois autres articles se trouvent dans les numéros de mars (p. 52-59), de juin (p. 72-78) et de septembre (p. 115-117).

100. G. Dion, « Directives morales : Appel au réalisme », *Patron chrétien*, n° 4 (juin 1950), p. 6.

qu'il s'en prend au « capitalisme vicié » et demande aux patrons de prendre « les mesures nécessaires[101] » pour le rendre plus juste. Ensuite, le conseiller moral de la CIC réfute les accusations de ceux qui « laissent croire à mots couverts » que les évêques veulent « déloger les patrons de leurs entreprises » et chercheraient « leur banqueroute financière[102] ». La *Lettre pastorale* déclare pourtant que les patrons sont « les premiers responsables de la vie économique des entreprises qu'ils dirigent ». Gérard Dion précise que cette responsabilité ne leur permet cependant pas une gestion « égoïste et paresseuse », un revenu disproportionné, des dépenses inutiles et des méthodes de production désuètes. De telles attitudes ont des conséquences directes et « ce sont surtout les ouvriers qui en souffrent ». Au patron chrétien, il demande de délaisser la « conception individualiste de l'entreprise », en réalisant pleinement que cette dernière est une communauté « dans laquelle son sort est engagé comme celui de ses collaborateurs ». Plutôt que de placer son « intérêt individuel » au-dessus de tout, le patron s'inspirant de la doctrine sociale devra chercher « la prospérité générale de l'entreprise ».

Par la suite, l'abbé Dion s'attaquera à certaines confusions qui règnent dans le monde patronal, notamment une « conception limitée » de la charité ainsi que l'absence de distinction entre syndicat patronal et mouvement patronal[103]. Enfin, il s'arrêtera à son rôle de conseiller moral. Après avoir donné le sens de son engagement personnel[104], il traitera plus précisément de la fonction de l'aumônier dans n'importe quelle association patronale.

En plus de paraître dans *Patron chrétien*, son dernier texte d'exil connaîtra une diffusion certaine puisqu'il sera ensuite publié dans *Ad Usum Sacerdotum* et dans *Relations industrielles*[105]. Gérard Dion y précise sa conception, aux antipodes de celle du fondateur de l'API, Émile Bouvier. Il rappelle d'abord que le conseiller moral « tient son pouvoir, sa juridiction de son évêque » et qu'il est le « représentant de l'autorité

---

101. G. Dion, « Directives morales : Les patrons et le régime actuel », *ibid.*, n° 5 (juillet 1950), p. 5-7.

102. G. Dion, « Directives morales : Le patron et la prospérité de l'entreprise », *ibid.*, n° 6 (août 1950), p. 5.

103. G. Dion, « Directives morales : Le patron moderne doit-il choisir entre la justice et la charité ? », *ibid.*, n° 7 (sept. 1950), p. 5 et « Directives morales : Fonction patronale et mouvement patronal », *ibid.*, n° 8 (oct. 1950), p. 5-8.

104. G. Dion, « Directives morales : Le conseiller moral des patrons », *ibid.*, n° 9 (nov. 1950), p. 5-8.

105. G. Dion, « Le rôle du conseiller moral dans les associations patronales », *ibid.*, n° 11 (janv.-fév. 1951), p. 5-9 ; *AUS*, vol. 6, n° 4 (sept. 1951), p. 61-67 ; *RI*, vol. 7, n°s 1-2 (déc. 1951-mars 1952), p. 27-35. Les prochaines citations proviennent de cet article.

ecclésiastique». Dans sa fonction, il «travaille pour l'Église» et n'est donc pas là pour «une classe particulière». Il est «<u>chez</u> les patrons» pour les aider à comprendre la doctrine sociale catholique. Il doit donc l'exposer dans sa totalité et ne pas cacher la portée de ses directives afin de «faire plaisir» ou de «ne pas blesser les susceptibilités».

Le conseiller moral doit aussi «aider les gens dont il s'occupe à se former des jugements pratiques» afin qu'ils puissent œuvrer à la restauration de la société. Dans cette tâche, il n'a pas à «faire le procès» des ouvriers, ni à insister sur leurs «devoirs». À l'intérieur de l'association patronale, il verra plutôt à «encourager des expériences qui peuvent être faites dans la ligne des enseignements pontificaux». Enfin, il doit toujours se rappeler que la finalité propre du regroupement est «l'affaire» des laïcs. Son action devra donc être «discrète» et il ne devra jamais «être un propagandiste» de l'association. Car son rôle est «essentiellement un rôle sacerdotal». Ainsi, sur tous les points, sa vision se situe aux antipodes de celle de Bouvier.

Cette conception et son désir de se soumettre à l'autorité de son archevêque, l'abbé Dion va les réitérer à son retour :

> Nous n'avons pas perdu au cours de notre longue randonnée dans 14 pays d'Amérique latine aucune de nos convictions. Au contraire, elles se sont ancrées davantage et nous sommes de plus en plus persuadé qu'il est urgent d'appliquer intégralement la doctrine sociale de l'Église dans notre pays. Les différentes expériences que nous avons été à même d'observer nous ont fait voir encore beaucoup [plus] clairement qu'un prêtre, comme l'Église, doit être libre, dégagé de tout, au service de Dieu, des âmes et du bien commun, qu'il doit prendre comme guide : la vérité, la justice, la charité et l'obéissance à ses supérieurs hiérarchiques. C'est ce que nous avons tenté de faire jusqu'ici et nous n'entendons pas y démordre, même au risque de troubler la quiétude de ceux qui... etc., etc. et qui auraient désiré voir prolonger notre séjour à l'étranger[106].

Grâce à cette déclaration, il vient d'apprendre à ses collègues que certains ont souhaité le renouvellement de sa «bourse» afin de le tenir éloigné une autre année. Bien que disposant là d'une excellente couverture, leur tentative a échoué.

RETOUR ET POURSUITE DE LA BATAILLE

À son arrivée au Québec, Gérard Dion va trouver une situation drôlement changée. Au sein de l'Église, l'aile progressiste de l'épiscopat est passablement affaiblie depuis le départ forcé de Mgr Charbonneau.

---

106. «De retour», *Ad Usum Sacerdotum*, vol. 6, n° 3 (juin 1951), p. 35.

Après cette destitution romaine inexpliquée, les progressistes se taisent et n'osent plus bouger. De leur côté, les forces corporatistes exercent maintenant un très fort ascendant sur plusieurs évêques. Et c'est le nouvel archevêque de Montréal, Mgr Paul-Émile Léger, qui, fort de l'appui de Rome, détient véritablement le pouvoir.

Pour sa part, la Commission sacerdotale d'études sociales n'a plus l'oreille de l'épiscopat. Après 1949, elle ne prendra plus aucune position publique. De plus, à la suite des nombreuses nominations effectuées par l'Assemblée des évêques, l'équipe originale se trouve « noyée ». Au surplus, les pressions sur ses membres se font toujours sentir. Dans le cas du jésuite Jacques Cousineau, elles conduiront à la perte de ses fonctions d'aumônier à la CTCC et à un départ non souhaité de la CSES. Son supérieur lui interdira de prendre dorénavant position sur les questions sociales. Il devra quitter Montréal, après sa mutation à un poste de « professeur de rhétorique au collège Saint-Charles-Garnier[107] » de Québec.

Les opposants à Duplessis sont de plus en plus isolés. La plupart des journaux catholiques ne leur ouvrent plus leurs pages. *Notre Temps* s'est aligné sur Pie XII et prône maintenant le corporatisme. Après le départ de Mgr Charbonneau, Murray Ballantyne a quitté *The Ensign*. *Le Devoir* s'intéresse beaucoup moins aux questions sociales et centre son attention principalement sur la question nationale[108]. Le journal de l'action catholique ouvrière, *Front ouvrier*, est en perte de vitesse, à tel point qu'il disparaîtra en 1954.

Du côté syndical, Maurice Duplessis a réussi à briser le cartel des trois grandes centrales syndicales. La Fédération provinciale du travail du Québec (FPTQ), affiliée à l'*American Federation of Labour* (AFL) et tenante du syndicalisme de métier, lui est maintenant favorable. Du côté des opposants, il ne reste donc que la Fédération des unions industrielles du Québec (FUIQ), affiliée au CIO et partisane du syndicalisme industriel, ainsi que la CTCC. Mais cette dernière a, depuis 1950, perdu l'appui de la hiérarchie catholique. Son aumônier Henri Pichette, très proche de Gérard Dion, est toujours en poste ; toutefois, il ne peut plus compter sur les interventions de la Commission sacerdotale. De plus,

---

107. Voir *DA*, p. 397 et Jacques Cousineau (1982), *L'Église d'ici et le social*, Montréal, Bellarmin, p. 199-200 et 210-213. C'est Mgr Léger qui l'a relevé de ses fonctions d'aumônier de la centrale catholique.

108. Ce changement a déjà été signalé dans notre article « Grandeur et misère d'un antiduplessisme : *Le Devoir* (1944-1959) », dans Robert Lahaise, dir. (1994), *Le Devoir, reflet du Québec au XXe siècle*, Montréal, HMH, p. 345-373.

la lutte menée par les forces conservatrices contre la centrale catholique fait sentir ses effets. Alors que son nombre de membres avait connu une très forte progression depuis la fin de la guerre, passant de près de 63 000 en 1946 à plus de 100 000 en 1953, voilà qu'il stagne et même régresse. À tel point qu'en 1959 ils ne seront plus que de 95 000[109].

En fait, les catholiques sociaux opposés à Duplessis viennent de voir leur réseau se réduire comme peau de chagrin. En matière de journaux, ils peuvent compter seulement sur *Le Travail* et le *Progrès du Saguenay*. Quant aux revues, *Relations* a abandonné le combat après l'affaire silicose en 1948. Du côté des laïcs, *Cité libre* vient de faire son apparition, mais sa diffusion est limitée à quelque 200 abonnés.

Tel qu'il l'a annoncé à son retour, Gérard Dion entend bien poursuivre la bataille entreprise[110]. Cependant, il ne pourra plus, à titre de conseiller moral du CIC, écrire dans *Patron chrétien* puisque les autorités ecclésiastiques viennent d'en suspendre la publication, ainsi que *Tirons franc* de l'API. C'est donc dans *Relations industrielles* et, surtout, dans *Ad Usum Sacerdotum*[111] que l'abbé Dion se fera entendre.

Appui aux revendications ouvrières

Au terme de son éloignement, Gérard Dion produira un dernier article substantiel sur la réforme de l'entreprise et la participation des travailleurs. Les récentes interventions de Pie XII sur la «gestion économique» des entreprises seront pour lui l'occasion de traiter de la question. À la fin de son analyse des restrictions formulées par le pape, il en déduira que, si la «co-gestion économique dans son sens le plus strict n'est pas une fin illégitime en elle-même», les conditions permettant sa réalisation ne sont pas là. Et il conclura sur cette note: «Nous croyons qu'il y a encore bien des étapes à parcourir et surtout

---

109. Pour les statistiques complètes, voir *DA*, p. 68.

110. Dans une lettre à l'abbé Groulx datée du 4 décembre 1952, Gérard Dion se plaindra d'obstacles mis à son «apostolat intellectuel». À cela, l'historien nationaliste répondra: «Ne vous en plaignez pas trop. J'ai toujours cru que, pour les forts, ce sont d'excellents stimulants. Vous êtes encore jeune. La carrière est grande ouverte devant vous. Que la providence vous conduise jusqu'où votre généreuse ambition vous appelle!» DAUL, P117, G5, 2.1, «Lettre de Lionel Groulx à G. Dion du 16 décembre 1952», 1 page. Il s'agit là du dernier échange entre les deux.

111. Comme la revue *Relations industrielles* est devenue trimestrielle, *Ad Usum*, qui en avait été son supplément depuis ses débuts, en sera détaché en octobre 1951 afin de lui redonner son caractère mensuel. Cette revue sera dorénavant placée sous l'égide du Centre de culture populaire de Laval, l'ex-Service extérieur d'éducation aux adultes dirigé par le père Bélanger. Voir «À nos lecteurs», *AUS*, vol. 7, n° 1 (oct. 1951), p. 1.

d'autres problèmes plus urgents[112] ». Et c'est à ceux-ci que l'abbé Dion consacrera ses énergies.

Dès le mois de juin 1951, il s'en prend à l'économiste François-Albert Angers qui, devant un tribunal d'arbitrage, a soutenu que « l'ancienneté, une procédure des griefs avec décision exécutoire et un certain contrôle sur les changements technologiques affectant directement les travailleurs » étaient de la « co-gestion économique[113] ». Appelé comme expert à ce même tribunal, Gérard Dion réfutera cette interprétation excessive des enseignements de Pie XII. En septembre, le conflit avec l'*Aluminium Company* à Shawinigan sera pour lui l'occasion de pourfendre ceux qui « colportent... que les ouvriers ne font des grèves que pour augmenter les salaires[114] ». Le mois suivant, il appuiera la nouvelle déclaration de principes que vient d'adopter la CTCC lors de son dernier congrès[115].

Les nombreuses difficultés vécues lors du renouvellement de plusieurs conventions collectives amèneront Gérard Dion à intervenir sur l'un des grands problèmes de l'époque, l'arbitrage, procédure rendue obligatoire, avant le déclenchement d'une grève, par la loi de 1944. Cette fois, à l'intérieur d'*Ad Usum Sacerdotum*, il sera beaucoup plus loquace que lors de sa série dans *Relations industrielles*. Il pose d'abord ce diagnostic très explicite :

> Nous assistons actuellement, dans la province de Québec, à une dégénérescence de la procédure d'arbitrage. Depuis quatre ans surtout, l'arbitrage n'inspire pas la confiance nécessaire : on hésite à voir en lui un moyen efficace de contribuer à la solution équitable des conflits de travail[116].

Après avoir rappelé que ce sont les travailleurs qui ont exercé des pressions auprès des gouvernements pour l'établissement de cette pro-

---

112. G. Dion, « La doctrine sociale de l'Église et la gestion économique des entreprises », *RI*, vol. 6, n° 4 (sept. 1951), p. 108. Signalons que *Relations industrielles* continuera à faire une place aux articles sur la participation des travailleurs aux questions sociales et au partage des profits. Voir les articles dans les numéros de déc. 1951-mars 1952, juin 1953, mars et sept. 1954, mars et juin 1956.

113. « La doctrine sociale de l'Église invoquée devant un tribunal d'arbitrage », *AUS*, vol. 6, n° 3 (juin 1951), p. 36.

114. « Réflexions sur deux grèves », *AUS*, vol. 6, n° 4 (sept. 1951), p. 53. Voir aussi « Gare aux fantaisies », p. 51-52.

115. « La déclaration de principes de la CTCC », *AUS*, vol. 7, n° 1 (oct. 1951), p. 10-11. Selon Jean Sexton, l'abbé Dion aurait participé à l'élaboration de cette plateforme. Toutefois, ses archives ne nous permettent pas de dégager la nature de son rôle.

116. « La dégénérescence de l'arbitrage », *AUS*, vol. 7, n° 6 (mars 1952), p. 86-90. Cette citation et les suivantes proviennent des pages 86 et 88.

cédure, il souligne que la source actuelle du problème viendrait d'une forte résistance patronale :

> La vérité est que les employeurs ne voulaient ni de l'arbitrage ni de la grève. Ne pouvant éviter cette dernière, ils ont essayé d'utiliser l'arbitrage comme un moyen dilatoire afin d'avoir tout le temps nécessaire pour se préparer à des grèves éventuelles en diminuant ou même en annihilant leur possibilité d'efficacité et leur chance de succès.

Le penchant patronal et le conservatisme du régime Duplessis sont venus aggraver la situation. Abordant ensuite les causes de cette « dégénérescence », le spécialiste en relations du travail en mentionne trois. Premièrement, « l'ingérence politique » se fait souvent sentir. En second lieu, il déplore « l'incompétence des arbitres », qui, au surplus, étant rémunérés à la séance, multiplient les rencontres. Troisièmement, il s'en prend aux « étranges théories qui ont cours en certains milieux patronaux » :

> Or il est une tendance de plus en plus généralisée de vouloir soustraire à l'arbitrage un nombre considérable de conflits, sans pour cela donner le droit aux travailleurs de faire immédiatement la grève pour les régler. Ainsi, par exemple, on a soutenu que les clauses de sécurité syndicale, d'ancienneté, de changements technologiques..., de congédiement, de règlement des griefs, etc., ne peuvent être objet d'arbitrage, car tous ces problèmes seraient du ressort exclusif de l'employeur « qui a le droit de gérer son entreprise ». En somme ne pourraient être étudiées que les clauses de salaire, d'heures de travail et de conditions de travail entendues dans un sens archi-strict. Ce sont des cas qui se sont présentés dans les arbitrages de : *Canadian Johns-Manville* d'Asbestos (décision Tremblay), les Commissions scolaires (Montréal), *Aluminium Company* (Arvida et Shawinigan), *Aluminium Company* (Shipshaw), *Price Brothers* (Kénogami), Dupuis et Frères (Montréal), *Le Soleil* (Québec), etc., etc.

Ainsi, les fameux « droits de gérance » que l'API et d'autres opposent aux tenants de la réforme sont devenus un moyen de soustraire plusieurs revendications syndicales à l'arbitrage. Cette offensive patronale a fait sentir ses effets lors de la négociation de plusieurs conventions collectives. Devant ces réalités, tant un changement d'attitude que des modifications à la loi s'imposent. Gérard Dion demande alors une réforme en profondeur, tant de la législation du travail que des pratiques en cours.

Par la suite, la grève chez Dupuis & Frères amène l'abbé Dion a dénoncer les « prêtres » qui « ont traversé les lignes de piqueteurs » pour aller bénéficier d'un « rabais de 20 % » ainsi que le comportement de la partie patronale qui « rappelle malheureusement les tristes pages de l'antisyndicalisme américain, il y a 30 ou 40 ans : briseurs de grève, polices

Malgré ce contexte difficile, les Congrès des relations industrielles continuent d'attirer les intervenants du monde du travail.

<u>En haut</u>:
Près de cinq cents participants au sixième Congrès tenu en 1951. Photographe inconnu.
Source: Rapport du sixième Congrès intitulé *Sécurité de la famille ouvrière*, Québec, PUL, 1951, p. 16.
<u>En bas</u>:
Banquet de clôture du neuvième Congrès tenu au printemps 1954. Photographe inconnu.
Source: DAUL, U684, 1.1 (67/1/9/173). Signalons la présence des femmes qui s'accroît à l'événement.

et détectives». Avouant alors que « le capitalisme, qu'il soit canadien-français et catholique, reste toujours le même », l'abbé conclut sur cette note impérative : « Malgré cela, nous continuerons d'être nationaliste et nous continuerons d'encourager l'achat chez nous, et c'est précisément ce qui nous donne le droit d'exiger des nôtres le respect de l'esprit des lois et de la doctrine de l'Église[117] ».

Un autre conflit célèbre, celui de Louiseville, sera l'occasion pour Gérard Dion d'intervenir. Mais comme au cours de cette grève il s'opposera aux tenants du corporatisme, nous en traiterons dans notre prochain point.

Combattre les corporatistes

Après la grève de l'amiante, les éléments corporatistes au sein de l'Église ont connu une certaine résurgence. Les économistes François-Albert Angers et Marcel Clément ont proposé une plateforme corporatiste à l'API. Les mises au point subséquentes de Pie XII sur la réforme de l'entreprise et en faveur d'un « ordre corporatif » sont venues cautionner ce courant, pourtant tombé en disgrâce au cours de la Seconde Guerre mondiale. *Notre Temps* est devenu un « journal de doctrine » et a largement ouvert ses pages à Marcel Clément. Par la suite, le jésuite Richard Arès s'est joint à ce groupe en faisant la promotion du corporatisme dans *Relations*. Au surplus, ce courant bénéficie maintenant d'un appui certain de plusieurs membres de l'épiscopat[118].

Dans sa correspondance avec ses homologues français, Gérard Dion décrira cette nouvelle école de pensée conservatrice. À Joseph Folliet de la *Chronique sociale de France*, il déclarera : « Vous savez qu'il existe chez nous une conspiration politico-religieuse qui prétend s'inspirer de Rome, mais qui, dans le fond, est beaucoup plus *Action française*[119] ». À l'intérieur de sa lettre au jésuite Pierre Bigo de l'Action populaire, il soulignera les similitudes entre cette pensée et celle du gouvernement Duplessis : « Vous y trouverez exprimées les idées d'une certaine école qui tend à prendre de l'importance parce que son réactionnarisme concorde parfaitement avec la doctrine politique de notre gouvernement ». Il parlera alors d'une « crise de cléricalisme » que vit le « Canada français[120] ».

---

117. « La grève chez Dupuis Frères », *AUS*, vol. 7, n° 8 (mai 1952), p. 108.

118. Ces éléments ont déjà été établis dans *Les Dessous d'Asbestos*, aux chapitres 12 et 13.

119. DAUL, P117, A5.16, « Lettre de G. Dion à Joseph Folliet du 11 février 1953 », p. 1.

120. DAUL, P117, A5.7, « Lettre de G. Dion à Pierre Bigo du 11 février 1953 », p. 1.

Parmi ces éléments, le Français Marcel Clément a commencé à mener une offensive contre les positions de la CTCC. En 1951, il s'est prononcé contre le cartel intersyndical. Il s'est également opposé aux représentations de la centrale catholique auprès des gouvernements devant la forte hausse du coût de la vie[121]. Mais c'est à l'occasion de la grève de Louiseville que sa campagne sera davantage virulente. Lors de celle-ci, il recevra l'appui de *Notre Temps*, de l'évêque de Nicolet, Mgr Albertus Martin, et d'une coalition de catholiques conservateurs[122].

Dans *Ad Usum Sacerdotum*, Gérard Dion va se lever contre l'action de ces derniers éléments. Il publiera d'abord la mise au point de Jean Marchand contre un article du père Bernardin Verville dans *Notre Temps* où ce dernier a affirmé que ce seraient les « officiers de la Fédération syndicale du textile » qui auraient déclenché la grève alors que « 80 % des ouvriers louisevilliens[123] » y auraient été opposés. Comme Léopold Richer a refusé de publier cette réplique du secrétaire général de la centrale catholique dans son journal, l'abbé Dion se fera un plaisir de la faire paraître dans *Ad Usum*, ainsi que l'échange de correspondance qui s'ensuivit.

À l'intérieur de ce même numéro, il intervient également contre la récente opposition de Marcel Clément devant la volonté de la CTCC de déclencher une grève générale en appui aux grévistes de Louiseville. Selon ce dernier, un tel geste relèverait de la « lutte des classes » et constituerait « une subordination du bien commun au bien propre d'une classe ». Cela serait donc contraire « à la doctrine sociale de l'Église[124] ». Une à une, l'abbé Dion va montrer comment les prémisses de ce corporatiste sont fausses. Il en conclura que la grève générale ne signifie pas « l'acceptation du principe de la lutte des classes » des marxistes et qu'une telle grève peut être déclenchée pour faire respecter des « droits essentiels[125] » qui ont été violés, dans ce cas-ci, le droit d'association.

---

121. Sur ce sujet, voir la réplique de Jean Marchand dans *DA*, p. 497.

122. Voir l'aveu de Léopold Richer dans « L'action syndicale, la cogestion et la participation aux bénéfices », *Notre Temps*, 15 janv. 1955, p. 1, cité dans *DA*, p. 457. Rappelons que c'est à la fin de la grève de Louiseville que ce même groupe s'adressa à Rome pour obtenir une condamnation de la réforme de l'entreprise et une limitation du syndicalisme à la seule négociation des conventions collectives. Épisode raconté dans *DA*, p. 453-457 et 494-497.

123. « Lettre de M. Marchand au R. P. Bernardin Verville », *AUS*, vol. 8, nos 4-5 (janv.-fév. 1953), p. 49. Les réponses de Verville et Richer sont aux pages 52 à 60.

124. Marcel Clément, « Les syndicats ont-ils le droit d'étendre une grève particulière ? », *ibid.*, p. 61-63. Paru d'abord dans *L'Action catholique*, cet article a été reproduit dans de nombreux journaux.

125. G. Dion, « M. Marcel Clément, la grève générale et la CTCC », *ibid.*, p. 63-75. Après le déclenchement d'une grève générale en France à l'été 1953, Gérard Dion se prononcera en faveur de la moralité du geste dans le numéro de novembre.

Comme on le sait, les ouvriers de Louiseville ont déclenché la grève après un ultimatum de la compagnie les avisant qu'elle cessait de percevoir les cotisations syndicales et d'exiger la participation au syndicat comme condition d'emploi[126]. Par la suite, la compagnie a procédé à l'embauche de *scabs*. À la suite de sa réélection à l'été 1952, Maurice Duplessis a envoyé sa Police provinciale pour protéger les briseurs de grève. La violence utilisée par ce corps policier a été telle qu'il en est venu, en décembre, à tirer sur les grévistes.

Après de pareils gestes, Gérard Dion se prononcera sur cette pratique fréquemment utilisée par les employeurs récalcitrants sous le gouvernement Duplessis, le recours à des briseurs de grève :

> Mais il est un fait constant que l'on retrouve à chaque fois que des désordres se produisent. C'est que l'employeur tente de briser la grève en faisant entrer à l'usine des *scabs*. Là où il y a désordre, invariablement on rencontre des *scabs*.
>
> Si l'on veut faire disparaître l'effet, que l'on supprime la cause. C'est simple comme bonjour ! Pourquoi aller chercher midi à quatorze heures ?
>
> L'utilisation des *scabs* par l'employeur pour briser une grève est une pratique déloyale, une infraction à la règle du jeu[127].

Durant les dernières années du gouvernement Duplessis, il ne ratera pas une occasion de s'opposer aux acolytes de ce dernier, les tenants du corporatisme. Ainsi, au printemps 1954, il jugera le corporatisme difficilement réalisable au Québec, comme au Canada, « aussi longtemps que les États-Unis n'auront pas bougé dans cette voie[128] ». Une telle prise de position lui vaudra une colère de François-Albert Angers.

---

126. Le contenu de cet ultimatum se trouve à *DA*, p. 494-495. Il a d'abord été rapporté par Jean-Paul Lefebvre dans son étude sur cette grève dans J.-P. Lefebvre et autres (1963), *En grève ! L'histoire de la CSN et des luttes menées par les militants de 1937 à 1963*, Montréal, Éd. du Jour, p. 132.

127. « Grèves et piquetage », *AUS*, vol. 9, n° 8 (mai 1954), p. 116. À l'été 1955, au moment de la « grève » du *Devoir*, Gérard Dion sera encore plus explicite sur le sujet. Relevant les erreurs commises par la direction du journal, il affirma : « C'est toujours une erreur d'embaucher des *scabs* pour remplacer les travailleurs. La rédaction du *Devoir* l'avait noté au cours de la grève de l'amiante et elle avait raison. En effet, une entreprise qui agit de la sorte se met dans une situation embarassante au moment de régler les difficultés, car il faut un jour ou l'autre que tout problème se règle. Ou bien elle doit congédier les *scabs* à qui elle a fait des promesses de stabilité d'emploi pour qu'ils passent la ligne de piquetage ; ou bien elle ne reprend pas les membres du syndicat et l'état de crise subsiste ». Tiré d'*AUS*, vol. 10, n° 10 (juill. 1955), p. 172.

128. Voir le compte-rendu de Pierre-Paul Asselin, o.m.i., « L'organisation professionnelle en marge des Journées sacerdotales d'études sociales », *L'Action catholique ouvrière*, vol. III, n° 4 (avril 1954), p. 160-164. Déjà traité dans *DA*, p. 425, note 167.

C'est ensuite dans le journal de la CTCC, *Le Travail*, que l'abbé Dion continuera son combat contre ces forces conservatrices. Sous le pseudonyme Maurice Ladouceur, il engagera une polémique avec un certain « Charles d'Autray[129] ». En 1956, au moment où Émile Bouvier reprend la parole publiquement, Maurice Ladouceur dénoncera sa propagande en faveur d'un « patronat de combat[130] ». Bref, tout au long de ces années où les corporatistes ont repris du galon, Gérard Dion ne cessa de montrer comment leurs prises de position vont à l'encontre de l'enseignement social de l'Église. Et il fera de même avec les nouvelles lois anti-ouvrières que souhaite promulguer Maurice Duplessis.

Dénonciation des *bills* 19 et 20

On se souvient qu'au début de 1949 le chef de l'Union nationale avait tenté de passer, en catimini, un projet de *Code du travail* limitant les droits des salariés, son fameux *bill* 5. Devant le tollé de protestation et la condamnation de la Commission sacerdotale, il avait dû faire marche arrière et retirer son texte législatif. Mais, furieux de cet échec, il cherchera, par la suite, à en passer les éléments les plus importants. Profitant de la division parmi les centrales syndicales[131], il portera, au début de l'année 1954, un grand coup en soumettant, à l'Assemblée législative, ses *bills* 19 et 20.

Le premier de ces projets de loi reprend l'un des éléments du *bill* 5 de 1949, la chasse aux « communistes » au sein des syndicats. Rétroactif à 1944, le *bill* 19 permet de refuser ou de révoquer son accréditation à un syndicat qui « tolère, au nombre de ses organisateurs ou officiers, une ou plusieurs personnes adhérant à un parti ou à un mouvement communiste[132] ». En plus de ne pas définir le terme « communiste », le projet de loi donnerait ce pouvoir de désaccréditation à la Commission des relations ouvrières (CRO), cet organisme qui, par une loi de 1952, s'est vu accorder un pouvoir discrétionnaire. En effet, par cette dernière modification législative, Maurice Duplessis a mis à l'abri cette instance de toute contestation judiciaire puisque, dorénavant, il n'y

---

129. Il doit probablement s'agir de Marcel Clément ou de F.-A. Angers. Voir « Une discussion sur le corporatisme », *Le Travail*, 14 déc. 1956, p. 2. L'article qui a déclenché le débat est « Le corporatisme à plein », *ibid.*, 2 nov. 1956, p. 2.

130. Maurice Ladouceur, « La propagande pour un patronat de combat », *Le Travail*, 23 déc. 1956, p. 2 et 5. Se trouve aussi à DAUL, P117, A2, 4.2.

131. Rappelons qu'à l'époque « une fraction des dirigeants de la FPTQ collaborait avec Duplessis et participait même aux campagnes électorales aux côtés de l'Union nationale ». *150 ans de luttes...*, p. 202.

132. Texte de la loi cité par Gérard Dion dans « Le Bill 19 en regard de certains principes moraux », *Le Travail*, 6 août 1954, p. 4.

aura plus « de recours possible devant les tribunaux pour faire casser une décision prise par cette commission[133] ». En plus de ne pas avoir à justifier ses décisions, voilà que la CRO se trouve à l'abri de toute contestation devant les tribunaux. Comme pouvoir discrétionnaire, il ne pouvait y avoir plus grand. Et ces décisions antérieures favorables à des syndicats de boutique laissent craindre le pire aux syndiqués moindrement combatifs. Puisque le sens du terme « communiste » n'est pas précisé, cette loi pourrait « frapper n'importe quel militant un tant soit peu progressiste[134] ».

Quant au *bill* 20, il est encore plus odieux puisqu'il vise un syndicat en particulier, le Syndicat de l'Alliance de Montréal, qui regroupe les professeurs des écoles catholiques de la métropole. Ce dernier venait de remporter une importante victoire devant la Cour suprême du Canada. Dans sa décision, le juge Rand avait évalué arbitraire la révocation de l'accréditation de ce syndicat par la CRO, à la suite de sa grève illégale de janvier 1949. Furieux de cette décision qui permettait à l'Alliance de recouvrer sa légalité, Maurice Duplessis élabora alors le *bill* 20, une

Pamphlet de la CTCC contre les deux projets de loi. Source : DAUL, P117, E8, 2.7.

---

133. *Ibid.*

134. *150 ans de luttes...*, p. 191. L'exemple suivant viendra le confirmer : « Peu de temps après l'adoption de la loi 19, Duplessis s'en sert pour faire chanter le Syndicat des pompiers de Montréal et le forcer à signer une convention collective avec une haùsse de salaire de 5 cents l'heure seulement. En effet, la P.P. [Police provinciale] avait repéré, au sein de l'exécutif du syndicat, un vieux syndicaliste naguère membre du Parti communiste ». *Ibid.*

pièce législative également rétroactive à 1944, qui « prévoit la perte automatique de son accréditation pour tout syndicat des services publics qui fait la grève ou dont l'un de ses dirigeants préconise publiquement la grève[135] ».

Devant deux pièces législatives aussi controversées, l'idée d'une protestation devant le Parlement fait vite son chemin. Cette « marche sur Québec » est organisée par une coalition « qui regroupe la FUIQ, la CTCC, l'Alliance des professeurs de Montréal, les syndicats de pompiers et de policiers, à l'exception notable de la FPTQ[136] ». En provenance de divers coins du Québec, les syndiqués tiennent, le 3 février 1954, pour une première fois sous le régime Duplessis, une manifestation massive, juste sous le nez du « Chef ». Mais cette action d'éclat est court-circuitée par le président de la FPTQ, Roger Provost, et quelques autres dirigeants de cette centrale, qui se rendent rencontrer le premier ministre et son ministre du Travail, Antonio Barrette, pour proposer quelques amendements négligeables aux deux projets de loi[137]. Heureuse d'un tel appui, l'Union nationale en profitera pour faire adopter, à toute vapeur, ses deux lois controversées.

Malgré cet échec, la CTCC décide de poursuivre sa dénonciation. Dirigé par Fernand Jolicœur, un ancien de la Faculté des sciences sociales de Laval, son service d'éducation demande à des « théologiens sociaux » de creuser le sujet. C'est ainsi que les abbés Gérard Dion, Louis O'Neill et Léo Forest sont amenés à intervenir, produisant alors un dossier sur les *bills* 19 et 20[138]. Comme celui-ci a été grandement apprécié par les syndiqués, le journal *Le Travail* décide ensuite de le publier dans ses pages.

Cette intervention est motivée par deux grandes raisons. D'abord, parce que, comme le souligne l'abbé Dion, « nous constatons avec angoisse, dans une province catholique comme la nôtre, une tendance de

---

135. *Ibid.*, p. 192. Signalons qu'en cette même année 1954 Duplessis adoptera une autre mesure inique, le *bill* 54. Cette loi rendra plus facile le recours à l'injonction par les employeurs puisqu'elle permet d'invoquer, devant les tribunaux, des dommages « appréhendés », au lieu de dommages réels. Cette nouvelle disposition entraînera de nombreux recours qui permettront de limiter le piquetage.

136. *Ibid.*

137. *Ibid.*

138. L'existence de ce dossier a été signalée d'abord par Dorval Brunelle dans *Les trois colombes*, Montréal, VLB, 1985, p. 117. Moins connu, l'abbé Forest est né le 3 mars 1911 et ordonné prêtre en 1937. Par la suite, il sera aumônier de la JOC de 1942 à 1944. Œuvrant principalement à l'Action populaire de Joliette, il occupa la fonction d'assistant-directeur de 1941 à 1957, avant d'en devenir le directeur de 1958 à 1960. Informations tirées du *Canada ecclésiastique* de 1935 à 1960, travail effectué par Hélène Bois.

plus en plus marquée à accepter l'erreur du positivisme juridique[139] ».
Pareille erreur consiste à attribuer « une majesté trompeuse à l'émission
des lois purement humaine » qui « fraie la voie à un fatal détachement
des lois de la moralité ». Le deuxième motif se fonde sur un écueil à
éviter :

> La seconde raison qui rend ce sujet très important, c'est qu'il est ex-
> trêmement dangereux de laisser les syndicats ouvriers se débattre seuls
> lorsqu'il s'agit de problèmes impliquant des principes de droit naturel
> et de morale. On les oblige ainsi à faire groupe à part dans la société
> et, avec le temps, ils pourront fatalement avoir l'impression d'être les
> seuls défenseurs du droit[140].

Pour légitimer une telle intervention, Gérard Dion invoquera
les paragraphes les plus novateurs de la *Lettre pastorale* de 1950, ceux
sur la « liberté de signaler les abus » (para. 203), sur la possibilité pour
l'Église de « manifester sa désapprobation » (para. 158) et sur le rôle des
« prêtres sociaux » (para. 199).

Dans un second texte, il se penche sur le droit de s'exprimer en
démocratie. Il y aborde d'abord le concept de démocratie, ce « système
politique » où les citoyens, « égaux devant la loi », désignent « les tri-
butaires de l'autorité » et en sont « les conseillers[141] ». Rappelant que,
dans un tel système, « l'arbitraire n'a pas de place », il traite ensuite du
deuxième rôle des citoyens, soit conseiller les élus. À la question de
savoir si la population a « le droit de protester contre une loi » après sa
promulgation, sa réponse est « oui », surtout lorsqu'elle la juge « mauvaise
ou dangereuse ». Visant directement Maurice Duplessis, l'abbé Dion
affirme : « On ne peut pas, sous prétexte de respect de l'autorité, condamner les expressions d'opinion sur la législation ou sur l'administration
publique ». En tout temps, le « droit de protester[142] » existe.

Ensuite, il met le doigt sur un immense travers, largement répandu
dans la société québécoise d'alors :

> Nous constatons que dans notre province spécialement, il existe une
> équivoque assez profonde au sujet de l'autorité publique. On trouvera
> le même phénomène dans les pays à culture hispanique. Peut-être à
> cause de notre formation religieuse et de l'influence de l'Église sur

---

139. G. Dion, « Pourquoi ce dossier ? », *Le Travail*, 30 juillet 1954, p. 4. Ce dernier cite
ensuite le paragraphe 773 du « Message de Noël 1942 » de Pie XII.

140. *Ibid.*

141. G. Dion, « En démocratie, l'opinion peut s'exprimer par des gestes », *Le Travail*, 30
juillet 1954, p. 4.

142. *Ibid.* À l'appui de son argumentation, il invoque le para. 163 de la *Lettre pastorale* de
1950.

notre milieu, on constate assez généralement cette tendance d'attribuer à l'autorité publique tout ce qui va en droit à l'autorité religieuse, dans l'Église.

Et l'on commet une transposition qui a des conséquences graves :

> Ainsi, on oublie que si l'autorité religieuse dans l'Église catholique jouit des pouvoirs de magistère, de sacerdoce et de gouvernement, l'autorité publique ne possède que le pouvoir de gouvernement. Il ne lui appartient donc pas de définir ce qui est vrai et ce qui est faux. Elle n'a pas le privilège de l'infaillibilité quant à la vérité révélée ni quant au droit naturel, comme le possède l'autorité dans l'Église[143].

Quant à l'étonnement et au scandale suscités par la « marche de Québec » en « certains milieux », l'abbé Dion rappelle qu'il ne s'agit pas d'une première dans l'histoire. Des manifestations ont eu lieu « il y a à peine vingt ans », soit au moment de la contestation du régime Taschereau. Et il faut chercher plus loin les motifs qui ont amené la coalition syndicale à organiser un tel événement : « À notre sens, c'est l'apathie de la presse en face des bills 19 et 20 qui a, en somme, incité les syndicats ouvriers à organiser une manifestation spectaculaire pour pouvoir atteindre le grand public ». Cette attitude timorée des médias le mène à tirer cette noire conclusion : « Notre société est dangereusement malade et nous sommes mûrs pour la dictature[144] ».

Les deux articles suivants du dossier se penchent plus spécifiquement sur le contenu des *bills* 19 et 20. Le premier texte reproche à la fille de la *Loi du Cadenas* l'absence de définition du terme « communiste », le « mauvais moyen » que constitue la perte de la reconnaissance syndicale et le pouvoir « arbitraire » que possède la CRO[145]. Quant au *bill* 20, il est jugé d'autant plus inique qu'il vient court-circuiter le jugement Rand qui avait permis à l'Alliance de recouvrer sa légalité. Comme le « retrait de certification n'a jamais amené la paix ni les bonnes relations entre patrons et employés », il appert évident que cette pièce législative, un geste de vengeance qui vise un syndicat en particulier, ne favorisera « pas la paix sociale ». Et l'abbé Dion de conclure qu'il s'agit là d'une « mauvaise loi[146] ».

---

143. *Ibid.*, p. 5. Signalons que cette supposée « infaillibilité » de l'Église sera remise en question par bien des Québécois lors de la Révolution tranquille.

144. *Ibid.*

145. « Le *Bill* 19 en regard de certains principes moraux », *Le Travail*, 6 août 1954, p. 4 et 5. Texte non signé.

146. G. Dion, « Le *Bill* 20 : Source de conflits », *ibid.*, p. 5.

Enfin, ce dossier se termine par un substantiel article de l'abbé Louis O'Neill sur la question de la rétroactivité des lois[147]. Après s'être attardé à la « pensée de saint Thomas », à l'opinion « des moralistes » et « des hommes », l'auteur déclare que ce procédé peut se justifier lorsqu'il a pour but de corriger « une injustice ». Mais, lorsqu'il s'agit « d'exercer une vengeance », il s'avère constituer « une iniquité pure et simple ». Au terme de son analyse de saint Thomas, O'Neill conclut ainsi :

> Il est du devoir du chrétien engagé dans le monde de défendre les principes dont il se réclame et de se refuser à ce qu'on [les] méprise ou qu'on [les] bafoue. Il doit le faire même au risque de provoquer l'étonnement ou le scandale chez les gens de bien, surpris que l'on puisse ainsi s'attaquer à des cadres ou des organismes officiellement chrétiens...

> Or les principes qui président aux réformes sociales et protègent les droits essentiels des citoyens, surtout ceux des travailleurs, constituent une part majeure de ce dépôt de règles morales chrétiennes qui sont manifestées aux chrétiens par leurs chefs spirituels pour les guider dans leur action civique. Et quand la justice et le droit à une légitime liberté sont mis en danger, le chrétien est obligé d'intervenir, surtout s'il vit en démocratie[148].

À l'instar de l'abbé Dion, il souligne ce triste penchant de nombre de membres du clergé de l'époque :

> Comme l'exprimait récemment un théologien, la pratique d'un moralisme obsédé par les seuls thèmes des droits de l'État et du devoir d'État est une tentation familière du monde catholique. Tentation en effet de transposer, sans les nuances qui s'imposent, dans l'ordre profane, une attitude de docilité d'esprit nécessaire et louable dans le domaine de la foi. Mais cette transposition, apparemment édifiante, peut être nuisible au bien commun. Si le chrétien, par peur de compromettre ses intérêts matériels ou encore sous prétexte de vertu, laisse corrompre la justice ou briser les êtres sans défense, il n'est plus le sel de la terre et la lumière du monde. C'est une vertu piteuse, celle qui laisse la porte ouverte à l'arbitraire et aux abus de pouvoir[149].

Cette première intervention relative à la démocratie et à la morale ne vaudra pas la célébrité aux deux abbés. Au contraire, elle a dû déranger ceux qui s'étaient scandalisés de la « marche sur Québec ». Cependant, cette analyse fait ressortir un sérieux problème de la société québécoise,

---

147. Louis O'Neill, « Les lois rétroactives », *Le Travail*, 13 août 1954, p. 4 et 5.

148. *Ibid.*, p. 5.

149. *Ibid.*

Page titre d'une conférence portant sur les mesures anti-ouvrières de Duplessis au cours de son premier mandat, de 1936 à 1939. Sans date. Source : DAUL, P117, G4.10. Soulignons que l'abbé Dion sera aussi reconnu comme spécialiste de la législation québécoise du travail.

en plus de drôlement outiller le monde syndical dans son combat contre les nouvelles mesures législatives de Duplessis.

Spécialiste des organisations professionnelles

Durant cette même période, Gérard Dion va s'attacher à devenir le spécialiste québécois des regroupements patronaux et syndicaux. En raison de sa fonction d'aumônier au Centre des patrons chrétiens de Québec, il s'intéresse d'abord aux associations patronales. Dans un premier temps, il propose un « essai de classification[150] » des divers

---

150. G. Dion, « Les groupements patronaux. Essai de classification », *Relations industrielles*, vol. 8, n° 4 (sept. 1953), p. 350-357.

groupements patronaux au Québec. Il établit alors trois grandes catégories : 1) les associations à buts généraux ; 2) les syndicats patronaux ; 3) les mouvements patronaux. Quelques années plus tard, il s'attarde aux difficultés vécues par les associations patronales et au rôle des regroupements catholiques dans le « développement d'un syndicalisme patronal bien compris et progressif[151] ».

Mais, sans l'ombre d'un doute, ses écrits porteront principalement sur le mouvement ouvrier. Tout au long des débats qui traversent la CTCC après la fusion des deux grandes centrales syndicales américaines, l'AFL et le CIO, il accompagnera la centrale catholique dans sa réflexion[152]. Par la suite, il brossera un portrait du syndicalisme au Canada et au Québec. Étant essentiellement factuel, ce dernier article ne soulèvera pas les débats[153]. Il en ira autrement de son texte « Le syndicalisme dans une société libre ». Ce dernier en dérangera plus d'un.

Au départ, l'abbé Dion s'en prend à l'anti-syndicalisme régnant :

> Il y a peu de phénomènes sociaux aussi mal compris et méconnus que le syndicalisme ouvrier. Chacun le voit à travers un ensemble de préjugés qui lui cachent sa véritable nature, son rôle et même l'importance grandissante qu'il est en train de prendre dans la vie de la nation.
>
> Il est pourtant un des phénomènes les plus importants de notre époque. Son influence se fait sentir sur les individus, les groupes et les institutions. Elle a des répercussions dans les domaines du travail, de l'économique, de la politique et même de la religion[154].

Pour souligner le rôle déterminant des syndicats ouvriers au cours des dernières décennies, il rappelle l'ensemble des « mesures législatives d'importance nationale qui n'auraient jamais vu jour sans leur action : assurance chômage, pension de vieillesse, allocations familiales,

---

151. G. Dion, « L'action patronale catholique au Canada français », *RI*, vol. 12, n° 4 (oct. 1957), p. 348-354.

152. Voir notamment G. Dion, « La fusion du CMT et du CCT », *ibid.*, vol. 10, n° 2 (mars 1955), p. 135-238 ainsi que « La fusion syndicale, un danger. L'abbé Dion déclare qu'elle peut menacer la démocratie », *Le Devoir*, 4 sept. 1956, p. 1 et 3.

153. G. Dion, « Les groupements syndicaux dans la province de Québec (1955) », *RI*, vol. 11, n° 1 (déc. 1955), p. 1-24. Il s'agit de la première partie d'un article publié auparavant dans *Ad Usum Sacerdotum*, intitulé « Panorama actuel du syndicalisme dans la province de Québec ». Voir *AUS*, vol. 10, n° 6-8 (mars-mai 1955), p. 94-123.

154. G. Dion, « Le syndicalisme dans une société libre », *Relations industrielles*, vol. 11, n° 4 (sept. 1956), p. 24. Il s'agit d'une causerie prononcée initialement devant la Fraternité canadienne des employés de chemin de fer. Soulignons que Gérard Dion prenait souvent la parole dans les syndicats internationaux. Il était aussi régulièrement demandé pour y faire la prière avant le début des séances, à tel point que certains l'affublèrent du titre d'aumônier « des internationaux ».

enseignement public et obligatoire, réglementations des heures de travail, etc.[155] ». Déclarant le syndicalisme « phénomène normal » et « essentiel », il lie son sort au développement de la démocratie :

> Syndicalisme et démocratie sont corollaires l'un à l'autre. Le syndicalisme ne peut se développer qu'en régime démocratique où sont respectées les libertés d'expression et d'association. Par ailleurs, une véritable démocratie ne peut exister ou se développer normalement sans qu'il existe entre l'État et les citoyens des organisations sociales, économiques et professionnelles qui y jouent un rôle d'intermédiaires. Les syndicats ouvriers constituent l'un de ces groupements[156].

On trouve là formulée la nécessité de la concertation, l'une des grandes caractéristiques du « modèle québécois » développé au cours des années subséquentes.

Et pour que le syndicalisme soit un apport à la vie démocratique, il faut qu'à tous les niveaux des organisations syndicales on « conserve une forme démocratique » au sein de chacune d'elles et que l'on veille à « l'éducation » des membres. Enfin, il suggère des pistes qui faciliteront l'intégration du syndicalisme et l'amèneront à être mieux accepté.

Cet article dérangeant pour plusieurs sera aussitôt publié dans les pages du *Devoir*[157]. Un éditorial de Gérard Filion l'accompagne. Ce dernier salue ce texte « d'une remarquable densité et d'une grande sobriété », dont le principal but est « d'apprivoiser le public à la réalité syndicale[158] ». Peu de temps après, cette causerie paraîtra également dans le journal de la Fraternité canadienne des employés de chemin de fer. On y rappelle qu'au moment de cette conférence Eugène Forsey, directeur des recherches au CTC, a présenté l'abbé Dion comme « l'un des plus fidèles amis du mouvement ouvrier[159] ». On souligne aussi que la salle lui a réservé une ovation debout au terme de son discours. Cette prestation vient de l'accréditer définitivement dans son rôle d'accompagnateur du mouvement syndical. Bien qu'ayant moins de retentissement que sa célèbre intervention contre les mœurs électorales, elle n'en a pas moins confirmé Gérard Dion dans sa fonction de figure publique marquante de l'époque.

---

155. *Ibid.*, p. 135.

156. *Ibid.*, p. 138.

157. G. Dion, « Le syndicalisme dans une société libre », *Le Devoir*, 5 sept. 1956, p. 4 et 10.

158. Gérard Filion, « L'apprivoisement du syndicalisme », *ibid.*, p. 4.

159. « La démocratie a besoin des syndicats, les syndicats ont besoin de la démocratie », *Transport canadien*, oct. 1956, p. F-84 à F-86.

CONCLUSION

Sur plusieurs autres points, les prises de position de l'abbé Dion préfigurent la modernisation qui va bientôt survenir au Québec. Déjà, en janvier 1955, il se prononçait en faveur de la syndicalisation des fonctionnaires[160]. À l'été, il appuyait la proposition de la Fédération des collèges classiques émise devant la commission Tremblay, à savoir

L'abbé Gérard Dion et le chanoine Cardyn, fondateur de la JOC belge et de l'action catholique spécialisée. Sans date, photographe inconnu.
Source: DAUL, P117, G5, 3.8.

---

160. «Les fonctionnaires ont-ils le droit de se syndiquer?», *Ad Usum Sacerdotum*, vol. 10, n° 4 (janv. 1955), p. 56.

sa demande au gouvernement québécois de « rendre l'enseignement secondaire accessible à tous ceux qui ont des capacités de faire un cours classique[161] ».

Outre ce rôle de précurseur, on doit souligner un autre point de l'attitude de Gérard Dion. Malgré les revers subis, malgré son éloignement temporaire, il est demeuré fidèle à ses idéaux. Parmi les catholiques sociaux progressistes, il fut l'un des plus grands combattants des éléments conservateurs au sein de l'Église, notamment des tenants du corporatisme et de l'API. L'appui accordé par son supérieur, l'archevêque de Québec, Mgr Maurice Roy, y est sûrement pour quelque chose.

Son action, il l'a menée avec constance dans *Patron chrétien*, *Ad Usum Sacerdotum* et *Relations industrielles*. Bien qu'elles soient peu connues du public, ses prises de parole eurent une portée véritable auprès des opposants de Duplessis. Aumônier des patrons de Québec et intervenant fréquemment dans les milieux syndicaux, Gérard Dion a été l'un des grands dénonciateurs des pratiques et des mesures anti-ouvrières de l'Union nationale. C'est dans l'adversité et dans une ombre relative qu'il a d'abord forgé sa très grande réputation de défenseur d'une plus grande justice sociale. Mais cette situation s'apprête à changer totalement : bientôt, avec l'abbé O'Neill, il se retrouvera au centre d'une incroyable tempête médiatique, ce dont nous traiterons dans notre prochaine partie.

---

161. « Pour l'enseignement classique accessible à tous », *ibid.*, vol. 10, n° 9 (juin 1955), p. 145.

Troisième partie

PRÉLUDE À LA RÉVOLUTION TRANQUILLE (1956-1960)

«Abattre ce régime», tel pourrait également être le titre de cette section. Si, lors de l'après-guerre, le leitmotiv de Gérard Dion pouvait se résumer à «changer la société pour changer de régime», voilà maintenant que la proposition est inversée. Le nouveau mot d'ordre serait plutôt «changer de régime pour changer la société».

Bien que ne s'attaquant pas à un parti nommément, la lutte contre l'immoralité des mœurs électorales va contribuer à saper les assises de l'Union nationale. En parodiant les multiples «achats» de vote grâce à des cadeaux de toutes sortes (réfrigérateurs, téléviseurs, etc.), les commissions sur les contrats qui vont directement à la caisse électorale de ce parti et les nombreuses pratiques électorales douteuses de Maurice Duplessis, la critique va rendre inacceptable une façon de faire généralement admise au Québec et résumée par Israël Tarte, au début du siècle, dans cette formule archi-connue: «Les élections ne se gagnent pas avec des prières!» En effet, en soulevant les aspects moraux ou éthiques du pitoyable processus, c'est tout le régime duplessiste qui sera sali.

À l'avant-scène se trouveront deux abbés, Louis O'Neill et Gérard Dion, qui n'avaient pas prévu qu'un petit article d'*Ad Usum Sacerdotum* intitulé «Lendemain d'élections» leur vaudrait la célébrité. Mais, une fois reprise par le quotidien *Le Devoir*, leur dénonciation va faire tout un tour de presse au Québec et au Canada anglais.

Si l'accueil des médias et du public en général sera très enthousiaste, il n'en ira pas ainsi des nombreux «amis du régime». Tant le «Chef», l'Union nationale et sa presse partisane fulmineront. Mais une énorme brèche vient, grâce à ce petit texte, d'être faite. Et les opposants laïcs à Duplessis en profiteront pour continuer à enfoncer le clou.

Sur diverses tribunes et devant divers groupes sociaux, Gérard Dion entreprendra une campagne de sensibilisation s'adressant à tous les Québécois. Et les deux abbés ainsi que quelques collaborateurs d'*Ad Usum Sacerdotum* continueront à traiter du sujet dans cette revue de moins en moins « réservée au clergé ».

Évidemment, au cours de l'aventure, ils rencontreront l'opposition des membres les plus conservateurs de l'épiscopat. Certains évêques tenteront de leur barrer la route. Mais quelques-uns donneront leur appui et plusieurs choisiront de maintenir un silence qui ne cache pas moins une approbation tacite.

La publication, au printemps 1960, des textes d'*Ad Usum Sacerdotum* par les Éditions de l'Homme de Jacques Hébert, sous le titre *Le Chrétien et les élections*, va s'avérer un coup fumant, coup d'autant plus percutant qu'il est réalisé en pleine campagne électorale provinciale. L'Union nationale, qui a successivement perdu deux chefs, Maurice Duplessis et Paul Sauvé, va perdre le pouvoir. Et les libéraux de Jean Lesage, qui ont abondamment cité ce petit livre vite devenu succès de librairie, réussiront à remporter la victoire.

À cette tranche d'histoire, demeurée méconnue dans ses détails, nos trois prochains chapitres s'attardent. Cette section intitulée « Prélude à la Révolution tranquille » se devait de traiter également d'un processus qui va s'avérer un autre signe annonciateur des mutations en cours au sein de la société québécoise, la déconfessionnalisation de la CTCC. Et, là encore, nos deux célèbres abbés prendront part au débat. Nous vous invitons donc maintenant à découvrir les méandres de ce périple hors du commun.

Caricature parue dans le journal *Vrai* du 5 février 1957.
Caricaturiste inconnu. Source : DAUL, P117, D1, 6.37. Licence : Famille Hébert.

CHAPITRE 6

ÉTÉ 1956, COUP DE TONNERRE DANS LE CIEL DU QUÉBEC

Bien des gens connaissent les abbés Gérard Dion et Louis O'Neill grâce à leur intervention contre l'immoralité électorale à l'époque duplessiste. Parmi les plus âgés, plusieurs ont lu leurs deux livres *Le Chrétien et les élections* (1960) et *Le Chrétien en démocratie* (1961). Ceux qui ne l'ont pas fait se souviennent tout de même de leur premier écrit, «Lendemain d'élections», un article qui, en 1956, eut l'effet d'un coup de tonnerre dans le ciel tranquille du Québec de Maurice Duplessis. Grâce à cette action historique, les deux prêtres vont gagner l'estime de plusieurs de leurs contemporains. Sur le coup, ils obtiennent une notoriété publique certaine. Par la suite, leur geste sera jugé précurseur de la Révolution tranquille. Après l'émeute au Forum de Montréal contre l'expulsion de Maurice Richard, c'est ce qui a sonné le réveil des Québécois[1].

Mais, à ce jour, cette histoire n'a pas été racontée dans tous ses détails. Il s'agit, pour les plus âgés, d'un souvenir lointain et, pour les plus jeunes, d'une connaissance très vague d'une page d'histoire inscrite dans notre mémoire collective. Cette biographie s'avère l'endroit idéal pour combler cette lacune, puisque l'abbé Dion en fut l'un des principaux acteurs[2].

---

1. Soulignons qu'il y aurait toute une recherche à faire sur les initiatives prises par certains clercs durant cette période cruciale que furent les années 1956 à 1960. Au cours de ce prélude à la Révolution tranquille, quelques-uns d'entre eux ont agi. Malheureusement, comme cette recherche en profondeur n'a pas encore été réalisée, il nous est difficile de placer dans un contexte plus large le geste des deux célèbres abbés.

2. Si cette histoire est possible malgré le départ de Gérard Dion, c'est grâce au très grand souci de conservation de cet homme. En effet, ses archives contiennent les traces de ses nombreuses interventions sur la question ainsi que les réactions qu'elles ont suscitées. Les nombreux dossiers

Avant cette intervention publique qui le rendit célèbre, il faut savoir que, depuis un certain temps, Gérard Dion portait intérêt à la question des mœurs électorales. Ses archives regorgent d'ailleurs de plusieurs documents sur la question, notamment les interventions du clergé québécois. D'abord, le *Petit Catéchisme électoral à l'usage du peuple*[3] produit en 1916 par le père M. A. Lamarche, o.p., qui dénonce les mauvaises mœurs et la corruption électorales. Ensuite, un article de Charles-Omer Garant de l'automne 1935 qui, lors d'une campagne de la nouvelle Ligue de moralité publique, intervient, au nom de la justice sociale et du bien commun, pour condamner l'achat de votes, la pratique du parjure et les « télégraphes[4] ». Enfin, la *Lettre pastorale touchant certains faits publics survenus pendant la dernière période électorale*[5] du cardinal Villeneuve, une lettre visant à répondre aux nombreuses critiques relatifs à l'appui de certains membres du clergé à des candidats unionistes lors de l'élection de 1936.

Tous ces documents montrent que, bien avant son intervention de l'été 1956, Gérard Dion était préoccupé par les pauvres mœurs électorales qui avaient cours. Voyons donc maintenant ce qui va se produire dans ce Québec marqué par douze longues années de règne duplessiste[6].

---

conservés vont nous permettre de reconstituer ce moment historique. Les témoignages de deux autres acteurs de premier plan, MM. Louis O'Neill et Georges-Albert Boissinot, père de Saint-Vincent de Paul, viendront nous permettre de compléter le tout. Sans leur précieuse collaboration, cet épisode de notre histoire collective n'aurait pas sa pleine couleur.

3.   DAUL, P117, D1, 6.39 (BP3631.6), M. A. Lamarche (1916), *Petit catéchisme électoral à l'usage du peuple*, s. éd., Saint-Hyacinthe, 23 pages.

4.   DAUL, P117, D1, 6.28 (BP3621.12), C.-O. Garant, « Le Serment », causerie radiophonique du 16 novembre 1935 publiée dans *L'Action catholique*, sans date, 2 pages. Soulignons qu'en cette période agitée la Ligue de moralité publique nouvellement créée avait recueilli la promesse de 100 000 électeurs qu'ils exerceraient leur vote consciencieusement. Le terme « télégraphe », signifiant aussi « supposition de personnes », désigne une pratique courante à l'époque. Il s'agit de personnes rétribuées par un parti politique qui allaient voter sous le nom d'autres électeurs.

5.   DAUL, P117, D1, 6.38 (BP3631.5), Cardinal Jean-Marie-Rodrigue Villeneuve (1936), *Lettre pastorale touchant certains faits publics survenus pendant la dernière période électorale*, Québec, Librairie de l'Action catholique, 15 pages.

6.   Maurice Duplessis avait bien pris le pouvoir de 1936 à 1939 mais, au moment de la Deuxième Guerre mondiale, il s'était fait déloger par le gouvernement réformiste du libéral Adélard Godbout. Jouant sur la corde nationaliste, il réussit à reprendre le pouvoir en 1944. C'est à ce deuxième règne que nous faisons référence.

ANTÉCÉDENTS

Avant de nous attarder à la première publication du tandem Dion-O'Neill, il faut savoir que la question du civisme a d'abord été soulevée, au printemps 1955, par la Commission sacerdotale d'études sociales (CSES)[7], organisme mis sur pied pour conseiller l'épiscopat québécois sur les questions sociales qui, de 1947 à 1954, avait suscité une vive opposition des forces conservatrices, notamment à cause de son projet de réforme de l'entreprise[8].

À ses journées d'études du 9 au 12 mai 1955, le sujet principal soumis à la discussion de la Commission est le civisme. Cette façon très large d'aborder la question explique sans doute l'autorisation accordée à la CSES par l'épiscopat, un épiscopat qui, depuis le début de la décennie 1950-1960, est dominé par son aile conservatrice[9]. Car, qui pourrait accuser ces aumôniers sociaux de faire preuve de partisanerie politique en traitant d'une notion aussi large. Après tout, le civisme s'avère un concept élémentaire dont tout citoyen doit faire preuve.

Au surplus, cette façon large de soulever la question des mœurs électorales possède l'avantage de dépolitiser le sujet. Elle permet également d'attaquer la racine du mal, les valeurs peu glorieuses qui sont à la base de nombreuses pratiques déloyales alors en usage. Surtout, dans ce Québec duplessiste où la critique n'était généralement pas admise, cette approche s'avérait probablement la seule voie qui s'offrait à ces aumôniers désireux de reprendre la parole. Cette façon très large de traiter de la question leur évitera de prêter flanc aux invectives de Duplessis.

Le premier conférencier à s'exprimer est le dominicain Gilles-Marie Bélanger. Peu connu du public, cet homme a pourtant joué un rôle important. Du type éminence grise qui préfère l'arrière-scène, il a œuvré dans le sillage d'un dominicain archi-connu, le père Georges-Henri Lévesque. Avec lui, il a travaillé à la promotion du coopératisme. Le père Bélanger assumait également la fonction de directeur du Service

---

7. La Commission sacerdotale est présidée par Mgr Jean-Charles Leclaire de Saint-Hyacinthe. À sa création en 1948, ses membres étaient les suivants : Charles-Omer Garant et Gérard Dion, aumôniers patronaux de Québec, Henri Pichette, Jacques Cousineau, s.j., et Omer Genest de Chicoutimi, tous aumôniers syndicaux de la CTCC, Paul-Émile Bolté du Grand Séminaire de Montréal et Émile Bouvier, s.j., aumônier patronal de l'Association professionnelle des industriels. En 1955, Garant, Bouvier et Cousineau n'y sont plus et de nouveaux membres se sont ajoutés.

8. Sur ce sujet, voir notre recherche (2005), *Les Dessous d'Asbestos. Une lutte idéologique contre la participation des travailleurs*, Québec, PUL, 566 pages.

9. Cette approbation peut aussi être la conséquence d'une distanciation de l'épiscopat de Maurice Duplessis. Pour s'en assurer, il faudrait qu'une recherche soit effectuée dans les archives de l'Assemblée des évêques.

d'éducation aux adultes de l'Université Laval. Grâce à ses nombreux cours du soir, ce centre rejoignait plusieurs personnes intéressées aux questions sociales.

Intitulée «Vraie démocratie et civisme[10]», la conférence d'ouverture de Gilles-Marie Bélanger expose les bases de l'enseignement social de l'Église sur la matière. Cette présentation étoffée livre les grandes lignes de la réflexion, dont nos deux abbés pourront s'inspirer plus tard dans leurs écrits. En effet, on y montre comment une vraie démocratie doit être au service du bien commun et comment le civisme doit se fonder sur la justice sociale, cela en s'appuyant sur les écrits de saint Thomas, le *Radio-message de Noël 1944* du pape Pie XII et l'enseignement du père J.-T. Delos.

Notre conférencier attire l'attention d'abord sur les principaux traits de la démocratie. Pour être véritable, tout régime démocratique doit respecter «la dignité et la liberté des citoyens». Il doit instaurer «le règne de la loi» qui détermine les droits des individus[11]. En plus de viser le bien commun, ses législations doivent s'appuyer sur le droit naturel. Le second critère d'une démocratie s'avère le contrôle exercé par les citoyens sur les gouvernants. Tant les élus que les organes désignés par la population doivent être «responsables vis-à-vis de la collectivité» et agir en fonction du bien général. Le troisième critère est d'ordre moral ; il doit viser une «aspiration vers la liberté», aspiration qui demeure toujours à parfaire.

Ce sont ces trois critères qui permettront de juger de la valeur d'une démocratie. Comme dans nos démocraties modernes, celles que l'on qualifie de représentatives, le peuple ne gouverne pas directement, il est d'autant plus essentiel que le contact se maintienne «entre gouvernants et gouvernés». Si une distance venait à s'établir, si les représentants ne répondaient plus aux besoins et aux aspirations de la population, on serait plutôt en présence d'une «démocratie substitutive». On gouverne alors contre le peuple ou, tout au moins, sans lui[12].

---

10. Gilles-Marie Bélanger, «Vraie démocratie et civisme», p. 29-37 tirée de Centre d'histoire de Saint-Hyacinthe (CHSH), Fonds Mgr Leclaire, AFG180/875-000-009, CSES, *Le civisme*, Journées sacerdotales d'études sociales tenues les 9 au 12 mai 1955, SNAS, mars 1956, 88 pages. Soulignons que le père Boissinot avait produit un texte étoffé sur le sujet pour le père Bélanger. Cependant, il n'a pu le retracer, ni élucider à quoi il a servi.

11. *Ibid.*, p. 30.

12. *Ibid.*, p. 32. Cette analyse s'applique parfaitement à la situation existante sous le régime duplessiste. Sans le dire explicitement, on vient de lui adresser là une critique dévastatrice.

Après un long aparté sur la différence entre masse inerte[13] et peuple conscient, le père Bélanger s'attarde ensuite au rôle des élites présentes au sein des divers groupes sociaux. Il souligne alors que « la démission commence habituellement au sein de l'élite ». Une telle démission aura de graves conséquences :

> Lorsque ces différents groupes ou ces différentes structures n'agissent plus de la façon qui convient sur la formation de l'opinion, la distance s'élargit entre gouvernants et gouvernés et, pour peu que les dirigeants le veulent, il leur devient facile de ne compter que sur la masse et d'empêcher graduellement toute discussion, toute critique, tout contrôle rationnel de l'opinion, en somme tout contrôle démocratique[14].

Devant une telle désaffection qui est maintenant généralisée, il faut revenir au concept de civisme afin de responsabiliser chaque citoyen. Le père Bélanger de souligner alors cette double relation : « Pas de démocratie sans civisme : qui dit démocratie dit gouvernement du peuple ; qui dit civisme dit vertu du citoyen[15] ». Et le « bon citoyen » aura à faire preuve de vertu, d'une vertu qui l'amènera à diriger « tous ses actes vers le bien commun ». Ses gestes devront également s'appuyer sur la « justice sociale ».

Et là, le père Bélanger fait ce constat inquiétant, un constat qui explique la présente intervention de la Commission sacerdotale :

> Ce sont d'ailleurs les manques de civisme qui nous amènent aujourd'hui à poser le problème du civisme. Nous sommes frappés par l'indifférence des citoyens à l'égard du bien politique, par le peu de respect qu'on a de l'autorité et des lois, par la baisse de la moralité publique, etc., et nous jugeons qu'il est opportun de réagir[16].

Ayant souligné les principaux « ennemis intérieurs », à savoir « l'égoïsme, la cupidité, les ressentiments, les concupiscences et l'ambition », le conférencier précise que tout civisme doit s'accompagner d'une « droiture de l'âme » et d'un véritable esprit charitable.

À la suite de cette conférence d'ouverture substantielle, les exposés suivants serviront à cerner les questions discutées à l'intérieur des divers ateliers. Le père Albert Plante, s.j., directeur de la revue *Relations*, s'interrogea à savoir si les familles, les écoles et les collèges préparaient

---

13. À la suite des horreurs du fascisme et de l'avènement du communisme dans plusieurs pays de l'Est, les catholiques, Pie XII le premier, voulurent se distancier du concept de masse.

14. *Ibid.*, p. 33.

15. La deuxième partie de cette conférence a été publiée dans *Ad Usum Sacerdotum*, vol. 10, n° 10, juillet 1955, p. 183-186. C'est à ce texte que nous référons ; citation tirée de la p. 183.

16. *Ibid.*, p. 184-185.

adéquatement au civisme[17]. Ce fut l'occasion pour lui de constater que très peu était fait dans le monde de l'éducation.

De son côté, le père Jacques Cousineau, ce jésuite qui s'était vu retirer l'ensemble de ses fonctions sociales quelques années auparavant, effectuait son retour en posant deux questions très pertinentes : « 1) Est-ce que nos institutions politiques[18] favorisent l'exercice d'un véritable civisme ? et 2) La participation des catholiques est-elle suffisante et efficace ? » Comme, après 1949, la Commission sacerdotale a cessé de publier les résultats de ses délibérations, il nous est impossible de savoir à quelles conclusions les participants en sont venus sur ces deux sujets. Tout au moins, les discussions ont dû leur permettre de prendre une mesure plus exacte de l'ampleur des problèmes.

Le troisième exposé, celui de l'abbé Gaston Hains, va s'avérer encore plus délicat puisqu'il aborde le rôle de l'Église face au civisme. Dans le but de permettre à ses collègues de creuser ce thème, il leur pose cette série de questions :

1) Est-ce que nous, prêtres, nous savons enseigner aux fidèles leurs devoirs sociaux regardant le bien commun, i.e. leurs devoirs civiques ? Est-il facile de parler en chaire des vertus civiques ? Savons-nous utiliser et promouvoir des cercles d'études sociaux pour cet enseignement ?

2) Est-ce que, comme prêtres, nous savons donner l'exemple d'un véritable sens civique ? Ne sommes-nous pas enclins à transposer dans la société civile (démocratique) la constitution et la mentalité monarchique de la société ecclésiastique ? Comment jugeons-nous l'autorité politique ? De quelle façon observons-nous la loi civile (impôts, taxes, lois de circulation, etc.) ?

3) De quelle façon enseigne-t-on les vertus civiques dans les Grands Séminaires (matière enseignée et mode d'enseignement)[19] ?

Il y a là une invitation très directe au clergé, une invitation à procéder à son propre examen de conscience.

Le quatrième conférencier, l'abbé Jean-Denis Cadieux, soulève deux grandes questions : 1) La critique de l'autorité par les individus, les

---

17. Albert Plante, « Civisme, famille et école », p. 63-65 tirée de CHSH, Fonds Mgr Leclaire, AFG180/875-000-009, CSES, *Le civisme*, Journées sacerdotales d'études sociales tenues les 9 au 12 mai 1955, SNAS, mars 1956, 88 pages.

18. Comme on le sait, plusieurs instances tels les commissions scolaires et les conseils municipaux étaient contrôlés par de fervents défenseurs de Maurice Duplessis. La conférence du père Cousineau s'intitulait « Civisme et institutions politiques ». Elle se trouve à la p. 66 du document précité.

19. Gaston Hains, « Civisme et clergé », tirée d'*ibid.*, p. 68.

groupements et les médias est-elle possible et suffisante ? ; 2) L'opinion publique est-elle bien éclairée ? S'appuyant sur les écrits de l'heure et sur le *Radio-Message de Noël 1944* de Pie XII, l'abbé Cadieux indique les grands principes à prendre en considération[20].

Après avoir défini les notions d'opinion publique et de critique, il s'attarde à leur existence dans un État démocratique. Par sa nature, celui-ci doit assurer les libertés fondamentales de l'homme, dont celle « de pouvoir exprimer ses opinions ». S'ensuit donc « le droit à la critique », car « c'est un devoir de l'État de permettre à l'opinion publique de s'exprimer librement ». Et pour que les citoyens soient en mesure de le faire, « l'État doit [les] informer loyalement et clairement[21] ».

Cette critique de l'autorité civile est aussi fondée sur les notions de « bien commun » et de « dignité de l'homme ». Étant « homme libre et raisonnable », tout citoyen a le droit de connaître la vérité, parce que « la vérité est aussi essentielle à l'homme que le pain ou le riz. C'est un aliment de base sans lequel aucune société [...] ne peut subsister. Seule la sincérité [...] rend possible et normaux les rapports humains[22] ».

Ces deux arguments du « droit à la vérité » et de « l'obéissance éclairée » amènent le conférencier à se pencher sur ce « droit à la critique ». Aussitôt, il précise cependant que toute critique doit respecter les balises suivantes : être sérieuse, positive, tempérée, juste, vraie et prudente[23]. De son côté, le journaliste est tenu de s'appuyer sur « des faits contrôlés », de livrer une « information honnête » et de faire preuve d'une « opinion fondée » et d'un « jugement prudent ». Quant aux médias et aux divers critiques, ils doivent faire montre de ces trois vertus : « la véracité, la sincérité et l'honnêteté intellectuelle[24] ».

Bien que l'on ne dispose pas des délibérations de cet atelier, les conclusions des aumôniers sociaux sont faciles à deviner. Leur réflexion sur la réalité du régime duplessiste a dû les amener à conclure que l'opinion publique n'était pas bien renseignée, que les médias d'information n'exerçaient pas une véritable critique de l'autorité civile et que la liberté d'opinion était très peu valorisée.

Également présents à ces journées d'études, nos deux abbés comptent parmi les derniers conférenciers. Le mercredi 11 mai, Louis

---

20. Jean-Denis Cadieux, « Civisme, critique et presse », tirée d'*ibid.*, p. 69-83.

21. *Ibid.*, p. 74.

22. *Ibid.*, p. 75. Extrait du père P. Boisselot dans « Presse et vérité », p. 17 du huitième Congrès national de la Vie catholique.

23. *Ibid.*, p. 76-80.

24. *Ibid.*, p. 81.

O'Neill traita de « la vraie liberté des laïcs dans le domaine intellectuel[25] ». Puisque cette conférence n'aborde pas les mœurs électorales mais plutôt un tout autre sujet, les critiques de certains laïcs à l'égard de l'Église, nous ne la retiendrons pas. Lors de la dernière journée de ces délibérations, le jeudi 12 mai, Gérard Dion se pencha, pour sa part, sur l'exercice du droit de vote et le rôle des partis politiques[26].

Ayant rappelé les trois caractères essentiels de tout régime démocratique[27], l'abbé Dion souligne l'importance de ces trois libertés fondamentales, les libertés d'opinion, d'expression et d'association. Sans ces dernières, une démocratie « n'est pas une vraie démocratie. Elle n'en est qu'un simulacre[28] ».

S'attardant ensuite aux partis politiques, il signale plusieurs dangers qui peuvent menacer la démocratie, notamment de « confondre la solidarité de parti… avec l'esprit de parti » et de « confondre entre le bien du parti et le bien commun[29] ». Et le conférencier termine en formulant ces questions qui pointent directement des réalités omniprésentes sous le règne de Duplessis :

— A-t-on le droit d'acheter le vote des citoyens ou de les punir parce qu'ils ne votent pas selon ses désirs ?

— Est-ce que les citoyens peuvent, pour des avantages particuliers, se laisser influencer ?

— Est-ce que les partis politiques peuvent utiliser leur situation dans le gouvernement pour imposer à ceux qui ont des contrats avec l'État des contributions à la caisse électorale ?

— Est-ce que ceux qui sont responsables de l'opinion publique, et qui se disent indépendants, ont le droit de cacher des faits, des attitudes préjudiciables au bien commun commis par le détenteur de l'autorité ?[30]

---

25. Louis O'Neill, « La vraie liberté des laïcs dans le domaine intellectuel », p. 51-62 du Compte-rendu de la CSES. Également paru dans *Ad Usum Sacerdotum*, vol. 10, n° 10, juillet 1955, p. 188-197.

26. Gérard Dion, « Vote et partis politiques », p. 84-86 tirée de CHSH, Fonds Mgr Leclaire, AFG180/875-000-009, CSES, *Le civisme*, Journées sacerdotales d'études sociales tenues les 9 au 12 mai 1955, SNAS, mars 1956, 88 pages.

27. Selon lui, ces trois caractéristiques sont les suivantes : « 1) Égalité de tous devant la loi… ; 2) Les citoyens désignent les détenteurs de l'autorité… ; 3) Les citoyens ont enfin le droit et le devoir de conseiller les détenteurs de l'autorité dans l'élaboration et l'application de la politique ». *Ibid.*, p. 84.

28. *Ibid.*, p. 85.

29. *Ibid.*, p. 86.

30. *Ibid.*

Après des questions aussi directes, il y a fort à parier que les échanges qui suivirent permirent de relever plusieurs situations irrégulières. Tout au moins, la centaine d'aumôniers sociaux présents se sont familiarisés là avec l'un des plus graves problèmes du temps. Ce qui est certain, c'est que nos deux prêtres y ont trouvé un matériel de qualité ainsi que de quoi nourrir leur réflexion.

Dans sa livraison de juillet 1955, la revue *Ad Usum Sacerdotum* reprendra quelques-unes de ces conférences, notamment celles de Gilles-Marie Bélanger et de Gérard Dion[31]. La question du civisme et des mœurs électorales était donc soulevée auprès de ses lecteurs. Bien que la première partie de la conférence du père Bélanger ait été publiée dans *L'Action catholique*, elle ne suscita pas de réactions, ni ne fit son tour de presse. Bref, à un an des élections provinciales de 1956, la discussion de ce thème était limitée à un cercle assez restreint. Certains aumôniers sociaux ont pu soulever cette question dans leurs organismes d'intervention, les syndicats catholiques et les groupes d'action catholique. Mais, somme toute, Duplessis ne s'est pas retrouvé devant une vague d'indignation populaire.

LE TANDEM DION-O'NEILL

À l'époque, l'abbé Gérard Dion est reconnu comme étant le premier grand spécialiste québécois des relations du travail. Ses étudiants et les militants auxquels il donne de la formation apprécient généralement les cours de cet excellent pédagogue. C'est d'ailleurs lui qui a formé bon nombre des premiers permanents syndicaux de la CTCC. Dans son domaine de spécialisation, il est également très apprécié à titre d'organisateur des fameux Congrès de relations industrielles qui, chaque année, regroupent patrons et syndiqués autour d'un thème à discuter. Par ce cercle, il est aussi lu à l'intérieur du *Bulletin des relations industrielles*, une publication scientifique qu'il a fondée et dirige.

En tant que spécialiste, Gérard Dion est déjà intervenu à quelques reprises dans les médias, mais ses interventions n'ont pas soulevé un tollé, ni rejoint l'ensemble de l'opinion publique. Bref, de monsieur et madame tout le monde, il demeure peu connu. Cependant, son influence est très grande dans l'Église d'ici, notamment grâce à sa petite revue *Ad Usum Sacerdotum*. De facture modeste, cette petite publication « réservée au clergé » compte maintenant près de 700 lecteurs, dont beaucoup d'aumôniers sociaux. De plus, certains syndicalistes catholiques,

---

31.   Voir *Ad Usum Sacerdotum*, vol. 10, n° 10 (juillet 1955), p. 179-197.

militants d'action catholique et journalistes progressistes, tels Filion et Laurendeau du *Devoir*, doivent sûrement y jeter un œil.

Cette revue un peu spéciale, créée en 1947, exerce donc une influence certaine. Depuis sa fondation, c'est l'abbé Dion qui, règle générale, en est l'unique rédacteur. À chacun de ses dix numéros de l'année, c'est lui qui en rédige tous les textes. Mais voilà qu'à partir de l'année 1954 on y remarque quelques articles d'un nouveau venu qui signe L. O.

Beaucoup plus jeune, Louis O'Neill se rappelle ainsi sa première rencontre avec lui :

> J'ai d'abord rencontré Gérard Dion occasionnellement, en 1947 probablement. Je me souviens d'être allé avec lui, à l'été, dans la région de Trois-Rivières rencontrer des syndiqués de la Wabasso. À ce moment-là, je crois qu'il était encore aumônier au Parc Victoria, à l'Œuvre des terrains de jeux.

Mais, c'est lors de ses études théologiques qu'il a été amené à le connaître davantage :

> C'est vraiment à l'hiver 1949 que je l'ai mieux connu alors que j'étais son étudiant. C'était pendant la grève de l'amiante. Ce cours, qui portait sur la doctrine sociale de l'Église, était très axé sur ce qu'on appelait la « lecture de l'évènement ». Et l'évènement à ce moment-là, c'était évidemment la grève de l'amiante. Alors, cela a occupé tout le trimestre. C'était extrêmement intéressant. Nous suivions la grève semaine après semaine car il était un partisan zélé, un fervent partisan des grévistes... Plus tard, j'ai su qu'il était le principal conseiller de Monseigneur Roy[32].

Une fois ses études de théologie terminées, le jeune Louis O'Neill devient, en 1951, professeur de philosophie et, en 1952, professeur de morale sociale au Petit Séminaire de Québec. C'est à partir de ce moment-là que, lors d'échanges de textes, il noue ses premiers liens professionnels avec Gérard Dion. Peu de temps après, il commence à collaborer avec ce dernier « dans sa petite revue, *Ad Usum Sacerdotum*[33] ».

En effet, à l'intérieur de cette publication, on retrouve un premier court texte de Louis O'Neill dans le numéro de décembre 1954 intitulé

---

32. Entrevue de M. Louis O'Neill réalisée par l'auteure le 19 septembre 2005 à Québec. Né en 1925, Louis O'Neill avait donc treize années de moins que Gérard Dion. Lors de cette première rencontre, il n'atteignait que sa 22e année.

33. *Ibid.* Dans sa biographie, Louis O'Neill ajoute : « La réflexion en situation que nous proposait Gérard Dion contrastait avec l'allure détachée et abstraite de la plupart des autres cours ». Tiré de Louis O'Neill (2003), *Les trains qui passent. Propos et souvenirs d'un citoyen libre*, Montréal, Fides, p. 99.

« Les grands principes[34] ». L'auteur s'en prend d'abord à l'utilisation que font certains politiciens des principes chrétiens dans le but de s'attirer des votes. De plus, il condamne l'invocation de notions tel le bien commun pour justifier des mesures rétrogrades. Il invite alors les prêtres à oser dénoncer pareilles utilisations de la religion catholique.

Après quelques articles sur des sujets plus larges[35], l'abbé O'Neill s'attaque à la fameuse propagande anti-communiste très en vogue sous le règne de Duplessis. Ses « réflexions » sont l'occasion de condamner les dérives de cette propagande : « l'expérience du maccarthysme [aux États-Unis] doit suffire pour rendre prudent[36] ». Il souligne comment, au Québec, le débat est souvent faussé par « l'électoralisme intéressé ». Et, ici, les accusations de communisme sont généralement non fondées puisque l'on s'en prend aux « voyageurs qui visitent les pays derrière le rideau de fer », aux « catholiques de gauche », aux « intellectuels avancés » ou encore aux « chefs syndicalistes »[37].

Avec cet article, Louis O'Neill commence à creuser ce que nos deux abbés qualifierons plus tard de « mythe communiste ». En ce printemps 1956, Dion et O'Neill œuvrent donc ensemble depuis un certain temps déjà, mais ils n'ont pas encore suscité de remous dans l'opinion publique. Seuls les lecteurs d'*Ad Usum Sacerdotum* connaissent l'existence de cette nouvelle collaboration.

LA CÉLÈBRE DÉCLARATION « LENDEMAIN D'ÉLECTIONS »

Comment nos deux abbés en sont-ils venus à produire cet article qui va faire tant de bruit ? Encore une fois, c'est le témoignage de Louis O'Neill qui vient nous éclairer. Tel qu'indiqué dans sa biographie, les nombreux abus électoraux de la campagne provinciale de 1956 les

---

34. L. O., « Les grands principes », *Ad Usum Sacerdotum*, vol. 10, n° 3 (déc. 1954), p. 36-38.

35. Au début de 1955, Louis O'Neill abordait le concept de la coexistence pacifique (voir *AUS*, vol. 10, n° 5, février 1955, p. 73-74). À l'intérieur du numéro de décembre 1955, il défendait la pertinence de la sociologie religieuse qui, par ses enquêtes, pourrait venir aider les activités pastorales et l'action catholique (voir *AUS*, vol. 11, n° 3, décembre 1955, p. 79-82). Au début de l'année suivante, il traitait à deux reprises de la dévotion (voir *AUS*, vol. 11, n° 4, p. 98-106 et n°s 5 et 6, p. 117-119).

36. L. O., « Réflexions sur l'anticommunisme », *AUS*, vol. 11, n° 7 (avril 1956), p. 151-156. Quelques pages auparavant, le jeune abbé tenait aussi une chronique où il critiquait notamment le manque d'ouverture du clergé devant la « crise religieuse au Canada français ». Voir *ibid.*, p. 132-134.

37. *Ibid.*, p. 152.

38. Voir Louis O'Neill (2003), *Les trains qui passent...*, p. 105 et suivantes.

avaient tous deux profondément dégoûtés[38]. C'est lors d'une rencontre entre intellectuels de Québec qu'ils eurent l'occasion de traiter du sujet :

> Les élections de juin avaient provoqué, dans le milieu intellectuel, une déception énorme à cause du lavage complet, du raz-de-marée de l'Union nationale. Je me rappelle, on s'était réuni un certain nombre de collègues. Je me souviens très bien, c'était au Cercle universitaire qui, à ce moment-là, était situé sur la rue d'Auteuil.
>
> Ce fut alors les pleurs et les gémissements. Tout le monde était extrêmement démoralisé et découragé.
>
> En sortant de là, Dion et moi, on s'est dit : « Il me semble qu'on peut faire quelque chose ». Et là, ça s'est mis à mijoter[39].

Par ces quelques mots, l'entente était conclue ; le tandem Dion-O'Neill venait véritablement de naître.

La suite des choses allait se passer très rapidement. D'abord, Louis O'Neill produisit une première version à laquelle Gérard Dion apporta quelques ajouts[40]. Ensuite, l'abbé Dion obtint le précieux *Nihil obstat* de Mgr Ernest Lemieux[41]. Le texte pouvait alors paraître dans *Ad Usum Sacerdotum*. C'est à l'intérieur du numéro de juin et de juillet 1956 que l'on retrouve le fameux article cosigné par Dion et O'Neill, article coiffé du simple titre « Lendemain d'élections[42] ».

---

39. Entrevue de M. Louis O'Neill, réalisée par l'auteure le 19 septembre 2005 à Québec.

40. Lors de notre entretien, M. O'Neill avait de la difficulté à déterminer avec certitude qui avait fait quoi puisqu'il ne possédait plus aucune archive sur ce dossier. Heureusement, à l'intérieur du Fonds Gérard-Dion, nous avons retrouvé le texte original, avec ses ajouts. Cette première version est bien de Louis O'Neill, puisqu'elle est produite sur du papier en-tête de la paroisse Saint-Jean-Baptiste. À ce texte de neuf pages sont jointes quelques notes manuscrites rédigées par Gérard Dion. Outre l'introduction et la conclusion, l'abbé Dion est responsable de la section intitulée « infusion du socialisme pratique ». Il a aussi veillé à la révision finale du texte. Trouvé à DAUL, P117, 6.37 (BP3630.1).

41. Dans sa biographie, Louis O'Neill précise que cette autorisation fut facile à obtenir puisque Mgr Lemieux n'exigea que « quelques corrections mineures ». Tiré d'O'Neill (2003), *Les trains qui passent...*, p. 108.

42. Louis O'Neill et Gérard Dion, « Lendemain d'élections », *Ad Usum Sacerdotum*, vol. 11, n°s 9-10 (juin-juillet 1956), p. 198-203. Certains journaux affirmeront que ce numéro « a été tiré à une centaine d'exemplaires supplémentaires » ou que l'article fut envoyé « *in addition to 200 laymen in various parts of Canada and abroad* ». Voir « Révélations au sujet de la lettre explosive des abbés Dion et O'Neill », *La Patrie*, 26 août 1956 et « Alarm Sounded on Political Immorality », *The Gazette*, 8 août 1956, articles trouvés à DAUL, P117, D1, 6.37 (BP3629.3 et BP3630.10). Pour sa part, le journal *Vrai* de Jacques Hébert se contenta d'affirmer que ce « numéro [...] a circulé dans certains milieux laïques ». Voir *Vrai*, 8 septembre 1956, p. 3.

Reproduction de la version originale de « Lendemain d'élections ».
Source : DAUL, P117, 6.37.

Début du texte de Louis O'Neill.

Note introductive ajoutée par Gérard Dion.

Dans cette revue réservée au clergé, l'article passa presque inaperçu. Au dire de tous les témoins interrogés, il suscita des signes d'appui discrets de plusieurs lecteurs, mais aucun remous. C'est seulement lorsque la presse s'en emparera qu'une immense réaction publique surviendra. Louis O'Neill nous raconte ainsi la suite des événements :

Seconde reproduction de l'article dans *Le Devoir*, le 14 août 1956.
Source: *Le Devoir* et Socami.

> J'apprends que des gens ont envoyé le texte au *Devoir*... Mais, ils m'en avertissent aussitôt. À ce moment-là, je communique avec son directeur, Gérard Filion, et je lui dis: « Nous savons que vous avez le texte entre vos mains »... [Après confirmation de sa part], j'ajoute: « Aucune objection à ce qu'il soit publié mais ne mettez donc pas les noms ». C'est Filion qui a signé « deux théologiens »[43].

Ce simple consentement téléphonique allait entraîner des suites on ne peut plus nombreuses.

Fort de cette autorisation, le quotidien *Le Devoir* faisait paraître l'article à l'intérieur de son numéro du mardi 7 août. Il prenait alors bien soin de ne pas dévoiler l'identité de ses deux auteurs; mais, ce faisant, il venait d'augmenter de beaucoup le suspense. Tout le monde voulait savoir qui étaient ces « deux théologiens ». À ce propos, Gérard Filion indique que la réaction fut très rapide: « Au *Devoir*, nous avons reçu des appels téléphoniques de Toronto, Winnipeg et de Vancouver.

---

43. Entrevue de M. Louis O'Neill, réalisée par l'auteure le 19 septembre 2005 à Québec. Dans son article, Blair Fraser ajoute ces éléments: « *It was from readers [of* Ad Usum Sacerdotum*], not the writters, that newspapers got hold of it in the first place. Robert Duffy of the Toronto* Globe and Mail *was the first to break the story, but by that time no fewer than three Quebec priests had send their copies of* Ad Usum Sacerdotum *to* Le Devoir, *the fiercely independent Montreal newspaper that had been a thorn in Duplessis' side for years.* Le Devoir *printed in full, the same day Duffy's story appeared in the* Globe and Mail ». Tiré de Blair Fraser, « The "religious crisis" in Quebec politics », *Maclean's*, 10 novembre 1956, p. 14, retrouvé à DAUL, P117, D1/6.37 (BP3630.21).

On voulait savoir le nom des deux théologiens, leurs fonctions, le sort qui leur [était] réservé après un acte aussi courageux »[44].

Pour sa part, Louis O'Neill nous raconte comment il eut vent de la vague que l'article suscitait :

> Quand ça sort, le mardi je crois, je suivais une retraite au Séminaire. Un confrère me confie : « Il y a un texte qui vient de paraître signé par deux théologiens, çà barde ! » En même temps, le portier m'avise d'un appel de Gérard Dion, qui, lui, me dit : « Faut que je te voie ». J'ai bien deviné ce qui se passait[45].

Le texte créait donc bien des remous. Et pas seulement au Québec, car sa diffusion allait être très large. En effet, il serait aussitôt repris un peu partout au Canada anglais :

> « Lendemain d'élections », quand ce texte a paru dans *Le Devoir*, ça été un coup de tonnerre ! La Presse canadienne l'a repris et c'est ainsi que le texte a été publié dans tout le reste du Canada. C'est la Presse canadienne qui lui a donné un tel retentissement. Par la suite, l'article a été publié dans plusieurs journaux anglophones[46].

Au Québec, les commentaires viendront d'un peu partout. Mais, avant de nous pencher sur cette onde de choc, il appert essentiel de s'attarder au contenu de ce fameux article.

Un contenu explosif

Dans *Ad Usum Sacerdotum*, « Lendemain d'élections » avait été précédé de cette note « confidentielle », mais drôlement percutante :

> Les élections provinciales [...] ont donné lieu à l'étalage public de principes et d'attitudes qui touchent à la morale chrétienne. Certains fols ont récemment nié qu'il existât une crise religieuse chez nous. Ce qui vient de se passer au grand jour à la connaissance de tous démontre que notre peuple, qui se considère catholique, est tellement affecté qu'il ne réagit même plus en face de la violation des principes les plus fondamentaux du christianisme. Même notre « presse catholique », par

---

44. Gérard Filion, « Il nous faudrait un Bernanos », *Le Devoir*, 11 août 1956, p. 4.

45. Entrevue de M. Louis O'Neill, réalisée par l'auteure le 19 septembre 2005 à Québec.

46. Entrevue de M. Georges-Albert Boissinot, réalisée par l'auteure le 30 septembre 2005 à Québec. Dans son bilan, Isocrate (Léandre Bergeron) apportait cette précision sur les suites immédiates de la publication du texte dans *Le Devoir* : « Le même jour, le *Globe and Mail* en faisait l'objet d'une nouvelles en citant de larges extraits. Immédiatement, la Presse canadienne lui emboîta le pas et tous ses abonnés purent, dans les vingt-quatre heures, publier la dépêche considérée comme "sensationnelle" ». Isocrate, « Bilan de "l'affaire Dion-O'Neill", I- Les publications », *Le Devoir*, 16 janvier 1957, p. 4. Retrouvé à DAUL, P117, D1, 6.3 (BP3627.16).

son silence, donne l'impression que tout est normal. En conscience, nous ne pouvons pas rester des «chiens muets»[47].

À l'intérieur du *Devoir*, sa présentation était plus sobre. Inscrit dans l'enquête du journal sur «la politique provinciale», le texte était chapeauté du simple titre «Une vue d'ensemble». Dans sa très brève présentation, Gérard Filion indiquait seulement qu'il s'agissait «d'une étude rédigée par deux théologiens[48]».

Publié dans son intégralité, l'article ne manquait cependant pas de mordant. Dès les premières phrases, tout lecteur pouvait saisir qu'il s'agissait d'une charge à fond de train contre les piètres mœurs électorales de la dernière campagne:

> Le déferlement de bêtise et d'immoralité dont le Québec vient d'être témoin ne peut laisser indifférent aucun catholique lucide. Jamais peut-être ne s'est manifestée aussi clairement la crise religieuse qui existe chez nous. Jamais ne nous fut fournie une preuve aussi évidente du travail de déchristianisation qui s'opère dans les masses populaires[49].

Ensuite, plusieurs thèmes sont traités. On dénonce d'abord «le mensonge érigé en système» de cette campagne truffée de «slogans déformateurs» où «le mensonge [a servi] à cultiver les complexes, les craintes de l'âme populaire, à déformer les idées de l'adversaire, à détruire la réputation des personnes[50]». Suit la dénonciation de «l'emploi des mythes», dont le plus fréquent est, sans l'ombre d'un doute, le «communisme».

Par après, nos deux auteurs regardent de plus près les mœurs électorales alors en vogue. Ils condamnent les «méthodes frauduleuses», telles que l'«achat de votes», la «corruption de la loi électorale», les «menaces de représailles pour ceux qui ne soutiennent pas le "bon parti"», «les faux serments, les suppositions de personnes, la corruption des officiers électoraux[51]», etc.

---

47. «Confidentiel», *Ad Usum Sacerdotum*, vol. 11, n°s 9-10, juin-juillet 1956, p. 187.

48. «La politique provinciale III, Une vue d'ensemble», *Le Devoir*, 7 août 1956, p. 4 et 6. Une semaine plus tard, ce texte était publié à nouveau, cette fois avec les noms de ses deux auteurs et sous le titre «L'immoralité politique dans la province de Québec», *ibid.*, 14 août 1956, p. 2.

49. À cause de sa plus grande lisibilité, nous allons référer à l'article d'*Ad Usum Sacerdotum*: Louis O'Neill et Gérard Dion, «Lendemain d'élections», *Ad Usum Sacerdotum*, vol. 11, n°s 9-10, p. 198-203.

50. *Ibid.*

51. *Ibid.*, p. 199. Les termes «suppositions de personnes» ou «télégraphes» désignent le fait d'usurper l'identité d'une autre personne afin de voter à sa place lors d'une élection.

Sous le titre « un peuple vénal », est fortement dénoncée la vente de votes pour de « l'argent ou de généreux cadeaux », notamment la « réparation de toitures », le paiement de « comptes d'hôpitaux, d'accouchements », « sans compter la parade des frigidaires et des appareils de télévision », ou encore l'achat de « centaines de paires de chaussures » dans un « comté d'ouvriers peu fortunés ». Révoltés, nos « deux théologiens » s'exclament : « C'est de l'inconscience à l'état de maladie[52] ».

Après avoir vu dans ces méthodes une « infusion de socialisme pratique[53] », nos deux clercs s'attaquent à l'« utilisation de la religion ». La principale « manœuvre coutumière de nos techniciens d'élections » est de dénoncer « partout de pseudo-ennemis de la religion ». Cette tactique paraît d'ailleurs avoir beaucoup d'emprise sur certains membres du clergé :

> Le slogan anticommuniste semble avoir été employé avec un succès considérable. Une littérature de bas étage a pénétré les presbytères et les couvents... On a parlé de la foi mise en danger, des ennemis qui rôdaient... Vue de près, c'était de la pacotille pour épater des primitifs. Et pourtant, le truc a fonctionné à merveille !

> Un curé a changé ses convictions après lecture de l'*Unité nationale*, de monsieur Adrien Arcand ! Des religieuses ont lu ou entendu raconter d'étranges histoires sur des gens que jusque-là, on croyait catholiques[54].

L'attitude de curés, voire d'évêques, est ensuite dénoncée : « les dons aux associations pieuses ou de bien-être, les contributions aux associations paroissiales savent toucher la corde sensible de certaines âmes ecclésiastiques ». On signale aussi qu'un « nombre considérable de religieuses » auraient voté « pour la cause du bien[55] » (entendre pour l'Union nationale), tandis que « quelques prêtres se sont lancés directement dans la mêlée », en incitant leurs paroissiens à voter du « bon bord » (entendre pour l'Union nationale également).

Au terme de cette « esquisse », la conclusion de nos « deux théologiens » est catégorique : « une période électorale comme celle que nous venons de traverser s'avère un instrument terrible de démoralisation et de déchristianisation[56] ». Et, là encore, nos deux auteurs pointent l'Église du doigt en critiquant son moralisme dépassé :

---

52. *Ibid.*, p. 200.

53. Grâce à ce procédé argumentaire, l'abbé Dion retournait l'accusation de socialisme vers Duplessis.

54. *Ibid.*, p. 201.

55. *Ibid.*

56. *Ibid.*, p. 202.

Nous récoltons ici ce que nous avons semé. Notre prédication morale, nos campagnes de moralité ont surtout insisté sur la luxure, l'intempérance et le blasphème. Certains de nos prédicateurs populaires qui partageaient en cela, avec l'ensemble de notre clergé, une conception assez restreinte du champ de la morale [...] ont appris depuis longtemps à nos gens qu'il n'y a, en pratique, que ces trois sortes de péché : la « champlure », la « sacrure » et la « créature » [...]. Dans ces catégories évidemment, il n'y a pas place pour l'injustice, le mensonge, la concussion et l'incivisme[57].

En plus de condamner les mauvaises mœurs électorales, le silence des élites et la vénalité de la population, cet article vise l'attitude d'une bonne partie du clergé québécois qui soutient l'Union nationale de Maurice Duplessis. Tout autant, sont soulignés les silences de l'Église et son manque de vigilance au niveau moral. C'est cette dernière facette qui le rend doublement dérangeant.

En terminant, est lancé un appel urgent à un « travail patient d'éducation morale et civique de nos catholiques ». Afin de relever le niveau éthique de tous, les deux auteurs jugent nécessaire la formation d'une « vraie ligue de moralité publique indépendante de tous les partis politiques[58] ».

Par l'ensemble de son propos, ce texte était appelé à provoquer de vives réactions, réactions qui ne tarderont pas à venir. Mais, d'abord, les médias de l'époque s'empresseront d'élucider le mystère autour de l'identité des deux signataires.

Les auteurs identifiés

Évidemment, après la parution de cet article dans *Le Devoir*, une seule question était sur toutes les lèvres : « Qui donc sont ces deux théologiens ? » La presse du Canada entier voulait savoir.

Le suspense ne dura que très peu de temps. Dès le lendemain, le mercredi 8 août, Gérard Dion donnait une entrevue au journaliste John Grey du *Chronicle Telegraph*, de Québec. Car, comme le jeune abbé O'Neill était en retraite pour le reste de la semaine et ne pouvait être rejoint, c'est lui qui dut « faire face à la musique[59] ». Ainsi, après avoir identifié les deux auteurs, le quotidien anglais de la capitale donnait la parole à l'abbé Dion. Ce dernier en profita pour inciter la presse à

---

57. *Ibid.*
58. *Ibid.*
59. Entrevue de M. Louis O'Neill, réalisée par l'auteure le 19 septembre 2005 à Québec.

faire davantage ; il l'invita à participer à la campagne de moralité publique en «donnant une information objective et [en] éduquant aussi le peuple[60]».

Le samedi 11 août, dans une entrevue exclusive à Cyrille Felteau dans *Le Devoir*, Gérard Dion apportait de nouvelles précisions. D'entrée de jeu, il affirmait que la publication de l'article «nous a surpris, mon collègue et moi»; parce que «nous étions loin de penser qu'elle connaîtrait une telle diffusion et un tel retentissement». Concernant les propos sur l'Église, il n'y voyait là que *mea culpa* et «correction fraternelle» qui ne devraient pas scandaliser les laïcs, mais plutôt «leur faire comprendre et admirer davantage l'Église catholique». Il récusait ensuite les étiquettes de «réformistes» et de «réformateurs». Enfin, il en profitait pour rectifier l'interprétation de ses propos sur la «liberté de presse[61]».

Ainsi, quelques jours à peine après la parution de «Lendemain d'élections» dans *Le Devoir*, l'identité des deux abbés était connue. Le

Les auteurs de la célèbre Déclaration de Québec, les abī⁴⁰ Gérard Dion et Louis O'Neill, se promenant dans les jard de l'Université Laval.

Les deux célèbres abbés Dion et O'Neill, photographiés marchant dans la cour de l'Université Laval. Source : *La Réforme*, 14 mars 1957, p.1.
Licence : Parti libéral du Québec.

---

60. Propos rapportés dans «La presse est-elle libre dans le Québec?», *Le Devoir*, 9 août 1956, p. 1.

61. Cyrille Felteau, «La déclaration Dion-O'Neill avait été acceptée par la censure ecclésiastique», *Le Devoir*, 11 août 1956, p. 9.

tandem Dion-O'Neill avait atteint une notoriété publique, notoriété qui croîtra avec l'élargissement de la diffusion de leur écrit.

Tout un tour de presse

Évidemment, le premier journal à donner son appui aux « deux théologiens » fut *Le Devoir*. Dès le lendemain, Gérard Filion, en page éditoriale, qualifie leur texte de « remarquable par la densité de la pensée et le courage des opinions ». Lui aussi s'étonne de l'absence de réactions de tous devant un aussi grave phénomène. Pour illustrer jusqu'où est allée cette corruption, il donne l'exemple du comté de Laurier où « des gangsters ont pénétré, revolver au poing, dans une vingtaine de bureaux de scrutin et ont bourré les boîtes de bulletins marqués d'avance[62] ».

Au dire de l'éditorialiste, lors de cette dernière campagne, il se serait dépensé « trois ou quatre millions du côté des libéraux et de quinze à vingt millions du côté de l'Union nationale ». Aussitôt, il se questionne sur la provenance de telles sommes et pointe alors les grosses compagnies, notamment l'*Iron Ore* qui bénéficie de notre minerai de fer à « un cent la tonne ». Scandalisé de la façon dont « les choses se sont passées en juin dernier », Filion conclut en soulignant « l'urgence » d'une « profonde réforme électorale », réforme qui ne peut se faire sans le « réveil de la conscience publique[63] ».

Le samedi suivant, le même journal faisait état de la très grande diffusion que venait de connaître l'article Dion-O'Neill. Personne dans la presse anglophone n'a tenté de tourner le Québec en dérision ; au contraire, tous ont souligné qu'une certaine corruption existe dans le reste du Canada et qu'elle y est tout autant tolérée. Le premier à diffuser la nouvelle en langue anglaise, le *Globe and Mail*, offre ses « félicitations » aux deux prêtres « pour s'être attaqués à cette acceptation comme à la racine du mal[64] ». *Le Citizen* d'Ottawa félicite également les deux abbés qui ont si « magnifiquement montré la voie ».

Et, toujours en Ontario, le *Windsor Star* invite tout le pays à « tirer profit de l'étude publiée à Québec », tandis que le *Kingston Star*

---

62. Gérard Filion, « Réforme des lois et des mœurs électorales », *Le Devoir*, 8 août 1956, p. 4.

63. *Ibid.* À l'intérieur d'un second éditorial, Gérard Filion se fera plus percutant en s'attaquant au « climat de délation » qui existait alors au Québec. Pareil climat a d'ailleurs amené le père Ledit de *Relations* à le traiter de communiste à son « retour de Chine ». Également, des « accusations insidieuses contre Jacques Perrault et contre *Le Devoir* » ont été lancées par Camillien Houde. Voir G. F., « Il nous faudrait un Bernanos », *ibid.*, 11 août 1956, p. 4.

64. Pierre Laporte, « Le Canada tout entier applaudit la déclaration des abbés Dion-O'Neill », *Le Devoir*, 16 août 1956, p. 16.

renchérit en soulignant le « rôle de premier plan joué par *Le Devoir* dans cette affaire ». De son côté, le *Toronto Star* condamne l'habitude du parti au pouvoir en Ontario de garder « ses fruits les plus juteux [...] pour les comtés qui lui ont accordé le plus d'appui aux polls ». Dans « N'allons pas nous croire supérieurs », l'*Ottawa Journal* considère « plus condamnable » un électorat qui se laisse « acheter par son propre argent[65] ». Enfin, le *Peterborough Examiner* s'inquiète de ce qui adviendra aux deux abbés québécois.

Au Québec, plusieurs journaux ont également fait écho à ce qui est maintenant appelé « la déclaration Dion-O'Neill ». Le *Montreal Star*, le *Globe and Mail*, le *Chronicle Telegraph* et *Le Soleil* l'ont d'ailleurs publiée intégralement. Dans son bilan, Isocrate[66] nous apprend que bien des journaux de groupements ont fait de même, notamment « *Le Travail* (CTCC), la *Gazette des campagnes*, *La Réforme*, *Le Professeur* (Alliance des professeurs catholiques), *Le Réveil* de Sillery, etc.[67] » Plusieurs autres journaux ont résumé les principaux éléments du texte dans leurs colonnes.

La nouvelle se rendit même jusqu'au niveau international. Isocrate nous donne une bonne idée de sa diffusion dans le monde :

> Cette question très provinciale, par définition, devint transnationale et même internationale : le *New York Times* et *Times* (U.S.A.), le *Manchester Guardian* (Angleterre), *Le Monde* (France), pour ne mentionner que les journaux de classe internationale, en firent l'objet d'une nouvelle. Aux États-Unis le service de presse de la *National Catholic Welfare Conference* alimenta tous les journaux catholiques.
>
> [...] À l'étranger, des revues catholiques comme *Chronique sociale de France* et *Informations catholiques internationales* (France), *Évangéliser* (Belgique), *Work Priest Jubilee* (U.S.A.), *Criterio* (Argentine), publièrent le texte[68].

Ainsi, à peine quelques jours après sa parution, cette « déclaration », grâce à un tel tour de presse, est connue un peu partout au Québec, dans bien des endroits au Canada anglais ainsi que sur le plan international.

---

65. *Ibid.* À cette liste, Isocrate ajoute les quotidiens suivants : *Saskatoon Star-Phenix, Kingston Standard, Toronto Telegram, Vancouver Sun* et *Halifax Chronicle-Herald*. Pour les magazines, *Saturday Night, Maclean's* et *Canadian Forum*.

66. Signalons qu'Isocrate était le pseudonyme du politologue Léandre Bergeron. Outre sa chronique régulière dans *Le Devoir*, il sera connu pour son *Petit Manuel d'histoire du Québec*, s.l., Éditions québécoises, 1970, 249 pages.

67. Isocrate, « Bilan de "l'affaire Dion-O'Neill", I- Les publications », *Le Devoir*, 16 janvier 1957, p. 4. Trouvé à DAUL, P117, d1, 6.3 (BP3627.16).

68. *Ibid.*

Bien des médias d'ici ont louangé le courage de nos deux abbés et en ont profité pour faire un examen de conscience. «Lendemain d'élections» a donc eu ses premières retombées sur la presse elle-même. Car la plupart des journalistes ont avoué que les mœurs électorales gagneraient à être assainies à la grandeur du Canada. Pour plusieurs journaux, cela a aussi soulevé la question de leur attitude face aux partis au pouvoir. L'éthique journalistique et l'esprit critique devenaient ainsi à l'honneur face à un phénomène dont la presse s'était rarement indignée. Le «changement de mentalité» s'opérait donc, en premier lieu, à l'intérieur du milieu de l'information. Cela allait multiplier et augmenter grandement les conséquences de la dénonciation des deux abbés. Le soutien reçu en provenance de divers milieux viendrait l'accroître encore davantage.

LES APPUIS ABONDENT

À l'exception du sénateur Jean-François Pouliot, aucun politicien n'osa condamner les écrits du duo Dion-O'Neill. Plusieurs affichent plutôt un silence coupable. D'ailleurs, cette unique dénonciation a aussitôt été vertement critiquée par le fils du premier ministre canadien Louis Saint-Laurent, Jean-Paul, qui n'hésita pas à affirmer que «les circonstances dans lesquelles s'est déroulée la consultation populaire du 20 juin ont été pires que ce qu'en disent les prêtres[69]».

Au Québec, les nouveaux ministres n'ont «rien à déclarer[70]»; le parti de l'Union nationale, qui devait être particulièrement embêté, semblant adopter alors la stratégie du silence. Cependant, quelques jours plus tard, des élus prennent la parole. À la une du *Devoir*, on apprend que «les députés fédéraux du Québec approuvent la déclaration des abbés Dion et O'Neill». Tous louent le courage des deux prêtres, souhaitent que le geste mène à «d'excellents résultats» auprès de l'opinion publique et déclarent que «des réformes s'imposent[71]».

Et la réaction du public ne tardera pas. En éditorial, André Laurendeau révèle que son quotidien a déjà reçu l'avis de «soixante lecteurs» qui expriment «tous un même haut-le-cœur» et réclament «un assainissement des élections». Cette désapprobation généralisée montre, selon lui, comment, «pour plusieurs Canadiens français, la

---

69. «L'article des deux prêtres aurait pu être plus violent», *Le Devoir*, 10 août 1956, p. 1.

70. Pierre Laporte, «Le Canada tout entier applaudit la déclaration des abbés Dion et O'Neill», *ibid.*, 11 août 1956, p. 16.

71. Article également de Pierre Laporte paru dans *ibid.*, le 13 août 1956, p. 1.

dernière élection a eu l'effet d'un choc psychologique », choc provoqué par « la honte[72] ». *Le Devoir* publiera d'ailleurs plusieurs de ces lettres dans ses numéros subséquents[73].

Au même moment, un appui de taille viendra d'un ancien rédacteur de *L'Action catholique* de Québec, M. Eugène L'Heureux. Au cours d'une causerie radiophonique, il déclara qu'il s'agissait là de rien de moins que d'un « point tournant de notre histoire politique[74] ». Cependant, le groupe qui contribua à la diffusion de masse du texte de Dion et O'Neill est, sans l'ombre d'un doute, le Comité de moralité publique de la Ligue d'action civique de Montréal. En effet, sous forme d'une petite brochure vendue à très bas prix, il le diffusa aux quatre coins du Québec à plus de 100 000 exemplaires[75]. Cette édition française sera aussitôt suivie d'une parution en langue anglaise[76].

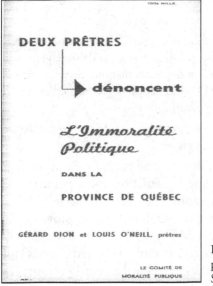

Brochure diffusée par le Comité de moralité publique.
Source : DAUL, P117, D1, 6.37.

---

72. André Laurendeau, « Un réflexe moral », *ibid.*, p. 4.

73. Voir notamment ceux des 17, 21, 23 et 25 août 1956, p. 4.

74. *Le Devoir*, 20 août 1956, p. 1 et p. 5 pour le texte de sa causerie où il souligne la nécessité d'une presse libre.

75. Pierre Laporte, « Ce qu'on dit et ne dit pas dans nos arènes politiques », *Le Devoir*, 25 août 1956, p. 1. Signalons que la Ligue de moralité publique avait été l'une des premières à donner son appui aux deux prêtres. Voir *ibid.*, 11 août 1956, p. 16.

76. Une édition française de cette brochure se trouve à DAUL, P117, D1/6.37 (BP3630.1). La version anglaise se retrouve à C4.3 et elle aurait été éditée à 10 000 exemplaires. En plus de la déclaration des deux abbés, on retrouve, dans ces brochures, plusieurs articles d'appuis du Canada anglais ainsi que des éditoriaux du *Devoir*. Isocrate révèle qu'« une autre édition française circula aussi, mais on ignore qui en fut responsable et quel en fut le tirage ».

Mais là ne s'arrêta pas la réaction. Ce geste courageux des deux abbés leur vaudra un abondant courrier en provenance de divers organismes.

Nombreux groupes sociaux

Encore une fois, les archives de Gérard Dion permettent de reconstituer la suite de l'histoire. En effet, à l'intérieur de son fonds, on retrouve la liste d'une quarantaine de «groupements qui ont appuyé la déclaration Dion-O'Neill[77]». Dès le lendemain de sa publication dans *Le Devoir*, un groupe de laïcs anglophones, la *National Federation of Christian Laymen* signifie son appui. Le jour suivant, soit le 9 août, une association de commerçants québécois, «Jeune Commerce provincial», s'ajoute à la liste. De même, un «groupe de journalistes[78]» fait parvenir une longue lettre aux deux abbés.

D'entrée de jeu, leur appréciation est catégorique:

> Votre mémoire sur la morale politique et les abus dégoûtants des dernières élections provinciales a fait pousser un soupir de soulagement à cette partie de la population qui, en dépit des manœuvres corruptrices des vieux partis en général et de l'Union nationale en particulier, a tout de même eu le courage (et la possibilité) de rester debout.
>
> Dans ce grand désert de la province de Québec où même les pierres ne criaient plus, votre voix s'est enfin élevée[79].

Ils dénoncent ensuite ces «bons et gras curés» qui, après leur messe, s'empressent de «courir à une bénédiction (plus payante) de ponts». Leur prédiction est la suivante: «Le Vatican ne se prépare apparemment pas des lendemains qui chantent dans la province de Québec!» Craignant que les foudres de Duplessis, «notre MacCarthy des Trois-Rivières», n'attirent «des coups durs» aux deux abbés qui pourraient alors subir un sort similaire à celui du père Lévesque, les

---

77. DAUL, P117, D1, 6.37 (BP3630.8), «Liste des groupements qui ont appuyé la déclaration Dion-O'Neill», 3 pages. Les informations qui suivent, à moins d'avis contraire, proviennent de ce document.

78. Les huit signataires sont, dans l'ordre, Alain Stanké, Guy Lemay, Jean-Paul Robillard, Jean Bouthillette, Pierre Léger, Serge Dussault, Adrien Robitaille et Louise Cousineau.

79. DAUL, P117, D1, 6.37 (BP3630.9), «Lettre d'appui d'un groupe de journalistes aux abbés Dion et O'Neill du 9 août 1956», 2 pages avec, en annexe, la lettre de Gérard Dion du 16 août qui, dans sa réponse à la porte-parole du groupe, Louise Cousineau, souligne cette réalité du temps: «Sans doute les gens de votre profession n'ont pas toujours la liberté de s'exprimer comme ils le voudraient mais c'est déjà beaucoup qu'ils aient une orientation d'esprit comme la vôtre».

huit signataires s'engagent « à vous appuyer et à vous aider pour autant qu'il leur sera possible de le faire[80] ».

Sur cette liste compilée par Gérard Dion viennent ensuite, comme on pouvait s'y attendre, des appuis des milieux syndicaux. Mais ces appuis ne proviennent pas seulement du Québec. Dès le 9 août, la *United Automobile Workers of America* de Windsor félicite les deux abbés pour leur courageux geste. Le lendemain, Jean Gérin-Lajoie, dans une lettre rédigée au nom de la *United Steelworkers of America*, présente ainsi, à l'abbé Dion, ses « félicitations pour l'article très vivant et très mûri sur la vénalité politique au Québec » :

> Votre article insiste sur des valeurs morales bafouées depuis trop longtemps par trop de bonnes consciences : la réaction publique démontre que vous avez frappé juste.
>
> Et j'espère que les divers groupes et couches de la population du Québec, au lieu de se réjouir d'une dénonciation du clergé par un de ses propres membres, sauront regarder leur propre vénalité avec la même maturité et la même franchise que vous l'avez fait. Je suis certain que le résultat le plus net de votre article sera un respect accru envers l'exemple donné par notre clergé.
>
> Je souhaite la meilleure chance possible parmi nous à votre suggestion d'action politique[81].

Évidemment, le même jour, les syndiqués catholiques, par l'entremise du Conseil central de Montréal, ajoutaient leur voix à ce concert d'éloges.

La semaine suivante, plusieurs autres groupes sociaux se manifestent. D'abord, dans sa lettre du 13 août, l'Association des distributeurs de lait de la province de Québec louange « le geste courageux » qui se fonde sur une si « solide hiérarchie de valeurs[82] ». Le lendemain 14, au moment de la seconde parution de l'article dans *Le Devoir*, des lettres d'appui sont envoyées par le « Foyer créditiste » de Québec, la « Caisse populaire de Saint-Bernard-de-Michaudville » et même « un groupe de jeunes gens de la Malbaie et de Clermont ».

Quelques jours plus tard, c'est rien de moins que « l'Association des commissions scolaires catholiques du diocèse de Québec » qui s'ajoute à la liste. Le 16 toujours, un groupe de cultivateurs, la Fédération

---

80. *Ibid.*, p. 2.

81. DAUL, P117, D1, 6.37 (BP3630.9), « Lettre de Jean Gérin-Lajoie à l'abbé Gérard Dion du 10 août 19566 », 1 page.

82. *Ibid.*, « Lettre de Léonard Roy, secrétaire de l'Association des distributeurs de lait de la province de Québec, à l'abbé Gérard Dion du 13 août 1956 », 1 page.

de l'UCC de Nicolet, félicite les deux abbés pour leur « courageuse étude », en souhaitant que leur déclaration « engagera les laïcs dans un travail d'éducation pressant auprès du peuple » et inspirera l'action catholique spécialisée qui, cette année, « entreprend un programme sur le civisme[83] ».

Par après, un appui de taille arrive, celui de « l'Association des professeurs de carrière de l'Université Laval ». Suivent plusieurs syndicats catholiques : le 20 août, le Conseil central de Victoriaville et le Conseil régional du Saguenay–Lac-Saint-Jean ; le 4 septembre, le Conseil central de Shawinigan ; le 5, le Conseil central de Québec ; le 7, la Fédération des travailleurs de l'industrie du vêtement. Le 16 du même mois, le Syndicat des travailleurs de l'amiante de Thetford Mines adopte une résolution de félicitations et de remerciements aux deux abbés. Dans sa lettre, son secrétaire, Théo Trudel, souligne « que nos syndiqués ont grandement apprécié le bon service que vous avez rendu à toute la population en posant un tel geste[84] ».

Parmi les organismes syndicaux, on remarque aussi la présence de la *Saskatchewan Federation of Labour*. Du Canada anglais également arrive la lettre de la *Public Relations Society* de Vancouver. Bref, les appuis ne proviennent plus seulement du Québec. Et d'autres groupes sociaux se manifestent.

À la fin d'août, des gens regroupés dans la Ligue des citoyens de Coleraine signifient leur assentiment. Quelques jours plus tard, une importante association de commerçants, la Fédération du détail et des services du Québec, fait parvenir une longue résolution d'appui au recteur de l'Université Laval, Mgr Alphonse-Marie Parent. Cette prise de position dénonce « un journal influent » qui a tenté de « ravaler l'ampleur de la dite déclaration[85] ».

En septembre, des groupements politiques s'ajoutent à la liste, notamment la *Cooperative Commonwealth Federation* de Kirkland Lake, le Comité civique de Magog de la Société Saint-Jean-Baptiste du diocèse de Sherbrooke et le Conseil provincial du Parti social démocratique (PSD, ancêtre du NPD). Au cours du même mois, un important « mouvement d'éducation nationale et sociale », l'Association de la

---

83. *Ibid.* (BP3630.10), « Lettre de la Fédération de l'UCC de Nicolet à l'abbé Gérard Dion du 18 août 1956 », 2 pages.

84. *Ibid.* (BP3630.8), « Lettre du Syndicat national des travailleurs de l'amiante de l'*Asbestos Corporation Ltd. Inc.* à l'abbé Gérard Dion du 20 septembre 1956 », 1 page.

85. *Ibid.*, « Lettre de la Fédération du détail et des services du Québec à Mgr Alphonse-Marie Parent du 29 août 1956 », 1 page, avec, en annexe, sur des feuilles 8 1/2 x 14, la résolution de trois pages. Malheureusement, ce texte ne nous permet pas d'identifier l'« influent » quotidien.

jeunesse canadienne-française (AJCF), fait paraître, dans *Le Devoir*, sa «déclaration de principes[86]» où elle se prononce en faveur d'une campagne de moralité. Dans sa lettre, son président général, Jacques Lévesque, après avoir félicité les deux abbés pour «votre initiative, votre clairvoyance et votre courage», invite Gérard Dion à prendre la parole à Montréal[87].

Avant la fin du mois, on verra même une association patronale accorder son appui. En effet, le 20 septembre, le Conseil régional des associations patronales du Saguenay entérine cette résolution:

> Il est résolu d'exprimer aux abbés Gérard Dion et Louis O'Neill, les sentiments de profonde gratitude et la haute considération du Conseil régional pour la courageuse attitude qu'ils ont prise en dénonçant l'immoralité politique qui déshonore notre groupe ethnique en cette province[88].

Les grandes centrales syndicales viendront clore cette liste. Lors de son congrès annuel, la Confédération des travailleurs catholiques du Canada (CTCC) approuve le geste des deux abbés. Deux jours plus tard, c'est l'Alliance des professeurs catholiques de Montréal qui adopte une résolution d'appui dans laquelle ses membres offrent «leur entière collaboration en vue de la disparition de l'immoralité politique». Enfin, le Conseil du travail de Montréal, un «organisme qui groupe 30 000 membres», a aussi ajouté sa voix. Cependant, son porte-parole, Fernand Daoust, émettait cette réserve: «il est vraiment "malheureux" que les deux prêtres aient parlé du socialisme comme étant quelque chose de "nocif"[89]».

Ainsi, la déclaration Dion-O'Neill venait d'obtenir l'approbation de nombreux groupes sociaux. Outre plusieurs syndicats québécois, la liste d'appui compte des associations patronales, des groupements politiques, des organisations nationalistes et des groupes de citoyens.

---

86. «L'ACJC appuie la déclaration Dion-O'Neill. Les jeunes sont dégoûtés de la "politicaillerie"», *Le Devoir*, 14 septembre 1956, p. 4.

87. *Ibid.*, «Lettre de Jacques Lévesque à Gérard Dion du 14 septembre 1956», 1 page. Dans sa réponse, l'abbé Dion refusera l'invitation parce qu'il est «convaincu que dans notre province les laïques doivent prendre leur responsabilité». Il ajoutera avoir «refusé à plusieurs reprises d'aller à la radio et à la télévision. Et même devant le Newman Club de l'Université McGill». Finalement, il précisera que «d'ici au mois de janvier prochain je préfère garder la discrétion et laisser les laïques aller de l'avant». *Ibid.*, «Lettre de Gérard Dion à Jacques Lévesque du 20 septembre 1956», 2 pages.

88. *Ibid.*, «Lettre du Conseil régional des associations patronales du Saguenay à l'abbé Gérard Dion du 21 septembre 1956», 1 page.

89. *Ibid.*, «Le CTM endosse la déclaration des abbés Dion et O'Neill», journal non identifié, 15 septembre 1956, 1 page.

Des organismes du Canada anglais ont même fait parvenir des lettres de félicitations aux deux abbés. En somme, leur déclaration vient de recevoir une très large approbation publique. Et il n'y pas que les groupes sociaux qui se manifestèrent. Bien des citoyens vont également prendre le temps d'apporter leur témoignage.

Large approbation du public

Parmi le volumineux courrier reçu, on compte de nombreuses lettres de particuliers, des gens d'un peu partout et de différentes positions sociales, qui désirent faire savoir aux abbés Dion et O'Neill qu'ils ne sont pas les seuls à penser ainsi:

> Les co-auteurs du document fameux ont reçu un courrier considérable: plus de 300 pièces de correspondance, 326 exactement. Ce nombre inclut les lettres, cartes, télégrammes, mais exclut les appels téléphoniques, les opinions verbales, les lettres subséquentes à un premier envoi, les lettres en tribune libre des journaux dont une copie n'a pas été adressée aux signataires[90].

Le quart de ces lettres proviennent de membres du clergé, dont 95 % se montrent favorables. Chez les laïcs, le pourcentage est encore plus élevé, se situant à 98 %. En effet, seuls quelques écrits condamnent leur initiative, «les commentaires défavorables ne dépassant pas la douzaine de lettres».

La très vaste majorité des gens se réjouissent de cette prise de parole ferme. Tous félicitent les deux abbés pour leur geste «courageux». Certains les qualifient de «Lacordaire du XXe siècle» ou de «chevalier de la vérité». D'autres s'exclament: «Vous réveillez la conscience populaire; vous sonnez l'alarme chez les prêtres» ou encore «Vous êtes des TÉMOINS avec tout le sens que nous y avons trouvé il y a dix ans dans la JEC[91]».

Plusieurs en profitent pour rapporter de nombreux cas d'immoralité politique observés lors de la dernière campagne électorale. Le plus bel exemple est, sans nul doute, celui du député indépendant défait, René Chaloult, qui confie à l'abbé O'Neill: «L'accusation de communiste a

---

90. Isocrate, «Bilan de l'affaire Dion-O'Neill. II- La correspondance», *Le Devoir*, 17 janvier 1957, p. 4. Trouvé à DAUL, P117, D1, 6.3 (BP3627.16). Les informations suivantes proviennent de cet article.

91. DAUL, P117, D1, 6.37 (BP3630.10), «Lettre de Claude Sylvestre à Louis O'Neill du 14 août 1956», 1 page; «Lettre de la famille J. A. Laplante du 11 août 1956», 1 page; «Télégramme de Bernard Lacroix du 9 août 1956», 1 page.

été une des causes de ma défaite. Des sœurs ont fait prier les enfants pour que je ne sois pas élu[92] ».

De la région de Sherbrooke, une mère scandalisée abonde dans le même sens :

> Nos enfants sont arrivés du couvent avec toutes sortes de pamphlets de Duplessis. Les organisateurs du parti charroyaient les vieux aux polls en ayant bien soin de leur dire : « Si vous votez pas pour Duplessis, vous allez perdre votre pension ». [...]
>
> Par ici, ils sont plus sauvages que jamais, il n'y a que les gens du parti qui peuvent travailler à la voirie[93].

Cette pratique des religieuses de faire « prier les enfants d'école » pour que leurs parents votent « pour le gouvernement de l'Union na-

L'une des nombreuses cartes de Noël reçues par l'abbé Dion. Source : DAUL, P117, D1, 6.37 (BP3630.13).

---

92. *Ibid.* (BP3630.9), « Lettre de René Chaloult à Louis O'Neill du 8 août 1956 », 1 page. Voir également la lettre d'un autre candidat défait, André Rousseau de Saint-Jean-Port-Joli, du 14 août 1956 dans BP3630.10.

93. Lettre de deux pages non signée et non datée avec pour seule indication sur l'en-tête Sherbrooke.

tionale» suscite la colère d'un Abitibien qui s'exclame: «La population est indignée», et ajoute: «On se demande si» cet ordre ne vient pas «du Département de l'Instruction publique[94]».

Les cas rapportés dans toute cette correspondance sont si nombreux qu'Isocrate en a établi la catégorisation suivante: 1) tripotages de la loi électorale; 2) destructions de réputation; 3) chantage aux subventions; 4) abus d'application des lois sociales et menace à la population couverte; 5) octrois de contrats aux amis du régime; 6) abus de propagande dans les écoles; 7) intrusion dans la politique municipale et les commissions scolaires[95]. À cela, il faudrait ajouter les multiples exemples d'achats de vote, de faux serments, de télégraphes, de corruption d'officiers électoraux, de vols de boîtes de scrutin, ainsi que la pléiade de «cadeaux», tels les frigidaires, téléviseurs, souliers, règlement de factures d'hôpitaux, etc.

Tous les témoignages favorables s'entendent sur plusieurs points: 1) indignation devant l'état de corruption; 2) admiration du courage des deux abbés; 3) «nécessité d'un renouveau moral et civique dans les couches populaires, les milieux politiques et ecclésiastiques[96]». Mais cette large unanimité ne va pas sans l'expression de quelques légers désaccords, comme dans le cas des groupes sociaux.

Cette fois, à l'instar de Fernand Daoust sur le socialisme, une dame qui écrit à l'abbé Dion se permet cette mise au point:

> Ceci m'amène à dire que je ne partage pas votre opinion que le peuple trouve normale la malhonnêteté qui prévaut actuellement et qu'il est satisfait du sort qui lui est fait. En parlant ici et là, on a vite constaté que les gens désapprouvent un tel régime et ont voté contre. Comment alors expliquer de tels résultats sinon aux moyens employés? Je puis parler en connaissance de cause puisque mon frère a touché jusqu'à $10.00 par soirée pour jeter par terre des cigarettes puantes aux assemblées, de façon à faire fuir les gens. S'il avait voulu agir comme fier à bras, la somme aurait été plus élevée. Pourquoi a-t-il agi ainsi [...]? Pour de l'argent, il en avait besoin. Et je dis, moi, que c'est la même raison qui fait agir tous ceux qui se prêtent aux manigances de ces petites gens. Qu'on laisse vivre le monde et il y aura tout un changement[97].

---

94. *Ibid.* (BP3630.10), «Lettre de Joseph Lamarche aux abbés Dion et O'Neill du 14 août 1956», 1 page.

95. Isocrate, «Bilan de l'affaire Dion-O'Neill. II- La correspondance», *Le Devoir*, 17 janvier 1957, p. 4. Trouvé à DAUL, P117, D1, 6.3 (BP3627.16).

96. *Ibid.*

97. DAUL, P117, D1, 6.37 (BP3630.9), «Lettre de Mme Y. Beaudry à Gérard Dion du 10 août 1956», p. 3.

Cette lettre constitue un des plus beaux témoignages de la révolte qui gronde. On y sent la frustration de l'ouvrier qui « crève de faim » devant des députés qui « se paient des salaires de $10,000-$12,000 par année et se votent des pensions presque aussi élevées pour leur retraite afin de pouvoir continuer à faire la grosse vie ». On y voit la colère devant l'absence de mesures sociales adéquates pour les personnes âgées et en matière de soins de santé. En fait, est exprimé là le sentiment d'indignation populaire qui va exploser à la fin de la décennie.

Et il est un autre thème omniprésent dans toute cette correspondance, une immense consternation devant la collusion du clergé avec le gouvernement Duplessis.

Désaffection annoncée

Dans sa lettre à l'abbé Dion, Jean Gérin-Lajoie avait prédit que « le résultat le plus net de votre article sera un respect accru envers l'exemple donné par notre clergé ». Ainsi, selon lui, cette prise de parole des deux prêtres allait restituer son prestige à l'Église. Pourtant, lorsqu'on analyse le courrier, rien n'est loin d'être aussi certain.

Tout au plus, on peut constater que cette opinion est partagée par les gens d'origine aisée. Ainsi, un podiatre de Québec déclare : « L'effet immédiat [...] de votre geste est d'enrayer, sinon de neutraliser, une véritable vague de fond d'anti-cléricalisme. Il fallait, et ce fut là votre mérite, que des membres du clergé dénoncent ce qui aux yeux des laïques était devenu inacceptable[98] ». Dans le même sens, un courtier d'assurance parle d'un « grand service » rendu aux laïcs « qui commençaient à douter, même de leurs prêtres[99] ».

À lire ce dernier témoignage, on reste avec l'impression que la population éprouve seulement quelques doutes à l'endroit de l'attitude du clergé. Mais un député fédéral brosse un tableau bien plus sombre : « les bénédictions "politiques" ont semé un tel désarroi parmi le peuple qu'elles sont devenues une arme de dérision à l'endroit de la religion ». Tout comme les correspondants précédents, il souhaite ardemment que cette possible vague de désaffection soit endiguée :

> Le clergé a souventes fois sauvé les Canadiens français de mauvais pas [...]. Je crois sincèrement qu'il est temps pour le clergé de la Province d'adopter une attitude commune en regard de la morale politique car, autrement, il pourra s'ensuivre une vague d'anticléricalisme de nature à créer des perturbations.

---

98. *Ibid.* (BP3630.10), « Lettre de Laurent Duval à Louis O'Neill du 22 août 1956 », 1 page.

99. *Ibid.*, « Lettre de Raymond Paré à Gérard Dion du 15 août 1956 », 1 page.

Je trouve qu'il y a assez de tendance anticléricale chez un certain nombre de nos gens sans leur fournir l'occasion de devenir ostensiblement anticléricaux. Pour ma part, [...] je vois d'un mauvais œil le développement de cette tendance anticléricale qui deviendra bientôt alarmante si on ne l'endigue pas alors qu'il est encore temps[100].

Chez les gens d'origines plus modestes, la lecture de la situation est différente. D'abord, le verdict à l'endroit du clergé est plus sévère. Ainsi, un résident de Trois-Rivières déclare que celui-ci a « voté BLEU en bloc » et affirme que « les ROUGES ne font plus partie de l'Église catholique[101] ». Il y révèle que des évêques « ont obligé les religieux et les religieuses à voter » pour l'Union nationale de Maurice Duplessis. Un résident de Sherbrooke, cette fois, félicite les deux abbés : « Vous avez fait un grand bien car plusieurs n'avaient plus confiance aux prêtres. On [se] disait : Comment se fait-il que le clergé appuie un gouvernement qui est corrompu jusqu'à la moelle ?[102] »

À l'intérieur de plusieurs lettres, les gens expriment leur colère sans ménagement :

Quelle vérité et quel courage ; on vous admire d'autant plus qu'un grand nombre de prêtres étant pris par les piastres ou liens de toutes sortes n'osent plus parler. [...]

Ces gros messieurs dont le prestige est basé uniquement sur l'argent apportent en cadeaux, aux bonnes sœurs, l'argent qu'ils ont récolté dans les « trous » où se perd notre jeunesse. [...]

Une famille qui s'efforce de garder la foi malgré tout[103].

Parlant de la dernière campagne électorale, une dame s'exclame :

Je suis dans la cinquantaine, je ne sors pas beaucoup, et pourtant j'ai eu connaissance de plusieurs fraudes. C'est un déshonneur pour notre province catholique et les répercussions sont terribles : je connais des gens qui ont même abandonné leur religion, disant qu'ils n'avaient plus confiance en rien[104].

---

100. *Ibid.* (BP3630.9), « Lettre de Georges Villeneuve à Gérard Dion du 10 août 1956 », p. 2.

101. *Ibid.*, « Lettre non signée et non datée adressée aux deux abbés avec sur son en-tête Trois-Rivières », 24 pages. Voir p. 7 et 8.

102. *Ibid.*, « Lettre similaire avec sur son en-tête Sherbrooke », p. 1.

103. *Ibid.* (BP3630.10), « Lettre similaire avec sur son en-tête Saint-Édouard de Maskinongé, 15 août », p. 1.

104. *Ibid.* (BP3630.9), « Lettre de Mme Omer Brousseau de Shawinigan Falls du 10 août 1956 », p. 2.

Dans sa longue missive, le résident de Trois-Rivières trouve « révoltant de voir le clergé se coller » sur l'Union nationale. Selon lui, Duplessis et les religieux qui l'appuient sont responsables « de la perte de la foi, de la désertion des églises ». Et il prédit qu'un « jour ou l'autre notre clergé sera châtié[105] ».

Il apparaît également que la dénonciation des deux abbés de la collusion de l'Église avec le régime duplessiste a eu un net effet d'entraînement. La dame de tout à l'heure avoue candidement à l'abbé Dion :

> Ce sont toutes ces choses qui détournent les gens et plus que jamais le catholicisme diminue, non pas que la croyance en Dieu disparaît mais les agissements de ses représentants les font se détourner du catholicisme car ce qu'on entend dire partout c'est : « Aujourd'hui, le catholicisme, c'est une question d'argent » ; « Pour de l'argent, on obtient des dispenses » ; etc., etc., [...].
>
> Vous trouverez peut être que je m'écarte du sujet et que je ne suis pas catholique. Au contraire, mais je suis scandalisée et révoltée, et si je me permets de parler ainsi c'est que vous aussi vous avez constaté que même dans les institutions religieuses il y avait des abus[106].

Certains autres en profitent pour poser des questions laissées sans réponse. Un montréalais demande « pour quelle raison » ont-ils exilé Mgr Charbonneau et « qui a fait le coup » ? Indigné, il s'insurge de ce que « pas un seul religieux » ne se soit « levé pour le défendre[107] ».

Tous s'accordent également sur le fait que l'Église doit immédiatement amender sa conduite. Un Montréalais, après avoir critiqué « NN. SS. les évêques » qui « gardent le silence », affirme : « Il n'y a plus de temps pour le silence de prudence[108] ». Quant à lui, le résident de Sherbrooke « espère que le clergé va se réveiller [...], car il y va de la foi et de la morale[109] ».

Tous ces témoignages expriment, en langage populaire, le net sentiment de désapprobation d'une bonne partie de la population à l'égard de l'attitude des membres du clergé qui appuient les forces duplessistes. Plusieurs peinent à conserver intacte leur foi en l'institution, tandis que certains ont déjà claqué la porte. Alors que les personnes de milieux plus aisés parlent d'une « vague d'anti-cléricalisme », les gens

---

105. Voir p. 4 et 5 de sa lettre déjà citée.
106. *Ibid.* (BP3630.9), « Lettre de Mme Y. Beaudry du 10 août 1956 », p. 2.
107. *Ibid.* (BP3630.10), « Lettre de Paul P. de Courval du 20 août 1956 », p. 1.
108. *Ibid.*, « Lettre de Peter M... du 22 août 1956 », 1 page.
109. Lettre déjà citée, p. 2.

ordinaires demandent un changement immédiat d'attitude, sinon il sera trop tard.

Dans son bilan, Isocrate a qualifié la déclaration Dion-O'Neill et ses suites de « cas assez net de *furor populi* », le quatrième en un quart de siècle, après le mouvement 1932-1936, la crise de la conscription lors de la dernière guerre et la grève de l'amiante en 1949. La correspondance reçue par les deux abbés montre clairement que cette fureur populaire ne s'exprime pas seulement contre les politiques controversées du gouvernement Duplessis, elle vise aussi l'Église à cause de sa collusion avec ce régime. Il s'agit là des premiers signes de la désaffection de masse qui se produira au cours de la Révolution tranquille.

Au moment de sa conclusion, Isocrate affirma, à l'instar des gens des milieux aisés, « qu'un sous-produit de l'affaire Dion-O'Neill aura été d'enrayer dans l'œuf un fort courant d'anticléricalisme[110] ». Mais le contenu des nombreuses lettres reçues des milieux populaires ne corrobore aucunement cette analyse.

RÉACTION DES FORCES DUPLESSISTES

Pour la première fois de son long règne, l'Union nationale tardera à donner sa réplique. Un an avant le dévoilement du « scandale du gaz naturel » par *Le Devoir*, la déclaration Dion-O'Neill a frappé de plein fouet un gouvernement qui s'apprêtait à célébrer sa très grande victoire électorale. Au point où certains qualifient maintenant les députés élus de ce parti de « gagnants honteux[111] ». Maurice Duplessis, pourtant réputé pour ses calembours et ses répliques assassines, mettra un long moment avant d'aborder le sujet.

Le Chef embêté

Dès le lendemain de la seconde diffusion du texte, *Le Devoir* titre : « Silence officiel de l'Union nationale ». Son correspondant apporte ces précisions sur le climat qui règne sur la colline parlementaire :

> Pendant que la déclaration des abbés Dion et O'Neill continue de faire du tapage dans les milieux politiques de la Vieille Capitale, aucune réaction officielle n'est encore venue des cercles de l'Union nationale. Le premier ministre, M. Maurice Duplessis, a présidé hier une réunion du

---

110. *Ibid.* (BP3627.16), Isocrate, « Bilan de l'affaire Dion-O'Neill. III- Conclusion d'ensemble », *Le Devoir*, 18 janvier 1957.

111. Pierre Laporte, « Ce qu'on dit et ne dit pas dans nos arènes politiques », *Le Devoir*, 22 septembre 1956, p. 1.

cabinet. Il n'a fait aucune déclaration. On se demande s'il convoquera une conférence de presse pour vendredi ou s'il jugera bon de la contremander comme il l'a fait la semaine dernière. Chose certaine, un grand malaise règne actuellement dans les rangs de l'Union nationale[112].

Le jour suivant, le même journal continue d'en faire ses choux gras, en affirmant qu'«une autre remise [de sa conférence de presse] dénoterait une certaine "peur" de la part du chef de l'Union nationale[113]».

Malgré cela, le samedi 18 août, soit plus de onze jours après la première diffusion du célèbre texte, toujours aucune réaction de Maurice Duplessis :

> Pendant ce temps, sur la colline parlementaire, le silence se fait de plus en plus lourd. Pour la deuxième semaine consécutive, M. Duplessis n'a pas tenu de conférence de presse, hier. [...]
>
> De toute évidence, le chef de l'Union nationale attend une réaction négative de la part des hautes autorités religieuses, avant de faire un pas sur ce terrain ultra-glissant. Il serait mal venu d'émettre la moindre critique en marge d'une expression d'opinion qui, jusqu'ici, semble approuvée tacitement en haut lieu.
>
> Dans l'attente d'une parole du «boss», les ministres et députés U.N. sont muets comme carpes[114].

La semaine suivante, le même scénario allait se répéter. Pour une troisième fois, le journal nationaliste informait ses lecteurs qu'au «bureau du premier ministre, on a annoncé que M. Duplessis ne donnera pas de conférence de presse vendredi[115]». Et l'astuce suivante du ministre du Transport, Antoine Rivard, ne viendra pas donner plus de crédit aux forces duplessistes.

En visite dans son comté, ce dernier, alors qu'il assistait à une réunion sportive au terrain de jeux de Montmagny, remettait 500 $ à la ligue de balle molle locale, en déclarant : «Pour qu'on ne puisse taxer mon geste d'immoralité, je tiens à préciser qu'il ne s'agit pas d'un octroi, mais d'un don personnel ; d'ici quatre ans, ce geste se répétera souvent pour que tout le monde s'en souvienne». Évidemment, dans son éditorial du samedi, Gérard Filion tourna cette initiative en dérision, en demandant : «Les dons personnels des ministres remplaceront-ils

---

112. «La déclaration Dion-O'Neill. Silence officiel chez l'Union nationale», *ibid.*, 16 août 1956, p. 1.

113. «On attend aujourd'hui une réponse de M. Duplessis», *ibid.*, 17 août 1956, p. 1.

114. «Duplessis contremande sa conférence de presse», *ibid.*, 18 août 1956, p. 1 et 9 (citation tirée de cette page).

115. «Échos de la déclaration Dion-O'Neill», *ibid.*, 23 août 1956, p. 1.

En-tête d'un article du journal *Vrai* de Jacques Hébert (8 sept. 1956, p. 1). Source : DAUL, P117, D1, 6.37. Licence : Famille Hébert.

les octrois discrétionnaires ? La caisse électorale prendra-t-elle la place du budget ?[116] »

Il faudra attendre le début de septembre pour que le chef de l'Union nationale aborde le sujet, et il le fera d'une façon bien allusive. En effet, lors d'un banquet, Maurice Duplessis y alla de cette déclaration : « Il n'y a pas ailleurs au monde de population plus honnête que celle de notre province. Et il n'y a pas un clergé plus noble que celui de la province de Québec ». Le journaliste d'ajouter qu'il a ensuite demandé à ses auditeurs de ne pas tenir compte des « rumeurs qui circulent[117] ». Devant une réponse aussi évasive, Pierre Laporte continuera, à l'intérieur de sa chronique hebdomadaire, de se moquer du gouvernement de l'Union nationale[118].

Le comble sera atteint la semaine suivante. Lors de sa conférence de presse hebdomadaire, le premier ministre affirma ne pas avoir « lu l'article », tout en répliquant : « Il semble que cet article a intéressé principalement les gens de l'extérieur de la province ». En réponse à une question d'un journaliste, il se contenta de répéter bêtement sa déclaration précédente sur le peuple le « plus honnête et loyal » et le clergé

---

116. Gérard Filion, « Allah est grand et Duplessis est son prophète », *ibid.*, 25 août 1956, p. 4.

117. « Réponse indirecte de Duplessis aux abbés Dion et O'Neill », *ibid.*, 6 septembre 1956, p. 1.

118. Pierre Laporte, « Ce qu'on dit et ne dit pas dans nos arènes politiques », *ibid.*, 22 septembre 1956, p. 1.

« le plus noble et intègre »[119]. Encore une fois, Pierre Laporte tournera en dérision cette réponse de Maurice Duplessis[120].

Au mois de décembre, l'attaque orchestrée par le ministre Yves Prévost, secrétaire de la province, subira le même sort. Ce dernier affirma alors détenir « une excellente preuve » que « le communisme n'est pas un mythe ». Et cette preuve serait « une brochure publiée en 1949 par l'abbé Gérard Dion et qui porte le titre : *Le communisme dans la province de Québec* ». Le ministre se lança ensuite dans un vibrant éloge de la *Loi du cadenas*. Dans sa réplique, *Le Devoir* se contentera de rapporter les paroles exactes des deux prêtres : « le communisme tel que présenté aux masses du Québec (n.s.) est un mythe[121] ».

En bref, quelques points ressortent de cette suite rocambolesque. D'abord, pour la première fois, Maurice Duplessis n'a pas osé traiter directement d'un sujet. La déclaration Dion-O'Neill l'a embêté à un point tel qu'il a annulé sa sacro-sainte conférence de presse du vendredi, cela à trois reprises au moins. Par la suite, il s'est contenté d'effleurer la question en parlant de peuple et de clergé québécois des plus « honnêtes et nobles ». Jamais il n'a abordé le point principal de leur texte, la corruption électorale généralisée dont son parti a usé lors du dernier appel aux urnes. L'attaque de son ministre sur le mythe communiste est également apparue une ligne de défense très faible. Et les journaux produplessistes n'apporteront guère d'arguments plus convaincants.

Sa presse fulmine

Dans son bilan, Isocrate rapporte ainsi la campagne lancée contre la déclaration Dion-O'Neill :

> Des hebdomadaires de province embouchèrent les premiers la trompette de la colère (*L'Étoile du Nord* de Joliette et *Le Bien public* de Trois-Rivières). Ils furent suivis par *L'Unité nationale* (parti fasciste d'Arcand), *Le Temps, Notre Temps, Nouvelles et potins*, qui firent tous une campagne soutenue et hargneuse qui dura plusieurs semaines pour discréditer la prise de position des deux moralistes. [...]

---

119. « Cynisme ou mensonge ? M. Duplessis n'a pas lu la déclaration Dion-O'Neill », *ibid.*, 29 septembre 1956, p. 9.

120. Voir sa chronique dans *Le Devoir* du 6 octobre 1956, p. 1.

121. « Le ministre Prévost se fait le porte-parole de Duplessis. Le secrétaire de la Province s'inspire de Robert Rumilly ! », *ibid.*, 5 décembre 1956, p. 1. Dans *Ad Usum Sacerdotum*, Gérard Dion répliquera à ces attaques. Voir « Le communiste est-il un mythe ? », *AUS*, vol. 12, n° 1 (oct. 1956), p. 6-8.

À l'échelle régionale, d'autres journaux livrèrent la même contre-attaque : [...] *Le Courrier* de Saint-Hyacinthe, *Le Peuple* de Montmagny, *Le Progrès* de Terrebonne, *La Chronique* de Magog. Enfin, certains bulletins paroissiaux comme *Boischatel* et *Le Bulletin* firent la reproduction de certains textes défavorables[122].

De son côté, Jacques Hébert dans *Vrai* nous donne un aperçu des arguments de ces journaux. Celui que l'on nomme maintenant « le valet de l'Union nationale », Léopold Richer, directeur de *Notre Temps*, s'est contenté « de faire des allusions à la fois discrètes et méprisantes au sujet des "deux éminents théologiens" ». À *La Patrie*, Roger Duhamel a soutenu que c'est « généraliser abusivement de laisser entendre que toute une population pratique la prostitution électorale comme un art d'agrément ». Toutefois, à peine quelques lignes plus loin, il avoua qu'il y aura « lieu de retenir l'avertissement et de corriger ce qui doit l'être[123] ».

Ces journaux sont vite rejoints par *Le Temps* et *Nouvelles et potins*, deux périodiques de forte allégeance duplessiste. Le dernier tentera d'établir un parallèle avec la déclaration de T.D. Bouchard contre le clergé québécois. Il reprochera aussi aux deux abbés d'avoir « oublié de dire que d'autres curés ont réclamé un vote favorable à Lapalme[124] », alors chef du Parti libéral.

Aux trois quarts contrôlés par Duplessis, bien des médias régionaux vont aussi prendre la défense de l'Union nationale. Dans cette catégorie, on doit placer *Le Bien public* de Trois-Rivières et *Le Courrier* de Saint-Hyacinthe. Eux aussi s'offusqueront de l'atteinte à la réputation du clergé.

La faiblesse de l'argumentation ressort dans plusieurs écrits de ces médias. Ainsi, *Le Progrès* de Terrebonne du député Blanchard ira jusqu'à soutenir « que les accusations des deux abbés s'adressent avant tout au Parti libéral fédéral » ! Excluant l'achat de votes, ce journal soutient que les libéraux à Ottawa se servent des mêmes méthodes « d'usage courant et admises dans nos mœurs politiques », soit la publicité tendancieuse, le favoritisme politique aux comtés qui ont élu des députés du parti au pouvoir, l'augmentation de bénéfices universels avant le déclenchement des élections (pensions, allocations familiales), les dégrèvements d'impôts, etc.

---

122. Isocrate, « Bilan de l'affaire Dion-O'Neill. I- Les publications », *Le Devoir*, 16 janvier 1957. Trouvé à DAUL, P117, D1, 6.3 (BP3627.16).

123. « Duplessis a peur de répondre aux abbés Dion et O'Neill », *Vrai*, 8 septembre 1956, p. 1. Trouvé à DAUL, P117, D1, 6.37 (BP3629.3).

124. *Ibid.*

L'argument du journal d'Antoine Rivard, *Le Peuple* de Montmagny, n'apparaît guère plus solide. Selon cet hebdo, « si la situation était telle que l'ont décrite les deux abbés, les évêques eux-mêmes l'auraient dénoncée ». Et la crème de ces « arguments » vient de *La Chronique* de Magog. Son éditorialiste affirme que, si « deux membres éminents de notre clergé » avaient dénoncé la corruption du régime Taschereau dans les années 1930, « celle du régime Duplessis n'aurait pas atteint un tel sommet[125] » !

De toute cette littérature, André Laurendeau du *Devoir* déclara : « Ils ont pratiquement vidé la déclaration Dion-O'Neill de son contenu moral et prétendent la regarder comme une manœuvre politique[126] ». Pour sa part, Isocrate sera encore plus sévère en affirmant : « Ils ont réagi en coupables qui plaident non-culpabilité. Ils ont réagi en traqués qui dénoncent une conspiration[127] ».

Toute une recherche serait à faire sur cette campagne des médias duplessistes contre le texte des abbés Dion et O'Neill. Mais ce n'est pas le lieu de la réaliser ici. Tout au moins, ce bref survol nous donne le ton et l'ampleur de cette offensive. Ce qui en ressort, c'est l'immense colère de ces journaux. De plus, la faiblesse de leurs arguments et les quelques malhabiles aveux de culpabilité sentent déjà la fin de régime.

CONCLUSION

Revenant quatre ans plus tard sur cet épisode de notre histoire collective, André Laurendeau résuma ainsi sa portée :

> Ce texte [...] décontenança les politiciens professionnels parce qu'il fut reçu du grand public avec enthousiasme, avec un véritable sentiment de libération.
>
> [...] Les abbés Dion et O'Neill osaient dire avec vigueur ce que tant de gens pensaient à part eux. Le scandale qu'ils éprouvaient et n'avaient pas peur d'exprimer correspondait, en gros, à celui que venaient de vivre des centaines de milliers de citoyens[128].

« Lendemain d'élections » a peut-être soulevé, comme il fallait s'y attendre, la colère de la presse inféodée à Duplessis. Néanmoins, cet écrit a provoqué une onde de choc, onde largement propagée par le

---

125. « La déclaration Dion-O'Neill fait rager les hebdos contrôlés par Duplessis », *Vrai*, 22 septembre 1956, p. 9. Trouvé à DAUL, P117, D1, 6.37 (BP3629.3).

126. André Laurendeau, « Les corrupteurs, et les autres », *Le Devoir*, 12 septembre 1956, p. 4.

127. Isocrate, « Bilan de l'affaire Dion-O'Neill. III- Conclusion d'ensemble », *ibid.*, 18 janvier 1957. Trouvé à DAUL, P117, D1, 6.31 (BP3627.16).

128. André Laurendeau, « Les élections : une vaste blague », *Le Devoir*, 3 mai 1960, p. 4.

Gérard Dion en 1958.
Source : DAUL, P117, A1, 2.

vaste tour médiatique que les journaux québécois, *Le Devoir* en tête, et
la Presse canadienne lui ont donné.

La réaction publique a été, règle générale, très favorable. De
nombreux groupes sociaux ont endossé cette déclaration. La plupart
des gens ont louangé le geste « courageux » des deux abbés. Plusieurs
ont applaudi « la solide hiérarchie des valeurs » proposée à tous. Bien
des Québécois ont approuvé l'idée d'une campagne de moralité publique. Chose certaine, ce célèbre article des deux abbés a opéré une
importante brèche.

Au surplus, les lettres en provenance des milieux populaires
ont clamé la révolte de la population contre la collusion de plusieurs
membres du clergé avec le régime duplessiste. Beaucoup ont avisé
qu'un changement s'imposait à ce niveau, sinon l'Église risquait d'assister à une désaffection généralisée. On peut voir là l'un des premiers
signes avant-coureurs du vaste mouvement d'abandon de la pratique
religieuse qui se généralisera dans les décennies à venir, soit au cours
de la Révolution tranquille.

Et l'effet de cette déclaration Dion-O'Neill ne s'arrêta pas là ; elle
aura plusieurs répercussions et connaîtra de nombreuses suites. C'est
ce que nous verrons dans le prochain chapitre.

Chapitre 7

LES SUITES DE L'AFFAIRE

Rédigée peu de temps après l'imposante victoire de l'Union nationale aux élections de juin 1956, la déclaration Dion-O'Neill aurait pu avoir peu de suites, les gens sachant très bien que le gouvernement allait demeurer bien en poste durant tout son mandat, soit au moins encore quatre longues années. Mais ce texte largement diffusé, qu'Isocrate qualifia même de « premier *best-seller* québécois », connaîtra de nombreuses suites.

Devant l'abondant courrier qui leur arrive, trente lettres par semaine a-t-on dit, les deux abbés décideront de creuser le sujet, à la suggestion de Mgr Gérard-Marie Coderre, évêque du diocèse de Saint-Jean. Le père Georges-Albert Boissinot, père de Saint-Vincent-de-Paul, viendra se joindre à eux. La série d'articles qu'ils publieront dans *Ad Usum Sacerdotum* constituera la base d'un livre à venir, *Le Chrétien et les élections*, qui paraîtra, au printemps de 1960, en pleine campagne électorale. Sans nul doute, cette bataille livrée contre l'immoralité des mœurs électorales constitue l'un des épisodes les plus trépignants de la vie de Gérard Dion.

QUELQUES SUITES IMMÉDIATES

« Lendemain d'élections » semble avoir eu un certain effet déclencheur[1]. Après sa publication, on verra les forces d'opposition s'activer dans le but de mettre fin au long règne de Duplessis.

---

1. À propos de « Lendemain d'élections », Gérard Dion déclara : « L'impact a été le suivant, on a dit : "Mais c'est possible de s'exprimer ! C'est possible de dire ça !" [Cela] a donné confiance à certaines personnes et a déclenché un mouvement ». Tiré de Mario Cardinal, Vincent Lemieux et Florian Sauvageau (1978), *Si l'Union nationale m'était contée...*, Montréal, Boréal Express, p. 230.

Une fondation, le Rassemblement

La mise sur pied d'un nouveau groupement politique, le Rassemblement, est à situer dans cette perspective. D'ailleurs, à ce sujet, André Laurendeau avoua :

> Les deux théologiens [...] déclarent « urgent de procéder à un travail d'éducation morale ET CIVIQUE de nos catholiques ». Pour former des citoyens, dans une démocratie vivante, l'éducation politique s'impose de toute nécessité. C'est à quoi veut s'atteler le *Rassemblement*, lancé samedi dernier sous la présidence de M. Pierre Dansereau, doyen de la Faculté des Sciences à l'Université de Montréal[2].

Lors de l'annonce de sa fondation, ses porte-parole déclarent en conférence de presse que leur regroupement a « pour but de rassembler les citoyens désireux de construire dans cette province une société vraiment démocratique ». L'« intention première » de ce nouveau groupe est « de fournir au peuple du Québec le milieu et les instruments nécessaires à l'acquisition d'une solide formation politique ». À ce propos, Pierre Dansereau conclut : « Le Rassemblement n'est pas une ligue de moralité. Il approuve et encourage le travail de ces ligues, mais il va plus loin. Il veut non seulement que la moralité et les lois soient respectées, mais il veut que le Québec soit doté de lois démocratiques[3] ».

Ce nouveau mouvement politique souhaite donc, non seulement former les citoyens, mais également travailler à ce que le Québec devienne une société plus démocratique. Tout en reprenant l'objectif des deux abbés, l'éducation morale et civique, ces laïcs, provenant de divers milieux, désirent faire un pas de plus, œuvrer à la promotion de nombreux changements sociaux. Dans leur déclaration de principes, ils demandent la garantie de plusieurs droits fondamentaux, telles les libertés de presse, de parole, d'assemblée et d'association, ainsi qu'un système de justice impartial et indépendant. Il s'agit là de réalités régulièrement bafouées ou peu présentes sous le régime Duplessis.

De plus, ces laïcs souhaitent l'avènement d'une « économie humaine » où serait abolie « l'exploitation de l'homme par l'homme » et où l'on devrait tendre vers « la démocratisation de l'entreprise » ainsi que garantir « le droit au travail » et l'égalité, « sans distinction de sexe, de religion et d'origine ethnique ». Le tout devrait être complété par « un

---

2.   André Laurendeau, « Les corrupteurs, et les autres », *Le Devoir*, 12 septembre 1956, p. 4. Outre Pierre Dansereau et André Laurendeau, les membres fondateurs de ce regroupement étaient Pierre Elliott Trudeau, Jean-Paul Lefebvre, Arthur Tremblay, Jacques V. Morin, Amédée Daigle, Guy Hamel, Maurice Mercier, Gérard Pelletier et Jacques Hébert.

3.   « Il faut doter Québec d'une démocratie », *Le Devoir*, 14 septembre 1956, p. 1.

programme complet de sécurité sociale » et par un système d'éducation qui assure le respect du « droit primordial d'accéder à tous les échelons de l'enseignement[4] ».

Ainsi, à peine un mois après la diffusion de la déclaration Dion-O'Neill, une nouvelle formation politique voit le jour, un regroupement qui vise l'obtention d'importantes réformes sociales. Et les forces anti-duplessistes s'activeront davantage dans les mois à venir. Dans cette perspective, la campagne de deux journaux, *Le Devoir* et *Vrai*, est à relever.

La série de Pierre Laporte dans *Le Devoir*

Au chapitre précédent, nous avons vu ce quotidien nationaliste donner une large couverture à tout ce qui avait trait à la fameuse dé-nonciation des deux abbés. Au cours des mois d'août et de septembre, le sujet a été soulevé presque tous les jours, que ce soit par des lettres de lecteurs, des résolutions d'appui des divers groupes sociaux ou encore à l'intérieur de virulents éditoriaux de Filion et de Laurendeau. Dans sa chronique parlementaire hebdomadaire, Pierre Laporte a aussi révélé de savoureuses anecdotes s'y rapportant. Bref, durant cette période, les copies du *Devoir* étaient très courues[5]. Sa lecture a dû en amuser plu-sieurs, mais également en faire souverainement rager d'autres, Maurice Duplessis le premier.

À la fin de septembre, ce même Pierre Laporte, correspondant parlementaire du *Devoir*, annonce le début de sa vaste enquête sur les mœurs électorales en posant cette question très directe : « L'Union na-tionale a-t-elle volé les élections du 20 juin ?[6] » Dès le début d'octobre 1956, le premier article de la série paraît à la une. Il sera suivi par près d'une cinquantaine d'autres.

Dans ses premiers textes, le journaliste tente d'établir les dépenses publicitaires de l'Union nationale. Le coût des annonces parues dans les journaux québécois s'élèverait à plus de 850 000 $. En y incluant la radio

---

4. *Ibid.*, voir principes, article 3 ; système économique, article 2 ; système social, articles 3, 4 et 5 ; système éducatif et culturel, article 2. Il semble ici qu'il s'agisse d'un amalgame d'hu-manisme chrétien (démocratisation de l'économie et de l'entreprise) et du projet social-démocrate (programme de sécurité sociale).

5. Nous avons recueilli plusieurs témoignages à cet effet. Parmi ceux-ci, on nous rapporta qu'un député de l'Union nationale les empruntait à l'un de ses amis afin de ne pas s'abonner à ce quotidien honni par le « Chef ».

6. Voir son annonce dans *Le Devoir* des 22 et 28 septembre 1956, p. 1 en bas à droite.

et la télévision, ce chiffre dépasserait le million de dollars[7]. Quelques jours plus tard, il apprend à ses lecteurs que le parti au pouvoir n'a pas seulement utilisé sa caisse électorale pour sa publicité mais s'est servi des « deniers publics pour mousser sa propagande[8] ».

Se penchant ensuite sur « l'exploitation de la religion » à des fins électorales, le chroniqueur parlementaire en rapporte plusieurs cas, notamment la distribution du « discours d'un évêque comme littérature politique ». Dans son allocution, Mgr Aldée Desmarais, évêque d'Amos, remerciait les « insignes bienfaiteurs de notre séminaire [...] M. Duplessis et ses collègues du Conseil exécutif de Québec[9] ».

Par après, Pierre Laporte s'attarde aux modifications apportées à la loi électorale, notamment « l'énumérateur unique », ce qui a amené de graves irrégularités. À ce chapitre, il cite plusieurs cas d'enfants âgés de deux mois à treize ans inscrits sur la liste électorale ou encore « 2 000 noms fictifs[10] », en vue d'avoir recours à d'éventuels « télégraphes ».

Le chantage électoral lui inspirera, ensuite, pas moins d'une dizaine d'articles[11]. On y apprend que les candidats de l'Union nationale ont fait chanter les bénéficiaires d'allocations gouvernementales. Profitant de l'ignorance de plusieurs, ils ont même été jusqu'à menacer de couper les allocations familiales et les pensions de vieillesse, des programmes pourtant gérés par le fédéral uniquement. Dans le cas des programmes provinciaux, les menaces se sont avérées encore plus directes. Ainsi, plusieurs bénéficiaires de la *Loi de l'habitation*, dont un volet accorde le remboursement des intérêts lors de l'achat d'une première maison, ont reçu des lettres invoquant la possibilité de coupure s'ils votaient pour le Parti libéral[12]. Dans plusieurs comtés, aux électeurs recevant des allocations diverses, on a fait prêter serment de voter pour « le parti au pouvoir », en demandant même de se présenter au bureau de scrutin à telle heure !

---

7. Pierre Laporte, « Les élections ne se font pas avec des prières », I à V, parus dans *Le Devoir* du 1er au 5 octobre 1956, p. 1.

8. *Ibid.*, VII, 8 octobre 1956, p. 1.

9. Voir les articles IX et X des 10 et 11 octobre 1956, p. 1. Les citations proviennent du dernier article.

10. Voir les articles XI et XII des 12 et 13 octobre 1956, p. 1 et 3. La citation provient du premier article.

11. Les informations qui suivent proviennent des articles XIII à XXI parus du 15 au 24 octobre 1956, p. 3.

12. Pourtant, en vertu de ce programme, l'engagement gouvernemental initial était d'une durée de trente ans, durée qui est loin d'être écoulée en 1956.

Une famille bénéficiaire de soins de santé, pour leur enfant qui venait de se faire opérer afin de corriger son strabisme, a subi le pire chantage qui soit. Dans sa lettre, l'organisateur conservateur affirme que leur manque de reconnaissance pour cette intervention dispendieuse constitue une trahison. Une photographie de la jeune opérée recevant des cadeaux de Noël accompagne le tout. Le maître-chanteur va jusqu'à promettre d'en parler à la jeune fille lorsqu'elle atteindra l'âge adulte[13].

Plusieurs organisateurs ont également affirmé que l'Union nationale avait les moyens de connaître pour qui les gens voteraient. L'un deux, dans sa fonction de scrutateur, a même exigé d'un électeur de montrer son vote avant de le déposer dans la boîte de scrutin. Des bulletins «pré-votés» ont été remis à la population dans «plusieurs comtés». Évidemment, le vote allait au candidat de l'Union nationale. Pierre Laporte révèle alors comment cela fut possible ; une autre maison d'impression a produit, dans la plus complète illégalité, des bulletins de vote quasi identiques à ceux qui avaient été commandés par le directeur des élections[14].

La douzaine d'articles suivants fait état des nombreux «cadeaux[15]» de toutes natures offerts par l'Union nationale. Ceux-ci vont de l'envoi de vaches laitières aux colons d'Abitibi, de la distribution de grains de semences aux cultivateurs, à la livraison de gravier, voire d'asphalte, à de nombreux électeurs. Autre cadeau d'usage courant, la bière que l'on sert aux veillées organisées par le parti de Maurice Duplessis ou que l'on distribue pour obtenir des votes. Toujours dans ce but, l'Union nationale a été jusqu'à faire «distribuer de la viande aux grévistes» lors du conflit des tisserands de Drummondville alors en cours.

Pour obtenir la participation des gens à ses défilés, elle donne «un plein réservoir de gazoline, plus un chèque de 8.00$». Afin de contrecarrer la propagande libérale, des organisateurs de l'Union nationale ont offert, en divers endroits, des spectacles gratuits au moment où se tenait une assemblée politique du candidat adverse ou lorsque le chef libéral, Georges-Émile Lapalme, venait parler. On a même vu des organisateurs duplessistes acheter les «circulaires[16]» d'invitation des libéraux.

---

13. Pierre Laporte, article XIX, «Jusqu'où peut aller la bassesse d'un politicien...», *Le Devoir*, 22 octobre 1956, p. 1.

14. Pierre Laporte, «Les élections ne se font pas avec des prières. XXI...», *ibid.*, 24 octobre 1956, p. 3.

15. Voir les articles XXII à XXXIV du 25 octobre au 9 novembre 1956. Y sont citées de nombreuses déclarations sous serment.

16. Pierre Laporte, article XXVI, dans *Le Devoir* du 30 octobre 1956, p. 3.

Dans certains villages, des banderoles de l'Union nationale ont été posées au-dessus des portes centrales de l'église, cela après approbation du curé de la place[17]. L'achat de votes a été si généralisé que bien des gens dans le besoin se sont adressés à leurs candidats en leur demandant des sommes d'argent allant de 100 $ à 250 $[18]. Le jour de l'élection, encore pour obtenir des votes, le parti au pouvoir a distribué «poches de patates», «caisses de bière», «jambons» et «tuyaux de ciment[19]».

La liste de ces «cadeaux» ne serait pas complète sans les fameux «paiements de comptes d'hôpitaux[20]». Cette pratique illégale fut si généralisée lors de la dernière campagne électorale qu'un député de l'Union nationale avoua ce qui suit:

> [...] au moment actuel, pour défrayer ces dépenses, cela coûterait près d'un million de dollars par deux jours: ce qui représenterait à la fin de l'année la moitié de tout le budget de la province de Québec. Ceci n'a aucun sens, et c'est pourquoi ce ministère a dû prendre des mesures draconiennes à cet effet.

> À la prochaine session, il y aura probablement d'autres mesures de prises, mais en attendant, aucun compte ne peut être payé dans aucun comté de la province[21].

Peu de temps après, deux cas viendront confirmer le changement d'attitude du gouvernement. Après cette élection controversée, plus aucun compte d'hôpital ne sera payé en vertu de la clause «d'assistance spéciale». Le ministre de la Santé déclara même «qu'il était forcé de discontinuer (sic) immédiatement cette politique[22]».

Son enquête, Pierre Laporte la termine en rapportant de nombreux cas de fraudes et d'intimidations survenues le jour même de l'élection. On y apprend d'abord comment opéraient les «télégraphes[23]». Le 20 juin, de nombreux faux bulletins de vote étaient en circulation. Dans le comté de Saint-Louis, un garagiste effectuant une réparation en a même retrouvé 300 sur la banquette arrière d'une voiture de taxi. Au surplus, le journaliste déclare: «Nous savions que plus de 500 de ces bulletins étaient au domicile d'un ancien membre de la police provinciale». Dans le comté où il s'est présenté comme candidat indépendant,

---

17. Voir l'article XXVII du 31 octobre 1956, p. 5.
18. Voir l'article XXVIII du 2 novembre 1956, p. 3.
19. Voir l'article XXV du 29 octobre 1956, p. 5.
20. Voir les articles XXIX à XXXIV du 3 au 9 novembre 1956.
21. Voir l'article XXXIV du 9 novembre 1956, p. 2.
22. Voir l'article XXVII du 15 novembre 1956, p. 2.
23. Voir les articles XXXV du 13 novembre 1956 à XLV du 4 décembre 1956, p. 2.

Montréal-Laurier, des fiers-à-bras «ont forcé les personnes présentes à vider les lieux, et ont placé des quantités de bulletins dans les urnes de votation[24]». Certains bureaux de vote de son comté ont même «été pillés à la pointe du révolver[25]». Au total, «cinquante-trois polls» du comté de Laurier auraient été «raidés[26]».

D'autres comtés connaissent un sort semblable. Ainsi, sur la rive sud à Montréal, dans Chambly, des gens ont été menacés «au révolver[27]» et de nombreux bulletins illégaux ont été retrouvés. De plus, on y a utilisé la «formule 7[28]» pour faire perdre leur droit de vote à au moins 400 électeurs. Des boîtes de scrutin ont disparu dans le «poll 87[29]» de ce comté.

Il s'est également passé «des choses étonnantes» dans le comté montréalais de Saint-Jacques. Des inconnus sont venus dans un bureau de votation aviser les représentants libéraux qu'ils étaient attendus «immédiatement au Comité central libéral». Ces derniers ont ensuite été reconduits au «quartier général de la police provinciale»! Pour obtenir sa libération «après plusieurs heures», une jeune femme a même dû signer une formule attestant qu'elle s'engageait «formellement à ne pas poursuivre la province en dommages pour la fausse arrestation dont elle avait été victime[30]».

Au Saguenay–Lac-Saint-Jean, le candidat indépendant René Chaloult a été particulièrement «choyé» par les organisateurs de l'Union nationale. À tel point que le vol de boîtes de scrutin et le recours à de nombreux «télégraphes» en provenance de Chicoutimi ont mené à sa défaite électorale[31].

Au terme de son enquête, Pierre Laporte dénonce la propagande duplessiste et sa «fabuleuse caisse électorale». Tout comme les deux abbés, il souligne le «chantage au communisme» et le «chantage aux faveurs», omniprésents lors de la dernière campagne. L'Union nationale a également «joué à fond de la religion». On l'a vue faire «paver, illé-

---

24. Article XXXVI du 14 novembre 1956, p. 6. Voir aussi l'article XXXVIII du lendemain, p. 2.

25. Article XXXIX du 17 novembre 1956, p. 11.

26. Article XL du 19 novembre 1956, p. 3.

27. Article XLI, 20 novembre 1956, p. 5.

28. Article XLII, 22 novembre 1956, p. 3. Cette formule exigeait tellement d'informations qu'elle permettait facilement de rayer un citoyen de la liste électorale.

29. Article XLIII, 23 novembre 1956, p. 3.

30. Article XLIV, 24 novembre 1956, p. 11.

31. Article XLV, 4 décembre 1956, p. 2.

galement, les places devant les portes d'églises et de presbytères » ainsi que « multiplier les octrois pour les œuvres de terrains de jeux[32] ».

Cette triste élection n'a pourtant donné lieu à aucune contestation judiciaire. Un candidat défait de la région de Québec nous en fournit l'explication : « [...] je n'irai certainement pas risquer 5 000 $ ou 10 000 $ devant la Cour du magistrat. Les juges de cette cour sont nommés par M. Duplessis ; je n'ai aucune confiance en eux[33] ».

À la suite de la déclaration Dion-O'Neill, cette longue enquête venait étaler au grand jour les nombreuses irrégularités commises par l'Union nationale lors de la dernière campagne électorale. En tout point, elle confirmait la dénonciation des deux abbés. Au surplus, elle révélait le mécanisme de nombreuses fraudes dont n'avaient pas parlé Louis O'Neill et Gérard Dion. Grâce à la parution de cette substantielle série, ces derniers devenaient inattaquables.

Le journal *Vrai* renchérit

Ce nouveau journal indépendant, une création de Jacques Hébert, un virulent opposant au régime duplessiste, a également donné beaucoup de place à tout ce qui entoura la fameuse dénonciation des deux abbés. Après avoir rapporté et appuyé leurs propos, *Vrai* s'intéresse à « la fondation du Conseil provincial de la moralité publique » et au « Rassemblement[34] ». Dans ses pages, le journal diffuse les textes de membres du clergé qui entérinent la déclaration Dion-O'Neill, tels le chanoine Delisle de Québec, le curé Bilodeau de Saint-Raymond-de-Portneuf et le chanoine Racicot de Longueuil[35].

Dans les cas inverses, son directeur-fondateur s'en prend violemment aux membres conservateurs du clergé qui manifestent leur appui au régime duplessiste. Ainsi, à la mi-septembre, il dénonce vertement les paroles mièvres de Mgr Joseph Diamant, directeur de l'École d'agriculture de Sainte-Anne-de-la-Pocatière, lors du banquet où Duplessis « a demandé que tous ignorent les bruits qui courent » ou, en mots clairs, les remous suscités par l'intervention publique des deux abbés. Au cours de l'événement, le prélat qualifia le premier ministre de « bon

---

32. Dernier article, 7 décembre 1956, p. 5.
33. *Ibid.*
34. *Vrai*, 1er et 15 septembre 1956, p. 1 et 5.
35. « Vibrant appel du curé G. M. Thibodeau (*sic*) de Portneuf », *Vrai*, 15 sept. 1956, p. 5. Ce titre comporte une erreur ; il s'agit bien de G.M. Bilodeau, curé de Saint-Raymond. D'ailleurs, dans le texte, on parle de « l'abbé G. M. Bilodeau ». Sur le chanoine Racicot, voir *ibid.*, 16 février 1957, p. 3.

chef» et le félicita «pour l'œuvre merveilleuse qu'il a accomplie dans la province». Il conclut ensuite à une «entière collaboration entre le clergé et le gouvernement», ce que Hébert s'empressa de qualifier de «pur chef d'œuvre d'inconscience[36]».

Au début de 1957, *Vrai* se montre encore plus cinglant à l'endroit d'un curé de la baie des Chaleurs, le chanoine Miville, de la paroisse Saint-Siméon du comté de Bonaventure. Documents inédits à l'appui, le journal montre comment ce dernier a participé à une manœuvre d'usage courant au temps de Duplessis, l'obligation imposée à un citoyen, pour obtenir en retour un contrat gouvernemental ou du travail sur un chantier public, de prêter serment d'avoir «voté du bon bord». La controversée déclaration a été endossée par ce curé et était même accompagnée de ce mémo très explicite du prêtre : «Seriez-vous assez bons pour prendre M... et son camion sur le concassé». Indigné devant un tel procédé, le rédacteur de cet article va jusqu'à affirmer que le chanoine en question est reconnu pour être «en charge du patronage dans sa paroisse[37]».

Bref, depuis la célèbre déclaration des deux abbés, tout membre du clergé qui s'acoquine avec le régime ou affiche publiquement son soutien à Duplessis risque de se voir tourné au ridicule par ce journal indépendant. Même le journal officiel de l'évêché de Québec, *L'Action catholique*, ne sera pas épargné.

Dès octobre 1956, Jacques Hébert reproduit la charge à fond de train d'un étudiant dans un article qui est d'abord paru dans *Le Carabin* de l'Université Laval. Ce dernier reproche aux éditorialistes de *L'Action catholique* de ne pas avoir pris position en faveur de la fameuse déclaration, alors que sa diffusion en serait «au 300e mille». Louis-Philippe Roy, éditorialiste en chef, se voit explicitement dénoncé pour s'être moqué des deux abbés. Avant de conclure, l'étudiant offusqué lance cette accusation : «Vous en êtes rendus à une telle bassesse que vos positions rejoignent régulièrement celle de *Notre Temps*». Il pose ensuite cette question lourde de conséquence : «Pourquoi l'archevêque de Québec ne vous laisserait-il pas choir comme les pères de Sainte-Croix ont abandonné *Notre Temps*?» Et il invite les historiens de demain à «chercher les causes cléricales de l'anticléricalisme[38]».

---

36.   Jacques Hébert, «Mgr J. Diamant encense Duplessis et son régime», *Vrai*, 15 septembre 1956, p. 5.

37.   «Le serment utilisé par l'UN pour des fins politiques», *Vrai*, 5 janvier 1957, retrouvé à DAUL, P117, D1/6.37 (BP3629.3).

38.   J.-C. Plourde, «Aux vestales de *L'Action catholique*», *Vrai*, 27 octobre 1956, p. 9.

En somme, il semble que la déclaration Dion-O'Neill a délié bien des langues et a fourni des arguments solides aux gens scandalisés par les pratiques du régime Duplessis. Un *nouveau groupement politique* visant l'obtention de réformes significatives, le Rassemblement, a été fondé. Deux journaux indépendants, *Le Devoir* et *Vrai*, ont alimenté cette campagne de dénonciation. Et d'autres viendront se joindre à ce concert de critiques.

Autres manifestations

À l'automne 1956, des jeunes joignent les rangs des protestataires. En effet, le 23 octobre, on apprend que des étudiants de l'Université Laval se rendront devant le parlement afin de revendiquer « que le nombre de bourses accordées par le gouvernement provincial soit augmenté[39] » et de demander une solution à l'épineux problème des octrois fédéraux aux universités québécoises. Le lendemain, *Le Devoir* révèle que Duplessis a « refusé de recevoir un groupe de 12 étudiants de l'Université Laval et de l'Université de Montréal ». Choqués par cette fin de non-recevoir, les représentants étudiants de cinq universités québécoises demanderont au premier ministre Duplessis « d'adopter une politique positive et concrète en matière d'octrois aux institutions de haut savoir[40] ».

Au début de l'année suivante, les étudiants tenteront de se servir de la fameuse déclaration Dion-O'Neill lors de l'une de leurs protestations. Ainsi, à la fin de février 1957, au moment de l'ajournement de la session, un groupe d'une trentaine d'étudiants de l'Université Laval envahit le parlement. Ceux-ci souhaitent, du haut des galeries, réclamer la « fin de la dictature » et lancer aux députés « des pamphlets de l'étude des abbés Dion et O'Neill sur nos mœurs électorales[41] ». L'intervention rapide des policiers les en empêcha ; mais ils auront le temps de laisser une bombe malodorante sur les lieux.

Chose certaine, la grogne étudiante commence à se faire sentir et ces jeunes ont, sous le manteau, la fameuse déclaration des deux abbés. Dans combien d'autres circonstances, ce texte en a-t-il mené d'autres à parler ou à agir ? Une réponse à cette question s'avère difficile à donner dans l'état actuel de la recherche. Seules de futures études sur les préludes de la Révolution tranquille permettront d'y apporter une réponse plus complète.

---

39.   « Manifestation et grève des étudiants de Laval », *Le Devoir*, 23 octobre 1956, p. 1.

40.   « Manifestation contre Duplessis », *ibid.*, 24 octobre 1956, p. 1.

41.   « Les étudiants de Laval voulaient manifester… », *ibid.*, 22 février 1957, p. 1. Trouvé à DAUL, P117, D1, 6.37.

Toutefois, ce bref survol nous a permis de voir quelques-unes des suites immédiates de cette virulente dénonciation. Un lecteur du *Devoir* résuma ainsi cette réalité : « Plusieurs personnes se sont réveillées depuis quelque temps et, surtout, depuis le fameux article des abbés Dion et O'Neill[42] ». Et il semble que ces derniers ne soient pas prêts à conserver le silence sur un sujet aussi fécond.

POURSUITE DU DOSSIER

C'est probablement grâce aux hauts cris de la presse et à l'opinion publique que l'on évita une suite qui aurait pu s'avérer très fâcheuse.

Le jeune O'Neill bâillonné ?

Très rapidement, la nouvelle fera son tour de presse. D'abord, dimanche, 14 octobre 1956, le *Petit Journal* titre à la une : « L'abbé Louis O'Neill devra garder le silence pendant un an ». Dans cet article, on dévoile ces révélations-chocs :

> [...] M. l'abbé Louis O'Neill a vu son champ d'action limité par ordre des autorités universitaires et ecclésiastiques. En effet, il a été défendu à ce jeune universitaire d'écrire pour publication et de prononcer des discours en public pendant un an. D'autre part, son professorat a également été affecté puisqu'on lui a retiré ses cours de morale pour lui confier le cours de la logique à l'Université Laval[43].

Il n'en fallait pas plus pour que la presse cherche à en savoir davantage. Le lendemain, *Le Devoir* titra : « L'abbé O'Neill réduit au silence![44] » Le journal indépendant révèle alors que ce serait « une autorité supérieure » qui aurait demandé au jeune O'Neill de conserver le silence pendant un an. Cette mesure s'accompagnait également d'un changement de cours donné au « Petit Séminaire de Québec », filiale de l'Université Laval.

Le principal concerné se contenta de déclarer, pour toute réponse à un journaliste : « Je ne veux rien dire ». Impossible également d'avoir plus de précisions des autorités concernées, notamment de Mgr Alphonse-Marie Parent, recteur de l'Université, absent de Québec pour la fin de semaine. Pour bien afficher son désaccord devant pareil mutisme, *Le Devoir* reprit, également à la une, une parole du recteur

---

42. « Lettre : Moralité publique », *Le Devoir*, 10 septembre 1956, p. 4.

43. « L'abbé Louis O'Neill devra garder le silence pendant un an », *Le Petit Journal*, 14 octobre 1956, p. 48.

44. *Le Devoir*, 15 octobre 1956, p. 1. Les informations suivantes proviennent de cet article.

de l'Université de Montréal : « Mgr Lussier réclame la liberté de parole pour les universitaires ».

Il semble que la campagne de presse qui s'amorçait a eu un effet certain. Le lendemain 16 octobre, toujours à la une, *Le Devoir* annonce la volte-face des autorités universitaires ; Mgr Parent s'étant contenté de préciser que « l'abbé Louis O'Neill est libre d'écrire... et de parler...[45] »

Dans son éditorial du lendemain, Gérard Filion prend la peine de revenir longuement sur le sujet. Il brosse alors ce portrait de la situation :

> [...] la renommée faite au Canada et à l'étranger au manifeste Dion-O'Neill en rend les auteurs invulnérables aux attaques des politiciens. Non seulement leur texte a fait le tour du Canada, mais il est en train de faire le tour du monde. Durant les dernières semaines, on nous en a demandé des exemplaires des États-Unis, d'Espagne, de Belgique et de France.

Pareille notoriété constituerait la meilleure protection des deux abbés :

> Si les politiciens véreux, que la déclaration fustige, commettaient la bêtise d'exiger la tête des deux abbés, ou si les autorités de Laval avaient la faiblesse de céder, le scandale prendrait des proportions presque mondiales. Le prestige que l'Université Laval a acquis ces dernières années s'effondrerait d'un seul coup.

Afin d'assurer que cette liberté de parole soit bien donnée aux deux abbés, le directeur du *Devoir* invite les divers groupes sociaux à prendre cette initiative :

> D'ailleurs la démonstration de leur liberté viendra de l'acceptation ou du refus des invitations qu'ils recevront. Il est donc important que les associations, les clubs, les groupements sociaux, les sociétés culturelles, les publications les invitent à s'exprimer à l'occasion sur des sujets de leur compétence. De telles invitations les aideront à faire la démonstration de leur liberté académique[46].

Peu de temps après, on apprendra d'où venait la décision controversée. Une dizaine de jours plus tard, dans un article-choc, le journal *Vrai* déclare que c'est « bien vrai que l'Université Laval a tenté d'imposer le silence à l'abbé O'Neill ». Ce serait rien de moins que « Mgr Parent lui-même... qui a ébruité la chose en en causant indiscrètement devant des personnes qui ont communiqué avec le journal[47] ».

---

45.   « L'abbé O'Neill est libre... », *ibid.*, 16 octobre 1956, p. 1.

46.   Gérard Filion, « De la liberté académique », *Le Devoir*, 17 octobre 1956, p. 4.

47.   « La vérité sur l'affaire O'Neill », *Vrai*, 27 octobre 1956, p. 1. Retrouvé à DAUL, P117, D1, 6.37.

Dans sa biographie, Louis O'Neill confirme que c'est bien Mgr Parent qui le convoqua en entrevue pour l'aviser de changements à ses activités : abandon de sa fonction d'aumôniers des étudiants, remplacement du cours de morale par un cours de logique au Séminaire et interdiction de publier durant un an[48]. Lors d'un entretien, il nous décrivait ainsi comment cette consigne du silence avait été ébruitée :

> La chose devient publique à la suite d'une indiscrétion que l'on pense commise par Mgr Parent lui-même, dans le *Parlour Car* d'un train du Canadian Pacifique. Il aurait tenu des propos assez explicites et quelqu'un a entendu cela. Désireuse de vérifier cette information explosive, une journaliste du *Petit Journal*, Françoise Côté, ancienne camarade de JEC, m'appelle pour me demander si c'était vrai. C'est à la suite de ce téléphone que la nouvelle a été lancée[49].

Peu de temps après le début de cette tempête médiatique, le jeune O'Neill est, à nouveau, convoqué par le recteur de l'Université Laval. Ce dernier prétend alors qu'il y a « malentendu » ; il aurait seulement voulu qu'il soit « prudent » et n'aurait aucunement exigé le « silence[50] ». Ainsi, Louis O'Neill recouvrait sa liberté de parole, une liberté dont il ne fera pas usage tout de suite sur les questions d'immoralité électorale. C'est que, peu de temps après, il quittera le Québec pour parfaire ses connaissances en Europe.

À ma question ayant pour but de vérifier si cette décision pouvait être liée à ce qui précède ou à toute forme de désapprobation ecclésiale, sa réponse fut catégorique :

> Cela a été autre chose. Je suis d'abord revenu à l'enseignement au Séminaire... et, puis, c'est moi-même qui ai demandé au cardinal Roy si je pouvais aller étudier à Rome. D'ailleurs, Mgr Roy avait dit à quelqu'un : « Ne dites pas que c'est une pénitence, car pour une pénitence, c'en serait une belle ! » Il ne faut pas oublier que, à l'époque, quand on se rendait étudier à Rome, c'était l'évêque qui finançait le tout. C'est lui qui versait la bourse[51].

À la fin de l'été 1957, Louis O'Neill partira donc compléter ses études en sol européen. Cette décision n'en aura pas moins pour conséquence qu'elle laissera Gérard Dion seul pour défendre l'important dossier de la moralité en matière de mœurs électorales. Comme il sera le seul porteur de ballon devant le public, son nom sera davantage rattaché

48. Louis O'Neill (2003), *Les trains qui passent...*, Montréal, Fides, p. 112-113.
49. Entretien avec Louis O'Neill du 19 septembre 2005.
50. Louis O'Neill (2003), *Les trains qui passent...*, p. 113.
51. Entretien avec Louis O'Neill du 19 septembre 2005.

à ce dossier, cela même si l'auteur principal de la première version de «Lendemain d'élections» était bien le plus jeune des deux abbés.

L'abbé Dion intervient

Dans le chapitre précédent, nous avons vu l'abbé Dion aviser un correspondant qu'il refuserait de prononcer des conférences sur la question avant le début de l'année suivante, désireux qu'il était de donner la place aux laïcs et, fort probablement, de permettre à la poussière de retomber. Cette décision, il l'a maintenu. Mais, dès le 16 janvier 1957, il prendra la parole devant rien de moins que le *Montreal Board of Trade*.

« La démocratie à l'épreuve »

Devant ces hommes d'affaires, l'abbé Dion ose brosser ce portrait peu reluisant du climat québécois d'alors :

> Il n'est pas exagéré de dire que nous vivons dans une atmosphère de peur. Celle-ci est probablement imaginaire, ses fondements ne sont peut-être pas solides, mais elle est là quand même. De nombreux signes la dénoncent, notamment depuis les dernières élections provinciales. Dans les centaines de lettres que j'ai reçues à la suite de l'article que j'ai publié avec l'abbé O'Neill sur les mœurs électorales, plusieurs exprimaient la crainte de représailles pour nous, plusieurs nous suppliaient de ne pas dévoiler leur nom, craignant même pour eux. Est-ce là un climat propice à l'installation d'une véritable démocratie[52] ?

Intitulée d'abord « la démocratie à l'épreuve », sa conférence sera diffusée à plusieurs milliers d'exemplaires par le Comité de moralité publique à Montréal, sous le titre *Notre démocratie est-elle en danger ?*[53] Le conférencier y traite des menaces à la démocratie en invitant ses auditeurs à ne pas « se leurrer » par une simple « apparence extérieure[54] » de démocratie.

---

52. « Menace à notre démocratie... », *Le Devoir*, 17 janvier 1957, p. 12. Trouvé à DAUL, P117, D1, 6.3 (BP3627.11).

53. DAUL, P117, D1, 6.6 (BP3627.19), Gérard Dion (1957), *Notre démocratie est-elle en danger ?*, Montréal, Comité de moralité publique de Montréal, 24 pages. Nous allons dorénavant nous référer à cette brochure. Ce texte est également paru intégralement dans le journal du Parti libéral, *La Réforme*. Voir « Sommes-nous mûrs pour la servitude ? », *La Réforme*, 31 janvier 1957, p. 2. Trouvé à DAUL, P117, D1, 6.3 (BP3627.16). Peu de temps avant il était aussi publié dans *Le Devoir* des 23 au 25 janvier 1957.

54. *Ibid.*, p. 9.

Brochure diffusée par le Comité
de moralité publique de Montréal.
Source : DAUL, P117, D1, 6.6.

NOTRE DÉMOCRATIE EST-ELLE EN DANGER?

Conférence de

M. l'abbé

GÉRARD DION

Prononcée le 16 janvier 1957
devant les membres
du Montreal Board of Trade.

Publiée par

**LE COMITÉ DE MORALITÉ PUBLIQUE
DE MONTRÉAL**
4237 rue St-Denis, Montréal 18

No. 12   25 cents   MAI 1957

Le premier danger consiste en une «ignorance... de ce qui constitue fondamentalement la démocratie[55]». Cette dernière comporte «l'égalité de tous devant la loi» et implique «un état de droits». Ce sont ces deux caractéristiques qui la distinguent des régimes fascistes. Nul besoin pour lui de mentionner que ces deux réalités sont peu présentes sous le régime de Duplessis, ses auditeurs saisissent.

Dans toute démocratie, les citoyens désignent les détenteurs de l'autorité. Ils doivent également les conseiller «dans l'élaboration et l'application de la politique ainsi que de contrôler leur administration[56]». Au contraire des élections qui se tiennent aux quatre ans, ces deux tâches sont quotidiennes. Elles impliquent trois libertés fondamentales, les libertés d'opinion, d'expression et d'association.

La première pierre d'achoppement des démocraties est l'«absence d'une opinion publique éclairée[57]». Le second danger s'avère être «le désintéressement de la chose publique» et «l'égoïsme» puisque la vie en démocratie demande «de l'abnégation, du courage et un sens de la

---

55. *Ibid.*, p. 3.
56. *Ibid.*, p. 6.
57. *Ibid.*, p. 8.

responsabilité[58] ». Le troisième danger, réalité omniprésente au temps de Duplessis, est principalement l'arbitraire et l'absence de système judiciaire impartial.

Quant au quatrième danger, il s'agit d'un mauvais « ajustement des institutions », notamment des partis politiques. Gérard Dion dénonce alors « la puissance occulte de ceux qui fournissent le plus à la caisse électorale ». Pour contrer pareille réalité, il demande « la participation des autres groupements », soit les divers groupes intermédiaires (syndicats, associations patronales, groupes d'éducation civique, etc.). Il condamne également les partis « où les travailleurs n'ont pas leur place... au moment où la classe ouvrière est devenue une force dans la nation[59] ».

Enfin, dernière menace à la démocratie, « l'appauvrissement de l'opinion publique », phénomène notable depuis la « déchéance graduelle des journaux d'opinion[60] ». Pour parer à tous ces dangers, l'abbé Dion conclut à « l'urgence éminente » de développer chez tous les citoyens « une meilleure connaissance » de la démocratie et « une véritable conscience civique ». Il invite aussi tous les « groupements intermédiaires » à jouer un plus grand rôle dans la vie publique[61].

Autre clou, l'utilisation de la religion

Moins de deux mois après cette conférence remarquée qui dénonçait certains traits du gouvernement de l'Union nationale, notamment le climat de peur qu'il fait régner, l'absence d'impartialité de son système judiciaire, le favoritisme omniprésent ainsi que sa puissante caisse électorale, Gérard Dion reprend la parole. Cette fois, il attaque de front l'une des tactiques les plus utilisées par Duplessis, son utilisation de la religion.

Présentée devant le Club Newman de l'Université McGill, sa conférence s'intitule « Les catholiques et la politique ». Les dernières pages de son discours constituent une charge à fond de train contre

---

58. *Ibid.*, p. 11-12.
59. *Ibid.*, p. 17.
60. *Ibid.*, p. 22.
61. *Ibid.*, p. 24. Rappelons que ce texte est reproduit partiellement dans Michel Lévesque (2005), *De la démocratie au Québec (1940-1970). Anthologie...*, Montréal, Lux, p. 179-195. Ce recueil de textes comporte cependant quelques lacunes ; il ne contient pas la fameuse déclaration Dion-O'Neill de l'été 1956, « Lendemain d'élections », ni d'ailleurs d'extraits de leurs deux ouvrages subséquents, *Le Chrétien et les élections* (1960) et *Le Chrétien en démocratie* (1961). La présente recherche constitue donc un complément à cet ouvrage.

la plus courante des tactiques utilisées par Maurice Duplessis pour se faire réélire. L'abbé Dion dénonce d'abord sa prétention à s'inspirer de la doctrine sociale de l'Église :

> Une des tentations qui séduit certains catholiques engagés dans la politique active dans un milieu où le catholicisme est une force sociale, c'est celle d'utiliser l'Église elle-même pour des fins politiques.
>
> Ces gens n'hésitent pas quand cela fait leur affaire de s'afficher comme catholiques. Ils invoquent, quand le besoin se fait sentir, certains principes sociaux de notre enseignement. [...] Mais ce recours aux principes chrétiens sera fait pour justifier une conduite qui n'a pourtant rien de commun avec eux et même parfois qui leur est complètement opposée[62].

Il s'en prend ensuite à sa propagande racoleuse qui n'a pour but que d'assurer sa réélection :

> Dans leurs attitudes extérieures, ils manquent rarement une occasion de rendre hommage au rôle de l'Église et même de flagorner les autorités hiérarchiques. [...]
>
> Cette appartenance à l'Église dont ils font ostentation et la vénération dont ils l'entourent est surtout un moyen qu'ils estiment efficace pour s'attirer le support d'âmes naïves et bien-pensantes, exploiter une institution qui jouit du prestige et possède une force sociale considérable[63].

En troisième lieu, le conférencier s'insurge contre la fréquente habitude des dirigeants de l'Union nationale de jeter l'anathème sur ceux qui ne sont pas de leur avis : « Diverger d'opinion avec eux, c'est presque se rendre suspect d'hérésie, vouloir les remplacer par d'autres, s'ils possèdent le pouvoir, c'est mettre en péril les assises même du christianisme ! »

Dans toute cette pratique, il n'y voit que « pharisaïsme de la pire espèce » : « En somme, au lieu de servir les principes auxquels ils adhèrent du bout des lèvres, ces gens se servent de l'Église comme d'un instrument et la rabaissent au rang d'un vulgaire moyen pour atteindre leurs fins[64] ».

---

62. Gérard Dion (1957), « Les catholiques et la politique », conférence prononcée devant le Club Newman de l'Université McGill, 3 mars 1957, 16 pages. Citation tirée de la p. 12. Trouvé à DAUL, P117, D1, 6.21 (BP3628.5).

63. *Ibid.*, p. 12-13.

64. *Ibid.*, p. 13. Un peu plus loin, le conférencier dénonce en ces termes ces pratiques courantes de l'Union nationale : « Que des catholiques emploient le mensonge systématique, qu'ils calomnient leurs adversaires, qu'ils privent des citoyens de leur droit au suffrage, qu'ils utilisent de l'intimidation et surtout qu'ils tentent de justifier ces actes comme étant des coutumes inévitables pour faire des élections, c'est tomber dans l'erreur que les théologiens appellent la "morale de situation" » (p. 14).

Pourtant, pareilles attitudes ont été, à plusieurs reprises, condamnées par les «souverains pontifes». À cet effet, Gérard Dion rappelle cette récente mise en garde de la Conférence des évêques canadiens : «Faut-il rajouter que le nom de la religion ne peut servir à patronner aucune conception politique particulière[65]».

Au cours de son exposé, l'orateur ne se limite pas à cette dénonciation des pratiques électorales du gouvernement de Maurice Duplessis ; il s'offusque également que d'aussi grossiers procédés aient prise parmi les fidèles catholiques : «Et quand de telles pratiques sont acceptées sans sourciller par une population, on peut se demander jusqu'à quel point le christianisme a pénétré dans ce domaine de la vie[66]».

D'ailleurs, la majeure partie de son discours leur est adressée puisqu'il traite du rôle des laïcs «dans le monde», notamment face à la politique. Il s'agit ici d'une véritable pièce d'anthologie où, à chaque page, transparaît son humanisme chrétien. S'appuyant d'abord sur les grands papes sociaux depuis Léon XIII, Gérard Dion rappelle l'attitude de l'Église : cette dernière «ne fait pas de politique» mais elle a le droit de «se prononcer contre les erreurs et les systèmes politiques qui portent atteinte» soit «aux principes du droit naturel», soit «aux droits à la vérité et aux lois de la morale[67]».

Préfigurant l'une des grandes conclusions de Vatican II, l'abbé Dion s'exclame : «C'est une erreur de croire que l'Église est composée uniquement de la Hiérarchie. Sans les laïques, il n'y aurait pas d'Église[68]». Se situant dans la lignée des Maritain, Péguy et autres grands penseurs catholiques, Gérard Dion s'attache ensuite à montrer comment les laïcs «possèdent leurs propres responsabilités dans les matières profanes». Pour construire ce «monde chrétien», ils doivent connaître la «doctrine sociale de l'Église» et consacrer leurs énergies à la traduire «dans la vie politique[69]». Toutefois, ils ne doivent pas en «attendre trop» ou encore faire preuve d'attentisme devant «la hiérarchie». De pareilles attitudes risquent de ne conduire qu'à du «cléricalisme[70]».

Après avoir exhorté ainsi les catholiques de ne pas faire preuve d'indifférence à l'égard de la politique, l'abbé Dion tient à souligner que tous sont «libres de militer au sein de n'importe lequel parti, sauf

---

65. *Ibid.*, p. 13.
66. *Ibid.*, p. 14.
67. *Ibid.*, p. 2.
68. *Ibid.*, p. 5.
69. *Ibid.*, p. 8.
70. *Ibid.*, p. 9-10.

le parti communiste ». Il les invite à être « le levain dans la pâte, sans esprit de domination, ni complexe d'infériorité[71] ».

Évidemment, plusieurs journaux vont rapporter la virulente dénonciation de l'ecclésiastique. Aux lendemains de cette sortie publique, de grands titres tels « L'Église n'est pas une force à utiliser pour des fins politiques », « Servir l'Église, non s'en servir, dit l'abbé Dion », « Aucun parti politique n'a le droit de s'appeler le parti de l'Église » se trouvent dans plusieurs journaux[72]. Pourtant très réticente à traiter de « Lendemain d'élections », *L'Action catholique* diffuse maintenant l'intégralité du texte de cette conférence dans ses pages[73].

Nombreuses autres prises de parole

Si ces deux conférences constituent les plus substantielles prononcées par Gérard Dion sur la question, ce dernier ne s'arrêta pas là. À plusieurs reprises par la suite, il continuera à marteler son sujet de prédilection. Ainsi, en février 1957, il s'adresse à l'Institut canadien d'affaires publiques (ICAP)[74]. En avril, devant des citoyens de Longueuil, il traite « de la famille et de la démocratie[75] ». Il insiste alors sur le rôle « primordial » joué par la famille dans « l'éducation civique et démocratique des enfants ». Celle-ci doit leur inculquer le sens des responsabilités et du « bien commun » ainsi que leur « apprendre à se servir de leur liberté ». L'apprentissage de la tolérance, du respect des « opinions des autres » et de « l'ouverture d'esprit » s'avère également essentiel. Bien qu'il s'agisse là d'une conception de l'éducation des

---

71. *Ibid.*, p. 12.

72. Voir, entre autres, *Le Devoir*, 5 mars 1957, p. 33, *La Presse*, 4 mars 1957, p. 13 et *La Réforme*, 14 mars 1957, p. 1. Trouvés à DAUL, P117, D1, 6.21 et 6.37 (BP3628.5 et BP3629.4).

73. Voir *L'Action catholique* des 7 et 8 mars 1957. Trouvés à *ibid.*

74. « Les Canadiens français ont peu de foi en la démocratie », *Le Devoir*, 28 février 1957, p. 1.

75. Le texte de cette conférence se trouve à DAUL, P117, C4.3. Dans son préambule, Gérard Dion affirme qu'il « refuse deux ou trois invitations par semaine depuis des mois ». C'est dire les nombreuses sollicitations qu'il recevait. Une seule de ses conférences semble avoir été annulée, celle qu'il devait prononcer devant la Jeune Chambre de commerce de Québec. Craignant pour l'obtention d'un octroi de 5 000 $, les directeurs de l'organisme l'avisèrent, le matin même où il devait prendre la parole, qu'ils souhaitaient le remplacer à cause de ces circonstances. Voir DAUL, P117, D1, 6.3 (BP3627.16), « On sacrifie l'abbé Dion pour 5,000$ », journal non identifié, 29 avril 1957.

enfants très peu répandue à l'époque, l'abbé Dion invite ses auditeurs de l'Union des familles à faire preuve d'innovation[76].

Quelques mois plus tard, les élections municipales de Montréal, qui se tiennent à l'automne 1957, donnent, à nouveau, l'occasion à Gérard Dion de se prononcer publiquement. C'est que les nombreuses fraudes électorales commises par le candidat de Duplessis, Sarto Fournier, ont conduit à la défaite de Jean Drapeau. Après cette élection controversée, Gérard Dion s'en prendra aux « abstentionnistes » qui « coopèrent ainsi au maintien et au développement d'une pratique absolument immorale », celle si répandue des « télégraphes[77] ».

L'année suivante, soit au printemps 1958, l'abbé Dion sera l'initiateur d'un colloque organisé par l'Institut canadien d'éducation aux adultes (ICEA). Dans son allocution, après avoir exposé les principaux traits de la démocratie, il insistera sur le rôle essentiel de « l'éducation des adultes[78] », ce concept qui connaît maintenant une importante vogue.

Combien d'autres conférences l'abbé Dion a-t-il donné au cours de l'année 1958 ? Impossible de fournir une réponse exacte à cette question puisque ses archives n'en contiennent pas un relevé exhaustif. Nous y avons seulement retrouvé un texte, produit après le décès de Pie XII, sur les enseignements de ce pape en matière de démocratie[79].

Cependant, en 1959, nous savons qu'il prononcera deux autres conférences substantielles. D'abord, en janvier, devant le *Montreal Council on Christian Social Order*, il reprend les éléments exposés antérieurement dans « Les catholiques et la politique ». Il n'y ajoute que quelques paragraphes sur l'attitude des protestants et sur le Gospel[80]. Ensuite, en juin 1959, il s'adresse aux jeunes de l'Association de la jeunesse canadienne-française (AJCF) de Montréal. La plupart des journaux

---

76. Voir sa conférence et « La famille joue un rôle essentiel dans la formation du futur citoyen », *Le Devoir*, 15 avril 1957, p. 7.

77. « L'abbé Dion condamne ceux qui n'ont pas voulu voter », *Vrai*, 9 novembre 1957, p.. 3. Trouvé à DAUL, P117, D1, 6.14 (BP3627.27).

78. Des extraits de cette conférence se trouvent dans Michel Lévesque (2005), *De la démocratie au Québec (1940-1970). Anthologie...*, p. 211-223 ainsi que dans « La démocratie sans esprit démocratique est un mythe pernicieux et une caricature », *Le Devoir*, 8 mai 1958, p. 5. Le texte au complet a été publié dans *Ad Usum Sacerdotum*, vol. 14, n° 8, octobre 1959, p.. 152-159.

79. DAUL, P117, D1, 6.33 (BP3628.17), « Principes chrétiens sur les élections », 6. pages.

80. Intitulée « The Christian as a Citizen », cette conférence s'avère être une traduction de son texte de 1957. Trouvée à DAUL, P117, D1, 6.13 (BP3627.26). Ce texte est paru dans *The Commonweal*, 4 septembre 1959, p. 463-465. Trouvé à DAUL, P117, D1, 6.21 (BP3628.5).

REFLEXIONS SUR NOTRE DEMOCRATIE

ABBÉ GÉRARD DION

Autre brochure d'une conférence de l'abbé Dion, sans date.
Source : DAUL, P117, D1, 6.6.

de l'époque souligneront sa virulente dénonciation de l'utilisation de la religion en politique, cela parce que Maurice Duplessis vient de faire une déclaration sur «l'enseignement confessionnel» et de traiter ses adversaires libéraux de «dupes du Kremlin[81]».

De façon très explicite, Gérard Dion y avait alors déclaré :

> Les catholiques qui aspirent à gouverner, comme ceux qui gouvernent doivent être fidèles aux principes de leur religion. Mais ils n'ont pas le droit de se servir de cette religion comme d'un étendard ni comme un bouclier dans leurs compétitions pour obtenir ou conserver le pouvoir. C'est une profanation dénoncée à plusieurs reprises par les Souverains Pontifes et même par les évêques de chez-nous[82].

C'est qu'avec deux décisions récentes de la Cour suprême relatives aux témoins de Jéhovah, le climat est propice à une flambée des passions et à une utilisation malsaine de la religion catholique. Plus connue, la première décision fut qualifiée d'«affaire Roncarelli», du nom de ce

---

81.   «La religion et la politique : Profanation dit M. l'abbé Dion», *Le Soleil*, 12 juin 1959. Trouvé à DAUL, P117, D1, 6.26 (BP3628.10).

82.   Gérard Dion (1959), «Les Chrétiens dans une société pluraliste», conférence donnée devant l'Association de la jeunesse canadienne-française à Montréal, le 11 juin 1959, p. 5-6. Trouvé à DAUL, P117, D1, 6.26 (BP3628.10). Il s'agit, en fait, d'une reformulation de sa dénonciation de 1957. Pour les articles de journaux, voir «Mise en garde de l'abbé Dion sur les fausses croisades et l'utilisation de la religion», *La Presse*, 12 juin 1959 ; «Tout politicien utilisant la religion comme une arme commet une profanation», *Dimanche-Matin*, 14 juin 1959, p. 9 ; «Le catholicisme ne doit pas servir de bouclier ni d'étendard dans les luttes pour le pouvoir (abbé Dion)», *La Réforme*, 27 juin 1959, p. 4. Trouvés à DAUL, P117, D1, 6.11 (BP3627.24) et D1, 6.26 (BP3628.10).

restaurateur montréalais qui payait fréquemment les cautions de témoins de Jéhovah et auquel le premier ministre Duplessis avait retiré son permis d'alcool. La Cour jugea ce dernier geste arbitraire. Le second jugement a trait à « l'affaire de Lamorandière », cette commission scolaire qui avait expulsé deux jeunes témoins de Jéhovah dont les parents ne souhaitaient pas qu'ils prennent part aux exercices religieux catholiques. Au nom de la liberté religieuse et du droit à l'éducation, la Cour condamna ce geste et demanda que les deux jeunes soient réintégrés à l'école.

S'appuyant sur la loi de 1851 qui proclame « l'égalité [...] de toutes les dénominations religieuses » et la liberté de religion, l'abbé Dion s'attache, dans son exposé, à démontrer que, tant au Canada qu'au Québec, « le pluralisme religieux est à la base de notre vie sociale[83] » ainsi qu'à montrer comment ce principe s'avère fondamental. Il en profite, d'ailleurs, pour qualifier « d'équivoque, sinon fausse », la fréquente tirade de Duplessis, le Québec « seul État catholique en Amérique du Nord[84] ». Il invite alors ses jeunes auditeurs à fournir « le meilleur d'eux-mêmes pour le bien général », à ne pas se laisser entraîner dans « une croisade religieuse ou politique » ainsi qu'à faire montre de « prudence » et de « tolérance[85] ».

Et ce n'est pas uniquement par ses conférences que l'abbé Dion a dénoncé l'utilisation de la religion en politique et les mauvaises mœurs électorales. Voilà que, depuis un certain temps, sa revue *Ad Usum Sacerdotum* a commencé à creuser ces sujets.

NOUVELLE CAMPAGNE D'*AD USUM SACERDOTUM*

Grâce à la mémoire d'un précieux témoin, il nous est possible de révéler les origines de cet approfondissement de la question. Parent éloigné de Gérard Dion, le père Georges-Albert Boissinot avait entendu parler de lui au temps de ses études collégiales à Lévis. Par après, devenu professeur au Scolasticat Saint-Vincent-de-Paul[86], il établit, à partir de 1952-1953, ses premiers liens avec ce cousin éloigné : « Comme l'abbé Dion demeurait rue des Quatre-Bourgeois, tout près de notre scolasticat, je traversais chez lui, de temps en temps, afin d'avoir des nouvelles[87] ». Très vite, une très grande connivence se développa entre

---

83. Voir sa conférence, p. 1 et 2.

84. *Ibid.*, p. 2.

85. *Ibid.*, p. 4, 9-11.

86. Le père Boissinot a été professeur de philosophie et de théologie à ce scolasticat de 1950 à 1956. À partir de cette date, et ce jusqu'en 1962, il y occupa la fonction de supérieur.

87. Entretien avec M. Georges-Albert Boissinot du 30 septembre 2005.

les deux hommes puisqu'ils possédaient une même largeur de vue et un même intérêt pour les questions sociales. Et c'est cette même vision des réalités sociales de leur époque et une nette volonté d'obtenir des changements sociaux qui mèneront ces deux prêtres à collaborer.

Appui décisif de Mgr Coderre

Le témoignage de Georges-Albert Boissinot vient ici combler une lacune importante en permettant de reconstituer la suite des choses. Après la fameuse déclaration Dion-O'Neill, soit en septembre 1956, le père Boissinot se rend, comme à son habitude, visiter son cousin. C'est au cours de cette visite que Gérard Dion lui révèle les faits suivants :

> Il me montra une lettre qu'il venait de recevoir de Mgr Gérard-Marie Coderre, évêque de Saint-Jean. En résumé, Mgr Coderre lui disait : « C'est très bien ce que vous avez écrit mais il nous faudrait une étude plus en profondeur sur toutes ces questions de morale et d'élections ». Afin

Georges-Albert Boissinot, clerc de Saint-Vincent de Paul, collaborateur à *Ad Usum Sacodertotum* de 1954 à 1962, moment de son départ pour le Brésil. Photographie prise lors de son ordination sacerdotale le 27 juin 1948. Source : *Album-souvenir, Jubilé d'or de sacerdoce*, gracieuseté de Mme Yolande Boissinot. Né le 8 mars 1923, le père Boissinot était alors âgé de 25 ans.

Photographie prise après son retour de Rome en 1990, probablement vers 1995. Source : *Album-souvenir...*

Mgr Gérard-Marie Coderre, évêque de Saint-Jean-Longueuil.
Source : Diocèse de Saint-Jean-Longueuil. .

d'encourager Gérard Dion dans ses futures recherches, il avait joint, à sa lettre, un chèque de 400 ou 500 $[88].

La traditionnelle visite amicale prend alors une tout autre tournure ; elle se transforme immédiatement en séance de travail :

> Après m'avoir montré cette lettre, l'abbé Dion m'a dit : « Maintenant, il nous faut nous faire un plan qui déterminera les questions à creuser ». Sur-le-champ, nous avons commencé à discuter ensemble des sujets à traiter : obligation de voter ; supposition de personnes (télégraphes) ; morale et caisse électorale ; octrois discrétionnaires versus statutaires ; etc., etc. C'étaient là des questions jusque-là ignorées ou mal posées par les moralistes[89].

Ensuite, il fut facilement décidé que les futurs articles sur les sujets sélectionnés allaient paraître dans *Ad Usum Sacerdotum*. Avant de se quitter, les deux amis se séparèrent le travail : « Et puis là, l'abbé Dion en a pris une partie, j'en ai pris une autre. Il a réservé certaines questions pour Louis O'Neill et les lui a fait parvenir ». C'est ainsi qu'un nouveau collaborateur se joignit au célèbre tandem Dion-O'Neill. Sur ces événements, le père Boissinot tient à souligner ce qui suit : « Au

---

88.   *Ibid.* Malheureusement, nous n'avons pas retracé cette lettre dans les archives de Gérard Dion. L'importance de ce témoignage en est d'autant plus grande. Une recherche dans les archives de Mgr Coderre aurait peut-être permis de retracer ce document, mais nos délais ne nous permettent pas d'élargir la présente étude.

89.   *Ibid.* Voir aussi Georges-Albert Boissinot (1991), « Dans les coulisses de l'histoire », *Bulletin S.V.*, vol. 1 (janv. 1991), p. 341-344.

fond, celui qui a tout déclenché, c'est Mgr Coderre avec sa fameuse lettre. Sans lui, le reste n'aurait pas suivi. Mgr Gérard-Marie Coderre était un homme très passionné par les problèmes sociaux. C'était un homme admirable».

Chacun de leur côté, les trois collaborateurs se mirent à réfléchir sur ces questions d'une brûlante actualité. Tel que convenu, leur travail respectif prendra le chemin d'*Ad Usum Sacerdotum*[90].

Une série d'articles

Le premier texte à paraître, en décembre 1958, porte sur «l'attitude chrétienne face au pouvoir politique[91]». Il s'agit d'un survol historique où l'on brosse un portrait varié de l'évolution du rapport Église-État, des premiers chrétiens à l'époque contemporaine. Plusieurs paradoxes y sont soulignés.

La reconnaissance de la religion catholique comme «religion officielle» par l'empereur romain Constantin a fait naître un nouveau danger, «la tentation de puissance» chez les hommes d'Église. Par la suite, «plusieurs hérésies furent en même temps des mouvements sociaux exprimant une réaction des faibles contre les puissants, de pauvres contre les riches». Enfin, la Révolution française, avec sa théorie de la neutralité de l'État, a mené à une «désacralisation de l'État» qui a «assuré, par ricochet, l'exercice d'une liberté qu'ignorait le laïc chrétien» des siècles précédents[92].

À l'heure de ce bilan, la situation à l'intérieur des pays occidentaux s'avère des plus variées. Ainsi, les pays de tradition anglo-saxonne ont «vu fleurir chez eux un climat religieux, fait de liberté et de tolérance», à tel point que l'on peut «constater qu'un catholique peut s'exprimer avec plus de liberté dans un pays comme le Canada ou les États-Unis qu'en Espagne ou au Portugal», là où Franco et Salazar exercent un pouvoir abusif. Au sud de notre continent, alors que les régimes autocratiques d'Amérique latine suscitent des oppositions, «il semble que les

---

90. Signalons qu'après la publication de «Lendemain d'élections» le censeur d'*Ad Usum*, Mgr Ernest Lemieux, avait été remplacé par nul autre que Mgr Maurice Roy. À ce propos, le père Boissinot apporta les précisions suivantes: «À partir de ce moment [août 1956], Mgr Roy se réserva le droit de censure la revue. Le seul inconvénient, c'est qu'il mettait beaucoup de temps à le faire. Heureusement, jamais il ne refusa le droit de publier». Courriel du 13 avril 2006.

91. «Quelques données historiques sur l'attitude chrétienne face au pouvoir politique», *Ad Usum Sacerdotum*, vol. 13, n° 10 (déc. 1958), p. 176-185. Louis O'Neill pourrait être l'auteur de ce texte, mais impossible de le confirmer.

92. *Ibid.*, p. 178 et 181.

conceptions d'un Jacques Maritain... au sujet des droits de la personne et de la liberté des chrétiens ont inspiré beaucoup de catholiques de la jeune génération», au point où ils sont «en train d'écrire un nouveau chapitre, peut-être un des plus importants, sur le problème des attitudes chrétiennes face à l'exercice de la puissance politique[93]».

Cette complexité et cette variété des situations rencontrées dans l'Histoire amènent l'auteur à conclure qu'il serait «bien utopique de rechercher des énoncés définitifs et des solutions claires, mis à part l'admission de quelques grands principes généraux». Ce qui s'impose surtout, c'est un effort constant «pour repenser les situations et interpréter les principes en relation avec les situations nouvelles[94]».

Ce premier texte substantiel sera suivi par deux autres; un article de Robert Sévillon paru dans la *Revue de l'Action populaire* sur les «jugements chrétiens en politique[95]» et une réflexion de Louis O'Neill intitulée «Essai sur la genèse de l'immoralité politique[96]» où, principalement, il expose le concept de «fonction latente» développé par le sociologue américain Robert K. Merton.

C'est après ces écrits, somme toute assez théoriques, que commence à paraître, au printemps 1959, la série qui a pour nom «Problèmes de civisme». Dorénavant, dans chaque numéro d'*Ad Usum Sacerdotum*, des réponses seront données aux questions préalablement établies par les trois collaborateurs, Dion, O'Neill et Boissinot. En mars, on traite de «l'obligation de bien voter» et d'une pratique très courante à l'époque, la «vente» de son vote en retour d'une faveur ou d'un service[97]. Le mois suivant, deux nouvelles questions sont abordées: 1) Doit-on voter pour le meilleur homme ou le meilleur parti?; 2) Quelle est la responsabilité morale de celui qui commet une «supposition de personne», plus communément appelée «télégraphe», et de celui qui le favorise et l'organise[98]? Dans le numéro de mai, on s'attaque à la place des «intérêts particuliers ou locaux» et au problème des octrois discrétionnaires, en favorisant nettement les «octrois statutaires[99]».

---

93. *Ibid.*, p. 182.
94. *Ibid.*, p. 192.
95. *Ad Usum Sacerdotum*, vol. 14, n° 1 (janvier 1959), p. 2-7.
96. *AUS*, vol. 14, n° 2 (février 1959), p. 45-51.
97. «Problèmes de civisme», *AUS*, vol. 14, n° 3 (mars 1959), p. 76-78.
98. *Ibid.*, *AUS*, vol. 14, n° 4 (avril 1959), p. 91-92.
99. *Ibid.*, *AUS*, vol. 14, n° 5 (mai 1959), p. 114-116.

Au cours de l'été, cette réflexion est suspendue. Mais elle va reprendre de plus belle après le décès de Maurice Duplessis survenu au début de septembre 1959. Le numéro suivant, celui d'octobre, vient répondre à trois points cruciaux : 1) l'obligation de voter ; 2) le rôle du prêtre dans l'enseignement des principes moraux concernant les élections ; 3) les instituteurs qui favorisent un parti ou un candidat[100]. Cette dernière question se pose avec acuité, puisqu'au temps de Duplessis plusieurs enseignants ne se gênaient pas pour inciter leurs élèves « à prier pour le succès » des candidats de l'Union nationale. En novembre, voilà que l'on s'attarde au respect de l'autorité et au droit du citoyen de la critiquer[101]. Finalement, au mois de décembre, la série prend fin avec la réponse à deux pratiques épineuses du temps : les accusations fausses (communiste, anticlérical, etc.) lancées à un adversaire politique et la sollicitation du vote des membres d'institutions religieuses par « des visites, des cadeaux, des promesses alléchantes[102] ».

Bien qu'ils soient très explicites et qu'ils répondent à des réalités très concrètes, ces articles n'ont pas suscité de remous puisqu'ils sont parus uniquement à l'intérieur des pages d'*Ad Usum Sacerdotum*, cette petite revue réservée « exclusivement aux prêtres qui s'occupent d'action sociale ». Cette fois, il n'y a eu ni reprise par *Le Devoir*, encore moins tour de presse. C'est ce que confirme l'un de nos témoins :

> Les articles parus dans *Ad Usum Sacerdotum* n'avaient pas eu tellement de retentissement. Mais, ce qui est arrivé, c'est que des élections devaient avoir lieu en 1960. Quelque temps auparavant, on avait convenu que l'on regrouperait le tout afin de les publier sous forme de livre. L'abbé Dion retardait, retardait. C'est moi qui l'ai incité à procéder plus rapidement. Finalement, il s'est décidé à confier le tout aux Éditions de l'Homme, alors sous la direction de Jacques Hébert. À partir de ce moment-là, tout s'est fait à vive allure[103].

Avant d'aborder la parution du célèbre livre *Le Chrétien et les élections*, il est un point essentiel qui gagnera à être élucidé, la réaction des autres membres de l'Église devant des dénonciations aussi explicites.

---

100. *Ibid.*, *AUS*, vol. 14, n° 8 (oct. 1959), p. 179-182.

101. *Ibid.*, *AUS*, vol. 14, n° 9 (nov. 1959), p. 211-213. Ces textes, ainsi que ceux du numéro suivant, seraient l'œuvre du père Georges-Albert Boissinot puisque, dans une correspondance récente, il nous affirmait être « à peu près certain » d'avoir rédigé « les chapitres 9, 10, 12, 13, 14 », et « peut-être aussi le chapitre 11 » du livre *Le Chrétien et les élections*.

102. *Ibid.*, *AUS*, vol. 14, n° 10 (déc. 1959), p. 230-232.

103. Entretien avec M. Georges-Albert Boissinot du 30 septembre 2005. De son côté, M. Louis O'Neill précisa que Jacques Hébert « s'organisa pour que la publication soit réalisée dans les délais les plus brefs ».

ATTITUDE DE L'ÉGLISE

À distance, il n'est pas toujours facile de reconstituer les réactions suscitées par un événement. Cela est d'autant plus vrai pour l'Église où les divergences existent mais ne sont, règle générale, pas exposées sur la place publique. Néanmoins, en nous appuyant sur les dires des témoins d'époque et sur les textes parus alors, nous tenterons de dégager l'atmosphère du temps.

Rappelons d'abord que la déclaration Dion-O'Neill a eu un effet-choc dans ce Québec dominé largement par l'Union nationale. Toutefois, cette dénonciation a reçu un accueil généralement favorable du public, tant dans les lettres aux lecteurs que dans la correspondance envoyée aux deux abbés. De son côté, la presse, outre les journaux inféodés à Duplessis, a signalé le courage des deux auteurs. Un hebdomadaire très critique a même été jusqu'à titrer : « Si le clergé n'avait pas changé d'attitude, c'est le peuple qui aurait changé de religion ![104] » De pareilles réactions et déclarations ont dû en inciter plus d'un à la prudence.

Appui de l'entourage

Pour leur part, les témoins de l'époque se souviennent d'un sentiment d'approbation assez général dans leur entourage. Ainsi, Louis O'Neill déclare :

> En fait, la situation était devenue risible. Leur soif de pouvoir leur avait fait dépasser les bornes. Notre texte a eu cet effet, il a tourné au ridicule les mœurs de Duplessis. Dans l'Église où existent divers courants, la tendance progressiste était plus forte que l'on pensait. Des confrères pouvaient nous chuchoter : « Vous faites du bon travail ! » ou « Continuez, on est bien content ![105] »

De son côté, le père Boissinot ajoute : « Cela dépendait évidemment des milieux, mais je dirais que, règle générale, les gens que je fréquentais étaient plutôt favorables[106] ».

Lorsque l'on s'attarde aux lettres envoyées à l'abbé Dion par des membres du clergé, soit 25 % des lettres reçues, on en dénombre 49 en faveur du geste et seulement 4 contre. De plus, à l'occasion des fêtes de fin d'année, celui-ci recevra une quantité impressionnante de cartes de vœux où tous le félicitent pour son courage.

---

104. *Le Reporter*, 26 août 1956, p. 6. Trouvé à DAUL, P117, D1, 6.37 (BP3629.3).

105. Entretien avec M. Louis O'Neill du 19 septembre 2005.

106. Et sa sœur Yolande de compléter : « Dans le milieu étudiant de Laval où j'étais, l'accueil a été très bon. Il en a été de même dans notre famille élargie et parmi nos proches ». Entretien avec M. Georges-Albert et Mme Yolande Boissinot du 30 septembre 2005.

Il faut également souligner que la parution de «Lendemain d'élections» dans *Ad Usum Sacerdotum* n'avait pas suscité de vague chez les 900 abonnés, tous des prêtres œuvrant dans le domaine social. Ainsi, il appert que, dans l'entourage proche des acteurs, on manifestait généralement un appui assez net[107].

Cela n'empêche pas que, dans le clergé ainsi que dans bien des communautés religieuses, plusieurs étaient de fidèles partisans de Duplessis. Toutefois, il semble que ceux-ci ne se sont pas exprimés massivement. On note également une très grande discrétion de la part des évêques.

Une autre des nombreuses cartes de Noël reçues par Gérard Dion.
Source: DAUL, P117, D1, 6.37 (BP3630.13).

---

107. Cette réalité ne signifie pas, pour autant, que les deux abbés ne subirent pas de pressions de toutes sortes. Louis O'Neill nous a déclaré qu'il leur arrivait «de recevoir des lettres anonymes». Quant à lui, Gérard Dion a, après la victoire libérale, mis la main sur le rapport de deux détectives embauchés par Duplessis pour surveiller ses allées et venues. Trouvé à DAUL, P117, D1, 6.37 (BP3630.15), «Rapport de détectives daté du 25 septembre 1956», 2 pages.

Silence de l'épiscopat québécois

À ce sujet, Louis O'Neill nous livre la réalité telle qu'elle a été vécue par les deux principaux acteurs :

> On savait qu'il y avait des évêques très proches de Duplessis, par exemple, à Amos, Sherbrooke, etc. À Québec, Mgr Maurice Roy avait une attitude humaine particulière, c'était un homme très bien. Pas de problème non plus du côté de Montréal ; le cardinal Léger a probablement calmé le jeu. D'ailleurs, j'en ai un souvenir très agréable. J'étais à Rome en 1957 et nous recevions, au Collège canadien, un cardinal visiteur, le cardinal Valeri, je crois. Après sa tournée des lieux, le cardinal Léger lui présenta chaque étudiant. Lorsque mon tour arriva, l'archevêque de Montréal se pencha et glissa un mot à son oreille ; afin de me situer, il lui rappela brièvement l'affaire. Les deux ont alors éclaté de rire. Ça été superbe ! L'histoire était rendue là-bas et les gens rigolaient. C'était devenu une farce. On était seulement en 1957, soit un an après, mais le jeu avait eu le temps de se calmer[108].

Aussitôt, notre témoin ajoute cette importante précision sur le fonctionnement ecclésial de l'époque :

> Dans ce temps-là, on ne pouvait pas aller donner une conférence dans un diocèse sans obtenir, au préalable, la permission de l'évêque. Alors, il y avait des diocèses où l'on ne pouvait pas aller. Je me souviens, entre autres de Trois-Rivières et de Gaspé. Mais, pour nous, ce n'était pas trop grave. C'était la fin d'une époque ; ou plutôt, la rencontre de deux époques. C'est étonnant comme on est passé rapidement d'une époque à l'autre. Il y a eu revirement complet[109].

Ainsi, en 1956, après la célèbre déclaration Dion-O'Neill, aucun évêque québécois n'a condamné publiquement le geste. Il semble que, devant le succès de cet écrit, ces derniers ont choisi, tout au moins dans un premier temps, d'opter pour un « silence prudentiel[110] ».

---

108. Entretien avec Louis O'Neill du 19 septembre 2005. Ce témoignage vient pondérer l'évaluation de l'attitude du cardinal Léger décrite par Jacques Lacoursière dans son *Histoire populaire du Québec*. Cet auteur y relate une correspondance avec l'avocat Anatole Vanier où l'archevêque condamne la campagne entreprise par *Le Devoir* à la suite de la déclaration Dion-O'Neill. Voir Jacques Lacoursière (1997), *Histoire populaire du Québec, 1896-1960*, Montréal, Septentrion, p. 389. Sur l'attitude de Mgr Léger face aux mœurs électorales, il faudrait une recherche plus fouillée que celles de ses deux biographies, car il s'y trouve très peu d'éléments sur l'évolution de ses positions sur cette question.

109. Entretien avec M. Louis O'Neill du 19 septembre 2005.

110. Des évêques ont pu intervenir privément. Mais, à notre connaissance, aucune condamnation publique n'a filtré dans les médias québécois. Évidemment, seule une recherche dans les divers évêchés permettrait d'en savoir davantage.

Des appuis solides

Ce qu'il faut savoir également, c'est qu'en 1955 la Commission sacerdotale n'a pas été la seule à discuter du civisme. Le sujet a aussi été étudié, en septembre, par les très respectables Semaines sociales du Canada[111]. De plus, en mai, lors de la célébration de l'anniversaire de l'encyclique *Rerum Novarum*, le cardinal Léger avait retenu un thème s'en approchant. Intitulée « Le Chrétien devant l'action politique et la démocratie[112] », son allocution s'adressait plus spécialement aux élus montréalais, alors dirigés par le nouveau maire Jean Drapeau, dont l'Action civique avait vaincu les tenants de Duplessis. Il leur apporta alors son « témoignage de profonde estime et d'encouragement sincère pour tout ce que vous faites pour le plus grand bien de la communauté métropolitaine[113] ».

S'inspirant largement du discours de Pie XII de 1944, l'archevêque de Montréal rappelait que la « mission de l'État est de gérer le bien commun », qu'une « saine démocratie » se juge par « l'harmonie » et l'heureux accord « entre les citoyens et le gouvernement », que ses dirigeants ne sauraient se laisser dominer « par l'égoïsme du pouvoir et des intérêts », que l'État ne doit y exercer « un pouvoir sans frein et sans limite » et que les élus doivent faire preuve des qualités suivantes : « objectivité, impartialité, générosité et incorruptibilité[114] ».

Dans la seconde partie de son exposé, il invite les catholiques à ne pas fuir devant la « crise du pouvoir » et la « crise du sens civique ». Plutôt, il demande que, dans leur action politique, ils fassent preuve de « présence active », d'« influence dynamique », de « collaboration » et « d'adaptation », cela avec tous ceux « qui partagent nos convictions », notamment « les exigences du bien commun[115] ».

Il apparaît donc que, bien avant la fameuse déclaration Dion-O'Neill, les sujets de civisme et de démocratie avaient été soulevés au sein du clergé. Ici, plus d'un an auparavant, c'est l'une de ses plus hautes autorités ecclésiales qui en traita en sol montréalais, cela de manière assez

---

111. Semaines sociales du Canada (1955), *Le Civisme*, Montréal, ISP, 200 pages. Cette semaine était sous la présidence d'honneur du cardinal Léger. Signalons également que, l'année précédente, les Semaines sociales de France portaient sur ce thème. Ces dernières en furent d'ailleurs félicitées par Pie XII.

112. Le texte intégral de ce discours a été reproduit dans *Le Devoir* des 13 et 14 mai 1955, p. 4.

113. « Le chrétien devant l'action politique et la démocratie », *Le Devoir*, 14 mai 1955, p. 4.

114. *Ibid.*, 13 mai 1955, p. 4.

115. *Ibid.*, 14 mai 1955, p. 4. En 1957, Mgr Léger interviendra également lors des élections municipales de Montréal, en insistant sur le « devoir d'exercer son vote » et sur le fait que « vendre ou acheter un vote constitue une faute grave ». Voir *Vrai*, 21 octobre 1957, trouvé à DAUL, P117, D1, 6.14 (BP3627.27).

explicite. Et, quelques mois à peine après cette célèbre dénonciation, soit en novembre 1956, voilà que la plus haute instance du pays, la Conférence catholique canadienne (CCC), émet ses directives sur le sujet.

Dans leur enseignement intitulé « Le Civisme[116] », les évêques canadiens insistent sur « l'importance du sujet ». Dès le départ, ils s'en prennent aux chrétiens qui « raisonnent ou agissent comme si la loi morale ne s'étendait pas à toute leur vie publique ». Car, pour les prélats, le civisme consiste en « la volonté ferme et constante de subordonner son bien personnel ou tout autre intérêt particulier au bien commun de la société ». Il relève donc de la « justice sociale ».

S'attardant ensuite aux « devoirs des dirigeants », l'assemblée épiscopale émet ce commentaire très éloquent :

> Dans un régime comportant la pluralité des partis, les citoyens doivent être mis en garde contre cette altération du civisme que l'on nomme l'esprit partisan. Dans leur légitime ambition de faire prévaloir auprès des électeurs le programme qu'ils estiment le plus favorable au bien commun, les chefs de parti doivent donner l'exemple du respect de la vérité, de la justice et de la charité fraternelle ; et lorsqu'ils sont chargés de gouverner, cette même recherche sincère du bien commun leur fera éviter de servir les intérêts de leur parti au détriment du bien général.

> Faut-il ajouter que le nom de la religion ne peut servir à patronner aucune conception politique particulière[117].

Devant la révolution industrielle et l'urbanisation rapide qui vient d'avoir lieu, les prélats canadiens regrettent le manque « d'équilibre social », car « trop de familles sont privées de logements convenables et n'ont pas le minimum de bien-être nécessaire à la bonne éducation des enfants ». De telles lacunes commandent la « nécessité actuelle de l'éducation civique », éducation qui doit se faire « au foyer », « à l'école », par « la prédication et l'Action catholique » ainsi que « par l'exemple des gouvernants ». Sur ce dernier point, la Conférence catholique canadienne insiste : « ce qui incitera le plus sûrement les citoyens à bien accomplir leurs devoirs civiques, ce sera l'exemple des gouvernants eux-mêmes[118] » !

---

116. Cette déclaration a été reproduite intégralement dans la « Lettre circulaire de Mgr Coderre du 2 février 1957 », p. 51-57. Trouvée à DAUL, P117, D1, 6.16 (BP3627.29). Les citations suivantes proviennent de ce document.

117. *Ibid.*, p. 54-55. Quelques lignes plus loin, les évêques canadiens prenaient soin de rappeler que « l'Église laisse à ses membres la liberté d'adhérer au parti de leur choix », exception faite du Parti communiste.

118. *Ibid.*, p. 57. Dans une recherche ultérieure, il serait intéressant de tenter d'élucider comment la CCC en est venue à prendre cette prise de position novatrice.

Bien que les évêques s'en soient tenus aux principes et n'aient fait allusion à aucune situation concrète, leur enseignement ne trompe pas. Peu de temps après sa publication, Gérard Filion, dans *Le Devoir*, y voit la reprise des «principes déjà énoncés dans un texte désormais fameux, la déclaration Dion-O'Neill[119]».

Quelques mois plus tard, c'est l'évêque de Saint-Jean, Mgr Gérard-Marie Coderre, qui fait siennes ces directives dans une «lettre circulaire» à tous ses prêtres. À ce texte, il ajoute les plans de quatre sermons sur le civisme. Le tout est couronné par un appendice qui comprend une bibliographie sur le sujet, des extraits de trois articles de *Relations* et deux discours du cardinal Feltin, archevêque de Paris[120].

Par la suite, Mgr Coderre traitera, à au moins deux reprises, de ce sujet controversé: en février 1958, à l'occasion de la bénédiction de l'hôtel de ville de Saint-Jean, et, en 1959, dans une longue lettre pastorale sur «les devoirs des gouvernants et des fonctionnaires[121]». Il invite ces derniers à faire preuve «d'incorruptibilité radicale», même si «la plaie lamentable de la corruption politique s'étale constamment sous leurs yeux comme une provocation». L'évêque de Saint-Jean s'en prend alors plus particulièrement à la pratique très répandue «des pots-de-vin». Sa conclusion ne pouvait être plus directe:

> Nous avons voulu que jamais, chez nous, les «vaines apparences d'une démocratie de pure forme» ne masquent l'égoïsme d'un gouvernement trop peu démocratique. Nous avons voulu immuniser notre peuple contre ce cancer qui a tué tant d'autres peuples, à savoir la puissance politique repliée sur elle-même et exercée pour le seul avantage de ceux qui gouvernent[122].

En plus de l'épiscopat canadien, il y a donc eu appui très net d'un évêque québécois, Mgr Coderre de l'évêché de Saint-Jean. Il n'est pas exagéré, non plus, de dire que les abbés Dion et O'Neill ont bénéficié d'un accord tacite des deux plus importants prélats québécois, le cardinal Paul-Émile Léger de Montréal et Mgr Maurice Roy de Québec. Rappelons que, à partir de l'été 1956, c'est ce dernier qui accordait l'*im-*

---

119. Gérard Filion, «L'épiscopat prêche le civisme», *Le Devoir*, 5 décembre 1956, p. 4.

120. «Lettre circulaire de Mgr Coderre du 2 février 1957», p. 58-74 et 74-91.

121. «La loi et la tolérance», journal non identifié, 30 avril 1958 et «Lettre pastorale de Mgr Coderre sur les devoirs des gouvernants et des fonctionnaires publics», s.j., s.d. Trouvés à DAUL, P117, D1, 6.14 (BP3627.27).

122. *Ibid.*, p. 14. Cette lettre substantielle datée du 2 février 1959 comporte plus de 90 paragraphes. On trouve les principaux dans *Le Chrétien et les élections*, p. 76-87. Mgr Coderre y demande également de meilleures «lois sociales et ouvrières».

primatur pour la publication de textes dans *Ad Usum Sacerdotum*. C'est donc lui qui a autorisé la série d'articles « Problèmes de civisme[123] ».

Autres interventions sociales

Il est un autre phénomène digne de mention qui doit ici être souligné. Après la fameuse déclaration Dion-O'Neill, on remarque que des évêques québécois commencent à prendre la parole lors de conflits ouvriers, chose qui ne s'était pas vue depuis le virage à droite[124] de l'Église survenu après la grève de l'amiante et la destitution de Mgr Joseph Charbonneau.

Le premier à intervenir est l'évêque de la Côte-Nord, Mgr Couturier, au moment de la « grève de Hauterive et Baie-Comeau ». Quelques mois plus tard, il soulignera, dans une lettre pastorale, que « le droit d'association » constitue « un droit fondamental[125] ». Et, au moment de la très longue grève de Murdochville de 1957, grève où les mineurs affiliés à la toute nouvelle Fédération des travailleurs du Québec (FTQ) se battent pour la simple reconnaissance de leur syndicat, deux autres évêques feront une sortie publique. D'abord, l'évêque de l'endroit, Mgr Paul Bernier, accorde son appui aux grévistes. Ensuite, en septembre, lors de la célébration de la fête du Travail, Mgr Maurice Roy insiste sur « l'obligation pour tous de respecter le droit naturel d'association[126] ». Peu de temps après, l'archevêque de Québec soulignait l'importance de « la responsabilité des laïcs dans l'action sociale[127] ». De plus, au début de l'année 1959, le cardinal Léger dénonçait le grave problème du chômage.

Au terme de ce bref survol, il ressort clairement qu'à partir de la fin de l'année 1956 une nouvelle tangente apparaît au sein de l'épiscopat. Dans un premier temps, les évêques canadiens ont pris position sur la question du civisme. Ils ont été suivis dans cette voie par un

---

123. Tout au plus, Gérard Dion pouvait se plaindre de sa lenteur (témoignage du père Boissinot).

124. Pour des précisions sur ce virage à droite, voir la dernière partie des *Dessous d'Asbestos...*

125. A. B. (Georges-Albert Boissinot), « L'Église canadienne et les problèmes sociaux », *AUS*, vol. 14, nº 3, mars 1959, p. 69-70. Malheureusement, dans les ouvrages d'histoire ouvrière, nous n'avons pas retrouvé d'informations sur ces deux grèves.

126. *Ibid.* Ces deux interventions se trouvent dans *Ad Usum Sacerdotum*, vol. 13, nº 2, février 1958. Voir « L'Église et la liberté syndicale, S. Ex. Mgr Maurice Roy », p. 35-36 et « Allocution de S. Ex. Mgr Paul Bernier à Murdochville », p. 37-38. Y est également l'enseignement de Mgr Couturier, « Le respect du droit d'association », p. 39-41.

127. *Ibid.*, p. 42-44.

évêque québécois, Mgr Gérard-Marie Coderre, qui, en plus de financer les recherches de Gérard Dion, est intervenu à plusieurs reprises pour dénoncer les piètres mœurs des gouvernants. En second lieu, des évêques québécois ont, à partir de 1957, pris la parole lors de conflits ouvriers ou sur des questions sociales. Il en a été ainsi de M^grs^ Couturier, Bernier et Roy ainsi que du cardinal Léger. À la veille de la Révolution tranquille, certains membres de la hiérarchie catholique ont donc commencé à dénoncer la situation, brisant ainsi le silence qui régnait depuis 1950. Bien que plusieurs évêques conservateurs accordent toujours leur soutien à Duplessis, il est notoire que certains évêques plus ouverts viennent de parler. Cette nouvelle réalité se devait d'être soulignée.

Autres appuis

Il n'y a pas seulement l'évêque de Saint-Jean qui a accordé un appui explicite aux abbés Dion et O'Neill. Un éminent membre du clergé, le père Émile Legault, c.s.c., le fera à deux reprises au cours de sa populaire émission télévisée, *Eaux vives*[128]. Ses propos, il les reprendra dans son livre *Comme des enfants de riches*. Tant la déclaration Dion-O'Neill que l'enseignement des évêques canadiens sur le civisme lui apparaissent comme « un cri d'alarme » devant une situation qui ne saurait perdurer. Les piètres mœurs électorales et le discrédit des hommes politiques malhonnêtes conduisent aux pires abus : « ces mêmes hommes vendent leurs votes, tripatouillent le suffrage populaire, faussent les consciences, détruisent les réputations, mentent effrontément, [...] ». De la part de chrétiens vertueux dans leur vie privée, le père Legault ne peut y voir, dans « une *distraction généralisée* », que le développement d'une « *double conscience* ». Sa conclusion sera des plus catégoriques : « Notre démocratie est malade, bien malade[129] ».

Dans sa lettre de remerciements, l'abbé Dion signale aussi « la conférence de presse donnée par l'abbé Jean-Marie Lafontaine au sujet de la déclaration de l'Épiscopat canadien sur le civisme ». Et ces gestes d'appui prouvent, selon lui, une chose : « que le nombre de gens conscients de l'abîme où l'Église est en train de s'engager au Canada français est assez considérable ». Gérard Dion émet alors ce souhait : « Il faudrait se rencontrer et agir en commun[130] ».

---

128. À ce sujet, voir la lettre de remerciements envoyée par Gérard Dion : DAUL, P117, D1, 6.37 (BP3630.13), « Lettre de G. Dion au père Émile Legault du 28 décembre 1956 », 2 pages.

129. Son chapitre portant sur le civisme a été reproduit dans *Le Chrétien et les élections*, p. 90-96. Citation tirée des pages 93-94.

130. « Lettre au père Legault du 28 décembre 1956 » déjà citée, p. 1.

Il semble que cette invitation n'a pas connu de suites. Cependant, d'autres clercs sont venus traiter du civisme. En janvier 1957, *Ad Usum Sacerdotum* rapportait les propos de Mgr Paul-Émile Gosselin sur la déclaration de l'épiscopat canadien[131]. Ce même enseignement a été, nous l'avons vu, commenté par *Relations*. Peu de temps après, cette revue demandait au gouvernement de «faire la lumière sur le sujet», celui de la corruption politique. Et l'on concluait que, dans le cas où la chose s'avérait fondée, les Québécois n'auraient qu'une solution : se «choisir un gouvernement respectable[132]».

Évidemment, le père Georges-Henri Lévesque de la Faculté des sciences sociales reprit les conclusions des deux abbés. Du côté du diocèse de Saint-Jean, le curé de Saint-Pierre-Apôtre à Longueuil, le chanoine Armand Racicot, distribua, à chacun de ses paroissiens lors de sa visite paroissiale, un exemplaire de la brochure contenant la déclaration Dion-O'Neill[133]. Au cours d'un prône subséquent où il commentait les «dures vérités» formulées par les deux abbés, il s'exclama : «Il était temps que les prêtres se décident à parler, car ils étaient en train de passer pour corrompus comme certaines gens[134]».

À l'intérieur de son journal *Vrai*, nous avons également vu Jacques Hébert mentionner les interventions en ce sens du chanoine Delisle de Québec et de l'abbé G.-M. Bilodeau, curé de Saint-Raymond[135]. Toujours au moment de la diffusion de la fameuse déclaration, plusieurs clercs font parvenir des lettres d'appui au *Devoir*. Plus discrets, ils signent cependant sans s'identifier : «Un jeune prêtre», «Un prêtre de Québec», «Un vieux curé», ou encore «Un jeune vicaire[136]». Néanmoins, peu de temps après, une longue lettre du père Antonin Lamarche[137], o.p., paraît dans les mêmes pages de ce journal où il se prononce en faveur de la dénonciation des deux abbés.

---

131. Mgr P.-É. Gosselin, «Le civisme», *AUS*, vol. 12, n° 4, janvier 1957, p. 77-78.

132. Cette prise de position est signée J. d'A. ; il devrait donc s'agir de Jean-d'Auteuil Richard, de retour de sa période d'exil dans l'Ouest canadien. Voir «Il faut crever l'abcès de la corruption politique», s.j., s.d., trouvé à DAUL, P117, D1, 6.4 (BP3627.27).

133. «Un document qu'il faut étudier», *Le Soleil*, 17 février 1957, trouvé à DAUL, P117, D1, 6.3 (BP3627.16).

134. «Vibrante protestation du curé Racicot de Longueuil», *Vrai*, 16 février 1957, p. 3. Trouvé à *ibid.*, D1, 6.37 (BP3629.4).

135. «Vibrant appel du curé G.-M. Thibodeau (*sic*) de Portneuf», *Vrai*, 15 septembre 1956, p. 5.

136. «Mœurs électorales», *Le Devoir*, 17 août 1956, p. 4 ; «Un problème moral», *ibid.*, 21 août 1956, p. 4 ; «Une lettre d'un vieux curé», *ibid.*, 23 août 1956, p. 4 ; «Moralité et politique», *ibid.*, 6 novembre 1956, p. 4.

137. «En marge de la déclaration Dion-O'Neill», *ibid.*, 22 novembre 1956, p. 4.

Autre phénomène d'importance, Pierre Laporte dans sa chronique hebdomadaire déclare ce qui suit à propos de la distribution de la célèbre brochure : « Il faut également souligner qu'un très grand nombre de commandes viennent de membres du clergé. On les demande par paquets de cent, apparemment pour en faire la distribution dans certaines communautés[138] ». Il appert donc que la déclaration Dion-O'Neill a exercé une onde de choc à l'intérieur de l'Église et sur bien de ses membres.

À cet effet, *L'Action catholique*, journal de l'archevêché de Québec, nous en offre un exemple éloquent. Au moment de la parution publique de la dénonciation, ses éditorialistes ne traitèrent aucunement du sujet. Louis-Philippe Roy refusa même que ce texte paraisse dans le journal[139]. Pourtant, après la déclaration de l'épiscopat canadien sur le civisme, la même *Action catholique* s'empressa d'en faire « une brochure pour diffusion[140] ». Par la suite, nous avons vu ce même journal publier intégralement, dans ses pages, la conférence de Gérard Dion intitulée « Les Chrétiens et la politique ».

Il faut, néanmoins, reconnaître que la situation a varié d'un bout à l'autre du Québec. Là où se trouvait un évêque conservateur, le journal de l'évêché a généralement dû refuser d'en traiter. Mais, pour faire véritablement le point sur l'attitude de l'épiscopat, du clergé et de la presse catholique, une recherche beaucoup plus vaste s'impose. Néanmoins, cette première esquisse du sujet permet de tirer certaines conclusions.

CONCLUSION

De tout ce qui précède, il ressort que la déclaration Dion-O'Neill a agi à titre d'éveilleur de conscience. Parmi les journaux, c'est *Le Devoir* qui y a fait le plus largement écho. D'ailleurs, la longue enquête de Pierre Laporte sur les fraudes des dernières élections est venue corroborer plusieurs de ses affirmations et révéler plusieurs faits non signalés par les deux abbés, rendant « Lendemain d'élections » difficilement attaquable.

Par la suite, la déclaration de l'épiscopat canadien sur le civisme, en novembre 1956, est probablement venue freiner les ardeurs des

---

138. « Ce qu'on dit et ne dit pas... », *Le Devoir*, 1er septembre 1956, p. 1.

139. DAUL, P117, D1, 6.37 (BP3630.10), « Lettre de Me Léon Lamothe à Gérard Dion du 16 août 1956 », 1 page. Une autre lettre d'un partisan nous apprend un refus équivalent du *Nouvelliste* de Trois-Rivières.

140. « L'épiscopat et le civisme », *AUS*, vol. 12, no 4 (janv. 1957), p. 76.

opposants. La reprise de cet enseignement par plusieurs membres du clergé et une partie de la presse catholique indique un changement notable. Traitant de la « crise religieuse » au Québec, l'éminent journaliste anglophone Blair Fraser y vit rien de moins, qu'« *a turning of the tide*[141] ».

De même, se référant à cette déclaration, Jacques Hébert déclara : « [C'est] l'abbé Gérard Dion qui, avec l'abbé Louis O'Neill, a été, à un moment de l'histoire de notre province, la CONSCIENCE de tout un peuple[142] ». Ces paroles reconnaissent l'ampleur du rôle historique attribué à ces deux hommes.

Chose certaine, après cette virulente dénonciation publique, les piètres mœurs électorales de Duplessis sont dorénavant au banc des accusés. Au surplus, la conscience de bien des gens (tous ceux qui avaient collaboré, participé, appuyé ou omis de dénoncer) ne pouvait dorénavant être tranquille. En ce sens, les choses venaient de changer ; à partir de là, le Québec ne pourrait plus être pareil.

Et Gérard Dion, avec ses conférences, a continué à marteler le thème publiquement. Par la suite, la constitution d'une équipe élargie permit de creuser le sujet plus discrètement dans *Ad Usum Sacerdotum*. Ainsi, durant les dernières années du règne de Duplessis, soit de juillet 1956 à septembre 1959, ce petit noyau s'est révélé être l'un des grands dénonciateurs des méthodes de l'Union nationale. Par ses analyses traitant du lien entre morale et politique, il a ainsi donné plusieurs munitions aux laïcs qui en avaient contre les pratiques de ce gouvernement. Mais cette célèbre prise de parole qui en dérange plus d'un n'a pas encore eu toute sa portée, ce que nous nous apprêtons à voir dans le prochain chapitre.

---

141. Blair Fraser, « The religious crisis in Quebec politics », *Maclean's Magazine*, 10 novembre 1956, p. 10.

142. « L'abbé Dion condamne ceux qui n'ont pas voulu voter », *Vrai*, 9 novembre 1957, p. 3. Trouvé à DAUL, P117, D1, 6.14 (BP3627.27).

CHAPITRE 8

DU SCANDALE AU SUCCÈS

Pour les tenants de Duplessis, la déclaration Dion-O'Neill faite après les élections de 1956 constituait un véritable «scandale». Dans l'une de ses brochures typiques, le «chantre du Chef», Robert Rumilly, la qualifia de «mémoire antiquébécois», cela parce qu'elle aurait taxé «la population canadienne-française de "bêtises" et "d'immoralité"[1]». À l'époque, plusieurs bien-pensants, sans aller aussi loin, n'en trouvaient pas moins que les deux abbés avaient dépassé les bornes. En somme, pour plusieurs, un tel comportement était pour le moins douteux. Dans les milieux conservateurs, une nette réprobation sociale existait à l'égard de ce geste, que l'on espérait voir sévèrement sanctionné.

Telle était la situation après l'écrasante victoire de l'Union nationale. Cependant, quatre années plus tard, bien des choses avaient changé. En premier lieu, la mort subite de Duplessis, au début de septembre 1959, avait provoqué une onde de choc. Son successeur, Paul Sauvé, grâce à son célèbre «Désormais», avait toutefois relevé le défi. Et presque chaque jour, son gouvernement annoncera, par la suite, de nouvelles réformes: bourses aux étudiants, augmentation de traitement dans la fonction publique, plus grande autonomie des municipalités, législation du travail moins sévère, volonté de participer au fonds d'assurance hospitalisation et de régler l'épineux dossier des subventions fédérales aux universités, mesures d'aide à l'agriculture, compte-rendu des débats de l'Assemblée, etc., etc.

---

1. Robert Rumilly (1956), *À propos d'un mémoire «confidentiel». Réponse à MM. les abbés Dion et O'Neill*, Montréal, Éditions de *Notre Temps*, p. 3. Le texte original de Louis O'Neill se lisait comme suit: «Le déferlement de bêtise et d'immoralité dont le Québec vient d'être témoin à l'occasion des élections provinciales ne peut laisser indifférent aucun catholique lucide». Nul besoin de souligner que cette phrase visait principalement les mœurs électorales de l'époque. Dans sa charge à fond de train contre les deux abbés et tous les «gauchistes» qui les appuient, l'auteur se porte à la défense des «Canadiens français», de son clergé et des religieuses, injustement attaquées selon lui.

Mais ces très beaux jours prendront fin abruptement. Sans prévenir, la mort va frapper à nouveau. Le 2 janvier 1960, en pleine période
des fêtes, une foudroyante crise cardiaque emporte Paul Sauvé. Après
de longues discussions, un successeur lui est choisi. Ancien ministre du
Travail, Antonio Barrette ne possède ni la formation pour diriger ni,
non plus, la prestance de ses deux prédécesseurs. Au surplus, la période
électorale arrive à grands pas.

La tenue des élections sera fixée au 22 juin 1960. Débutera alors
l'une des campagnes électorales les plus passionnées que le Québec
ait connu. La nouvelle équipe libérale de Jean Lesage, «l'équipe du
tonnerre», avec des vedettes tels René Lévesque et Paul Gérin-Lajoie, a
bien l'intention, après seize longues années dans l'opposition, de remporter la victoire. Leur slogan *Faut que ça change!* est, à cet égard, sans
équivoque. C'est dans ce contexte survolté que sera lancé un nouveau
livre dénonçant les piètres mœurs électorales au Québec.

LE CHRÉTIEN ET LES ÉLECTIONS

Au terme de notre dernier chapitre, nous en étions au moment où
l'idée de publier les articles parus dans *Ad Usum Sacerdotum* à l'automne
1959 faisait son chemin. Le père Georges-Albert Boissinot avait soumis
l'idée à Gérard Dion, mais rien ne bougeait.

Production à toute vapeur

La bonne affaire fut vite flairée par un éditeur qui n'avait pas froid
aux yeux, comme nous le raconte Louis O'Neill:

> L'idée du livre *Le Chrétien et les élections* ne vient pas de nous. Vous
> allez être étonnée. Elle vient de Jacques Hébert qui, à ce moment-là, est
> directeur-fondateur des Éditions de l'Homme. Jacques Hébert avait lu
> ces textes dans *Ad Usum Sacerdotum* et, lors d'une rencontre avec l'abbé
> Dion, lui a dit: «Écoute, cela pourrait faire un livre!» C'est ainsi que
> le projet a été lancé. À l'hiver 1960, nous avons sélectionné et amassé
> les différents textes[2].

Le livre, qui comptera trois parties distinctes, est très rapidement
monté. Divisée en 16 courts chapitres, la première «section» comprend
les fameux articles d'*Ad Usum Sacerdotum* où les trois collaborateurs,
Dion, O'Neill et Boissinot, s'étaient attachés à fournir une réponse
aux diverses questions établies après la réception de la lettre d'appui de
Mgr Coderre. Les textes originaux sont rapidement revus, les auteurs

---

2.   Entretien avec Louis O'Neill du 19 septembre 2005.

Page couverture du livre paru aux Éditions de l'Homme. Source : Gracieuseté de M. Louis O'Neill. Licence : Éditions de l'Homme.

se limitant à ne faire que de très légères retouches. Des sous-titres sont cependant ajoutés afin d'en rendre la lecture plus agréable. Le tout est complété par un chapitre-synthèse intitulé « Aide-mémoire de l'électeur consciencieux », qui s'avère être, en fait, un résumé des principes énoncés à l'intérieur de chacun des chapitres.

Ces 60 premières pages sont suivies par des « documents d'actualité ». On y retrouve, entre autres, quelques extraits des enseignements de Pie XII, de la déclaration des évêques canadiens sur le civisme et de la *Lettre pastorale* de Mgr Coderre. Comptant maintenant 96 pages, le livre commence à prendre forme. Très brève, la troisième partie comprend « quelques documents anciens ». S'y trouve une synthèse des interventions épiscopales sur la question des mœurs électorales depuis plus d'un siècle. L'ajout d'un appendice permet d'atteindre les 120 pages. Et il ne s'agit pas de n'importe lequel appendice : la fameuse déclaration Dion-O'Neill de 1956, « Lendemain d'élections ». Pour couronner le tout, une préface est produite par un partisan de toujours, le chanoine Armand Racicot, curé de la paroisse Saint-Pierre-Apôtre de Longueuil.

À ce petit ouvrage produit à toute vapeur, on donnera un titre sobre mais parlant : *Le Chrétien et les élections*. Le 14 avril, Gérard Dion signe un contrat avec l'éditeur[3]. Au moment de la confection de la page

---

3.   Ce contrat se trouve à DAUL, P117, D1, 6.38 (BP3631).

Annonce publicitaire des Éditions de l'Homme. Source: Gracieuseté de M. Louis O'Neill. Licence: Éditions de l'Homme.

Promotion de l'éditeur, photographie des deux auteurs. Source: Gracieuseté de M. Louis O'Neill. Licence: Éditions de l'Homme.

couverture, une formule simple est retenue : une croix noire surplombe un fond vert et gris, mais le terme « élections », tout de blanc, ressort grâce à un lettrage énorme. Au prix d'un dollar, ce nouveau titre sera accessible à un large public.

Reste la question du choix des auteurs. Le tandem Dion-O'Neill est déjà très connu. Georges-Albert Boissinot a toutefois largement contribué à ce travail collectif. Mais plusieurs raisons l'incitent à la discrétion. Il occupe alors le poste de supérieur du scolasticat des frères de Saint-Vincent-de-Paul à Québec. De plus, à l'époque, personne ne pouvait garantir la victoire libérale et, advenant le maintien de l'Union nationale, des représailles étaient à craindre :

> Je n'ai pas signé parce que, dans ma communauté, il y avait des constructions et des octrois. Je me suis dit : « Si je signe, cela va faire une tempête ! » Une autre solution a été trouvée : en page liminaire, les éditeurs ont ajouté une note d'avertissement où mon nom est mentionné. C'était plus discret et cela a réglé le problème. J'ai cependant laissé passer là l'occasion de devenir célèbre[4] !

Outre cette précision liminaire, dans la page titre intérieure, les noms des deux auteurs sont suivis de cette note explicite : « avec la collaboration d'une équipe de théologiens[5] ».

Puisque les élections vont se tenir le 22 juin, le lancement du livre doit se faire rapidement. C'est pourquoi on le fixe au début de mai. Tout avait donc été fait prestement et tout allait rondement jusqu'à ce qu'un évêque, qui vient d'avoir vent de l'affaire, se décide de rendre publique l'une de ses interventions sur le sujet.

Un pépin, une condamnation

Il semble que la rumeur du lancement de ce livre-choc ait suscité un mouvement de désaccord chez certains membres de l'épiscopat. En plus de livrer au public les derniers articles d'*Ad Usum Sacerdotum*, cette parution contient le fameux texte de 1956, « Lendemains d'élection » qui a tant déplu à Maurice Duplessis. Il est probable que les évêques les plus conservateurs signifièrent leur mécontentement à l'archevêque

---

4.   Entretien avec M. Georges-Albert Boissinot du 30 septembre 2005.

5.   Abbés Dion et O'Neill (1960), *Le Chrétien et les élections*, Montréal, Éditions de l'Homme, page de présentation.

de Québec, Mgr Maurice Roy[6]. En tout cas, la suite de l'histoire le laisse présager.

Quelques jours avant le lancement, l'évêque de Gaspé, Mgr Paul Bernier, décide, lors d'un dîner au Séminaire de Gaspé où il souhaite émettre ses directives à ses prêtres, de traiter du thème « le clergé et la politique ». Après avoir souligné l'agitation possible au cours de la campagne électorale suivante, avoir reconnu « les faiblesses civiques de notre peuple » ainsi que l'importance pour les prêtres de « former chez nos fidèles la conscience civique », il y va de cette condamnation sans équivoque :

> Je voudrais surtout insister aujourd'hui sur la dignité du prêtre en face du monde politique. Il ne convient pas au prêtre, ni de se faire l'adulateur du pouvoir, ni de s'en constituer le censeur et le juge par-dessus la tête des évêques. <u>Il y a deux certains abbés qui ont péché gravement de ce côté-là</u> (n.s.). Ce ne sont pas des prêtres du diocèse de Gaspé. Je n'en suis pas responsable, mais je suis responsable de l'écho de leurs paroles dans mon diocèse, et mes prêtres ont bien le droit de me demander ce que j'en pense. Eh! bien, je ne les approuve aucunement. Lorsqu'il s'agit de juger d'un parti, de juger d'une politique, le prêtre n'a pas à se constituer le juge des pouvoirs publics. Ce sont les évêques qui ont mission de le faire. [...] Ne soyez par conséquent, messieurs, je vous prie, ni les détracteurs systématiques ni les adulateurs du pouvoir[7].

La suite de son allocution contient deux grands arguments en faveur de cette prise de position. *Primo*, le prêtre « doit s'abstenir de [se] mettre au service d'une cause politique quelconque, que ce soit celle du parti au pouvoir ou celle des partis d'opposition ». Ainsi, l'évêque

---

6.   Dans le cas de l'intervention contre le frère Untel qui surviendra en décembre 1960, l'historien Jean Hamelin identifie Mgr Bernier de Gaspé, Mgr Cabana de Sherbrooke et Mgr Martin de Nicolet comme ceux qui se montrèrent les plus « intransigeants ». Par la suite, le supérieur du frère Pierre-Jérôme (Jean-Paul Desbiens) choisira d'envoyer ce dernier « à Rome, pour y faire des études ». Jean Hamelin (1991), *Histoire du catholicisme québécois*, p. 242. D'après ce récit de l'affaire, il semble que Mgr Bernier joua un rôle important. Dans un écrit récent, Gilles Routhier est venu corroboré le fait, ajoutant que l'évêque de Gaspé, toujours concernant le frère Untel, se serait rendu, dès la mi-août, à l'archevêché de Québec, afin d'intercéder auprès de M[grs] Roy et Garant. Voir Gilles Routhier et Axel Maugey (2006), *Église du Québec, Église de France*, Ottawa, Novalis, note 114, p. 100.

7.   « L'Évêque de Gaspé à son clergé : Le prêtre ne doit être... », *Le Devoir*, 29 avril 1960, s.p. Trouvé à DAUL, P117, D1, 6.38 (BP3631.5). Les prochains articles proviennent aussi de cet emplacement. Soulignons que l'archevêque de Québec, Mgr Roy, avait l'art de faire connaître son opinion d'une manière subtile. À ce propos, le père Boissinot nous a fourni ce témoignage parlant : « Un jour, l'abbé Dion se plaignait à Mgr Roy de sa lenteur, en disant : "Mais, c'est un mensuel que nous produisons !" L'évêque de Québec de lui répliquer : "C'est bien de faire censurer ses textes, c'est très bien. Si Mgr Bernier avait fait censurer le sien, il n'aurait pas fait la déclaration qu'il vient de faire". Ça c'était Mgr Roy ! »

de Gaspé[8] jugerait que le geste des deux abbés de 1956 condamnait trop nettement les pratiques de l'Union nationale. *Secundo*, selon lui, ce ne serait pas « aux prêtres eux-mêmes » d'intervenir. Seuls le pape, son délégué et les évêques posséderaient le droit de condamner « une faction politique quelconque ». Mgr Bernier[9] invoque en ce sens des dispositions « du conseil (*sic*) plénier de Québec[10] ».

Évidemment, le lendemain de la diffusion de cette condamnation de « péché grave », la nouvelle faisait la une des grands quotidiens québécois. On y apprend que la déclaration de Mgr Bernier aurait semé, « dans les milieux politiques et religieux de la province », un « certain émoi ». Au dire de *Montréal-Matin*, personne n'aurait « pris sur lui de se déclarer responsable » des deux abbés. Seul Michel Chartrand, leader du Parti social-démocrate, a voulu répliquer à l'évêque de Gaspé, citant Pie XII sur l'existence de « l'opinion publique au sein même de l'Église[11] ».

Désireux de connaître la réaction des deux principaux concernés, les journalistes ont dû se contenter du, sans appel, « aucun commentaire[12] ». Ils ont cependant appris que les abbés Dion et O'Neill s'apprêtaient à lancer un livre sur le sujet. Voilà donc un lancement dont le

---

8.   On aurait pu s'attendre à une telle intervention de Mgr Cabana, Martin et Desmarais d'Amos, tous trois reconnus pour leur très grand conservatisme. Pour sa part, Mgr Bernier avait participé, au cours des années 1940, à la mise sur pied du Département d'action sociale de la Conférence catholique canadienne (voir *Les Dessous d'Asbestos...*). Par la suite, nous l'avons vu, en 1957, accorder un appui à la célèbre grève des mineurs de Murdochville. De plus, quelques jours après cette condamnation, il déclarera aux travailleurs de la forêt que l'Église appuie « vos unions ouvrières ». Il se réjouira également de la dernière victoire syndicale des bûcherons. Voir « L'Église appuie de son affection et de sa sympathie vos unions ouvrières », *Le Soleil*, 2 mai 1960. Trouvé à DAUL, P117, D1, 6.38 (BP3631.5). Mais peut-être désirait-il alors souffler le chaud après le froid que sa condamnation venait de susciter ?

9.   Malgré de telles interventions de Mgr Bernier démontrant une certaine ouverture, il était notoire, à l'époque, que cet évêque avait été très près de Duplessis. Rappelons qu'en 1959 le gouvernement de l'Union nationale avait versé une subvention exceptionnelle de 450 000 $ pour le parachèvement du Séminaire de Gaspé, dont les travaux avaient dû être suspendus, faute de moyens (informations fournies par Gilles Routhier). Concernant les abbés Dion et O'Neill, il serait donc intéressant de mener une recherche ultérieure sur les interventions de coulisse de ce prélat.

10.   Article précité du *Devoir*. Voir aussi « Mgr Paul Bernier invite les prêtres à s'abstenir de juger les politiciens », *La Presse*, 29 avril 1960, p. 1. Ce dernier commentaire laisse croire que le sujet aurait été soulevé lors du dernier concile plénier des évêques québécois. Mais ce fait n'a pas été relevé par l'historien Jean Hamelin. Seule une nouvelle consultation des procès-verbaux de l'AEQ permettrait de vérifier si le sujet fut débattu par l'épiscopat.

11.   « MM. les abbés Dion et O'Neill ne répondent pas à Mgr Bernier, mais ils se prépareraient à lancer un livre sur nos mœurs électorales », *Dimanche-Matin*, 30 avril 1960, p. 7.

12.   « À Québec : des remous mais... aucun commentaire », *La Presse*, 29 avril 1960, p. 1.

succès est assuré puisqu'il vient d'être annoncé dans les médias, annonce qui s'effectue en plein cœur d'une controverse.

Curieux lancement

Tel que convenu, le 3 mai, en début de soirée, *Le Chrétien et les élections* était lancé par les Éditions de l'Homme. Réunis au Cercle universitaire de Montréal, les quelques invités allaient avoir toute une surprise : tant l'abbé Dion que l'abbé O'Neill brillaient par leur absence. Leur livre serait plutôt présenté par le préfacier, le chanoine Armand Racicot.

Très déçus, les gens présents voulurent connaître la raison de telles absences. Concernant Gérard Dion, le curé de Longueuil se contenta de souligner qu'il se relevait d'un accident de ski, ajoutant alors : « Il pouvait difficilement être des nôtres avec une jambe dans le plâtre[13] ». Toutefois, un « représentant de la maison d'édition » vint ajouter ce complément d'informations : « On avait cru un temps [...] que l'abbé Dion viendrait quand même. Il avait assisté à un congrès à Québec avec sa jambe dans le plâtre, il y a quelques jours. Mais il nous a dit que cela l'empêcherait de se rendre à Montréal[14] ».

Sur Louis O'Neill, le chanoine Racicot préféra rester muet. Le porte-parole des Éditions de l'Homme se limita à fournir ces indications vagues à souhait : « [...] il devait assister au lancement du livre. Il nous avait promis d'y être. Mais, à la dernière minute, il nous a téléphoné qu'il ne pourrait pas venir. Il ne s'est pas expliqué davantage[15] ». Au moment de présenter *Le Chrétien et les élections*, Armand Racicot eut, cependant, ces propos révélateurs : « La doctrine sociale de l'Église doit être traduite en termes d'actualité. C'est ce que les abbés Dion et O'Neill ont fait. Il faut les encourager et surtout, il ne faut pas les laisser tomber (n.s.)[16] ».

Ces quelques mots venaient confirmer les craintes des invités. C'est pourquoi les nombreuses allusions du curé de Longueuil à la récente condamnation de Mgr Bernier plairont fortement « au petit groupe d'auditeurs qui étaient apparemment fort sympathiques aux deux prêtres québécois ». À propos de l'argument de l'évêque de Gaspé que

---

13. *Le Devoir* rapportait plutôt ses paroles ainsi : « [...] quand on a une jambe brisée, on peut difficilement se déplacer : c'est l'excuse de l'abbé Dion ! Rires dans l'assistance. » Voir « Il faut traduire la pensée de nos évêques dans la pratique quotidienne », *Le Devoir*, 4 mai 1960, p. 1.

14. « Pourquoi ? Les deux abbés étaient absents... », *La Presse*, 4 mai 1960, p. 51.

15. *Ibid.*

16. Vincent Prince, « Il ne faut pas les laisser tomber... », *ibid.*

seuls les membres de l'épiscopat pouvaient juger les partis politiques, le chanoine Racicot prit le soin de préciser :

> Il appartient aux évêques d'énoncer les principes, mais le prêtre doit en montrer l'application concrète pour la gouverne des âmes dont il a la responsabilité. Les abbés Dion et O'Neill se sont montrés des maîtres dans ce domaine.

> Ce qui compte, c'est que le prêtre agisse en harmonie avec son évêque. Tout indique que c'est bien le cas des abbés Dion et O'Neill qui n'ont pas été désavoués par leur archevêque. L'Église a confiance en ses prêtres. C'est le cas chez-nous. Il peut arriver que des évêques étrangers aient moins confiance en des prêtres d'un autre diocèse, c'est une autre histoire[17].

Afin d'être certain d'être bien compris, il prenait soin d'ajouter :

> Il y a un *no-man's land* entre les principes et les applications pratiques que les évêques, avec raison, se gardent de franchir. Pour se risquer dans ce *no-man's land*, il faut des avant-gardistes intrépides, prêts à s'y aventurer au risque de leur vie. C'est le rôle qu'ont accepté de jouer les abbés Dion et O'Neill[18].

Selon lui, pour leur geste historique, l'Église devait reconnaissance à ces deux prêtres :

> Si nous avons encore la paix sociale chez-nous, c'est peut-être dû à ces abbés. Sans leurs écrits, sans leurs interventions courageuses, on aurait pu être tentés, en certains milieux, à voter non-confiance à la doctrine de l'Église. Heureusement, ces abbés ont su la présenter sous un jour concret...

Par des propos aussi éloquents, le chanoine Racicot venait de donner la réplique à la controversée condamnation de « péché grave » de Mgr Bernier lancée quelques jours auparavant.

Abondante couverture de presse

Un aussi croustillant lancement de livre allait évidemment faire la manchette des journaux. En plus de s'interroger sur la mystérieuse absence des deux abbés et de rapporter les paroles du chanoine Racicot, les grands journaux québécois commentèrent abondamment le contenu de ce livre-choc.

---

17. *Ibid.*

18. « Des abbés Dion et O'Neill : *Le Chrétien et les élections* », *La Presse*, 4 mai 1960, p. 51. Les deux prochaines citations proviennent également de cet article.

Lancement du livre annoncé
dans *Le Devoir* du 4 mai 1960.
Source : *Le Devoir* et Socami.

Photographie de l'abbé Dion diffusée lors du lancement.

Photographie de l'abbé O'Neill
diffusée à la nêne occasion.
Source : gracieuseté de M. Louis
O'Neill.

La Presse commençait son article par ce paragraphe on ne peut plus favorable :

> Les abbés Dion et O'Neill, qui se sont rendus justement célèbres et sympathiques, en 1956, par leur courageuse dénonciation de nos mœurs politiques, pointent aujourd'hui du doigt les grosses contributions à la « caisse électorale » comme la source peut-être la plus dangereuse de corruption de notre système démocratique.

De son côté, *Le Soleil* titrait « Les abbés Dion et O'Neill à l'avant-garde[19] ». Mais c'est évidemment *Le Devoir* qui remportait la palme en lui réservant sa une. Sous le titre « Un livre-choc des abbés Dion et O'Neill », le journal indépendant qualifiait le document de « véritable précis d'éducation civique à l'usage du grand public, des gouvernants et des gouvernés[20] ». Suivait un résumé du contenu de ses quatre grandes sections. À l'intérieur d'un second article, on rapportait les paroles du chanoine Racicot. En bas de page, un éditorial percutant d'André Laurendeau rappelait les sentiments de honte éprouvés par bien des Québécois, lors des précédentes élections provinciales de 1956[21]. Le tout était abondamment illustré : les photos des abbés Dion et O'Neill accompagnaient celle d'Armand Racicot et des éditeurs prise au moment du lancement.

Le lendemain 5 mai, toujours à la une, André Laurendeau présentait de nombreux extraits de la fameuse déclaration de 1956[22]. Il prenait bien soin d'indiquer que la version intégrale du célèbre document se trouvait en annexe du livre que l'on venait tout juste de lancer. De plus, la parution de cet ouvrage allait inspirer grandement les caricaturistes.

Ce battage médiatique autour du *Chrétien et les élections* se passait à quelques jours seulement du début officiel de la campagne électorale. Comme les absences remarquées des deux abbés au lancement de ce livre n'avaient pas reçu d'explications satisfaisantes, les rumeurs allaient bon train : des pressions auraient été exercées sur eux ou, pire, ils venaient d'être « censurés ». En ce début de campagne qui s'annonçait mouvementée, tout le monde souhaitait connaître le fond de l'histoire.

---

19. *Le Soleil*, 4 mai 1960. Trouvé également à DAUL, P117, D1, 6.38 (BP3631.5).

20. Michel Roy, « Un livre-choc des abbés Dion et O'Neill : *Le Chrétien et les élections* », *Le Devoir*, 4 mai 1960, p. 1.

21. André Laurendeau, « 1956, lendemain d'élections. Les Québécois ont honte », *Le Devoir*, 4 mai 1960, p. 1.

22. André Laurendeau, « 1956, lendemain d'élections. Un document massue : l'étude Dion-O'Neill », *ibid.*, 5 mai 1960, p. 1 et 2.

Ce qui s'est réellement passé

À l'époque, aucune déclaration des principaux concernés ne vint élucider le mystère. Comme il est fréquent dans l'Église, on préféra opter pour le silence. Tout au plus, un contemporain attentif aurait pu relever cette déclaration d'un journaliste du *Dimanche-Matin* :

> Selon la même source de Québec qui nous a si correctement renseigné la semaine dernière, la parution de notre nouvelle aurait été la véritable raison pour laquelle M. l'abbé Dion aurait « préféré » s'abstenir de cette conférence de presse [qui marquait le lancement du volume *Le Chrétien et les élections*]. Certaines autorités diocésaines auraient également lu *Dimanche-Matin*, et l'on aurait cru sage de prévenir et d'empêcher un tapage trop officiel[23] [...].

Une « chronologie des évènements[24] » laissée par Gérard Dion nous permet aujourd'hui de connaître les détails de l'histoire. Après avoir relaté comment, le jeudi 28 avril, il fut informé par deux journalistes de la diffusion médiatique de la condamnation de Mgr Bernier, l'abbé Dion fait état d'une rencontre survenue le surlendemain entre Louis O'Neill et Mgr Maurice Roy. Au cours de la discussion, l'abbé lui parla « de l'impair de Mgr Bernier ». L'archevêque de Québec préféra alors ne « pas dire un mot », se contentant de demander si les textes du livre à paraître provenaient d'*Ad Usum Sacerdotum*, des textes ayant donc reçu de lui l'*imprimatur*. Ainsi, jusqu'au samedi 30 avril au matin, tout était beau du côté de Québec.

Mais voilà que le mardi 3 mai, jour du lancement, la situation change. D'abord, dès 10 h 30 du matin, Gérard Dion a une conversation téléphonique avec Mgr Roy. En parlant du livre, il lui déclare qu'il n'ira « pas au lancement, que l'abbé O'Neill n'a pas l'intention d'y aller non plus ». Ainsi, entre samedi et mardi, quelque chose était survenu et avait amené les deux abbés à préférer ne pas se rendre à Montréal. Il se pourrait très bien que l'article du *Dimanche-Matin* ou, encore, le danger d'un trop grand battage médiatique en soit la cause.

Peu de temps après, soit vers 11 h 30, Jacques Hébert le contacte afin de « l'inciter à aller au lancement ». C'est à ce moment-là que l'abbé Dion lui apprend « que l'abbé O'Neill n'ira pas » non plus. Cette nouvelle n'a pas l'heur de plaire à l'éditeur qui s'empresse d'appeler

---

23. Gaston Houle, « <u>Ça va barder tout à l'heure</u> : Un autre volume sur les [...] "mœurs électorales" publié dans 3 semaines ! », *Dimanche-Matin*, 6 mai 1960, p. 11. Trouvé à DAUL, D1, 6.38 (BP3631.4).

24. DAUL, P117, D1, 6.38 (BP3631.4), « Déclaration de Mgr Bernier. Chronologie des évènements », 3 pages. Les citations suivantes proviennent de ce document.

le deuxième abbé. Après avoir entendu les arguments de ce dernier, Louis O'Neill contacte Gérard Dion. Alors, celui-ci «décide de faire trancher la question par Mgr Roy». Ainsi, la décision finale reviendra à l'autorité ecclésiale.

Au cours d'une conversation téléphonique «d'un quart d'heure», l'abbé Dion «explique le point de vue de Jacques Hébert, insistant sur les conséquences possibles de l'absence de l'abbé O'Neill». Et ce serait «après avoir vu le pour et le contre» que l'archevêque de Québec en serait venu à cette conclusion : «il est préférable que l'abbé O'Neill n'y aille pas et que nous ne fassions pas de commentaire».

Cette décision de la plus haute instance ecclésiale ne mit pourtant pas fin à cette saga téléphonique. Voilà qu'à «midi moins quart», après avoir été informé des derniers développements, Jacques Hébert «décide d'appeler directement Mgr Roy». Malheureusement, «il ne peut le rejoindre» car ce dernier «est à son dîner». Cependant, il réussit à parler «avec Mgr Nicole qui doit faire la commission et ensuite avertir l'abbé O'Neill».

L'attente sera longue pour ce dernier. N'ayant toujours pas obtenu de réponse, à 15 h, compte tenu du temps nécessaire pour le voyage Québec-Montréal, il «décide de rappeler Mgr Nicole». Celui-ci lui affirme «qu'il ne pensait pas qu'il fallait donner une réponse». Alors, l'abbé O'Neill «parle directement à Mgr Roy». L'archevêque de Québec maintient sa position et lui répète sa même argumentation que lors du «téléphone du matin».

Que nous révèlent ces péripéties téléphoniques ? D'abord, que Gérard Dion était du même avis que son archevêque : il valait mieux ne pas se rendre à ce lancement couru par la presse afin de ne pas avoir à répliquer publiquement à la récente condamnation de Mgr Bernier. Mais cette volonté de réserve n'était pas du tout partagée par Jacques Hébert. Ce dernier tenta de faire pression sur l'abbé Dion. C'est alors que celui-ci lui apprit que l'abbé O'Neill ne serait pas présent également. L'éditeur décida alors de contacter directement l'archevêché de Québec. Par la suite, l'attente fut longue pour Louis O'Neill qui, semble-t-il, souhaitait se rendre à ce lancement. Vers 15 h, il apprenait que son évêque maintenait sa décision, décision à laquelle il décida de se conformer. Lui non plus ne serait donc pas de l'événement.

Cette directive de Mgr Maurice Roy semble viser à empêcher tout commentaire des deux abbés sur la condamnation controversée de son collègue, l'évêque de Gaspé. Décision d'homme d'Église ou preuve de grande sagesse? Il y a sûrement des deux. Et seul l'archevêque de Québec aurait pu nous préciser dans quel dosage[25].

Avait-on raison, à l'époque, de parler de «censure»? Oui et non. En tout cas, pas dans le cas de Gérard Dion, puisque ce dernier était du même avis que son supérieur. Quant à Louis O'Neill, il a tenté de faire renverser la décision. Mais, une fois celle-ci à nouveau confirmée, il choisit de respecter la directive ecclésiale. Dans le climat de l'époque, il est compréhensible que la rumeur de «censure» ait largement circulé. À distance, la situation paraît moins nette. Il y a bien eu décision de Mgr Roy d'empêcher le deuxième abbé, Louis O'Neill, d'assister à ce lancement de livre. Toutefois, il semble que son geste repose sur une nette volonté de ne pas placer ses deux prêtres dans une position où ils auraient nécessairement eu à répliquer aux propos de Mgr Bernier. Avec le recul, c'est la sagesse de cette décision qui ressort. Ainsi, les sentiments des deux abbés face à cette accusation de «péché grave» ne firent jamais la manchette des journaux. Ils allaient demeurer du domaine privé, jusqu'à ce jour.

Confidences d'un clerc

Un document retrouvé dans les archives de Gérard Dion permet de connaître ses véritables états d'âme. Une journée avant le lancement, il répond à une lettre de Paul-Émile Bolté, p.s.s.[26] Après avoir chaudement remercié son ami pour son témoignage de solidarité à la suite de la condamnation de Mgr Bernier, l'abbé Dion lui fait cette première confidence:

> Dois-je te dire, cependant, que devant cette condamnation de la part d'un évêque qui n'a aucune autorité sur moi, condamnation que je trouve tout à fait injuste et dénuée de fondement, je ne suis pas du tout troublé personnellement. Dans mon âme, c'est le calme le plus parfait. À quoi attribuer cela? C'est si difficile de s'analyser soi-même et l'on peut si aisément être préjugé dans son propre cas. Est-ce par orgueil ou dédain que j'ai la conscience d'être complètement innocent d'une accusation comme celle dont je suis l'objet? De même que lorsque j'ai décidé de publier cet article dans lequel ne se trouve aucune attaque contre le gouvernement, mais seulement une dénonciation de nos mœurs électorales, il ne m'est pas venu un seul instant à l'esprit de rechercher

---

25.   Les motivations de l'archevêque de Québec demeurent à creuser. Une consultation ultérieure de ses archives pourrait apporter une réponse plus nette. Il serait peut-être possible de voir si des évêques conservateurs, notamment Mgr Bernier, sont intervenus auprès de lui.

26.   Paul-Émile Bolté était membre de la Commission sacerdotale d'études sociales (CSES) depuis ses débuts. À ce titre, ils se côtoyaient fréquemment.

personnellement une approbation ou une désapprobation de la part de qui que ce soit, ainsi, aujourd'hui je ne suis pas plus affecté par ce qu'en pense l'évêque de Gaspé et ce qu'il en dit publiquement[27].

Malgré sa conscience tranquille, il n'en éprouve pas moins une certaine indignation :

Te dire que je ne suis pas peiné du geste de Mgr Bernier ne serait pas vrai. Bien au contraire. Mais c'est en songeant à tout le mal que sa déclaration fait à l'Église catholique dont je fais partie et qui est la raison de ma vie et de mes attitudes. Peut-être que je me trompe (et je voudrais me tromper, mais je n'arrive pas à m'en convaincre) mais il me semble que la partialité de Mgr Bernier, son injustice patente pour ceux qui connaissent les faits, son insistance à lier l'Église du Québec à des puissances temporelles fournissent une occasion aux ennemis de l'Église et aux tièdes de la mal comprendre et peut-être aussi de la détester.

Gérard Dion est d'autant plus inquiet que ce récent geste de l'évêque de Gaspé risque de provoquer une désaffection de l'Église :

Quand l'abbé O'Neill et moi, nous avons parlé, on pouvait toujours dire que nous n'avions pas d'autorité, que c'était là notre opinion personnelle. Et c'était vrai. Mais Mgr Bernier est évêque. Dans son texte, il a insisté pour affirmer que seuls les évêques, le délégué apostolique et le pape ont le droit de porter un jugement sur les gouvernants. Ceci n'est pas conforme à la doctrine, car il aurait du dire «engager la responsabilité officielle de l'Église». Mais, en ce qui le regarde, cela n'a pas d'importance, car de toute façon, lui, il engage la responsabilité de l'Église par ses propos. Et c'est ce discrédit sur l'Église, cet éloignement des âmes, ce durcissement qu'il cause qui me font mal au plus profond de moi-même.

Toutefois, pas question pour lui de soumettre le cas au Vatican :

Tu me parles d'un appel à Rome. Oui, je sais fort bien que si je référais l'affaire à la Consistoriale, Mgr Bernier pourrait être passablement embarrassé. Mais un tel recours me répugne. Je considère que j'ai bien d'autre chose à faire de plus important et de plus utile. Avec la grâce de Dieu, je crois être capable de souffrir l'injustice pour le bien de l'Église. Personnellement, je ne suis donc pas intéressé à pareille démarche.

Pas question, non plus, de répliquer publiquement à l'évêque de Gaspé :

C'est la même raison qui m'a décidé à ne pas répondre à Mgr Bernier. Je ne sais pas si tu as déjà remarqué que dans mes écrits, je n'ai pas l'habitude de me défendre personnellement, ni d'attaquer des individus.

---

27. DAUL, P117, D1, 6.38 (BP3631.4), «Lettre de Gérard Dion à Paul-Émile Bolté du 2 mai 1960», p. 1. Les prochaines citations proviennent toutes de ce document.

Ce sont des idées pour lesquelles je me bats. Jamais je n'engagerai une polémique avec un évêque, quel qu'il soit. Je crois que ce serait préjudiciable à l'Église et je ne veux <u>absolument</u> pas faire tort à l'Église : ce serait nier ma raison d'être.

Plutôt, il préfère mener une action positive, en alertant les membres de l'Église du danger qui pointe à l'horizon :

Prions donc ensemble le Seigneur de nous indiquer la voie et de nous inspirer pour faire comprendre à tous ceux qui ont charge d'âme comment nous vivons, en ce moment, dans notre province, sur un volcan qui menace d'éruptions et comment il serait urgent que nous fassions sourde oreille aux flagorneurs et aux exploiteurs de l'Église pour rechercher la vérité en écoutant la voix de ceux qui ont encore le courage de dire ce qu'ils pensent, même si cela ne nous plaît pas.

Et il terminait cette longue confidence en remerciant, à nouveau, son ami et en lui suggérant cette attitude : « Débarrassons nos cœurs de toute trace d'amertume. Gardons la foi, l'espérance et la charité. Continuons de travailler... »

Rédigé une journée avant le lancement, ce texte n'a pas suffi à son auteur. Quelques jours plus tard, à sa « chronologie des évènements », il ajoutait ses « remarques sur la déclaration de Mgr Bernier[28] ». Bien que considérant « l'ensemble de son texte... bon, opportun », Gérard Dion qualifie « d'impair » la condamnation de « péché grave » qui vise les deux abbés. Et cela, pour trois grandes raisons.

Primo, il y aurait « erreur de <u>doctrine</u> » :

Il est faux de nier aux prêtres le droit de porter des jugements sur les dirigeants politiques et les gouvernements. Seuls le pape, le délégué apostolique et les évêques ont le droit de se prononcer officiellement et d'engager la responsabilité de l'Église. Les prêtres peuvent se prononcer, mais ils n'engagent pas l'Église. Quant à l'opportunité de le faire, c'est une question de jugement personnel et de « discipline » ecclésiastique qu'ils ont à régler avec leur évêque.

Secundo, « erreur de <u>fait</u> » :

Dans l'article Dion-O'Neill, les auteurs n'ont pas porté de jugement sur les gouvernants, ni sur le gouvernement. À aucun endroit il n'est question de programme politique, etc. C'est une condamnation des mœurs électorales et des coupables. Il n'y a même pas de partisannerie politique. À trois reprises dans le texte il est explicitement dit que tous les partis sont responsables. Le jugement de Mgr Bernier porte à faux.

---

28. Pour la référence, voir note 24. Cet argumentaire porte la date du 8 mai 1960. Il se trouve à la page 2. Les citations suivantes proviennent de ce même document.

Tertio, « erreur de <u>jugement</u> » :

Il y en a plusieurs dans le texte de Mgr Bernier. 1) On n'a jamais le droit de dire en public que des personnes désignées « pèchent gravement ». C'est diffamatoire tant devant les cours civiles que religieuses. 2) En condamnant des prêtres qui ne sont pas de son diocèse, il se trouve à condamner, en même temps, Mgr Roy et le blâmer publiquement. 3) Il donne au public un exemple de manque de respect envers l'autorité et la hiérarchie. Si Mgr Bernier n'était pas satisfait de l'attitude de tolérance de Mgr Roy, selon le droit canonique, il n'avait qu'une chose à faire, c'est de le dénoncer à Rome et non devant l'opinion publique. Le délégué apostolique du Canada est là pour cela.

Et cette erreur de jugement serait aggravée par l'évidente partisannerie de l'évêque de Gaspé :

4) Mgr Bernier ne camoufle pas sa partisannerie politique envers l'Union nationale. Il aurait pu, au moins, pour se donner l'apparence d'impartialité, ajouter aux « deux abbés » le nom du prélat de Sherbrooke qui a, lui, pris la parole dans une assemblée politique et s'est prononcé en faveur d'un ministre de l'UN et s'est porté garant de l'honnêteté de tous les politiciens. De plus, l'allusion qu'il fait à la lettre du Cardinal Villeneuve en disant que « le gouvernement d'alors n'était pas celui d'aujourd'hui » laisse entendre que cela pouvait être permis d'attaquer les libéraux alors qu'il est défendu de toucher à l'UN.

Au surplus, c'est l'évêque de Gaspé qui a sollicité les médias : « 5) Enfin, alors que l'on a reproché au document Dion-O'Neill destiné aux prêtres d'avoir pris le chemin de la grande presse, Mgr Bernier a lui-même remis à la PRESSE CANADIENNE son texte pour être diffusé ».

Cet argumentaire est accompagné, à la page suivante, de deux extraits de journaux montrant l'évident parti pris de Mgr Paul Bernier en faveur de l'Union nationale. Outre les commentaires explicites de ce dernier lors d'une fête à la mémoire de Mgr Laval, on y retrouve cette déclaration on ne peut plus évidente du chanoine Miville : « Je demande à Dieu de bénir notre premier ministre et j'entrevois le jour où tous nos paroissiens chanteront : "Bénissons à jamais Duplessis dans ses bienfaits"[29] ».

Pendant près d'un demi-siècle, ces confidences et arguments ont dormi dans les papiers de leur auteur. Mais aujourd'hui, grâce à ces précieuses archives, nous pouvons savoir ce qu'a réellement pensé Gérard Dion de la condamnation de « péché grave » lancée par l'évêque

---

29. Même document, p. 3. Cette dernière déclaration date du 17 septembre 1951.

de Gaspé, quelques jours à peine, avant le lancement du livre *Le Chrétien et les élections*. Son absence à cet événement se comprend mieux.

Appuis au sein de l'épiscopat

À l'heure où l'on criait à la « censure », une autre réalité était peu connue du public. En effet, bien peu de gens pouvaient répondre à cette question : Quels évêques appuyaient ces clercs dans leur démarche ? Tout au plus quelques contemporains connaissaient, grâce à sa *Lettre pastorale* et à ses sermons, l'opinion favorable de Mgr Coderre, évêque de Saint-Jean. Cependant, il avait été difficilement possible de connaître l'avis des deux plus importants membres de l'épiscopat, le cardinal Paul-Émile Léger de Montréal et l'archevêque Maurice Roy de Québec.

Sur cette délicate question des appuis au sein de l'épiscopat, le témoignage de Georges-Albert Boissinot vient nous éclairer :

> Quand on a lancé *Le Chrétien et les élections*, on savait qu'on n'aurait pas de problèmes majeurs. Déjà, depuis un certain temps, Mgr Coderre nous appuyait publiquement. Même le cardinal Léger, d'après ce qu'on savait, était favorable. Quant à Mgr Roy, il ne nous aurait par envoyé à l'index. Car, c'est lui qui, auparavant, avait accordé l'*imprimatur* à nos articles[30].

Mais, de cette réalité ecclésiale, très peu de contemporains étaient au fait. C'est pourquoi les rumeurs continuaient d'aller bon train.

Succès de librairie

À l'époque, cette controverse, le battage médiatique qui s'ensuivit et tout le mystère entourant les curieuses absences ont sûrement contribué à augmenter les ventes du volume. Peu de temps après le lancement, un journaliste pouvait déjà affirmer : « la première édition de 11,000 [exemplaires] a été épuisée en trois jours ». Du même souffle, il ajoutait : « les Éditions de l'Homme prévoient, avec la prochaine impression, une vente-record (au Canada français) de 25,000 à 30,000 volumes[31] ».

De son côté, Pierre Laporte brossait, dans *Le Devoir*, ce portrait de la situation :

> Le volume *Le Chrétien et les élections* s'enlève avec une rapidité sans précédent dans les kiosques à journaux et les librairies qui l'offrent en vente.

---

30.   Entretien avec Georges-Albert Boissinot du 30 septembre 2005.

31.   Gaston Houle, « Ça va barder tout à l'heure : Un autre volume sur les [...] "mœurs électorales" publié dans 3 semaines ! », *Dimanche-Matin*, 6 mai 1960, p. 11. Trouvé à DAUL, D1, 6.38 (BP3631.4).

Reproduction de différentes publicités publiées dans les journaux de l'époque. Source : Gracieuseté de M. Louis O'Neill. Licence : Éditions de l'Homme.

Liste des succès de librairie parue dans *Le Petit Journal* du 15 mai 1960. Source : Gracieuseté de M. Louis O'Neill.

À deux endroits au moins – parmi les plus importants de la vieille capitale –, on nous a dit que le livre *Le Chrétien et les élections* se vend aussi vite qu'il est possible de s'en procurer chez le distributeur québécois[32].

Bien candidement, il devait avouer que le nouvel ouvrage était en train de battre le record établi par son récent livre : « On excusera cette référence personnelle, mais elle donne une idée du succès de librairie qui s'annonce : on m'a dit que la vente dépassait celle du *Vrai Visage de Duplessis*, volume qui avait pourtant établi de nouveaux records [au] Québec[33] ».

---

32. Pierre Laporte, « Dion-O'Neill : réactions à Québec. Inquiétante divergence de vues entre membres du clergé sur la moralité politique », *Le Devoir*, 6 mai 1960, p. 1. La prochaine citation vient de ce même article.

33. Rappelons que le livre de Pierre Laporte s'était vendu à 22 000 exemplaires.

Afin de publiciser le volume et de faire mousser ses ventes, les Éditions de l'Homme font paraître de petits encarts dans les journaux où l'on affiche le nombre d'exemplaires vendus. Ainsi, le 7 mai 1960, une première publicité annonce que les ventes dépassent le « 11ᵉ mille ». À peine quelques jours plus tard, soit le 12 mai, on en serait à la « 4ᵉ édition » avec 16 000 volumes vendus. Dès le début de mois suivant, on annonce être à la « 10ᵉ édition » qui permettrait d'atteindre 33 000 exemplaires.

À l'automne 1960, le *Petit Journal* annonçait que les ventes du *Chrétien et les élections* se situaient à 33 000[34]. Un rapport de la maison d'édition permet de connaître le nombre exact de volumes vendus. En date du 7 juillet 1966, celui-ci nous apprend que le tirage total fut de 33 900 exemplaires. Toutefois, à cause des retours des librairies, les ventes totales seront un peu moindres ; elles se chiffreront à exactement 30 400[35].

À quoi attribuer un tel succès de librairie ? À cette difficile question, Pierre Laporte apporte quelques éléments de réponse :

> Succès de curiosité ? Sans doute. Les gens veulent savoir ce que les deux abbés, maintenant célèbres malgré eux, ont à dire sur la moralité des élections dans notre province.
>
> D'après les commentaires qu'on entend ici c'est, toutefois, bien plus qu'un simple désir de prendre connaissance d'un autre document explosif. Les gens veulent en savoir plus long sur le problème moral que pose une élection.
>
> La preuve c'est que les membres du clergé sont probablement, à l'heure actuelle, le groupe qui semble le plus empressé de se procurer le volume préfacé par le chanoine Armand Racicot[36].

Ce livre répondait donc à un réel besoin ; le très grand nombre de ses ventes le confirme. De plus, bien des membres du clergé semblent vouloir le lire, puisqu'ils sont un grand nombre à se le procurer.

Un changement de mentalité s'opère

Un journaliste de l'époque a très bien saisi l'évolution des mentalités qui, sous ses yeux, était en train de se produire au Québec. Dans

---

34.   « Un phénomène littéraire », *Le Petit Journal*, 9 octobre 1960, p. 93. Trouvé à DAUL, P117, D1, 6.39 (BP3631.13).

35.   DAUL, P117, D1, 6.38 (BP3631.2), « Rapport de l'éditeur, les Éditions de l'Homme », daté du 7 juillet 1966, 1 page.

36.   Pierre Laporte, « Dion-O'Neill : réactions à Québec. Inquiétante divergence de vues entre membres du clergé sur la moralité politique », *Le Devoir*, 6 mai 1960, p. 1.

un article « destiné à éclairer l'opinion publique des provinces de langue anglaise », il brossait d'abord ce portrait de la situation antérieure :

> Autrefois, par suite du climat spirituel fermé dans lequel vivait la population québécoise, [...] la majorité des gens aurait alors considéré irrévérencieux de discuter publiquement de l'application de la doctrine religieuse qu'elle acceptait sans mot dire et appliquait à la lettre sans toujours se soucier de l'esprit.

Une évolution marquante serait en train de se produire : « Cette "participation" passive à la religion de la collectivité semble désormais une chose révolue. Le laïc canadien-français est passé à l'action [...]. Actuellement, le dialogue se déroule au niveau du civisme et de la morale publique[37] ».

Et dans cette transformation significative, l'ouvrage à succès qui vient de paraître jouerait un rôle marquant :

> La province de Québec connaît actuellement une évolution spirituelle qui témoigne de sa maturité au sein de l'Église. [...]
>
> La publication du livre : *Le Chrétien et les élections*, de messieurs les abbés Gérard Dion et Louis O'Neill, constitue l'une des manifestations de ce nouveau climat. Quelques-uns des articles qu'il contient ont déjà été ouvertement débattus par les laïcs.

Les questions de morale et d'éthique sont dorénavant du domaine public :

> Mais jamais, comme c'est le cas aujourd'hui, un dialogue collectif ne s'est engagé sur le civisme et la morale publique. [...]
>
> Aujourd'hui, c'est sur le plan de la conscience collective et ouvertement que se débattent les principales questions et que se résolvent les principaux problèmes relevant de la morale.

Les témoins de l'époque confirment, d'ailleurs, ce pronostic. Les plus expressifs diront du livre *Le Chrétien et les élections* qu'il provoqua

---

37. Bertrand Thibault, « Dans le Québec. Un dialogue s'engage entre ecclésiastiques et laïcs », *Le Devoir*, 6 mai 1960. Trouvé à DAUL, P117, D1, 6.38 (BP3631.5). D'ailleurs, un tel échange avait déjà été souhaité par Maurice Blain de la revue *Cité libre*. Dès la parution de « Lendemain d'élections », dans une lettre à l'abbé Dion, il signifiait son « admiration » et soulignait les perspectives de collaboration qu'un tel geste ouvrait : « Beaucoup d'amis, je le crains, ne pourront vous écrire une lettre comme celle-ci ; vous en avez admirablement exposé les raisons. Mais soyez persuadé qu'ils sont nombreux, à Montréal, ceux qui saluent, même en silence, votre geste comme un précédent d'une importance capitale tant par son caractère de justice enfin clamée que de signe heureux pour une collaboration intellectuelle entre clercs et laïcs ». DAUL, P117, D1, 6.37 (BP3630.10), « Lettre de Mᵉ Maurice Blain à l'abbé Gérard Dion du 14 août 1956 », 1 page.

« une révolution au Québec, une révolution sociale[38] ». Les plus réservés s'exprimeront ainsi :

> À l'époque où ce livre est paru, il y avait encore une mentalité conservatrice. Le duplessisme avait toujours de l'emprise. De sortir ce livre-là, c'était audacieux. Il fallait du courage ; il fallait avoir du nerf et on en avait. Car la mentalité générale dans le peuple était encore assez traditionaliste. Cependant, il y avait quelques membres de l'élite un peu plus en avance. [...]
>
> Il y avait donc certaines gens qui étaient bien contents. D'après moi, cette parution a contribué au début du changement de mentalité. Cela a sûrement eu un effet. D'ailleurs, c'était écrit dans un style que tout le monde pouvait comprendre[39].

Cette évidente contribution à l'évolution des mentalités sera bientôt confirmée par la suite de l'histoire.

PRINCIPALES SUITES

Comme il fallait s'y attendre, cette nouvelle parution-choc va susciter une multitude de réactions et avoir plusieurs suites.

Le Devoir revient à la charge

Le jour même du lancement, le quotidien nationaliste *Le Devoir* lançait une nouvelle campagne en faveur de mœurs électorales plus saines. Un de ses éditorialistes, André Laurendeau, profitait de l'occasion pour rappeler l'enquête menée auprès de ses lecteurs, à l'été 1956, où ces derniers avaient exprimé « un même ton d'amertume et de colère », « un même dégoût » et « un même haut-le-cœur devant la légèreté, la bassesse, la vénalité qui venaient de s'étaler durant trois semaines dans le Québec[40] ». C'est au moment de cette enquête que *Le Devoir* décida de publier « l'étude des deux théologiens », soit l'article « Lendemain d'élections » paru initialement dans *Ad Usum Sacerdotum*, qui « souleva une émotion extraordinaire ». Ce texte, que l'on nommera bientôt la

---

38. Entrevue de Jean-Pierre Mulago Shamnou (pour Jean-Paul Rouleau) avec Françoise Stanton du 23 mai 2003.

39. Entrevue avec Georges-Albert et Yolande Boissinot du 30 septembre 2005. Sur le contexte politique, les Boissinot apportèrent ces précisions : « Remarquer, qu'en 1960, les Libéraux ont gagné de justesse. Si Duplessis avait été encore là, ils n'auraient sûrement pas gagné. Et si Sauvé n'était pas décédé, c'est lui qui aurait gagné. Les Libéraux auraient perdu parce que lorsque Paul Sauvé avait lancé son "Désormais", cela avait fait bonne impression. Cela avait permis de garder les brebis au bercail ».

40. André Laurendeau, « Les élections : une vaste blague ? », *Le Devoir*, 3 mai 1960, p. 4. Les prochaines citations proviennent également de cet éditorial.

déclaration Dion-O'Neill, « fut reçu du grand public avec enthousiasme, avec un véritable sentiment de libération ».

Et c'est ce même « réflexe » d'indignation devant l'érosion des mœurs électorales, ces mêmes « exigences » de moralité que le quotidien souhaite « faire revivre » dans le but évident de « transformer les mœurs ». À cette campagne qui « doit être une œuvre commune », Laurendeau fixe un objectif à la fois vaste mais atteignable :

> Quel est notre objectif ? Tenter d'en arriver à ce que, dans chaque parti, le politicien sans scrupule, le maître des caisses électorales, l'organisateur crapuleux se sentent dès le départ surveillés, réduits à la défensive, forcés d'abandonner des méthodes que l'opinion vomit.

Les jours suivants, Pierre Laporte renchérissait en rappelant, dans une nouvelle série, les grandes conclusions tirées de sa cinquantaine d'articles produits aux lendemains des élections de 1956. À son enquête sur la publicité de l'Union nationale, il ajoutait cette nouvelle révélation : avec l'argent des contribuables, ce parti avait payé une publicité de 15 pages à l'intérieur du *New York Times* lors d'un reportage de 28 pages sur le Québec où l'on faisait l'éloge des « réalisations » du gouvernement duplessiste, parution qu'il avait ensuite abondamment utilisée au cours de sa campagne électorale[41].

Le journaliste de la colline parlementaire revenait également sur « le chantage, arme de choix pour gagner des votes ». Ses exemples antérieurs étaient complétés par ce « feuillet paroissial » de Trois-Pistoles où l'on s'écriait : « Hospice ! Hospice ! Nous avons l'assurance de l'avoir » et où l'on invitait les électeurs à ne pas mettre « du bois dans les roues[42] ».

Il rappelait ensuite le fameux scandale des « comptes d'hôpitaux » ainsi que les nombreux autres « cadeaux » de toutes sortes donnés aux quatre coins du Québec par l'Union nationale, grâce à son abondante caisse électorale[43]. De nouveaux exemples de cet « alcool » qui coula à flot furent révélés, telles cette réception pour « 300 femmes » de Drummond et cette veillée qui se termina, aux petites heures du matin, pour « 250 invités » du comté de Richmond accueillis par « 272 caisses de grosses bouteilles de bière[44] ».

41. Pierre Laporte, « Le triste de bilan des élections de 1956. I et II », *ibid.*, 6 et 7 mai 1960, p. 1 et 2.

42. *Ibid.*, III, *Le Devoir*, 9 mai 1960, p. 1.

43. *Ibid.*, IV, *Le Devoir*, 10 mai 1960, p. 1.

44. *Ibid.*, V, *Le Devoir*, 11 mai 1960, p. 1.

Enfin, sa série se terminait par le rappel de l'un des « plus flagrants » et des « plus dommageables » exemples « d'immoralité politique », la campagne de l'Union nationale sur la supposée menace communiste au Québec, campagne où le parti de Maurice Duplessis paya des annonces dans les grands quotidiens contre les « œufs communistes » importés de Pologne par le fédéral et tenta de lier « le Parti libéral au Parti communiste canadien », pour ensuite y associer les libéraux provinciaux ainsi que ses quelques autres opposants, René Chaloult et Pierre Laporte notamment[45].

Dans un éditorial subséquent, Paul Sauriol qualifiait de « salutaire » cette réflexion entreprise depuis la dernière élection. Il invitait alors à corriger le tir et à faire de l'actuelle campagne électorale « une école de civisme[46] ». Le lendemain, il revenait sur la question en citant de larges extraits de la déclaration du cardinal Léger avant les élections municipales de Montréal en 1957 et de la *Lettre pastorale* de Mgr Coderre parue en février 1959, lettre qui dénonçait vertement la « corruption » et les « pots-de-vin[47] ».

C'est en rappelant l'enseignement de ces deux évêques que *Le Devoir* terminait le lancement de sa campagne pour des élections honnêtes. Mais ce sujet brûlant d'actualité allait revenir sur le tapis au cours des prochaines semaines.

Un débat, le meilleur parti ou homme?

Bien que *Le Chrétien et les élections* ait été accueilli chaleureusement par l'ensemble de la presse québécoise, il n'en suscita pas moins un débat. Il est un point sur lequel certains éditorialistes émirent des doutes. Dans ce livre, on recommandait de voter, après étude du programme de chacun, pour « le meilleur parti ».

À l'intérieur du *Devoir*, André Laurendeau jugea l'argument un peu court, invoquant que voter pour le « meilleur homme » s'avérait un moyen de contribuer à la formation d'un meilleur parti. Ainsi, dans la présente élection, son vote irait à René Lévesque dans Montréal-Laurier et à Georges Lapalme dans Outremont[48]. Pour sa part, Louis-Philippe Roy de *L'Action catholique* opposait aux deux abbés le

---

45. *Ibid.*, VI, *Le Devoir*, 12 mai 1960, p. 1 et 6.

46. Paul Sauriol, « La campagne électorale doit être une école de civisme », *ibid.*, le 13 mai 1960, p. 1 et 6.

47. Paul Sauriol, « Documents de base pour notre éducation politique. Pour que la morale chrétienne soit présente dans les élections », *ibid.*, 13 mai 1960, p. 1 et 6.

48. André Laurendeau, « Blocs-Notes. Y a-t-il lieu de s'inquiéter ? », *Le Devoir*, 10 mai 1960, s.p., trouvé à DAUL, P117, D1, 6.38 (BP3631.5).

très formel «Appendice au rituel romain», qui stipule qu'il faut voter pour le meilleur candidat[49].

Malgré ces opinions divergents, les deux éditorialistes recommandaient la lecture du *Chrétien et les élections* à tous leurs lecteurs. André Laurendeau ajoutait qu'il était «en plein accord avec l'essentiel» de son contenu. Un peu plus réservé, l'éditorialiste en chef du journal catholique de Québec affirmait que le lecteur y trouvera «quelque chose de profitable et d'éclairant».

Ainsi, il semble qu'il s'agisse là du seul point où des laïcs émirent des réserves sur le contenu du livre-choc qui venait de paraître. Et comme son contenu traite d'une «question libre» et que les auteurs se sont avancés «fort loin dans le concret», le débat en resta là. Après tout, les deux camps avaient des arguments valables. Avec le recul, il faut cependant souligner que le raisonnement du nouveau succès de librairie était particulièrement approprié, car, en ce moment historique, l'analyse des programmes des deux principaux partis en lice s'imposait plus que tout. À la veille du tournant de la Révolution tranquille, les deux prêtres avaient visé juste en soulignant l'importance des orientations en présence.

Quelques appuis significatifs

Le Chrétien et les élections n'a pas reçu la pléiade d'appuis que de nombreux groupes avaient réservés à «Lendemain d'élections». C'est plutôt le succès recueilli auprès des lecteurs, plus de 30 000, qui frappe. Toutefois, il y a des manifestations qui traduisent sa chaleureuse réception par certains organismes.

Dans ses pages, la très populaire publication du monde agricole, *La Terre de chez nous*, décide de publier, dans un premier temps, son chapitre-synthèse, son «aide-mémoire à l'électeur consciencieux[50]». La semaine suivante, le second article intitulé «L'épiscopat et le civisme» résume les grandes directives de l'Église[51]. Ainsi, à quelques jours des élections, la population des campagnes vient d'être informée de l'essentiel du contenu du *Chrétien et des élections*.

---

49. Louis-Philippe Roy, «Pour des élections honnêtes. II– Du choix des candidats à l'élection des députés», *L'Action catholique*, 12 mai 1960, p. 4. Spécifions que la lecture au prône de cet enseignement devait se faire le dimanche qui précède le scrutin.

50. Voir *La Terre de chez nous*, 15 juin 1960, p. 6, trouvé à à DAUL, P117, D1, 6.38 (BP3631.5).

51. *La Terre de chez nous*, 20 juin 1960, s.p., trouvé au même endroit.

Il est un autre média dont l'appui étonne davantage. Sortant de sa réserve habituelle, le poste de radio CJMS déclare que «jamais livre n'est arrivé plus à son heure que celui que viennent de faire paraître les abbés Dion et O'Neill». En conclusion de son éditorial, le poste montréalais émet cette nette directive : «Votre poste conseille, demande, vu le prix modique de l'ouvrage : 1.00$, à tous les catholiques de cette province de lire en cette période électorale, et avant le 22 juin [...], le livre intitulé *Le Chrétien et les élections*[52]».

Si la presse et le public en général avaient réservé un accueil extrêmement favorable et quasi unanime à cette publication, il n'en ira pas de même du côté de certains politiciens.

Certains jubilent, d'autres fulminent

Évidemment, ce livre a fait des heureux chez les libéraux de Jean Lesage. Un journal anglophone écrivit même que, pour eux, cela représentait rien de moins qu'un «présent des dieux». Un porte-parole de cette formation politique déclara «que le livre dont tout le monde parle actuellement répond à cent pour cent aux désirs du Parti libéral[53]». Quelques jours plus tard, le candidat libéral dans Montréal–Jeanne-Mance, Me Jean-Paul Noël, y voyait là un engagement de l'Église québécoise : «Le récent ouvrage des abbés Dion et O'Neill vaut son pesant d'or parce qu'il signifie que notre clergé entend réveiller l'opinion publique et vivifier la conscience civique devant les abus sans nombre de la politique dans notre province[54]».

Cette joie unanime ressentie par les rouges ne l'était évidemment pas dans le camp des bleus. Il fut d'ailleurs impossible d'obtenir un commentaire officiel de la part de l'Union nationale. Seul un «ami influent» du parti osa faire connaître son avis, à savoir que «le moment qu'on a choisi pour la publication du volume n'est pas le bon», que ce livre ne fera «que brouiller les cartes au cours de la campagne» et qu'on «a tort de mettre tous les membres d'un seul parti politique dans le même sac et de les faire passer pour des malhonnêtes gens[55]».

---

52. «Éditorial exclusif» de CJMS du jeudi 5 mai 1960, 2 pages, trouvé au même endroit.

53. Pierre Laporte, «Inquiétantes divergences de vues entre membres du clergé sur la moralité politique», *Le Devoir*, 6 mai 1960, p. 1.

54. «Me Jean-Paul Noël. Le clergé veut vivifier la conscience civique devant la corruption politique», *ibid.*, 13 mai 1960, s.p. Trouvé à DAUL, P117, D1, 6.38 (BP3631.5).

55. Pierre Laporte, «Inquiétantes divergences de vues entre membres du clergé sur la moralité politique», *Le Devoir*, 6 mai 1960, p. 1.

Les véritables sentiments des membres de l'Union nationale sortiront cependant au fur et à mesure de l'orageuse campagne électorale qui débute. Dans un premier temps, les journaux de ce parti auraient « tenté de ridiculiser et d'amoindrir le livre des abbés Dion et O'Neill[56] ». L'éditorialiste du *Devoir* qualifia cette attitude de bien « mauvaise tactique », en soulevant cette interrogation : « Combattre un manuel pratique de morale civique, n'est-ce pas afficher qu'on entend se moquer de la morale civique ? »

Le parti de Maurice Duplessis allait également user d'un de ses procédés habituels, exercer des pressions sur les intermédiaires, dans ce cas-ci, les libraires. Ainsi, on apprend qu'un inconnu aurait téléphoné chez Fides et aurait lancé cette menace directe : « Retirez ces livres de vos rayons ou, alors, vous vous exposerez à des représailles![57] » Et, à cause de la nouvelle loi votée lors de la dernière session qui promulgue que le gouvernement provincial va pourvoir en livres les bibliothèques scolaires, la librairie des pères de Sainte-Croix a décidé d'obtempérer. Voilà que le livre n'est plus disponible sur ses tablettes et que le préposé répond que « le stock est écoulé », ce que l'éditeur s'empressera de démentir. À la Librairie dominicaine, l'inconnu a cependant obtenu moins de succès, le livre étant toujours en vente. Une fois rendues publiques, ces informations viendront confirmer la mauvaise réputation de l'Union nationale.

Un de ses ministres les plus éminents, nul autre que Daniel Johnson, va commettre une bourde monumentale lorsque, faisant l'apologie de la gratitude politique, il déclara : « Malgré certains prédicateurs qui voudraient arracher du cœur des gens la vertu de gratitude, les électeurs voteront pour l'Union nationale. Malgré tous les livres qu'on pourra publier, les gens sauront dire merci[58] ». Aussitôt, André Laurendeau tournait au ridicule, dans *Le Devoir*, une telle mentalité.

À cause de cette très mauvaise publicité en pleine campagne électorale, les dirigeants de l'Union nationale décidèrent de rectifier le tir ; les attaques ne proviendront plus de leur propre rang mais de partisans extérieurs.

---

56. André Laurendeau, « Comment se porte la campagne électorale », *ibid.*, 30 mai 1960, p. 4.

57. « Échos de la campagne », *Le Devoir*, 18 mai 1960, s.p., trouvé à DAUL, P117, D1, 6.38 (BP3631.5).

58. André Laurendeau, « Blocs-Notes. M. Daniel Johnson et "la reconnaissance" », *Le Devoir*, 17 mai 1960, p. 4.

Attaques de clercs, répliques de laïcs

C'est concernant l'*imprimatur* qu'une première flèche sera lancée. Un dénommé Henri Allain, « pseudonyme laïque d'un père de Sainte-Croix », s'en prend, à l'intérieur de plusieurs journaux, aux éditeurs et aux auteurs parce que *Le Chrétien et les élections* ne porte aucune mention d'autorisation préalable de la part d'un évêque. À l'époque, il était inconcevable qu'un livre rédigé par des clercs soit « SANS *IMPRIMATUR* ».

Une telle accusation risquait de causer un tort certain. Voilà pourquoi les éditeurs s'empresseront d'apporter ces précisions sur la situation et sur les règles ecclésiales :

> Les textes signés par les abbés Dion et O'Neill [dans *Ad Usum Sacerdotum*] avaient tous été soumis à la censure ecclésiastique, de même que le texte du R.P. Émile Legault. Quant à la préface du chanoine Armand Racicot, elle avait reçu l'*imprimatur* de Mgr G.-M. Coderre, évêque du diocèse du chanoine.

> Si Henri Allain, Léopold Richer et autres Rumilly avaient consulté le droit canon, ils auraient appris que l'Église demande aux prêtres d'obtenir l'autorisation de leur évêque avant de publier un texte – ce qui a été fait dans le cas qui nous occupe – mais Elle n'exige pas que l'éditeur, même catholique, l'indique dans la publication[59].

Ensuite, Edgar Lespérance et Jacques Hébert, sur un ton cinglant, demandent à l'auteur de l'attaque « s'il a obtenu l'*imprimatur* de son évêque et de son provincial avant de répandre ses perfidies dans les journaux de la province ». Et ils concluent sur cette note victorieuse :

> Quoi qu'il en soit, il faut bien constater que la population catholique du Québec, tant ecclésiastique que laïque, veut lire et faire lire *Le Chrétien et les élections* qui se vend comme on [n']a jamais vu un livre se vendre au Canada français. En invoquant la preuve du « consentement des peuples », on serait porté à croire que ce livre comblait un vide et répondait à un besoin[60].

Devant une réplique aussi nette, Gérard Dion décide de ne rien ajouter, préférant laisser mourir de sa belle mort cette première polémique[61].

---

59. Edgar Lespérance et Jacques Hébert, « Lettre aux lecteurs intitulée : Le Chrétien et les élections », *La Presse*, 3 juin 1960, s.p., trouvé à DAUL, P117, D1, 6.38 (BP3631.5).

60. *Ibid.*

61. Choix confirmé par Georges-Albert Boissinot, lors de notre entretien de l'automne 2005.

Intitulée « L'Évêque », la seconde attaque vient d'un prêtre de la région de Trois-Rivières, Gérard St-Pierre. Publiée initialement dans *Le Nouvelliste*, sa lettre ouverte, où il prend la défense de Mgr Bernier, fera le tour du Québec, grâce aux bons soins de l'Union nationale. Selon lui, « la fièvre électorale » serait « en train de fausser bien des notions sur l'autorité et la compétence du magistère ecclésiastique de l'évêque ». Et les principaux visés sont *Le Devoir* et *Le Chrétien et les élections* :

> Un certain journal de Montréal a largement orchestré ce jaunisme électoral, lors du lancement d'un petit volume publié sans *imprimatur* sur des questions de morale politique, et recommandé de façon exagérée par une préface pompeuse d'un révérend chanoine dont l'opinion strictement personnelle ne peut s'identifier à l'autorité officielle du magistère d'un évêque. [...]

> La manœuvre électorale de ceux qui n'ont pas aimé la courageuse directive de S. Exc. Mgr Bernier consiste à opposer l'opinion des prêtres à l'opinion des évêques, comme si le magistère de l'Église était réparti sur deux étagères dont l'une serait indépendante de l'autre, et comme si les prêtres avaient autorité pour lancer des directives en concurrence avec les évêques. Rien n'est plus faux[62] [...].

Le prêtre se lance ensuite dans une longue défense de la supposée « courageuse directive » de Mgr Bernier, son accusation de « péché grave » visant les deux abbés. Partie d'une « publicité payée » de l'Union nationale, cette lettre paraîtra dans de nombreux journaux du Québec.

Cette fois, c'est l'éditorialiste du *Devoir*, André Laurendeau, qui assurera la réplique. Lui aussi commence son commentaire sur le mode humoristique : « Si d'après lui l'évêque seul peut se prononcer sur ces questions, qu'avons-nous à faire d'un commentaire, par un simple prêtre du diocèse de Trois-Rivières, sur un texte de l'évêque de Gaspé ? Il nous semble que l'abbé aurait dû laisser la parole à son évêque[63] » ! Point par point, il répondra ensuite à chacun des arguments de l'abbé St-Pierre.

Dans un premier temps, il réfute son commentaire sur la « préface pompeuse » du chanoine Racicot :

> Qui, chez les catholiques le moindrement éclairés, va donner à la préface [du chanoine] Racicot « l'autorité officielle du magistère d'un évêque » ? Les lecteurs de *Dollard est-il un mythe* songeraient-ils à octroyer aux opinions historiques du chanoine Groulx l'autorité épiscopale ? [...]

---

62. Gérard St-Pierre, « L'Évêque », *L'Action catholique*, 27 mai 1960, s.p., trouvé à DAUL, P117, D1, 6.38 (BP3631.5).

63. André Laurendeau, « L'Évêque », *Le Devoir*, 4 juin 1960, s.p., trouvé à DAUL, P117, D1, 6.38 (BP3631.5). Les prochaines citations proviennent de cet éditorial.

Voilà le point qui nous paraît central : quand les abbés Dion et O'Neill s'attaquent à nos mœurs politiques, qui a le sentiment qu'ils entraînent automatiquement avec eux toute l'Église ? Ceux qui ont cette illusion ont tort, et il est temps qu'ils la perdent. Il ne faut pas avoir une grande connaissance du passé pour savoir que l'histoire de l'Église est pleine de ces discussions, souvent passionnées, et d'ordinaire parfaitement légitimes.

En deuxième lieu, il s'attarde à un autre raisonnement du prêtre de Trois-Rivières :

L'abbé Saint-Pierre écrit : « Si l'évêque ne parle que pour son diocèse, pour quel territoire le simple prêtre ou le révérend chanoine peuvent-ils parler ? » C'est semer la confusion à plaisir. Les abbés et chanoines, dans un cas comme celui-ci, n'écrivent pour aucun territoire particulier : ils font comme l'abbé Saint-Pierre, dont la lettre, par les bons offices de l'Union nationale, se promène de diocèse en diocèse. Ils écrivent leurs opinions sur des questions qui touchent la morale. Ils ont l'autorité attachée à leur compétence de moralistes, à leur science, à leur jugement personnel. Ils font bien d'écrire, car nous avons besoin là-dessus – il s'agit après tout de *mœurs* électorales ! – de l'opinion de moralistes.

Troisièmement, il lui reproche son manque de rigueur :

« Depuis quand, écrit l'abbé Saint-Pierre, l'horizon du simple prêtre est-il en droit plus étendu que l'horizon de l'évêque ? » De quel horizon s'agit-il, et pourquoi l'abbé veut-il à tout prix que la lune se batte contre le soleil ? Il passe subrepticement d'un point de vue à un autre : il passe du rayonnement de la pensée – qui n'a pas d'horizon limité, qu'il s'agisse d'un prêtre, d'un évêque ou même d'un laïc chrétien – à l'autorité directe exercée par un évêque sur un territoire donné.

À la quatrième question du prêtre de Trois-Rivières, à savoir « Un évêque peut-il juger un prêtre d'un autre diocèse ? », l'éditorialiste du *Devoir* choisit cette fois d'émettre sa propre interrogation :

Ici, je n'entreprendrai pas de discuter, et pour cause. Mais je poserai à mon tour une question.

Soit un laïc de Montréal. Il lit en 1956 l'étude des abbés Dion et O'Neill ; il constate qu'elle impressionne vivement l'opinion, puis qu'elle est très discutée. Les deux prêtres ne sont pas l'objet d'une réprimande. Soudain, en 1960, alors que ce vieux texte n'a pas encore été réimprimé, Son Excellence l'Évêque de Gaspé formule à leur endroit une réprimande. Le laïc catholique de Montréal va-t-il se sentir directement impliqué par une réprimande de l'Évêque de Gaspé à deux prêtres du diocèse de Québec ? Il me semble que non.

Après avoir répété les précisions des directeurs des Éditions de l'Homme concernant l'*imprimatur*, André Laurendeau termine comme il a débuté, sur une note d'humour : « La thèse de l'abbé Saint-Pierre conduirait à barricader le prêtre dans la sacristie. Fort heureusement, il est le premier à ne pas la suivre ». C'est ce qu'on appelle communément « se faire mettre K.O. »

Deux semaines plus tard, un « THÉOLOGIEN » apportait les précisions sur les distinctions à faire à propos de l'autorité de l'évêque et de l'obéissance du prêtre en vertu du droit canon. Dans le cas qui nous occupe, celui des abbés Dion et O'Neill, il concluait :

> [...] Et ils l'ont fait avec l'autorité de leur évêque. [...]

> Vraiment, courage, patriotisme, charité vraie, voilà le vocabulaire que j'utiliserais vis-à-vis les abbés Dion et O'Neill. Qu'on les salue avec respect. Les accuser de connivence politique, certes, s'il est quelqu'un de mal placé pour le faire, c'est bien le petit mignon de [...] M. L. Richer. Eux n'ont visé aucun parti en particulier : ils se sont prononcés sur des faits[64].

La seconde réplique viendra de *Cité libre*. Dans son numéro de juin-juillet 1960, Gérard Pelletier choisira de s'attaquer à la source du problème, en s'attardant directement aux propos de Mgr Bernier. Selon lui, son « allocution pose plus de questions qu'elle n'en résout[65] ». Ses premières interrogations sont les suivantes :

> [...] Pourquoi en effet le prêtre, chargé, entre autres devoirs, de prêcher la morale chrétienne, devrait-il s'arrêter au seuil de la morale sociale ? [...] Et quelles conclusions n'autoriserait-il pas chez les fidèles, dont il fustige les autres vices, s'il devait garder le silence sur l'immoralité politique ?

> Ces conclusions, elles sont déjà tirées. De nombreux fidèles croient « comprendre » que hors la chasteté et le respect dû à l'autorité, il n'est guère de fautes dont il faille vraiment se soucier. D'autres vont jusqu'à croire que la détention du pouvoir exonère de tout blâme parce que les octrois ont la vertu certaine d'adoucir les jugements moraux.

Concernant la directive de Mgr Bernier aux prêtres de n'être « ni les détracteurs systématiques ni les adulateurs du pouvoir », Gérard Pelletier l'approuve mais il ne peut s'empêcher de reprocher à ce dernier un énorme oubli :

> Bravo! On ne saurait mieux définir l'attitude de dignité qui convient au clergé et à l'épiscopat. Mais comment nous échapperait-il qu'après cette

---

64. Un THÉOLOGIEN, « En marge du livre des abbés Dion et O'Neill. L'évêque et le prêtre », *Le Devoir*, 18 juin 1960, s.p., trouvé à DAUL, P117, D1, 6.38 (BP3631.5).

65. Gérard Pelletier, « Ni contempleur ni adulateur... », *Cité libre*, juin-juillet 1960, n° 28, p. 1-2, texte retranscrit de 3 pages, trouvé à DAUL, P117, D1, 6.38 (BP3631.4). Les prochaines citations viennent de cet article.

définition, Mgr Bernier lui-même se contente de condamner sans appel « deux certains abbés qui ont péché gravement » comme détracteurs du pouvoir ? Est-ce à dire que du point de vue de Son Excellence, il n'existe dans notre clergé aucun adulateur du pouvoir ? La rumeur a pourtant couru que du côté de l'Estrie, on distribuait parfois des diplômes de moralité publique, *summa cum laude*, à la veille des élections générales. Et ce n'est là qu'un exemple entre cent.

Que toute une moitié de la réalité dont il parle échappe aussi brusquement à Mgr Bernier, au moment même où il vient de brandir la balance de l'équité, avouons que cela étonne. Un tel oubli ne saurait contribuer à « former chez nos fidèles la conscience civique, le sens de la justice en société ».

Bien que n'approuvant généralement pas « l'immixtion des clercs dans les affaires politiques », le chroniqueur de *Cité libre* tient à préciser la particularité de la situation de 1956 :

[...] Mais quand l'honneur chrétien est en jeu, quand le déferlement du scandale public dépasse toutes les bornes, on voit mal que le prêtre puisse garder le silence.

Faut-il rappeler qu'en 1956, il était devenu nécessaire qu'une voix se fît entendre, assez résolue pour secouer la honte et la prostration collectives, assez « privilégiée » surtout pour qu'on ne pût pas l'étouffer sous quelqu'accusation de dépit ou de communisme ?

Mgr Bernier l'eut préférée plus prestigieuse encore, sanctionnée peut-être par une signature épiscopale ? Nous aussi. Mais telle quelle, elle suffit pourtant à rompre le silence étouffant de la peur ; elle fut un geste de courage que nous ne pourrons jamais désapprouver. Nous souhaitons, nous aussi, que jamais plus la honte n'atteigne cette limite extrême où la voix des laïques, dont la politique reste le domaine propre, n'arrive plus à dominer les fracas partisans. Mais si la situation devait se reproduire, nous comprendrions mal qu'on réduise au silence les prêtres qui auraient le courage de parler.

Revenant au contexte de 1960, Gérard Pelletier émet ce dernier reproche à l'évêque de Gaspé :

Mgr Bernier savait, sans aucun doute, qu'en faisant de ses directives diocésaines une communication publique, il ouvrait un débat devant l'opinion. Nous n'éprouvons, pour notre part, aucun plaisir à différer d'opinion avec lui. Mais nous aurions eu l'impression en gardant le silence sur les équivoques de sa pensée, de trahir une cause que tout chrétien a le devoir de servir : celle d'un climat politique d'où l'honneur ne soit pas absent.

Ainsi, c'est grâce à ces solides réponses de deux intellectuels laïcs que toute cette polémique entourant les interventions des abbés Dion et O'Neill et la condamnation de Mgr Bernier prit fin[66]. Seuls les plus ardents défenseurs de l'Union nationale continuèrent leur campagne de dénigrement.

Chantre de moins en moins crédible

Outre Léopold Richer dans les pages de *Notre Temps*, le fidèle partisan de Duplessis, Robert Rumilly, un Français très conservateur, proche idéologiquement de la défunte *Action française*, lança sa propre offensive contre le nouveau livre à succès. Sous le titre « Les abbés Dion et O'Neill nuisent à l'Église », il dénonce le chanoine Racicot qui s'est permis « de critiquer publiquement l'évêque de Gaspé[67] ». Selon lui, les deux abbés « s'arrogent le droit d'envoyer des sortes de directives au clergé, sous la forme d'un bulletin périodique ». Le tout est accompagné des photographies des trois accusés. En conclusion, ce chroniqueur de droite demande une intervention de la hiérarchie ecclésiale : « Il nous est sûrement licite de souhaiter, respectueusement, les gestes d'autorité devenus indispensables pour arrêter ce désordre ».

Malgré l'absence de réprimandes épiscopales, Robert Rumilly, très fort en plume, ne s'arrêta pas là. Cette fois, lors d'une conférence ayant pour thème « le parti libéral et l'infiltration gauchiste dans la province de Québec », il choisit de se faire racoleur :

> ### Le Chrétien et les élections
>
> Deux prêtres qui, on doit le reconnaître, aiment à faire parler d'eux, ont publié un livre, pavé de bonnes intentions, sur la nécessité d'élections propres et calmes. Cette recommandation peut paraître superflue aux jeunes gens, puisque nos élections, depuis quelques années, sont bien calmes, dans l'ensemble. Mais il n'en a pas toujours été ainsi, et la re-commandation des deux prêtres prend toute sa valeur si l'on remonte au régime libéral, qui a longtemps régné dans notre province. Il faut bien avouer qu'à cette époque et sous ce régime, la fraude et la violence ont marqué plus d'une campagne électorale[68].

---

66. Dans une correspondance de Gérard Dion, on apprend qu'un autre clerc, l'abbé Jean-Baptiste Desrosiers, a, « à quelques reprises, [...] déjà bassement attaqué les abbés Dion et O'Neill pour avoir "dénigré leur province" ». Voir DAUL, P117, D1, 6.38 (BP3631.4), « Lettre de Gérard Dion au chanoine Léo Forest, directeur de L'Action populaire, du 12 juin 1960 », p. 1.

67. « [...] l'opinion de Robert Rumilly. Les abbés Dion et O'Neill nuisent à l'Église », *Nouvelles illustrées*, 14 mai 1960, p. 14, trouvé au même endroit que la notice précédente. Les deux prochaines citations proviennent de cette même source.

68. DAUL, P117, D1, 6.38 (BP3631.5), « Conférences de Monsieur Robert Rumilly sur le parti libéral et l'infiltration gauchiste dans la province de Québec », p. 22.

Poursuivant cette histoire partisane dans laquelle il est passé maître, ce chroniqueur donne ensuite une série d'exemples où les libéraux, du début du siècle à 1936, ont commis des gestes reprochables. Et il coiffe sa longue diatribe de cette conclusion :

> La violence et la fraude sur pareille échelle sont choses du passé, nous l'espérons tous. Cela ne se voit plus depuis que l'Union nationale a pris fermement les rênes. Mais les deux abbés nous rendent service en nous rappelant ce qui s'est passé sous les libéraux et qui pourrait se reproduire s'ils revenaient un jour au pouvoir sans avoir changé leurs méthodes[69].

Par après, le racolage et la négation de la réalité seront vite abandonnés. À la veille des élections, une nouvelle brochure fait son apparition. Intitulée « L'Anarchie est à nos portes[70] », elle est envoyée massivement, le 13 juin par la poste, à tous les prêtres du Québec. On y retrouve le premier article de Rumilly, un éditorial de Léopold Richer, une déclaration de Mgr Ira Bourassa, les directives de Mgr Bernier, trois textes reproduits dans *L'Action catholique* sur le magistère des évêques ainsi que la lettre de l'abbé St-Pierre. Le tout est complété par un texte de Robert Rumilly sur Jacques Hébert où il accuse ce dernier d'avoir soutenu le régime communiste de Pologne, après sa visite dans ce pays. Intitulée « Une absurdité », la dernière page de cette brochure revient sur la célèbre déclaration Dion-O'Neill de 1956. On y reproche aux deux abbés d'avoir soutenu que leur article reposait sur une « enquête sérieuse » et qu'il y a eu « parades des frigidaires et des appareils de télévision ». Suit une réfutation où l'on tente de calculer le nombre et le coût des réfrigérateurs qui auraient pu être distribués lors de la controversée élection !

C'est probablement ce geste qui a amené les Éditions de l'Homme à adresser un exemplaire du *Chrétien et des élections* aux prêtres et aux membres des communautés religieuses, ce qui leur sera grandement reproché par « la Rédaction » de *L'Action catholique*[71]. Mais, en cette

---

69. *Ibid.*, p. 26.

70. DAUL, P117, D1, 6.38 (BP3631.5), « L'Anarchie est à nos portes », 33 pages. Cette brochure ne porte « ni nom d'éditeur ni nom d'imprimeur » mais serait l'œuvre du « parti au pouvoir », donc de l'Union nationale. Voir André Laurendeau, « Cette anarchie, paraît-il, à nos portes », *Le Devoir*, 14 juin 1960, p. 4.

71. La Rédaction, « L'Église est au-dessus », *L'Action catholique*, 16 juin 1960, p. 4, trouvé au même endroit. Dans cet éditorial, on condamne ainsi les deux prêtres : « Les activités morales des abbés Dion et O'Neill dans le domaine politique sont discutables et discutées ». Ensuite, on s'en prend vivement à l'initiative de l'éditeur : « À ce point de vue, il y a indélicatesse à expédier à des prêtres, à des religieux, à des religieuses, par-dessus la tête de leurs supérieurs ecclésiastiques, un traité de morale politique, ce traité fût-il signé des noms de deux prêtres et préfacé par un chanoine ».

veille de Révolution tranquille, la bataille est perdue d'avance. Robert Rumilly, Léopold Richer et autres éléments archi-conservateurs vont tomber dans le discrédit le plus complet. Les prochaines initiatives montrent bien comment le vent est en train de tourner.

AUTRES DÉVELOPPEMENTS

Malgré les critiques et les attaques des forces conservatrices, les deux abbés ne feront pas l'objet de réprimande de l'Assemblée des évêques du Québec. Et voilà que deux des plus hautes autorités donneront leur aval à un geste sans précédent.

Importante initiative

À l'initiative d'Esdras Minville et Maximilien Caron, deux promoteurs du corporatisme et partisans de Duplessis, ainsi que de deux candidats des deux grands partis[72], une « déclaration de principes » est lancée. Fruit d'un comité de la Fédération des Ligues du Sacré-Cœur[73], elle sera entérinée au début du congrès de l'organisme tenu à la fin de mai. Le 2 juin 1960, son président, Me Lionel Leblanc, et son aumônier, le père Wilfrid Gariépy[74], s.j., convoquaient les journalistes pour leur en remettre copie lors d'une conférence de presse très courue.

En six points, le texte se prononce en faveur « du bien commun » et de la « doctrine sociale de l'Église ». Il contient ensuite cet engagement formel : « Nous promettons de faire notre part pour que la présente campagne électorale soit, selon le vœu des évêques, exempte d'injures, de fraudes, d'insinuations malveillantes, de violence et de boissons alcooliques[75] ».

Les deux autres points s'avèrent très généraux : travailler au « progrès de notre province » et élever le niveau de « la politique ». Enfin, le sixième point constitue une invitation à tous les futurs signataires : « Nous invitons tous les candidats dans la présente élection, tous les

---

72. Du côté libéral, les signataires sont J.-René Hébert et Jacques Vadeboncœur ; du côté unioniste, J.-Olier Renaud et Guy Pager.

73. Une recherche dans les archives de cet organisme permettrait d'éclairer davantage les circonstances de cette prise de position. A-t-on voulu freiner l'utilisation partisane du livre à succès *Le Chrétien et les élections* ? A-t-on souhaité « dépolitiser » le débat ? C'est à ces questions que les recherches ultérieures devraient répondre.

74. M. Jean-Paul Rouleau dira de ce jésuite qu'il était « un pasteur éclairé, pratique et proche des gens ».

75. « Pour des élections honnêtes », *La Presse*, 3 juin 1960, p. 1, trouvé à DAUL, P117, D1, 6.38 (BP3631.5). Les citations suivantes proviennent de cet article.

citoyens imbus de civisme, à endosser cette déclaration sans réserve et à y conformer leur conduite comme nous avons décidé de le faire nous-mêmes ».

Tous les membres des Ligues s'engageront dans cette campagne d'éducation publique :

> Dans sa déclaration, le président Leblanc a dit que les deux cent mille membres des Ligues seront invités à organiser des comités avec la collaboration des meilleurs éléments des deux partis politiques dans le but de créer un climat conforme aux exigences des principes de l'évangile.

> « Nous voulons que cesse l'anomalie qui existe présentement dans notre province, a-t-il dit, alors que des chrétiens, qui sont côte à côte le matin à la table sainte, l'après-midi manqueront aux plus élémentaires principes de charité chrétienne ».

> « Nous avons un travail d'éducation à faire, dit-il, éducation de nos hommes publics, éducation du peuple qui dans une démocratie a la mission d'élire ses gouvernants ».

Leur travail sera appuyé par d'importants groupes sociaux, « les Chambres de commerce, les SSJB [Sociétés Saint-Jean-Baptiste] et les clubs sociaux [Richelieu, Lion, etc.] ».

L'aumônier de la fédération, le père Gariepy, aura beau déclarer que cette action n'a aucun « rapport avec les déclarations des abbés Dion et O'Neill », le lien est évident ; il saute aux yeux. En fait, les Ligues du Sacré-Cœur s'apprêtent à jouer le rôle des comités de moralité publique souhaités par les deux abbés quatre années auparavant. Au surplus, après les élections, les « comités diocésains des Ligues » seront chargés « de faire des relevés et de juger... si on aura été plus ou moins fidèle aux principes émis dans la déclaration ». En fait, il ne s'agit pas que d'un travail d'éducation ; il est complété d'un mandat de surveillance.

Cette action hors du commun reçoit l'aval des deux plus hauts dignitaires ecclésiastiques du Québec. Lors de cette même conférence de presse, on rend publique une lettre du cardinal Paul-Émile Léger où il reconnaît « l'importance du projet et l'urgente nécessité de sa réalisation ». En plus de bénir « de tout cœur » cette campagne, il émet ce clair vœu de succès :

> Les principes énoncés dans la Déclaration des six, écrit-il, constituent une petite charte capable de guider l'activité des hommes de bien en période électorale. Puissiez-vous trouver une audience favorable auprès de tous les électeurs de notre province.

Cet appui notable sera suivi, quelques jours plus tard, par celui de l'archevêque de Québec, Mgr Maurice Roy :

J'ai lu avec vive satisfaction la déclaration adoptée par les Ligues du Sacré-Cœur au sujet des élections. Elle rappelle les principes essentiels de la doctrine de l'Église et suggère les mesures concrètes qui assureront le respect de la morale chrétienne en période électorale.

J'approuve de grand cœur le projet que vous avez formé de demander aux citoyens de donner leur adhésion à cette déclaration de principes sociaux. Je vous souhaite plein succès[76].

L'action des Ligues remportera un franc succès, outre un lancement un peu cahoteux où l'on reprochera sévèrement au président Leblanc d'avoir souhaité au chef unioniste, Antonio Barrette, que « le succès récompense ses efforts » lors de l'opération de signature menée devant les caméras de télévision alors que celle qui a été menée auprès du chef libéral Jean Lesage s'est faite dans une plus grande discrétion[77].

Surtout, cette initiative recevra l'aval des plus critiques à l'endroit des abbés Dion et O'Neill. *L'Action catholique* de Québec qualifiera la déclaration de « document de haute portée » et de « véritable petite charte de sociologie catholique[78] ». Même Léopold Richer dans *Notre Temps* s'y ralliera, non sans lancer de nombreuses flèches aux deux prêtres[79]. Définitivement, au Québec, lorsque les évêques parlaient, tout le monde s'inclinait, même les opposants.

Directives de l'Église

La « déclaration » des Ligues sera suivie par plusieurs autres initiatives. La Commission sacerdotale d'études sociales produira un texte devant servir au prône avant l'élection. S'inspirant des écrits d'*Ad Usum Sacerdotum*, il souligne « la liberté et le secret » du vote, l'importance de se placer « au point de vue supérieur du bien public » et la nécessité de se comporter « dignement pendant cette campagne électorale et au

---

76. « S. Exc. Mgr Roy approuve l'initiative des Ligues auprès des candidats », *L'Action catholique*, 10 juin 1960, s.p., trouvé à *ibid*. Soulignons que sa lettre est datée du 6 juin.

77. DAUL, P117, D1, 6.38 (BP3631.5), « Le président national des Ligues du Sacré-Cœur félicite MM. Barrette et Lesage d'avoir signé la "déclaration" », journal non identifié, 18 juin 1960, s.p. Voir surtout les lettres au lecteur suivantes : F.-A. Sénécal du Comité de moralité publique de Montréal, « Au président des Ligues du Sacré-Cœur », *Le Devoir*, 15 juin 1960, s.p. et Paul Cliche, « Le président des Ligues du Sacré-Cœur », journal non identifié, 17 juin 1960, s.p. Cette bévue était-elle significative, laissant poindre un penchant pour l'Union nationale ? Notre étude ne permet pas de répondre à cette question. Seule une recherche supplémentaire pourra permettre d'y voir plus clair.

78. Odilon Arteau, « <u>Des élections honnêtes et une vie publique chrétienne</u>. Un document de haute portée », *L'Action catholique*, 14 juin 1960, s.p., trouvé à *ibid*.

79. Léopold Richer, « Du manifeste électoral Dion-O'Neill à la déclaration des Ligues du Sacré-Cœur », *Notre Temps*, 11 juin 1960, s.p., trouvé à *ibid*.

moment des élections». Il fustige tout particulièrement le chantage, les menaces, la médisance, les faux serments et l'achat de vote[80].

Quant à elle, *L'Action catholique* publiera, une semaine avant l'élection, un extrait d'une directive du cardinal Villeneuve datant de 1935 où le prélat, en 26 points, définissait les consignes à respecter pour la tenue d'élections honnêtes[81]. Enfin, dernière mais non la moindre, la Conférence catholique du Canada formulera un texte à lire par tous les curés du Québec devant leurs fidèles, le dimanche avant le scrutin. Intitulé «Quelques vérités au sujet des élections», le document insiste sur l'importance d'un vote «libre et donné consciencieusement, c'est-à-dire en vue du bien commun, et non pas par esprit de parti ou pour des intérêts particuliers[82]». Sont qualifiés de «fautes graves» la vente et l'achat de votes. Est rappelé que «le serment est un acte religieux», auquel on doit «conserver son caractère tout à fait sacré». De plus, on incite à la «tempérance... durant les élections» et au «respect des personnes et de la propriété». Enfin, au nom de la charité, on condamne injures, calomnies, médisances et indiscrétions. Ce texte en cinq points reprend, en substance, les propos des deux abbés et incite les électeurs à faire preuve du plus grand sérieux au moment de se rendre aux urnes. Et ce même souci pour des élections saines et honnêtes se manifestera du côté de la presse. Plusieurs médias décideront, à divers moments, de faire le point sur la campagne en cours.

Bilan préélectoral

D'abord, *L'Action catholique* donne implicitement raison aux abbés Dion et O'Neill en demandant «que chacun fasse tout ce qu'il pourra pour que les prochaines élections soient plus honnêtes que les dernières». Louis-Philippe Roy incite les citoyens à «surveiller la confection des listes électorales». L'éditorialiste rappelle que «la médisance et la calomnie demeurent des péchés». En terminant, il demande «la formation de ligues de vigilance[83]».

Dans *Le Devoir*, André Laurendeau souligne les exigences de ce quotidien indépendant envers le présent processus électoral:

---

80. DAUL, P117, D1, 6.33, «Prône pour une élection», texte fourni par le R. P. Bélanger, revu et corrigé par les membres de la CSES, 15 janvier 1959, 2 pages.

81. DAUL, P117, D1, 6.38 (BP3631.5), «Le droit de vote et les devoirs qui en découlent», *L'Action catholique*, 14 juin 1960, s.p.

82. *Ibid.*, CCC, «Quelques vérités au sujet des élections», 2 pages. Sur cette autre intervention des évêques canadiens, une recherche s'imposerait également.

83. Louis-Philippe Roy, «Pour des élections honnêtes», *L'Action catholique*, 2 mai 1960, s.p., trouvé à DAUL, P117, D1, 6.38 (BP3631.5).

Nous avons abordé la campagne actuelle en ressuscitant délibérément les mauvais souvenirs que nous avait laissés la campagne de 1956. [...]

Et pourquoi ces rappels ? Pour signifier ce que nous voulons ne plus revoir ; pour ressusciter l'espèce de remords collectif qui s'empara des élites après le 20 juin 1956 ; pour aider à transformer ce remords en une volonté, également collective, de ne plus tolérer des comportements honteux, qui risquent de pourrir la démocratie québécoise[84].

Et, sur le plan des mœurs électorales, son bilan de la campagne s'avère, somme toute, assez positif :

Or la campagne de 1960, si on la compare à son aînée, est une personne jusqu'ici relativement convenable. Elle surveille au moins les apparences. Elle ne s'abandonne guère aux excès de sa nature. Elle paraît tenir à sa réputation – jusqu'ici. [...]

La campagne de 1960 se conduit donc jusqu'ici, sur la place publique, à peu près comme il faut.

S'adressant à nos cousins français dans *Le Monde*, la journaliste Françoise Côté résume les réactions suscitées par *Le Chrétien et les élections*. Après avoir rappelé que les abbés Dion et O'Neill « n'ont jamais été désavoués par leur propre archevêque, Mgr Maurice Roy », elle tire ce bilan :

Ce débat [au sein de la société] illustre le réveil de la conscience politique dans la province de Québec, où le dernier quart de siècle a été marqué par l'absentéisme des élites professionnelles et intellectuelles. Ce réveil est en fait le contrecoup des attitudes très autoritaires, voire dictatoriales et arbitraires, adoptées par l'ancien premier ministre, M. Maurice Duplessis, durant les dernières années de sa vie[85].

À la veille de l'élection, *La Presse* souligne le regain d'intérêt du public qui s'est rendu plus nombreux « aux réunions des candidats et des chefs de parti ». Elle y voit « un signe que la démocratie est redevenue vivante et agissante » au Québec. Le journal signale ensuite l'influence exercée par l'Église au cours des derniers mois :

La campagne a été menée avec une extrême vigueur de part et d'autre. Elle a été suivie avec plus d'intérêt que les précédentes. Mais il semble que, grâce sans doute à certaines recommandations du clergé et à l'intervention des Ligues du Sacré-Cœur, elle ne nous ait pas fait assister à autant de scènes disgracieuses que certaines autres. Il ne faudrait pas

---

84. André Laurendeau, « Comment se porte la campagne électorale », *Le Devoir*, 30 mai 1960, p. 4, trouvé au même endroit. La prochaine citation provient de ce même éditorial.

85. Françoise Côté, « L'attitude de l'Église du Québec provoque des débats passionnés », *Le Monde*, 15 juin 1960, s.p., trouvé au même endroit.

se faire l'illusion de croire que, du jour au lendemain, notre monde politique soit peuplé de petits anges. Mais, jusqu'ici en tout cas, il y a eu moins de bagarres, moins d'actes de vandalisme. Espérons qu'il en sera ainsi jusqu'au dépouillement du dernier bulletin de vote[86].

Aux électeurs, ce grand quotidien recommande de songer aux directives ecclésiales avant de se rendre aux urnes :

> La parole est maintenant aux électeurs. Ils se doivent d'aller voter. [...] Ce devoir comporte comme corollaire celui de le faire selon sa conscience et conformément à l'intérêt général, de même que le droit de le faire librement et celui de repousser toute pression malhonnête d'où qu'elle vienne. Nous ne pouvons, sur ce point, que renvoyer nos lecteurs aux recommandations de l'autorité ecclésiastique qui ont été lues dimanche dans les églises et que *La Presse* a publiées hier.

Ainsi, une certaine unanimité se dégage : la présente campagne a été plus respectable que la précédente et les interventions de l'Église ont contribué à l'obtention de ce résultat. Et, après l'annonce de la victoire électorale du Parti libéral, on poussera plus loin la réflexion.

Après l'élection

Dès son arrivée au pouvoir, le nouveau premier ministre libéral, Jean Lesage, déclara : « Nous allons éliminer complètement les sangsues politiques ». Cette nette volonté d'épurer les mœurs politiques et les pratiques de l'administration publique allait être accueillie favorablement par la presse.

Le Soleil salua ainsi l'initiative du nouveau parti au pouvoir :

> La dernière campagne électorale nous a donné un changement de gouvernement, mais il semble que ce ne sera pas son unique résultat. Le plus important, on ne peut encore en mesurer toute la signification, serait un changement radical de nos mœurs politiques. Déjà à la suite du caucus des membres de son parti, M. Jean Lesage [...] a lancé une guerre à mort à ce qu'on est convenu d'appeler les patroneux, c'est-à-dire toute cette horde de profiteurs intéressés beaucoup plus à tirer parti du gouvernement qu'à coopérer à une administration saine[87].

À cette occasion, le quotidien de Québec signale que la dernière campagne électorale a encore donné lieu à certaines irrégularités. Au

---

86. « Le jour de la décision », *La Presse*, 21 juin 1960, s.p., trouvé au même endroit. La prochaine citation vient également de cet éditorial.

87. « La réforme de nos mœurs électorales », *Le Soleil*, 5 juillet 1960, publié à nouveau dans *Le Devoir* du 8 juillet, trouvé à DAUL, P117, D1, 6.38 (BP3631.5). La prochaine citation provient de cet article.

moment du scrutin, des cas de «supposition de personnes» sont survenus, mais, cette fois, les coupables seront punis:

> Contrairement à ce qui se passait dans le passé, et c'est déjà une amélioration importante, les poursuites n'ont pas été abandonnées avec le résultat du vote, de sorte que les coupables ne jouiront pas de cette sorte d'impunité tacite dont ils étaient assurés autrefois. La loi suivra son cours et plusieurs seront à jamais guéris de la tentation de récidiver. L'exemple ouvrira les yeux des nombreux autres qui ont réussi à s'en tirer, mais dont les manœuvres sont connues et donneront naissance à des réformes capables d'en empêcher la répétition.

Par la suite, plusieurs éditorialistes souligneront la difficulté de la tâche qui attend le nouveau gouvernement. En jetant un regard en arrière, ils vont brosser un tableau impressionnant des travers de l'ancien régime. Dans *L'Action catholique*, Lorenzo Paré décrit ainsi la situation au temps de Duplessis:

> Que le système des «sangsues politiques» ait été poussé chez nous à une efficacité totalitaire, il faudrait être aveugle pour le nier. Qui ne connaît pas d'avocats qui retiraient quelques sous sur chaque brique utilisée dans les constructions où le gouvernement assumait, directement ou par voie détournée, le contrôle des contrats? Qui n'a pas rencontré au moins un jeune ingénieur [...] qui pleurait l'humiliation de signer des faux multipliant les quantités de matériel, sous l'ordre d'un «patroneux» de comté? Qui n'a pas vu des «organisateurs» exiger leur ristourne et leur «pourcentage» sur les fournitures achetées par le gouvernement [...]? Et les assurances? Et les octrois? Et les architectes? Et les entrepreneurs? Et les «tolérances»? Et les licences? Qui donc au Québec pouvait tout simplement vivre, s'il dépendait de près – ou même de très loin – des activités gouvernementales, à moins de s'inscrire sur la fameuse «liste de patronage» dont les députés eux-mêmes devenaient, avec plaisir et profit ou bien malgré eux, les gardes-chiourmes[88]?

À l'intérieur du *Devoir*, son directeur brosse ce portrait imagé de l'ancien système qui avait cours sous l'Union nationale de Duplessis:

> On a vu durant ces dernières années des députés, ayant pour tout revenu avoué une modeste indemnité de $8 000, avoir un bureau avec service de secrétaires, avec fiches et dossiers, quelques-uns même avec bar ouvert pour recevoir les amis. C'est là que se prenaient les décisions importantes sur l'administration des derniers publics dans le comté: attributions de contrats, construction d'écoles, d'hôpitaux et d'hospices, réfection de chemins, etc. Quand d'aventure le député du comté siégeait dans l'opposition, c'est le «patroneux» officiel, généralement le candidat

---

88. Lorenzo Paré, «Mort aux sangsues de la politique», *L'Action catholique*, 6 juillet 1960, trouvé au même endroit.

malheureux de l'élection précédente, qui gérait les affaires publiques. Ses services étaient apparemment bénévoles, mais seuls les naïfs étaient dupes ; pas besoin de se demander d'où venaient les fonds permettant de financer une organisation aussi bien rodée tout en autorisant un train de vie de grand bourgeois[89].

Selon Gérard Filion, seul un système à la française avec préfet dans tous les comtés permettra de contrer le favoritisme, véritable « hydre de Lerne », ce serpent dont les nombreuses têtes repoussent, si elles ne sont pas toutes coupées d'un seul et même coup. De son côté, *L'Action catholique* va préférer en appeler à la vigilance de tous les citoyens et à la « bonne volonté de tous ». Mais tous les observateurs de l'époque s'entendent sur un point, il faut plus qu'une réforme des mœurs élec-torales ; une réforme en profondeur de toute l'administration publique s'impose. En fait, la dénonciation des abbés Dion et O'Neill ne visait que la pointe de l'iceberg.

Dans un second éditorial, le journal catholique de Québec revient sur les réactions suscitées par la prise du pouvoir de l'équipe de Jean Lesage :

Au lendemain des élections du 22 juin dans le Québec, des journaux de Londres, de Paris et de Toronto ont lâché le grand mot de « révolution ». Le brave électorat québécois en fut tout surpris. Il n'avait, certes, pas conscience d'avoir « fait » la révolution. Tout au plus, les perspicaces et les sages pouvaient croire qu'on [...] en avait peut-être prévenu une !

Or, au rythme où vont les choses, ce sont les observateurs étrangers qui, avec le recul des perspectives, sont en passe d'avoir raison.

En deux semaines, le gouvernement a amorcé ou opéré plus de réformes que la province n'en avait vues en nombre d'années[90].

La liste des nouvelles mesures gouvernementales visant à mettre un terme au favoritisme suit : établissement d'un « bureau de la trésorerie », contrôle des finances publiques, remaniement du « bureau des achats », réorganisation de la police provinciale et de la Commission des liqueurs afin que disparaissent « le régime des "tolérances" » et « l'agiotage sur les permis », publication d'appels légaux pour tous les contrats des ministè-res des Travaux publics et de la Voirie, rétablissement de la Commission du service civil pour l'embauche des fonctionnaires, etc., etc.

L'éditorialiste accueille avec joie ces mesures visant l'instauration d'une administration plus saine :

---

89. Gérard Filion, « L'hydre de Lerne », *Le Devoir*, 20 juillet 1960, p. 4, trouvé au même endroit.

90. Lorenzo Paré, « Une révolution secoue le Québec », *L'Action catholique*, 18 juillet 1960, s.p., trouvé au même endroit. Les prochaines citations viennent de cet éditorial.

Une révolution ? Pourquoi pas ? Une révolution pacifique, où les réformes administratives crépitent à la place des mitrailleuses. La population
est un peu éberluée : elle voulait, évidemment, un changement de gouvernement et [...] on lui donne un « changement de vie ». [...]

En d'autres termes, la province de Québec assiste à la reconstruction de
ses *structures* administratives et politiques. Une réforme qui n'est que
replâtrage est caduque et sans lendemain. Une refonte des structures
est un chemin sans retour.

Il conclut en soulignant l'importance d'une réponse positive des
Québécois à de tels changements :

Le gouvernement Lesage commence par le commencement : il forge
les instruments administratifs de son action future. C'est peut-être
l'étape la plus difficile et c'est certainement la moins exaltante. Pour peu
qu'il persévère, et pourvu que la population accepte cette révolution,
il donnera à la province de Québec la justice à l'intérieur et l'honneur
à l'extérieur.

C'est-à-dire les armes essentielles d'une politique de grandeur.

À lui seul, ce dernier éditorial permet de mesurer tout le chemin
accompli depuis la célèbre déclaration Dion et O'Neill de l'été 1956.
Voilà que ce journal frileux qu'était *L'Action catholique* prend mainte-
nant des positions similaires au fougueux journal anti-duplessiste *Le
Devoir*. C'est dire le changement de mentalité qui vient de s'opérer au
Québec.

En quelques jours, une certaine entente s'est faite sur la pertinence
des critiques des deux abbés relatives aux piètres mœurs électorales.
Ensuite, on a reconnu que les réformes devaient aller plus loin : s'attaquer aux pratiques administratives et aux vieilles structures. Autre
changement significatif : dorénavant les coupables seront punis. Quant
au « système » en place au temps de Duplessis, on se permet de donner
une description colorée de ses principaux mécanismes, cela sans gêne
aucune. Enfin, la couverture de presse des médias étrangers a fait réaliser
l'ère nouvelle qui s'ouvre. Et il y a consentement aux réformes annon-
cées, à cette « révolution pacifique », que l'on nommera « Révolution
tranquille ». Ce bref survol permet de mesurer le chemin qui vient d'être
parcouru en si peu de temps.

Le bilan tiré dans ces divers journaux, tant sur les pratiques électorales de la dernière campagne que sur le système en place à l'époque
duplessiste, s'avère, somme toute, assez proche. À la lecture de ces
extraits, on peut conclure qu'une certaine unanimité existe dans la
presse alors que débute un nouvel épisode de notre histoire collective,

la «Révolution tranquille». Mais, avant de poursuivre, tirons notre conclusion sur cette lutte contre l'immoralité électorale.

CONCLUSION

Juste avant la tenue des élections, un observateur de l'époque avait pressenti le changement en cours, déclarant: «Le Québec est en train de muer[91]». Bien que *Le Chrétien et les élections* ait suscité, au moment de sa parution, l'opposition des éléments les plus conservateurs de la société, il a grandement contribué à la conscientisation politique des Québécois. Le succès de librairie de ce petit livre le confirme: vendre 30 000 exemplaires constitue, encore de nos jours, un exploit.

Mais, dans ce Québec en pleine campagne électorale où tout n'était pas joué, les abbés Dion et O'Neill ont rencontré de la résistance. La plus notoire est venue de haut, d'un évêque. L'anathème qu'il leur a lancé, celui d'avoir «péché gravement», constituait toute une réprimande dans ce Québec tissé serré et composé très majoritairement de catholiques pratiquants et obéissants. Toutefois, l'arme était à deux tranchants. Elle pouvait révéler le conservatisme ainsi que l'esprit partisan de son utilisateur, et se retourner contre lui. Plus grave encore, elle pouvait provoquer une distanciation de l'Église par son autoritarisme et son moralisme dépassés.

L'action des Ligues du Sacré-Cœur, approuvée par les deux plus hauts prélats du Québec, est venue «dépolitiser» la situation et acheva de convaincre les opposants. De manière très officielle, l'Église a ensuite émis des directives à tous ses fidèles, des directives qui se situent en droite ligne des positions du livre à succès *Le Chrétien et les élections*. En cette période électorale du printemps 1960, il appert clairement qu'une mutation vient de se produire dans le discours de la hiérarchie catholique. Son enseignement sur les élections, qui repose sur des valeurs profondes et une éthique rigoureuse, est le signe de la fin d'un moralisme creux. Là aussi, le chemin parcouru est immense.

Dans pareil contexte, l'ancien leitmotiv tiré du roman *Maria Chapdelaine* de Louis Hémon: «[...] au pays du Québec, rien n'a changé. Rien ne changera parce que nous sommes un témoignage [...]», ne tiendra plus. Une modernisation va bel et bien avoir lieu. Le Québec est en train de changer. Dorénavant, les choses ne seront plus pareilles. Et jamais, au cours d'une campagne électorale, les directives de l'Église

---

91. Frère UN TEL, «Journal d'un froussard», *Le Devoir*, 14 juin 1960, trouvé au même endroit.

en matière de mœurs électorales n'ont reçu d'oreilles aussi attentives. Ce fait était à relever et à souligner.

Les élections ont été plus propres que les précédentes et le nouveau gouvernement élu a décidé d'instaurer une série de mesures visant à assainir l'administration publique. En cela, il va bien plus loin qu'une réforme des seules pratiques électorales dénoncées par les deux abbés ; il s'attaque à la racine du problème. Et, à l'avenir, au Québec, les thèmes portant sur la « démocratie », les pratiques électorales, l'éthique en politique et ailleurs, seront abordés ouvertement et fréquemment.

Les deux prêtres ont contribué à faire sauter la digue ; les laïcs feront le reste. Et un retour en arrière ne sera plus possible. Au cours des prochaines décennies, d'autres mesures suivront, à tel point que le Québec perdra sa piètre réputation, pour devenir un précurseur en ce domaine. Et, aujourd'hui, tous reconnaissent l'importance de la *Loi sur le financement des partis politiques*.

Pour démocratiser notre société, il reste, et restera toujours, du travail à faire. À cette œuvre, les pionniers que furent Gérard Dion[92], Louis O'Neill, Georges-Albert Boissinot, Armand Racicot et Mgr Coderre ont largement contribué. Ils l'ont fait dans un contexte difficile, celui du régime duplessiste[93]. Il s'agit de l'une des plus importantes prises de parole dans l'Église d'ici. Bien qu'elle soit demeurée peu étudiée, cette page d'histoire qui va de l'été 1956 à l'été 1960 était à connaître.

S'agit-il d'un moment tournant dans l'histoire de l'Église du Québec ? Nous le croyons. Mais ce fait sera à confirmer par de solides recherches sur la période 1930-1960. Depuis un certain temps, des chercheurs ont voulu souligner la contribution des catholiques à l'avènement de la Révolution tranquille. Dans cette relecture de notre histoire qui vient de s'amorcer, il est un danger qu'il faut éviter. Au rejet massif de l'Église par bien des Québécois, il ne faudrait pas opposer une image d'Épinal. Tant les mauvais que les bons coups de cette institution devront être relevés.

Nos recherches antérieures ont montré que, même si Duplessis était bien en selle, le Québec continuait d'évoluer. Le fameux terme « Grande Noirceur » que l'on a accolé à son règne s'appliquait peut-être à la sphère politique, mais non à la société civile. Elles ont également montré que l'Église ne constituait pas un « bloc », qu'elle n'était pas

---

92. C'est fort probablement son plus grand rôle historique que l'abbé Dion vient de jouer.

93. Au bénéfice du lecteur, nous traiterons du livre *Le Chrétien en démocratie* dans notre prochaine partie portant sur la Révolution tranquille puisqu'il a été publié en 1961.

« monolithique » comme certains l'ont prétendu : des divisions existaient bel et bien en son sein. Comme dans tous les corps d'une société, divers courants la traversaient. Et un affrontement a eu lieu entre éléments progressistes et forces conservatrices.

Dans cette relecture, il faut aussi absolument reconnaître que les diverses forces de renouveau constituaient une petite minorité au sein de l'Église. Bien que plusieurs aumôniers sociaux, militants d'action catholique, syndicalistes de la CTCC, de l'Alliance des professeurs et de la Centrale des instituteurs catholiques (CIC) et que de nombreux membres de diverses coopératives cherchaient à obtenir changements et réformes, ces derniers ne s'avéraient constituer qu'un nombre restreint de catholiques. Il est certain aussi que le clergé de l'époque était dominé par ses éléments conservateurs et composé de bon nombre de religieux qui, sans pouvoir, n'ont rien pu faire. À preuve, l'affaire silicose à *Relations* en 1948 et la destitution de Mgr Joseph Charbonneau de son poste d'archevêque de Montréal en 1950, décision, encore à ce jour, inexpliquée par Rome. À preuve aussi le virage à droite de l'épiscopat survenu à ce moment-là.

L'Église d'après-guerre a aussi vu l'œcuménisme progresser – avec Mgr Charbonneau à Montréal, avec les Amitiés judéo-chrétiennes à Québec (Mgr Ernest Lemieux, Louis O'Neill et autres). Un début de renouveau liturgique a été amorcé en certains endroits. Dans l'éducation aussi, des innovations eurent lieu. Dans le Québec d'avant 1960, quelle était l'ampleur de ces phénomènes ? Quelle était l'importance de ces forces de renouveau dans l'Église ? La relecture en cours n'est pas assez avancée pour permettre de répondre à ces questions. Et c'est pourquoi il nous est impossible de situer l'action des abbés Dion et O'Neill parmi celles-ci.

Pour l'instant, nous devrons nous contenter d'apporter une petite pierre à l'édifice, cela, en ayant reconstitué, dans cette biographie, l'épisode marquant que fut cette prise de parole des « deux célèbres abbés » et de quelques autres qui étaient, jusqu'à aujourd'hui, demeurés dans l'ombre et méconnus de l'histoire. Et, sans doute possible, il y a eu là contribution certaine à l'avènement de la Révolution tranquille. Ce sera également le cas dans les débats entourant la déconfessionalisation de la CTCC, objet du prochain chapitre.

CHAPITRE 9

LA DÉCONFESSIONNALISATION DE LA CTCC

Par Hélène Bois

La seconde moitié des années 1950 amène un autre débat social de taille : la CTCC doit alors envisager l'abandon de la confessionnalité qui la caractérise depuis sa fondation en 1921. Ce serait là perdre l'une de ses deux caractéristiques essentielles : catholique et nationale. L'enjeu va donc soulever les passions.

Dans un bref rappel, nous verrons que l'histoire récente a amené des changements significatifs. D'abord, la *Loi des relations ouvrières*, de 1944, a consacré la règle du monopole de représentation syndicale. Lorsque le débat a été soulevé, l'épiscopat, en jetant un peu de lest, a réussi à préserver l'orientation catholique. Mais, au début des années 1950, les événements se bousculent. D'une part, une loi fédérale vient interdire les pratiques discriminatoires. D'autre part, le mouvement d'unification des centrales syndicales américaines (AFL et CIO) s'étend rapidement au Canada. La perspective pour la CTCC de se joindre à ce vaste mouvement pose le problème dans toute son ampleur. Dans pareil contexte, le *statu quo* n'est plus possible. Les polémiques éclatent concernant l'orientation de la centrale. En les reconstituant, nous porterons une attention particulière à la contribution de Gérard Dion dans ce débat.

BREF HISTORIQUE

Ainsi, devant la difficulté d'implanter des syndicats catholiques en grand nombre à Montréal, en 1928, on réfère l'étude de la question à un Conseil supérieur des syndicats catholiques créé pour l'occasion et formé de théologiens, qui conclut à la nécessité d'assouplir les exigences d'admission dans les syndicats de Montréal afin de permettre aux non-catholiques d'en devenir membres de plein droit. La Grande Crise des années 1930 relègue la question à l'arrière-plan, mais celle-ci refait surface avec la reprise économique qui accompagne la Seconde Guerre mondiale, car on constate bientôt que les syndicats confessionnels sont beaucoup moins populaires que les «unions neutres» affiliées au Congrès des métiers et du travail du Canada et au Congrès canadien du travail[1].

Devant cette situation préoccupante, à la fin de décembre 1942, l'épiscopat, à l'instigation du cardinal Villeneuve et de Mgr Charbonneau, confie à une commission, formée d'aumôniers syndicaux et de Maximilien Caron, de l'Université de Montréal, le soin d'étudier la situation du syndicalisme catholique[2]. La commission présidée par Mgr Wilfrid Caillé, aumônier à Joliette, mène une enquête approfondie, notamment auprès des aumôniers syndicaux, et recommande «d'adapter la confessionnalité de la CTCC aux réalités sociales du Québec, en tenant compte de l'importance de la minorité non catholique, de mettre de l'ordre au niveau de l'aumônerie et d'accentuer la formation sociale des catholiques, clercs, religieux et laïques[3]».

Une première étape dans la déconfessionnalisation

Les évêques ont à peine pris connaissance du rapport qu'est déclenchée, en avril 1943, une grève de reconnaissance syndicale dans les usines des papetières *Price Brothers Company* à Jonquière, Kénogami et Riverbend et, en juin, dans celle de la *Lake St-John Water and Paper Company* à Dolbeau, ce qui remet brutalement à l'ordre du jour la question confessionnelle. En effet, les compagnies avaient, depuis 1940,

---

1.   En 1940, la CTCC ne représente que le tiers des effectifs syndicaux québécois. Malgré une augmentation importante du nombre de membres, la centrale ne représentera plus que 24,6% des syndiqués québécois en 1946. Il est à noter que son poids était de 37% en 1936. Voir Jacques Rouillard (1981), *Histoire de la CSN (1921-1981)*, Montréal, Boréal Express/CSN, p. 113.

2.   Chanoine Wilfrid Caillé et Maximilien Caron, *Rapport de la Commission d'enquête des Évêques de la province de Québec pour étudier la situation du syndicalisme catholique*, [s.l.], 1943, p. 2, DAUL, P117 (comme nous avons consulté les archives de Gérard Dion avant leur traitement final, nous ne possédons pas les cotes actuelles. Les anciennes cotes sont toutes indiquées dans notre thèse, voir note suivante pour la référence).

3.   Hélène Bois (1992), *Les aumôniers et la déconfessionnalisation des institutions économico-sociales québécoises 1940-1972*, thèse de doctorat en histoire, Sainte-Foy, Université Laval, p. 305.

signé des conventions collectives d'une durée d'un an avec des syndicats internationaux[4]. Depuis 1941, ceux-ci avaient obtenu une clause obligeant tous les nouveaux employés à devenir membres du syndicat en place. Or, la majorité des employés de production dans chacune de ces usines décident, à la mi-mars 1943, de mettre fin aux contrats de travail car ils sont insatisfaits des services du syndicat qui les représente. Ils forment alors des syndicats catholiques dans les trois usines, qui cherchent à négocier une nouvelle convention collective avec les compagnies de papier. Celles-ci refusent de discuter avec des syndicats qui n'admettent comme membres de plein droit que des catholiques. De plus, des salariés sont suspendus par la compagnie Price pour non-paiement de cotisations syndicales au syndicat international. La grève déclarée à Riverbend, le 6 avril, s'étend rapidement aux autres usines.

À la suite de pressions du milieu socioéconomique régional, le gouvernement d'Adélard Godbout accepte d'intervenir dans le conflit et de forcer les compagnies à négocier, mais il pose comme préalables l'abandon de l'appellation « catholique », la cessation de la discrimination basée sur l'appartenance religieuse et l'insistance sur l'aspect « chrétien » (et non « catholique ») des principes dont s'inspire leur action[5]. Ces changements sont approuvés par l'évêque de Chicoutimi, Mgr Georges Melançon, et le cardinal Villeneuve avant d'être entérinées, le mois suivant, par l'ensemble de l'épiscopat[6].

Devant l'opposition des unions internationales qui s'estiment lésées par la solution, le premier ministre Godbout réussit à obtenir l'adhésion des deux syndicats rivaux en acceptant notamment de former une commission, présidée par le juge J.-Alfred Prévost, afin d'enquêter sur le conflit. Le rapport, remis au premier ministre le 25 août 1943, recommande l'adoption d'une loi régissant l'exercice de la liberté syndicale et de tenir des votes au scrutin secret parmi les ouvriers des quatre usines afin de vérifier la représentativité de chaque syndicat en cause et de déterminer l'agent négociateur avec lequel chaque employeur devra négocier[7]. Les syndicats catholiques sortent grands vainqueurs des votes

---

4.   Il s'agit de la Fraternité internationale des Papetiers et de la Fraternité internationale des ouvriers dans les Moulins de pulpe, de sulfite et de papier.

5.   *Ibid.*, p. 311-312; Alfred Charpentier (1971), *Cinquante ans d'action ouvrière. Les mémoires d'Alfred Charpentier*, Québec, Presses de l'Université Laval, p. 402.

6.   Jacques Cousineau, « L'évolution confessionnelle de la CTCC », *Relations*, décembre 1959, p. 318.

7.   J.-Alfred Prévost, Stuart Mcdougall et Garon Pratte, *Rapport de la Commission chargée de faire enquête sur certaines difficultés survenues aux usines de Price Brothers & Company, Limited et de Lake St. John Power & Paper Company, Limited*, Québec, 25 août 1943, p. 16, DAUL, P117.

qui ont lieu le 10 septembre. Cependant, le conflit ouvre, à l'intérieur de la CTCC, un questionnement sans précédent sur la faisabilité de la confessionnalité syndicale stricte.

Ainsi, en août de la même année, la Fédération catholique des employés de pulperies et papeteries amende, avec l'assentiment de son aumônier, sa constitution pour changer son nom et éliminer toute discrimination à l'égard des non-catholiques[8]. Puis, en septembre suivant, à Granby, le congrès confédéral permet aux syndicats locaux et aux fédérations d'imiter cette instance. Désormais, l'insistance sera mise sur le mot « national ».

La Confédération, quant à elle, décide de conserver une certaine forme de confessionnalité. En effet, à son congrès de l'automne 1943, elle adopte alors la proposition suivante :

a) que la CTCC demeure confessionnelle dans ses principes et son recrutement. Dans ses principes en ce sens qu'elle-même et ses syndicats affiliés poursuivent leur objet propre par tous les moyens conformes à la doctrine sociale chrétienne. b) De par sa constitution, qu'un aumônier nommé par l'autorité compétente soit l'interprète de la doctrine sociale chrétienne, muni des droits nécessaires dans l'exercice de ses fonctions. c) Dans son recrutement c'est-à-dire que les syndicats affiliés n'admettent dans leur rang que des membres s'engageant à conformer leurs paroles et leurs actes de syndiqués aux principes directeurs de la CTCC[9].

Les changements avaient reçu l'aval des aumôniers présents et de l'épiscopat, mais l'aumônier général, Georges Côté, qui était aumônier militaire en Europe au moment du congrès et qui revient en janvier 1944 après 44 mois d'absence, est furieux à la fois contre les dirigeants de la centrale et contre les aumôniers qui ont accepté les amendements. En septembre suivant, il présente un mémoire à l'épiscopat, réclamant que celui-ci désavoue les décisions prises par la centrale quant à son caractère confessionnel[10]. Il demande aux évêques :

[...] de faire savoir clairement et franchement à la CTCC qu'ils veulent que la CTCC ne s'affilie que des syndicats composés exclusivement de catholiques ; que les non-catholiques n'y soient pas admis à titre de

---

8.   Gilbert Vanasse (1986), *Histoire de la Fédération des travailleurs du papier et de la forêt (CSN) – Tome I: (1907-1958)*, Montréal, Éditions Saint-Martin, 151. La Fédération devient alors la Fédération nationale de travailleurs de la pulpe et du papier.

9.   « Rapport du Comité du Rapport du Président », dans CTCC, *Rapport du congrès de 1943*, p. 155.

10.   Georges Coté, « Mémoire sur la confessionnalité des syndicats catholiques », 6 septembre 1944, 7 pages.

membres ordinaires et que toutes les Fédérations et Syndicats gardent le mot « Catholique » dans leur nom officiel[11].

Bien qu'ils soient divisés sur la question de la confessionnalité[12], les évêques refusent de prendre position et ils n'accordent même pas la rencontre sollicitée par Côté. Ainsi, en mars 1945, le cardinal Villeneuve écrit à l'aumônier : « La question de la stricte confessionnalité n'a pas lieu d'être reprise pour le moment, vu que le sentiment des aumôniers sur ce point est assez connu, et que Nos seigneurs les Évêques se réservent d'en juger, eux-mêmes librement [...][13]. » Côté finira par démissionner, en 1946, en raison du refus persistant des évêques de donner suite à sa requête.

L'opinion de Georges Côté n'est pas partagée par les autres aumôniers syndicaux. En effet, la question de la confessionnalité syndicale est à l'ordre du jour du premier congrès des aumôniers en 1945 et il est convenu, malgré l'opposition irréductible de Côté[14], que, pour être considérée comme catholique, une association professionnelle doit répondre seulement à deux conditions : adhérer formellement, dans sa constitution, à la doctrine sociale chrétienne et accepter la présence d'un aumônier qui sera le seul interprète de la doctrine sociale de l'Église[15]. Toutefois, « pour des raisons particulières », on estime prématuré de publier cette position[16], même si elle devient dès lors celle de l'Église du Québec pour reconnaître une association professionnelle.

Pour sa part, en 1946, Alfred Charpentier, alors président de la CTCC, soumet un mémoire à l'épiscopat, où il revient à la charge pour élargir le caractère confessionnel de la centrale[17]. Il y reprend les principaux arguments déjà soulevés à cet égard. Il explique aussi que se côtoient, à l'intérieur des rangs, deux tendances, regroupant chacune entre le tiers et la moitié des membres. Alors que l'une privilégie la confessionnalité de principe, c'est-à-dire une adhésion à la doctrine

---

11. *Ibid.*, p. 7.

12. Certains évêques, dont Mgr Douville, ont la même opinion que Georges Côté sur la confessionnalité syndicale. Hélène Bois (1992), *Les aumôniers et la déconfessionnalisation...*, p. 322.

13. « Lettre du cardinal Villeneuve à Georges Côté », mars 1945, citée par Jacques Cousineau, « L'évolution confessionnelle... », p. 319.

14. *Ibid.*, p. 320.

15. Georges Côté et Jean-Charles Leclaire, « Quelques notes », Congrès des aumôniers des associations patronales et ouvrières, Sainte-Anne-de-Beaupré, 9-12 avril 1945, p. 7 et 20-21.

16. « Lettre de J.-C. Leclaire aux participants au congrès des aumôniers de 1946 », Saint-Hyacinthe, 11 décembre 1946.

17. Alfred Charpentier, « Autour de la confessionnalité dans la CTCC, mémoire adressé à l'épiscopat, 14 mars 1946 », DAUL, P212.

sociale de l'Église et la présence d'aumôniers comme conseillers moraux, l'autre tient à la confessionnalité stricte, qui requiert, en plus des deux conditions précédentes, le maintien de l'appellation «catholique» et l'admission réservée aux catholiques. Il souligne que ces divergences se retrouvent également parmi les aumôniers, bien que la majorité de ceux-ci favorisent la première option[18]. Pour lui, la centrale se trouve devant une alternative : rallier une plus grande proportion des syndiqués québécois ou conserver son intégrité confessionnelle et demeurer petite. Il conseille d'écarter cette dernière option car, en raison du développement économique de Montréal et de son caractère de plus en plus cosmopolite et multiconfessionnel, la centrale y sera vite marginalisée[19]. Les évêques ne donneront pas suite au mémoire. Les choses en restent donc là pour quelques années.

En 1949, à la suite de la grève de l'amiante, les dirigeants de la centrale décident d'élaborer une déclaration de principes afin d'inclure les grandes orientations de la centrale. Le Comité d'éducation est chargé de sa rédaction[20]. Par ce document, la centrale «veut s'inspirer de la doctrine sociale de l'Église, mais [...] n'engage pas l'Église dans son action[21]». Le texte est soumis à l'épiscopat pour approbation après son adoption au congrès de 1951[22]. Bien que des évêques semblent heureux du document[23], l'Assemblée épiscopale lui réserve un accueil plutôt mitigé car elle se demande s'il ne serait pas préférable de se contenter d'une déclaration d'adhésion à la doctrine sociale de l'Église et d'une référence aux encycliques sociales au lieu de détailler les éléments de celles-ci un à un[24]. La déclaration est cependant approuvée par les évêques[25] après avoir été scrutée à la loupe par la Commission sacerdotale d'études sociales.

---

18. *Ibid.*, p. 6-7.

19. *Ibid.*, p. 12-14.

20. Archives de la CSN (ACSN), dossiers sur l'éducation syndicale, «Procès-verbal de la réunion du Comité d'éducation de la CTCC, Montréal, 12 janvier 1950», Annexe : «Pour aider à l'étude de la déclaration de principes de la CTCC».

21. Gérard Dion, «La déclaration de principes de la CTCC», *AUS*, vol. 7, n° 1 (oct. 1951), p. 10.

22. CTCC, *Procès-verbal du congrès de 1951*, p. 220.

23. Mgr Charles-Omer Garant, «Le sermon», dans CTCC, *Procès-verbal du congrès de 1951*, p. 8.

24. Suzanne Clavette (2005), *Les Dessous d'Asbestos*, p. 66.

25. Jacques Cousineau (1982), *L'Église d'ici et le social 1940-1960. 1. La Commission sacerdotale d'études sociales*, Montréal, Éditions Bellarmin, p. 59.

Situation problématique de la CTCC au milieu des années 1950

Au cours des années 1950, la situation de la centrale catholique dans le paysage syndical québécois continue à se détériorer. Malgré la croissance continue du nombre total de syndiqués, le nombre de ses membres plafonne autour de 100 000 à partir de 1953[26]. En outre, alors que le développement économique de Montréal s'accélère, le nombre de syndicats catholiques ne progresse guère. En janvier 1954, ils sont à peine plus nombreux que ceux de Québec (54 contre 50) et ils ne représentent que 21 % des syndicats affiliés à la centrale[27]. Sans compter qu'ils sont pratiquement absents de quelques régions comme la Montérégie, l'Abitibi, la Côte-Nord et la Gaspésie.

Par ailleurs, les rivalités intersyndicales entraînant des razzias de la part des unions internationales font parfois très mal, comme celle de 1957 auprès des syndicats d'employés de l'industrie chimique[28]. Cependant, la centrale réussit à s'implanter et à progresser parmi les travailleurs du secteur tertiaire, notamment chez les employés munici-paux et scolaires[29]. Toutefois, la stagnation des effectifs devient de plus en plus préoccupante, car le pouvoir d'attraction de la CTCC semble négligeable sous le régime duplessiste.

Pour sa part, la législation du travail adoptée depuis la guerre n'est pas étrangère aux problèmes de développement de la centrale. D'abord, la *Loi des relations ouvrières* au Québec et le *Règlement des relations ouvrières en temps de guerre* au fédéral[30] consacrent le monopole de re-présentation syndicale qui avait été établi en 1935 dans le *Wagner Act* aux États-Unis. Par ce principe, l'employeur est tenu de négocier avec le syndicat regroupant la majorité des travailleurs de l'unité de négociation et dûment accrédité par la Commission des relations ouvrières.

---

26. *Annuaire du syndicalisme ouvrier au Canada*, 1950 à 1960, Ottawa, ministère du Travail du Canada.

27. Gérard Dion, « Panorama actuel du syndicalisme dans la Province de Québec. Les aumôniers dans les syndicats catholiques de la province de Québec », *AUS*, vol. 10, n°s 6-8 (mars-mai 1955), p. 105.

28. « La scission dans les produits chimiques. Les travailleurs des produits chimiques quittent la Fédération », *Le Travail*, 13 déc. 1957 et « Les syndicats des produits chimiques fidèles à la CTCC », *Le Travail*, 20 déc. 1957.

29. La Fédération des services passe de 19 syndicats et 4 500 membres en 1951 à 35 syndicats et 6 850 membres en 1959, alors que celle des employés municipaux et scolaires passe, pour les mêmes années, de 30 syndicats et 4 553 membres à 61 syndicats et 6 353 membres (source : *Annuaire du syndicalisme ouvrier au Canada*, 1951 à 1960).

30. C.P. 1944-1003. Il s'agit de l'équivalent de la *Loi des relations ouvrières*, mais pour les salariés des entreprises de compétence fédérale.

Dans les milieux pluriconfessionnels, comme à Montréal, il devient dès lors très difficile pour un syndicat catholique d'obtenir l'adhésion d'une majorité de salariés. De plus, le syndicat accrédité est tenu de représenter, sans distinction, tous les travailleurs compris dans l'unité de négociation[31]. Puis, en 1953, la *Loi sur les justes méthodes d'emploi*[32] vient préciser les contraintes syndicales dans les entreprises de compétence fédérale, en interdisant d'établir quelque distinction que ce soit en raison «de la race, de l'origine nationale, de la couleur ou de la religion de cette personne[33]». Selon Gérard Picard, président de la centrale, la loi compte «deux ou trois clauses qui pourraient mettre en danger l'existence légale même de la CTCC, du fait de considérer comme illégale une organisation qui pourrait avoir l'air de ne grouper que des personnes d'une seule et même religion[34]». Les syndicats, dans les secteurs de compétence fédérale, qui n'accordent pas un statut égal aux membres non catholiques sont donc contraints d'amender leur constitution pour se conformer à la loi[35]. Ils doivent ainsi abandonner presque tous leurs caractères confessionnels, même si la loi leur permet de conserver leur étiquette catholique[36].

De plus, à l'automne 1954, dans la foulée de la fusion des deux centrales syndicales américaines AFL et CIO, les deux grandes centrales canadiennes, le Congrès de métiers et du travail du Canada (CMTC) et le Congrès canadien du travail (CCT), concluent une entente en vue d'une fusion qui se réalise en 1956 par la création du Congrès du travail du Canada (CTC)[37] qui compte alors plus d'un million de membres[38].

Avec un effectif dix fois plus petit, la centrale catholique se sent beaucoup plus menacée que dans un contexte de pluralisme où les effectifs syndicaux sont répartis entre plusieurs groupes. C'est pourquoi, au congrès confédéral de 1955, les délégués se prononcent en faveur de l'unité syndicale et mandatent un comité pour étudier les meilleurs

---

31. *Loi des relations ouvrières*, S.Q., 1944, chapitre 30.

32. *Loi sur les justes méthodes d'emploi*, S.C., 1-2 Elizabeth II, 1952-1953, chapitre 19.

33. *Ibid.*, article 4 (3).

34. ACSN, *Procès-verbaux du Bureau confédéral, 1953-1954*, «Procès-verbal de la réunion du Bureau confédéral du 19 avril 1953», p. 8.

35. Jean Marchand, «Rapport du Bureau confédéral», dans CTCC, *Procès-verbal du congrès de 1953*, p. 88.

36. Gérard Dion, «Notes manuscrites sur le syndicalisme confessionnel au Canada», [s.l.n.d.], DAUL, P117.

37. Gérard Picard, «Rapport du Président de la CTCC. La liberté syndicale et l'unité syndicale au Canada», dans CTCC, *Procès-verbal du congrès de 1958*, p. 34.

38. *Annuaire du syndicalisme ouvrier au Canada*, 1956, p. 5.

moyens d'y parvenir, tout en préservant les caractéristiques de la centrale catholique[39]. Lors des discussions qui suivent avec le Congrès du travail du Canada, celui-ci pose comme conditions, notamment, l'adoption d'un nom conforme à sa constitution et l'élimination de toute trace de discrimination religieuse. L'adhésion devra également être ratifiée par tous les syndicats affiliés[40].

En octobre de la même année, Gérard Dion publie un article dans lequel il invite à « repenser le syndicalisme catholique[41] ». Il y souligne la conception désuète que plusieurs se font des méthodes d'action syndicale du syndicalisme catholique et des relations que ce dernier doit entretenir avec la hiérarchie religieuse. Il reprend les propos tenus par Jean Marchand, secrétaire général, lors du 32e congrès de la centrale en 1953, sur la nécessité pour celle-ci d'une réflexion profonde afin de « réaliser nos objectifs dans un milieu qui devient de plus en plus hostile[42] ». L'abbé Dion félicite le travail des dirigeants de la centrale en ce sens, mais il ajoute « [qu']il faudrait qu'un effort semblable soit accompli par ceux qui sont en dehors du mouvement et qui veulent que la pensée chrétienne pénètre partout dans le monde des travailleurs », spécialement auprès des membres québécois des syndicats non confessionnels, qui sont plus nombreux que ceux de la CTCC.

En effet, ceux-ci sont à 90 % catholiques : « Si nous voulons réaliser un ordre social selon les principes fondamentaux de la doctrine sociale de l'Église, il va falloir que celle-ci pénètre à l'intérieur de toutes les institutions, même celles qui ouvertement ne clament pas sur tous les toits qu'elles s'en inspirent[43] ». Pour lui, il est urgent d'amorcer une réflexion sur les meilleurs moyens d'y parvenir. Il invite alors le clergé catholique à repenser la pastorale sociale auprès des travailleurs afin d'en atteindre le plus grand nombre possible. Cet objectif marquera toutes ses prises de position ultérieures en regard de l'orientation confessionnelle de la centrale catholique.

La réflexion au sein de celle-ci se poursuit et Gérard Dion qualifie son congrès de 1955 du « plus mouvementé de son histoire[44] ». En effet,

---

39.   « L'unité syndicale », dans CTCC, *Procès-verbal du congrès de 1955*, p. 173-175.

40.   « Dossier du Comité de l'Unité syndicale et des pourparlers entre la CTCC et le C.T.C. depuis le Congrès de 1955 », Québec, 10 février 1958, p. 5, ACSN, Dossiers sur l'unité syndicale.

41.   Gérard Dion, « Invitation à repenser le syndicalisme catholique », *AUS*, vol. 10, n° 1 (oct. 1954), p. 1-3.

42.   *Ibid.*, p. 2.

43.   *Ibid.*, p. 3.

44.   Gérard Dion, « Le congrès des centrales ouvrières », *AUS*, vol. 11, n° 1 (oct. 1955), p. 4.

en plus de se déclarer en faveur de l'unité syndicale, les délégués décident de s'engager dès maintenant dans la recherche d'un nouveau nom pour la Confédération, traduisant mieux sa situation confessionnelle réelle[45]. Pour sa part, l'aumônier général Pichette rassure les délégués sur la légitimité d'une réflexion sur l'avenir de la centrale[46]. Il insiste, cependant, sur la nécessité de placer l'action syndicale « dans le plan de Dieu[47] » et de continuer à s'inspirer de la doctrine sociale de l'Église[48], bien que les syndicats aient leur fin propre d'ordre temporel. Ils doivent donc être efficaces pour répondre aux besoins des travailleurs. Ainsi, si le caractère confessionnel en venait à nuire au mouvement, il faudrait en informer les autorités religieuses qui se montreront compréhensives et donneront les directives appropriées[49].

En mars 1956, dans l'article « Les prêtres et le réaménagement du syndicalisme québécois[50] », l'abbé Dion aborde les problèmes de la CTCC dans le contexte de création du CTC. La confessionnalité en fait partie. Comme elle soulève de nombreuses interrogations, il recommande d'étudier attentivement la question avant de prendre une décision. Par ailleurs, il constate que le syndicalisme non confessionnel est au Québec pour y rester et y prospérer. Il renouvelle donc son appel à revoir la pastorale à pratiquer auprès des membres du Congrès du travail du Canada, d'autant plus que la « neutralité » de ce mouvement diffère de celle qui est pratiquée en Europe et que ses membres seraient ouverts à recevoir l'enseignement social de l'Église, à condition que les prêtres trouvent un mode de transmission adéquat. Il souhaite l'intervention des évêques dans ce sens et il invite ses collègues prêtres à la plus grande prudence, pour ne pas nuire à une éventuelle action auprès de ces travailleurs[51].

Au même moment, la question de la confessionnalité syndicale est portée sur la place publique. Parmi ses adversaires, le premier à s'exprimer est Philippe Laberge, aumônier diocésain adjoint du Conseil central de Québec. Dans *La Semaine religieuse de Québec* du 1er mars

---

45. Yvan Legault, secrétaire, « Rapport du Comité du Rapport du président général », CTCC, *Procès-verbal. Trente-quatrième session du Congrès de la CTCC Québec, P. Q., 1955*, Québec, CTCC, p. 161-164.

46. Henri Pichette, « Allocution du chanoine Henri Pichette, Aumônier général de la CTCC », *ibid.*, p. 301-313.

47. *Ibid.*, p. 303.

48. *Ibid.*, p. 304.

49. *Ibid.*, p. 311.

50. Gérard Dion, « Les prêtres et le réaménagement du syndicalisme québécois », *AUS*, vol. 11, nos 5-6 (fév.-mars 1956), p. 114-115.

51. *Ibid.*, p. 116.

1956, il publie un article rappelant que le pape Pie XII préfère le syndicalisme confessionnel. Il ajoute, cependant, que les directives pontificales permettent aux ouvriers catholiques de devenir membre d'un syndicat neutre qui respecte l'Église et les principes chrétiens. Ces mêmes directives les enjoignent de former des groupements parasyndicaux pour recevoir une formation religieuse et morale[52].

Puis, le 20 février 1956, le président du Conseil central de Montréal et vice-président de la centrale, Roger Mathieu, prononce une conférence intitulée « Les centrales syndicales : effectifs et fusion » devant l'Office de l'Action sociale du diocèse de Montréal. Le texte de cet exposé est repris dans le numéro d'avril 1956 de *Relations*. Mathieu s'interroge sur les conséquences de la création du CTC pour l'avenir de la CTCC et sur l'orientation qui pourrait être adoptée par celle-ci. Parmi les cinq questions qu'il pose, trois concernent le caractère confessionnel de la centrale : 1) sa viabilité si elle est limitée aux travailleurs catholiques et au territoire québécois ; 2) sa capacité d'expansion, en restant indépendante, si elle demeure confessionnelle ; 3) une meilleure capacité pour l'Église de rejoindre le plus de travailleurs possible[53]. Enfin, il souligne que, bien que la pratique du syndicalisme soit déjà très difficile actuellement, le syndicalisme chrétien pratiqué par la CTCC, « est souvent quelque chose d'héroïque[54] ».

Lors de la réunion du Bureau confédéral où l'affiliation au CTC est à l'ordre du jour, René Bélanger[55] conteste le droit de discuter de l'orientation du mouvement[56]. Plus tard dans la réunion, l'aumônier général Pichette fait remarquer que, si l'on réfléchit à cette question, il faut en discuter tous les aspects y compris la confessionnalité. Quant aux directives des évêques, il ne faut pas les attendre car ceux-ci ne se prononceront que sur la conformité de la formule proposée aux exigences de la foi. En effet, le syndicalisme catholique n'est pas un absolu, bien qu'il soit préférable quand il est possible. L'objectif propre du mouvement doit être assuré, mais il ne doit pas mettre en question les besoins spirituels des membres. Après avoir expliqué les divers types de confessionnalité possibles, il invite les participants à diagnostiquer

---

52.   Philippe Laberge, « Pie XII et le syndicalisme ouvrier », *La Semaine religieuse de Québec*, vol. 27, 1er mars 1956, p. 440.

53.   Roger Mathieu, « Les centrales syndicales : effectifs et fusion », *Relations*, avril 1956, p. 94.

54.   *Ibid.*

55.   Celui-ci est président de la Fédération des employés des corporations municipales et scolaires.

56.   ACSN, *Procès-verbaux du Bureau confédéral, 1955-1956*, « Procès-verbal de la réunion du Bureau confédéral, 16, 17 et 18 mars 1956 », p. 4.

les difficultés confessionnelles les plus importantes et à effectuer des changements à la mesure de celles-ci[57].

Devant ces développements, à la fin de mars 1956, l'Assemblée des évêques demande à Mgr Jean-Charles Leclaire, à titre de président de la Commission sacerdotale d'études sociales, de lui présenter « un rapport écrit sur l'état de la question sociale, dans la province de Québec[58] ». Celui-ci, dans le document soumis le 14 mai suivant, estime que l'orientation de la CTCC exige « une attention immédiate » et qu'il est urgent qu'un groupe d'évêques rencontre les dirigeants de la centrale afin d'être en mesure de formuler des recommandations à l'épiscopat[59]. Il souligne également les propos de certaines personnes sur la non-applicabilité de la doctrine sociale de l'Église en milieu anglo-saxon et sur l'inutilité d'attendre la réponse des évêques pour agir puisque celle-ci risque d'être inadéquate[60].

C'est l'occasion pour le cardinal Léger de rencontrer le président, Gérard Picard, et le vice-président, Roger Mathieu, alors que Mgr Maurice Roy s'entretient avec l'aumônier général, Henri Pichette, et le secrétaire général, Jean Marchand. Les dirigeants syndicaux informent les archevêques de l'intention de la centrale d'entreprendre une réflexion sur son caractère confessionnel et demandent que l'épiscopat nomme un comité pour faire le lien avec eux[61]. Le cardinal Léger et Mgr Roy invitent, pour leur part, les aumôniers et le comité exécutif à soumettre chacun un mémoire à l'épiscopat. Il faudra plus de trois ans pour compléter la rédaction de ces documents. En mai 1956, l'Assemblée des évêques nomme un comité spécial, formé de NN. SS. Roy, Douville, Martin et Garant, afin de faire le lien avec la direction de la centrale[62].

MENER UNE RÉFLEXION EN PROFONDEUR

Dans le numéro de juin-juillet 1956 d'*Ad Usum Sacerdotum*, Gérard Dion consacre un article au congrès de fondation du Congrès du travail du Canada en regard de la CTCC. Pour lui, le fait que

---

57. *Ibid.*, p. 11-12.

58. « Rapport de Mgr Leclaire à l'épiscopat sur l'état de la question sociale au Québec adressé à Mgr Charles-Omer Garant 14 mai 1956 », p. 1, CHSH, Fonds Mgr Leclaire, AFG90-050/021 (ce document a été reproduit intégralement dans l'ouvrage de Suzanne Clavette (2005), *Les Dessous d'Asbestos*, annexe 12, p. 540-544).

59. *Ibid.*, p. 3.

60. *Ibid.*, p. 4.

61. Office de l'action sociale – Archevêché de Montréal, « Note sur l'évolution actuelle de la CTCC », *Documentation sociale. Choix de textes d'intérêt social*, 30 juin 1957, DAUL, P277.

62. *Ibid.*

l'affiliation n'y ait pas été discutée est une bonne chose car la centrale catholique disposera ainsi du temps nécessaire pour procéder à une réflexion approfondie[63]. Dans l'article qui suit, il revient sur la nécessité de repenser la pastorale auprès des membres des syndicats non confessionnels en réitérant les constats qu'il a faits dans les pages du même bulletin trois mois plus tôt : plus de 80 % des membres de ces groupements sont catholiques, ces syndicats sont au Québec pour y rester et y progresser et la centrale catholique n'attirera jamais tous les travailleurs : « Sans aucun doute, nous ne pouvons pas rester indifférents envers la formation sociale chrétienne de ces milliers de travailleurs catholiques qui forment aujourd'hui le nombre le plus considérable de syndiqués [...][64] ». C'est pourquoi il faut profiter de la nouvelle conjoncture pour écrire une nouvelle page d'histoire. L'Église du Québec doit donc saisir l'occasion pour « adapter sa pastorale aux besoins de l'heure dans le monde du travail sans perdre la face ni avoir à s'éterniser dans des explications concernant ses attitudes antérieures. C'est un chapitre nouveau qui s'ouvre dans l'histoire du mouvement syndical et tout le monde le sait[65] ».

Le congrès de 1956

Le congrès confédéral de septembre 1956 doit poursuivre les réflexions sur l'avenir de la centrale. Dans son allocution, l'aumônier général, Henri Pichette, rappelle la nécessité pour tout mouvement social de s'adapter en fonction des situations nouvelles. En effet, l'évolution des quinze années précédentes exige un examen sérieux des limites du mouvement. Ainsi, le monopole de représentation syndicale dans un milieu hétérogène nécessite l'élimination des barrières et des limites discriminatoires ; il faut donc chercher des moyens plus efficaces d'atteindre les buts du mouvement. Compte tenu des circonstances actuelles, la confessionnalité syndicale, telle qu'elle a été appliquée jusqu'à présent, n'est peut-être plus de mise, mais ce n'est pas la seule façon de s'inspirer de la doctrine sociale de l'Église. Il conseille donc de « trouver la meilleure formule qui assurera, dans les circonstances, la formation morale du travailleur et lui permettra d'acquérir une spiritualité indispensable pour qu'il soit un travailleur et un syndiqué catholique ». Il ajoute que l'épiscopat, en indiquant sa préférence pour

---

63. Gérard Dion, « Le congrès de Toronto et la CTCC », *AUS*, vol. 11, nᵒˢ 9-10 (juin-juill. 1956), p. 190-191.

64. Gérard Dion, « Perspectives nouvelles pour l'Église », *AUS*, vol. 11, nᵒˢ 9-10, (juin-juill. 1956), p. 192.

65. *Ibid.*

le syndicalisme catholique, «a toujours eu soin d'ajouter: "quand c'est possible"[66]». Il ouvre donc toute grande la porte à un débat sur la déconfessionnalisation de la centrale.

Pour sa part, dans son sermon lors de la messe du congrès, le cardinal Léger affirme que la CTCC doit s'adapter «aux exigences de son temps» afin de conserver son dynamisme et sa raison d'être, bien que chaque travailleur catholique doive «conformer ses activités aux exigences de la foi[67]».

Dans les délibérations, sont clairement exprimés les problèmes très graves qui se posent et qui vont empoisonner les débats sur l'avenir du mouvement, car certains cherchent à les relier entre eux. Il s'agit de la réforme des structures de la centrale, de l'unité syndicale, impliquant la fusion avec le CTC, et de la déconfessionnalisation. Alors que la réforme des structures pose les questions du pouvoir et de l'appartenance au service ou à l'organisme affilié, la fusion soulève celles du caractère national du mouvement et de son indépendance à l'égard de groupes jusqu'alors honnis par les syndiqués catholiques.

La déconfessionnalisation, quant à elle, oppose les tenants d'une confessionnalité stricte et ceux d'un mouvement simplement d'inspiration catholique où les aumôniers pourraient continuer à exercer la pastorale ouvrière. Cependant, c'est autour de la perspective de fusion que se cristallisent les résistances. Certains craignent qu'elle soit facilitée par la réforme des structures, alors que d'autres ont peur qu'une fois la CTCC déconfessionnalisée il n'y ait plus d'obstacle à ce qu'elle se fonde dans le CTC et qu'elle perde ses caractéristiques propres, notamment son idéologie nationaliste. Le courant majoritaire au sein de la centrale opte systématiquement pour l'ouverture et le changement, tout en restant attaché aux racines. Mais les dissidents mènent un combat d'arrière-garde, profitant de toutes les tribunes qui s'offrent à eux, et ils sont appuyés par les éléments conservateurs du clergé et de la société.

L'initiative de trouver une solution à une partie des problèmes vécus par la centrale vient de la Fédération de la métallurgie, un secteur névralgique particulièrement touché par les difficultés de recrutement. Ce groupe propose de changer le nom de la centrale et d'en revoir le caractère confessionnel, tout en conservant son inspiration chrétienne. L'assemblée confie alors au Comité exécutif et au Bureau confédéral le

---

66. Henri Pichette, «Message au congrès de la CTCC», *AUS*, vol. 12, n° 2 (nov. 1956), p. 27-33.

67. Cardinal Paul-Émile Léger, «Les responsabilités du chrétien en face des problèmes du monde ouvrier», *AUS*, vol. 12, n° 2 (nov. 1956), p. 21-24.

mandat d'étudier la question et de faire rapport au congrès de 1957[68]. De plus, elle se prononce «en faveur du principe de l'affiliation de la CTCC au CTC», mais demande de reporter la décision finale à «un congrès spécial qui aurait lieu au plus tard le 1er juin 1957». Ce congrès n'aura pas lieu, la réforme préalable des structures de la centrale et la révision de son caractère confessionnel n'ayant pas été réalisées[69].

Le débat s'amorce et s'étend à l'extérieur de la centrale

Le coup d'envoi pour de possibles changements étant donné, les protagonistes s'attellent à la tâche et préparent les documents pour étayer leurs thèses. Ainsi, un groupe d'anciens aumôniers au sein duquel figure Georges Côté, l'ancien aumônier général qui avait dénoncé les décisions prises au congrès de Granby, prépare une offensive visant à faire condamner à la fois le projet de fusion avec le CTC et toute tentative de déconfessionnalisation de la centrale. Pour leur part, les dirigeants syndicaux et les aumôniers commencent à rédiger les mémoires qu'ils soumettront à l'épiscopat quelques années plus tard. En attendant, les échanges fructueux et confiants se poursuivent entre l'exécutif et l'épiscopat. En outre, les archevêques de Québec et de Montréal, dans les sermons qu'ils prononcent lors des messes des congrès, montrent de l'ouverture et engagent les membres à prendre les décisions qu'ils estiment appropriées.

Ainsi, lors du congrès confédéral de 1957, Mgr Maurice Roy rappelle aux délégués qu'ils doivent assumer leurs responsabilités et prendre eux-mêmes les décisions qui concernent la centrale sans reprocher à la hiérarchie des mesures qu'elle n'a pas imposées[70]. Il leur accorde donc une certaine autonomie de pensée.

Par ailleurs, le numéro d'été 1958 d'*Ad Usum Sacerdotum* reproduit une partie de la «Discussion sur le régionalisme syndical au Canada» qui a eu lieu lors du Congrès des relations industrielles de l'Université Laval de 1957. Dans un premier temps, nous trouvons un exposé de René Bélanger, président de la Fédération des employés des corporations municipales et scolaires[71]. Ce dernier s'attarde longuement

---

68.   Office de l'action sociale – Archevêché de Montréal, «Note sur l'évolution actuelle de la CTCC», *Documentation sociale. Choix de textes d'intérêt social*, 30 juin 1957, DAUL, P277.

69.   Gérard Dion, «La CTCC et l'affiliation au CTC», *AUS*, vol. 13, n° 13 (mars 1955), p. 52.

70.   «À chacun de prendre ses responsabilités», *Semaine religieuse de Québec*, vol. 35 (1er mai 1958), p. 559.

71.   Il est un fervent partisan d'une confessionnalité stricte et s'oppose tant à une réforme des structures qu'à une fusion avec le CTC.

à justifier, notamment à l'aide de citations de documents pontificaux et épiscopaux, la nécessité d'une confessionalité stricte pour la CTCC[72]. Devant des affirmations si catégoriques qui prétendent s'appuyer sur la doctrine sociale de l'Église, Gérard Dion répond par une mise au point concernant les propos cités qui ne s'adressent pas à des syndiqués mais aux membres de groupes parasyndicaux. Puis il rappelle la position traditionnelle de l'Église en matière de confessionnalité syndicale :

a) L'Église recommande aux catholiques de se grouper dans des syndicats confessionnels «sans toutefois méconnaître que des nécessités particulières puissent obliger différemment». [*Quadragesimo Anno*, n° 38]

b) Mais quelles que soient ces «nécessités particulières», tout mouvement ouvrier «suppose comme principe et comme terme l'homme et son destin surnaturel, et l'ensemble de ses droits et de ses devoirs naturels, dont on ne peut faire abstraction, même lorsque le mouvement se propose directement des buts économiques et contingents».

c) Enfin, les travailleurs catholiques, comme individus, quelque [*sic*] soit le genre de syndicat auquel ils appartiennent, sont tenus de pénétrer leur action de leur idéal chrétien et d'agir en conformité avec l'enseignement social de l'Église[73].

Il fait remarquer que les deux dernières conditions sont impératives, ce qui n'est pas le cas de la première, car elle ouvre la porte à tenir compte de «nécessités particulières» énumérées dans *Quadragesimo Anno* : la législation, «certaines pratiques de la vie économique», «la division des esprits et des cœurs», «l'urgente nécessité d'opposer un front unique à la poussée des ennemis de l'ordre[74]». Il constate ensuite deux faits. D'abord, le syndicalisme catholique a joué au Québec un rôle indéniable. Mais, malgré toutes les exhortations et tous les encouragements prodigués, il n'a pas réussi à regrouper l'ensemble des travailleurs catholiques, ni même la majorité d'entre eux.

De plus, il y a d'autres problèmes tels que l'évolution économique du Québec et le régime juridique des relations du travail. C'est pourquoi, pour en arriver à une conclusion fiable, il est nécessaire, dans un premier temps, d'analyser le contexte d'évolution du syndicalisme chez nous afin de dégager «les possibilités d'existence et d'action efficace d'un syndicalisme confessionnel» et, ensuite, de démontrer en quoi

---

72. René Bélanger, «Le régionalisme syndical», *AUS*, vol. 13, n°s 6-7-8 (juin-août 1958), p. 120-124.

73. Gérard Dion, «Le régionalisme syndical est-il désuet?», *AUS*, vol. 13, n°s 6-7-8 (juin-août 1958), p. 126-127.

74. *Quadragesimo Anno*, n° 38.

les syndicats non confessionnels canadiens «s'écartent des exigences absolument indispensables que l'Église requiert de tout syndicat ouvrier[75]». Ainsi, si la hiérarchie a le dernier mot quant au maintien du syndicalisme confessionnel, les dirigeants syndicaux catholiques ont le devoir de réfléchir aux conditions «d'existence et de développement du syndicalisme confessionnel et des formes qu'il peut prendre». Les évêques les ont invités à leur faire part des résultats de cette réflexion. Gérard Dion termine cette partie de l'exposé en affirmant «que l'on n'a plus le droit actuellement de se réfugier derrière un argument d'autorité afin de défendre le *statu quo* lorsque l'on étudie le problème de la confessionnalité et de l'unité syndicales dans notre province[76]».

Le congrès de 1958 et ses suites : la centrale revient à la charge

Lors du congrès de septembre 1958, le président de la centrale, Gérard Picard, explique aux délégués que la référence explicite à la doctrine sociale de l'Église dans la «Déclaration de principes» cause un problème en ce qui a trait à la législation du travail. Il estime que des adaptations s'imposent et que les délégués doivent les envisager «sans peur et sans préjugés, et encore une fois, peu importe qu'il y ait ou non affiliation de la CTCC au Congrès du travail du Canada[77]». Le congrès mandate le Comité exécutif de consulter l'épiscopat de la province et il autorise le Bureau confédéral à prendre une décision en cours d'année et lui demande de faire rapport au congrès de 1959[78].

À la mi-novembre 1958, le projet de mémoire sur la confessionnalité préparé par Gérard Picard est remis au comité exécutif de la centrale en vue de l'étudier à une réunion spéciale ultérieure[79]. Celle-ci a lieu en février suivant. C'est l'occasion d'apporter des corrections quant aux statistiques syndicales utilisées, à l'aspect légal concernant la discrimination et à la formulation des conclusions. Le président, le secrétaire général et l'aumônier sont chargés de procéder aux changements suggérés et de soumettre le document aux instances appropriées[80].

---

75. Gérard Dion, «Le régionalisme syndical est-il désuet?», *op. cit.*, p. 127.

76. *Ibid.*, p. 128.

77. «L'unanimité sur l'affiliation», *Le Travail*, 26 septembre 1958, p. 2.

78. Département d'Action sociale, *Documentation sociale. Informations*, n° 3, «Notes sur l'évolution actuelle de la Confédération des travailleurs catholiques du Canada (CTCC)», 2ᵉ document (revu, complété et mis à date), Conférence catholique du Canada, Ottawa, p. 14.

79. *Procès-verbal. Trente-neuvième session du Congrès de la CTCC Montréal, P.Q., 1960*, Québec, CTCC, p. 122.

80. *Ibid.*, p. 126.

Ainsi, le projet de mémoire est présenté au Bureau confédéral lors de sa réunion du 25 avril 1959. L'exécutif recommande d'abandonner l'appellation « catholique », d'enlever la référence à la doctrine sociale de l'Église dans la déclaration de principes, « tout en maintenant une adhésion formelle aux principes de base qui caractérisent notre mouvement », et de maintenir la présence d'aumôniers comme conseillers moraux. L'instance, tout en se disant intéressée par les propositions, exprime des réserves et recommande la prudence. Elle demande que les dirigeants discutent de la question avec l'épiscopat et fassent rapport de ces entretiens avant de prendre une décision touchant le caractère confessionnel[81].

Pendant le printemps et l'été 1959, la question de la confessionnalité est abordée dans les congrès de plusieurs fédérations et conseils centraux. Le président et le secrétaire général y font campagne pour la déconfessionnalisation[82]. Les positions exprimées varient d'une organisation à l'autre. Alors que certaines sont très favorables aux changements envisagés, d'autres y sont passablement réfractaires[83]. André Roy, le président du Conseil central de Québec, porte le débat sur la confessionnalité sur la place publique en publiant, dans *L'Action catholique*, un texte où il conteste les arguments invoqués par le président de la centrale, Roger Mathieu. Il lie le problème à celui de l'affiliation au CTC et estime que les réticences des travailleurs à joindre les rangs de la CTCC seraient éliminées par une meilleure protection du droit d'association. De plus, il pense qu'en s'engageant sur la voie de la déconfessionnalisation on ouvre la porte à l'abandon graduel des principes de la doctrine sociale de l'Église. Enfin, il accuse Mathieu de détruire la raison d'être de la centrale[84].

---

81. ACSN, *Procès-verbaux du Bureau confédéral, 1958-1959*, « Procès-verbal de la réunion du Bureau confédéral du 25 avril 1959 ».

82. Le discours-type de Mathieu est reproduit dans *Le Travail*, 14 août 1959.

83. Département d'Action sociale, *Documentation sociale. Informations*, n° 3, « Notes sur l'évolution actuelle de la Confédération des travailleurs catholiques du Canada (CTCC) », 2e document (revu, complété et mis à date) Conférence catholique du Canada, Ottawa, p. 14 ; parmi les opposants, on retrouve le Conseil central de Québec (« Au récent congrès de Québec. Vote favorable à la confessionnalité », *Le Travail*, 29 mai 1959, p. 5), la Fédération du cuir et de la chaussure (« Au Congrès du Cuir et de la Chaussure. Dénonciation de la C.R.O., appui à la confessionnalité », *Le Travail*, 26 juin 1959, p. 3) et la Fédération des corporations municipales et scolaires (« Au congrès de Jonquière. "Seul le temps peut régler ces problèmes". René Bélanger », *Le Travail*, 24 juillet 1959, p. 5) ; la Fédération des services refuse de prendre position (« Au Congrès des Services. On demande une enquête et l'assurance-santé », *Le Travail*, 6 juin 1959, p. 1) ; alors que la Fédération de la métallurgie se déclare favorable (« Au Congrès des métallos. On demande un référendum sur l'affiliation et un "new look" non confessionnel », *Le Travail*, 7 juillet 1959, p. 1).

84. « Réponse de M. André Roy, président du Conseil central de Québec », *L'Action catholique*, 28 août 1959.

Un pavé dans la mare : la sortie des anciens aumôniers

Au début d'août 1959, cinq anciens aumôniers, parmi lesquels figure Georges Côté, publient un mémoire. Relevant plutôt du pamphlet[85], celui-ci s'attaque au projet d'affiliation de la centrale au CTC[86]. Ces prêtres profitent de l'occasion pour s'opposer catégoriquement à toute altération du caractère confessionnel du mouvement. Ils vont jusqu'à remettre en question la décision prise au congrès de Granby en 1943, affirmant même que la centrale n'avait pas reçu au préalable l'autorisation épiscopale de procéder au changement. Ils estiment mal venu l'abandon de l'appellation « catholique » et de l'adhésion formelle à la doctrine sociale de l'Église. De plus, ils dénoncent le peu d'importance accordé au rôle des aumôniers dans le dernier projet de l'exécutif de la centrale. S'attaquant, ensuite, au projet d'affiliation au CTC, ils affirment que, « pour y arriver, la direction de la CTCC et celle du CTC empruntent des voies tortueuses et obscures qui déroutent les syndiqués catholiques, stupéfient les anciens aumôniers et jettent la confusion dans les esprits[87] ».

Le document a l'effet d'une bombe. Ni les dirigeants de la centrale ni les aumôniers actuels n'ont été informés des insatisfactions des anciens aumôniers avant la publication du document[88]. Ils en ont pris connaissance par les journaux, dont plusieurs en ont publié le compte rendu[89]. Choqué que les auteurs ne lui en aient pas fait parvenir une copie, le président Roger Mathieu appelle au calme, en rappelant les propos du cardinal Léger voulant que la décision concernant l'affiliation au Congrès du travail du Canada relève des dirigeants du groupement et qu'il ne faut pas s'attendre à ce que l'épiscopat la prenne à leur place. De plus, il estime que :

---

85. Roger Mathieu, « Un "mémoire" paraît. Il convient de rester calme », *Le Travail*, vol. XXXV, n° 15 (14 août 1959).

86. M⁣ᵍʳ Jean-Baptiste Tremblay, P.D., chan. Eugène Delisle, chan. J.-Alfred Côté, chan. L.-J. Chamberland et Georges Côté (1959), *Considérations d'anciens aumôniers fondateurs de syndicats catholiques, sur l'union de la CTCC avec le CTC*, Québec, L'Action catholique, 55 pages.

87. *Ibid.*

88. « M. Roger Mathieu : La direction de la CTCC n'a pas été informée », *Le Devoir*, 12 août 1959 et « Une accusation grave et injuste apparaît dans le mémoire des cinq anciens aumôniers », *Le Travail*, vol. XXXV, n° 16, 28 août 1959.

89. « Cinq anciens aumôniers de la CTCC dénoncent les méthodes des artisans de la laïcisation du mouvement ouvrier au Québec », *L'Action catholique*, 10 août 1959 ; « Cinq anciens aumôniers dénoncent les efforts de "laïcisation" des "neutralistes" de la CTCC », *Le Devoir*, 12 août 1959 ; « Contre la laïcisation de la CTCC. Cinq anciens aumôniers de la syndicale dénoncent des machinations de neutralistes », *Le Temps*, 13 août 1959 ; Julien Morissette, « Dur coup porté aux "neutralistes" de la CTCC », *Notre Temps*, 22 août 1959.

Il ne faudrait pas prendre au tragique les affirmations et les accusations contenues dans ce mémoire. Elles représentent l'opinion de cinq anciens aumôniers; aucun des aumôniers actuels, expressément mandatés par l'épiscopat auprès de notre mouvement, n'a jugé bon de participer à la rédaction de ce texte. Il s'agit donc d'opinions personnelles qui n'engagent aucunement l'autorité ecclésiastique[90].

À sa réunion des 21 et 22 août, le Bureau confédéral se déclare déçu du ton du document et corrige certaines informations erronées[91]. Il forme un comité de cinq membres, auquel se joint l'aumônier général, qui aura pour but de passer le document au peigne fin afin de « relever certaines affirmations fausses et accusations injustes », ainsi que de faire rapport au congrès de septembre[92]. Pour l'aumônier général Pichette, les accusations portées par les anciens aumôniers ne sont pas fondées. Elles « nuisent considérablement à la CTCC et causent un tort immense à ses dirigeants et à ses responsables[93] ».

Certains journaux, tel *Notre Temps*, se prononcent en faveur du mémoire des anciens aumôniers[94], tandis que d'autres y sont opposés et déplorent notamment le ton et les accusations qu'il contient[95]. Par ailleurs, d'autres clercs portent aussi leurs réflexions sur la place publique.

Ainsi, Jacques Cousineau, s.j., ancien aumônier général adjoint de la centrale, publie, dans le numéro de septembre de *Relations*, un article où il discute des débats qui touchent la CTCC[96]. Il égratigne au passage l'exécutif syndical, dont il critique la façon de procéder dans le débat confessionnel, de même que son aumônier général. Il parle alors du mémoire en préparation à l'intention de l'épiscopat, « œuvre surtout de l'aumônier général », qui circule, dit-on, « sous le manteau ». Ce texte chercherait à justifier les recommandations du comité exécutif. Il affirme qu'un tel mémoire à l'épiscopat est « essentiellement une réflexion théologique sur un geste que les chefs ont déjà posé ou sur une

---

90.   Roger Mathieu, « Un "mémoire" paraît. Il convient de rester calme », *Le Devoir*, 12 août 1959.

91.   ACSN, *Procès-verbaux du Bureau confédéral, 1958-1959*, « Procès-verbal de la réunion du Bureau confédéral des 21-22 août 1959 », p. 5-7.

92.   Le Comité d'étude du mémoire de cinq anciens aumôniers de la CTCC, « Rapport présenté au Congrès de la CTCC, 13-20 septembre 1959 », Québec, 10 septembre 1959.

93.   « Le chanoine Henri Pichette : "Accusation fausse et dénuée de fondement" dans le document des ex-aumôniers de la CTCC », *Le Devoir*, 22 août 1959.

94.   Julien Morissette, « Dur coup porté aux "neutralistes" de la CTCC », *Notre Temps*, 22 août 1959.

95.   Gérard Filion, « Un débat à ne pas passionner », *Le Devoir*, 15 août 1959 et Jacques Cousineau, « Garder à la CTCC son âme », *Relations*, n° 225 (sept. 1959), p. 227-233.

proposition qu'ils ont déjà formulée en prenant leurs responsabilités de laïcs ». Il s'en prend ensuite au mémoire des anciens aumôniers qui vient de faire la manchette :

> Cette façon d'agir jette du discrédit sur une cause, en dépit des bonnes intentions des auteurs. Avouerai-je, pour ma part, à titre d'ancien aumônier de trois fédérations et deux conseils centraux de la CTCC, que je n'aime pas – pour me servir d'un euphémisme – être l'objet d'une chasse aux sorcières de la part de confrères dans le sacerdoce ; pareille conduite de la part d'apôtres qui en leur temps ont souffert persécution m'étonne jusqu'au scandale[97].

Jacques Cousineau formule ensuite, à l'intention de la direction syndicale, des recommandations sur quatre grands points. D'abord, à son avis, la décision ne presse pas : il vaut donc mieux la reporter. Deuxièmement, il conviendrait de chercher d'autres solutions que celles qui sont proposées. D'après lui, le changement de nom ne causera pas de problème, mais l'abandon de la référence formelle à la doctrine sociale de l'Église serait une solution trop radicale. Troisièmement, quant à l'argument juridique, il doute de son bien-fondé étant donné que la centrale ne négocie elle-même aucune convention collective et n'a pas de certificat d'accréditation, mais que cette responsabilité revient aux syndicats et aux fédérations professionnelles. Des avis juridiques sur la question seraient donc nécessaires. Quatrièmement, le plus important pour la CTCC serait une prise de conscience de son âme, car elle doit « faire pénétrer Jésus-Christ et son message dans le monde du travail[98] ».

La réplique viendra rapidement

Dans le numéro de novembre d'*Ad Usum Sacerdotum*, Gérard Dion lui répond. Bien qu'il se dise d'accord avec Jacques Cousineau sur plusieurs points de son article, il s'indigne de la façon dont celui-ci traite du projet de mémoire des aumôniers sur la confessionnalité de la CTCC, notamment de l'utilisation des expressions « dit-on », « semble-t-il », « surtout » relatives à des faits facilement vérifiables : « C'est un procédé qui permet ensuite de se défendre facilement contre ceux qui viendraient contester les avancés les plus fantaisistes. Et, en effet, il y a beaucoup de fantaisies dans ce paragraphe[99] ».

---

96. Jacques Cousineau, « Garder à la CTCC son âme », *Relations*, n° 225 (sept. 1959), p. 227-233 ; l'article a été repris dans *L'Action catholique* du 1er septembre 1959.

97. *Ibid.*

98. *Ibid.*

99. Gérard Dion, « Un autre "ancien" aumônier prend la parole », *AUS*, vol. 14, n° 9 (nov. 1959), p. 203.

Il souligne ensuite que la préparation du mémoire des aumôniers n'est un secret pour personne. Quant à l'assertion selon laquelle le mémoire est «l'œuvre surtout de l'aumônier général», l'abbé Dion, après avoir affirmé connaître au moins quatre aumôniers qui y ont travaillé, explique comment s'écrit un mémoire collectif: l'un dirigeant les travaux, d'autres préparant un projet qui sera soumis aux corrections de l'ensemble du groupe. Il est surpris qu'on prétende que le «projet circule sous le manteau parmi les aumôniers» et que l'aumônier général cherche maintenant l'appui des autres aumôniers. En effet, «[s]i ce mémoire est le Mémoire des aumôniers, il faut bien que ceux-ci en prennent connaissance, qu'ils puissent se prononcer dessus. Rien de plus logique[100]».

Il poursuit en affirmant qu'il est normal que des échanges aient lieu entre les dirigeants et les aumôniers: «Les aumôniers travaillent-ils, oui ou non, avec la direction de la CTCC? Sont-ils là pour leur jouer dans le dos, pour leur donner le coup de poignard, ou bien pour coopérer avec eux à l'élaboration d'une pensée commune en s'inspirant de la doctrine sociale de l'Église?[101]»

Gérard Dion s'en prend ensuite à l'affirmation voulant qu'un mémoire d'aumônier général à l'épiscopat soit une réflexion théologique sur un geste déjà posé ou une proposition déjà formulée par les dirigeants syndicaux. À son avis, une autre situation est à envisager: «N'est-il pas possible de concevoir un mémoire qui, en restant une réflexion théologique, examine les différentes hypothèses probables (et il n'y en a pas mille dans cette question) sans qu'il soit nécessaire d'attendre qu'un geste soit posé par les chefs?[102]»

Quant à l'affirmation selon laquelle le mémoire viendrait justifier les suggestions du comité exécutif de la centrale, l'abbé Dion estime possible que les deux documents arrivent aux mêmes conclusions. Il s'étonne qu'on puisse penser qu'il doive en être autrement, à moins de concevoir le rôle des aumôniers comme «une sorte de GESTAPO de l'épiscopat», ce que, selon lui, personne à commencer par le père Cousineau n'est disposé à admettre. Il déplore la confusion que ces prétentions ajoutent à un débat déjà suffisamment complexe[103].

Pour ce qui est du risque pour la centrale de perdre son âme, il estime que cela n'est dans l'intention de personne, ni à l'intérieur de

---

100. *Ibid.*
101. *Ibid.*, p. 203-204.
102. *Ibid.*, p. 204.
103. *Ibid.*, p. 205.

ses rangs ni chez les dirigeants du Congrès du travail du Canada : « Au contraire, c'est bien à cause de cette âme que la CTCC a pu dans le passé apporter quelque chose d'original et de positif au mouvement ouvrier canadien, et c'est en la conservant qu'elle continuera à lui rendre service ». Mais le débat ne doit pas s'éterniser en raison du risque de dégoûter plusieurs travailleurs et de les écarter de la vraie doctrine sociale de l'Église. Pour que la centrale ne « perde son âme », il faut à tout prix préserver son unité et non pas envenimer les querelles internes comme certains articles le font actuellement[104].

Un congrès confédéral dans la tourmente

Le congrès confédéral se déroule à la fin de septembre 1959, au milieu de cette tempête médiatique. Dans son sermon à la messe, Mgr Maurice Roy rassure les délégués sur la légitimité de leur réflexion concernant les conditions d'efficacité et de rendement du mouvement. Il demande aux membres d'aller au-delà de leurs divergences et de travailler à un consensus dans l'intérêt de tous afin de « découvrir ensemble les voies par lesquelles pourront être mieux sauvegardées les valeurs spirituelles et humaines des travailleurs engagés dans vos syndicats[105] ». Il leur conseille donc la compréhension mutuelle et la concorde.

Quant à l'aumônier général Henri Pichette, après des considérations sur le respect du droit d'association, il aborde les questions épineuses. Invitant d'abord les délégués à régler leurs différends entre eux et non sur la place publique, il les incite ensuite fortement à approfondir leurs réflexions sur les préoccupations actuelles. Il suggère donc qu'on envoie aux membres et à tous les intéressés des dossiers complets à cet effet. Il appelle à la tolérance entre les groupes opposés. Pour ce qui est de la confessionnalité qui a pris la vedette dans l'opinion publique dernièrement, comme l'exécutif consulte actuellement l'épiscopat, il convient de rester calmes et de continuer à discuter sereinement. Enfin, il estime important d'éviter que les divergences d'opinions entre les factions ne fassent perdre de vue les liens étroits qui unissent les membres[106].

Lors de ce congrès confédéral, le comité chargé d'étudier le « Mémoire des anciens aumôniers » dépose son rapport pour discussion. Ce dernier réfute et rectifie une à une toutes les « considérations » contenues dans le document. Puis le débat glisse vers la question de la confessionnalité du mouvement. Gérard Picard, ex-président, intervient longuement

---

104. *Ibid.*

105. *Procès-verbal. Trente-huitième session du Congrès de la CTCC Québec, P.Q., 1959*, Québec, CTCC, p. 293.

106. *Ibid.*, p. 299-301.

en attaquant fortement le mémoire qui ne l'avait pas ménagé : il déclare que la confessionnalité syndicale est d'un autre âge et qu'elle n'est plus possible en raison du monopole de représentation instauré par la *Loi des relations ouvrières* en 1944, des exigences de la loi de la non-discrimination et du fait que les travailleurs se syndiquent surtout pour améliorer leurs salaires et leurs conditions de travail : « [C]'est pourquoi les syndicats n'ont pas le droit de poser des problèmes de conscience aux travailleurs[107] ». Il pense qu'il ne faut pas juger trop durement les anciens aumôniers car ils sont « venus d'un autre âge porter un jugement sur un groupement qu'ils ne connaissent plus[108] ».

Plusieurs dirigeants de fédérations prennent aussi position en faveur de la déconfessionnalisation en invitant à penser à l'avenir et à ne pas poser de limites à l'expansion de la centrale catholique[109]. René Bélanger, quant à lui, tente de faire reporter le débat, ce qui lui est refusé par le congrès. Le secrétaire général, Jean Marchand, déclare que, même s'il ne faut pas attacher d'importance aux propos des anciens aumôniers, leur mémoire doit être jugé sévèrement en raison « des accusations fausses et injustes portées contre les dirigeants de la CTCC ». De plus, « le fait que "les anciens aumôniers sont d'une autre génération ne leur accorde pas le droit de nous accuser faussement, par exemple d'avoir usurpé l'*imprimatur* de l'épiscopat"[110] ». Finalement, le rapport du comité est entériné par le congrès, malgré la dissidence d'une quinzaine de délégués[111].

L'orientation confessionnelle est aussi à l'ordre du jour et le congrès confédéral adopte la proposition suivante :

a) Qu'étant donné le régime syndical nord-américain, il est indispensable de procéder à certaines adaptations concernant le caractère confessionnel de la CTCC ;

b) Qu'avant de prendre toute décision à ce sujet, la CTCC continue ses consultations avec NN. SS. les archevêques et évêques de la province de Québec ;

---

107. Gérard Langlois, « En matière de syndicalisme, M. Gérard Picard déclare qu'il est devenu un "non-confessionnel" », *L'Action catholique*, 16 septembre 1959.

108. *Ibid.*

109. *Ibid.* et « La CTCC et la confessionnalité. Le congrès blâme les anciens aumôniers », *Le Devoir*, 17 septembre 1959.

110. Fernand Bourret, « Avant d'être rappelé à l'ordre, Gérard Picard affirme : Le régime syndical confessionnel est inacceptable ! », *Le Devoir*, 16 septembre 1959.

111. « Rapport du Comité d'étude du mémoire des cinq anciens aumôniers », dans CTCC, *Procès-verbal du congrès de 1959*, p. 174-184.

c) Qu'après cette consultation, l'on procède, dans le mouvement à l'étude systématique des adaptations qui auront été jugées désirables ;

d) Que si le bureau confédéral juge qu'il est urgent, après les consultations prévues de procéder à certaines adaptations, il pourra convoquer un congrès spécial ou – soit une séance plénière du bureau confédéral afin de prendre les décisions qui seront jugées opportunes de prendre[112].

Le congrès donne ainsi une orientation claire aux dirigeants de la centrale. Devant une situation considérée urgente, ils doivent engager les pourparlers formels avec l'épiscopat dans les plus brefs délais afin qu'un terrain d'entente soit trouvé avant le congrès de l'année suivante.

L'exécutif se tourne vers l'épiscopat

Entretemps, malgré la sortie des anciens aumôniers, l'exécutif de la centrale avait poursuivi la préparation de son mémoire à l'intention de l'épiscopat. À sa réunion du 8 septembre 1959, il avait étudié le projet qui lui était soumis. Après plusieurs corrections, le texte révisé est adopté, malgré la dissidence de René Bélanger sur son contenu. Le secrétaire général est chargé de le faire parvenir aux évêques dans les meilleurs délais, mandat dont il s'acquitte avant le début du congrès confédéral[113].

Le document analyse lucidement la problématique qui se pose au mouvement et il propose des adaptations afin d'y remédier. D'emblée, il évoque les deux tendances qui existent dans les rangs quant au caractère confessionnel ; à celle qui, valorisant la tradition, craint qu'on édulcore la doctrine confessionnelle[114] s'oppose celle qui veut adapter la centrale à son milieu, en lui permettant d'occuper une place privilégiée auprès des travailleurs et d'être plus efficace dans un contexte hostile. Après avoir rappelé le désir d'obtenir le plein accord de l'épiscopat pour les modifications envisagées et les échanges qui ont eu lieu à cet effet depuis cinq ans[115], il souligne aussi l'ancienneté d'un problème qui préoccupe plus les militants, les permanents et les dirigeants que les simples membres, sauf certains groupes provenant de la grande industrie[116]. Par la suite,

---

112. « La CTCC et la confessionnalité. Le congrès blâme les anciens aumôniers », *Le Devoir*, 17 septembre 1959.

113. *Procès-verbal. Trente-neuvième session du Congrès de la CTCC Québec, P.Q., 1960*, Québec, CTCC, p. 128.

114. ACSN, dossiers sur la déconfessionnalisation, Comité exécutif de la CTCC, « Mémoire à l'intention de NN.SS les archevêques et évêques de la province de Québec touchant la confessionnalité de la CTCC », septembre 1959, p. 3.

115. *Ibid.*, p. 4.

116. *Ibid.*, p. 5.

il traite des obstacles rencontrés par le syndicalisme idéologique dans le contexte nord-américain où prévaut le monopole de représentation syndicale[117], avant d'évoquer les principaux changements du contexte[118], qui ont nécessité, depuis les débuts de la centrale, des adaptations[119]. Enfin, après une revue de celles-ci et des discussions qui ont eu lieu depuis 1950, notamment avec la Commission sacerdotale d'études sociales et avec les archevêques de Québec et de Montréal, il demande aux évêques de se prononcer avant la prise de décision[120].

Ceux-ci attendront l'été suivant, bien après la présentation du mémoire des aumôniers, pour répondre.

Un texte des deux abbés fera couler beaucoup d'encre

Dans le numéro de novembre 1959 d'*Ad Usum Sacerdotum*, ce n'est pas la réponse à l'article de Cousineau qui va faire du bruit, mais plutôt le dossier principal du numéro intitulé : « Autour d'une querelle d'étiquette et de principes – le mémoire des anciens aumôniers », signé conjointement par Gérard Dion et Louis O'Neill. Ce texte est une réaction au mémoire des anciens aumôniers. Il commence par résumer le caractère plutôt marginal des réactions au mémoire des « anciens », celles-ci se limitant à quelques publications antisyndicales, à un article dans *Le Devoir*, à un article de Cousineau dans *Relations* et à une protestation du Bureau confédéral et de l'aumônier général[121].

Ensuite, les deux auteurs soulignent le courage dont ont fait preuve les anciens aumôniers en soulevant le débat de l'orientation de la centrale, mais ils estiment que leur mémoire soulève plusieurs interrogations au point de vue des principes. À leur avis, il est indispensable d'en discuter. Ils posent donc beaucoup de questions dans le but de faire réfléchir sur l'attitude de refus manifestée par les catholiques québécois conservateurs envers l'évolution de la centrale catholique. En effet, ils jugent que le mémoire est révélateur d'un problème relevant « d'une

---

117. *Ibid.*, p. 20.

118. Tels que la croissance industrielle, l'évolution du statut du syndicalisme, notamment la sympathie manifestée par le clergé à l'extérieur du Québec pour le syndicalisme non confessionnel et l'hostilité rencontrée au Québec par la CTCC, et les changements législatifs (*Loi des relations ouvrières* qui consacre le monopole de représentation syndicale et clauses de sécurité syndicale).

119. *Ibid.*, p. 23-26.

120. *Ibid.*, p. 34.

121. Gérard Dion et Louis O'Neill, « Autour d'une querelle d'étiquette et de principes – le mémoire des anciens aumôniers », *AUS*, vol. 14, n° 9 (nov. 1959), p. 190.

AUTOUR D'UNE QUERELLE D'ETIQUETTE ET DE PRINCIPES

- LE MEMOIRE DES ANCIENS AUMONIERS -

Gérard DION - Louis O'Neill

dans **A.U.S**, *vol. 14, n° 9 (nov. 1959), p. 190-199.*

Au mois d'août dernier, tous les journaux de la province faisaient grand état d'un Mémoire qui leur avait été adressé par cinq anciens aumôniers de la CTCC dénonçant ce qu'ils appelaient une orientation dangereuse que prenait ce groupement. Le texte entier de ce Mémoire parut ensuite dans l'ACTION CATHOLIQUE de Québec.

En-tête du texte des deux abbés. Source : *Ad Usum Sacerdotum*, vol. 14, n° 9
(nov. 1959), p. 190.

mentalité religieuse particulière » qui incite à penser qu'il existe, « au pays du Québec, une doctrine sociale *sui generis*, à laquelle certains attribuent facilement une autorité indiscutable[122] ».

Ils remettent en question d'abord l'exigence de l'étiquette confessionnelle comme révélatrice « d'un véritable esprit chrétien dans notre milieu ». Ils soulignent ensuite le danger pour l'Église d'avoir, comme en Espagne, « une présence officielle dans la société ». Ils ne comprennent pas l'affirmation voulant qu'il ne puisse exister d'esprit évangélique dans les organisations non confessionnelles et que la neutralité de celles-ci conduirait à la perte de la foi. Ils jugent enfantin de défendre à tout prix un nom et une adhésion doctrinale formelle :

> [...] alors que la réalité d'une inspiration chrétienne au sein d'un groupe implique l'intervention de beaucoup d'autres facteurs, dont l'engagement de laïcs chrétiens adultes et responsables, la liberté d'expression de ses convictions, la compétence technique des chrétiens occupant des postes de direction et la compétence théologique, unie à un sens religieux authentique, chez les prêtres chargés de les aider[123].

Ils comparent le cas des syndicats à celui des ordres professionnels de médecins et d'avocats en se demandant s'il n'y a pas deux poids deux mesures selon qu'on est ouvrier ou membre d'une profession libérale. Par ailleurs, lorsque la presque totalité des membres est catholique, est-il si dangereux que le mouvement ne soit pas confessionnel et qu'un prêtre ne soit pas présent aux discussions ?

Ils estiment donc que les « anciens aumôniers font bien peu confiance aux militants syndicaux chrétiens ». Il faut respecter l'autonomie des institutions temporelles, car :

> [ê]tre fidèle à la conception chrétienne du monde, ce n'est pas vouloir cléricaliser le plus grand nombre possible d'institutions temporelles,

---

122. *Ibid.*, p. 191.
123. *Ibid.*, p. 192.

mais c'est, entre autres choses, respecter la nature des choses, leur finalité propre, leur insertion adéquate dans l'ensemble des institutions humaines. C'est «rendre à César ce qui est à César», pour ensuite exercer une influence de pénétration évangélique, plus dégagée et en même temps plus authentique[124].

Quant à la fonction de l'aumônier syndical, les abbés Dion et O'Neill croient voir dans les propos des anciens aumôniers «une conception assez paternaliste et "directive"» de ce rôle, les laïcs n'étant considérés que comme des catholiques de seconde zone. Ils sont en total désaccord avec celle-ci puisqu'elle nie «les responsabilités spirituelles des laïcs au sein des organisations temporelles» où ils œuvrent[125].

Revenant sur la nature des syndicats ouvriers, ils estiment que les anciens en ont une conception surannée, datant du syndicalisme européen d'avant *Rerum Novarum* dont le syndicalisme nord-américain est très différent, car il se concentre sur la défense des objectifs économico-professionnels. Pour ce qui est de la formation religieuse des membres, c'est aux mouvements d'action catholique ouvrière, JOC et LOC, d'y pourvoir. Les deux auteurs soulignent ensuite qu'il existe bien peu de différence chez nous entre les objectifs et les revendications des syndicats, qu'ils soient confessionnels ou non. Quant à l'assertion des anciens voulant que les catholiques, en devenant membres de syndicats non confessionnels, perdent toutes leurs convictions et tous leurs principes religieux, elle est erronée, puisque ceux-ci continuent à fréquenter l'église et à être catholiques.

Ils reprochent aussi aux anciens l'usage de textes de doctrine sortis de leur contexte et considérés comme des dogmes. De plus, ils constatent que certains milieux québécois sont marqués par une intolérance à l'égard des autres confessions religieuses présentes au Canada. Ces milieux pratiquent un «catholicisme de *ghetto*» où l'on se replie sur soi-même:

> [dans des] structures closes, afin de protéger une foi qui semble incapable de vivre au grand air et de défendre une conviction inapte à rayonner et à se répandre en dehors des structures religieuses officielles. Sous le couvert d'une sauvegarde des valeurs de la foi, le catholicisme de *ghetto* laisse transparaître un manque de foi au dynamisme propre de ce qui est Esprit; ou bien il révèle un paternalisme excessif chez ceux qui le prônent ou une foi anémique chez ceux qui ont besoin d'un encadrement pareil. Devant ces manifestations de catholicisme de *ghetto*, on

---

124. *Ibid.*, p. 193.
125. *Ibid.*, p. 194.

est enclin à se rappeler cette comparaison empruntée à la zoologie : ce sont les animaux sans squelette qui ont besoin de carapace[126].

Enfin, les deux abbés estiment que le mémoire est marqué par la nostalgie éprouvée par des anciens pour le passé, toute évolution étant fatalement vouée à l'échec. À leur avis, « ce qui apparaît comme un fiasco monumental peut, en réalité, être la condition nécessaire d'un point de départ pour une réussite formidable ». Il y a trois critères pour évaluer le succès ou l'échec d'une institution sociale : « la permanence, l'expansion et l'adaptation exacte de l'être aux fins qui lui ont donné naissance[127] ». Les deux premiers sont déterminants, ce qui n'est pas le cas du dernier. L'adaptation d'une institution aux nouvelles conditions auxquelles elle doit faire face peut seule l'empêcher de dépérir et de disparaître. C'est cette capacité ou non qui peut résulter en un succès ou un échec.

Le syndicalisme ouvrier n'est pas une fin pour l'Église, c'est un moyen. Si d'autres institutions réussissaient mieux que lui à remplir certaines fonctions qu'il assume, c'est qu'il aurait échoué. Mais, aux points de vue humain et surnaturel, l'échec ne peut être total : le progrès origine souvent d'un échec. Et ils concluent par les mots suivants :

> Ces observations trop succintes [*sic*] mettent en lumière, croyons-nous, la nécessité de repenser sans cesse les données théologiques et de morale qui, en matière sociale sont courantes chez-nous. Autrement, on assiste à une falsification de ce que l'on est convenu d'appeler les grands princi-pes. Parce qu'il y a manque de recherche et manque d'éclairage, des lieux communs usurpent la dignité de vérités fondamentales. Ce n'est plus la doctrine de l'Église, c'est, pour reprendre une expression employée au début, « Notre doctrine sociale de l'Église » : sorte de mystification à l'usage des chrétiens du Canada français, un bla-bla solennel qui sème la confusion et nuit au progrès de valeurs spirituelles et humaines pour lesquelles chacun de nous devrait combattre ; [...] en union avec tous les hommes de bonne volonté, qu'ils soient catholiques ou non[128].

Cet article destiné aux prêtres abonnés à *Ad Usum Sacerdotum* sortira rapidement de ce cercle d'initiés. Les grands quotidiens en feront un compte rendu[129], lui donnant ainsi un très grand retentissement. Trois semaines plus tard, même *L'Action catholique* de Québec le reproduira intégralement. Dans la présentation qu'il en fait, Louis-Philippe Roy

---

126. *Ibid.*, p. 197.

127. *Ibid.*, p. 198.

128. *Ibid.*, p. 199.

129. Richard Daigneault, « On en est venu à mettre au point une sorte de doctrine sociale locale déclarent les abbés Dion et O'Neill », *L'Action catholique*, 9 décembre 1959 et Paul Cliche, « Les grands principes sont-ils falsifiés chez nous ? », *La Presse*, 9 décembre 1959.

souligne que ce texte « est loin d'avoir le ton polémique et péremptoire qu'on lui a prêté » et qu'il contient beaucoup plus de questions que de contestations des propos des anciens aumôniers. L'éditorialiste ajoute : « Les auteurs revendiquent la liberté de discuter concrètement de la confessionnalité des organisations professionnelles et autres. Ils semblent d'avis que la CTCC peut demeurer confessionnelle sans afficher son caractère catholique dans son nom et en réservant aux aumôniers un rôle différent[130] ».

VERS LA DÉCONFESSIONNALISATION

La riposte ne se fait pas attendre, les détracteurs étant nombreux dans l'aile conservatrice du clergé. L'éditorial de Richard Arès dans le numéro de janvier 1960 de *Relations* estime que l'article des abbés Dion et O'Neill est flou ; il somme les auteurs d'apporter des preuves du simplisme des axiomes agriculturistes, corporatistes, etc., et du développement, chez nous, d'une doctrine sociale de l'Église mystificatrice, à l'usage des seuls Canadiens français, et nuisible au progrès des valeurs spirituelles[131]. Pour sa part, le sulpicien Jean-Baptiste Desrosiers nie l'affirmation selon laquelle il existerait au Québec « une doctrine *sui generis*, substantiellement différente de celle contenue dans les documents pontificaux ». Il rejette également tous les arguments en faveur d'une neutralité prudentielle pour les syndicats et va même jusqu'à affirmer qu'en cas de déconfessionnalisation de la CTCC les travailleurs catholiques la délaisseront pour devenir membres de syndicats internationaux[132].

En décembre 1959, en réaction au dernier congrès confédéral, les anciens aumôniers reviennent à la charge en adressant une lettre à Mgr Paul Bernier. Ils y suggèrent aux évêques d'exiger de la centrale le retour à la règle de confessionnalité stricte dont elle a dérogé en 1943, sous peine de retirer les aumôniers afin de procéder sans délai à la formation d'un nouveau mouvement syndical de confessionnalité stricte[133]. Cette lettre n'aura pas de suite.

---

130. Louis-Philippe Roy, « La confessionnalité des syndicats », *L'Action catholique*, 30 décembre 1959.

131. « Magis amica veritas », *Relations*, janvier 1960, p. 3. Richard Arès est le directeur de *Relations*.

132. Jean-Baptiste Desrosiers, « Avons-nous une doctrine sociale *sui generis* ? », *Le Séminaire*, vol. XXV, n° 1 (fév. 1960), p. 37-45.

133. « Lettre adressée à Son Excellence Mgr Paul Bernier par les 5 anciens aumôniers, décembre 1959 », p. 5, DAUL, P117. Alfred Charpentier dit, dans son journal, ne pas douter que George Côté est le rédacteur des déclarations des « anciens aumôniers » (*Journal personnel d'Alfred Charpentier*, DAUL, Fonds Alfred Charpentier).

Gérard Dion intervient aussi directement auprès des membres de la CTCC pour influencer leurs réflexions en faveur de la déconfessionnalisation. Ainsi, sous le pseudonyme de Maurice Ladouceur, il salue avec enthousiasme le dernier article du père Cousineau[134] comme « la première synthèse historique publiée sur cette importante question [la confessionnalité] ». En effet, le contenu n'est pas étranger à ceux qui connaissent le mouvement, il « va leur rafraîchir la mémoire et leur rappeler [*sic*] certains détails qu'ils auraient peut-être oubliés ». Quant aux autres, ce texte leur évitera de porter des jugements mal fondés et ils constateront qu'il n'y a pas lieu de crier au scandale à propos des discussions en cours, que « les forces matérialistes » ne sont pas en train de vaincre. L'abbé Dion, alias Ladouceur, fait ensuite une brève synthèse de l'article recensé avant de conclure qu'au fil du temps les acteurs ont modifié leurs positions et que l'histoire « donne le sens du relatif, non dans les principes, mais dans leur application ». Ainsi le document « va sûrement contribuer à placer les discussions actuelles dans les perspectives qui favorisent une détente et permettront l'acceptation d'une solution sauvegardant l'unité et le dynamisme essentiels du mouvement ». Après ce compte rendu engagé, Maurice Ladouceur n'écrira plus sur la question confessionnelle dans les pages du journal syndical jusqu'à la déconfessionnalisation.

Les aumôniers déposent enfin leur mémoire

Le 15 décembre suivant, l'aumônier général Pichette présente le mémoire des aumôniers à l'épiscopat[135]. Le document est en préparation depuis 1956. Il s'agit d'une œuvre collective. Une première version avait été préparée par un comité composé de Philippe Bergeron, Philippe Laberge, Jean-Marie Lafontaine et Gérard Dion, à partir d'un plan élaboré en collaboration avec Henri Pichette. Ce dernier et Lafontaine ont élaboré une première ébauche à partir des textes transmis par le comité et en tenant compte des conclusions que leur a communiquées l'exécutif de la centrale catholique. Le projet fut ensuite soumis, pour observations et remarques, aux aumôniers des conseils centraux et des fédérations lors d'une réunion au printemps 1959, puis à la Commission

---

134. Maurice Ladouceur, « Le R.P. Cousineau et la confessionnalité. Il ne s'agit pas d'une "révolution" mais d'un problème et d'une idée aussi vieux que la CTCC. C'est ce que souligne un article de *Relations* », *Le Travail*, 18 décembre 1959.

135. Henri Pichette, « Mémoire présenté par l'aumônier général de la Confédération des travailleurs catholiques du Canada à l'intention de NN.SS. les Archevêques et évêques de la province de Québec touchant la CONFESSIONNALITÉ de la CTCC », 15 décembre 1959, DAUL, P117.

Confessionnalité syndicale et régime juridique du travail dans le Québec

Gérard Dion

Avec les développements de la législation, le syndicalisme a perdu son caractère d'institution strictement privée et volontaire. Il a acquis un caractère semi-public. Dans quelle mesure la confessionnalité syndicale peut-elle être compatible avec un tel régime juridique? Les tribunaux n'ont pas encore eu à se prononcer sur ce point. L'auteur analyse ici les différentes mesures législatives et les pratiques syndicales qui peuvent affecter la confessionnalité; il donne également une opinion doctrinale sur cette question.

En-tête de l'article de Gérard Dion paru dans *Relations industrielles* et tiré du *Mémoire des aumôniers...* Source : *Relations industrielles*, vol. 15, n° 2 (mars 1960), p. 162.

sacerdotale d'études sociales qui a également fait des suggestions intéressantes. Avant de rédiger la version définitive, les aumôniers Pichette et Lafontaine rencontrent aussi Roger Mathieu et Jean Marchand pour leur faire part des conclusions du mémoire. Enfin, à leur réunion des 4 et 5 décembre 1959, le texte définitif est soumis au comité pour adoption et autorisation de le présenter à l'épiscopat. Sur les douze aumôniers présents, neuf approuvent l'ensemble du texte, tandis que les trois autres, bien qu'ils soient d'accord sur un certain nombre de points, ne partagent pas toutes les opinions qui y sont exprimées et ne souscrivent pas aux recommandations qui s'y trouvent[136].

Le mémoire, un document massif de 180 pages, est clair et explicite. Il démontre une très profonde réflexion qui, débordant la confessionnalité de la CTCC, couvre toute la pastorale en milieu ouvrier. En cinq chapitres, il retrace d'abord l'évolution confessionnelle de la centrale depuis ses débuts, en accordant une attention particulière aux changements survenus durant la dernière décennie, aux tentatives d'adaptation, aux efforts de réflexion et aux consultations des dirigeants et des aumôniers avec l'épiscopat et en expliquant les tenants et aboutissants du projet d'affiliation au CTC. Puis, dans un texte rédigé par

---

136. *Ibid.*

Gérard Dion[137], il explique le problème de la confessionnalité syndicale dans le contexte légal des relations du travail québécoises, où les clauses de sécurité syndicale sont monnaie courante et il démontre que le syndicalisme confessionnel tel qu'il est pratiqué par la CTCC est difficilement compatible avec les lois en vigueur au Canada et au Québec. Il traite, par la suite, du régime économico-social nord-américain et des objectifs de la centrale, en montrant que sa survie et son influence dépendent des positions stratégiques occupées et du nombre de membres, les ressources disponibles pour les luttes syndicales étant fonction de ces facteurs. Il souligne les difficultés d'expansion de la CTCC à Montréal, que le caractère canadien-français du mouvement ajoute au problème de la confessionnalité et qu'il fera encore longtemps obstacle à l'adhésion des non-francophones. Ainsi, les aumôniers ne partagent pas l'optimisme des dirigeants de la centrale quant à un recrutement massif de nouveaux membres par le seul fait de la déconfessionnalisation. Ils ne sont pas non plus certains qu'une affiliation au CTC serait une bonne chose. Ils doutent donc que l'expansion et la recherche d'efficacité justifient à elles seules des modifications au caractère confessionnel.

Les divers avantages de la confessionnalité syndicale sont ensuite passés en revue. On invite aussi les évêques à saisir l'occasion de la remise en question par la CTCC de son orientation confessionnelle pour réorienter la pastorale en milieu ouvrier. Ils pourraient ainsi chercher à exercer une action plus efficace en tentant de sensibiliser le plus grand nombre possible de travailleurs à la doctrine sociale de l'Église. Les inconvénients sont que la centrale confessionnelle regroupe trop peu de travailleurs et qu'il est dangereux de lier le sort de l'Église aux vicissitudes de celle-là et à ses actions syndicales. On constate aussi la recherche, plus marquée chez les syndiqués catholiques, d'une autonomie du profane, ce qui contribue à l'attrait de la déconfessionnalisation.

Enfin, viennent les appréciations et les recommandations. D'abord, les aumôniers pensent qu'on manquerait de réalisme en écartant ou en reportant la déconfessionnalisation de la centrale et qu'une telle décision compromettrait « sérieusement, pour l'avenir l'influence de l'Église auprès des forces les plus dynamiques du mouvement syndical[138] ». Ils conseillent d'affecter plutôt les aumôniers à préparer une transition progressive vers les transformations jugées opportunes, afin

---

137. Ce texte sera publié quelques mois plus tard dans la revue *Relations industrielles*, sous le titre « Confessionnalité syndicale et régime juridique du travail dans le Québec », *RI*, vol. 15, n° 2 (avril 1960), pages 162 à 179.

138. *Ibid.*, p. 137.

de préserver la présence de l'Église auprès de tous les groupes. Pour eux, les arguments juridiques sont ceux qui pèsent le plus lourd en faveur des changements proposés par les dirigeants de la CTCC[139]. Une référence explicite à la morale chrétienne serait alors indiquée et ils pensent que la proposition de l'exécutif de la centrale serait acceptable si elle était accompagnée d'une déclaration de principes au contenu doctrinal substantiel, d'autant plus que la présence des aumôniers se poursuivrait. Il faudrait bien sûr que ceux-ci soient prudents et bien formés[140]. Par ailleurs, l'adoption, par la CTCC, d'une formule d'inspiration plus large donnerait l'occasion à l'Église de pénétrer des milieux syndicaux négligés jusqu'ici, bien qu'ils soient composés majoritairement de catholiques[141]. Pour y parvenir, il faudrait en premier lieu convaincre les dirigeants de ces groupements de l'importance de la formation chrétienne de leurs membres, ce qui suppose une orientation pastorale nouvelle en milieu ouvrier[142].

Le 9 février 1960, les trois aumôniers dissidents (Aurèle Ouellet et Philippe Laberge, de Québec, et Gérard Thibault, de Sherbrooke) remettent à l'épiscopat leur mémoire rédigé par Philippe Laberge. Le texte de 16 pages est divisé en deux parties : une opinion sur la confessionnalité de la CTCC et une brève analyse du mémoire de l'aumônier général. Ainsi, il rejette les arguments invoqués dans ce dernier contre le maintien de la confessionnalité du mouvement[143]. L'unité de ce dernier serait menacée par l'abandon du caractère confessionnel et celui-ci ne nuirait pas à l'expansion de la centrale. La cause de la stagnation serait plutôt la peur qu'ont les travailleurs de s'affirmer comme catholiques[144]. L'adhésion formelle à la doctrine sociale de l'Église est une directive pontificale contraignante[145]. Par ailleurs, les raisons qui ont présidé à la fondation du mouvement sont toujours d'actualité et il est urgent de faire cesser les discussions inutiles et de remettre de l'ordre et de la discipline par l'étude sérieuse de la doctrine sociale de l'Église, par un choix plus judicieux des personnes destinées à occuper les divers échelons hiérarchiques[146]. Les propositions des dirigeants syndicaux sont donc à rejeter et l'assistance des aumôniers devrait être strictement réservée aux

---

139. *Ibid.*, p. 141.

140. *Ibid.*, p. 143-147.

141. *Ibid.*, p. 152.

142. *Ibid.*, p. 160.

143. Chanoine Aurèle Ouellet, Gérard Thibault et Philippe Laberge, «Notes sur la confessionnalité», 9 février 1960, p. 1-3, DAUL, P117.

144. *Ibid.*, p. 4.

145. *Ibid.*, p. 5.

146. *Ibid.*, p. 6-7.

NOS POSITIONS SUR L'A CONFESSIONNALITE SYNDICALE

Gérard Dion – Louis O'Neill

P. S., vol. 15, no 1 (jan.-fév. 1960),   p. 3-6.

Dans notre article en marge du Mémoire des anciens aumôniers, nous nous sommes abstenus de porter un jugement sur cette question de la confessionnalité syndicale. Nous nous sommes bornés à mettre en doute la validité théologique de leur argumentation et la valeur prudentielle de leur position. Nous avons surtout posé des questions qui nous semblaient devoir être résolues avant d'apporter des réponses définitives. Il est évident que de l'ensemble des questions posées, par le fait même, certaines réponses étaient éliminées.

Nouvelle intervention des deux abbés. Source : *Ad Usum Sacerdotum*, vol. 15, nº 1 (janv.-fév. 1960), p. 5.

syndicats confessionnels[147]. Quant au mémoire de l'aumônier général, les évêques ne doivent pas retenir ses recommandations de réviser la pastorale en milieu ouvrier afin de l'étendre au plus grand nombre possible de travailleurs, mais plutôt exiger un retour à une confessionnalité syndicale stricte[148].

Au même moment, Gérard Dion et Louis O'Neill font connaître leur opinion sur les changements proposés à la confessionnalité de la centrale[149]. Leurs propos vont dans le même sens que le mémoire de l'aumônier général. Ils estiment d'abord qu'il faut changer le nom de la centrale parce qu'il ne correspond plus à la réalité, un certain nombre de membres n'étant pas catholiques. Une appellation plus appropriée serait, à leur avis, celle de Confédération chrétienne des travailleurs canadiens ou des travailleurs du Canada. À leur avis, il serait préférable de conserver le même sigle[150]. De plus, il serait bon de modifier la référence, dans la constitution, à la doctrine sociale de l'Église. Ils proposent la formule suivante : « La Confédération se réclame et s'inspire, dans son action, des principes de la morale sociale chrétienne ». Parce qu'elle peut violer la liberté de conscience des non-catholiques, l'expression « doctrine sociale de l'Église » devrait ainsi être éliminée, ce qui ne change rien pour les catholiques. Quant au rôle des aumôniers, c'est un problème qui ne se pose pas puisque les syndiqués ne l'ont jamais remis en question. Cependant, l'aumônier ne doit pas conserver, comme dans la constitution actuelle, un droit de veto sur des positions prises démocratiquement par les membres. Au-delà de tous les statuts, et de toutes les étiquettes

---

147. *Ibid.*, p. 7-8.

148. *Ibid.*, p. 11-14.

149. Gérard Dion et Louis O'Neill, « Nos positions sur la confessionnalité syndicale », *AUS*, vol. 15, nº 1 (janv.-fév. 1960), p. 5-6.

150. *Ibid.*, p. 5.

et déclarations verbales, il sera d'une importance capitale d'accompagner les changements d'un effort sérieux de formation chrétienne pour les travailleurs. Enfin, tous, prêtres et laïcs, doivent revaloriser leur engagement dans l'action catholique ouvrière afin qu'elle remplisse efficacement sa fonction de formation chrétienne[151].

Autres développements

En mars 1960, Mgr Garant, au nom de l'épiscopat, écrit au secrétaire général Jean Marchand pour demander aux dirigeants de la centrale de lui soumettre un projet de déclaration de principes, en remplacement de la référence explicite à la doctrine sociale de l'Église dans la constitution[152]. Le projet parvient à Mgr Garant au début de mai, après avoir été adopté par l'exécutif. Le nouveau texte comprend trois références aux principes chrétiens :

> La Confédération des Travailleurs Catholiques du Canada est une organisation syndicale nationale, démocratique et libre. Dans sa pensée, elle adhère aux principes chrétiens dont elle s'inspire dans son action [...]

> [...] elle cherche à instaurer, pour les travailleurs, des conditions économiques et sociales telles qu'ils puissent vivre d'une façon humaine et chrétienne. [...]

> Elle croit au rôle primordial des forces spirituelles dans l'établissement de l'ordre social [...][153].

Pour sa part, Jacques Cousineau publie une série d'articles de fond dans *Relations* afin de contribuer à la réflexion. Après un historique de l'évolution confessionnelle de la centrale, en décembre 1959[154], il fait paraître un texte par mois de mai à juillet 1960. Dans le premier, il passe en revue un à un les changements proposés par les dirigeants syndicaux : l'adoption d'un nouveau nom est impérieuse pour se conformer tant aux décisions du congrès de 1943 qu'aux législations fédérale et provinciale ; la présence d'aumôniers doit être maintenue, ce qui suppose une adhésion formelle à la doctrine sociale chrétienne, ce qui ne saurait se faire au moyen de la seule déclaration de principes[155].

---

151. *Ibid.*, p. 5-6.

152. *Procès-verbal. Trente-neuvième session du Congrès de la CTCC Québec, P.Q., 1960*, p. 124.

153. *Ibid.*, p. 131.

154. Jacques Cousineau, « L'évolution confessionnelle de la CTCC », *Relations*, décembre 1959, p. 316-320.

155. Jacques Cousineau, « L'avenir confessionnel de la CTCC », *Relations*, mai 1960, p. 116-120.

Le second texte traite des conditions d'existence d'un syndicalisme chrétien au Québec[156]. Il propose de changer le nom de la centrale catholique pour celui de Confédération chrétienne des travailleurs du Canada et de modifier la référence à la doctrine sociale de l'Église par une adhésion à la doctrine sociale chrétienne qui, bien qu'elle soit plus engageante, rebuterait moins les non-catholiques[157]. Enfin, le dernier article aborde le problème lié à l'existence du syndicalisme chrétien québécois. Il est primordial de respecter la loi de franchise, consacrant l'autonomie du temporel, et d'abolir le droit de veto des aumôniers, qui est incompatible avec ce principe. Ces prêtres devraient être appelés conseillers moraux « puisque leur influence est d'éclairer et de guider, sans prendre de décisions formelles [...] ». Par ailleurs, le syndicalisme chrétien est justifié « dans le rapport original qu'il a mission de communiquer au monde du travail et qui consiste dans la doctrine sociale chrétienne ». Mais, pour remplir pleinement ce mandat, la CTCC doit regrouper le plus grand nombre de travailleurs possible et leur fournir des services à la hauteur de ceux que prodiguent les autres mouvements. C'est pourquoi elle a « le droit et le devoir » de se moderniser tout « en restant fidèle à son âme », même dans l'éventualité d'une affiliation au CTC[158].

Le 6 août 1960, l'épiscopat, par la voix de Mgr Garant, informe la CTCC de sa décision. Les évêques rappellent, en premier lieu, la directive de l'Église aux catholiques de faire partie de syndicats confessionnels partout où c'est possible. Toutefois, comme le projet de déclaration de principes soumis reflète suffisamment la doctrine sociale de l'Église et qu'on sauvegarde ainsi l'essentiel, l'Assemblée épiscopale ne s'objecte pas, en principe, aux modifications proposées si la centrale juge que, dans la pratique, elles sont devenues nécessaires, car cette responsabilité lui revient[159]. Le 26 août, le secrétaire général du mouvement, dans l'accusé de réception, assure l'épiscopat de la reconnaissance de la CTCC pour la compréhension qu'il lui témoigne[160].

---

156. Jacques Cousineau, « Les conditions chez nous d'un syndicalisme chrétien », *Relations*, juin 1960, p. 147-150.

157. *Ibid.*, p. 149.

158. Jacques Cousineau, « Le problème de notre syndicalisme chrétien », *Relations*, juillet 1960, p. 170-172.

159. « Lettre de Mgr Charles-Omer Garant, pour l'Assemblée épiscopale de la Province civile de Québec, à Jean Marchand, secrétaire général de la CTCC », Québec, 6 août 1960, DAUL, P117.

160. « Lettre de Jean Marchand, secrétaire général de la CTCC, à Mgr Charles-Omer Garant », Québec, 26 août 1960.

Un intervenant au congrès de 1960. Source : Confédération des syndicats nationaux.

Au cours de la réunion du Bureau confédéral du 2 septembre, l'aumônier général Pichette fait remarquer que la consultation auprès de l'épiscopat était nécessaire sur la question de la confessionnalité. Il indique aux membres que désormais ils doivent prendre une décision «parfaitement consciente». Toutefois, il déplore le manque de diffusion réservé à la déclaration de principes adoptée une dizaine d'années plus tôt. De plus, il fait appel à l'esprit de collaboration de tous «afin de créer une mystique syndicale qui donnera un nouvel élan à la centrale», dans un mouvement basé sur l'apostolat qui doit être au service de la société[161].

Dénouement, un congrès décisif

Lors du congrès confédéral de septembre 1960, le cardinal Léger rappelle aux délégués, dans son sermon à la messe, que les travailleurs chrétiens, qu'ils soient syndiqués dans un mouvement confessionnel ou non, doivent pouvoir se valoriser spirituellement dans l'action[162]. C'est pourquoi la prière, la réflexion, par la révision de vie ou la retraite fermée régulière, et le recours aux conseils des aumôniers sont

---

161. ACSN, *Procès-verbaux du Bureau confédéral, 1959-1960*, «Procès-verbal de la réunion du Bureau confédéral, 2 septembre 1960», p. 7.

162. *Procès-verbal. Trente-neuvième session du Congrès de la CTCC Québec, P.Q., 1960*, p. 335.

importants. La présence de ces derniers étant un privilège important accordé aux membres de la centrale, il faut prendre conscience de sa valeur. Ainsi, « si le rôle du prêtre est mésestimé ou simplement ignoré, sa mission devient non seulement plus difficile, mais risque aisément d'être compromise[163] ».

Par la suite, le comité exécutif fait rapport des réflexions qui ont eu lieu dans les instances et des échanges qu'il a eus avec l'épiscopat. Celui-ci n'ayant pas formulé d'objection en principe aux modifications proposées par la direction de la centrale, l'exécutif soumet donc la recommandation suivante aux délégués :

1- de modifier l'appellation actuelle pour celle de Confédération des travailleurs chrétiens du Canada ;

2- d'adopter le projet de déclaration de principes proposé ;

3- de supprimer, dans les statuts, la référence à la doctrine sociale de l'Église et d'inscrire, dans la déclaration de principes, que son action s'inspire des principes chrétiens ;

4– de maintenir le statut actuel des aumôniers[164].

Dans son rapport, le « Comité du Rapport du Président général » indique que, concernant le choix d'un nom, il a reçu dix propositions de noms pour la centrale. Il a alors effectué une sélection sur la base que le nom doit être le plus court possible. Après avoir éliminé tous ceux qui comportaient le mot « travailleurs » ou la référence au pays, qu'on juge superflus, il propose de choisir entre les deux noms suivants : « Confédération des syndicats chrétiens » (CSC) et « Confédération des syndicats nationaux » (CSN)[165]. Ce dernier l'emporte par un vote de près des trois quarts des délégués[166]. Le congrès adopte ensuite, sans discussion, le projet de déclaration de principes qui lui est soumis, avant d'amender la constitution. Il décide aussi de maintenir le statut actuel des aumôniers. À cet égard, l'aumônier général précise qu'il s'agit du statut réel et non de celui qui est prévu dans les statuts[167]. À cette fin, les articles 62 et 63 de ceux-ci sont remplacés par un nouvel article 62 qui indique, notamment, que l'aumônier ne vote pas. Le droit de veto qui a fait couler tant d'encre depuis la fondation de la centrale est ainsi définitivement éliminé.

---

163. *Ibid.*, p. 341.
164. *Ibid.*, p. 110-111.
165. *Ibid.*, p. 240.
166. *Ibid.*, p. 243.
167. *Ibid.*, p. 245.

Sigle bilingue et blason de la centrale adoptés en 1960, remplacés en 1974, par le sigle unilingue actuel et par un chaînon plus stylisé. Source : CSN.

Blason de la CTCC.
Source : CSN.

Le 27 septembre, deux jours après le début du congrès, constatant l'intention manifeste de la centrale de procéder aux changements, Mgr Garant fait part aux dirigeants d'un paragraphe additionnel du compte rendu de la réunion de l'Assemblée des évêques qu'il avait volontairement passé sous silence dans sa lettre précédente parce que ces derniers ne voulaient pas paraître préjuger de la décision du congrès et que l'idée qui y était contenue ne pourrait être utile que dans l'éventualité de l'adoption des changements. Il y était proposé d'insérer l'article suivant dans la constitution : « La CTCC adhère formellement, dans sa pensée et dans son action aux principes chrétiens dont l'essentiel est contenu dans sa déclaration de principes annexée à la présente constitution[168] ».

Mais la lettre arrive à destination après l'adoption des changements dont le libellé est légèrement différent de celui de la proposition épiscopale[169]. L'exécutif de la centrale le soumet donc aux évêques afin de s'assurer qu'il reflète quand même leur pensée, tout en indiquant être disposé à rouvrir la question avant la fin du congrès si la proposition adoptée est insatisfaisante, et ce, même si un nouveau débat peut ranimer des divergences qu'il serait préférable de ne pas réveiller[170]. En recevant la lettre, le cardinal Léger contacte l'aumônier général pour connaître l'état de la situation. Celui-ci lui ayant indiqué que la réouverture du débat sur la question serait problématique, Mgr Léger étudie les docu-

---

168. *Ibid.*
169. « Lettre de Jean Marchand au cardinal Paul-Émile Léger », 30 septembre 1960.
170. *Ibid.*

ments transmis par Jean Marchand. Il consulte ensuite le président de l'Assemblée épiscopale, Mgr Roy. Les deux hommes décident finalement d'accepter le texte proposé par le congrès[171].

Dans l'allocution qu'il prononce par la suite, l'aumônier général Pichette aborde la question du débat sur la confessionnalité de la centrale. Il déplore le climat de méfiance qui a régné à l'intérieur des rangs tout au long de cette période[172]. Revenant sur les changements adoptés, il fait remarquer qu'ils respectent totalement la liberté de conscience des membres non catholiques, car tout lien formel avec une confession religieuse en particulier a été aboli. Les corps affiliés pourront dorénavant faire les adaptations nécessaires, en fonction de leur situation propre. Cependant, les membres catholiques devront, à ce titre, continuer à conformer leur action à la doctrine sociale de l'Église. De plus, les dernières décisions ne font pas, pour autant, de la CSN une centrale syndicale neutre puisqu'elle continue d'adhérer aux principes chrétiens. Il rappelle, en outre, la nécessité d'étudier et de mettre en application la déclaration de principes. Il termine en remerciant l'épiscopat de son accueil compréhensif et sympathique à la demande formulée à son égard par le comité exécutif du mouvement, ce qui constitue un grand témoignage de confiance envers la centrale[173].

CONCLUSION

La déconfessionnalisation de la CTCC a ainsi pu se réaliser sans rupture avec la hiérarchie et sans trop de dommages à l'intérieur du mouvement. Sur cette question, les protagonistes du changement ont trouvé des appuis de taille au sein de la Commission sacerdotale d'études sociales qui conseille les évêques. En effet, l'option recueille la faveur de plusieurs membres influents de la Commission, tels que Mgr Jean-Charles Leclaire, son président[174], le chanoine Henri Pichette, aumônier général de la centrale, ainsi que Gérard Dion et Jean-Marie Lafontaine[175]. Les nombreux articles percutants écrits par l'abbé Dion confirment cet appui.

Par contre, l'opposition des aumôniers dissidents ne semble pas avoir été prise en considération. Les évêques, quant à eux, montrent

---

171. « Lettre du cardinal Paul-Émile Léger à Jean Marchand », 1er octobre 1960.

172. *Ibid.*, p. 345.

173. *Ibid.*, p. 346-349.

174. Hélène Bois, « Entrevue avec Mgr Jean-Charles Leclaire », Sorel, 26 octobre 1988.

175. Hélène Bois, « Entrevue avec Georges-Étienne Phaneuf », Saint-Hyacinthe, 14 juin 1988.

une ouverture qui en surprend alors plusieurs. Les consultations qu'ils mènent, tout au long des discussions avec l'aumônier général de la centrale et la CSES[176], n'y sont sûrement pas étrangères.

Tout au long du débat, dans ses interventions, Gérard Dion tient une ligne de pensée dont il ne dérogera jamais. La déconfessionnalisation de la CTCC ne sera pas un drame. Elle est d'ailleurs rendue nécessaire par la législation du travail et par l'exigence d'efficacité requise par la nature du syndicalisme. Il est dangereux pour l'Église d'être associée de trop près à un mouvement profane tel que le syndicalisme. De plus, la neutralité des syndicats nord-américains non confessionnels doit être distinguée de celle des syndicats européens. Elle est loin d'être hostile à l'Église et elle est rendue nécessaire uniquement dans un but d'efficacité syndicale pour regrouper des travailleurs de confessions différentes ; les dirigeants québécois sont d'ailleurs pratiquement tous des catholiques pratiquants. Puisqu'il devient évident que la CTCC ne regroupera jamais la majorité des syndiqués de la province, l'Église devrait saisir l'occasion qui se présente à elle de réorienter sa pastorale en milieu ouvrier de façon à assurer la formation chrétienne du plus grand nombre de travailleurs possible.

Les aumôniers ont repris à leur compte ce message dans le mémoire de l'aumônier général à l'intention de l'épiscopat. La perspective ainsi ouverte a semblé plaire à ce dernier, qui donna alors son aval à la déconfessionnalisation. La CTCC pourra devenir enfin la Confédération des syndicats nationaux (CSN). Dans cette opération, elle aura réussi à préserver son caractère national.

---

176. Hélène Bois, « Entrevue avec Charles-Omer Chevalier », Saint-Hyacinthe, 14 juin 1988.

QUATRIÈME PARTIE

ACCOMPAGNER LA MODERNISATION DU QUÉBEC

Le nouveau contexte créé au Québec par la Révolution tranquille demande certaines précisions. D'abord, un bref rappel des événements qui vont de la mort de Duplessis à l'élection de Jean Lesage s'impose. Ensuite, les principaux éléments de la nouvelle donne doivent être brossés. Enfin, dans cette nouvelle conjoncture, il faut dégager les grands liens de Gérard Dion.

L'annonce de la mort subite du premier ministre Maurice Duplessis, le 7 septembre 1959, à Schefferville, lors d'une visite des exploitations minières du Nord québécois organisée par l'*Iron Ore*, avait surpris tout le monde. Mais cet événement imprévu marquerait également la fin d'un Québec traditionnel et conservateur sur le plan politique. Les opposants et les milieux syndicaux pourront enfin espérer obtenir les changements demandés. De minoritaires à l'époque duplessiste, ces forces sociales vont bientôt recueillir l'assentiment de la majorité de la population.

Au cours des années suivantes, c'est tout un peuple qui va se lever. Plus question de plier l'échine, de se faire exploiter sans rien dire, de ne pas pouvoir vivre en français, ni de se soumettre encore aux prescriptions morales très strictes du clergé québécois. Sa libération, le Québec la vivra au cours de la décennie 1960-1970. Obtention de réformes sociales, laïcisation et affirmation nationale seront dorénavant à l'ordre du jour. Les femmes feront aussi de grands gains, notamment l'abrogation de leur statut de mineures dans le *Code civil*. Dans un tel contexte, de multiples changements de mentalité surviennent et les changements sociaux se succèdent: un formidable élan de solidarité s'ensuit.

Cette transformation qui s'opère à l'échelle mondiale, le Québec la vivra plus intensément à cause de son retard. Plusieurs éléments y concourent. D'abord, vient de s'achever le long règne de conservatisme et d'autoritarisme maintenu fermement par Duplessis. Au moment de la défaite de l'Union nationale, un véritable sentiment de libération se propage ; tout semble dorénavant possible. Surtout, on peut enfin parler, dire ce que l'on pense vraiment et proposer de nouvelles solutions. Ensuite, largement majoritaires, les catholiques rompront progressivement avec une Église omniprésente et généralement conservatrice, à tel point qu'ils feront tomber ce deuxième pouvoir. L'énorme contrainte sociale, qui régnait dans cette société tissée serré, commence à fondre. Un grand dégel, une débâcle printanière suivra.

En regardant les autres démocraties occidentales, le Québec réalise son retard historique sur plusieurs plans, notamment en éducation, en santé et au niveau économique. L'État-providence sera alors implanté à grande vitesse. Planification et socialisation deviendront les nouveaux mots d'ordre en vogue. Le gouvernement Lesage prendra une série de mesures afin de favoriser le développement de l'économie québécoise et d'une bourgeoisie francophone : nationalisation de l'électricité, création de la Société générale de financement (SGF), Régie des rentes, Caisse de dépôt et placement, etc. Le Québec inc. fera son apparition. En fait, l'avènement de l'État-providence ici est le moment de favoriser l'essor d'une bourgeoisie québécoise, ce qui n'avait pas eu lieu en 1774 et en 1791, ni en 1840 et en 1867.

En se comparant à la province voisine de l'Ontario, les francophones du Québec vont aussi saisir l'ampleur de leur infériorité économique. En réalisant à quel point ils se situent majoritairement au bas de l'échelle sociale chez eux, ils éprouveront un net sentiment de révolte. Ces diverses prises de conscience donneront lieu à un très fort sentiment d'affirmation nationale : « L'État du Québec » deviendra la bouée de sauvetage. Au cours du processus, le terme « Canadien français » sera progressivement abandonné ; dorénavant, on s'affirmera « Québécois ».

De nouveaux courants nationalistes voient alors le jour. À l'étonnement de plusieurs, le séparatisme apparaît. Parmi ses tenants, bien des gens s'inspirent de la décolonisation en cours et certains se tournent vers le socialisme. En somme, pas question de s'en tenir à la création d'une bourgeoisie francophone : une lutte de libération nationale s'impose. Les patriotes de 1837-1838 deviennent des symboles ; ces jeunes nationalistes souhaitent réaliser ce que leurs ancêtres réprimés n'ont pu accomplir. En associant indépendance et socialisme, la frange la plus radicale demande rien de moins qu'un changement complet de système, une révolution socialiste.

Enfin, l'incroyable essor démographique, causé par un *baby-boom* encore plus prononcé ici à cause du mot d'ordre clérical de « revanche des berceaux », viendra accentuer le phénomène. À cela s'ajouteront aussi la révolution culturelle et la libération sexuelle vécues par la jeunesse. Et les influences de cette jeune génération, aussi nombreuse que bruyante, proviennent d'un peu partout dans le monde : le *Peace and Love* du mouvement hippie sera suivi du « Demandons l'impossible » de mai 1968. Tout cela explique la virulence de cette « révolution » qui, au fil des années, prendra un caractère de moins en moins « tranquille ».

Au début de l'instauration de ces nombreux changements, les opposants à Duplessis joueront un rôle significatif. Les marginaux d'hier deviennent les personnalités publiques de l'heure : du côté des nationalistes, Gérard Filion, André Laurendeau, Pierre Laporte et Jean-Marc Léger du *Devoir* et de *L'Action nationale* ainsi que René Lévesque, animateur de la populaire émission *Point de mire* de Radio-Canada ; chez les syndicalistes, Jean Marchand, maintenant président de la nouvelle CSN ; parmi les tenants de la laïcisation, l'équipe de *Cité libre* avec Pierre Elliott Trudeau, Gérard Pelletier, Marcel Rioux, Pierre Vadeboncœur, etc. Plusieurs d'entre eux compteront parmi les figures marquantes des années 1960-1980, nos vingt glorieuses.

Proche collaborateur de l'abbé Dion, Jean Sexton, nous brosse ce portrait de la situation :

> Tous ces gens ont établi des liens en combattant Duplessis ; il s'agit d'un très petit groupe où tout le monde se connaît. Ils font des problèmes un peu partout ; ce sont des empêcheurs de tourner en rond ou, selon Duplessis, des « faiseux de troubles », des « gauchistes ». Dans ce réseau, il ne faut pas oublier l'équipe de *Cité libre*, avec Pierre Elliott Trudeau et Gérard Pelletier notamment. Ce dernier était directeur du journal *Le Travail* à la CTCC. À ce titre, il était donc en lien constant avec Gérard Picard et Jean Marchand. Pour sa part, Trudeau a dirigé l'ouvrage *La Grève de l'amiante*. Il a aussi été à la tête du *Rassemblement*. Tous ces gens échangeaient lors des rencontres du célèbre Institut d'affaires publiques. Ils étaient également très présents à Radio-Canada[1].

Malgré leurs différences, tous luttaient pour l'obtention de réformes :

> C'étaient toujours les mêmes qui contestaient sur la place publique. Chacun le faisait dans son créneau : à *Cité libre*, au *Devoir*, dans *Le*

---

1. Entrevues avec Jean Sexton en mai 2006. Soulignons qu'en 1961 Gérard Pelletier deviendra éditorialiste à *La Presse*.

Photographie prise lors de l'admission à la Société royale du Canada. Photographe inconnu. De gauche à droite : le père Georges-Henri Lévesque, Gérard Dion, le lieutenant-gouverneur, Paul Comtois, Marcel Dubé et Roger Lemelin.
Source : DAUL, P117, C2,1. Licence : Société royale du Canada

Admission de Gérard Dion à la Société royale du Canada. Source : DAUL, P117, C2,1.
Licence : Société royale du Canada

Travail et la revue *Relations industrielles*, ainsi qu'à Radio-Canada. Même s'il existait certaines différences, tous revendiquaient d'importantes réformes sociales. Leur dénominateur commun, c'était leur antiduplessisme. Il s'agissait tous de progressistes, ayant une orientation humaniste et sociale. Plusieurs d'entre eux avaient été influencés, à des degrés divers, par l'enseignement social de l'Église. Et Gérard Dion était l'un des principaux théoriciens de celle-ci. Bref, il s'agissait d'un cercle de connaissances ayant un objectif commun, défaire l'Union nationale[2].

À l'intérieur de ce petit noyau d'opposants irréductibles à Duplessis, Gérard Dion occupe une place spéciale, en raison notamment du rôle crucial qu'il vient de jouer avec Louis O'Neill dans la lutte contre l'immoralité des mœurs électorales. D'ailleurs, cette contribution historique sera bientôt reconnue, grâce à sa nomination à la très sélecte Société royale du Canada.

Pour comprendre la suite de l'histoire, il s'avère indispensable de cerner ses principaux liens avec les membres de ce réseau. Rappelons qu'à titre de théoricien du catholicisme social l'abbé Dion a un attachement particulier au syndicalisme catholique. Sa cohabitation avec l'aumônier de la centrale, Henri Pichette, lui a permis d'entretenir des relations solides avec Gérard Picard, président de la CTCC, Jean Marchand, son secrétaire général, et Gérard Pelletier, directeur du journal *Le Travail*. À partir de 1956, il signera d'ailleurs, dans cette publication syndicale, plusieurs billets sous le pseudonyme Maurice Ladouceur.

Avec le futur président de la nouvelle CSN, Jean Marchand, il possède un lien très fort. Il a d'abord connu ce dernier, au début des années 1940, lors de ses études en sciences sociales à Laval. À la fin de la Deuxième Guerre mondiale, tous deux ont soutenu les idées de réforme de l'entreprise et de participation des travailleurs à la gestion, notamment au cours de la grève d'Asbestos. Ces deux ardents opposants à Duplessis ont entretenu une relation de franche camaraderie tout au long de la difficile décennie suivante. Au début des années 1960, tous deux s'inspirent toujours de l'enseignement social de l'Église. À propos de cette relation, Jean Sexton apporte les précisions suivantes :

> Jean Marchand assurait le lien avec le monde laïc et le monde politique. Il passait par Gérard Dion pour le monde religieux. Ainsi, chacun profitait des relations de l'autre. Par exemple, prenons le lien entre René Lévesque et Jean Marchand ; il s'est développé lors de la grève des réalisateurs à Radio-Canada en 1959. Par la suite, René Lévesque est entré au Parti libéral du Québec. Là, il y avait aussi Paul Gérin-Lajoie ;

---

2.   *Ibid.* Soulignons aussi que certains avaient fréquenté l'action catholique spécialisée, notamment Gérard Dion et Gérard Pelletier.

c'est certain que Marchand et Dion avaient des liens avec lui. Pour ce qui est de Pierre Laporte, je suis moins certain. Quant à Jean Lesage, je ne sais pas comment Jean Marchand l'a connu, probablement au golf de Cap-Rouge. Au tandem Marchand-Dion, il faut aussi ajouter Arthur Tremblay, qui sera le maître d'œuvre de la réforme scolaire au ministère de l'Éducation dirigé par Paul Gérin-Lajoie. À ce trio, se joindra plus tard l'écrivain Roger Lemelin[3].

C'est ainsi que Gérard Dion sera en relation avec plusieurs artisans de la Révolution tranquille. Soulignons que bon nombre d'entre eux ont passé par la Faculté des sciences sociales du père Lévesque[4]. Ils y furent tous exposés à une même conception de la vie sociale, aux mêmes grands auteurs et à l'enseignement social de l'Église. Cette formation commune et d'agréables souvenirs de jeunesse leur procurent un sentiment d'appartenance[5]. Et c'est avec un engouement certain qu'ils vont s'atteler à la tâche que tous ont tant souhaitée, moderniser le Québec en y introduisant de profondes réformes sociales.

---

3.   *Ibid.* Dans la correspondance de Gérard Dion, ce mot de Jean Lesage laisse entrevoir la nature du lien entre ces deux hommes : « Mon cher monsieur l'abbé, De passage à Québec pour la journée, j'apprends avec chagrin l'accident dont vous avez été victime. J'espère que j'aurai l'occasion de vous rendre visite lorsque je serai ici quelques jours. En attendant, permettez-moi de vous offrir mes meilleurs vœux de prompt rétablissement avec l'assurance de ma considération et de mon admiration ». DAUL, P117, A5.52, « Lettre de Jean Lesage à G. D. du 5 avril 1960 », 1 page. Cette relation est à la fois réservée et empreinte d'un très grand respect.

4.   Dans son tableau sur les grands fonctionnaires et conseillers du gouvernement Lesage issus de la Faculté, Paul Gérin-Lajoie a établi la liste suivante : pour les fonctionnaires, Arthur Tremblay et Yves Martin à l'Éducation, Gaston Cholette au Travail, Roger Marier à Famille et Bien-Être social, Michel Bélanger et André Marier aux Ressources naturelles, René Tremblay à Industrie et Commerce, Claude Morin aux Affaires fédérales-provinciales ; pour les conseillers extérieurs, le sociologue Guy Rocher à la commission Parent, l'économiste Maurice Lamontagne et les syndicalistes, Jean Marchand et Marcel Pepin. À ceux-ci s'ajoute Mᶜ Louis-Phillipe Pigeon, conseiller spécial de Jean Lesage. Voir Paul Gérin-Lajoie (1989), *Combats d'un révolutionnaire tranquille*, Montréal, CEC, tableau 15, p. 124. Bien qu'elle soit incomplète, cette liste nous donne une bonne idée de l'influence des diplômés de la Faculté des sciences sociales. Parmi ce nombre, l'abbé Dion est très près de Gaston Cholette, Jean Marchand, Mᶜ Pigeon et Arthur Tremblay.

5.   Cette solidarité, Gérard Dion l'a manifestera également à l'endroit d'un autre étudiant de la faculté, Louis J. Robichaud, au moment de son élection au poste de premier ministre du Nouveau-Brunswick, le 27 juin 1960, soit quelques jours à peine après la victoire du gouvernement Lesage. Saluant « le nouveau chapitre » qu'il s'apprête à écrire, il invite le nouveau titulaire à faire « de la deuxième province française du Canada le modèle des Maritimes ». Il termine en soulignant la joie de ses anciens professeurs de la Faculté et lui offre ce soutien : « Si nous pouvons faire quelque chose pour toi, tu peux compter sur nous ». DAUL, P117, A5.52, « Lettre de G.D. à Louis J. Robichaud du 28 juin 1960 », 1 page.

6.   Entrevue avec Louis O'Neill du 19 septembre 2005.

Concernant le nouveau contexte, Louis O'Neill insiste sur le changement de climat qui vient de s'opérer :

> Au moment de la victoire de Lesage, un sentiment de libération s'est propagé. Les années 1960 à 1966 ont été des années extraordinaires, des années bouillonnantes. Avec le début de la Révolution tranquille, l'atmosphère change complètement ; c'est un moment d'intense émulation, une atmosphère où les projets abondent et où plein de choses sont à faire. Il s'agit d'un temps de détente et de renouveau[6].

À propos de l'apport de ces réformateurs, il a eu ces paroles élogieuses :

> Les gens de cette époque ont été importants. Ils étaient des gens de grandes qualités. Je leur en donnerais deux principales. De un, c'était des gens de grande culture, des humanistes qui savaient que le passé existe, qu'on ne peut le nier et qu'on ne part pas de rien (ce qui est beaucoup moins fréquent de nos jours). Et, de deux, l'équipe Lesage comptaient des gens pragmatiques qui cherchaient les aménagements. D'après ce que je sais, le préambule de la loi qui crée le ministère de l'Éducation a été rédigé conjointement par le cardinal Roy et Paul Gérin-Lajoie. Lesage et lui, des hommes d'aménagement, se sont assurés que le virage se fasse en douceur. C'est pour cette raison qu'il n'y a pas eu de crise. À cet égard, l'histoire du Québec est très intéressante[7].

Dans pareil contexte, Gérard Dion va se retrouver tout à fait dans son élément. Ce tenant du catholicisme social et ce travailleur acharné pourra s'en donner à cœur joie. C'est ce que nous verrons dans nos derniers chapitres.

---

7.   *Ibid.* Au cours de cette importante transformation du système scolaire québécois, Paul Gérin-Lajoie, nettement réformiste, était celui qui poussait pour obtenir des modifications importantes au *statu quo*. Le premier ministre Jean Lesage se montrait beaucoup plus réticent. En 1959, n'a-t-il pas déclaré la confessionnalité, principe intouchable (voir *Lesage s'engage*). Par la suite, il s'est prononcé contre la création d'un ministère de l'Instruction publique. En 1963, lorsque Paul Gérin-Lajoie voudra introduire une loi instaurant le ministère de l'Éducation, Lesage en annoncera le report. Ce ne sera qu'après la tournée du Québec par Gérin-Lajoie que Lesage se ralliera. C'est à ce moment-là que Mgr Roy participa au processus et donna son aval. Cette saga a été racontée, entre autres, par Paul Gérin-Lajoie ainsi que par Dale Thompson dans *Jean Lesage et la Révolution tranquille*, Montréal, Éditions du Trécarré, 1984, p. 364-380. Le politologue Léon Dion a consacré un livre au dernier épisode : *Le Bill 60 et la société québécoise*, Montréal, HMH, 1967, 197 pages.

Chapitre 10

DÉMOCRATISATION, LAÏCISATION ET SOCIALISATION

Si les années 1944 à 1949, avec l'organisation du Département des relations industrielles et l'essor du mouvement de la réforme de l'entreprise, ont été des années stimulantes pour Gérard Dion, la première moitié de la décennie 1960-1970 le sera encore davantage. D'abord, le temps est aux changements et aux réalisations concrètes. Tout est à faire dans bien des domaines : le Québec étant en retard sur plusieurs points, un rattrapage s'impose, une modernisation est à accomplir. Pour cet intellectuel orienté vers l'action concrète, il ne pouvait y avoir meilleur contexte. Ensuite, l'abbé Dion est maintenant une personnalité publique incontournable ; bien des médias sollicitent son avis sur les grandes questions de l'heure. Et, comme il s'intéresse à de nombreux sujets, les occasions ne manqueront pas. Le climat d'ébullition de cette période d'innovations est également propice à une exposition médiatique fréquente[1].

Enfin, les changements ne surviennent pas seulement dans la société civile ; ils se produisent aussi dans l'Église. Avec le pape Jean XXIII et le concile Vatican II, cette institution vit un véritable *aggiornamento*. Dans ce climat de renouveau, le courant progressiste au sein du clergé occupera l'avant-scène. Et Gérard Dion en est l'une des grandes figures québécoises. Antérieurement réservée exclusivement aux membres du clergé, sa petite revue *Ad Usum Sacerdotum* change de nom afin de devenir accessible à tous les publics. Réunissant maintenant une dizaine de collaborateurs, *Perspectives sociales* va s'avérer, au cours de la décennie 1960-1970, un important lieu d'expression de ce courant de

---

1. Faute de temps, nous n'avons pu dépouiller les archives des médias, nous en tenant à son fonds d'archives. Bien que celui-ci comprenne la plupart de ses interventions publiques, nous sommes bien consciente que quelques entrevues ont pu nous échapper.

pensée. À l'instar d'*Ad Usum*, un certain nombre de ses articles seront repris par la grande presse.

En somme, avec l'avènement de la Révolution tranquille, l'influence de Gérard Dion prend un essor fulgurant. Devenu la coqueluche des médias, il est l'homme de l'heure, celui dont tous veulent connaître l'avis. Sur les nombreux débats qui traversent cette société en pleine mutation et sur les multiples changements à instaurer, il est l'une des personnalités à consulter. Et, en 1960, même si la chose n'est pas dite publiquement, il s'agit d'un secret pour personne : Gérard Dion appuie l'équipe libérale dirigée par Jean Lesage[2]. Le lancement, à la veille de la campagne électorale, du livre *Le Chrétien et les élections* ne constituait pas un geste anodin. Et cette publication-choc a sûrement contribué à la défaite de l'Union nationale.

Une telle décision n'a rien de particulier ; la plupart des opposants à Duplessis soutiennent le Parti libéral du Québec (PLQ). Les néo-nationalistes du *Devoir* ont, après la cuisante défaite de 1956 et l'échec du Rassemblement, exercé des pressions constantes sur ce groupement politique afin qu'il renouvelle sa pensée. À plusieurs reprises, l'éditorialiste André Laurendeau est intervenu en ce sens dans les pages de ce grand quotidien. À Georges-Émile Lapalme, il a suggéré moult réformes au moment de l'élaboration du nouveau programme libéral. En 1961, la décision de Pierre Laporte de briguer les suffrages, cette fois non pas comme indépendant mais comme candidat libéral, confirmera publiquement cet alignement. Auparavant, le recrutement de René Lévesque a constitué un signe évident de l'appui de la jeune génération nationaliste.

Parmi les réformistes, la candidature de Paul Gérin-Lajoie s'avère une manifestation éloquente des espoirs placés dans ce futur gouvernement. Du côté syndical, le nouveau président de la CSN, Jean Marchand, ne cachera pas sa proximité avec « l'équipe du tonnerre ». Un des fédéralistes les plus influents de l'époque, Maurice Lamontagne, a joué un rôle crucial lors de l'accession de Jean Lesage à la tête du Parti libéral du Québec. À ce moment déterminant, il obtint l'appui de son ancien mentor, le père Lévesque de la Faculté des sciences sociales[3]. Soulignons que même Pierre Elliott Trudeau dans *Cité libre* rendra

---

2.   À l'intérieur de son fonds d'archives, nous avons retrouvé une seule lettre lui reprochant un tel rapprochement.

3.   Ce rôle capital mais méconnu est raconté par Dale C. Thompson dans *Jean Lesage et la Révolution tranquille*, p. 96-99. Ce biographe affirme que Maurice Lamontagne « persuada » le père Lévesque « d'allier leurs efforts pour que Lesage soit élu chef de l'aile provinciale du Parti libéral ».

hommage à Lapalme et à Lesage, après avoir affirmé : « C'est le Parti libéral et nul autre qui a livré la bataille décisive pour notre libération[4] ». Bref, la plupart des opposants à Duplessis, tant les néo-nationalistes, les catholiques progressistes, les réformistes que les fédéralistes, se sont tournés vers le PLQ. Leur nette volonté de « changer de régime » explique sans doute cette unanimité de départ[5].

À propos de la démarche de Gérard Dion, son collaborateur Sexton la situe dans cette perspective :

> C'était un appui par « non-choix », parce qu'il n'existait aucune autre alternative à Duplessis. Il faut se rappeler que l'expérience du

---

4.   Tiré de « L'élection du 22 juin 1960 », *Cité libre*, août-sept. 1960, p. 8. En 1960, il apparaît donc que les opposants à Duplessis, dans leur volonté de défaire l'Union nationale, ont mis de côté leurs divergences. La plupart ont eu un élan vers le parti de Jean Lesage. Cette vaste alliance remet en question la production historiographique qui a résumé les tendances en présence dans la société québécoise à deux grands courants, à savoir les néo-libéraux (signifiant réformistes, et non pas de droite comme présentement) versus les néo-nationalistes. Nos recherches antérieures ont contribué à montrer qu'une telle vision laisse de côté toute l'influence de l'enseignement social de l'Église et l'importance déterminante du catholicisme social, soit celle des catholiques progressistes. Rappelons que ceux-ci combattaient le libéralisme et les abus du capitalisme. Des études sur les réformistes adhérant au programme néo-démocrate viendraient également faire voler en éclat cette schématisation réductrice. On n'a qu'à rappeler le très influent avocat Jacques Perreault ainsi que l'appui donné au programme néo-démocrate par des syndicalistes catholiques comme Gérard Picard, Pierre Vadeboncœur, Michel Chartrand, etc. Du côté des internationaux, la liste serait encore plus longue. Cette catégorisation ne rend pas compte non plus de la division chez les libéraux entre les éléments nationalistes et fédéralistes. Bref, selon nous, la réalité historique s'avère beaucoup plus complexe. D'ailleurs, le cheminement de Gérard Dion, à lui seul, en constituera toute une illustration.

5.   Cette unanimité ne dura qu'un temps. La montée du nationalisme au sein du gouvernement Lesage amènera une prise de distance des fédéralistes. En août 1962, Maurice Lamontagne produit un long mémoire contre la nationalisation de l'électricité soutenue par René Lévesque (Dale C. Thompson, *Jean Lesage*, p. 153). Trudeau aussi s'oppose à cette mesure novatrice, la jugeant « économiquement imprudente et politiquement rétrograde » (*ibid.*, p. 176). Lorsque, à la fin de 1963, au moment des débats sur le partage fiscal avec Ottawa, Jean Lesage hausse le ton, « menaçant que, s'il n'obtenait pas satisfaction, c'en serait fait de l'Acte de l'Amérique du Nord britannique », cela « lui valut de s'aliéner Pierre Trudeau et de voir effectivement se rompre sa collaboration avec Maurice Lamontagne » (*ibid.*, p. 142). À ces derniers, le statut particulier revendiqué pour le Québec par le gouvernement Lesage paraît inacceptable. Il faut rappeler qu'en avril 1963 les libéraux viennent de reprendre le pouvoir à Ottawa. Maurice Lamontage retourne alors œuvrer au fédéral où il sera nommé président du Conseil privé et chargé de mettre sur pied la Commission sur le bilinguisme et le biculturalisme (*ibid.*, p. 167). De plus, n'ayant pas réussi à briguer les suffrages provinciaux en novembre 1962, Jean Marchand se tournera vers le fédéral. Lors des élections de 1963, la déclaration de Pearson en faveur des armes nucléaires amène Marchand et Trudeau à ne pas poser leurs candidatures. En 1965, ce débat s'étant apaisé, avec Gérard Pelletier, les « trois colombes » mettent définitivement le cap sur Ottawa. C'est donc entre 1963 et 1965 que ces fédéralistes ont progressivement retiré leur soutien au gouvernement Lesage, qui perdait ainsi une importante base d'appui.

Rassemblement s'est révélée un échec. Les opposants à l'Union nationale n'avaient donc pas vraiment de choix : le Parti libéral de Lesage constituait l'unique chance de remporter la victoire[6].

Et il est un autre point sur lequel son proche collaborateur a voulu insister, c'est sur le rôle crucial de tous ces réformateurs sociaux :

> Quand on répète l'adage « Jean Lesage, père de la Révolution tranquille », cela me fait rager. Ce n'est pas vrai ! C'est tout un mouvement social qui s'est d'abord développé. Ensuite, le Parti libéral de Lesage s'est présenté comme l'alternative. Ce que peu de gens savent, c'est que les libéraux étaient très réfractaires à bien des changements ; ils hésitaient à réformer l'éducation, ils ne voulaient pas donner le droit de grève dans les secteurs public et parapublic. Avec d'autres, Gérard Dion a beaucoup travaillé à les convaincre sur ces deux points[7].

Sur la place publique, l'abbé Dion va expliquer en profondeur et légitimer les réformes que l'on souhaite instaurer. Ses nombreuses interventions vont contribuer à convaincre bien des Québécois récalcitrants. En ce sens, on peut affirmer qu'il servira doublement de ciment social : de un, en convainquant le parti au pouvoir d'aller plus loin ; et, de deux, son argumentation rigoureuse en ralliera plusieurs à la nécessité de l'instauration de réformes aussi hardies. Mais avant de voir le rôle qu'il jouera lors de l'implantation de ces réformes, il nous faut aborder sa contribution au niveau de la pensée. Dans un premier temps, attardons-nous à la publication du second livre des deux célèbres abbés, *Le Chrétien en démocratie*.

UNE PLUS GRANDE DÉMOCRATISATION

Au départ, il est un fait qui doit absolument être signalé. On se souvient qu'à la veille des élections du 22 juin 1960 le livre précédent

---

6.   Entrevues avec Jean Sexton de mai 2006. Lors de ces entretiens, le collaborateur de Gérard Dion a également mentionné une réalité très présente à l'Université Laval. À l'époque duplessiste, bien des gens de cette université se sont tournés vers les libéraux fédéraux. Ainsi, à la Faculté des sciences sociales, le père Lévesque était en lien avec le premier ministre Saint-Laurent. Sa participation, au début des années 1950, à la Commission royale d'enquête sur l'avancement des arts, des lettres et des sciences a suscité l'ire des nationalistes. Par la suite, la décision de Maurice Lamontagne en offusqua plusieurs. Il faut aussi reconnaître que le gouvernement fédéral, à cause de ses politiques keynésiennes et de sa plus grande ouverture aux réalités du monde du travail, était un important lieu d'embauche pour les diplômés de relations industrielles (fait souligné par M. Jacques Saint-Laurent, lors de notre entretien de l'automne 2006). Dans quelle mesure toute cette réalité a-t-elle influencé Gérard Dion ? Ses archives ne permettent pas d'apporter une réponse précise à cette question ; lui seul aurait pu la fournir. Chose certaine, cela a joué.

7.   *Ibid.* Le rôle de Gérard Dion dans les débats sur les réformes de l'éducation et des lois du travail sera abordé dans nos deux prochains chapitres.

des deux abbés, *Le Chrétien et les élections*, avait connu un franc succès de librairie ; plus de 30 000 exemplaires s'étaient rapidement envolés. Peu de temps après, soit en septembre 1960, *Les Insolences du frère Untel* ferait un tabac encore plus grand. Le petit livre du frère Pierre Jérôme (Jean-Paul Desbiens[8]) fracassait tous les records, avec des ventes de plus de 100 000 exemplaires. Sa vive dénonciation du « joual » et de la piètre qualité du français de ses élèves bouleverse profondément le Québec. Après le choc suivra la prise de conscience de l'importance de préserver notre langue. Ainsi, si l'on peut dire, les deux abbés viennent de se faire voler la vedette. Cela explique, en partie, les ventes moindres de leur ouvrage suivant.

Le Chrétien en démocratie

Ce nouveau volume-choc[9] est lancé au début de 1961. Cette fois, les abbés Dion et O'Neill sont présents au lancement, aux côtés de leurs éditeurs, MM. Jacques Hébert et Edgar L'Espérance. L'ouvrage porte également le *nihil obstat* et l'*imprimatur* de Mgr Maurice Roy. Aucun doute possible, l'archevêque de Québec a donné son aval à cette publication. Les autorités ecclésiastiques concernées sont donc pleinement consentantes.

De plus, le livre est préfacé par nul autre que le père Georges-Henri Lévesque, fondateur de la Faculté des sciences sociales. Il ne pouvait y avoir de personne plus indiquée que celui qui, au début de la décennie 1950-1960, alors que les autorités argumentaient que « toute autorité vient de Dieu » dans le but de légitimer un autoritarisme certain, avait commencé sa conférence au Palais Montcalm par cette réplique percutante : « Mesdames et Messieurs, la liberté aussi vient de Dieu ![10] »

Désireux d'éviter tout exploitation politique du livre et du christianisme, le préfacier va longuement préciser le sens de ce nouvel écrit :

Loin de moi la préoccupation d'appuyer notre foi chrétienne sur nos goûts démocratiques. Elle est d'un autre ordre. Loin de moi pareillement

---

8.   Lors de l'une des dernières entrevues avant sa mort, le frère Desbiens nous a relaté sa longue amitié avec Gérard Dion. Celle-ci a débuté à l'été 1961, à l'occasion d'une invitation à souper de l'abbé, pour se poursuivre jusqu'à son décès en 1990. Entretien avec Jean-Paul Desbiens de février 2006.

9.   Abbés Gérard Dion et Louis O'Neill (1961), *Le Chrétien en démocratie*, Montréal, Éd. de l'Homme, 154 pages. Dans ce cas-ci, il nous fut impossible d'identifier les rédacteurs de chaque chapitre puisque les brouillons des textes n'ont pas été conservés dans les archives de Gérard Dion. Dans ce livre, on mentionne seulement que l'auteur de l'annexe est Louis O'Neill.

10.   Cet événement est relaté brièvement dans les mémoires du père Lévesque. Voir *Souvenances*, tome 1, p. 368-369. Selon Dion et O'Neill, ce discours n'aurait pas été prononcé dans les années 1940, mais bien en mai 1952 (p. 125).

Page couverture du nouveau livre des deux abbés,
Le Chrétien en démocratie.
Source : Exemplaire de Mme Hélène Bois.
Licence : Éditions de l'Homme.

toute tentation de mettre le christianisme au service de la démocratie. Il la dépasse de toute sa divinité. Nous voulons seulement indiquer que, tout en accomplissant sa destinée surnaturelle, il peut par surcroît aider merveilleusement les hommes à bien remplir leurs devoirs démocratiques.

Nous voulons enfin que les chrétiens, par leur fidélité exemplaire à ces devoirs, deviennent pour les autres une preuve tangible de l'excellence et de l'efficacité de leur foi ; qu'ils édifient au lieu de scandaliser afin qu'on n'ait pas raison de mépriser leur Église à cause d'eux.

Que le *Chrétien en démocratie* songe donc tout d'abord à se conduire en vrai chrétien ! Il n'en sera d'ailleurs que meilleur démocrate. Et surtout, il sera pour sa foi l'illustration qu'elle mérite, le témoignage qui attire et convainc.

C'est l'opportune leçon que nous rappellent en ce livre les infatigables abbés Dion et O'Neill[11].

Au moment du lancement de leur livre au Cercle universitaire, les deux auteurs situent dans la mouvance en cours cet ouvrage qui, complétant et prolongeant le premier, veut « simplement être une modeste contribution à l'éveil de l'esprit démocratique et civique qui progresse en notre milieu ». Constatant que « la population du Québec semble manifester un intérêt croissant pour la démocratie et les principes chrétiens en matière politique », les abbés Dion et O'Neill affirment vouloir « cultiver » et « développer » ce goût. Convaincus que la seule bonne volonté ne saurait suffire sur ce sujet vital, ils ont tenté « un effort d'éclairage[12] ».

---

11. Ouvrage des deux abbés auparavant cité, p. 9.

12. « Les Éditions de l'Homme lancent *Le Chrétien en démocratie* des abbés Dion et O'Neill », *Le Devoir*, 8 février 1961, p. 1.

Si *Le Chrétien et les élections* avait dénoncé les mauvaises mœurs politiques ayant cours au Québec, ce second ouvrage va plus loin : il explicite plusieurs principes qui favoriseront l'essor d'une plus grande démocratie. Outre les éléments classiques, Dion et O'Neill présentent les notions fondamentales de la pensée sociale catholique telles celles de bien commun et de justice sociale[13]. Ce livre est également l'occasion de redire ce qui n'avait pas été entendu en 1949 sur la distinction à faire entre légalité et légitimité, entre lois justes et lois injustes[14]. Dénonçant le légalisme qui prime souvent dans nos sociétés, les deux abbés soulignent également le conformisme de l'Église et d'une majorité de catholiques québécois :

> Ainsi il est regrettable que, chez nous, des chrétiens se soient résignés aussi longtemps à ce que la législation de sécurité sociale fût à ce point déficiente et à ce que, par exemple, l'éducation supérieure soit demeurée si longtemps inaccessible à un grand nombre de jeunes gens pourvus de talents mais pauvres. Il est étrange que notre conscience chrétienne ait été si lente à réaliser l'anormalité d'une telle situation[15].

Ce livre vise justement à montrer comment tout véritable chrétien devrait faire preuve de conscience sociale. Après avoir rappelé que l'Église a adopté différentes théories face au pouvoir politique, Dion et O'Neill insistent sur l'obligation pour tous les catholiques de connaître la doctrine sociale et de s'en inspirer :

> C'est [une] faim et soif de justice qui est nécessaire au chrétien pour entretenir chez lui une attitude vigilante à l'endroit des lois. [...] Le chrétien vigilant doit être, dans son secteur de vie, en état d'éveil, cherchant sans cesse à améliorer les conditions sociales de son milieu ; il doit être préoccupé avant tout du bien commun et spécialement du bien des moins favorisés socialement, car ceux-ci sont en même temps ceux qui savent le moins se défendre contre l'injustice[16].

Le Chrétien en démocratie vise aussi à dépasser la « démocratie individualiste » qui s'appuie sur la seule notion de citoyen et ne « reconnaît pas l'existence des groupes à l'intérieur de la société ». Cette vision libérale ne fait que mener au « triomphe du plus fort[17] ». Pour éviter un tel écueil, il faut d'abord que les partis politiques expriment « les

---

13. Abbés Dion et O'Neill (1961), *Le Chrétien en démocratie*, chap. 9-11, tandis que les notions classiques se trouvent au chap. 5 à 8.

14. *Ibid.*, chap. 12 et 13.

15. *Ibid.*, p. 108-109.

16. *Ibid.*, p. 109. Signalons que l'histoire du christianisme est traitée dans les deux premiers chapitres alors que l'enseignement social de l'Église est présenté à l'intérieur des chap. 4, 11 et 13.

17. *Ibid.*, p. 120.

Nouveau livre des abbés Dion et O'Neill

MM. les abbés Gérard Dion et Louis O'Neill qui viennent de publier aux Editions de l'Homme une importante étude sur la morale chrétienne dans un ouvrage intitulé: "Le chrétien en démocratie". Complétant "Le chrétien et les élections" qui a obtenu un grand succès de librairie, ce nouveau livre s'adresse à tous les citoyens désireux de prendre part, dans une optique chrétienne, à la vie de la Cité.

— 30 —

Photographie des deux abbés et court texte annonçant la parution du livre.
Souce: Gracieuseté de M. Louis O'Neill.
Licence: Éditions de l'Homme.

principaux courants politiques qui se partagent l'opinion» et qu'ils aient pour but ultime «le bien commun de l'ensemble de la population[18]». Ensuite, les gouvernants doivent être à l'écoute des divers «groupements intermédiaires» de la société. Le tout est à compléter par un effort d'éducation civique mené par les milieux scolaires et journalistiques ainsi que par les autorités intermédiaires[19].

Juste pour ces éléments, le nouveau livre des deux abbés a de quoi déranger bien des gens, notamment la faction la plus conservatrice de la société. Mais ce petit ouvrage innove sur un autre point délicat, l'épineuse question de la laïcisation[20].

---

18. *Ibid.*, p. 111 et 115.

19. Voir les chap. 15 à 17.

20. Soulignons que, quelques mois à peine après le lancement de ce livre, soit en avril 1961, le Mouvement laïque de langue française (MLLF) sera fondé par le Dr Jacques Mackay et l'écrivain Jacques Godbout. Ce regroupement se donnera pour mission la laïcisation de la société québécoise. Il revendiquera la création d'écoles neutres, la nationalisation des collèges classiques, l'institution du mariage civil et la suppression du serment religieux obligatoire devant les tribunaux. En gros, les abbés Dion et O'Neill s'opposeront aux deux premières revendications du groupe jugées trop radicales mais reprendront les deux dernières, comme nous le verrons ultérieurement.

Délicate question de l'heure

Comme ce problème se pose avec une acuité particulière au Québec à cause de l'omniprésence de l'Église dans les domaines de l'éducation, de la santé et des services sociaux, un chapitre complet du livre y est consacré. Au départ, les abbés Dion et O'Neill reconnaissent que l'État, en tant qu'«autorité civile légitime», a l'obligation «d'être respectueux envers toutes les croyances». Ils observent également que «les exigences contemporaines» amènent celui-ci «à jouer un rôle grandissant dans la société». Le Québec fait donc face à un «inévitable processus» de sécularisation, phénomène accentué par l'existence d'un «pluralisme religieux[21]». Devant ces réalités nouvelles, ils concluent:

> Plus que jamais, le respect de toutes les croyances est devenu un impératif de la société moderne, si l'on veut conserver la paix et l'ordre public. L'État, gardien du bien commun, se doit de manifester ce respect dans les initiatives dont il est responsable. La tolérance, la liberté d'expression et de culte sont des droits inhérents à la société moderne. Requises pour le bien commun, elles doivent pouvoir se manifester à l'intérieur des limites fixées par la prudence politique[22].

Les deux auteurs soulignent cependant qu'au «Canada français, en raison de circonstances historiques» particulières, l'intervention de l'Église catholique «est devenue vaste et multiple». Cette dernière a donné lieu à un certain cléricalisme, un «mal» qu'on ne saurait «approuver» puisqu'il nuit à l'Église et à l'État, mais qui, heureusement, est voué «à la disparition». Avec joie, ils accueillent le «développement du laïcat» qui sera «un bien autant à l'intérieur de l'Église que dans toute la société[23]».

Toutefois, cette «période d'évolution rapide» et ce «moment d'accélération de l'histoire» les amènent à inciter leurs concitoyens à faire montre de prudence dans l'instauration de ces changements. C'est à ce moment-là qu'ils effectuent une distinction entre deux attitudes: un mauvais «laïcisme» qui serait «une neutralité de nature trompeuse» puisqu'il «implique une attitude antipathique, défavorable» à l'égard des religions, et une «saine laïcité», soit «une attitude bienveillante devant toutes les croyances». Plusieurs dangers guettent ce «laïcisme doctrinaire», notamment le «sectarisme», l'intolérance, la «glorification du rationalisme et du positivisme» ainsi que la négation «des valeurs surnaturelles[24]».

---

21. *Ibid.*, chap. 3, p. 1-4. Dans l'une des lettres reçues de lecteurs, ce chapitre sera qualifié de «pierre de touche», de «point névralgique», de «chapitre le plus important et le plus pertinent» de tout le livre.

22. *Ibid.*, p. 33.

23. *Ibid.*, p. 31, 39-41.

24. *Ibid.*, p. 34 et 41.

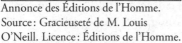

Annonce des Éditions de l'Homme.
Source : Gracieuseté de M. Louis
O'Neill. Licence : Éditions de l'Homme.

Annonce publicitaire des Éditions de
l'Homme. Source : Gracieuseté de M. Louis
O'Neill. Licence : Éditions de l'Homme.

Dans une question aussi délicate que celle de la vie spirituelle, il serait néfaste de vouloir nier l'empreinte du passé :

> Chez nous, certains esprits laïcisants font montre d'un irréalisme puéril quant à la place qu'occupe l'Église dans notre société et au rôle qu'elle y joue. On peut exprimer des réserves sur la valeur des convictions religieuses de notre peuple, mais il reste que celui-ci a été façonné par le christianisme. C'est un fait. On ne transforme pas un peuple du jour au lendemain, surtout pas avec des lois. L'Histoire prend toujours sa revanche contre les impatients[25].

Les deux abbés insistent ensuite sur cette double réalité : « Si la minorité a des droits qu'il faut respecter, il ne faut pas oublier, non plus, que la majorité, elle aussi, en possède[26] ». S'il est vrai que les tenants de la laïcité ne doivent pas faire *tabula rasa*, les chrétiens n'ont, par contre, pas à adopter « une attitude boudeuse ou désespérée ». Il faut plutôt « faire disparaître les ambiguïtés » et tenter de « découvrir les limites et spécifications » qui conviennent à cette nouvelle situation. Et, lors des discussions, il s'avère préférable de garder son calme :

> Dans le remous causé par l'évolution des esprits et des institutions, il importe plus que jamais de ne pas perdre la tête, ni de se laisser dominer par les sentiments. Il faut se méfier des réactions viscérales ; elles empêchent toute analyse sereine et objective des structures sociales et de leur adaptation aux besoins du présent[27].

---

25. *Ibid.*, p. 42.
26. *Ibid.*
27. *Ibid.*, p. 43.

Dans l'implantation des solutions, il faut aussi éviter de braquer les positions :

> Sur le plan de l'action, on doit se garder de tout geste qui soit de nature à provoquer des raidissements tant dans le sens du cléricalisme que dans celui de l'institutionnalisation de l'anticléricalisme. La charité, la paix sociale n'ont que faire de ces conflits inutiles, préjudiciables à tous. Toute communauté présuppose un minimum d'accord des volontés pour trouver les bases d'une *vie pratique collective* où pourront s'épanouir l'ensemble des ressources pacifiques qui se trouvent en son sein[28].

Enfin, les deux auteurs invitent les autorités politiques à rechercher les aménagements qui tiendront compte des traditions du peuple québécois :

> Il est des cas où l'État doit aller plus loin dans son soutien accordé aux valeurs religieuses. Ainsi, le respect des personnes inclut celui de leurs traditions et convictions les plus chères. Dans un pays marqué profondément par des traditions et des coutumes chrétiennes, l'État a le devoir de tenir compte de leur existence dans l'élaboration de sa politique. En agissant ainsi, il donne preuve de réalisme et ne fait que remplir sa fonction de gardien du bien commun. Cela ne l'empêche pas de conserver sa laïcité[29].

En somme, dans ce processus de sécularisation, l'État québécois doit éviter les prises de positions tranchées et les radicalismes, trouver un aménagement entre les droits de la majorité et des minorités, tout en prenant en considération l'histoire, les traditions et les coutumes de son peuple. Favorable à une laïcisation progressive, les deux abbés optent pour la recherche d'un compromis qui permettra à tous de vivre ensemble. En définissant ces paramètres à respecter, ils ont peut-être exprimé là l'une des grandes attitudes du peuple québécois : lentement, mais sûrement. Chose certaine, leur texte en fera réfléchir plusieurs. Il y a fort à parier que les décideurs politiques s'en inspireront dans les réformes à implanter.

Salué par les médias

Les jours suivants, la presse accueille chaleureusement le nouvel ouvrage des deux abbés. Le contexte ayant grandement changé au Québec depuis la victoire de Jean Lesage, une certaine unanimité règne dans les commentaires, notamment dans les éditoriaux qui y sont consacrés.

---

28. *Ibid.*, p. 44.
29. *Ibid.*, p. 36.

Le premier à donner son appui est évidemment le plus fougueux opposant à Duplessis, le journal nationaliste indépendant *Le Devoir*. Dans son éditorial, Gérard Filion qualifie *Le Chrétien en démocratie* d'écrit « pondéré » qui « arrive au bon moment », à distance d'un combat électoral, permettant ainsi à chacun de le lire « en toute quiétude d'esprit[30] ». Ce petit livre devrait déconstruire une manière de pensée antérieure :

> La plupart des gens de notre génération ont reçu une éducation insuffisante, pour ne pas dire fausse, sur le régime politique dans lequel nous vivons. Les thèses de l'abbé Lortie, qui faisaient autorité à l'époque de nos années de collège, laissaient transpirer un brin de mépris pour la démocratie et faisaient ressortir les bienfaits d'un régime autoritaire. L'abbé Lortie reflétait d'ailleurs un courant de pensée très fort chez les catholiques du dix-neuvième siècle et très puissant à venir jusqu'à la dernière guerre, dans le milieu canadien-français.

Il vient également remettre en question certaines attitudes des Québécois francophones :

> Comme catholiques, nous vivons dans une société fortement hiérarchisée ; l'autorité doctrinale et disciplinaire s'exerce de haut en bas. L'Église... reste quand même une société fort étrangère aux principes et aux méthodes qui s'appliquent au gouvernement temporel des hommes. Aussi les catholiques sont-ils enclins à transporter dans la vie civile leur comportement de soumission à l'Église. Ils vénèrent l'autorité et celui qui en est investi, comme si celui-ci tenait un mandat direct du Saint-Esprit.

De plus, au Québec, « le respect de l'autorité est plus souvent rappelé que ne sont dénoncés les abus de l'autorité ». *Le Chrétien en démocratie* constitue un véritable antidote à toutes ces idées périmées. Le directeur du *Devoir* souligne également que la section sur la laïcisation aurait attiré, il y a peu de temps encore, les foudres de plusieurs contre les deux abbés :

> Le chapitre qui porte sur « une légitime [et] saine laïcité de l'État » aurait attiré aux auteurs une censure sévère, s'il eût été écrit au début du siècle. Cela se comprend. La distinction entre laïcité et laïcisme n'était pas encore éclaircie ; à plus forte raison le rôle du laïcat était à peine entrevu par les plus clairvoyants de nos chefs religieux. Réclamer une « légitime et saine laïcité de l'État » au début du siècle, ç'aurait été se ranger au côté du petit père Combes, et d'une façon générale des persécuteurs de l'Église.

---

30. Gérard Filion, « *Le Chrétien en démocratie* », *Le Devoir*, 11 février 1961, p. 4 (trouvé à DAUL, P117, D1, 6.39). Les prochaines citations proviennent de cette source.

Cette semaine : "Poincaré (Miquel), "Made in U.S.A."
7 **nouveautés** : "La Chine et son ombre" (Mendel), "Les conver-
(Chassagnard), "La Chine et son ombre" (Mendel), "Les conver-
tis du 20e siècle" (Lelotte), "Autres nouvelles romaines"
(Moravia), "Tempête sur le Congo" (Niedergang) et "Saison
des pluies" (Graham Greene).
11 **livres populaires** : "Dieu est né en exil" (faux Gon-
court, Horia), "Histoire du monde" (Tome II — Duché), "Problèmes de culture au Canada" (Angers), "Écrits du Canada"
(no 8), "Votre médecin vous parle" (Dr Boucher), "L'Université
dit non aux Jésuites", "Les nouveaux aristocrates" (de Saint-
Pierre), "Les tiroirs de l'inconnu" (Aymé), "On veut savoir"
(Trépanier), "Les 19 Europes" (Cartier), "L'art et l'âme"
(Huyghe).
Et les cinq **best-sellers** :
1—**Le crétien en démocratie**,
des abbés O'Neill et Dion.
2—**La force de l'âge**, de Simone de Beauvoir.
3—**Les insolences du Frère Untel**.
4—**Ashini**, de Thériault.
5—**Au nom du fils**, de Bazin.

Liste parue dans le *Petit Journal* du 5 mars 1961. Source : Gracieuseté de M. Louis O'Neill.

En conclusion, Gérard Filion invite les écoles secondaires et les collèges classiques « à mettre entre les mains des étudiants » cet ouvrage qui « comble une lacune dans notre éducation ». Par cet éditorial, il venait de très bien situer la contribution des abbés Dion et O'Neill dans *Le Chrétien en démocratie*.

Cette fois, même le très conservateur Louis-Philippe Roy de *L'Action catholique* accueillera favorablement le nouvel écrit. Tout en lui souhaitant « un succès encore plus grand que le premier[31] », l'éditorialiste du journal catholique de Québec a toutefois bien de la difficulté à en dégager l'essence. Après quelques paragraphes généraux sur l'importance d'un « accomplissement intégral » de la démocratie, il en arrive vite à exprimer ses critiques. Selon lui, les auteurs auraient dû faire un « bref rappel » de leurs écrits sur la caisse électorale. Bien que l'ouvrage soit un « succès de vulgarisation », les deux premiers chapitres sont jugés laborieux et certains termes seraient au-delà du lecteur moyen (factuel et altérité). Enfin, est déploré le « peu de soin » de l'éditeur dans la « correction des épreuves ».

Malgré ces quelques réserves, Roy n'en invite pas moins tous les gens intéressés par la politique à se procurer *Le Chrétien en démocratie* : « Tous trouveront dans ces pages des notions claires, pertinentes, sur la plupart des problèmes que soulève la vie en une démocratie digne de ce nom ». On ne pouvait demander davantage à celui qui avait jugé

---

31. Louis-Phillipe Roy, « Le Chrétien en démocratie », *L'Action catholique*, 14 février 1961, p. 4 (trouvé aussi à DAUL, P117, D1, 6.39). Les prochaines citations sont tirées de cet éditorial.

que les précédents textes des deux abbés manquaient d'« objectivité » et de « sérénité ». Ce ralliement d'un éditorialiste catholique conservateur constitue un signe assez net de l'évolution parcourue depuis la parution de « Lendemain d'élections » en juillet 1956. Mais cela ne signifie nullement que toute résistance est disparue.

Un évêque rétif

Si ce deuxième ouvrage des abbés Dion et O'Neill a beaucoup moins défrayé la manchette que leur virulent article, une interdiction ne passa pas inaperçue. Une semaine après le lancement, des journaux titrent : « L'abbé Gérard Dion interdit à Asbestos ? » et « L'abbé Gérard Dion n'obtient pas l'autorisation d'aller donner une causerie à Asbestos »[32]. Il semble donc que des embûches se dressent.

Effectivement, on apprend que, pour une seconde fois, l'évêque de Sherbrooke, Mgr Georges Cabana, revient à la charge. On se souvient qu'en 1959 la Jeune Chambre de commerce d'Asbestos avait invité Gérard Dion à donner une conférence devant ses membres mais que le curé de la paroisse de Saint-Aimé s'y était opposé, à l'instigation de Mgr Cabana. Deux ans plus tard, cette association décida de réitérer son invitation, croyant que la situation avait changé. Mal lui en prit, elle allait faire face aux mêmes intrigues et tractations.

Ce qui serait bientôt qualifié « d'affaire Cabana-Dion » allait prendre une tournure rocambolesque. Le dossier conservé dans le fonds d'archives de Gérard Dion nous permet de retracer ce qui s'est exactement passé. D'abord, le 31 janvier 1961, la Jeune Chambre adresse une demande à l'évêque de Sherbrooke d'autoriser la venue de l'abbé Dion. Mais cette lettre demeura sans réponse. Le 14 février, une seconde demande est donc adressée à Mgr Cabana. Peu de temps après, la réponse viendra « verbalement, par l'entremise de l'abbé Edgar Parent, curé d'Asbestos, que Mgr Roy, évêque de l'abbé Dion, n'était pas favorable à la venue de ce prêtre dans le diocèse de Sherbrooke[33] ».

Insatisfait de cette réponse inusitée, l'organisme d'Abestos adresse, le 17 février, une nouvelle demande à Mgr Cabana où il déclare expressément : « Son évêque [Mgr Maurice Roy], loin de restreindre son activité, semble favoriser la diffusion de ses idées[34] ». Piqué au vif par

---

32. *Ibid.*, le premier article daté du 18 février 1961 provient de *La Presse* ou du *Devoir* tandis que le second est du *Montréal matin*.

33. Voir « L'abbé Gérard Dion interdit à Asbestos ? » ainsi que les lettres de la Jeune Chambre du 31 janvier et 14 février 1961 conservées dans le dossier précité.

34. DAUL, P117, D1, 9.34, « Lettre de la Jeune Chambre de commerce d'Asbestos à Mgr Cabana du 17 février 1961 », 1 page.

cette vérité, l'évêque de Sherbrooke réplique dès le lendemain, en ayant pris soin d'élaborer ce subterfuge : « Votre lettre me traite de menteur. Que Mgr Roy m'envoie une lettre par laquelle il recommande que je permette à l'abbé Dion et je le ferai[35] ».

Cette réplique cinglante de l'autorité dans le diocèse de Sherbrooke est suivie d'une nouvelle lettre de l'organisme d'Asbestos qui demande « respectueusement à Son Excellence d'intercéder lui-même auprès de Mgr Roy afin que ce dernier permette à l'abbé Dion de venir à Asbestos ». À cette dernière tentative de résoudre l'imbroglio, Mgr Cabana répond : « Ce n'est pas à moi à intervenir auprès de Mgr Roy ». Il ajoute même que l'archevêque de Québec aurait « demandé à l'abbé Dion de lui demander la permission » mais que ce dernier ne lui a « pas demandé pour venir à Asbestos[36] ».

Même si le ton de l'évêque est catégorique, l'affaire n'en demeura pas là. Aussitôt, dans le journal de la Jeune Chambre de commerce, paraît un article de l'auteur des lettres, Roger Laliberté. Accompagné de caricatures très éloquentes, son texte pose tout le problème de « la liberté face à l'autorité ». Dès le départ, une analogie est faite avec la célèbre « affaire Dreyfus » en France. La victoire de Mgr Cabana est ainsi qualifiée :

> L'affaire Cabana-Dion, comme on l'a baptisée, est réglée dit-on. Pour le pis, pour le mieux ? Il ressort, dans l'esprit de l'auteur de cet article, que L'AUTORITÉ a gagné ce que j'appellerai ici une défaite, au détriment d'un principe encore plus grand qui est la LIBERTÉ.
>
> Encore une fois, l'autorité vous a fait plier l'échine en refusant à un conférencier le libre exercice du droit de parole qui n'est en fait qu'un des corollaires de la LIBERTÉ[37].

S'appuyant sur le texte du père Lévesque, l'auteur conclut à l'importance du plein exercice de la liberté d'expression. Cherchant ensuite à expliquer la décision de son organisme « de ne plus poursuivre les démarches afin de faire triompher la liberté dans un petit coin de notre province », il n'y voit qu'une explication :

> Jean Le Moyne, dans un article publié dans *Cité libre* de mai 1955, mettait le doigt sur le bobo. Nous avons peur de l'autorité, disait-il. Je crois que nous devons admettre que, dans l'affaire Cabana-Dion, la peur a joué le plus grand rôle... Nous sommes des peureux, avouons-le. Moi-même qui avais écrit ces fameuses lettres, j'ai eu peur par

---

35. *Ibid.*, « Réponse de Mgr Cabana du 18 février 1961 », 1 page.

36. *Ibid.*, « Lettre du 23 février 1961 de Raymond Laliberté » et « Réponse du 25 février de Mgr Georges Cabana ».

37. *Ibid.*, *Le Ralliement, 1960-1961*. Les prochaines citations sont tirées de cet article.

```
                    Québec, le 22 mars 1961


Monsieur Roger Laliberté,
ingénieur professionnel,
Asbestos.


Mon cher Roger,

              Je te remercie beaucoup de m'avoir adressé
le numéro de "Ralliement" qui contient ton article. Je te
félicite de ton courage et je suis bien malheureux de t'avoir
causé tout ce trouble, bien involontairement, il est vrai !
```

Lettre de Gérard Dion à Roger Laliberté du 22 mars 1961. Source : DAUL, P117, D1, 9.34.

moments. Je me suis demandé si ces démarches insistantes n'auraient pas de conséquences sur ma position. Analysons tous nos sentiments et nous trouverons que ce n'est pas tellement le respect de l'autorité qui a conditionné notre action. Nous avons peur de perdre un client, nous avons eu peur qu'on nous accuse de franc-maçonnerie, nous avons eu peur d'être excommunié...

Ce qui a manqué, c'est « le courage de la liberté » (Frère Untel). Devant un tel constat, l'auteur conclut qu'une nouvelle attitude doit être adoptée : « Il me semble qu'en face d'une décision arbitraire de l'autorité, il ne nous est pas seulement permis de dialoguer avec l'autorité mais qu'il nous incombe le devoir de censurer l'autorité dans les limites de la vérité et de la justice, afin de faire triompher le bien commun ».

L'expression de ce net désaccord avec la décision de Mgr Cabana ne restera pas sans suite. Surtout qu'entre temps l'évêque de Sherbrooke est intervenu publiquement. En effet, il a émis un communiqué très direct visant à s'assurer la soumission de tous, texte que la presse locale publia sous le titre : « Laïcs comme membres du clergé doivent se soumettre à l'autorité de l'évêque[38] ». Il n'en faudra pas plus pour que les réprimandes pleuvent.

Dans le numéro subséquent de *Ralliement*, le président de la Jeune Chambre qualifiera l'article de Laliberté d'« opinion personnelle erronnée [*sic*][39] ». Un autre membre, André Collard, secrétaire d'Émilien Lafrance[40], ministre du Bien-Être social dans le cabinet Lesage, se porte à la défense de son évêque :

---

38. *Ibid.*, *La Tribune*, 20 mars 1961.

39. *Ibid.*, Napaul Poisson, « Édition spéciale », *Le Ralliement*, 25 mars 1961, p. 1.

40. Organisateur de l'ALN en 1935 et candidat du Bloc populaire lors de la Seconde Guerre, Émilien Lafrance, sera élu député libéral de Richmond en 1952. Au moment de la victoire libérale, il est nommé ministre et, en avril 1961, ministre de la Famille et du Bien-Être social. Sur ce libéral devenu assez conservateur, voir Michel Lévesque (1988), *Le conservatisme au Québec : le cheminement politique d'Émilien Lafrance (1952-1970)*, mémoire de maîtrise en sciences politiques, Université McGill.

[...] cette liberté est pernicieuse et contraire à une saine philosophie. Surtout quand elle va jusqu'à accuser un Évêque d'abuser de son autorité pour avoir obéi à un précepte de Droit canonique qui demande à un prêtre étranger d'obtenir la permission de son Supérieur et de l'Évêque du lieu avant de pénétrer dans un diocèse[41].

Ainsi, on veut faire croire que Mgr Cabana n'aurait, dans toute cette affaire, fait que respecter le droit canon.

Cette saga, qui rappelle les mœurs de l'époque précédente, a bien fait rire. Un correspondant étranger de l'abbé Dion lui déclare : « De mon lointain pays, j'ai eu des échos de votre tentative de voyage à ASBESTOS !!! (*La Presse*, fév. 1961). C'est une immense pitié !!! Et dire que les Pauvres d'esprit seront au nombre des Bienheureux[42] ». Très peu affecté par toute cette histoire, Gérard Dion lui répond : « Je m'amuse bien de l'affaire d'Asbestos car je n'y suis pour rien. L'évêque de Sherbrooke a été trop poltron pour prendre ses responsabilités. Il se cache derrière Mgr Roy et crée ainsi de la confusion[43] ».

La vérité dans toute cette affaire, l'abbé Dion la fera connaître un an plus tard au moment où il répondra à un autre organisme de ce diocèse « bien gardé », cette fois, *Pax Romana*, qui souhaite qu'il prenne la parole devant les étudiants de l'Université de Sherbrooke. Désireux que sa réponse soit bien comprise, il fournit alors les précisions qui s'imposent sur l'imbroglio de l'an dernier :

La situation est la suivante. Je sais que mon archevêque me laisse toute liberté d'action pour accomplir mon travail soit dans le diocèse de Québec ou ailleurs. Tout le monde en est au courant et peut facilement s'en rendre compte... Toutefois, il y a un an et demi, Mgr Roy me faisait part que l'archevêque de Sherbrooke lui avait dit qu'il ne voulait pas me voir dans son diocèse. C'est Mgr Roy lui-même qui m'a conseillé de ne pas aller dans le diocèse de Sherbrooke pour y adresser la parole, même sur des sujets profanes (qui ne sont pas du ressort de l'autorité ecclésiastique) sans au préalable obtenir une autorisation spéciale de la part de Monseigneur Cabana[44].

Et, connaissant très bien son archevêque, il n'ira pas lui demander une telle permission puisque ce dernier, étant au courant de la volonté

---

41. André Collard, « Autorité et Liberté », *ibid.*, p. 2. À cela, Roger Laliberté répliqua dans *La Presse* : « [...] je ne suis pas contre l'autorité, mais contre la servilité ». Voir « M. R. Laliberté reproche à M. Collard d'avoir mal interprété son article », *La Presse*, 4 avril 1961.

42. DAUL, P117, A5.53, « Lettre du chapelain BJC Mailloux à G.Dion du 3 avril 1961 en provenance d'Allemagne », 1 page.

43. *Ibid.*, « Réponse de G. Dion du 8 avril 1961 », 1 page.

44. DAUL, P117, A5.54, « Lettre de G. Dion à Marc Leduc de *Pax Romana* du 5 janvier 1962 », p. 1 et 2.

de l'évêque de Sherbrooke, lui conseillera de ne pas s'y rendre. Un tel geste reviendrait à faire porter la responsabilité du refus à Mgr Maurice Roy :

> Si, donc, j'acceptais de me plier à la procédure imposée par l'archevêque de Sherbrooke, procédure tout à fait anormale et non conforme au droit canonique (à moins que Mgr Cabana présume que je suis en rupture avec mon Église et mon Ordinaire), – car c'est l'archevêque de Sherbrooke qui a autorité dans son diocèse, auprès de vous comme auprès de tous –, c'est l'archevêque de Québec qui apparaîtra me refuser liberté d'action pour des motifs que l'opinion publique est incapable d'accepter. Tout prêtre qui respecte son évêque ne peut sciemment se plier à une telle manœuvre qui, à mon sens, serait une mauvaise action.

Voilà pourquoi, devant un tel imbroglio public, Gérard Dion préfère ne pas se rendre dans le diocèse de celui qui a monté pareil subterfuge. Mais de tels relents d'attitudes propres à l'époque duplessiste seront très peu fréquents dans ce Québec en plein changement. À notre connaissance, un seul autre évêque a tenté de limiter la liberté d'expression. Sollicité par le Collège des optométristes, Louis O'Neill s'est vu imposer une procédure particulière par l'évêque de Chicoutimi. En effet, Mgr Marius Paré a demandé qu'il soumette « d'avance le texte de sa conférence et s'engage à n'ajouter aucun développement qui ne soit pas dans la ligne du texte accepté[45] ». Évidemment, l'abbé O'Neill s'objecta à pareille contrainte et refusa l'invitation de se rendre au Saguenay.

Accueil largement favorable

De toute façon, les occasions ne manqueront pas pour les deux abbés. En plus d'être bien reçu par la presse et dans le milieu étudiant[46], leur livre suscite des commentaires on ne peut plus élogieux de la part des lecteurs. On y parle d'un « thème qui défie le temps », d'un ouvrage « tellement remarquable, tellement à point, solide, bien mesuré, bien réfléchi », d'une lecture « qui fait réfléchir ». À tel point, que ce lecteur se demande « s'il y a, dans toute notre littérature que j'appelle sociale, une telle synthèse[47] ».

Étant l'un des seuls à exprimer des réserves, ce lecteur s'offusque ensuite d'un passage du livre où l'on affirme que la démocratie n'existe

---

45.   DAUL, P117, D1, 9.34, « Lettre du Dr Guy Dion à Louis O'Neill du 5 février 1962 », p. 1.

46.   Voir notamment les éditoriaux de Jacques Laliberté dans *Vie étudiante*, 15 mars 1961, p. 4 et d'André Charron dans *Quartier latin*, 16 mars 1961, p. 4.

47.   DAUL, P117, A5.53, « Lettre de Jacques Archambault à G. Dion du 15 août 1961 », p. 1.

pas dans certains groupements de la société, notamment l'armée, l'Église, les entreprises industrielles et commerciales[48]. À cette affirmation, il oppose les propos des pages subséquentes sur la participation des travailleurs et le rôle du syndicalisme dans les entreprises. Ayant œuvré depuis plusieurs années à la « démocratisation de l'institution hospitalière », ce syndicaliste ne peut que s'objecter à ce que ces trois institutions soient placées sur le même pied : « Va pour l'armée, c'est incontestable, va pour l'Église catholique, mais jamais pour l'entreprise[49] ».

Comme cet extrait vient en contradiction avec plusieurs autres affirmations des auteurs, ce lecteur ne peut y voir qu'une « erreur de perspectives » ou le fruit de « quelques distractions ». Sa longue diatribe ne l'empêchera pas de terminer en félicitant les auteurs pour leur réalisation : « Vous avez accompli, à date, des actes de déblocage indispensables à notre évolution[50] ». En somme, il s'agit d'un point mineur de désaccord, d'une formulation dont la portée a probablement échappé à leurs auteurs.

Avec *Le Chrétien en démocratie*, les abbés Dion et O'Neill ont produit leur ouvrage le plus substantiel sur la question. Ils viennent de poser un jalon incontournable ; plus de place à l'ancienne docilité et servilité. Dorénavant, les esprits libres doivent veiller à une plus grande démocratisation de la société, où l'État doit être au service du bien commun et veiller à l'instauration d'une plus grande justice sociale. La portée de ce petit livre se mesure d'abord au profond changement de mentalité qui s'opère à l'endroit des piètres mœurs électorales qui avaient cours antérieurement. L'enquête Salvas, en mettant au jour ces pratiques inacceptables, viendra en sonner le glas.

Cet ouvrage, qui deviendra un classique, n'est pas indifférent, non plus, aux multiples mesures de démocratisation des partis politiques qui seront la marque du Québec dans les années subséquentes. Par leur réflexion critique, les deux abbés ont apporté une véritable contribution historique à l'évolution de la société québécoise. Mais le début de la Révolution tranquille sera aussi l'occasion pour Gérard Dion de remettre de l'avant une pensée qui lui est très chère.

---

48. *Ibid.*, p. 2 (l'extrait se trouve à la p. 167 du *Chrétien en démocratie*).
49. *Ibid.*, p. 7.
50. *Ibid.*, p. 9.

RENOUVELLEMENT DE L'ENSEIGNEMENT SOCIAL DE L'ÉGLISE

Le décès de Pie XII, le 9 octobre 1958, marque la fin du règne d'un pape devenu excessivement conservateur. Ainsi, peu de temps avant le Québec, Rome vit la fin d'une période glaciaire[51]. En novembre, l'élection du pape Jean XXIII va mener au renouveau de l'Église. En fait, celle-ci s'apprête à remettre en question une tradition excessivement sévère héritée de la Contre-Réforme. L'annonce, le 25 janvier 1959, de son intention de tenir un concile vient confirmer ces espoirs. Les catholiques progressistes pourront enfin reprendre la parole. Très au fait du revirement en train de se produire au Saint-Siège, Gérard Dion en profitera pour revenir sur une polémique antérieure qui a fortement envenimé les relations du travail au Québec durant la décennie précédente.

Retour sur un débat

On se souvient que, de 1950 à 1954, les tenants de la réforme de l'entreprise ont subi un terrible revers; la doctrine sociale de l'Église a alors été accaparée par des éléments archi-conservateurs prônant le corporatisme. Ses principaux chantres, Marcel Clément et François-Albert Angers, soutenaient le patronat catholique regroupé dans l'API qui menait une offensive contre les idées de réforme de l'entreprise, notamment le partage des profits et la participation à la gestion des travailleurs. Appuyée par Duplessis, cette association lança alors une campagne en faveur des «droits de gérance». Tant la Commission sacerdotale que les syndicalistes de la CTCC durent baisser pavillon et mettre de côté leur pensée jugée trop novatrice. Après les limitations de Pie XII, Gérard Dion fera de même[52].

Mais, dès 1956, *Relations industrielles* décide de remettre le sujet sur le tapis. D'abord, son numéro de mars présente l'expérience allemande de cogestion instaurée depuis la fin de la Seconde Guerre mondiale[53]. À l'intérieur du numéro suivant, le Français Gaston Cholette, alors professeur en relations industrielles à Laval et collaborateur de

---

51. Récemment, Pierre Pierrard parlait de «maccarthysme ecclésial» pour désigner la fin du règne de Pie XII. Plus tôt, Étienne Fouilloux avait qualifié les huit dernières années du pontificat de ce pape (1950-1958) «d'atmosphère irrespirable»; voir Pierre Pierrard (2000), *Un siècle de l'Église de France (1900-2000)*, Paris, Desclée de Brouwer, p. 151.

52. Pour les détails de cette bataille, voir *Les Dessous d'Asbestos*.

53. Herbert J. Spiro, «Codetermination and German Politics», *RI*, vol. 11, n° 2 (mars 1956), p. 66-86.

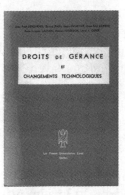

Page couverture du *Rapport du Congrès de 1960*.
Source : Département des relations industrielles,
collection de Claudine Leclerc.

Dion, fait état du programme de partage des profits implanté depuis le début de la décennie à la compagnie *Supreme Aluminium Industry Limited* de Toronto[54].

En 1958, ce collaborateur présente les vives réactions que suscita la revendication de partage des profits formulée par le syndicat des travailleurs américains de l'automobile[55]. Dans la livraison d'octobre de la même année, Roger Chartier, également professeur au département, rapporte un jugement controversé sur les fameux « droits de gérance[56] ». L'année suivante, Gaston Cholette revient sur le partage des profits dans deux articles synthèses. Il fait d'abord le point sur les diverses expériences de participation aux bénéfices en sol américain[57]. Ensuite, en octobre 1959, il se penche sur les quelques expériences canadiennes. À cette occasion, il osera rappeler la vive polémique qui a eu cours au Québec au début de la décennie[58].

Toutefois, c'est le Congrès des relations industrielles du printemps 1960 qui va aborder de front cette épineuse question des droits de la direction, grâce à son thème « Droits de gérance et changements technologiques ». Au cours de cette rencontre annuelle, Gérard Dion en profitera pour enfoncer définitivement le clou contre cet argument maintes fois invoqué par les patrons conservateurs. Dans sa communication intitulée « Propriété, responsabilité et droits de la gérance[59] », il s'attarde aux aspects moraux de la question.

---

54. Gaston Cholette, « Le partage des profits à la Compagnie *Supreme Aluminium Industry Ltd.* », *RI*, vol. 11, n° 3 (juin 1956), p. 161-177.

55. G. Cholette, « Le partage des profits dans les négociations de l'industrie de l'automobile en 1958 », *RI*, vol. 13, n° 2 (avril 1958), p. 154-161.

56. Roger Chartier, « Droits de la direction et égalité des parties », *RI*, vol. 13, n° 4 (oct. 1958), p. 446-452.

57. G. Cholette, « La participation aux bénéfices aux États-Unis », *RI*, vol. 14, n° 1 (janv. 1959), p. 2-34.

58. G. Cholette, « La participation aux bénéfices au Canada », *RI*, vol. 14, n° 4 (oct. 1959), p. 553-572. Il n'y traite cependant pas de la grève d'Asbestos, ni du débat autour de la *Lettre pastorale* ; il fait principalement état de la virulente prise de becs entre Bolté-Dion et Angers.

59. Voir *Droits de gérance et changements technologiques*, 15ᵉ Congrès des relations industrielles de l'Université Laval, Québec, PUL, 1960, p. 30-55 (des extraits de cette conférence ont aussi été publiés dans *Perspectives sociales* de mai-juin 1960 et dans *Relations industrielles* de janvier 1961).

En premier lieu, il condamne la conception libérale traditionnelle qui fait reposer les droits de direction sur la propriété. À cela, il rétorque que l'on ne possède pas «de la même façon un paquet de cigarettes, une automobile» et une usine puisque cette dernière ne s'avère pas un «bien d'usage ou de consommation» mais, plutôt, un «bien de production». Et, pour être productive, elle a «absolument besoin du travail humain[60]».

Après avoir distingué les divers types d'entreprises et analysé le rôle des actionnaires, l'abbé Dion s'arrête à la notion d'autorité dans l'entreprise. Comme celle-ci s'exerce sur des «sujets» et non sur des «objets», il fait remarquer cette distinction essentielle: «On administre des choses, on gouverne des hommes». Voilà pourquoi il déclare que cette autorité a «le pouvoir moral de coordonner les activités des membres d'un groupe vers le bien commun». De là, il conclura que c'est ce «bien commun qui fonde l'autorité».

Cette dernière possède «à la fois un pouvoir d'administrer des biens matériels et un pouvoir de diriger des hommes». Et c'est ce deuxième aspect qui fait surgir les difficultés; car même des décisions sur des biens peuvent avoir des effets «sur les hommes». De plus, une fois créée, l'entreprise «devient une entité qui a sa personnalité propre et qui doit se conformer aux lois de son être». Ses «objectifs essentiels» seraient «la production dans les meilleures conditions possibles d'un bien ou d'un service utile à la communauté qui va rapporter une juste rétribution à tous les participants à la production[61]».

Si cette définition et les conclusions de Dion sur le bien commun peuvent ne pas rejoindre un capitaliste en quête du plus grand profit possible, son dernier argument risque de le faire réfléchir. Il a trait à l'évolution survenue au cours des quinze années précédentes:

> L'introduction du système de la convention collective dans notre régime du travail a, sans que l'on s'en aperçoive, modifié le régime d'autorité dans l'entreprise. L'organe d'autorité n'est plus constitué uniquement de ce que l'on croit encore, mais à tort, des «représentants du capital». Ce qui démontre que les conceptions courantes sont toujours en retard sur la réalité. [...] ainsi, l'obligation pour les entreprises de reconnaître le syndicalisme ouvrier et de négocier tout ce qui peut affecter les travailleurs a, en fait, inséré partiellement le syndicalisme dans l'organe d'autorité avec un rôle particulier et des fonctions limitées[62].

---

60. *Ibid.*, p. 33-34.
61. *Ibid.*, p. 44-45.
62. *Ibid.*, p. 51.

Cet argument qu'on ne voulait entendre sous le régime duplessiste a, avec la Révolution tranquille, une chance de porter. Et l'abbé Dion de conclure : « Ce que l'on appelle les droits de la gérance n'a rien d'immuable, peut changer et change avec le temps et les circonstances[63] ». Cet exposé, qui sape l'argumentaire des tenants de tels droits, sera d'ailleurs diffusé par la grande presse[64].

Nouvelle encyclique, une caution et une avancée

Un an plus tard, la publication de l'encyclique *Mater et Magistra* par Jean XXIII, à l'occasion du soixante-dixième anniversaire de *Rerum Novarum*[65], vient définitivement cautionner les forces de renouveau dans l'Église. Pour Gérard Dion, cet anniversaire est l'occasion d'une réjouissance plus grande puisque le nouveau pape remet à l'honneur la participation des travailleurs à l'entreprise. En effet, cette importante encyclique reprend l'enseignement de ses prédécesseurs sur la nécessité « de tempérer le contrat de travail par un contrat de société[66] ». Après une décennie de difficultés, ce courant de pensée, tant honni en sol québécois, retrouve sa légitimité. D'autant plus que Jean XXIII renchérit en déclarant que, même s'il n'est pas possible d'en déterminer les règles exactes, ni la nature et l'étendue, ces idées doivent être instaurées :

> [...] Nous estimons cependant qu'on doit assurer aux travailleurs un rôle actif dans le fonctionnement de l'entreprise où ils sont employés, qu'elle soit privée ou publique. On doit tendre à faire de l'entreprise une véritable communauté humaine, qui marque profondément de son esprit les relations, les fonctions et les devoirs de chacun de ses membres[67].

Revenant sur les débats survenus au cours de la décennie précédente, le pape apporte cette précision :

> Sans doute, tout en veillant au respect de la dignité humaine, l'entreprise doit conserver l'unité de direction nécessaire à son bon fonctionnement ; mais il ne s'ensuit nullement que ceux qui jour après jour viennent y travailler doivent être traités comme de simples exécutants silencieux,

---

63. *Ibid.*, p. 55.

64. Voir notamment « Les droits de la gérance ne sont pas immuables », *Le Devoir*, 26 avril 1960, p. 14.

65. Censée avoir lieu le jour du 70ᵉ anniversaire de *Rerum Novarum*, soit le 15 mai 1961, la publication de cette encyclique fut reportée au 15 juillet, à cause de problèmes de traduction. Écrite à l'origine en italien, l'encyclique fut ensuite traduite en latin. Cette dernière version servit à la traduction dans les autres langues. Comme cette traduction latine se révéla, en divers passages, assez éloignée du texte d'origine, de nouvelles traductions françaises furent effectuées. Nous avons retenu la version de l'Action populaire et la réédition de Pierre Haubtmann chez Fleurus.

L'encyclique *Mater et Magistra*.
Source : Bibliothèque des sciences humaines
de l'Université Laval.

sans possibilité de donner leur avis et de faire part de leur expérience, entièrement passifs vis-à-vis des décisions qui concernent leur affectation et l'organisation de leur travail[68].

Il ne pouvait y avoir plus évidente approbation des idées des tenants de la réforme de l'entreprise en 1949-1950 au moment de la grève d'Asbestos et de la polémique entourant la *Lettre pastorale*[69].

Mais *Mater et Magistra* innove sur plusieurs autres plans. Tout d'abord, elle « marque l'adoption de la méthode inductive[70] » dans l'élaboration de l'enseignement social de l'Église. Au lieu de partir principalement de grands principes, Jean XXIII se montre attentif aux nombreuses transformations des dernières années. Dans la section « Changements récents[71] », il relève plusieurs phénomènes significatifs. D'abord, sur les plans scientifique et technique, découverte de l'énergie nucléaire, utilisation des produits de synthèse, automation, modernisation agricole, développement des médias d'information

---

66.   Paragraphes 84, 91 et 92 de *Mater et Magistra*. Voir L'Action populaire (1962), *Jean XXIII, Encyclique Mater et Magistra*, Paris, Spes, p. 93-99. Rappelons que cette notion de réforme de l'entreprise, incluant le partage des profits, la participation des travailleurs à la gestion et la participation à la propriété, fut d'abord formulée par Pie XI dans *Quadragesimo Anno* en 1931 (para. 72). À la fin de la Seconde Guerre mondiale, Pie XII, dans son message radiophonique du 1er septembre 1944, reprenait partiellement cette idée en déclarant que « la grande exploitation » devait en offrir la possibilité. C'est ce dernier extrait que Jean XXIII cite dans son texte.

67.   *Ibid.*, para. 91, p. 97.

68.   *Ibid.*, para. 92, p. 98-99.

69.   D'ailleurs, Gérard Dion y verra l'obtention d'une reconnaissance internationale indéniable puisque « le texte litigieux de la *Lettre* » sera repris « dans l'encyclique *Mater et Magistra* de Jean XXIII et dans la lettre *Octagesime Advenies* de Paul VI ». Voir G. Dion (1979), « La grève de l'amiante : trente ans après », *Mémoires de la Société royale du Canada*, 4e série, tome 17, p. 40.

70.   Giancarlo Zigola (1996), *Les Papes du XXe siècle*, Paris, Desclée de Brouwer, p. 147.

71.   Action populaire (1962), *Jean XXIII, Encyclique Mater et Magistra*, p. 51. Nous résumons ici les paragraphes 47 à 49.

(radio et télévision), moyens de transport plus rapides (avion) et conquête de l'espace. Ensuite, dans le «domaine social», régimes divers de sécurité sociale, meilleur accès à l'éducation, essor du syndicalisme, plus grande mobilité sociale, intérêts pour les événements mondiaux mais développement inégal des ressources entre les pays. Enfin, dans la sphère politique, plus grande participation des citoyens, interventions plus fréquentes des pouvoirs publics, fin du régime colonial avec l'accession des peuples d'Asie et d'Afrique à l'indépendance ainsi que développement des organismes internationaux.

Après ce survol des nouveautés de l'heure, Jean XXIII affirme son but: «maintenir la flamme allumée» par ses prédécesseurs et exhorter ses contemporains à en «tirer lumière et élan pour résoudre la question sociale par des moyens adaptés à notre temps[72]». Dans ses précisions doctrinales, le nouveau pape va beaucoup plus loin que les enseignements antérieurs. Bien que réaffirmant le «principe de subsidiarité[73]», *Mater et Magistra* demande «avec insistance aux pouvoirs publics, responsables du bien commun, d'exercer dans le domaine économique une action plus variée, plus vaste et mieux ordonnée qu'autrefois[74]». En somme, l'Église vient ainsi approuver le développement en cours de l'État-providence. Plus explicitement, Jean XXIII affirme à ce propos qu'une action déficiente des pouvoirs publics conduit à «l'exploitation des faibles par les forts moins scrupuleux, qui croissent en toute terre et en tout temps, comme l'ivraie dans le froment[75]».

Cette reconnaissance du rôle de l'État dans l'instauration d'une plus grande justice sociale est suivie par l'élaboration d'un nouveau concept qui a dû en faire sursauter plus d'un: la «socialisation, entendue comme une multiplication progressive des rapports sociaux[76]». Amenée par les nombreux changements survenus au cours des dernières décennies, celle-ci est «à la fois cause et effet d'une intervention croissante des pouvoirs publics» et fruit «d'une tendance naturelle»

---

72.   *Ibid.*, para. 50, p. 53. Soulignons que ces derniers mots préfigurent la célèbre expression «signe des temps» de *Pacem in terris*.

73.   Formulé par Pie XI en 1931 dans *Quadragesimo Anno*, ce principe stipule qu'il ne faut pas enlever de responsabilités «aux particuliers» et aux «groupements d'ordre inférieur» pour les confier à «une collectivité plus vaste».

74.   *Ibid.*, para. 54, p. 59-60.

75.   Pierre Haubtmann, prés. (1963), *Mater et Magistra, L'Église mère et éducatrice*, Paris, Fleurus (5ᵉ édition), para. 58, p. 313.

76.   *Ibid.*, para. 58, p. 313. Soulignons que cette idée était déjà présente chez certains penseurs du catholicisme social, notamment chez Chenu.

des êtres humains à s'associer. Cette dernière a donné vie à « toute une gamme[77] » de groupes sociaux.

Pour éviter les effets négatifs de cette socialisation croissante, Jean XXIII demande aux responsables politiques d'avoir « une claire notion du bien commun » et de respecter « l'autonomie des corps intermédiaires[78] ». Et ceux-ci doivent également subordonner leurs actions au « bien commun ». En respectant ces règles, la socialisation pourrait mener à la « recomposition organique de la vie commune[79] » souhaitée par Pie XI.

Le reste de l'encyclique contient plusieurs autres développements doctrinaux, notamment ceux qui sont relatifs à une diminution de l'écart entre la minorité de riches et la majorité de gens aux salaires insuffisants ainsi qu'une insistance sur la nécessité que le progrès social aille de pair avec l'essor économique[80]. Outre les précisions apportées sur l'entreprise dont nous avons déjà traitées, Jean XIII aborde de « nouveaux aspects de la question sociale », soit les problèmes du monde agricole et des pays sous-développés[81]. Le nouveau pape termine son encyclique en insistant sur l'importance de la diffusion de la doctrine sociale de l'Église.

Au Québec, ce message sera parfaitement saisi. Tant la nouvelle revue *Maintenant* que *Perspectives sociales* y feront écho. Dirigée par Gérard Dion, cette dernière présentera *Mater et Magistra* dans son numéro de l'automne 1962[82]. Parmi les théoriciens du catholicisme social, l'abbé Dion sera l'un des grands diffuseurs de cet enseignement novateur, redonnant ainsi vie à l'enseignement social de l'Église qui, après la grève d'Asbestos, a été complètement discrédité par la vague des corporatistes conservateurs.

---

77.   *Ibid.*, para. 59 et 60, p. 314.

78.   Action populaire (1962), *Jean XXIII. Mater et Magistra*, para. 65, p. 75. L'expression « corps intermédiaires » vient remplacer les anciens termes de « corporations » et « d'organisations professionnelles ». Il s'agit « d'associations libres et spontanées... établies indépendamment de l'initiative publique en vue de la satisfaction de besoins économiques, sociaux et culturels » (*ibid.*, p. 76). Aujourd'hui, ceux-ci sont désignés par les termes « groupes sociaux ».

79.   Pierre Haubtmann, prés. (1963), *Mater et Magistra, L'Église mère et éducatrice*, para. 68, p. 319-320. Dans *Quadragesimo Anno*, Pie XI parlait d'une « restauration de l'ordre social », termes repris par l'École sociale populaire dans son programme de 1933 et celui de 1934.

80.   Voir les para. 68-73.

81.   Pour le premier thème, voir les para. 123-156 et, pour le second, les para. 157-211.

82.   « Dossier *Mater et Magistra* », *Perspectives sociales*, sept.-oct. 1962, p. 103-109. Auparavant, le sujet avait été abordé brièvement dans le numéro de l'automne 1961 et celui du printemps 1962. Dans une section subséquente, Gilles Routhier traitera plus en profondeur de cette revue en abordant Vatican II.

Diffuser *Mater et Magistra*

Lors de multiples conférences et à l'intérieur de ses écrits, Gérard Dion propagera ce nouveau message pontifical. Contrairement à ce que l'on aurait pu penser, il ne reviendra pas sur·les idées de réforme de l'entreprise et de participation des travailleurs à la gestion. Ce sont plutôt les aspects nouveaux de *Mater et Magistra* qui inspireront sa pensée, et ce, dès la réception du document.

Des conseils d'industrie à la démocratie organique

Au cours de l'automne 1961, Gérard Dion participe à deux colloques d'importance. Le premier, organisé par les Semaines sociales anglaises, se tient à Halifax. Y assistent le nonce apostolique, une dizaine d'évêques et des délégués venant de partout au Canada. Près de 500 personnes suivent ses diverses séances. Pour les catholiques anglophones, il s'agit là d'une grande manifestation.

La deuxième rencontre, qui se tient au Québec, a un tout autre caractère. À Estérel, une «cinquantaine de personnes venues sur invitation spéciale» se rassemblent afin de discuter d'organisation professionnelle et de planification économique. Organisée par les Semaines sociales de langue française, cette rencontre revêt un caractère beaucoup plus restreint: s'y retrouvent seulement des initiés qui en profiteront pour approfondir un thème particulier à la lumière de l'encyclique de Jean XXIII. Cette formule plus intime, qui devrait se répéter tous les deux ans, vient d'être lancée par le nouveau directeur, le père Richard Arès, s.j., dans l'espoir que les Semaines sociales puissent ainsi devenir «un véritable carrefour de la pensée sociale catholique au Canada français[83]».

Lors de ces deux rencontres, Gérard Dion présente, *grosso modo*, la même réflexion en trois temps. Il se penche d'abord sur l'évolution de la doctrine sociale de *Rerum Novarum* à *Mater et Magistra*; ensuite, il traite de sa diffusion passée au Canada et, enfin, explore ce qui devrait être fait dans les années à venir.

Après avoir exposé les grandes lignes des trois principales encycliques, il aborde la diffusion de la pensée sociale de l'Église au Canada. D'entrée de jeu, il adresse, en termes voilés, de sévères critiques aux tenants du corporatisme et aux patrons conservateurs de l'API. Aux premiers, il reproche leur manque de réalisme, leur modèle impossible

---

83. G. Dion, «Deux sessions des Semaines sociales du Canada», *Perspectives sociales*, vol. 16, n° 5 (oct.-nov. 1961), p. 114-115.

à appliquer et, aux seconds, de n'avoir retenu des encycliques que des passages pour défendre le droit de propriété et la liberté d'entreprise[84]. S'arrêtant ensuite à l'expérience des conseils d'industrie au Canada, il reconnaît que celle-ci connut peu de diffusion. Bien que le fédéral ait implanté des comités mixtes lors du dernier conflit mondial, ces derniers ont vite disparu avec le retour de la paix. Au Canada anglais, on compte peu de littérature sur le sujet, celle-ci provenant principalement des États-Unis. Au Québec, seule la Commission sacerdotale d'études sociales publia un programme sur la participation des travailleurs à l'entreprise. On se souvient, ces idées ont connu une vive opposition.

Mais, jugeant que la nouvelle conjoncture est propice à la propagation de l'enseignement social de l'Église, le conférencier propose quelques pistes à ses auditeurs. Il fait d'abord observer que «nous sommes engagés dans un mouvement irréversible vers une socialisation, qui entraîne une certaine participation[85]». Et, selon lui, devant ce phénomène, deux possibilités se présentent:

> Est-ce que cette socialisation sera effectuée d'une façon totalitaire ou bien sera-t-elle le résultat d'une coopération entre les intéressés à qui seront laissées les responsabilités qu'ils pourront assumer à différents niveaux? En somme, aurons-nous une démocratie économique ou une dictature totalitaire[86]?

Pour accéder à cette démocratie économique ou «démocratie organique», comme Dion préfère la désigner, l'enseignement de l'Église offre de nouvelles perspectives.

Concertation et recherche interdisciplinaire

Et c'est alors que, dans sa conférence à Halifax, il soutient le tripartisme:

> *Intermediate bodies are natural and necessary if we want to avoid state totalitarism. Institutional cooperation at all levels must be organized between the agents of the economy. Intermediate bodies must co-operate among*

---

84.   DAUL, P117, D1, 11.1 (2/2), G. Dion, «Industry Council Plan», National Social Life Conference, October 13-15, 1961, p. 11-13. Cette communication paraîtra, dans *Relations industrielles*, sous le titre «Industry Council Plan and *Mater et Magistra*», *RI*, vol. 16, n° 4 (oct. 1961), p. 443-463. Ses critiques se trouvent aux pages 451-453. Des extraits de cette conférence seront aussi publiés en français: G. Dion, «La démocratie organique de *Rerum Novarum* à *Mater et Magistra*», *Perspectives sociales*, vol. 16, n° 5 (oct.-nov. 1961), p. 107-109.

85.   G. Dion (1962), «La démocratie organique et l'encyclique *Mater et Magistra*», dans *Planification économique et organisation professionnelle*, 1ᵉʳ colloque – Club d'Estérel (1961), Montréal, Bellarmin, p. 135 (voir aussi la p. 15 de son texte de conférence à Halifax).

86.   *Ibid.*, p. 136.

themselves and with the government in order to help it play its positive role in the economy for the common good, national and international[87].

La première chose à faire s'avère de favoriser le développement de tels corps intermédiaires. En outre, la syndicalisation des cols blancs et des cadres doit être facilitée. Un regroupement patronal ouvert à cette concertation tripartite serait aussi à mettre sur pied[88]. De leur côté, les catholiques sociaux devraient appuyer les syndicats, tels ceux du textile et des chantiers maritimes, lorsqu'ils proposent la création d'«institutions tripartites pour étudier certains problèmes et tâcher de trouver un règlement[89]».

Ces mêmes catholiques gagneraient à mettre sur pied des équipes multidisciplinaires, afin de promouvoir une réorganisation de l'économie selon les principes de l'enseignement social de l'Église[90]. Reconnaissant que cet enseignement a très peu pénétré les diverses organisations, exception faite du syndicalisme catholique, Gérard Dion se demande comment créer un climat favorable à sa réception. À cette question, il répond de façon catégorique :

> À notre sens, il est absolument indispensable de développer la recherche dans un tel domaine. Aussi longtemps que l'on se contentera de répéter des principes abstraits sans voir quelle prise ils peuvent avoir sur la réalité, on risque de tourner en rond. La connaissance, une connaissance objective, est toujours nécessaire, pour savoir ce qu'il y a à faire et comment le faire[91].

---

87. G. Dion (1961), «Industry Council Plan», p. 16. Son option en faveur du tripartisme est tellement forte qu'au lieu de parler des comités d'entreprise durant la Seconde Guerre il s'attarde aux institutions tripartites mises sur pied par les gouvernements fédéral et provincial. Pour le Québec, il fournit l'exemple du Conseil supérieur du travail et du Conseil d'orientation économique, deux instances créées par le gouvernement Godbout. Voir *ibid.*, p. 14. Dans sa conférence à Estérel, il opta pour le même tripartisme mais en formula l'idée de façon plus synthétique : «Maintenant qu'on admet... l'existence des [corps] intermédiaires, eh bien, il faudra qu'on prenne les moyens pour que ces [corps] intermédiaires puissent coopérer entre eux et coopérer aussi avec l'autorité publique» (tirée de DAUL, P117, D1, 9.31, «Exposé de M. l'abbé Dion», Colloque d'Estérel, le 20 nov. 1961, p. 5).

88. *Ibid.*, p. 18-20 et 23. Les trois parties étaient évidemment le patronat, les travailleurs et le gouvernement.

89. DAUL, P117, D1, 9.31, «Exposé de M. l'abbé Dion», p. 5. Cette philosophie de concertation, il l'a mettra en œuvre quelques années plus tard lors de l'expérience du Comité du textile.

90. G. Dion (1961), «Industry Council Plan», p. 17. Une telle équipe «*is necessary in order to know exactly our economic reality*».

91. G. Dion (1960), «Les groupements professionnels dans notre milieu», *Profession, service de l'Homme*, Montréal, L'Action catholique canadienne, p. 76. Idée réaffirmée lors de sa conférence à Halifax, p. 22.

Mais, en regardant ce qui se fait actuellement dans nos universités, il ne peut que soulever ces interrogations :

> Nos facultés de sciences sociales et nos départements de relations industrielles (Laval et Montréal), dont c'est le domaine propre, sont jeunes. Ils sont pauvres en personnel et en ressources... Ils ne reçoivent pas l'appui nécessaire pour pouvoir se livrer à de vastes projets de recherches en pareille matière. Auraient-ils aussi la possibilité d'exposer les conclusions qui nécessairement seraient de nature à déranger « l'ordre existant » ? En tout cas, qui s'est donné la peine de songer à mettre sur pied une fondation dans ce but ? Allons-nous être obligés d'attendre que des fondations telles que Carnegie, Rockfeller et Ford prennent cette initiative et le fassent pour nous[92] ?

Ce besoin ressenti lors de la parution de *Mater et Magistra* semble à l'origine du geste qu'il posera quelques années plus tard, mettre sur pied sa propre fondation.

Dans l'intervalle, son appel à la formation d'une équipe multidisciplinaire de catholiques sociaux ne sera pas entendu. Seul son message en faveur de l'essor des corps intermédiaires, d'une concertation tripartite devant la socialisation en cours et d'une « certaine planification[93] » sera reçu. Car, au Québec, ce qui n'avait jamais vraiment eu lieu avant[94], la concertation tripartite, débute au moment de l'instauration des grandes réformes de la Révolution tranquille. Ce que l'on qualifiera plus tard de « modèle québécois » est alors en gestation.

Socialisation et planification

Dans ses interventions ultérieures, Gérard Dion appuiera ces deux concepts dominants de la Révolution tranquille. Tout d'abord, dans *Relations industrielles*, il reproduira des écrits de la Semaine sociale de Grenoble et d'*Économie et humanisme*[95]. Toutefois, c'est en 1963 que

---

92.   *Ibid.* Dans sa conférence à Halifax, il mentionna seulement la Faculté des sciences sociales de Laval et son département des relations industrielles.

93.   Dans son article de 1960, Gérard Dion fait référence à un article d'Yves Calvez sur la planification paru dans la *Revue de l'Action populaire* de décembre 1958. Pour sa part, Dale C. Thompson identifie René Tremblay comme le grand théoricien québécois de cette notion. C'est lui qui aurait « fait inscrire les idées de planification économique au programme libéral ». Il se serait inspiré de l'expérience française, notamment des écrits de Jacques Rueff. Voir Dale C. Thompson (1984), *Jean Lesage...*, p. 249.

94.   La seule exception serait le gouvernement Godbout. En tout cas, ni Taschereau ni Duplessis n'en étaient partisans.

95.   « Socialisation et personne humaine – Semaine sociale de Grenoble », *Relations industrielles*, vol. 15, n° 3 (juill. 1960), p. 377-384 et « Propriété et socialisation », *ibid.*, vol. 17, n° 4 (oct. 1962), p. 468-471.

Rapport du Congrès de 1963.
Source : Département des relations industrielles,
collection de Claudine Leclerc.

la question sera traitée plus en profondeur lors des assises du Congrès des relations industrielles.

Dans sa communication, Gérard Dion s'arrête au caractère et à la signification de cette « socialisation ». La majeure partie de son exposé sert à préciser que ce terme ne doit pas être confondu avec socialisme, ni avec étatisation ou nationalisation. Il désigne plutôt « la tendance perpétuelle de l'homme vers une communication avec ses semblables vers la coopération, vers l'association[96] ». Et cette socialisation possède l'avantage de permettre l'obtention de nombreux droits sociaux. Quant à ses inconvénients, ils seront parés par « une conscience aiguë du bien commun » et la présence de « groupements intermédiaires » auxquels participent activement les citoyens[97].

Quant à la planification, ce « corollaire de la socialisation », elle doit mener non pas à la dictature totalitaire mais à la démocratie économique :

> Considérant l'échelle de valeurs, communément acceptée dans notre pays, il nous semble que le choix est déjà fait. Alors une collaboration institutionnelle doit être organisée entre tous les agents de l'économie... C'est cette coopération organisée entre les agents de l'économie... que l'on désigne sous le nom d'une organisation démocratique de l'économie[98].

Dans sa conclusion, l'abbé Dion indique trois grands préalables pour y arriver : « un changement dans les esprits », la création « de

---

96.   G. Dion (1963), « La Socialisation : caractère et signification », *Socialisation et relations industrielles*, 18ᵉ Congrès des relations industrielles de l'Université Laval, Québec, PUL, 1963, p. 15. Son argumentation sur le socialisme se trouve aux pages 23-31.

97.   *Ibid.*, p. 32-34.

98.   *Ibid.*, p. 35.

nouvelles institutions» et l'amélioration de «celles qui existent» et l'adoption des «plus hautes valeurs spirituelles[99]».

À l'automne, Gérard Dion aborde à nouveau le thème de la socialisation lors d'un colloque organisé par la revue *Maintenant*[100]. Tout en reprenant quelques idées formulées au Congrès des relations industrielles, sa conférence expose surtout la pensée de Jean XXIII sur la question[101]. Assez théoriques, ses propos ne suscitèrent pas de réaction. Il en ira autrement de ses interventions à des congrès organisés par des professions particulières.

Tout d'abord, en juin 1963, devant les maîtres-électriciens, il déclara : «Nous souffrons de l'absence d'interlocuteurs valables vis-à-vis de l'État, pour rendre cette planification démocratique[102]». À l'été, l'abbé Dion sera encore plus explicite, visant cette fois directement le patronat :

> Mais lorsque l'État veut associer le patronat à son œuvre de planification, rencontre-t-il devant lui un interlocuteur valable ? Qui représente l'ensemble du patronat ? [...] Il est donc urgent de songer à mettre sur pied un *Conseil du patronat*. Ce conseil devrait tenir compte de toutes les institutions existantes et assurer une représentation aussi parfaite que possible de toutes les activités économiques : industrie, commerces et services[103].

Ainsi, dans la suite de *Mater et Magistra* de Jean XXIII, Gérard Dion a défendu le tripartisme ou la concertation entre l'État et les organismes sociaux. Dans la foulée de la socialisation qui entraîne une «certaine planification», il en est venu à faire le constat suivant : le monde patronal ne dispose pas d'un organe centralisé pour le représen-

---

99. *Ibid.*, p. 35-37. Gérard Dion reprend ici un long extrait de *Pacem in Terris* de Jean XXIII où ce dernier insiste sur le fait que, «pour imprimer aux rapports de la vie quotidienne un caractère pleinement humain», cela «réclame la vérité comme fondement des relations, la justice comme règle, l'amour mutuel comme moteur et la liberté comme climat».

100. Sur la contribution de cette revue fondée en 1962 par les Dominicains et dirigée par le père Bradet, voir Martin Roy (2007), *L'actualisation du catholicisme québécois. La revue* Maintenant *(1962-1974)*, mémoire de maîtrise en histoire, Université du Québec à Montréal, 242 pages.

101. G. Dion, «Socialisation», *Maintenant*, n° 23 (nov. 1963), p. 331-333 et «Église et socialisme», *ibid.*, n° 24 (déc. 1963), p. 370-371.

102. DAUL, P117, A5.55, «Lettre de Armand-L. Godin, directeur de l'Action sociale à la Société des artisans, coopérative d'assurance-vie à G.D. 15 oct. 1963», p. 1. À la suite de cette déclaration, l'organisme organisera des rencontres sur le thème : «Sommes-nous des interlocuteurs valables ?».

103. G. Dion, «Commentaires : Conseil du patronat et planification économique», *Relations industrielles*, vol. 18, n° 3 (juill. 1963), p. 389-390.

ter. Devant cette lacune, il a suggéré la mise sur pied d'un conseil du patronat. Cette idée, il la reprendra sur plusieurs tribunes[104].

Éloge de Jean XXIII

La mort, le 3 juin 1963, de celui qu'on a surnommé le « bon pape Jean » a été vécue comme une grande perte pour l'humanité. Gérard Dion éprouva alors une grande tristesse. Dans une lettre à son ami Mgr Pietro Pavan, il s'en confie :

> Vous comprenez aussi toute la peine que moi et mes amis nous ressentons avec la disparition du bon pape Jean. J'espère que du haut du ciel, il nous aidera à conserver et à faire fructifier son héritage. En ce moment, je ne sais ce que le Bon Dieu nous réserve comme successeur. Je n'ose même pas mettre des noms, car j'ai tellement peur de me tromper et je préfère laisser au Saint-Esprit le soin de nous donner un autre Jean XXIII. Je prie de toutes mes forces à cette fin[105].

À l'intérieur des pages du *Devoir*, il rendra un vibrant hommage au disparu. Dans « L'Église de Jean XXIII : une Église accueillante », l'abbé Dion insiste sur l'apport que ce pape a eu au développement de l'enseignement social de l'Église, dans sa « mise à jour », son « rajeunissement[106] ». Outre son « souci du réel, du concret » qui l'a amené à formuler la fameuse expression « signe des temps » dans *Pacem in Terris*, Jean XXIII a élargi la question sociale en l'étendant au monde agricole et aux pays en développement. Parue peu de temps auparavant, soit le 11 avril 1963, sa dernière encyclique est venue « reconnaître pleinement les droits de l'homme », notamment la Charte de l'ONU qui contient des droits sociaux, et prôner la paix dans le monde. Au-delà de l'ouverture de ce pape, Gérard Dion souligne le « respect » et la « confiance en l'homme » qui transparaît dans tout son enseignement.

Quelques mois plus tard, il reprendra cet éloge dans *Communauté chrétienne*, ajoutant alors que « le pape Jean a été le souverain pontife qui a réussi le mieux jusqu'ici à toucher le cœur du plus grand nombre[107] ». Il

---

104. Au cours des années 1960, l'abbé Dion collaborera d'ailleurs, avec Jean Brunelle, à la réorientation de l'API qui, en 1966, deviendra le Centre de développement de l'entreprise (CDE), pour ensuite donner naissance, au début des années 1970, au Conseil du patronat.

105. DAUL, P117, A5.55, « Lettre de G. Dion à Mgr Pietro Pavan du 9 juin 1963 », 1 page. Dans cette même lettre, il affirme à son interlocuteur avoir reconnu dans *Pacem in Terris* « une pensée, des expressions que je connais bien », laissant ainsi voir qu'il a remarqué la participation de Mgr Pavan à la rédaction de cette encyclique.

106. DAUL, P117, A5.55, « L'enseignement social du pape. L'Église de Jean XXIII : une Église accueillante », *Le Devoir*, 8 juin 1963, p. 20. Les prochaines citations proviennent de cet article.

107. G. Dion, « La pastorale sociale de Jean XXIII », *Communauté chrétienne*, vol. 2, n° 11 (sept.-oct. 1963), p. 375. Les prochaines citations sont tirées de ce texte.

fait alors remarquer que l'enseignement social de ce pape est « à l'image de sa personnalité ». Tout en demeurant fidèle à la tradition, Jean XXIII se démarque par son « refus du conservatisme » : « à mots voilés », il y a là « répudiation de l'esprit de ghetto qui a prévalu si longtemps depuis la Réforme ». De plus, sa pastorale « pousse à l'action ». En terminant, l'abbé Dion invite tous ses concitoyens à « se familiariser » avec ces deux grandes encycliques « qui marquent, pour l'Église, une étape dans son "approche" du monde ».

Devant la perte de ce pontife qu'il a hautement apprécié, Gérard Dion craint que son successeur ne soit pas à sa hauteur. Au moment de la nomination de Paul VI, il exprime ouvertement à un ami ses appréhensions :

> Nous avons un nouveau pape. Je suis content sans être enthousiaste. L'histoire de l'avènement de Pie IX nous apprend à ne pas trop se fier aux hommes. En tout cas, pour le moment, il apparaît comme devant continuer dans la ligne de Jean XXIII. Continuons à prier le Saint-Esprit de l'éclairer, de lui donner la sagesse et la force. J'ai hâte de voir les réactions des « intégristes » à son égard. De toute façon, nous restons dans l'Église <u>militante</u> et il n'est jamais temps de dormir sur nos lauriers. Ce qui me rassure, c'est qu'il est l'ami de Mgr Pavan. S'il lui laisse écrire ses encycliques, ça va aller[108].

Profondément marqué par l'enseignement social de Jean XXIII, l'abbé Dion va y rester fidèle au cours des prochaines années. Tout au long de la Révolution tranquille, il continuera à soutenir les idées de socialisation, de concertation de l'État avec les corps intermédiaires et de planification économique.

Précisions sur les corps intermédiaires

En 1964, lors des Semaines sociales, Gérard Dion juge bon de rectifier certaines interprétations données à ce concept. D'entrée de jeu, il souligne comment le libéralisme n'en a pas tenu compte jusqu'à tout récemment :

> Avec la montée du phénomène de la socialisation, nous assistons à l'émergence des groupes intermédiaires. La démocratie libérale individualiste qui a inspiré l'organisation et la structure des institutions politiques que nous possédons n'avait pas voulu connaître d'autres réalités que l'État et les citoyens. Ceux-ci ne pouvaient s'exprimer que par les partis politiques. Pour n'avoir point voulu reconnaître les

---

108. DAUL, P117, A5.55, « Lettre de G. Dion au père Émile Gabel de l'Union internationale de la presse catholique du 21 juin 1963 », 1 page.

groupements, l'État a bientôt été le jeu d'une action clandestine menée par les groupes de pression[109].

La majeure partie de son texte vise à montrer que les « corps intermédiaires », ou groupes sociaux comme on les nomme aujourd'hui, ne sont pas à confondre avec les groupes de pression. Ces derniers « n'ont pas bonne presse » puisque leur « action vise à accaparer, à se servir du pouvoir politique pour [leurs] propres intérêts ». Même si les corps intermédiaires peuvent faire des représentations devant les gouvernements, ils ne sont donc pas « à proprement parler des groupes de pression[110] ».

Les « groupes intermédiaires » sont plutôt là pour exprimer « les besoins ou les aspirations des personnes... dans leurs dimensions particulières, familiales, professionnelles, économiques, sociales, religieuses, culturelles, etc. » Dans le contexte de la Révolution tranquille, l'abbé Dion déclare que « l'action collective, l'organisation est aujourd'hui la seule voie ouverte au citoyen pour faire entendre son opinion, exposer ses préoccupations et faire valoir ses intérêts »[111].

La modernisation en cours au Québec a littéralement changé la donne : non seulement « le Pouvoir... accepte l'existence de ces groupes intermédiaires, mais il en est venu à requérir leur collaboration ». Le conférencier confirme ce fait par de multiples exemples :

> Jamais, dans le Québec, on n'a tant parlé de « groupements intermédiaires », de leur importance, de leur rôle dans la société. La formation du Conseil d'orientation économique..., les discussions autour de la création du ministère de l'Éducation, la réforme de notre législation du travail ont donné une actualité sans pareille aux groupes intermédiaires. On a même vu l'Épiscopat du Canada tout entier consacrer son message à l'occasion de la fête du Travail en 1963 à la « collaboration indispensable entre les pouvoirs publics et les corps intermédiaires ». Ce ne sont plus seulement les tenants de la doctrine sociale de l'Église prêchant souvent dans le désert qui parlent de « groupements intermédiaires », mais on retrouve cette expression dans la bouche des parlementaires, des ministres et de tous ceux qui s'occupent de la chose publique[112].

Mais ces groupes ne doivent pas devenir des organismes administratifs ; ce qui les caractérise, c'est leur « extériorité » et leur « autonomie d'action vis-à-vis du pouvoir politique[113] ». L'abbé Dion s'insurge alors contre certaines confusions entretenues récemment :

---

109. G. Dion, « Corps intermédiaires : groupes de pression ou organisme administratifs ? », *L'État et les corps intermédiaires*, 39ᵉ Semaines sociales du Canada, Montréal, Bellarmin, p. 11.

110. *Ibid.*, p. 16.

111. *Ibid.*, p. 14.

112. *Ibid.*, p. 11.

113. *Ibid.*, p. 14.

Certains ont prétendu, chez nous, que le Conseil supérieur du travail, la Commission des accidents du travail, la Commission des relations ouvrières, la Commission du salaire minimum étaient des « corps intermédiaires ». On a même soutenu que le Conseil supérieur de l'Éducation devait nécessairement posséder des pouvoirs de décision et non simplement une fonction de conseil, parce qu'il était un corps intermédiaire et que la notion de corps intermédiaire impliquait nécessairement un pouvoir administratif public ou semi-public. Et on se référait au principe de subsidiarité dans la doctrine sociale de l'Église.

Chez cette école de pensée, les corps intermédiaires, pour être tels, doivent se voir attribuer par l'État, dans un secteur particulier, une partie du pouvoir gouvernemental[114].

Il prend ensuite le temps de montrer les différences entre organes administratifs et groupes intermédiaires. Bien que l'État puisse nommer des représentants de ces groupes dans ses organes de pouvoir, il invite ces mêmes groupes à veiller à toujours conserver leur autonomie : « L'État ne doit pas les absorber, ni les intégrer ». L'indépendance d'action des groupes doit toujours être préservée. Reconnaissant toutefois que ces groupements « n'ont pas tous la même importance, ni la même valeur représentative », Gérard Dion conclut que « l'opinion publique est encore le meilleur juge pour indiquer au pouvoir politique quelle considération doit être apportée à chacun et quelle place doit lui être attribuée en face des problèmes particuliers qui intéressent le bien général[115] ».

L'ensemble de ces précisions permettent de saisir comment l'abbé Dion envisageait concrètement la démocratisation de la société : réduction de l'influence des *lobbys* d'intérêt, accroissement du rôle des groupes intermédiaires auprès du pouvoir politique, nomination de représentants des divers groupes à l'intérieur de nouveaux organes administratifs et pondération de ces rôles par une opinion publique vigilante.

CONCLUSION

De deux façons, Gérard Dion a contribué à l'évolution de la pensée au Québec en ce début de Révolution tranquille. D'abord, avec l'abbé Louis O'Neill, dans *Le Chrétien en démocratie*, il a cherché à inciter les catholiques francophones à rompre avec leur ancienne mentalité de docilité à l'égard de l'autorité ainsi qu'à se montrer plus exigeants et plus critiques à l'endroit du pouvoir politique. Par cet écrit sur l'importance d'une démocratisation plus grande de la société québécoise, les deux célèbres abbés ont mis à la portée de tous des notions

114. *Ibid.*, p. 18.
115. *Ibid.*, p. 21.

fondamentales de l'enseignement social de l'Église, telles celles de bien commun et de justice sociale. Cet ouvrage de vulgarisation a aussi été pour eux l'occasion d'expliciter les concepts de légitimité et de légalité ainsi que de souligner les différences entre lois justes et lois injustes. Ce qui n'avait pas été entendu en 1949 le sera davantage au cours de cette décennie 1960-1970.

Démocratisation de la politique, mais aussi laïcisation de l'État doivent avoir lieu dans le Québec moderne. Sur cette dernière question, les deux abbés adoptent une position novatrice mais modérée. Novatrice d'abord parce qu'elle reconnaît les libertés de religion et de conscience ainsi que la nécessaire laïcisation de l'État. Implicitement, elle est en faveur d'un désengagement de l'Église de ses traditionnels secteurs d'intervention, l'éducation, la santé et les services sociaux. Pour bien des religieux, la chose n'était pas encore admise en ce début d'année 1961. Au surplus, plusieurs catholiques s'opposaient toujours à la diminution de l'influence de l'Église catholique à l'intérieur des collèges, des écoles et des hôpitaux. Plusieurs clercs voyaient encore d'un mauvais œil cette arrivée massive de laïcs dans ce qui était leur traditionnelle chasse-gardée. Ainsi, quand on relit *Le Chrétien en démocratie* en tenant compte du contexte et de la mentalité de l'époque, son côté novateur ressort nettement.

Mais, sur la laïcisation, les deux abbés adoptent également une attitude modérée, s'opposant à la laïcisation mur à mur prônée par les militants du tout nouveau Mouvement laïque de langue française (MLLF). Ils souhaitent que l'État reconnaisse les droits tant de la majorité que des minorités, qu'elle tienne compte de l'histoire ainsi que des traditions des catholiques francophones et qu'elle prenne en considération la réalité historique particulière du Québec. En somme, ils ont opté pour une laïcisation progressive. Et c'est effectivement ce qui se produira par la suite au Québec.

Si la sécularisation des soins de santé et des services sociaux sera rapide, la laïcisation de l'éducation va s'opérer d'une manière beaucoup plus lente[116]. À tel point que le processus n'est toujours pas achevé au moment d'écrire ses lignes, soit près de cinquante ans plus tard, puisque les modifications sur l'enseignement religieux à l'école n'entreront en vigueur qu'à l'automne 2008. Bien qu'il soit impossible, dans une production aussi restreinte, de mesurer les répercussions du *Chrétien en démocratie*, on peut néanmoins constater cette coïncidence. Tant par ses propos sur la démocratisation que par ceux sur la laïcisation,

---

116. Ce que nous verrons dans le prochain chapitre.

ce livre-choc constitue un jalon, un marqueur dans l'évolution de la société québécoise. C'est à ce double titre qu'il peut revendiquer le statut de classique.

Ensuite, par sa diffusion du nouvel enseignement social de l'Église[117], Gérard Dion a contribué à la pensée québécoise. Dans un premier temps, ses propos novateurs ont permis de sortir cet enseignement du discrédit dans lequel l'avait jeté les tenants du corporatisme au cours de la décennie 1950-1960. Un tel apport n'est pas à négliger. En second lieu, ses conférences et ses articles ont contribué à légitimer le processus qui avait cours au Québec en cette Révolution tranquille.

Socialisation n'est autre chose que la reconnaissance de l'extraordinaire mouvement de masse qui donne lieu à la création de multiples groupes sociaux. D'ailleurs, le terme «groupements intermédiaires» est synonyme de cette réalité. Concertation et tripartisme désignent les mécanismes que le gouvernement Lesage est en train d'instaurer : consultation des groupes intermédiaires, réduction du rôle des *lobbys* d'intérêt, nomination de représentants des groupes sociaux au sein des nouvelles instances créées n'en sont que des applications particulières. Enfin, le concept de planification vient légitimer une plus grande intervention de l'État québécois et l'avènement de l'État-providence.

En ce sens, l'enseignement social de l'Église s'est trouvé à participer aux processus en cours au Québec. Si ses tentatives antérieures, celle de 1932-1936 avec la lutte contre les trusts et la restauration sociale et celle de 1945-1949 avec la participation des travailleurs à la gestion des entreprises, ont échoué, celle-ci aura prise sur cette société en pleine mutation. Gérard Dion a été ainsi l'un des grands promoteurs de cette pensée largement inspirée par *Mater et Magistra*.

À ces deux titres, en tant qu'auteur du livre *Le Chrétien en démocratie* et de diffuseur de l'enseignement du pape Jean XXIII, l'abbé Dion a contribué au catholicisme social québécois. En ce début des années 1960, avec *Perspectives sociales* et la revue *Maintenant*, il en a été l'un des principaux porte-étendards. Chose certaine, par son actualisation de la doctrine sociale de l'Église, il a réussi à la sortir du discrédit dans lequel l'avait fait tomber les tenants du corporatisme qui, au cours de la décennie précédente, s'en servaient pour légitimer le conservatisme et les mesures anti-ouvrières de Maurice Duplessis.

---

117. Contrairement à Meunier et Warren (2002), il nous semble que ce n'est pas tant l'influence personnaliste que l'actualisation de l'enseignement social de l'Église qui s'avère notoire en ce début de Révolution tranquille.

CHAPITRE 11

LUTTE POUR DES RÉFORMES EN ÉDUCATION

À l'instar de plusieurs anti-duplessistes, Gérard Dion participera à la modernisation des structures politiques et juridiques du Québec en ce début de Révolution tranquille. Les innovations se faisant dans bien des domaines en même temps, il aura à intervenir sur plusieurs fronts. Dans les situations les moins complexes, il se contentera d'appuyer les mesures instaurées par le gouvernement Lesage. Il en ira ainsi lors de l'implantation de l'assurance hospitalisation[1].

Dans d'autres cas, il prendra part aux débats qui surgissent au sein de la société québécoise. Ainsi, en matière de divorce, les abbés Dion et O'Neill s'opposeront au directeur de *Relations*, le jésuite Richard Arès, qui a soutenu que le droit naturel serait le fondement de l'indissolubilité du mariage, et qu'en conséquence il ne devrait pas y avoir de *Loi du divorce* au Canada. Une telle attitude consiste à faire fi du «contexte canadien» et du «pluralisme religieux qui le caractérise». Tant les protestants que les non-croyants ne sont pas de l'avis des catholiques sur cette question. Et ce serait sur «l'Évangile» que ces derniers fonderaient leur opinion. Devant pareille situation, il vaut mieux ne pas porter «atteinte aux libertés des gens qui ne partagent pas nos croyances». En conclusion, les deux abbés demandent au père Arès de cesser «d'entretenir des équivoques qui, à la fin, sont préjudiciables à l'Église[2]».

---

1. Voir Maurice Ladouceur, «Assurance-hospitalisation: chacun doit accepter ses responsabilités», *Le Travail*, février 1961, p. 4. Après avoir souligné que le retard du Québec à adopter cette mesure de sécurité sociale «est dû à l'entêtement d'un seul homme», il invite les congrégations religieuses à ne pas se servir de cette nouvelle disposition législative pour faire preuve d'anti-syndicalisme. C'est qu'une de ces communautés vient d'avertir le syndicat que «désormais elle ne peut plus prendre le risque de négocier des augmentations de salaires».

2. Gérard Dion et Louis O'Neill, «Un religieux jésuite et le divorce», *Perspectives sociales*, vol. 15, n° 1 (janv.-fév. 1960), p. 6-9.

Sur le mariage civil aussi, la position exprimée dans *Perspectives sociales* sera novatrice. À la fin de l'année 1962, quatre collaborateurs de cette revue signent un article qui fera grand bruit. Dans «Assez de tergiversations», Gérard Dion, Louis O'Neill, Roch Duval et Jean-Marie Hamelin dénoncent deux lacunes graves de notre *Code civil*:

> Des citoyens du Québec se sentent parfois gênés dans l'exercice de leur liberté de conscience en raison des insuffisances de la législation civile. Édictée à une époque où certains problèmes ne se posaient pas, celle-ci se trouve à les priver de témoigner sous serment devant les tribunaux civils et ne leur donne pas la possibilité de contracter mariage à moins de le faire devant un ministre du culte.

> Depuis deux ans, des polémiques de plus en plus acerbes tiennent la place publique. Elles contribuent à troubler les esprits et à fournir trop souvent des arguments contre l'Église[3].

Craignant qu'un retard dans le règlement de ces questions n'entretienne «un climat malsain», les auteurs souhaitent que «justice» soit «rendue à ces individus» qui ne partagent pas «des sentiments religieux tout comme la quasi-totalité de la population». C'est en «vertu du respect dû à la liberté des consciences dans une société pluraliste» que ces gens «ont le droit de voir leurs légitimes réclamations respectées».

Rappelant la distinction établie entre ordre surnaturel et ordre civil par Pie XII et invoquant une «saine et légitime laïcité de l'État», les collaborateurs de *Perspectives sociales* demandent au législateur, le «seul à pouvoir régler cette question», de prendre rapidement «ses responsabilités», avant que celle-ci ne devienne une «affaire religieuse ou politique». En somme, qu'il procède à une réforme du droit québécois afin que, de un, une solution de rechange au mariage religieux soit offerte, et que, de deux, tous les citoyens soient traités de manière égale devant les tribunaux.

Reprise dans la plupart des grands journaux, cette position novatrice ne passera pas inaperçue[4]. Et la correspondance reçue par

---

3.   Article paru dans *Perspectives sociales*, vol. 17, n° 6 (nov.-déc. 1962), p. 119-120. Rappelons qu'il s'agissait là de deux revendications formulées par le Mouvement laïque de langue française.

4.   À ce sujet, un observateur du temps, Thomas Sloan, en parlant de cette déclaration, affirma: «Citons en exemple de leur activité récente, l'initiative qu'ils ont prise de faire signer une pétition par un groupe de professeurs ecclésiastiques de l'Université Laval en 1963. Cette pétition réclamait la modification du *Code civil* dans le sens d'une extension des droits [...] des non-chrétiens. Plus spécifiquement, elle prônait la possibilité du mariage civil pour ceux qui ne veulent pas d'un mariage religieux et la reconnaissance de la qualité d'incroyant par les tribunaux où, traditionnellement, un justiciable n'adhérant à aucune religion était traité en citoyen de seconde zone». Tiré de Thomas Sloan (1967), *Une Révolution tranquille?*, Montréal, HMH, p. 53.

l'abbé Dion s'avère très favorable à de tels changements. Un clerc belge s'exclame : « Je suis tout stupéfait de voir qu'au Québec le mariage civil n'existe pas encore. Cela me fait l'impression d'une zone de troglodytes subsistant dans un pays ultra civilisé – un peu comme si on découvrait un mammouth dans les rues de Montréal[5] ». Missionnaire au Brésil depuis 1962, l'ancien collaborateur Georges-Albert Boissinot dira de cette « déclaration quatripartite » qu'il vient de lire dans *Le Devoir* : elle « est très bien[6] ». Même en 1966, au moment de la réforme du *Code civil*, Gérard Dion continue de recevoir des témoignages d'appui[7].

Sur deux grandes questions de l'heure, l'éducation et la législation du travail, l'abbé Dion s'engagera davantage. Résolument dans le camp des éléments progressistes, il cherchera tant à convaincre la population québécoise et le clergé de la nécessité de réformer les structures en place qu'à appuyer le gouvernement dans sa transformation sociétale. C'est à la lutte menée en faveur d'une modernisation du système d'éducation que le présent chapitre sera consacré.

S'il est un secteur qui soulève les passions, c'est bien celui de l'éducation. Encore aujourd'hui, les discussions sont vives autour de la dernière réforme de l'enseignement, du bulletin chiffré, du port du kirpan à l'école, de l'abandon de l'enseignement de la religion catholique, etc. Mais ces débats actuels n'ont pas la portée, ni l'ampleur de ceux qui eurent lieu au moment de la Révolution tranquille, alors qu'il s'agissait de transformer un système en place depuis plus de cent ans.

---

5.   DAUL, P117, A5.55, « Lettre du chanoine Jacques Leclercq à G. Dion du 4 mars 1963 », p. 1. Voulant sans doute lui fournir des éléments sur le contexte québécois, dans sa réponse, l'abbé Dion précisa ainsi l'orientation de *Perspectives sociales* : « Mon équipe est formée d'une dizaine de prêtres, la plupart dans l'enseignement universitaire, et nous faisons notre possible pour éclairer notre milieu. Ce n'est pas une chose facile car le conservatisme et l'intégrisme sont encore présents. Cependant, il faut admettre que, depuis quelques années, ça bouge ! Si "l'esprit du Concile" n'a pas encore atteint toutes les couches de la population (à partir de ceux qui ont des responsabilités dans l'Église), nous avons bon espoir que cela se fera ».

6.   DAUL, P117, A5.55, « Lettre de Georges-Albert Boissinot à G. Dion du 23 mars 1963 », p. 1.

7.   Au milieu d'août, une dame lui déclare : « Ce matin vous m'avez apporté, par la voix des ondes, le plus beau rayon d'espérance pour l'avenir du Québec chrétien – à savoir que très bientôt le <u>mariage civil</u> devant notaire sera permis pour les gens qui ne peuvent se marier ou se remarier à l'Église pour des raisons multiples ». Et elle concluait par cette incitation à poursuivre : « Continuez à lutter, vous avez donné au <u>Canada français</u> des preuves de <u>courage</u> ». DAUL, P117, A5.55, « Lettre de Mme Pauline Boudreau à G. Dion du 17 août 1966 », 2 pages.

UN BREF RAPPEL

Avant d'aborder ce sujet qui divise, il est nécessaire de s'attarder à la situation antérieure, d'autant plus qu'aujourd'hui la plupart des lecteurs de moins de 55 ans n'ont pas connu l'ancien cursus. Sans entrer dans les nombreux débats historiographiques, contentons-nous d'esquisser les grandes caractéristiques du système scolaire québécois[8].

À l'époque de la Nouvelle-France (1608-1760), le clergé joua un grand rôle dans la mise sur pied de nos premières écoles : Jésuites en 1635 ; Ursulines en 1642 ; Congrégation Notre-Dame en 1658 ; Sulpiciens vers 1660 ; Séminaire de Québec en 1663, etc. Au moment de la Conquête britannique, le système en place vécut des difficultés et l'analphabétisme augmenta au sein de la population[9]. La première loi de 1801 sur l'enseignement visant la création « d'écoles royales » fut boycottée par l'Église catholique et ses fidèles.

Par la suite, les députés du Bas-Canada (1791-1840) adoptèrent, en 1829, la *Loi sur les écoles de syndics* qui « entraîna la création d'un véritable réseau scolaire » de niveau élémentaire. D'environ 10 000 en 1828, la population scolaire passa à plus de 50 000 en 1835[10]. Mais le Conseil législatif mit fin à cette première expérience d'éducation gratuite en 1836. L'échec des Rébellions de 1837-1838 en sonnera définitivement le glas.

Sous l'Union (1840-1867) commença à émerger le système scolaire qui allait perdurer jusqu'à la Révolution tranquille. La loi de 1856 instaura les commissions scolaires, le Conseil de l'instruction publique (CIP), le poste de surintendant et les inspecteurs d'écoles. Dans ce système, des pouvoirs furent accordés aux « curés et ministres du cultes », notamment le choix des manuels utilisés pour l'enseignement religieux, la visite des écoles et la possibilité de devenir commissaire[11].

---

8.   Pour une brève histoire de notre système d'éducation, on peut consulter les synthèses suivantes : Jean-Pierre Charland (2005), *Histoire de l'éducation au Québec. De l'ombre du clocher à l'économie du savoir*, Montréal, Éd. du Renouveau Pédagogique (ERPI), 205 pages ; Andrée Dufour (1997), *Histoire de l'éducation au Québec*, Montréal, Boréal, 123 pages et MEQ (1989), *Une histoire de l'éducation au Québec*, Québec, MEQ, 57 pages.

9.   L'alphabétisation, qui se situait entre 25 % et 30 % sous le régime français, aurait décliné à moins de 15 % en 1770. Voir figure 3.1, dans Jean-Pierre Charland (2005), *Histoire de l'éducation au Québec*, p. 44.

10.   *Ibid.*, p. 66 et figure 5.1, p. 67.

11.   *Ibid.*, figure 5.2, p. 68.

Même si la Confédération de 1867[12] accorda le pouvoir en matière d'éducation au niveau provincial, les députés québécois ne réussiront pas à reprendre le contrôle du système scolaire, cela malgré la création d'un ministère de l'Instruction publique[13]. La mise sur pied, en 1869, des comités catholique et protestant entraîna une augmentation du pouvoir religieux et l'établissement, à toutes fins utiles, de deux systèmes séparés[14]. Par la suite, le CIP deviendra une coquille vide, perdant toutes ses prérogatives au bénéfice des deux comités.

Sous la pression de l'aile ultramontaine de l'épiscopat catholique et grâce à la collaboration d'un premier ministre conservateur, Charles-Eugène Boucher de Boucherville, le poste de ministre de l'Instruction publique disparaît en 1876[15]. Il est alors remplacé par celui de surintendant. De plus, dorénavant, le Comité catholique sera composé de tous les évêques québécois.

Au tournant du siècle, un premier ministre libéral du Québec, Félix-Gabriel Marchand, tenta d'introduire des réformes, mais en vain. L'archevêque de Montréal, Mgr Paul Bruchési, porta la cause à Rome et la nouvelle loi fut retirée et, ensuite, largement modifiée. L'Église catholique venait ainsi de s'assurer la mainmise sur le système d'éducation, mainmise qu'elle exerçait toujours en 1960, au moment de l'élection de l'équipe de Jean Lesage, dont le programme contenait plusieurs promesses de réformes du milieu scolaire.

---

12.   Pour protéger les droits des deux minorités (française au Canada et anglaise au Québec), l'Acte de l'Amérique du Nord britannique (AANB) accorda des garanties constitutionnelles aux catholiques et aux protestants. En fait, le caractère confessionnel de leurs écoles fut protégé par la constitution. Toujours en vigueur en 1960, cette disposition empêcha toute laïcisation des commissions scolaires de Montréal et de Québec. Ce ne sera qu'au cours des années 1990, après l'obtention d'amendements constitutionnels, qu'une division linguistique deviendra possible.

13.   En 1868, grandement intéressé à l'éducation, le premier ministre de la province de Québec, P.-J.-O. Chauveau, qui avait exercé la fonction de surintendant pendant douze années, devient le premier titulaire du poste de ministre de l'Instruction publique.

14.   Une nouvelle loi sur l'éducation fut adoptée au printemps 1869. Le Conseil d'instruction publique est alors divisé en deux comités confessionnels, l'un catholique et l'autre protestant, cela afin de répondre aux exigences formulées par la communauté protestante. Par après, les pressions de l'aile ultramontaine de l'épiscopat catholique seront telles qu'elles amèneront Chauveau à quitter son poste de ministre en 1873. Gédéon Ouimet lui succéda alors. Voir Jean-Pierre Charland (2005), *Histoire de l'éducation au Québec*, p. 75.

15.   Son argument principal était le suivant : il affirmait placer ainsi « l'école hors de la politique ». Ce leitmotiv sera repris jusqu'à la Révolution tranquille. Fait rappelé par Paul-Gérin Lajoie (1963), *Pourquoi le bill 60*, Montréal, Éd. du Jour, p. 19.

Bien qu'ayant connu de légères améliorations depuis la Seconde Guerre mondiale[16], le système scolaire québécois ne permettait plus de répondre aux besoins grandissants d'une société en pleine modernisation, d'autant plus que se faisait sentir l'incroyable pression du *baby-boom*. Ainsi, au cours de la campagne électorale, le Parti libéral avait pu, dans sa publicité, déclarer : « 93 % de nos enfants n'iront jamais à l'université. 50 % de nos enfants quittent toute école à 15 ans, la plus basse fréquentation scolaire au Canada![17] »

Le système scolaire québécois comportait donc plusieurs lacunes. Le bât blessait d'abord du côté de l'enseignement secondaire. Faiblement développé, le réseau public donnait accès seulement à une série d'écoles spécialisées (écoles d'agriculture, écoles ménagères ou instituts familiaux, écoles de métiers, écoles normales pour la formation des enseignants, écoles d'infirmières et instituts de technologie).

À côté de celui-ci, existait le réseau privé avec ses collèges classiques. Comme il fallait en payer les coûts, ces derniers s'avéraient accessibles seulement aux mieux nantis, notamment à l'élite[18]. D'une durée de huit ans, la formation que l'on y offrait favorisait l'acquisition d'une culture générale : histoire, philosophie, langues mortes (latin et grec), lettres et enseignement religieux. Peu de temps était consacré aux sciences pures, encore moins aux sciences sociales. Le système reposait sur la non-mixité : les filles se retrouvaient généralement dans des institutions tenues par des religieuses et les garçons dans des collèges tenus

---

16. En 1943, le gouvernement libéral d'Adélard Godbout avait, notamment, voté la loi d'instruction obligatoire jusqu'à 14 ans. Dans le parcours courant, cela permettait d'atteindre la 8e année. Soulignons que le système scolaire québécois demeure malheureusement peu étudié de 1945 à 1960. Voilà pourquoi il nous est impossible de brosser un portrait de son évolution globale.

17. Cité par Mario Cardinal (2007), *Paul-Gérin Lajoie, l'homme qui veut changer le monde*, Montréal, Libre Expression, p. 166. En 1951, le taux de scolarisation des 15 à 19 ans était de 30 % au Québec, de 44 % en Ontario et de 70 % aux États-Unis. Voir Marcel Robert et Jacques Tondreau (1997), *L'École québécoise. Débats, enjeux et pratiques sociales*, Montréal, Éditions CEC, 545 pages.

18. En région, les collèges accueillaient toutefois plusieurs enfants des milieux moins nantis. Ainsi, au tournant du siècle, ceux de Rimouski et de Nicolet comptaient entre 40 % et 50 % de fils d'agriculteurs alors que Chicoutimi recevait 13 % de fils d'ouvriers. La plupart des collèges des deux grands centres, Montréal et Québec, accueillaient beaucoup de fils de membres des professions libérales et de marchands. Voir Claude Galarneau (1979), *Les collèges classiques au Canada français*, Montréal, Fides, p. 141-145.

par des prêtres ou des communautés masculines. La discipline qui y régnait était généralement stricte[19].

Dans nos deux universités francophones et catholiques, celles de Montréal et de Québec, les facultés de médecine, de droit et de théologie étaient assez développées, mais plusieurs autres accueillaient encore peu d'étudiants. La création, dans les années 1950, d'une autre université, cette fois à Sherbrooke, avait aidé, mais ce réseau faiblement développé ne pourrait assurément pas répondre aux besoins créés par le *baby-boom*. De plus, à cause du système des collèges classiques en place, seule une infime partie de la population avait accès aux portes de ces universités[20].

Pareil système d'éducation donnait donc lieu à une discrimination de classe, de race et de sexe. D'abord, les filles avaient encore très peu accès aux universités. Ensuite, toujours au niveau universitaire, les anglophones du Québec représentaient « la majorité de l'effectif scolaire de la province[21] », bien qu'ils ne constituaient qu'une faible minorité de la population.

Depuis la Deuxième Guerre, d'autres phénomènes sont venus exercer une pression sur ce système. Le personnel enseignant compte maintenant davantage de laïcs : alors qu'en 1946 près de la moitié des postes étaient occupés par des membres de l'Église, voilà qu'en 1961 ils ne sont plus que 30 %, les laïcs atteignant près de 70 % de tout le personnel[22]. Au cours des années d'après-guerre, il y a donc eu laïcisation croissante du corps enseignant.

Autre phénomène notoire : la forte croissance de la population observable de 1942 à 1965, le fameux *baby-boom*[23]. Depuis la Seconde

---

19. Sur l'évaluation des collèges classiques, les avis divergent grandement. Certains ont apprécié leur expérience tandis que d'autres en furent profondément marqués. À ce sujet, voir les récents ouvrages de Claude Corbo (2000), *La mémoire du cours classique. Les années aigres-douces des récits autobiographiques*, Montréal, Éd. Logiques, 445 pages et (2004), *Les Jésuites québécois et le cours classique après 1945*, Montréal, Septentrion, 406 pages. Mais, au-delà des différences d'appréciations, une réalité demeure : cette structure ne permettait plus de répondre aux besoins.

20. De 3 % en 1930, le pourcentage de jeunes québécois fréquentant l'université ne sera que de 10 % en 1966-1967. Aujourd'hui, il se situe à près de 40 %. Source : Jean-Pierre Charland (2005), *Histoire de l'éducation au Québec*, p. 107 et 169.

21. *Ibid.*, p. 108. Rappelons que les francophones constituaient alors 88 % de la population.

22. *Ibid.*, tableau 7.1, p. 111.

23. Pour les statistiques détaillés du phénomène, voir Paul-André Linteau, René Durocher, Jean-Claude Robert et François Ricard (1986), *Histoire du Québec contemporain*, tome 2, *Le Québec depuis 1930*, Montréal, Boréal, p. 195-200 et p. 408-410.

Guerre mondiale, une mesure fédérale est venue favoriser la poursuite des études : les fameuses allocations familiales. Alors que la fréquentation scolaire était à moins de 800 000 en 1946, ce nombre dépasse le million au cours des années 1950, pour atteindre 1,4 million en 1960[24].

Au surplus, la société québécoise est devenue largement urbaine : de 36,1 % seulement en 1901, l'urbanisation a grimpé à 59,5 % en 1931, pour atteindre 74,3 % en 1961[25]. Le Québec est une société industrialisée, dont le secteur tertiaire assure 55 % du produit intérieur brut au début de la décennie 1960-1970[26]. Ce sont donc toutes ces nouvelles réalités qui vont entraîner le besoin de réformer le système d'éducation en place. Et tous les débats qui auront lieu vont se référer à deux concepts traités par les deux abbés dans *Le Chrétien en démocratie*, démocratisation et laïcisation.

PREMIÈRES INTERVENTIONS DANS LE DOMAINE

Au moment où le nouveau ministre de la Jeunesse, Paul Gérin-Lajoie, introduit les premières réformes dans le monde scolaire grâce à sa « Grande Charte de l'éducation[27] », l'abbé Dion n'intervient pas directement. En ce début de Révolution tranquille, il se contente plutôt de remettre en question le monopole du clergé en matière d'enseignement et de souligner le conservatisme qui règne en certains secteurs, notamment au sein des collèges classiques.

Non aux Jésuites

À peine quelques mois après l'arrivée au pouvoir de Jean Lesage, soit à l'automne 1960, une vive polémique surgit ; elle est provoquée

---

24.   Jean-Pierre Charland (2005), *Histoire de l'éducation au Québec*, figure 6.1, p. 81.

25.   Tiré de Linteau, Durocher et Robert (1979), *Histoire du Québec contemporain*, tome 1, p. 410 et tome 2, p. 493.

26.   *Ibid.*, tome 2, p. 227.

27.   En 1961, la dizaine de lois de la « Grande Charte » amenaient déjà d'importants changements : gratuité des manuels scolaires, éducation obligatoire jusqu'à l'âge de 15 ans, allocations mensuelles pour les 16 et 17 ans, obligation aux commissions scolaires d'assurer l'enseignement secondaire jusqu'en 11e année (au lieu de la 7e), subventions statutaires accrues, droit de vote à tous les parents aux élections scolaires, régime de prêts et bourses pour les études collégiales et universitaires, etc. C'est dans cette foulée également qu'est créée la Commission royale d'enquête sur l'enseignement, communément appelée commission Parent, du nom de son président Mgr Alphonse-Marie Parent. Voir Louis-Philippe Audet (1971), *Histoire de l'enseignement au Québec (1840-1971)*, tome 2, Montréal et Toronto, Holt, Rinehart et Winston Ltée, chapitre 2 ainsi que Paul Gérin-Lajoie (1989), *Combats d'un révolutionnaire tranquille*, Montréal, CEC, tableau 22, p. 210.

par une initiative de la Compagnie de Jésus. Cette dernière vient de soumettre un mémoire au gouvernement avec l'objectif de créer rien de moins que deux nouvelles universités à Montréal. Du côté francophone, les Jésuites souhaitent fusionner les collèges Sainte-Marie et Brébeuf ainsi que la Faculté de philosophie et de théologie de l'Immaculée-Conception pour en faire « l'Université Sainte-Marie[28] ». Du côté anglophone, l'obtention d'une charte universitaire permettrait au collège Loyola de devenir la « Loyola University[29] ».

Évidemment, à la veille de la mise sur pied de la commission royale d'enquête sur l'éducation promise par le PLQ, pareille initiative va susciter un tollé. La réaction viendra d'abord du Mouvement laïque de langue française (MLLF) et des professeurs de l'Université de Montréal qui craignent pour le développement futur de leur institution. À la fin d'octobre, une pétition est lancée. Celle-ci demande au gouvernement « de ne poser aucun geste prématuré d'ici » la création de la commission d'enquête qui doit établir un « plan d'ensemble » pour le monde de l'éducation[30]. Dans l'université francophone de la métropole, 184 professeurs y apposent leur signature, dont plusieurs gros noms[31]. Leurs collègues de l'Université Laval emboîtent le pas ; à Québec, 168 professeurs endossent la déclaration[32]. Parmi ceux-ci, les abbés Louis O'Neill et Gérard Dion s'y trouvent ainsi que des collaborateurs de

---

28. Des extraits du mémoire de la Compagnie de Jésus sont publiés dans un recueil de textes présenté par Claude Corbo, en collaboration avec Jean-Pierre Couture (2000), *Repenser l'école. Une anthologie des débats sur l'éducation au Québec de 1945 au Rapport Parent*, Montréal, PUM, p. 356-364. Pour justifier son projet, la Compagnie de Jésus invoque surtout les besoins de la population française de la région métropolitaine alors que certains prévoient que la clientèle étudiante des universités canadiennes risque de doubler au cours de la prochaine décennie (*ibid.*, p. 361). Rappelons qu'en 1969, lorsque le gouvernement du Québec mettra sur pied l'Université du Québec à Montréal, « il y intégrera, comme noyau central, le collège Sainte-Marie » (*ibid.*, p. 356).

29. « Que penser du projet de créer deux nouvelles universités », *Le Soleil*, 24 oct. 1960.

30. « Déclaration des professeurs d'université », En collaboration (1961), *L'Université dit NON aux Jésuites*, Montréal, Éd. de l'Homme, p. 113-114.

31. Notamment les historiens Maurice Séguin et Michel Brunet ; les scientifiques Pierre Dansereau, Hubert Reeves et Armand Frappier ; Jacques-Yvan Morin, Camille Laurin et Paul Lacoste ; les économistes François-Albert Angers, Jacques Parizeau et André Raynault ; les sociologues Guy Rocher et Hubert Guindon, ainsi que le démographe Jacques Henripin. Voir *ibid.*, p. 114-116.

32. Chez les sommités, signalons le père Georges-Henri Lévesque, les historiens Jean Hamelin et Marcel Trudel, les sociologues Jean-Charles Falardeau, Gérald Fortin et Fernand Dumont, les politologues Gérard Bergeron, Léon Dion et Vincent Lemieux ainsi que l'économiste Albert Faucher. *Ibid.*, p. 116-118.

Perspectives sociales et plusieurs collègues du Département des relations industrielles[33].

À cette opposition ferme au projet des Jésuites se joindront également l'Association générale des étudiants de l'Université de Montréal et la Fédération des travailleurs du Québec (FTQ)[34]. Cette campagne fera la manchette des journaux pendant plus d'un mois, avant de donner lieu à la publication du livre-choc *L'Université dit NON aux Jésuites*.

Plusieurs éditorialistes remettent alors en question l'initiative de la Compagnie de Jésus. Ainsi, dans *Le Devoir*, Gérard Filion soulève deux questions fondamentales : « Avons-nous besoin d'une deuxième université catholique et française à Montréal ? » et « Que feront les autres collèges classiques de la province ?[35] » Cette dernière interrogation laisse craindre un développement anarchique. À l'instar des professeurs des deux grandes universités francophones, les éditorialistes vont opter pour la prudence et l'attente des résultats de la future commission royale d'enquête.

À l'occasion de cette vive opposition, André Laurendeau va souligner une lacune : « Je m'étonne que, depuis le début de ce débat, aucun clerc n'ait encore manifesté publiquement et avec force qu'il comprend le sens de certaines réclamations de laïcs [...]. Ce silence est pesant[36] ». Il n'en fallait pas plus pour que Gérard Dion prenne la plume.

Une nécessaire réforme

Cette fois, l'abbé Dion le fait sous l'amusant pseudonyme Léger Le Clerc. Dans « Collèges classiques ou écoles épiscopales ?[37] », sa critique des pratiques en cours dans ces institutions d'enseignement sera on ne peut plus décapante. Outre le pouvoir discrétionnaire des évêques et les très bas salaires accordés aux professeurs qui les obligent à se rendre pratiquer le ministère dominical chaque fin de semaine afin de boucler leur budget, il analyse le but de ces institutions :

---

33. De *Perspectives sociales*, Gilles M. Bélanger, o.p., Louis-Edmond Hamelin et Roch Duval, et du Département des relations industrielles, Roger Chartier, Émile Gosselin, Jean-Paul Deschênes et Jacques Saint-Laurent.

34. En coll. (1961), *L'Université dit NON aux Jésuites*, p. 123-126.

35. Gérard Filion, « À quoi bon essayer de nous *bulldozer* », *Le Devoir*, 30 nov. 1960, p. 4.

36. André Laurendeau, « Bloc-notes. D'abord l'enquête », *Le Devoir*, 1er déc. 1960, p. 4.

37. DAUL, P117, H1.2, « Collèges classiques ou écoles épiscopales », 10 pages, sans date mais produit en réponse à l'éditorial d'André Laurendeau, donc en décembre 1960. Soulignons que l'abbé Dion fait référence ici aux collèges diocésains contrôlés par l'évêque du lieu.

Le mal le plus profond réside surtout dans l'esprit qui préside à la conception qu'on se fait du rôle du collège classique [...].

Le collège classique est encore conçu sur le mode des écoles épiscopales de l'époque médiévale ; même si les faits forcent l'évêque à renoncer à la formule du petit séminaire qui n'est plus viable en 1960, il ne renonce pas pour autant à voir, dans le collège classique, le réservoir et la source de distribution de ses vocations sacerdotales, ce dont on ne peut le blâmer entièrement. Il faut bien qu'il prenne ses prêtres quelque part[38] !

Mais cette nécessité ne devrait pas empêcher de regarder la réalité en face :

Le tiers seulement des finissants de collège (et souvent moins) choisissent la voie cléricale ou religieuse. On impose ainsi aux deux tiers des élèves, donc à la majorité, un mode de vie et une discipline collégiale qui conviennent uniquement à moins d'un tiers de la population totale. Ce qui est une injustice flagrante. On s'étonnera ensuite d'articles du genre de ceux qui sont parus récemment dans *Quartier latin*.

Gérard Dion, qui possède une connaissance intime de ce milieu de vie et de cette «philosophie de l'éducation essentiellement théocratique», illustre ensuite abondamment son propos. Il s'en prend au «directeur spirituel» qui «hypertrophie son rôle» ainsi qu'à la très sévère discipline imposée :

La discipline tracassière, étouffante, de nos pensionnats, ne laisse aucune marge à la liberté et à l'initiative personnelle. Le devoir religieux est imposé, il n'est pas libre. On ne peut pas choisir entre assister à la messe ou non. Un élève qui refuserait de choisir un directeur spirituel serait vu d'un mauvais œil. Le résultat, c'est qu'un nombre sans cesse croissant de nos jeunes gens se servent du couvert de leur missel pour lire le dernier roman de la collection Livre de poche. Dans leur esprit, il y a équation entre ces trois termes : autorité tracassière méprisée – ennui – assistance à la messe. Quant on connaît les conséquences néfastes du refoulement en éducation et la valeur douteuse de l'hypocrisie, on n'est pas surpris du nombre effarant de nos étudiants d'université qui sombrent dans l'indifférence, l'agnosticisme ou même l'athéisme et la violence dans l'anti-religion.

Il dénonce également le «manque de réalisme» de ces institutions puisqu'on y enferme «des jeunes de 16 à 20 ans [...] trois mois sans aucune sortie[39]». Enfin, il condamne cette défense absolue de «fréquentation des jeunes filles». Pas étonnant alors que ces jeunes

---

38. *Ibid.*, p. 6. Les prochaines citations proviennent des pages 7, 8 et 10.

39. L'abbé Dion s'en prend au système de pensionnat. Il ne traite pas de la pratique de l'externat, assez répandue dans les villes.

hommes « se replient en une attitude défensive de sournoiserie, qui ne fait qu'engendrer le mépris de l'autorité ». Et impossible pour Gérard Dion de ne pas entrevoir l'éminent danger qui pointe :

> Étant donné notre tempérament passionné, à nous qui sommes un peuple latin, il est simplement logique d'affirmer que l'intolérance appelle l'intolérance. À des années d'intolérance cléricale succéderont peut-être des années d'intolérance anticléricale ou agnosticiste.

> Du côté clérical, quand des hommes confondent mission divine et puissance terrestre, et font servir leurs pouvoirs pastoraux à la perpétuation de leur domination sociale, je dirais qu'il se produit là une fusion dangereuse qui pourrait bien un jour aboutir en une réaction pareille à certaine bombe thermonucléaire.

> En tout ceci, la victime est l'homme moyen, et c'est le groupe le plus nombreux. La masse de la population est appelée à souffrir de l'obstination de son élite. Obstination inintelligente à ne pas céder un doigt de ce qui est l'attribut de sa puissance.

Et, après avoir souligné le très faible degré de spécialisation de plusieurs professeurs de collège, il tire cette conclusion sans équivoque sur le système en place :

> J'ai toujours pensé qu'une autorité inspire le respect dans la proportion où elle le mérite, que cette proposition s'applique à tous les degrés de la hiérarchie. Seigneur, délivrez-nous de l'épiscopalisme !

> J'attends avec une hâte fébrile cette fameuse enquête royale sur l'éducation. On me demandera peut-être : êtes-vous en faveur de la participation laïque à la direction et à l'administration des collèges classiques ? Je répondrai : oui, et vite, ça presse[40] !

Ainsi, si la précipitation était malvenue dans le cas de l'octroi des deux chartes universitaires à la Compagnie de Jésus, il n'en va pas de même des réformes à instaurer à l'intérieur des collèges classiques. Sur ce dernier aspect, le temps presse ; la sévère discipline doit être revue et plus de laïcs doivent pouvoir œuvrer au sein de ces institutions. Et c'est cette même ouverture que ses prochains écrits et gestes prôneront.

Ouvrir les horizons

Dans ses textes de 1961, Gérard Dion revient sur cette attitude frileuse d'une bonne partie du clergé. Selon lui, deux causes handicapent l'action de l'Église. Premièrement, le fait « de ne pas <u>accepter</u>... que la

---

40.   À cette conclusion ferme, il ajoutait cette note à l'adresse d'André Laurendeau : « Ai-je contribué à rendre le silence moins pesant ? », *ibid.*, p. 10, note 2.

situation concrète dans laquelle nous avons à travailler n'est pas celle qui existait dans le passé ». Deuxièmement, une nette « surestimation de la doctrine » par rapport aux « modalités d'application ». Et « dans le contexte historique actuel » où les situations concrètes changent rapidement, il y a un sérieux danger pour l'Église de « manquer constamment le train[41] ».

À l'intérieur de « L'Église canadienne saura-t-elle relever le défi ? », il se fait davantage explicite. Après avoir souligné l'apport des communautés religieuses en matière d'enseignement depuis les débuts de la Nouvelle-France, il s'inquiète de l'attitude qu'elles adopteront devant les changements qui s'annoncent :

> Aujourd'hui les besoins ne sont plus les mêmes. Beaucoup de ces activités où l'Église a joué un rôle de pionnier et une fonction supplétive sont assumées désormais par des services publics.
>
> Deux attitudes sont possibles. S'agripper à des formes d'action anciennes, rester barricadé dans des citadelles que l'on veut conserver à tout prix, alors que l'Église n'est plus nécessaire en attendant d'être bouté dehors avec toute l'acrimonie qu'un tel geste entraînera. Ou bien se lancer de nouveau à l'aventure, en n'ayant point peur de prendre des risques[42].

Pour lui, la réponse est claire : « Ce n'est pas en se repliant sur le passé que l'on fera quelque chose d'adapté ».

Parallèlement à ses prises de positions publiques, l'abbé Dion va multiplier les démarches auprès de ses supérieurs hiérarchiques afin de les convaincre de faire preuve de plus d'ouverture. Dans un premier temps, il adressera à son évêque, Mgr Maurice Roy, et au recteur de l'Université, Mgr Louis-Albert Vachon, un petit ouvrage qui expose les diverses opinions présentes dans l'Église catholique sur la liberté de conscience, le pluralisme religieux et la tolérance[43], des opinions qui s'éloignent de l'attitude traditionnelle.

Par la suite, il se prononce en faveur d'une participation des laïcs à la direction des universités :

---

41. DAUL, P117, D1, 9.5, « Saurons-nous relever le défi ? », 1 page. Ce document ainsi que le suivant ne comportent aucune indication de lieu de publication ou de diffusion.

42. DAUL, P117, D1, 9.5, « L'Église canadienne saura-t-elle relever le défi ? », 1 page. La prochaine citation provient de ce texte.

43. Il s'agit de l'ouvrage de A. F. Carrillo de Albornoz (1959), *Roman Catholicism and Religious Liberty*, Geneva, The World Council of Churches, 95 pages. Voir aussi DAUL, P117, A5.52, « Lettre de G. Dion à Mgr Louis-Albert Vachon du 21 sept. 1960 », 1 page et « Lettre de Mgr Maurice Roy à G. Dion du 25 oct. 1960 », 1 page.

Où allons-nous avec la multiplication des imprudences de nature à créer chez nous un anticléricalisme virulent? Cette affaire du Collège Sainte-Marie et du Collège Brébeuf transformés en université est une gaffe monumentale dans les circonstances. Si on ne laisse pas les laïques avoir la possibilité de diriger une université, tôt ou tard ils vont en « arracher » une au monopole du clergé et cela va se faire <u>contre</u> l'Église. Pourquoi répéter chez-nous les erreurs de tactique qui ont empoisonné et empoisonnent encore le climat de France. C'est à pleurer. On dirait que l'aveuglement de certaines personnes nous pousse vers le gouffre. À force de craindre le laïcisme, de se monter des épouvantails, on va le créer de toute pièce[44].

Peu après, il s'engage auprès de l'Association des professeurs de carrière de l'Université Laval afin que les salaires des professeurs religieux et clercs soient majorés au même niveau que celui des laïcs. Le « comité *ad hoc* » auquel il participe soumet alors un mémoire en ce sens au conseil universitaire, qui en acceptera « intégralement les recommandations[45] ».

Quelque temps plus tard, il invite Mgr Vachon à informer les étudiants à propos du contrôle qu'exerce le gouvernement sur l'utilisation des fonds qu'il attribue, cela parce que certains jeunes mal informés revendiquent « la nomination d'un représentant de l'État québécois

Mgr Louis-Albert Vachon, recteur de l'Université Laval de 1960 à 1972. Photographe inconnu. Source : DAUL, U519, 92-2, 7312.

---

44.   DAUL, P117, A5.52, « Lettre de G. Dion à Benoît Baril du 31 oct. 1960 », 1 page.

45.   DAUL, P117, A5.55, « Lettre du Dr Laurie Gauvin, président de l'Association des professeurs de carrière, à G. Dion du 3 oct. 1963 », 1 page.

au conseil d'administration de l'Université[46]». Enfin, à Mgr Maurice Roy, il adresse des remarques sur les documents du Concile relatifs à «la personne humaine et la société» ainsi qu'à la notion de «liberté religieuse[47]».

Bien que cette mince correspondance ne procure pas un portrait complet des contacts fréquents que Gérard Dion avait avec son évêque et son recteur, elle nous montre le rôle qu'il a joué auprès de ces deux hommes afin qu'ils fassent preuve d'une plus grande ouverture face à la volonté de démocratisation et de laïcisation exprimée par plusieurs au sein de la société québécoise. Il adoptera la même attitude devant les premières recommandations de la commission Parent.

CRÉATION D'UN MINISTÈRE

Après deux années d'études, la Commission royale d'enquête sur l'éducation présidée par Mgr Alphonse-Marie Parent remet, le 23 avril 1963, la première tranche de son rapport[48]. *Grosso modo*, les commissai-

Mgr Alphonse-Marie Parent, recteur de l'Université Laval de 1954 à 1960, photographie prise en 1956. Photographe inconnu. Source: DAUL, U519, 92-2, 7312.

---

46. DAUL, P117, A5.57, «Lettre de G. Dion à Mgr Louis-Albert Vachon du 24 mars 1965», 1 page.

47. DAUL, P117, A5.56, «Lettres de G. Dion à Mgr Maurice Roy du 22 juin et du 21 juillet 1964», 1 page.

48. Commission royale d'enquête sur l'enseignement (1963), *Rapport Parent, Tome 1, Les structures supérieures du système scolaire*, Québec, Gouvernement du Québec, 140 pages. Cet ouvrage connaîtra un succès en librairie puisque, en août 1965, il avait été édité à plus de 25 000 exemplaires.

res y proposent la création d'un ministère de l'Éducation (MEQ) et la mise sur pied d'un Conseil supérieur de l'éducation (CSE) à caractère consultatif[49]. Dans le contexte, cette proposition s'avère hardie puisqu'elle remettra en cause l'autorité exercée par l'Église catholique sur l'éducation des francophones au Québec depuis plus de cent ans.

Car, comme nous l'avons vu, en 1960, soit près d'un siècle plus tard, la situation avait peu évolué, les mêmes structures étant toujours en place. Les évêques québécois contrôlaient le réseau francophone grâce à leur présence dans le comité catholique. En matière d'éducation, le Québec s'avère en retard sur les grands pays occidentaux et sur les autres provinces canadiennes. Lorsque la commission Parent procède à son étude et recommande, dans son premier rapport, d'abolir le département de l'Instruction publique (DIP) et de le remplacer par un véritable ministère de l'Éducation[50], ses propositions sont généralement bien accueillies par la presse et la plupart des éditorialistes. Mais de telles recommandations vont susciter les craintes d'une bonne partie du clergé et des forces conservatrices.

Arthur Tremblay, conseiller du ministre Paul Gérin-Lajoie et futur sous-ministre de l'Éducation, un grand ami de l'abbé Dion, photographie prise en 1942. Source : DAUL, U519, 92-2, 7110.

---

49. Outre Mgr Parent, vice-recteur, plusieurs commissaires proviennent de l'Université Laval : Arthur Tremblay, Guy Rocher et Jeanne Lapointe. La vice-présidence de la commission est assumée par Gérard Filion, directeur du *Devoir*, qui fut un fervent opposant à Duplessis. Rappelons qu'Arthur Tremblay et Gérard Dion étaient très proches.

50. Sur la réflexion menée par la commission, voir Arthur Tremblay (1989), *Le ministère de l'Éducation et le Conseil supérieur*, Québec, PUL, chap. 7 à 9.

Appui au premier tome du *Rapport Parent*

C'est dans ce contexte que Gérard Dion décide de commenter cette première tranche des recommandations de la commission d'enquête. Par son titre éloquent : « La Commission Parent ouvre des voies d'avenir[51] », il annonce d'emblée ses positions. Dans ce premier *Rapport*, celle-ci a réussi, après avoir dégagé les « besoins actuels et futurs auxquels un système moderne d'éducation doit répondre », à « innover dans le respect de la tradition ». Sa proposition de création d'un ministère de l'Éducation « n'a rien de révolutionnaire » puisque, depuis 1960, le ministère de la Jeunesse a commencé à jouer « un tel rôle ». Le tout s'avère conforme « aux exigences du processus de socialisation ». Les auteurs du *Rapport* ont également su montrer qu'un tel ministère constitue le « meilleur moyen » d'assurer « l'unité, la coordination et l'efficacité » indispensables pour répondre aux « besoins urgents de notre société » et de favoriser « la démocratisation de l'enseignement ».

Et l'abbé Dion s'empresse alors de réfuter les objections des éléments conservateurs :

> Ce qui nous apparaît le plus étonnant concernant toutes ces mises en garde que nous entendons sur la dictature possible de l'État en matière d'éducation, c'est qu'elles viennent souvent de gens qui, dans le passé, furent loin de se passionner pour la démocratie. Ces mêmes personnes d'ailleurs ont enduré aisément la présence de féodalités et de structures verticales qui ont nui durant des générations à la démocratisation de l'enseignement et retardé des ajustements de programmes et de cours reconnus comme urgents. Cette masse de gens techniquement mal équipés qui encombrent le marché du travail, elle est en partie le produit d'un système où des féodalités laïques et cléricales se sont donné un mutuel appui pour maintenir des structures qui, quoique non dépourvue de valeur, manifestaient un intérêt bien médiocre pour la cause de l'éducation des masses.

Comment croire au danger de dictature brandi par des gens qui ne se sont jamais montrés intéressés à la promotion de la démocratie et à un accès large à l'éducation ?

Sur le maintien du caractère confessionnel de notre système scolaire, il s'attaque à un argument que ces mêmes gens viennent de formuler :

> On a dit : qu'arrivera-t-il si un jour des hommes mal disposés à l'égard de notre système confessionnel prennent le pouvoir ? Les auteurs du

---

51. Trouvé à DAUL, P117, H1.22, 4 pages. Les prochaines citations proviennent de ce document.

rapport ont répondu eux-mêmes : la meilleure protection de notre système confessionnel, c'est l'opinion publique.

Si la majorité de la population veut un système confessionnel, aussi longtemps que nous serons en démocratie, l'État devra le lui accorder. Tout comme il faut inspirer au sein de la population le respect du pluralisme religieux afin que la majorité accorde aux minorités dissidentes des institutions respectueuses de la liberté des consciences. En démocratie, c'est le peuple lui-même, respectueux des croyances, qui peut le mieux garantir le maintien de l'enseignement confessionnel[52].

Et, ensuite, l'abbé Dion s'attarde à démolir la thèse principale des forces conservatrices :

On a dit que le projet Parent mettait en danger la confessionnalité, et cela à cause de la composition des futurs comités confessionnels et des fonctions limitées qu'on leur attribue. Nous croyons que beaucoup de ces critiques, provenant de certains milieux catholiques, s'appuient sur une notion fausse de l'Église et posent la thèse, fort discutable, de la présence obligatoire des évêques dans les activités temporelles où les implications religieuses sont majeures. Que l'Église soit présente en éducation, voilà qui est légitime et souhaitable. Que l'on affirme qu'elle est présente seulement si les évêques dirigent un système d'enseignement, c'est faux. C'est encore plus faux dans un pays qui reconnaît officiellement le principe de la séparation de l'Église et de l'État.

Son appui aux principales recommandations de la commission Parent n'empêche toutefois pas Gérard Dion de reconnaître que certaines de ses propositions sont perfectibles. Il souhaite une « désignation plus démocratique des membres[53] » du Conseil supérieur de l'éducation. Pour la composition de cet organisme, il lui semblerait « préférable que la désignation du président et du vice-président se fasse selon le groupe culturel plutôt que selon la religion », ce qui ouvrirait « la voie à une structuration de l'enseignement qui s'établisse premièrement selon la langue ». Sur ces deux questions, il va donc plus loin que les commissaires.

---

52. Concernant la liberté de conscience et les droits des minorités, signalons qu'en 1962 Charles de Koninck déclarait que les agnostiques avaient droit à une école non confessionnelle. Voir DAUL, P117, H1.13, article tiré de *La Presse* du 9 mai 1962. Gérard Dion adopte ici une position très similaire à ce dernier. Ses archives laissent d'ailleurs voir, en certains endroits, qu'ils échangeaient sur la question.

53. Sur cette question, Louis O'Neill émettra également certaines réticences sur le mode de nomination par le ministre, craignant que celui-ci ait pour conséquence d'écarter les groupes sociaux. Voir « L'abbé O'Neill : les corps intermédiaires risquent d'être écartés du Conseil supérieur de l'éducation », *Le Devoir*, 8 mai 1963, p. 3. Par ailleurs, lors de cette même conférence, il déclarait que la création « d'un tel organisme se situe nettement dans la pensée de *Mater et Magistra* ».

Mais ces quelques réserves n'affectent pas sa conclusion, à savoir que l'adoption des grandes recommandations de la commission « constitueront un grand progrès pour l'éducation ». Bien que des améliorations puissent être apportées sur certaines questions, son *Rapport* indique le bon chemin, celui qui permettra d'assurer le développement de notre système scolaire et d'en accroître grandement l'accessibilité.

Peu de temps après, l'abbé Dion s'en prendra à un prélat domestique, Mgr Raymond Lavoie[54], qui, pour une seconde fois dans *L'Action* de Québec, s'est prononcé contre le *Rapport Parent*, sous prétexte que la commission n'aurait « point élaboré une philosophie et une théologie éclairant ses recommandations[55] ». À ce curieux argument, il rétorque que « c'est heureux » puisque ce rapport n'est pas un « rapport catholique », qu'il « n'a pas à l'être et ne doit pas l'être », car « il s'adresse à un État qui n'est point catholique... Il vise à donner lieu à une législation publique ». De plus, cette thèse de Mgr Lavoie est très loin « d'être partagée par l'ensemble des théologiens ». Au surplus, elle « va à l'encontre de l'orientation actuelle qui semble généralement partagée dans tous les pays », en cette époque d'*aggiornamento*, de renouveau de l'Église catholique.

Avec le dépôt subséquent d'un projet de loi par le gouvernement Lesage, Gérard Dion va s'engager davantage dans la bataille, allant jusqu'à déclarer à un de ses correspondants : « Nous sommes en pleine lutte autour du projet de création d'un ministère de l'Éducation[56] ». En effet, lors de l'adoption du *bill* 60, tout un combat devra être livré.

Le fameux *bill* 60[57]

À la suite de la publication du premier tome du *Rapport Parent*, le gouvernement Lesage se devait d'agir. Informé, depuis les fêtes, des grandes conclusions de la commission, le ministre Paul Gérin-Lajoie a

---

54. Mgr Raymond Lavoie était curé de Saint-Roch. À son sujet, le père Boissinot déclara : « Ce fut un personnage qui défendait les pauvres mais qui, parfois, dépassait la mesure ». Courriel du 28 avril 2007.

55. Texte sans titre trouvé à DAUL, P117, H1.22. Il s'agit probablement d'une lettre aux lecteurs envoyée à *L'Action* en réponse à l'un des articles de Mgr Lavoie paru le 17 juin 1963.

56. DAUL, P117, A5.55, « Lettre de G. Dion au R. P. Émile Gabel de l'Union internationale de la presse catholique du 2 août 1963 », 1 page.

57. Le mot *bill* fut introduit en 1791 avec les institutions parlementaires britanniques et fut utilisé tel quel en français jusqu'à la Révolution tranquille. C'est seulement en 1973 que l'Assemblée nationale adopta l'usage de l'expression « projet de loi ». Informations tirées de P. Gérin-Lajoie (1989), *Combats...*, p. 245, note 62. Voilà pourquoi nous employons cette expression de l'époque.

préparé le terrain[58]. Désireux de procéder rapidement, il élabore, avec l'aide de Louis-Phillipe Pigeon, un projet de loi à soumettre à l'Assemblée législative avant les vacances d'été[59].

Mais, comme le gouvernement libéral craint le scénario de 1898 et reconnaît le rôle antérieur de l'Église, de nouvelles consultations ont lieu avec l'épiscopat[60]. Une copie de projet de loi est alors remise au président de l'Assemblée des évêques, Mgr Maurice Roy. Au sein de cette institution, d'importantes divisions existent. Même si ses deux principaux prélats, Mgr Roy et le cardinal Léger, se montrent ouverts aux réformes, plusieurs évêques s'y opposent farouchement. Pour les plus conservateurs, pas question d'un ministère de l'Éducation ; tout au plus accepteraient-ils de légères modifications au Conseil d'instruction publique[61]. Des réticences devant le projet de loi sont donc exprimées publiquement ainsi qu'au premier ministre Lesage : l'Église s'inquiète de la survie des écoles confessionnelles. Dans sa lettre, Mgr Roy juge insuffisantes les garanties sur cette question. De nouvelles rencontres ont lieu, des assurances sont données et des modifications sont apportées. Devant ces changements, l'archevêque de Québec se serait déclaré « satisfait[62] ».

Le 26 juin 1963, le gouvernement dépose le *bill* 60. Aussitôt, il est inondé de lettres en provenance de parents qui craignent de perdre leurs écoles confessionnelles. La similarité entre les textes laisse croire à une campagne bien orchestrée[63]. De plus, tout juste revenu de

---

58.   Soulignons également que lui et Arthur Tremblay sont intervenus auprès de la commission afin de l'inciter à remettre ses conclusions par tranche afin que le gouvernement puisse introduire des réformes le plus tôt possible, à distance des prochaines élections. Faits relatés également par Mario Cardinal (2007), *Paul Gérin-Lajoie. L'homme qui veut changer le monde*, Montréal, Libre Expression, p. 212.

59.   Sur les initiatives gouvernementales, voir les ouvrages de Paul Gérin-Lajoie, chap. 20, d'Arthur Tremblay, chap. 10-11 et de Dale C. Thomson, chap. 13.

60.   Dans sa récente biographie de Paul Gérin-Lajoie, Mario Cardinal, qui a consulté les archives de l'épiscopat, apporte plusieurs informations sur les tractations survenues entre l'Église et l'État. Voir Mario Cardinal (2007), *Paul-Gérin Lajoie...*, p. 240-254 et 280-316.

61.   Mgr Bernier, Martin et Cabana sont les plus récalcitrants. Sur les divisions au sein de l'épiscopat, voir Jean Hamelin (1991), *Histoire du catholicisme québécois*, vol. III, *Le XXe siècle*, tome 2, *De 1940 à nos jours*, Montréal, Boréal, p. 212 et 248-256 ainsi que l'ouvrage précité de Mario Cardinal.

62.   Paul Gérin-Lajoie (1989), *Combats...*, p. 250.

63.   Ces lettres en provenance de Saint-Hyacinthe ont été envoyées à l'instigation des sœurs de la Présentation de l'endroit. Comme cette ville se situe dans le comté de Daniel Johnson, Bagot, il sera soupçonné d'avoir joué un rôle dans cette affaire. Voir Michael Gauvreau (2005), *The Catholic Origins of Quebec's Quiet Revolution, 1930-1970*, Montréal et Kingston, McGill-Queen's University Press, p. 280 et notes 136-139, p. 465.

Rome, le cardinal Léger fait savoir au premier ministre que les évêques désirent davantage de temps. Devant un tel tollé de protestations, le 8 juillet[64], Jean Lesage décide d'accorder un délai : le projet de loi est ajourné et les opposants auront jusqu'au 1er septembre pour soumettre des modifications précises. Pendant ce temps, le ministre Gérin-Lajoie entreprend une « tournée » qui le mènera aux quatre coins du Québec et lui permettra d'expliquer directement le *bill* 60 à la population[65].

En plein été a donc lieu cette fameuse bataille autour de la création d'un ministère de l'Éducation et de l'abolition du Conseil de l'instruction publique. Du côté des opposants, on retrouve la Fédération des collèges classiques, des intellectuels conservateurs tels Yves Prévost et François-Albert Angers ainsi que des associations catholiques, dont la Fédération des sociétés Saint-Jean-Baptiste et la centrale syndicale des enseignants, la Corporation des instituteurs catholiques (CIC, future CEQ et actuelle CSQ). Les appuis au *bill* 60 proviennent des chambres de commerce, des centrales CSN et FTQ, des professeurs de l'Université de Montréal, des associations étudiantes ainsi que des catholiques progressistes. Les revues *Maintenant* et *Perspectives sociales* sont de ce nombre. C'est dans ce dernier camp que se situent les abbés Dion et O'Neill, deux clercs qui prendront une part active à l'orageux débat en cours[66].

Dans ce qui va suivre, deux phases sont à distinguer. La première va du 8 juillet à la fin d'août, alors que les forces conservatrices, au nom des « droits » de l'Église, émettent de vives critiques à l'endroit du *bill* 60. Un tournant se produit ensuite. D'abord, les évêques adressent au gouvernement leurs propositions d'amendement visant à garantir la confessionnalité des écoles. Reçue par Jean Lesage le jeudi 29 août, cette

---

64.   Ce jour-là, le cardinal Léger transmet au ministre Gérin-Lajoie un mémoire rédigé par Mgr Coderre et appuyé par Mgrs Caza, Jetté et Frenette, mémoire dont l'Union nationale possède copie. Ce fait n'est relaté ni par Jean Hamelin ni par Paul Gérin-Lajoie. Gérard Dion, qui a reçu ce mémoire du cardinal Léger, le fera ensuite parvenir à Mgr Parent. Voir DAUL, P117, A5.55, « Lettre de G. Dion à Mgr A.-M. Parent du 30 juillet 1963 », 1 page. Le mémoire en question ne se trouve cependant pas avec cette correspondance.

65.   Les allocutions prononcées lors de cette tournée se trouvent dans P. Gérin-Lajoie (1961), *Pourquoi le bill 60*, Montréal, Éd. du Jour, 142 pages. Signalons les fréquentes déclarations du ministre relatives à la démocratie organique et aux corps intermédiaires. Dans sa biographie récente de Paul Gérin-Lajoie, Mario Cardinal relate cette tournée, dans son chapitre intitulé « Le pèlerin », p. 269-283.

66.   Dans ses deux ouvrages sur le sujet, le politologue Léon Dion relève une seule intervention de Gérard Dion. Pourtant, comme nous allons le voir, elles furent nombreuses. Voir Léon Dion (1966), *Le Bill 60 et le public*, Montréal, Les Cahiers de l'ICEA, janvier 1966, p. 119 et (1967), *Le Bill 60 et la société québécoise*, Montréal, HMH, p. 192. Quant à lui, Michael Gauvreau n'en relate qu'une seule. Voir (2005), *The Catholic Origins...*, p. 297.

prise de position est publiée dans les médias le mardi suivant, soit le 3 septembre[67]. Au cours de cette même fin de semaine, le gouvernement réussit un coup de maître. Après que le premier ministre Lesage et le ministre Gérin-Lajoie se furent adressés directement aux enseignants lors du congrès de la CIC, ces derniers renversent la décision de leur exécutif et se prononcent, par une très forte majorité, en faveur d'un ministère de l'Éducation « doté d'une véritable autorité[68] ».

La donne vient de changer : les opposants ont perdu un allié de taille et, en plus, l'épiscopat a parlé. La seconde phase va du début de septembre à l'adoption du projet de loi par l'Assemblée législative en mars 1964. Dans les coulisses, elle donnera lieu à une négociation entre l'Église et l'État sur les amendements soumis[69]. Sur la place publique, il s'agira de rallier l'opinion à l'instauration des changements que proposera le futur *bill* 60.

Au cours de la première phase, Gérard Dion s'attaque à la prétention des forces conservatrices de représenter la position de l'Église. Dans son texte « Les droits de l'Église en matière d'éducation[70] », il dénonce le fait que « certaines personnes accordent à chacun de ces droits la même importance et la même force ». Pour lui, il n'en va pas du tout ainsi : trois situations très différentes sont à distinguer. Dans le premier cas, celui de l'enseignement religieux, l'Église a le droit d'en « déterminer le contenu » et « l'État ne doit pas » intervenir. Ce qui peut être « matière à discussion », c'est le « nombre d'heures de classe » et la place de cet enseignement « dans le programme général ».

La deuxième situation a trait aux « institutions d'enseignement catholiques privées ». Ici, ce droit « n'est pas exclusif à l'Église », d'autres groupes peuvent également mettre sur pied leurs propres écoles. Et le clergé, « comme toute autre institution dans la société », doit « se soumettre aux règles établies par l'État en vue du bien commun ». Ainsi, même si l'autorité dans ses écoles privées revient à l'Église, cette dernière

---

67.   Voir notamment « Les évêques demandent à Québec de garantir la confessionnalité des écoles publiques », *Le Devoir*, 3 sept. 1963, p. 1 et 8.

68.   Voir les articles du *Devoir*, 30 août 1963, p. 1 et la lettre aux lecteurs de Gérard Dion, *Le Devoir*, 5 sept. 1963, p. 4. Dans un texte ultérieur, Louis O'Neill laisse entendre que la déclaration de l'épiscopat a grandement influencé cette prise de position des enseignants. Voir Louis O'Neill, « Lendemain d'une législation, une réflexion à prolonger », *PS*, vol. 18, n° 4 (juill.-sept. 1963), p. 117.

69.   Sur ces tractations, voir Mario Cardinal (2007), *Paul-Gérin Lajoie...*, chapitres 20 et 21, p. 285-317.

70.   DAUL, P117, H1.22, texte de 6 pages, sans date, ni lieu de diffusion. Les citations suivantes proviennent de ce document.

est tenue de respecter les normes établies par le gouvernement. Son « droit » possède donc des limites.

Dans le troisième cas, celui des « écoles confessionnelles publiques », la situation est complètement différente. Cela parce que le système public est du ressort de l'État. Que l'Église surveille ces écoles confessionnelles, c'est une chose. Qu'elle soit invitée à jouer un « rôle sur le plan du conseil », cela va également. Plus loin, des questions se posent :

> Mais est-ce que ce droit s'étend jusqu'à diriger cet enseignement, de le contrôler, de déterminer son contenu, de le définir par rapport aux besoins de la société ? [...] Aussi, le droit de regard de l'Église sur le contenu de l'enseignement religieux et le climat de l'école ne lui confère pas un droit de décision politique quant à l'organisation et à l'administration de l'enseignement public, même si cet enseignement est confessionnel.

Sur le plan institutionnel, là aussi des distinctions sont à apporter : l'Église, « ce n'est pas seulement la Hiérarchie [entendre les évêques] », « c'est aussi les prêtres, les religieux, les fidèles ». Et, « dans le monde profane », les laïcs « peuvent fort bien représenter l'Église ». Quant à l'épiscopat, il n'est pas nécessaire qu'il « soit partout » et qu'aucune initiative ne puisse être prise sans « son placet ni son veto ».

Toutes ces confusions qu'entretiennent les éléments conservateurs dans le débat en cours sont dangereuses. Elles pourraient même avoir l'effet inverse : « C'est là la source de toutes les difficultés d'ajustement que l'on rencontre : c'est la pierre d'achoppement qui nous fera peut-être perdre tout à fait un système public d'enseignement confessionnel ».

Au début d'août, l'abbé Dion va revenir sur le sujet dans un texte substantiel intitulé « Ministère de l'Éducation et système d'enseignement confessionnel[71] ». Comme cet écrit ne sera diffusé qu'après l'intervention de l'épiscopat, nous y reviendrons subséquemment. Avant cette date, Louis O'Neill est intervenu dans les médias afin de dénoncer « l'opération blocage[72] » menée par les forces conservatrices. Il s'en prend d'abord aux craintes que celles-ci soulèvent : « l'épouvantail de l'État-monstre » et « la religion... en danger ». Il s'offusque ensuite qu'on laisse « croire que les gens timorés et de mentalité conservatrice » sont « les porte-parole attitrés des valeurs religieuses ». Dans bien des pays,

---

71. DAUL, P117, C4.4, document de 10 pages à simple interligne daté du 9 août 1963.

72. « L'abbé O'Neill et le *bill* 60... », *Le Devoir*, 30 août 1963, p. 14. Il s'agit d'une causerie donnée devant le Club Richelieu de Lévis.

de telles actions se sont avérées «désastreuses pour l'Église». Quant à la revendication formulée par certains organismes bien connus, à savoir que «des sous-ministres [catholique et protestant soient] plus puissants que le ministre lui-même, voilà le bouquet!» Cette campagne visant à bloquer le *bill* 60 comporte «des risques très graves»: elle pourrait «saboter une mesure sociale progressive» dont «les victimes [...] seraient une ou deux générations de Québécois».

En somme, dans cette première phase du débat, les abbés Dion et O'Neill ont tenté de montrer que les positions des forces conservatrices n'étaient pas nécessairement celles de l'épiscopat, que des confusions et des peurs étaient entretenues et que des distinctions essentielles devaient être apportées. En soulignant les dangers de «l'opération blocage», ils ont voulu signaler les éventuelles conséquences désastreuses de la campagne menée par les éléments conservateurs.

Intervention de l'épiscopat

Les pendules sont définitivement remises à l'heure lorsque, au début de septembre, le public prend connaissance de la position de l'Assemblée des évêques du Québec. En effet, grâce à cette intervention, la situation se clarifie. Dans sa déclaration, l'épiscopat ne remet point en question la création du ministère de l'Éducation[73]. Au contraire, sa lettre déclare même: «Certes, il est légitime que, dans un projet de loi qui tend à coordonner les divers éléments d'un système d'éducation, l'État prévoie des structures qui permettent d'assurer pleinement ses responsabilités[74]». On doit donc en conclure que les représentants de l'Église ne s'y opposent plus. Ils viennent de faire là un pas significatif. Et le gouvernement a ainsi l'assurance de pouvoir procéder à la mise sur pied du MEQ.

Dans cette même lettre, les évêques déclarent vouloir s'en tenir à «leurs charges pastorales», reconnaissant ainsi implicitement la distinction entre le spirituel et le temporel. De plus, leur argumentation est fondée sur «la liberté de conscience et les droits de la personne[75]». Ils

---

73. Dans ses deux études, Léon Dion accorde un rôle prépondérant à la prise de position de l'épiscopat, fait qu'il isole de tout le reste. Pourtant, les évêques ne vivaient pas en vase clos et leur déclaration semble être un compromis entre celle des catholiques progressistes et celle des éléments conservateurs.

74. «Les évêques demandent à Québec de garantir la confessionnalité des écoles publiques», *Le Devoir*, 3 sept. 1963, p. 1.

75. Voir Jean Hamelin (1991), *Histoire du catholicisme québécois...*, p. 256.

reconnaissent alors le rôle de l'État et les droits des minorités. Ce faisant, ils viennent d'abandonner définitivement leur discours traditionnel.

Pour la majorité catholique, c'est au nom de la « liberté de conscience » qu'ils revendiquent le maintien du système confessionnel. À ce sujet, ils déclarent : « Nous sommes convaincus que la volonté générale de la population ne saurait suffire [à sauvegarder la confessionnalité] et que l'éducation chrétienne des enfants catholiques ne peut être garantie que par des dispositions précises à la loi ».

Leur première demande a trait à l'insertion dans la loi d'une « déclaration explicite des libertés et des droits de base en matière d'éducation ». Au nombre de trois, ceux-ci comprennent : 1) le « droit pour tout enfant » à une éducation « qui favorise le plein épanouissement de sa personnalité » ; 2) le « droit pour les parents de choisir les institutions..., selon leur conviction » ; 3) le droit « de créer des institutions d'enseignement autonomes[76] ». Après des discussions entre l'épiscopat et l'État, cette déclaration sera ajoutée au *bill* 60, en préambule[77].

Les autres amendements demandés visent à assurer le maintien du système confessionnel. À cet effet, les évêques souhaitent que plus de pouvoirs soient accordés aux sous-ministres catholiques et protestants ainsi qu'aux deux comités. Ces derniers devraient établir la réglementation concernant les écoles confessionnelles, disposer du pouvoir de les reconnaître, statuer sur la qualification des enseignants, approuver les programmes et les manuels dans ces écoles. Ils devraient également pouvoir entendre des requêtes, mener des études et faire des recommandations sur « toute question de leur compétence[78] ». Et ce sont sur ces amendements que porteront les discussions entre l'État et l'Église. Évidemment, ces négociations seront menées en coulisse[79], pendant que le débat se poursuit sur la place publique.

---

76. Voir l'article du *Devoir*, 3 sept. 1963, p. 1.

77. À ce sujet, Paul Gérin-Lajoie révéla ce fait : « Par ailleurs, Louis-Philippe Pigeon, qui est un légiste astucieux, suggère d'accepter le texte proposé et de l'insérer comme préambule au *bill* 60, ce qui n'affectera pas les dispositions de la loi ». Voir (1989), *Combats...*, p. 275. Selon Mario Cardinal, cette astuce a permis d'empêcher que « les comités catholique et protestant aient un droit de veto sur la nomination des sous-ministres associés ». Voir Mario Cardinal (2007), *Paul-Gérin Lajoie...*, p. 295.

78. *Le Devoir*, 3 sept. 1963, p. 8.

79. Sur ces discussions, voir les nouvelles informations fournies dans Mario Cardinal (2007), *Paul Gérin-Lajoie...*, p. 285-296.

En imposer le sens

Dès la publication de cette déclaration épiscopale, Gérard Dion va s'empresser d'intervenir afin d'en préciser le sens. « Modérée et sereine[80] » serait celle-ci. Son premier bienfait est de mettre « un terme à ces croisades entreprises sous le manteau de la religion » et aux rumeurs : « Désormais, nous savons ce que pense l'Église du Québec par une voix autorisée et non par des personnes interposées ». Cette déclaration vient donc « clarifier la situation ».

Pour ce qui est de son contenu, il demeure « dans les limites de la compétence de l'Église » et ne porte « que sur deux points[81] ». En premier lieu, la déclaration des droits en matière d'éducation « constituera les premiers jalons de cette *Déclaration des droits de l'Homme* que nous n'avons pas jusqu'ici ». Se fondant sur la liberté de conscience et sur la nécessité d'instaurer « des structures pluralistes et souples », reconnaissant donc le droit des agnostiques à « une école qui réponde à cette conscience », cette déclaration vient également « mettre au pas les arrière-gardes d'une époque révolue », soit les forces conservatrices qui ne désiraient pas voir reconnaître les droits des minorités.

En ce qui a trait au second point, aux « garanties légales protégeant la confessionnalité », elles ne se présentent pas « comme un ultimatum » : « les évêques ont d'ailleurs pris la peine de dire qu'ils ne prétendaient pas à une formulation définitive ». Il y a donc place « à la discussion », une « discussion franche et sans passion » qui devrait permettre d'éclairer les différentes facettes de la question[82].

Peu de temps après, un membre de la commission Parent, le sociologue Guy Rocher, fait part de certaines réticences à l'abbé Dion :

> Bien que j'aie aimé le ton de votre intervention, je crois pour ma part que vous avez glissé trop rapidement sur les amendements recommandés par l'épiscopat. Sous des apparences anodines, je considère que ces amendements vont très loin et édulcorent le *bill* de façon considérable. Ces amendements constituent en effet un pas en arrière et, par eux, l'épiscopat cherche à retrouver les vieux sentiers dans la nouvelle route du ministère. Je suis assuré en effet que la confessionnalité n'en demande

---

80.   DAUL, P117, H1.23, « L'abbé Dion et la prise de position des évêques : Modérée et sereine... la déclaration met fin aux rumeurs de "pseudo-tractations clandestines" », sans identification de journal mais probablement *La Presse*, 5 sept. 1963, sans page. Cette déclaration a également été lue, la veille, à Radio-Canada.

81.   Aussi paru dans *Perspectives sociales*, sous le titre : « La déclaration de l'épiscopat et le *bill* 60 », *PS*, vol. 18, n° 4 (juill.-sept. 1963), p. 106-108.

82.   Le mois suivant, le jésuite Richard Arès abondait dans le même sens, affirmant qu'il s'agissait d'un « compromis ». *Le Devoir*, 12 oct. 1963, p. 9.

pas tant pour être protégée et qu'on chargera le comité catholique d'un énorme travail de contrôle qui l'éloignera encore une fois de sa tâche primordiale : voir à ce que l'on donne une formation religieuse vivifiante et que l'on établisse un climat religieux plus sain dans nos écoles[83].

Aussitôt, Gérard Dion s'empresse de lui expliquer son geste. D'abord, son objectif principal était d'empêcher une éventuelle récupération de la déclaration épiscopale par les forces conservatrices :

> Il importait en tout premier lieu d'empêcher les intégristes et les adversaires du *bill* 60 d'utiliser la déclaration de l'Épiscopat à leurs fins. Comme une prise de position des évêques chez nous a beaucoup de poids dans l'opinion publique, si je ne l'avais pas mise dans le prolongement du *Rapport Parent* et du *bill* 60, c'est le *Rapport Parent* et le *bill* 60 qui auraient été affaiblis.

Ensuite, il désirait insister sur l'ouverture à la discussion des évêques :

> En second lieu, il fallait laisser la porte ouverte à des discussions. C'est ce que j'ai fait en donnant une interprétation au passage de la lettre de Mgr Roy concernant les garanties juridiques et en soulignant que les amendements suggérés n'avaient pas un caractère définitif. En procédant de cette manière, grâce à des discussions subséquentes, on peut en arriver à remettre les choses en place. Tu vas me dire que c'est de l'astuce. Pour ma part, je crois que c'était de la prudence[84].

Débutera, en effet, une nouvelle ronde de négociations avec l'épiscopat ; des tractations qui se mènent à huis clos, loin du regard du public. Pendant ce temps, la campagne en faveur du *bill* 60 se poursuit.

Défendre la réforme

Les abbés Dion et O'Neill feront, en gros, deux grandes interventions : l'une, dans la revue *Maintenant*, qui sera rapportée par la presse ; l'autre dans *Perspectives sociales*. Dans le premier cas, *Le Devoir* annonce, à l'intérieur de ses pages[85], que *Maintenant* se porte « à la défense du *bill* 60 ». Concernant la prise de position de son directeur, le père Bradet, on titre : « Le plus grand danger pour l'Église, c'est un système scolaire inefficace ». Car, dans « Diagnostic en vrac[86] », la revue s'en est prise à « l'énorme campagne qui se mène dans les coulisses contre le *bill* 60,

---

83.   DAUL, P117, A5.55, « Lettre de Guy Rocher à G. Dion du 9 sept. 1963 », 1 page.

84.   DAUL, P117, A5.55, « Lettre de G. Dion à Guy Rocher du 11 sept. 1963 », 1 page.

85.   Voir les trois articles dans *Le Devoir*, 19 sept. 1963, p. 3.

86.   *Maintenant*, n° 61, sept. 1963, p. 271-272.

campagne qui vise à persuader les bonnes âmes qu'il s'agit de faire échec au laïcisme». S'attaquant à la fausseté de cette argumentation, elle soutient que le projet de loi «n'est pas contre l'Église, il est pour l'éducation» et que seule «l'organisation efficace de l'instruction» au Québec permettra d'assurer «notre survie nationale».

À l'intérieur de «Famille, Église, État», la direction a établi ainsi sa position de principes quant au futur système d'éducation:

> Ce système devra respecter: le biculturalisme; d'où la création et le maintien d'écoles de langue française et de langue anglaise.

> Ce système devra respecter la foi religieuse: système confessionnel (qui peut se réaliser de bien des façons) et aussi écoles pour les neutres[87].

Quant à Louis O'Neill, il soutient qu'en matière de garanties confessionnelles «le *bill* 60 est généreux». Après avoir rapporté l'ensemble des garanties données, il demande: «Que faut-il de plus?» Il s'en prend ensuite à deux grands arguments des opposants. Le premier vise à maintenir les prérogatives du clergé:

> Arguer de fait que l'Église est séparée de l'État pour réclamer que l'enseignement dépend ultimement de décisions de gens d'Église, c'est se situer dans une optique féodale. Un gouvernement démocratique ne peut accéder à une telle demande. Et nous ne voyons pas au nom de quelle théologie on pourrait prétendre l'obliger à céder ainsi une partie de son autorité[88].

Quant aux inquiétudes que ces gens soulèvent sur l'avenir, là aussi la réplique de Louis O'Neill est percutante. Il reprend un argument déjà servi par l'abbé Dion, en l'explicitant davantage:

> On a dit: mais quelle garantie nous reste-t-il que l'État respectera, dans l'avenir, ses engagements relatifs à l'enseignement confessionnel? Il faut répondre: la même qu'aujourd'hui, à savoir l'opinion publique, qui favorise cette forme d'enseignement. Si un jour les citoyens ne veulent plus d'un enseignement confessionnel, aucune présence ecclésiastique ne suffira pour le maintenir en place. En démocratie, c'est l'opinion publique qui a le dernier mot. Aussi longtemps que la majorité des citoyens accordera son appui à l'enseignement confessionnel, celui-ci aura droit de cité.

---

87. *Ibid.*, p. 260. Soulignons que, comme Charles de Koninck et Gérard Dion, la plupart des catholiques progressistes étaient en faveur de la mise sur pied d'écoles neutres pour les non-croyants.

88. Voir l'article du *Devoir* et Louis O'Neill, «La séparation de l'Église et de l'État», *Maintenant*, n° 21, sept. 1963, p. 258.

C'est dire qu'il faut miser sur l'opinion de la majorité et accepter l'évolution future. Dans une société, il s'avère impossible de statuer pour toujours : l'Histoire suivra son cours. Implicitement, c'est ce qui est reconnu ici.

Le plus volumineux de tous, le texte de Gérard Dion, s'intitule « Le *Bill* 60 et la confessionnalité[89] ». C'est à la question « au centre des discussions » qu'il s'attaque, à savoir s'il « <u>est possible de concilier l'existence d'un authentique ministère d'éducation avec un système public d'écoles vraiment confessionnelles</u> ». Son article reprend plusieurs arguments invoqués antérieurement, notamment ses précisions sur les « droits » du clergé et sur la séparation de l'Église et de l'État dans une démocratie.

Là où son argumentation innove, c'est d'abord sur la nécessité que le ministre de l'Éducation soit le véritable « <u>responsable</u> devant le Parlement et devant le public ». À ceux qui veulent que les sous-ministres, le Conseil supérieur et le Comité catholique aient davantage de pouvoir que le ministre, il réplique que ce serait faire de lui « un simple fonctionnaire ». Au surplus, « d'autres s'arrogeront une telle autorité » sans, pour autant, avoir « de comptes à rendre ni devant le Parlement, ni devant le peuple ». Un tel système, en plus de ne pas être démocratique, viendrait nier « tout simplement le rôle de l'État en éducation. <u>S'il n'y a pas de véritable ministre de l'Éducation, cela revient à soutenir que le gouvernement n'a pas de place dans l'éducation, que l'éducation n'est pas une exigence du bien commun de la société civile</u>[90] ».

Sur cette question, sa conclusion sera très ferme. Au terme du débat, il reste « une chose qui n'est point discutable : quel que soit l'aménagement auquel on parviendra, celui-ci ne doit pas démunir le ministre de sa responsabilité ultime ni détruire ses pouvoirs de gouvernement dans le domaine qui lui a été confié ». Pas question donc que le nouveau système repose sur un ministre fantoche derrière lequel les évêques prendraient les véritables décisions.

Quant au second aspect de la question, les écoles confessionnelles, leur maintien s'avère nécessaire pour cette unique raison :

> Et cela, non pour des raisons de confessionnalité de l'État, mais seulement parce que l'État, gardien du bien commun, responsable de le réaliser, doit reconnaître et tenir compte des droits des parents de donner

---

89. Dans le même numéro de *Maintenant*, p. 261-265 (ce texte paraîtra également dans *Le monde professionnel*, 25 sept. 1963, p. 6, 7 et 10).

90. « Le *bill* 60 et la confessionnalité », *Maintenant*, n° 21, sept. 1963, p. 261 (pour des détails sur les positions des opposants, voir Arthur Tremblay (1989), *Le Ministère de l'Éducation...*, p. 308-311).

à leurs enfants une éducation conforme à leurs convictions religieuses, s'ils le désirent; et que, dans le Québec en particulier, le fait indiscutable est qu'en ce moment la grande majorité de la population exige de l'État l'organisation d'un système public d'enseignement confessionnel. Il ne s'agit donc pas d'une généreuse concession faite à l'Église par l'État, mais seulement d'un devoir démocratique vis-à-vis des citoyens, devoir qui oblige le gouvernement[91].

Ce serait donc seulement parce que la majorité catholique en souhaite le maintien que la confessionnalité du système est à préserver.

Dans pareille situation, l'Église peut «faire prévaloir son point de vue» sur la confessionnalité «par la voix de ses représentants». C'est donc aux évêques de parler. Ceux-ci le feront, non de manière «impérative», mais «par manière de délibération et d'entente avec les pouvoirs publics». Ainsi, dans ce texte rédigé au début d'août, Gérard Dion décrit exactement l'attitude qu'adopta l'épiscopat par la suite[92]. Il va jusqu'à reconnaître que les exigences formulées par les évêques «ne sont pas nécessairement toutes essentielles». C'est dire que les négociations qui ont lieu en coulisse mèneront immanquablement à un nouveau compromis entre l'Église et l'État[93].

Enfin, il termine son plaidoyer en faveur du *bill* 60 en soulignant que deux conceptions s'affrontent. La première, celle du *Rapport Parent*, fait confiance à la démocratie, à l'opinion publique et à l'Église: elle se situe dans «l'esprit que Jean XXIII voulut voir régner dans l'Église d'aujourd'hui». La seconde, celle de ses détracteurs qui souhaitent le maintien du *statu quo*, qui demandent des garanties excessives et des pouvoirs exorbitants, repose sur une vision théocratique. Ces éléments conservateurs veulent «que les évêques possèdent un pouvoir de di-

---

91. *Ibid.*, p. 262. Voir aussi DAUL, P117, C4.4, «Ministère d'éducation et système public d'enseignement confessionnel», daté du 9 août 1963, p. 3.

92. *Ibid.*, p. 6 et 7 ainsi que dans *Maintenant*, p. 264. Bien que Gérard Dion n'ait pas été membre du comité spécial qui a conseillé les évêques, il est fort probable que, par ses contacts avec Mgr Roy, il exerça une certaine influence sur l'attitude d'ouverture à prendre. Ici, les témoignages manquent pour préciser son rôle exact.

93. L'historien anglophone Michael Gauvreau arrive, au terme de son chapitre sur la réforme de l'éducation intitulé «*The Final Concordat*», à cette très étonnante conclusion: «*The guiding imperativ of both church and state was the need to reaffirm and reinvigorate Roman Catholicism as the repository of the fundamental national values of social solidaritye and community spirit...*». Tiré de (2005), *The Catholic Origins...*, p. 305. Cela sans avoir traité des tractations qui menèrent au nouveau compromis entre l'Église et l'État. En insistant uniquement sur le discours relatif à la nécessité de renouveler l'enseignement religieux, cet auteur est passé à côté des nombreuses divergences entre l'épiscopat et le gouvernement libéral. Toutefois, très étoffé, son chapitre apporte plusieurs éléments sur les positions du Mouvement laïque de langue française.

rection sur tout et sur tous». Il s'agit là de «cléricalisme de la moins discrète espèce», attitude que l'on peut même associer aux «réflexes d'une minorité». Une telle tendance ne correspond sûrement pas «à l'esprit de Jean XXIII et Paul VI, qui est l'esprit de l'Église, à présent en *aggiornamento*[94]».

Dans son dernier texte sur le *bill* 60, Gérard Dion adoptera une approche complémentaire. À la veille de la promulgation de la nouvelle loi, la revue *Perspectives sociales* invite d'abord à dédramatiser le débat. Selon elle, ce fameux projet de loi s'avère «seulement l'aboutissement d'un souci d'ajustement fondamental à des besoins vitaux[95]». Il s'agit du «point de départ» d'un chantier qui permettra d'assurer «aux générations montantes» une formation adéquate. Après l'adoption de cette loi, il faudra une «trêve aux discussions byzantines» afin que tous aillent «de l'avant», cela «dans un même esprit» de coopération de la part de tous, parents, éducateurs, Église et État.

À l'intérieur de son article, l'abbé Dion développe ce même thème de l'harmonie nécessaire[96]. Il s'en prend à l'attitude des deux camps opposés. D'un côté, les détracteurs du *bill* 60 font preuve «d'alarmisme» lorsqu'ils prétendent que c'en sera «fait de l'enseignement religieux dans nos écoles» et que nous «glissons vers un laïcisme militant avant d'être engloutis dans un athéisme destructeur de toute valeur religieuse». De l'autre, les défenseurs du projet de loi tombent dans une «véritable euphorie» lorsqu'ils soutiennent qu'avec un ministère, «tout va aller bien», qu'il s'agit là d'une «panacée qui va régler tous les problèmes».

De son côté, Gérard Dion préfère faire preuve de «réalisme»:

> Pour ma part, je ne tiens pas du tout à mener la <u>croisade</u>, ni en faveur du *bill* 60, ni contre. Je veux une réforme efficace de nos structures d'enseignement. Je désire à la fois un véritable ministère d'éducation, et, sans préjudice du droit des autres qui doivent être respectés, le maintien d'un système public d'enseignement confessionnel. Et je pense que les deux sont conciliables, non seulement en théorie, mais en pratique. À mon sens, le *bill* 60 apporte une solution raisonnable et satisfaisante pour le moment. Une loi n'est jamais parfaite: il y aura toujours lieu de faire des ajustements à la lumière de l'expérience.

---

94. *Ibid.*, p. 10 et *Maintenant*, p. 265.

95. «Le *bill* 60», *Perspectives sociales*, vol. 18, n° 4 (juill.-sept. 1963), p. 105.

96. G. Dion, «Devant le *bill* 60: ni alarmisme, ni euphorie, mais réalisme», *ibid.*, p. 108-111. Dans ses archives, ce texte est daté du 21 sept. 1963. Il s'avère donc subséquent à celui qui a paru dans *Maintenant*. Trouvé à DAUL, P117, H1.25. La prochaine citation provient également de ce texte.

Chose certaine, dans quelques mois, un ministère de l'Éducation existera. Quant à la future loi, « ce n'est pas jouer le prophète que de penser [qu'elle] sera un compromis entre le texte même du *bill* actuel et les suggestions présentées ». Ainsi, les divers « groupements doivent s'attendre à ne pas recevoir entière satisfaction dans leurs réclamations[97] ». Dans l'avenir, une « atmosphère de confiance mutuelle » devra régner et tous devront faire preuve d'un « esprit de coopération positive ».

Dans ce sens, Louis O'Neill suggère quelques pistes de réflexion à poursuivre après l'adoption de la loi[98]. Sur les « droits des parents », la difficulté va surgir quand il s'agira « de l'incarner dans des structures ». Qu'en sera-t-il également de ceux qui, au nom de la liberté de conscience, souhaiteront exprimer leur « dissidence, par exemple en demandant qu'aucun enseignement [religieux] ne soit dispensé à leurs enfants » ? Ou encore, comment fera-t-on pour « assurer une représentation adéquate des parents ? » Au sujet de l'enseignement confessionnel, on devra s'interroger sur plusieurs points afin de respecter les « légitimes libertés et options des croyants ». Il s'agit là de questions nouvelles à se poser.

Autre signe que les oppositions se font moins fortes, ce numéro de *Perspectives sociales* contient même un article d'Yves Prévost, l'un des combattants de la première heure du *bill* 60. Cette fois, il se montre moins radical, apportant son appui surtout aux demandes de l'épiscopat[99]. Au-delà, il se permet « une modeste suggestion » : que soit ajouté un paragraphe « aux fins de sauvegarder l'autorité de l'Évêque diocésain sur le choix des professeurs de religion et de morale[100] ».

Sans que cela soit dit, il semble évident que tous s'en remettent aux négociations en cours entre les évêques et le gouvernement, sachant très bien que, de ces discussions, émergera un nouveau compromis.

Un compromis et ses suites

C'est d'ailleurs ce qui se produisit. En décembre, dans une nouvelle lettre, Mgr Maurice Roy déclarait que « [les évêques] estiment que la nouvelle rédaction des articles qu'ils vous avaient signalés correspond

---

97. Dans sa récente biographie de Paul-Gérin Lajoie, Mario Cardinal montre, en effet, que le résultat des dernières tractations mena à des compromis de part et d'autre. Voir (2007), *Paul-Gérin Lajoie...*, p. 285-301.

98. « Lendemain d'une législation, une réflexion à prolonger », *Perspectives sociales*, vol. 18, no 4 (juill.-sept. 1963), p. 111-118.

99. Yves Prévost, « La confessionnalité en éducation », *ibid.*, p. 118-121.

100. *Ibid.*, p. 121. Voir aussi « La confessionnalité en éducation vue par l'abbé O'Neill et Mc Yves Prévost », *Le Devoir*, 27 sept. 1963, p. 9.

en substance aux suggestions qu'ils vous ont soumises[101] ». Bien que plusieurs demandes de l'épiscopat furent agréées, le gouvernement s'assura de préciser, à l'intérieur de la version définitive de la loi, que les deux sous-ministres travailleraient « sous la direction du ministre[102] ». Au total, le comité catholique voyait préciser ses pouvoirs mais le Conseil supérieur de l'éducation conservait son rôle consultatif : « Bref, la direction du secteur public de l'enseignement primaire et secondaire passait des mains de l'Église à celles de l'État[103] ».

Devant une telle entente, l'opposition formée par l'Union nationale ne pourra que mener un combat d'arrière-garde. La loi sera finalement sanctionnée en mars 1964 et le ministre Paul Gérin-Lajoie, assermenté en mai[104]. Mais l'adoption du *bill* 60 et la mise sur pied du ministère de l'Éducation ne mettront pas fin à tous les débats, puisque c'est seulement dans les années 1990 que l'on obtiendra une modification de l'article 93 de l'Acte de l'Amérique du Nord britannique (AANB) de 1867 qui protégeait le caractère confessionnel des commissions scolaires de Québec et de Montréal. Grâce à cet amendement, le système scolaire pourra dorénavant être établi sur une base linguistique. Entretemps, à l'instar du sociologue Guy Rocher, il faut reconnaître que le droit était en retard sur la réalité et que le compromis établi en 1964 permettait « à ceux qui tiennent à la confessionnalité scolaire d'être relativement satisfaits et aux autres de n'être pas trop insatisfaits[105] ».

Devant la difficulté de créer des écoles neutres, l'option entre le cours de religion et celui de morale sera, par la suite, offerte aux parents. Sur le moment, les tenants de la laïcité, regroupés dans le Mouvement laïque de langue française (MLF), entraient en débat avec Gérard Dion à propos de la création d'une école neutre à Montréal et à Québec ensuite[106]. Peu de temps après, l'abbé Dion faisait réagir les éléments conservateurs lorsqu'il déclarait, lors d'un colloque au Montmartre, que « l'école peut être laïque sans être immorale[107] ».

---

101. Cité dans Arthur Tremblay (1989), *Le Ministère de l'Éducation...*, p. 334.

102. Pour plus de détails sur ces discussions, voir les ouvrages de Dale C. Thompson, p. 378 ; Arthur Tremblay, p. 330-334 ; Paul Gérin-Lajoie, p. 277-278 ; Jean Hamelin, p. 258-259 ; et Mario Cardinal, p. 285-301.

103. Guy Rocher (1989), « La sécularisation des institutions d'enseignement », dans Robert Comeau (dir.), *Jean Lesage et l'éveil d'une nation*, Sillery, PUQ, p. 172.

104. Sur cette dernière phase, voir le chapitre 13 de l'ouvrage d'Arthur Tremblay.

105. Guy Rocher (1989), « La sécularisation... », p. 174.

106. Sur ce débat, voir DAUL, P117, H1.14, « L'abbé Dion et l'école neutre », journal non identifié, 10 février 1964 et Louis-Philippe Roy, « Le Mouvement laïque se démasque lui-même », *L'Action*, 17 fév. 1964.

107. *Le Soleil*, 27 avril 1964, p. 9.

Au cours de cet échange, il demandait aux opposants à ce type d'école de ne pas le faire au nom « de principes absolus » mais « pour des raisons valables » :

> En éducation, nous ne sommes pas dans le domaine de l'absolu, et quand nous avons à prendre une attitude, cette attitude doit s'inspirer de motifs d'ordre prudentiel... Pour arriver à porter un jugement prudentiel au sujet de l'école neutre, M. l'abbé Dion a prié son auditoire de bien distinguer entre foi, religion et morale. On peut être croyant sans être pratiquant ni vertueux, comme on peut être moral sans être croyant ni religieux : « Je vous dis cela pour vous aider à tempérer vos jugements, à corriger une certaine tendance à l'absolu ».

Ensuite, il rappelle que, dans bien des pays, « les écoles neutres sont le choix des chrétiens ». Une école pourrait donc « être laïque sans être immorale, ni irréligieuse ni anticatholique ». L'important dans tout ce débat, c'est surtout « de respecter le droit des parents ».

Évidemment, dans le Québec de l'époque, les distinctions apportées ne seront pas acceptées par tous. Un catholique désemparé lui écrit :

> D'après votre théorie, on peut être croyant sans être pratiquant ni vertueux, comme on peut être moral sans être croyant ni religieux. La religion n'est donc pas indispensable pour être moral ? Pourquoi alors tant s'efforcer pour la défendre[108] ?

C'est sur le mode interrogatif que l'abbé Dion va choisir de lui répondre : « Ne rencontre-t-on pas, d'une part, des catholiques qui dans leur vie ont une conduite immorale et, d'autre part, des païens dont la conduite est tout à fait morale ?[109] » Ne pas faire ces distinctions mène aux « conclusions données dans votre lettre » ou encore « au détournement de la religion à cause de l'inconduite des catholiques ». Enfin, il invite son interlocuteur à « réfléchir un peu aux conséquences mauvaises pour la religion » d'une telle identification.

En somme, dans ce Québec qui commence à se moderniser, plusieurs certitudes antérieures doivent être remises en question et bien des nuances doivent être apportées. Ce n'est qu'au prix de tels questionnements que pourront s'opérer les changements de mentalité. À cette tâche, Gérard Dion aura œuvré tant en public qu'en privé. La remise de la suite du *Rapport Parent* va bientôt l'entraîner dans un autre débat.

---

108. DAUL, P117, A5.56, « Lettre d'A. M. à G. Dion du 29 avril 1964 », 1 page.

109. *Ibid.*, « Lettre de G.Dion à A. M. du 8 mai 1964 », 1 page.

MODIFIER LE CURSUS SCOLAIRE

La création d'un ministère de l'Éducation n'avait pas réglé tous les problèmes du milieu scolaire ; bien d'autres aspects devaient être modernisés. Après la publication du premier tome de son rapport, la commission Parent avait poursuivi sa réflexion. À l'automne 1964, elle arrivait avec d'autres conclusions.

Appui au second tome du *Rapport Parent*

En novembre 1964, Mgr Parent remet au gouvernement la suite du travail des commissaires, soit le tome 2 portant sur les structures et les niveaux de l'enseignement[110]. Généralement bien accueilli, le document propose une nouvelle approche humaniste de l'éducation ainsi qu'un renouveau pédagogique. La proposition des commissaires de modifier le cursus scolaire comporte une importante innovation. Après l'élémentaire et le secondaire d'une durée totale de onze années, serait introduite une phase préuniversitaire de deux années. Les futurs « instituts[111] » – qui seront, par la suite, nommés cégeps – regrouperaient l'enseignement général ainsi que la formation professionnelle.

Cette description donnée par le frère Jean-Paul Desbiens procure une bonne idée du système en place antérieurement :

> La province de Québec est la seule nation <u>occidentale</u> où c'est le système privé qui est gras et le système public qui est maigre. La province de Québec est la seule nation <u>occidentale</u> où le système privé conduise sa clientèle à l'université et où le système public ne la conduise pas à l'université. En ce moment même, un an après la création du ministère de l'Éducation, la seule voie royale d'accès à l'université, c'est le système privé qui l'offre.

> Cette situation résulte du fait que les responsables de l'enseignement, chez-nous, jusqu'à très récemment, étaient prisonniers d'une idéologie de l'enseignement secondaire formulée à la Renaissance... Alors que nous avons des collèges classiques depuis plus d'un siècle, nous n'avons des 9e années publiques que depuis 1929 ; nous n'avons des 12e années publiques que depuis 1939. En 1930, il y avait exactement 117 élèves dans les 11e années publiques[112].

---

110. Commission royale d'enquête sur l'enseignement (1964), *Rapport Parent 2*, Québec, Gouvernement du Québec, 404 pages.

111. Le terme « institut » étant jugé trop laïcisant, on préféra parler de collège d'enseignement général et professionnel (CEGEP). Cet acronyme sera ensuite lexicalisé en *cégep*.

112. DAUL, P117, H1.5, « Mémo du frère J.-P. Desbiens au ministre Paul Gérin-Lajoie daté du 11 juin 1965 », p. 6-7. Soulignons qu'en septembre 1964 le frère Untel fut embauché par le MEQ, lors de son retour d'Europe.

Le second tome du *Rapport Parent* suggère donc de transformer complètement ce système, par sa proposition de compléter le réseau public afin qu'il donne pleinement accès à l'université.

Sur le coup, Gérard Dion accueille très positivement ce nouveau tome de la commission Parent, le déclarant «remarquable par sa lucidité, sa cohérence». Il y voit, rien de moins, qu'«une date dans l'histoire de l'éducation[113]». Encore une fois, il met en garde contre certaines attitudes qui pourraient être adoptées devant ce document: «l'euphorie», le «rejet *a priori*, sans examen», «la précipitation» et le «triomphalisme». Archi-fausse par le passé, l'affirmation «le meilleur système d'éducation au monde» le sera également après le *Rapport Parent*. Et maintenant que les «commissaires ont fait leur travail», il reste à la population québécoise de juger de la valeur de ses suggestions.

Devant les inquiétudes exprimées par certains face à l'avenir des collèges classiques, il se montre rassurant:

> Quelques-uns se sont posé des questions relativement à la survie des institutions privées indépendantes, je crois que l'on a raison de le faire. Il est hors de doute que ces institutions ne peuvent ni ne doivent fonctionner en marge du reste du système d'enseignement. Le *Rapport Parent* ne préconise pas explicitement leur disparition: il va même, en ce qui concerne les institutions que l'on désigne sous le nom de «collèges classiques» [...], jusqu'à suggérer des contrats qui les intégreraient d'une certaine manière à l'enseignement public.

Bien qu'il soulève quelques interrogations, il conseille à tous de demeurer calme:

> Jusqu'à quel point pourraient-ils alors conserver une certaine indépendance indispensable à l'accomplissement de leurs objectifs? Ce serait sûrement un grand malheur s'il n'était plus possible de maintenir des institutions privées. La démocratisation de l'enseignement, qui est un objectif sur lequel tout le monde est d'accord, ne postule pas pareille exigence... Le bien général est non seulement compatible avec l'initiative privée, mais il l'exige; par ailleurs, démocratisation ne signifie pas nivellement, ni moule unique.

> Cette question, comme bien d'autres dans le *Rapport Parent*, restent à être approfondie. On doit le faire avec objectivité, sans dogmatisme, sans apriorisme[114].

---

113. G. Dion, «Devant le *Rapport Parent*», *Perspectives sociales*, vol. 19, n° 6 (nov.-déc. 1964), p. 122.

114. *Ibid.*, p. 123.

Le ministre de l'Éducation, Paul Gérin-Lajoie, lors d'une activité littéraire, le 26 octobre 1960. Source : BANQ, P322, S3, D14-11.

Présentation du *Rapport Parent* au premier ministre Jean Lesage et au ministre de l'Éducation, M. Gérin-Lajoie, lors de la conférence de presse du président de la commission, Mgr Parent, à la salle des *bills* privés, Parlement de Québec. Photographe : André Readman, 1964. Source : BANQ, Fonds de l'Office du film du Québec, E6, S7, SS1, P2125-64-H.

En somme, seule une réflexion sereine permettra d'y voir plus clair. Mais des développements ultérieurs l'inciteront à sonner l'alarme.

Défense des collèges classiques

À la mi-décembre, devant 300 parents de l'externat classique Saint-Jean-Eudes de Québec, les récentes interventions de certains membres du gouvernement l'amènent à s'interroger :

> L'abbé Dion a rappelé une récente déclaration du ministre Paul Gérin-Lajoie qui aurait dit que les recommandations du *Rapport Parent* signifiaient la disparition des institutions privées et indépendantes du niveau secondaire de l'enseignement. Faisant état de la mise au point subséquente du ministre de l'Éducation, et de celle du premier ministre qui l'accompagnait, le conférencier a cependant déclaré qu'il ne pouvait s'empêcher de croire à la disparition des institutions privées en relisant certaines recommandations préconisées par la Commission Parent[115].

Aussi, avant d'envisager la fin de l'enseignement privé, certaines questions sont à poser. D'abord, au secondaire, la réforme proposée pourrait avoir des conséquences néfastes :

> En effet, la période dite secondaire durera cinq ans, répartie en deux étapes de deux et trois ans. Le système offrira quatre sections, dont une sera obligatoire, et les autres comportant chacune une option exigée par le programme de base. M. l'abbé Dion s'est demandé si l'on pourrait, dans un tel système qui favorise les contacts multipliés et les changements de discipline nombreux, aider l'élève à s'intégrer dans son milieu. Il y voit un danger, pour l'élève, de se réfugier en marge de la société [...][116].

C'était là pressentir l'une des multiples causes de l'épineux problème du décrochage scolaire.

Ensuite, le conférencier se demande si le suivi des étudiants dans les futurs « instituts » équivaudra à celui des collèges classiques :

> « Les enfants qui n'ont pas réussi à s'intégrer à la société par l'entremise de leur famille peuvent parfois le faire dans un collège où doit normalement exister une certaine vie communautaire », a-t-il déclaré.

> « Mais, poursuivit-il, avec la multiplication des options et la courte durée du cours de l'institut, comment créer parmi les élèves un esprit communautaire... ? »

---

115. « L'abbé Gérard Dion : le *Rapport Parent* signifie la disparition progressive des institutions privées et indépendantes », *Le Devoir*, 17 déc. 1964, s.p., trouvé à DAUL, P117, H1.29.

116. « En lisant le *Rapport Parent* : avoir une attitude responsable (abbé Dion) », *L'Action*, 16 déc. 1964, s.p., trouvé au même endroit.

« Avant que l'élan soit donné, avant que le professeur connaisse l'élève, ce dernier aura quitté l'institut pour continuer anonymement d'étudier »[117].

La gravité de telles questions doit inciter à la prudence : Gérard Dion demande au gouvernement Lesage « de ne pas précipiter les choses », d'autant qu'une telle réforme demande « une profonde prise de conscience de la part de toute la population ». Et cela « ne se fera pas en quelques semaines ». Enfin, il termine en invitant la collectivité québécoise à « comprendre les conclusions du rapport » afin de pouvoir ensuite « exprimer son assentiment ou sa désapprobation[118] » à la mise en application de ces recommandations.

Quelques jours plus tard, lors d'un entretien à « Partage du Jour », l'abbé Dion se fera plus explicite :

> Au sujet de l'existence d'institutions que l'on appelle privées ou indépendantes, l'opinion que je peux avoir [sur le sujet], c'est seulement des questions que je me pose, je n'ose pas de réponses. Ici, par exemple, à la recommandation 68 du *Rapport Parent* [2], on dit : « Nous recommandons l'instauration d'une collaboration très étroite entre les établissements privés et l'enseignement secondaire public ». Si l'on prend seulement cet article-là, c'est parfait ; vous avez une collaboration, donc une existence de deux sortes d'institutions[119].

Toutefois, la suite de la lecture du second volume du *Rapport Parent* l'amène à s'interroger :

> Mais [la situation change lorsque l'on] regarde la recommandation numéro 70 : « Nous recommandons que tous les enseignements se situant entre la 7e et la 11e année inclusivement relèvent des commissions scolaires régionales ». Alors, entre la 7e et la 11e année, c'est l'enseignement secondaire ça. Par conséquent, cela veut dire que tout l'enseignement secondaire va relever des commissions scolaires[120] !

---

117. « L'abbé Gérard Dion : le *Rapport Parent* signifie la disparition progressive des institutions privées et indépendantes », *Le Devoir*, 17 déc. 1964, s.p., trouvé à DAUL, P117, H1.29.

118. *Ibid.*

119. DAUL, P117, H1.29, « M. l'abbé Gérard Dion à *Partage du Jour* », p. 1. Les recommandations se trouvent à la p. 361 du *Rapport Parent 2*.

120. Signalons que la recommandation 91 sur les 12e et 13e années s'avérait encore plus inquiétante, puisqu'elle déclarait : « Nous recommandons que les institutions qui dispensent présentement un enseignement supérieur à la 11e année – universités, collèges classiques, instituts de technologie, écoles d'arts et de musique, écoles normales, instituts familiaux, collèges privés et autres écoles professionnelles – soient appelées à collaborer à la création des instituts par le regroupement de leur personnel enseignant, de leurs immeubles et de leur équipement scolaire ». Les recommandations 92 à 96 proposaient même la mise sur pied, dans chaque région, d'une

Évidemment, cette prise de position de Gérard Dion aura des suites. Comme nous l'avons vu, elle a fait la manchette des journaux. Ensuite, elle recueillera plusieurs appuis. Peu de temps après, le président du Conseil supérieur de l'éducation, Jean-Marie Martin, l'en félicitait ainsi : « Il m'a dit être très heureux des questions que j'ai posées dans ma conférence et surtout que ce soit moi qui ait attaché le grelot puisqu'on ne peut me taxer de réactionnaire ni m'accuser d'être aveuglé par des intérêts à défendre[121] ».

Le même jour, la Fédération des collèges classiques demandait à l'abbé Dion le texte de son exposé afin de le publier dans sa nouvelle revue *Prospectives*[122]. Dans cette même lettre, son interlocuteur lui apprend l'influence que ses propos avaient eue :

> Vous n'êtes pas sans savoir, Monsieur l'abbé, que le sujet que vous avez développé dans votre exposé a fait l'objet de longues discussions lors de la dernière Assemblée générale des Supérieurs de collèges. D'ailleurs, si, comme je le suppose, les journalistes ont fidèlement rapporté vos propos, il y a de nombreuses analogies entre ce que vous avez dit et les résolutions votées par l'Assemblée des Supérieurs[123].

Au retour des fêtes, un éditorial du *Soleil* renchérissait. On y relevait d'abord cette déclaration de Gérard Dion lors de sa conférence à Saint-Jean-Eudes : « La démocratisation de l'enseignement ne demande pas de nivellement à la tête, mais un bon plancher à la base[124] ». On rapportait ensuite la réaction de la Fédération des collèges classiques. En accord avec ces deux interventions, la direction du journal concluait :

> Les craintes proviennent surtout du fait qu'on n'a pas encore réussi à se faire une idée à peu près exacte de la facilité avec laquelle les collèges classiques pourront s'intégrer aux nouvelles structures de l'enseignement, au niveau tant de l'école secondaire polyvalente que de l'institut...
>
> On ne se cache pas dans plusieurs milieux pour prétendre que le nouveau régime recommandé par la commission Parent marquera la fin des

---

corporation publique visant à regrouper les ressources et à « organiser de véritables campus en vue d'y opérer le plus rapidement possible le regroupement de tous les étudiants des 12ᵉ et 13ᵉ années ». *Rapport Parent 2*, p. 363-364.

121. DAUL, P117, A5.56, « Lettre de G. Dion à Mgr Louis-Albert Vachon du 23 déc. 1964 », 1 page.

122. DAUL, P117, H1.29, « Lettre de Jean-Claude Sauvé à G. Dion du 23 déc. 1964 », 2 pages (dans la lettre précédente, on apprend que, faute de temps, seul le « compte rendu de *L'Action* » y paraîtra).

123. *Ibid.*, p. 1.

124. Éditorial non signé, « Le sort des collèges classiques », *Le Soleil*, 18 janvier 1965, s.p., trouvé à DAUL, P117, H1.29. La prochaine citation provient de cet article.

humanités dans notre province à moins qu'à côté du secteur public on ne maintienne un secteur privé adapté aux nouveaux besoins mais plus dans la tradition des collèges classiques actuels.

Il est évident que le *Rapport Parent* pose pour les collèges classiques un troublant point d'interrogation.

Ainsi, les collèges privés venaient de recevoir des appuis significatifs en faveur de leur maintien.

Échange avec une commissaire

C'est en privé que se poursuivront les échanges sur cette question délicate. À l'été 1965, Gérard Dion est consulté par une des membres de la commission Parent, Jeanne Lapointe[125]. Celle-ci lui fait alors parvenir une ébauche qui pourrait servir à la rédaction d'un futur chapitre devant paraître dans le prochain tome du *Rapport Parent*, texte intitulé « Les établissements privés et les structures proposées[126] ».

Au départ, Jeanne Lapointe s'inquiète de la situation peu reluisante dans le monde scolaire francophone. Alors que les protestants ont misé sur l'école secondaire publique, les catholiques, eux, ont, « selon une tradition pré-napoléonienne », « conféré aux collèges classiques une sorte de monopole de fait dans le champ de l'enseignement préparant à l'université », faisant de nous « le seul pays d'Occident » n'ayant pas « un système scolaire public complet par lui-même, ouvert à tous ». Dans un tel contexte, les lois scolaires du Québec ont laissé « une entière latitude aux prêtres et religieux[127] ». Les écoles séparées de garçons et de filles sont encore la règle, notamment en matière de formation des maîtres[128].

En ce milieu des années 1960, les collèges privés demeurent « les seuls » à offrir « les quatre dernières années du cours classique » qui ouvrent « les portes de toutes les universités de langue française ». Une telle formation est accessible à très peu de gens, à tel point que la

---

125. Parmi tous les commissaires, Jeanne Lapointe s'avérait la plus favorable à une laïcisation complète du système scolaire québécois.

126. DAUL, P117, H1.28, « Ébauche, Ch. III, Les établissements privés et les structures proposées », texte préparé par Jeanne Lapointe, 21 juillet 1965, 29 pages. À la commission Parent, il arrivait que des commissaires produisent un texte émettant leur position sur le sujet traité. Souvent, la personne en profitait alors pour pousser le plus loin possible son argumentation. Par la suite, les discussions entre commissaires permettaient de dégager un consensus. C'est après seulement que la position de la commission était élaborée. Il s'agit donc ici d'une prise de position personnelle de Jeanne Lapointe.

127. *Ibid.*, p. 1 et 2.

128. *Ibid.*, p. 4. Soulignons qu'un tel système handicapait grandement les perspectives d'avenir des Québécoises francophones.

Jeanne Lapointe, sans date (vers 1960).
Photographe inconnu. Source : DAUL,
P474, C6.

commissaire ose parler d'une méfiance des « masses » devant « l'alliance traditionnelle, au Québec, des collèges classiques et des classes possédantes[129] ».

Avec la première phase de la réforme, les écoles élémentaires ont vu leur caractère confessionnel modifié : la « formation religieuse de l'enfant » est dorénavant concentrée dans le cours de religion plutôt que « diffusée dans tous les manuels et dans tous les cours ». Dans ce contexte, l'école catholique devra atténuer « sa tendance apologétique » afin de respecter « suffisamment toutes les croyances pour pouvoir accueillir tous les enfants ». Selon elle, dans ce nouveau contexte, le gouvernement ne devrait pas « diviser les fonds entre un réseau public et un réseau privé[130] ».

Du côté de l'enseignement secondaire et postsecondaire, la situation est plus complexe à cause du monopole des collèges classiques en matière de formation conduisant à l'université. Jeanne Lapointe s'attaque au problème, en traitant d'abord des vocations religieuses. À son avis, une telle orientation devrait « se dessiner de façon graduelle et ne jamais être irréversible ». De plus, il ne faudrait pas que les futurs prêtres et religieux soient « trop vite isolés en un milieu sur-protégé ». Pour elle, les nouvelles écoles secondaires polyvalentes, « milieu social beaucoup plus semblable au milieu adulte », où « existera une certain pluralisme religieux de fait », constitueraient « un milieu de formation plus riche ». En conséquence, elle propose que la « formation particulière »

---

129. *Ibid.*, p. 20.
130. *Ibid.*, p. 7 et 8.

des futurs religieux et religieuses se donne dans «un internat attenant à l'école secondaire». Au sujet des «écoles de vocation[131]» existantes, sa conclusion est catégorique : «Nous ne pensons pas que l'État doive accorder des subventions à ce type d'écoles privées». Pour l'enseignement postsecondaire, la commissaire préconise la même formule : «formation polyvalente à l'institut, et formation religieuse en internat».

Se penchant ensuite sur la situation de la centaine de collèges classiques qui comptent 46 000 étudiants, Jeanne Lapointe souligne que, devant la forte poussée démographique actuelle, ces derniers commencent «à être étouffés sous le nombre». Avec la réforme et la création des futurs instituts, elle craint le poids d'un système double :

> Au plan des structures pédagogiques et au plan confessionnel, les collèges classiques feront donc double emploi avec l'enseignement public, éparpillant ainsi les ressources humaines et financières, et affaiblissant de la sorte tout le réseau des écoles françaises, par cette scission interne et ce dédoublement[132].

À cela, Gérard Dion, dont les commentaires en marge étaient demeurés, jusque-là, somme toute limités, y va de cette réplique percutante :

> Pourquoi n'envisage-t-on pas une autre hypothèse ? a) un réseau complet d'écoles publiques et, b) l'existence de certaines institutions subventionnées répondant à des besoins et se conformant aux normes pédagogiques sans pour cela constituer deux réseaux parallèles complets ?

Et c'est de «cynisme!» qu'il qualifiera la proposition finale du document, à savoir le maintien, durant une «période de transition... d'à peu près cinq ans», du financement des collèges privés, le temps de permettre «l'insertion des enseignants religieux[133]» au système public.

Dans sa réponse qui accompagne ses commentaires, l'abbé Dion signale à son interlocutrice la principale faiblesse de fond de cette ébauche :

> Toute votre argumentation porte sur le fait confessionnel des collèges classiques et, par conséquent, sur l'établissement de deux réseaux parallèles d'institutions confessionnelles. J'aimerais savoir comment l'existence

---

131. *Ibid.*, p. 9. Cette argumentation venait donc remettre en cause une bonne partie du financement des collèges classiques. Il se peut que Jeanne Lapointe ait décidé de soumettre son texte à Gérard Dion à cause de la sortie de ce dernier sur les «écoles épiscopales». Toutefois, les archives de ce dernier ne contiennent aucune information sur les motivations de ce geste.

132. *Ibid.*, p. 11. Plus loin, elle affirme que le maintien du réseau privé pourrait compromettre, «pour les 25 années qui vont venir et peut-être définitivement, la réforme scolaire et le relèvement culturel de la collectivité canadienne-française» (p. 26).

133. *Ibid.*, p. 29.

d'institutions à caractère privé... n'entre pas dans le bien commun ? Et si le bien commun requiert l'existence d'institutions privées, rendant service à la communauté, pourquoi ne recevraient-elles pas de subsides de la communauté par l'intermédiaire de l'État ? Dans votre ébauche, il y a de très bonnes choses sur le rôle de l'Église que j'accepte entièrement. Mais si vous argumentiez à partir d'institutions privées au lieu d'institutions confessionnelles, ces considérations perdraient de leur valeur. Je crains que ce soit là la façon que les défenseurs des collèges classiques vont combattre cette partie de votre Rapport[134].

Son commentaire est plus catégorique lorsqu'il adresse une copie de ce texte au recteur de l'Université Laval, Mgr Louis-Albert Vachon. Dans sa lettre, il déclare sans ambages : « Tu trouveras là l'essentiel de l'argumentation visant à la disparition non seulement des collèges classiques mais même des institutions privées[135] ».

Au moment de remercier Gérard Dion pour ses précieux commentaires, Jeanne Lapointe revient sur la préoccupation centrale de la commission Parent :

> Ce chapitre doit venir après un chapitre sur la confessionnalité où nous préconisons un système comportant des écoles catholiques où se donnerait une excellente formation religieuse ; dans ces conditions, on aurait deux réseaux d'écoles faisant la même chose, l'un public et l'autre privé. Il est difficile de voir là un avantage financier, administratif et encore moins social et religieux. Ce secteur – celui des écoles françaises catholiques, le plus vital pour le groupe canadien-français – serait le seul à diviser ainsi ses énergies humaines et ses finances en deux, et cela à une période où nous avons besoin d'absolument toutes nos ressources pour remonter le niveau général de l'enseignement dans la province[136].

Bien que demeurant, sur le moment, sur ses positions, elle n'en remercie pas moins l'abbé : « vos remarques [qui] éclaireront notre Commission et nous aideront à prévenir des critiques ».

Lorsqu'on s'en tient à cet échange de correspondance, les deux positions paraissent très divergentes. Mais, quand on consulte le texte final du *Rapport Parent*, on se rend vite compte que l'approche s'avère complètement différente de l'ébauche de la commissaire Lapointe.

---

134. DAUL, P117, H1.28, « Lettre de G. Dion à Jeanne Lapointe du 21 juillet 1965 », 1 page. Signalons que l'abbé Dion a acquiescé à l'idée de ne pas financer les « écoles de vocation ».

135. DAUL, P117, A5.57, « Lettre de G. Dion à Mgr Louis-Albert Vachon du 3 août 1965 », 1 page.

136. DAUL, P117, A5.57, « Lettre de Jeanne Lapointe à G. Dion du 29 juillet 1965 », 1 page.

On y constate le «rapprochement des deux secteurs», le privé et le public, et souligne le fait que l'État ne saurait «se passer» de l'apport du privé. Enfin, on souhaite une «harmonisation» qui conduirait à un «enrichissement[137]» du réseau. Les recommandations, quant à elles, sont complètement à l'opposé des conclusions de Jeanne Lapointe qui proposaient la fin du financement du système privé, après une période transitoire de cinq ans. La commission suggère, plutôt, d'apporter «des modifications à la loi de l'enseignement privé» afin d'assurer un contrôle étatique et d'établir une «politique rationnelle de subventions» du privé, financement devant même être établi «selon les normes et critères utilisés pour l'enseignement public[138]».

Il appert donc que les autres membres de la commission Parent n'ont pas adhéré aux conclusions de Jeanne Lapointe sur cette question du financement des collèges privés. Il semble que les commentaires de Gérard Dion ont porté auprès de la commissaire Lapointe. Bien qu'elle ne fut pas informée de cet échange[139], la commission Parent en est arrivée, après discussion, à un compromis très près de celui qu'avait formulé Gérard Dion. Car la solution retenue s'avère en droite ligne avec l'hypothèse en deux points que ce dernier formula.

CONCLUSION

À l'instar de la plupart des anti-duplessistes, Gérard Dion fut un fervent artisan de la Révolution tranquille. Sur bien des sujets, notamment le divorce et le mariage civil, il adopta des positions novatrices. Son appui aux réformes que souhaitait instaurer le gouvernement Lesage a été indéfectible. Quant à la modernisation du système d'éducation, son rôle fut plus grand.

Au départ, il a appuyé l'idée de la mise sur pied d'une commission d'enquête et s'est opposé, tout comme de nombreux professeurs laïques, à l'idée de la création de deux universités catholiques proposée par les Jésuites. Avec d'autres catholiques progressistes, il s'est montré en faveur d'un renouveau du système scolaire confessionnel et de la

---

137. *Rapport Parent 4*, p. 43-45 et 219.

138. *Ibid.*, recommandations 64 à 71, p. 235-236.

139. Dans son témoignage, M. Guy Rocher a confirmé que les commentaires de l'abbé Dion n'ont pas été soumis à la commission Parent par Jeanne Lapointe. Après les discussions, c'est Guy Rocher qui produisit le texte définitif. Source : «Lettre de M. Guy Rocher à l'auteure du 29 mai 2007». Les arguments de Gérard Dion semblent donc avoir convaincu Jeanne Lapointe de la nécessité de trouver un compromis qui permettrait le maintien ainsi qu'un certain financement des collèges privés.

création d'un ministère de l'Éducation. C'est lors des vifs débats autour du *bill* 60 que ses interventions se firent plus nombreuses. Au début de la polémique, il s'est opposé aux forces conservatrices qui militaient pour le maintien des prérogatives du clergé.

Par la suite, bien que défendant l'idée que le ministre de l'Éducation doive absolument disposer du plein pouvoir de décision, il s'est rallié aux demandes de l'épiscopat concernant les garanties en matière de confessionnalité. Tout comme ses écrits, la déclaration de l'Assemblée des évêques reposait sur une nouvelle argumentation, la liberté de conscience. Au moment de la diffusion publique de ce texte, Gérard Dion est aussitôt intervenu dans le but d'empêcher une récupération de cette prise de position officielle par les éléments catholiques les plus conservateurs, jouant ainsi un rôle indéniable. Son insistance sur le fait que les demandes formulées par l'AEQ étaient négociables a sûrement aidé aux échanges qui ont suivi entre l'État et l'épiscopat. Enfin, ses rappels que le résultat des négociations menées en coulisse constituerait immanquablement un compromis ont, sans doute, aidé à l'abandon des positions les plus radicales et à préparer les esprits à l'acceptation de la future entente.

Sa position centriste s'est également manifestée lors du débat sur la modification du cursus scolaire. Bien qu'ayant auparavant critiqué les collèges classiques pour leur conservatisme, il s'est porté à leur défense devant la possibilité que la commission Parent recommande la fin du financement des établissements privés. Fait méconnu de notre histoire récente, ses échanges de correspondance avec Jeanne Lapointe semblent avoir eu une portée auprès de cette commissaire. Cette dernière s'est ensuite ralliée au consensus dégagé au sein de la commission en faveur du maintien des collèges classiques.

De toutes ces interventions de Gérard Dion, une constante se dégage : bien qu'adoptant une position progressiste, ce dernier a eu la sagesse, grâce probablement à son jugement et à son bon sens, d'opter pour une solution mitoyenne qui favorisait la négociation d'un nouveau compromis historique entre l'Église et l'État. Sans nul doute, il s'agit là de l'une des contributions de cet homme à la Révolution tranquille. Et c'est probablement pour cette raison que les Québécois ont apprécié son apport et que l'Histoire reconnaîtra son rôle.

CHAPITRE 12

LUTTE POUR DES RÉFORMES
DANS LE MONDE DU TRAVAIL

S'il est un domaine où Gérard Dion s'est engagé à fond pour l'obtention de réformes, c'est bien celui des relations du travail. En 1958, à la fin du règne de Duplessis, le Département des relations industrielles procède à l'analyse des lois régissant les négociations collectives. Il émet alors de sévères critiques sur plusieurs pratiques ayant cours. Au moment de cette dénonciation, Gérard Dion parlera de « crise majeure ». Le diagnostic posé conduira à demander une réforme en profondeur des lois du travail.

Avec l'avènement du gouvernement de Jean Lesage et le début de la Révolution tranquille, des changements deviennent enfin possibles. Et, tout au long du processus qui conduira à la promulgation du *Code du travail* en 1964, l'abbé Dion interviendra, soit en coulisse, soit auprès de l'opinion publique, pour appuyer et défendre les transformations souhaitées à la législation du travail.

DÉNONCIATION DES PRATIQUES
AU TEMPS DE DUPLESSIS

Depuis les débuts du Département des relations industrielles et tout au long des années 1950, Gérard Dion a demandé, à maintes reprises, une véritable reconnaissance du droit d'association des travailleurs et une amélioration significative des lois du travail. Après la campagne menée en faveur des nouvelles formules de sécurité syndicale à la fin de la guerre, il s'est opposé au projet controversé de *Code du travail* que Duplessis tenta de passer en douce au début de 1949[1]. La prise de

---

1. Sujets déjà traités au chapitre 4, dans les sections portant sur la sécurité syndicale et le *bill* 5.

position ferme de la Commission sacerdotale d'études sociales, dont il était membre, contribua au retrait de ce tristement célèbre *bill* 5.

Une bataille de longue haleine

Malgré la mise en échec du mouvement de la réforme de l'entreprise, à la suite des mises au point pontificales relatives à la participation des travailleurs à la gestion et au partage des profits[2], l'abbé Dion ne cessa pas pour autant de dénoncer l'anti-syndicalisme du régime Duplessis. On s'en souvient, au début de la décennie 1950-1960, il signala tout d'abord la « dégénérescence de l'arbitrage », mécanisme utilisé par plusieurs de manière à prolonger indûment les délais ou à restreindre le champ des négociations collectives[3]. Il prit également position lors des difficiles conflits de Dupuis Frères et de Louiseville.

Avec l'adoption des *bills* 19 et 20 par le gouvernement duplessiste, 1954 constitue une année difficile pour le monde ouvrier. Seul à protester, le milieu syndical n'est pas entendu. Après avoir déclaré sans ambages que « ces lois sont mauvaises », Gérard Dion s'insurge devant le fait que, « si on fait exception pour le journal *Le Devoir* et la revue *Relations*, ceux qui ont le devoir de former l'opinion publique soient restés muets[4] ». En somme, ce spécialiste vient de souligner et de dénoncer l'isolement des syndicats et l'absence d'appui aux travailleurs qui persiste au temps de Maurice Duplessis. Dans l'objectif de renverser la vapeur, on profite des congrès du Département des relations industrielles pour étudier les problèmes de l'heure dans le monde du travail.

Obtenir un nouveau consensus social

Au cours de la décennie 1950-1960, les congrès soulèvent plusieurs questions. Ainsi, en 1953, on s'attarde aux « problèmes humains » du travail et, en 1955, à la question de « l'autorité au sein de l'entreprise ». Le régime de règlements des conflits en vigueur sera aussi scruté à fond. Le congrès de 1954 s'attarda aux « conflits de droits » tandis que celui de 1958 se pencha sur les « conflits d'intérêts ». C'est lors de cette dernière séance que les critiques à l'endroit de la législation du travail s'exprimèrent davantage.

Dans son introduction à ce congrès, Gérard Dion fait remarquer que, peu importe « le régime économique dans lequel on se trouve [...],

---

2. Sur la réforme de l'entreprise, voir les chap. 4 et 5 ainsi que *Les Dessous d'Asbestos*.
3. Traité au chap. 5, dans la dernière section.
4. « Les *bills* 19 et 20 », *AUS*, vol. 9, n° 4 (janv. 1954), p. 56.

Dîner de clôture du huitième Congrès des relations industrielles sur «les problèmes humains du travail». Photographe inconnu.
Source: (1953) *Rapport du huitième Congrès...*

il y aura toujours, entre la direction de l'entreprise et les travailleurs [...], des intérêts légitimes divergents – donc susceptibles de dégénérer en conflits[5]». Là où règne le totalitarisme, ces conflits «sont refoulés par la force et l'État se charge de les étouffer en imposant ses volontés». En démocratie, il faut plutôt «s'ingénier» à trouver une formule «où les conflits qui surgissent pourront trouver leur solution par voie de composition et de compromis à l'intérieur du bien commun». Avant de laisser la parole aux conférenciers qui ont pour mandat d'évaluer «le système de règlements des conflits d'intérêts du Québec», d'en faire une critique et de présenter leurs suggestions, l'abbé Dion rappelle que, dans le contexte actuel, «tout blocage» pourrait être «extrêmement périlleux pour le bien de la communauté[6]». En somme, l'heure des réformes avait sonné.

Sur ce point, tous les intervenants seront d'accord. Tant les spécialistes en relations industrielles, le porte-parole du monde patronal que le représentant des syndicats formuleront des suggestions de réformes. Selon le point de vue, elles seront plus ou moins étendues. Une relative unanimité règne cependant sur les graves lacunes du système en place, notamment sur les travers du processus de conciliation et d'arbitrage.

---

5. G. Dion (1958), «Préface», *Le Règlement des conflits d'intérêts en relations du travail dans la province de Québec*, treizième Congrès des relations industrielles, Université Laval, PUL, p. 5.

6. *Ibid.*, p. 6.

Page couverture du treizième Congrès des relations industrielles tenu en 1958 et portant sur les conflits d'intérêts. Source : Département des relations industrielles, collection de Claudine Leclerc.

Face aux pratiques ayant cours sous le gouvernement duplessiste, le professeur Roger Chartier ne sera pas très tendre. À ce propos, il rappelle les « conflits qui doivent encore se livrer autour de la reconnaissance syndicale », le « recours sporadique au judiciaire » par les employeurs ainsi que « les interventions politiques toujours possibles dans le mécanisme de règlement des conflits ouvriers[7] ». À l'instar du regretté Me Jacques Perrault, il souligne que le droit est actuellement « en retard sur les institutions sociales ». Il formule alors ce commentaire on ne peut plus direct à l'endroit du gouvernement de Maurice Duplessis :

> Il pourrait donc s'agir, non pas seulement d'une inertie ou d'un immobilisme aveugle, mais d'une initiative consciente et parfois agressive du législateur au service d'un conservatisme d'État lui-même en étroite accointance avec d'autres conservatismes (patronal, par exemple)[8].

Par la suite, sa critique de la législation en place portera principalement sur les faiblesses du processus de conciliation et d'arbitrage. Il conclura au « caractère confus » de la « sentence arbitrale » puisque cette dernière ne « lie pas les parties ». On ne pouvait donc parler à « proprement d'arbitrage, mais de conciliation continuée à trois[9] ». Au moment de s'adresser aux médias, le professeur Chartier sera encore

---

7.   Roger Chartier (1958), « Jugements sur le régime québécois. A- Équivoques du régime québécois », *ibid.*, p. 50.

8.   *Ibid.*, p. 52.

9.   *Ibid.*, p. 72.

plus catégorique dans son jugement puisqu'il dira du «régime actuel» qu'il est «ambigu, équivoque, [...]», qu'il résulte de «la peur d'une grève comme fait ou simplement comme menace» et qu'il donne lieu à une «intervention un peu lourde de l'État[10]».

Pour sa part, le conférencier provenant du monde patronal, Me Guillaume Geoffrion, se contentera de proposer des suggestions visant à améliorer le rôle des avocats dans le processus. Représentant les milieux syndicaux, Gérard Picard, président de la CTCC, ira beaucoup plus loin dans sa critique. Ses calculs lui permettent d'établir à un minimum de «172 jours» le délai nécessaire avant l'obtention du droit de grève. Celui-ci est rarement observé et, dans certains cas, des «conseils d'arbitrage ont pris environ un an, parfois plus, avant de faire rapport[11]». De tels délais sont «exaspérants pour les travailleurs», ils «constituent souvent un véritable déni de justice» et ils peuvent également «compromettre la rétroactivité des salaires». Voilà pourquoi il conclut que «du point de vue syndical, [...] le régime québécois des négociations collectives n'est pas satisfaisant[12]».

Quant au processus de conciliation et d'arbitrage à proprement parler, la législation s'avère «confuse» puisqu'en «réalité il s'agit de deux stades de conciliation». Malgré l'obligation de passer par ces stades, «les recommandations sont le plus souvent mises au panier». Pour le représentant syndical, la seule réduction des délais et une amélioration des processus de conciliation ne sauront suffire puisque les «véritables négociations» ne surviennent que lorsque ces procédures sont épuisées. Plutôt, la nouvelle loi ne devrait «prévoir la conciliation ou l'arbitrage que sur une base volontaire». Une réforme en profondeur s'impose et elle devrait conduire à «une législation saine», qui donnerait lieu à l'institution d'organismes «aux structures démocratiques et de caractère représentatif» ainsi qu'à la création de «postes de responsabilité confiés à des personnes compétentes» et douées de «sens social». C'est à ces seules conditions que l'on pourra ramener «un climat de confiance dans le domaine des relations industrielles[13]».

---

10. Guy Lamarche, «On passe au crible la loi québécoise régissant les négociations collectives», *Le Devoir*, 6 mai 1958, p. 3.

11. Gérard Picard (1958), «B- Corrections à apporter au régime québécois», *Le Règlement des conflits d'intérêts en relations du travail dans la province de Québec*, treizième Congrès des relations industrielles, Université Laval, PUL, p. 84.

12. *Ibid.*, p. 85.

13. *Ibid.*, p. 86.

Les deux autres conférenciers, René-H. Mankiewicz et Guy Merrill-Desaulniers, se pencheront sur la législation du secteur public. Tous deux concluront à la désuétude du système québécois. Le premier soulignera que l'interdiction du droit d'association aux fonctionnaires est contraire, depuis 1948, au droit international puisque les exceptions prévues touchent seulement les « membres des forces armées et de la police[14] ». D'une manière plus controversée, le second soutiendra que l'interdiction du droit de grève serait *ultra vires* parce qu'il y aurait « invasion d'un domaine appartenant exclusivement au Parlement fédéral, soit le droit criminel[15] ». Les deux conférenciers s'entendent toutefois pour remettre en question tant la négation du droit d'association que celle du droit de grève dans le secteur public.

Le congrès sera couronné par l'intervention de deux grands spécialistes en relations du travail. Professeur à l'Université McGill, H. D. Woods, futur collaborateur à la revue *Relations industrielles*, proposera une série de réformes au régime québécois en place. Elles iront d'une meilleure protection du droit d'association grâce à « une définition claire des pratiques interdites » jusqu'à une modification plus ou moins importante des processus de conciliation et d'arbitrage[16]. Enfin, lors de la dernière conférence, Adolph Sturmthal de l'Université de Columbia passera en revue la législation des grands pays occidentaux. Il montrera que l'arbitrage obligatoire y a généralement été abandonné, que seul existe le recours à « l'arbitrage aimable [volontaire] » et que l'interdiction de la grève n'a été généralisée que sous le « régime nazi ». À son avis, « l'intervention extérieure dans le processus de négociation doit être l'exception qui nécessite justification chaque fois qu'elle se produit ». De plus, une telle intervention de l'État ne devrait avoir lieu que dans les cas « où la santé et la sécurité du public sont en danger[17] ».

Un tel consensus conduira à demander une réforme en profondeur de la *Loi des relations ouvrières* de 1944. En plus de revendiquer que la procédure soit « aussi simple et courte que possible », que les diverses étapes forment un processus continu, que la future législation impose « le moins de limites possibles », on souhaitera que soient rendus « volontai-

---

14.   René-H. Mankiewicz (1958), « Le cas des services publics. A- Le règlement des conflits collectifs de travail », *ibid.*, p. 101.

15.   Guy Merrill-Desaulniers (1958), « Le cas des services publics. B- Corrections à apporter au régime québécois », *ibid.*, p. 149.

16.   H. D. Woods (1958), « Proposed Remedies », *ibid.*, p. 164-166.

17.   Adolph Sturmthal (1958), « L'intervention de l'État dans le règlement des conflits d'intérêts », *ibid.*, p. 177-178. Un long extrait de cet article fut également publié dans *Relations industrielles*, vol. 13, n° 4 (oct. 1958), p. 411-418.

res les stades de la conciliation et de l'arbitrage[18] ». Ainsi, ce congrès du printemps 1958 s'avère important tant par l'unanimité qu'il a permis d'atteindre que par la demande d'une réforme en profondeur des lois du travail existantes. Et, dans sa suite, Gérard Dion va renchérir.

Crise dans le monde ouvrier

À l'automne 1958, l'abbé Dion produit un article qui se veut un bilan du milieu syndical québécois. Son verdict est catégorique : ce dernier « passe par un état de crise, peut-être le plus sérieux de son histoire[19] ». Outre les facteurs de divisions internes sur lesquels il n'y a pas lieu de s'attarder, le spécialiste en relations industrielles insiste sur les facteurs externes qui sont responsables de la dégradation de la situation dans le monde du travail. C'est que « le syndicalisme rencontre en certains milieux puissants une opposition qui, pour être latente, n'entrave pas moins efficacement son développement normal ». Une telle situation persiste depuis la fin de la décennie 1940-1950 :

> [...] depuis une dizaine d'années surtout, le travail organisé rencontre des oppositions systématiques. Il semble que la grande victoire remportée au cours de la grève de l'amiante en 1949 a marqué un sommet qui a déclenché par la suite dans le monde patronal et l'administration publique une suspicion et une lutte sourde contre l'organisation syndicale[20].

Depuis ce temps, au Québec, plusieurs compagnies font obstruction à l'organisation syndicale soit en mettant « sur pied un syndicat de boutique » dans leurs entreprises, soit en tentant de « se débarrasser du syndicat existant », cela malgré des « prescriptions de la loi » qui condamnent de telles pratiques. La tout a été possible « grâce à l'apathie de l'opinion publique » et « souvent avec la connivence de l'administration ». Est visé ici directement le gouvernement de Maurice Duplessis.

L'abbé Dion expose alors un procédé utilisé couramment à l'époque :

> Il s'est développé dans le Québec une formule quasi infaillible pour qui veut se débarrasser d'un syndicat. Elle est bien connue de tous. Le R.P. Jacques Cousineau l'a décrite dans la revue *Relations*. En voici les grandes lignes. L'employeur congédie des chefs ouvriers locaux, ce qui

---

18. Guy Lamarche, « On passe au crible la loi québécoise régissant les négociations collectives », *Le Devoir*, 6 mai 1958, p. 3.

19. G. Dion (1958), « Le mouvement syndical québécois (1957) », *Relations industrielles*, vol. 13, n° 4 (oct. 1958), p. 366 (paru aussi dans *Ad Usum Sacerdotum*, vol. 13, n°s 6-8, juin-août 1958, p. 134-140).

20. *Ibid.*, p. 368.

Le mouvement syndical québecois (1957)

Gérard Dion

*L'auteur jette un regard pénétrant sur le mouvement syn-
dical québecois à un moment particulièrement critique de
son histoire. Il souligne l'opposition dont ce mouvement
est l'objet dans certains milieux et les conséquences probables de cette hostilité (durcissement des structures de
conflit, tensions et acheminement vers la lutte des classes)
si elle ne s'apaise bientôt. L'auteur indique qu'au delà
d'un monolithisme de surface, le syndicalisme québecois est
profondément divisé dans son être et dans son action (économique, sociale et politique), et que ces divergences profondes se résorberont sous l'action des oppositions de l'extérieur, sans quoi le mouvement ira s'effritant.*

Sur une population de travailleurs salariés s'élevant à 1,500,000
dans la province de Québec, environ 316,000 ouvriers appartiennent à
un syndicat.[1] Cette proportion est, à peu de choses près, la même
que l'on retrouve dans les autres provinces industrialisées du Canada.

En-tête de l'article « Le mouvement syndical québécois (1957) ».
Source: *Relations industrielles*, vol. 13, nº 4 (oct. 1958), p. 366.

est une violation flagrante de la *Loi des relations ouvrières*. Deux avenues
s'ouvrent devant le syndicat : celle de la légalité et celle de l'illégalité[21].

Dans les deux cas, les chances d'une victoire patronale sont
nombreuses. Les délais qu'entraîne le processus légal, la faiblesse des
amendes et l'absence de mesures correctrices expliquent les aléas de la
première voie :

Si le syndicat suit la procédure normale et légale, il doit poursuivre
l'employeur devant les tribunaux. C'est alors une affaire qui durera au
moins un an et peut-être davantage avant d'obtenir le jugement. Et
l'employeur sera condamné en vertu de la *Loi des relations ouvrières* à
payer cent dollars d'amende sans être obligé de reprendre à son service
les chefs ouvriers congédiés illégalement. Pendant ce temps, le syndicat
s'effrite et, quand il a gagné sa cause, il n'existe plus. L'employeur s'est
ainsi débarrassé du syndicat par un procédé illégal, mais pacifique[22].

---

21. *Ibid.*, p. 369.
22. La présente citation et les prochaines proviennent d'*ibid.*, p. 369-370.

Les amendes dérisoires et l'absence d'obligation de réembaucher les chefs syndicaux expliquent le succès de ce procédé utilisé par des employeurs récalcitrants. Et, si le syndicat décide d'opter pour l'illégalité, la voie va s'avérer encore plus périlleuse puisqu'il devra faire face à une double opposition, une opposition patronale jumelée à la puissance de tout l'appareil d'État :

> Il reste alors au syndicat, qui ne veut pas se laisser égorger de cette façon, l'inévitable recours à la grève immédiate. Mais, selon la lettre de la loi, une telle grève est illégale. Cette illégalité est montée en épingle par l'employeur, ce qui émeut facilement l'opinion publique. Le ministère du Travail se refuse d'intervenir pour aider à régler le conflit sous prétexte de ne pas encourager l'illégalité. La Commission des relations ouvrières bloque les procédures de certification ou annule le certificat de reconnaissance si le syndicat le possède déjà. Légalement, le syndicat se trouve encore dans une impasse. Il a tout contre lui.

Affaibli par le congédiement de ses chefs et par la perte de sa reconnaissance syndicale, le syndicat local aura alors affaire à la répression policière :

> Si le syndicat n'a pas réussi son coup dans un très bref délai et se voit obligé de prolonger sa grève illégale, la police provinciale intervient pour maintenir l'ordre et « protéger les droits des non-grévistes » qui retournent au travail ou qui prennent la place des travailleurs réguliers. L'employeur s'est encore une fois débarrassé du syndicat.

Sous le règne de Maurice Duplessis, tout cela s'avère possible, et ce, en toute impunité. Pareille situation est « responsable du désarroi que l'on retrouve au sein du mouvement ouvrier » et des « divergences de tactique entre les chefs » syndicaux. Le gouvernement de l'Union nationale n'ayant pas tenu compte de leurs suggestions depuis fort longtemps, aucune « solution pacifique à l'horizon » n'est entrevue. Ce climat détérioré et le pessimisme qui règne dans le milieu ouvrier sont susceptibles d'entraîner des conséquences plus graves : « Il y a grand risque qu'à la longue elles créent graduellement des structures de conflit et qu'elles suscitent un esprit de révolte amenant la lutte des classes ». En conclusion, Gérard Dion y voit là l'un « des dangers qui menacent la province de Québec[23] ».

Bien qu'elle ait été publiée dans une revue s'adressant à des spécialistes et aux intervenants du monde du travail, cette analyse connaîtra une diffusion plus large. Farouche opposant à Duplessis, *Le Devoir* en fera largement état dans ses pages. D'abord, au printemps

---

23. *Ibid.*, p. 385.

1958, ce journal rapporte les propos de l'abbé tenus à Toronto devant un « cycle d'études sur le Canada français d'aujourd'hui[24] ». Ensuite, après la parution de l'article dans *Relations industrielles*, ce quotidien nationaliste va revenir sur le sujet ; il exposera alors la fameuse formule permettant de casser un syndicat[25].

Malgré cette relative unanimité sur la nécessité de réformer en profondeur les lois du travail, rien ne bougera jusqu'au décès de Maurice Duplessis en septembre 1959[26]. Et c'est avec l'avènement du gouvernement libéral réformiste de Jean Lesage, à l'été 1960, que les espoirs d'obtenir un nouveau *Code du travail* renaîtront.

POURSUIVRE LA CRITIQUE

L'arrivée au pouvoir de « l'équipe du tonnerre » signifiera beaucoup pour Gérard Dion et tous les gens du domaine des relations industrielles. Ceux qui, depuis plus de 15 ans, n'étaient pas entendus par le gouvernement québécois et étaient même regardés de travers, auront dorénavant l'oreille des élus. Devenue possible depuis la prise du pouvoir du parti de Jean Lesage, la « Révolution tranquille » constituera une période euphorique pour ces tenants de réformes dans le monde du travail et les lois ouvrières.

Les spécialistes en relations du travail, une catégorie vilipendée par Maurice Duplessis, seront de plus en plus en demande, entraînant un développement significatif de ce département de l'Université Laval. Limité à quatre personnes seulement durant les années 1950, son équipe professorale doublera au cours de la décennie. De même, son nombre de diplômés ira croissant, connaissant une progression fulgurante à partir du milieu des années 1960. Ses congrès seront de plus en plus fréquentés. Eux qui avaient vu leur assistance décroître durant les cinq dernières années du règne de Duplessis deviennent populaires, à tel point qu'en 1965 on se retrouve devant un sommet de 693 participants[27].

---

24.   « Le monde ouvrier du Québec traverserait la crise la plus sérieuse de toute son histoire », *Le Devoir*, 10 avril 1958, p. 3 et 5.

25.   « Le syndicalisme passe par une crise très sérieuse (abbé Dion) », *Le Devoir*, 4 décembre 1958, p. 2.

26.   Signalons qu'entre temps Gérard Dion appuya la grève des réalisateurs de Radio-Canada. Voir son article dans *Ad Usum Sacerdotum*, vol. 14, n° 3 (mars 1959), p. 64-69.

27.   Données tirées de James Thwaites, Mario Lajoie et Hélène Bois (1985), « Quarante ans au service des relations industrielles », *Le Statut du salarié en milieu de travail*, 40ᵉ Congrès des relations industrielles, graphiques 1 à 4, p. 266-268 et 277.

Gérard Dion, directeur de Département des relations industrielles, en 1961. Photographe inconnu.
Source : DAUL, U519, 7320/92/2.

Cela pour dire que la donne vient définitivement de changer ; les opposants, autrefois malmenés, ont dorénavant le vent dans les voiles. Et, en cette période de changements rapides, ils étayeront leurs critiques. C'est dans ce contexte qu'il faut situer les interventions de Gérard Dion[28]. Dans sa chronique du journal *Le Travail*, sous le pseudonyme de Maurice Ladouceur, il dénoncera la prolifération des « syndicats de boutique » qui eut cours au temps de Duplessis. Pareille pratique montre que les travailleurs ne jouissaient nullement d'une véritable « liberté d'association ». En conclusion, il demande à Québec de trouver « d'autres moyens de se distinguer dans le panorama syndical canadien[29] » et d'adopter des mesures strictes pour empêcher la création de tels syndicats.

Le congrès de 1961

Mais c'est lors de la tenue du Congrès des relations industrielles du printemps que la critique du régime antérieur sera menée plus loin. En effet, cette rencontre annuelle traite d'une vieille revendication du monde syndical et d'une récente promesse des libéraux, la création de Tribunaux du travail. Dans son introduction à ses assises, Gérard

---

28. Signalons qu'en 1960 l'abbé Dion se prononça en faveur du salaire familial et défendra le droit au travail. Voir « Salaire familial et revenu familial », *Relations industrielles*, vol. 15, n° 1 (janv. 1960), p. 2-47 et « Le droit au travail », *ibid.*, vol. 15, n° 4 (oct. 1960), p. 398-409.

29. Maurice Ladouceur, « Québec, paradis des syndicats de boutique », *Le Travail*, avril 1961, p. 4.

Dion montre que cette revendication vient de loin. Déjà, en 1935, la CTCC formula cette demande lors de son congrès annuel[30]. Sous le gouvernement d'Adélard Godbout, Me Marie-Louis Beaulieu prépara, à la demande du ministère du Travail, un projet de loi en ce sens[31]. Malheureusement, en 1944, avec l'arrivée au pouvoir de Duplessis, ces textes prirent le chemin des archives, pour y demeurer.

Pendant ce temps, le Département des relations industrielles allait revenir sur le sujet à plus d'une reprise[32]. Et le congrès de 1961 sera l'occasion de faire le point. Concluant qu'on « ne peut empêcher l'évolution sociale », l'abbé Dion lançait ces interrogations à l'ensemble des congressistes :

> Le problème du règlement des conflits de droit en matière de relations du travail est crucial. Non seulement les droits des personnes et des institutions économico-sociales sont en jeu, mais souvent la paix et l'ordre de toute la société. Les conflits de droit en relations du travail, qu'ils soient individuels ou collectifs, existent. On ne peut les éviter. Il faut qu'ils soient réglés. Il est vrai que les tribunaux communs s'en occupent, que des commissions administratives sont graduellement amenées à exercer certaines fonctions judiciaires. Mais, est-ce là suffisant ? Est-ce que l'on doit continuer à se contenter de remèdes partiels sans tenir compte de solutions d'ensemble[33] ?

Cette rencontre annuelle sera l'occasion de remettre en question plusieurs facettes du système en place : l'absence de tribunaux spécialisés en matière du travail, le recours fréquent aux brefs d'injonction, les pouvoirs de la Commission des relations ouvrières sur les congédiements pour activité syndicale[34], etc. Au terme des échanges, l'idée de la mise sur pied de Tribunaux du travail semble acceptée par la majorité des participants. Cependant, il existe une grande variété de points de vue sur leur champ de compétence et leurs fonctions[35]. N'empêche que

---

30. G. Dion (1961), « Un peu d'histoire », *Les Tribunaux du travail*, 16e Congrès des relations industrielles, Université Laval, PUL, p. 12.

31. Ce projet de loi et le mémoire qui l'accompagnait sont reproduits en annexe du Congrès, aux pages 147-162.

32. Dès 1946, au cours du premier Congrès des relations industrielles, Me Louis-Philippe Pigeon s'exprimait sur la question. En 1949, le mémoire de maîtrise de Benoît Yaccarini était publié par la Faculté des sciences sociales. Enfin, en 1954, plusieurs conférenciers traitèrent de la question lors du congrès portant sur les conflits d'intérêts.

33. *Ibid.*, p. 14.

34. À ce propos, voir Gérard Picard, « Juridiction des tribunaux du travail », *ibid.*, p. 80.

35. Voir la « discussion-synthèse » du congrès, p. 135-137.

cette séance a permis de creuser plusieurs questions complexes liées à leur intégration au système judicaire québécois.

Autres critiques

Un conflit en sol ontarien sera l'occasion pour Gérard Dion d'aborder un problème qui a fréquemment envenimé les grèves au Québec au cours des dernières années, soit l'utilisation de *scabs*. En arrêt de travail depuis un mois, les bûcherons de Kapuskasing voyaient leur grève menacée par l'activité des colons qui continuaient d'apporter du bois aux compagnies. À plus d'une reprise, les grévistes organisèrent des commandos pour faire cesser cet apport. Mais, à la mi-février, la tragédie survint. Munis d'armes à feu, les colons tirèrent sur les bûcherons, faisant trois morts et neuf blessés[36].

Voulant compléter les propos de l'éditorialiste Gérard Pelletier sur ce triste événement, l'abbé Dion fait parvenir une lettre au lecteur au quotidien *La Presse*. C'est toute la responsabilité des entreprises en cause qu'il soulève :

> Comment se fait-il, alors, que les compagnies soient restées passives, impassibles, assistant en spectateur tandis que pareil drame se préparait ?... Qui en définitive, en se croisant les bras, en restant sur ses positions, pouvait tirer bénéfice ou escompter tirer bénéfice de ces luttes et de ces actes de violence entre miséreux cherchant à sauvegarder leurs droits légitimes ? Il y a parfois de ces fautes d'omission qui amènent des conséquences graves[37].

Dans sa lettre à son ami Gérard Pelletier, le spécialiste en relations industrielles alla plus loin, en suggérant un moyen de bannir l'utilisation des briseurs de grève :

> Si l'on garde la grève, comme une étape nécessaire dans la négociation collective – et je crois qu'on doit le faire – eh bien !, il faut éviter qu'un conflit économique se transforme en conflit social. Le seul moyen c'est « la grève obligatoire » : la cessation momentanée des opérations de l'entreprise[38].

Peu de temps après, le Congrès des relations industrielles poursuivait sa critique de la législation ouvrière québécoise. Jean-Réal Cardin souhaitait une extension du droit d'association, l'octroi d'un statut

---

36. Gérard Pelletier, « La violence chez les pauvres », *La Presse*, 16 février 1963, trouvé à DAUL, P117, A5.55.

37. G. Dion, « Les vrais coupables à Kapuskasing », *La Presse*, 22 février 1963, s.p.

38. DAUL, P117, A5.55, « Lettre de G. Dion à Gérard Pelletier du 19 février 1963 », 1 page.

juridique aux syndicats et l'abandon de la distinction « entre services publics et services privés[39] ». Dans un article de journal, Gérard Dion, intervenant à la suite d'une grève des débardeurs, invitait l'opinion publique à se défaire de certains préjugés, notamment cette tendance « à exagérer les effets désastreux des grèves et à considérer que l'intérêt général est irrémédiablement menacé ». Après avoir démontré que l'arrêt de travail de dix jours n'avait pas entraîné le désastre annoncé par les autorités, il concluait en remettant en cause des idées bien établies :

> [...] quand on examine à tête reposée le phénomène de la grève, même dans ce que l'on appelle les « services publics », on est obligé d'admettre que, si le bien commun peut être menacé, il est beaucoup moins engagé qu'on le pense ordinairement[40].

Cette évolution rapide des prises de position des spécialistes en relations du travail s'explique par un double phénomène : d'abord, la vague de contestations et de grèves qui déferle à la suite de l'expression de la frustration et de la colère des travailleurs à partir de 1960 ; ensuite, la bataille pour une législation du travail plus progressiste au Québec.

L'OBTENTION D'UN NOUVEAU *CODE DU TRAVAIL*

En 1961, le gouvernement Lesage avait voté une série d'amendements à la *Loi des relations ouvrières* allant dans le sens des revendications syndicales : abolition de l'arbitrage imposé dans le secteur privé, obtention du droit de grève après un délai fixe de conciliation, renforcement de l'arbitrage des griefs avec sentence exécutoire, maintien de la convention en cas de vente d'une entreprise, plus grandes sanctions des « pratiques interdites » et motivations des décisions de la CRO[41].

---

39.   Jean-Réal Cardin (1963), « Le rôle de l'État en relations du travail – essai de réévaluation », *Socialisation et relations industrielles*, 18ᵉ Congrès des relations industrielles, Université Laval, p. 96. Rappelons que, déjà en 1960, Émile Gosselin, autre professeur du département, s'était prononcé pour la reconnaissance du « droit d'association » aux fonctionnaires. Voir « Le gouvernement-employeur et le syndicalisme », *Relations industrielles*, vol. 15, nº 2 (janv. 1960), p. 225-238.

40.   G. Dion, « ...Ce pelé, ce galeux... le Canadien français ! », *L'Action*, 25 octobre 1963, p. 4. Signalons que ce titre est dû à un commentaire d'un touriste anglais qui, dérangé par le conflit au cours de sa croisière, avait déclaré ne pas avoir « une haute opinion des Canadiens français ». Cet article avait d'abord été intitulé : « Le bien général et les préjugés dans les grèves ». Retrouvé à DAUL, P117, E8, 1.24.

41.   En collaboration (2001), *Histoire du mouvement ouvrier au Québec, 150 ans de luttes*, Montréal, coédition CSN et CEQ/CSQ, p. 220. Voir aussi Gérard Hébert (1965), « La genèse du présent *Code du travail* », *Le Code du travail du Québec*, 20ᵉ Congrès des relations industrielles, Université Laval, PUL, p. 17-18 et 20-21.

Mais ces modifications partielles de la législation ouvrière furent loin de satisfaire les syndiqués de plus en plus nombreux : au cours de la décennie, ils passeront de 30 % à 40 % des salariés, soit de 375 000 à 700 000[42].

Cette progression fulgurante est due, en large partie, à la syndicalisation des secteurs public et parapublic (hôpitaux, enseignement, municipalités, Hydro-Québec, Régie des alcools, fonctionnaires, etc.). Mais, dans ces secteurs, la grève était interdite depuis la modification, en 1944, de la *Loi des différends entre les services publics et leurs salariés*. Cette dernière impose, dans les services publics, l'arbitrage avec sentence exécutoire. De plus, en vertu de cette loi, les fonctionnaires provinciaux ne disposaient ni d'un droit véritable de se syndiquer ni de celui de négocier collectivement.

Le retard de la législation sur les réalités sociales est tel que l'on assistera à une série de grèves illégales à partir de 1962 (infirmières de l'Hôtel-Dieu et de Sainte-Justine, travailleurs d'hôpitaux de Montréal, enseignants de Sainte-Foy, de l'Estrie et de la périphérie de Québec[43]). Les pressions augmentent d'autant plus avec le développement de l'État-providence qui survient grâce aux réformes instaurées (*Loi de l'assurance-hospitalisation* et « Grande Charte de l'éducation » en 1961, réforme de la fonction publique, etc.). La croissance du nombre d'employés dans tous les secteurs est accompagnée d'un mouvement de syndicalisation. Et les nouveaux syndiqués souhaitent rompre avec la vieille notion de « vocation » qui a permis le maintien de très bas salaires et de conditions de travail peu enviables. L'heure est au rattrapage, que l'on souhaite le plus rapide possible. C'est ce très fort mouvement de la base, voire ce sentiment de révolte populaire, qui incitera les chefs syndicaux à augmenter leurs pressions sur le gouvernement afin d'obtenir un meilleur *Code du travail*[44] ainsi qu'à aller chercher le droit de grève dans les services publics.

Ce contexte général et les tractations particulières[45] qui auront lieu mèneront à la plus importante réforme de nos lois du travail. Voyons

---

42. *Ibid.*, p. 218.

43. Pour plus de détails, voir *ibid.*, p. 221-223.

44. Signalons que, dès sa nomination comme chef du Parti libéral, Jean Lesage s'était engagé à promulguer un nouveau *Code du travail*. Voir (1959), *Lesage s'engage*, Montréal, Éditions politiques du Québec, p. 23-24.

45. Lors de son témoignage, Jean Sexton affirma qu'en plus de Me Louis-Philippe Pigeon, Jean-Réal Cardin, alors directeur du Département des relations industrielles, et l'abbé Dion auraient collaboré à la rédaction du nouveau *Code du travail*. Malheureusement, nous avons trouvé très peu de traces de ces interventions dans ses archives.

maintenant de plus près les interventions effectuées par l'abbé Dion tout au long de ce processus.

Première évaluation

Retournons en arrière, au moment où le gouvernement Lesage présente, le 5 juin 1963, sa première version de son nouveau *Code du travail*, son *bill* 54. Dès le lendemain, Gérard Dion livre ses commentaires sur les ondes de Radio-Canada. Après avoir rappelé le caractère fragmentaire et la désuétude des anciennes lois, il s'attarde aux modifications apportées par le projet de loi.

Du côté positif, il note la «retenue syndicale et volontaire», le recours à l'arbitrage seulement lorsque les deux «parties en cause le désirent» et «l'abrogation des fameux *bills* 19 et 20 qui [...] permettaient une discrétion et un arbitraire inadmissibles de la part de la Commission des relations ouvrières». Les modifications apportées à cet organisme controversé lui semblent apporter «plusieurs améliorations sensibles» à son fonctionnement[46].

Une nouvelle mesure introduite par le législateur ne l'inquiète pas davantage:

> Quant à l'obligation de tenir un scrutin secret parmi les membres du syndicat et d'obtenir un vote majoritaire avant le déclenchement de la grève – et cela non sous la surveillance d'un officier du gouvernement –, cela va probablement satisfaire l'opinion publique et les employeurs, provoquer de faibles protestations chez les syndicats, mais pour ma part, j'y suis assez indifférent, car là où on a expérimenté pareil système, cela n'a rien changé à la pratique[47].

Outre quelques améliorations dans les secteurs de la construction et de l'exploitation forestière, il est un aspect fondamental du nouveau projet de loi qui risque de faire réagir: «c'est, je crois, dans le secteur des services publics que le projet de code va susciter le plus de critique». À ce titre, il mentionne le maintien du concept de «service public» et l'abolition du droit de grève pour «les employés et les professeurs de collèges et d'universités». Autre point crucial, le traitement réservé aux employés de la fonction publique:

> Les fonctionnaires pourront se grouper en syndicats – ils le pouvaient déjà – mais on ne prévoit pas comment ils vont négocier et surtout il est

---

46. DAUL, P117, E5, 3.2, G. Dion, «*Bill* 54: *Code du travail*», Radio-Canada, 6 juin 1963, p. 3-4 et 6.

47. *Ibid.*, p. 4.

clairement établi dans la loi qu'ils ne peuvent pas s'affilier à une centrale syndicale. Ici, on ne peut pas dire que c'est un recul par rapport à ce qui existait, mais c'est une porte fermée pour l'avenir[48].

L'abbé Dion remet ensuite en question le fait que « seuls des juges soient présidents de tribunal » d'arbitrage ainsi qu'une disposition accordant un très grand pouvoir aux autorités municipales et aux commissions scolaires « en matière d'engagement, de suspension et de renvoi de leurs employés ». Il y voit là « une conception périmée des droits de la gérance[49] ».

Après avoir remarqué que ce « projet n'est pas révolutionnaire » puisqu'il « conserve les grandes lignes essentielles de notre régime des relations du travail[50] », il rend cette appréciation sur l'ensemble de ce projet de loi : « comme jugement général sur ce projet, je crois qu'il est un pas en avant dans notre législation ». Finalement, il salue comme prometteuse la décision du ministre du Travail de soumettre l'étude « au Comité des relations industrielles de la Chambre pour permettre aux différents organismes de présenter leur opinion et de se faire entendre[51] ». En somme, malgré les limites importantes que contient le *bill* 54, ce dernier lui paraît constituer « un pas en avant ».

Été 1963, les critiques fusent

Dans les jours qui suivent, les réactions viendront de tous les côtés. Et, en provenance du mouvement syndical, elles seront beaucoup moins tendres. D'abord, un « Carrefour de la fonction publique[52] » réclame le droit de grève pour les fonctionnaires. Avec le début des audiences publiques du Comité des relations industrielles, les critiques se font plus acerbes. Les chefs des deux grandes centrales y vont d'une charge à fond de train.

Pour Jean Marchand, seuls le prélèvement des cotisations syndicales, l'abolition des *bills* 19 et 20 ainsi que la facilité d'organisation accordée aux travailleurs de la forêt constituent des « innovations heureuses ». Tout le reste est à refaire. Dans un premier temps, il demande

---

48. *Ibid.*, p. 5.

49. *Ibid.*, p. 6.

50. *Ibid.*, p. 2.

51. *Ibid.*, p. 7.

52. Paul Dauphinais (1985), *Analyse historique de l'introduction de la procédure d'injonction dans le Code du travail du Québec et de la re-obtention du droit de grève par les travailleurs de la fonction et des services publics en 1964 et 1965*, mémoire de maîtrise en histoire, UQAM, p. 82 (dorénavant *Analyse historique...*).

que le droit du travail «ait une existence propre en dehors du *Code civil*». Ensuite, il regrette que le droit d'association ne soit pas accordé aux professionnels. Concernant le secteur public, il est en complet désaccord avec «la solution que le gouvernement propose», soit l'arbitrage obligatoire. Sur le sujet de la fonction publique, il propose «de former un comité d'enquête publique qui étudierait et ferait des recommandations sur cette question[53]».

Roger Provost de la FTQ suggère que le droit de grève soit limité «non pas parce qu'on travaille pour un employeur quelconque» mais plutôt «en raison de la nature des fonctions». Pour ce qui est du vote secret avant la grève, il craint «l'ingérence du gouvernement». Il en va de même en ce qui a trait à la nomination de l'administrateur de la CRO ; il voit là un danger de faire entrer «la politique qui en est sortie en 1960». Enfin, il s'en prend à l'interdiction de «l'affiliation d'un syndicat de fonctionnaires[54]» à une centrale.

Entre les deux grands regroupements syndicaux, l'entente survient aussitôt. Le jour même, une déclaration conjointe est livrée à la presse. Celle-ci reprend les principaux points invoqués par les deux présidents. Au surplus, on y demande un processus particulier dans le cas des enseignants et des travailleurs du milieu hospitalier : «que l'article 60, relatif aux négociations collectives dans les secteurs privés subventionnés par l'État – corporations scolaires et hôpitaux – devrait être retiré du présent projet de loi et soumis à un comité d'étude spécial qui pourrait tenir des audiences publiques[55]».

Un des plus éminents syndicalistes de l'époque duplessiste, Gérard Picard, ajoute sa voix à ce concert de dénonciations. Son appréciation générale sera très sévère. Selon lui, le *bill* 54, «intitulé à tort *Code du travail*», s'avère «un texte législatif rétrograde». Avec pareille loi, «les relations de travail seraient placées définitivement sous la dépendance de notre droit civil». De plus, il s'en prend à l'interdiction «d'affiliation» faite aux fonctionnaires provinciaux et à la «suppression d'un trait de plume» du droit de grève dans les secteurs public et parapublic. Il énumère alors la longue liste des employés qui seront soumis à ce «régime restrictif». Enfin, il conclut que «l'esprit moyenâgeux» qui a inspiré

53.   Roger Bruneau, «Premières impressions de M. Jean Marchand», *L'Action*, 19 juin 1963, p. 20. Trouvé à DAUL, P117, E5, 3.2.

54.   «M. Roger Provost est d'avis que la restriction de la grève ne doit pas provenir d'une raison formelle», *ibid.*, p. 20.

55.   Evelyn Gagnon, «FTQ et CSN formulent de graves réserves. Points en litige…», *Le Devoir*, 19 juin 1963, p. 1.

cette loi montre que « le patronat et les syndicats sont beaucoup plus avancés que le gouvernement du Québec[56] ».

Les débats seront longs au Comité des relations industrielles, chaque article de la loi étant scruté à la loupe tant par les représentants des syndicats que par ceux des patrons. Les premiers veulent obtenir des gains tandis que les seconds cherchent à maintenir le *statu quo*[57]. Dès l'étude du premier article, des positions divergentes s'expriment ; alors que Marcel Pepin, secrétaire général de la CSN, demande que la définition de « salarié » mentionne « explicitement le fonctionnaire », le représentant de l'Union des municipalités, Arthur Matteau, souhaite que cette dernière exclue les « employés temporaires » des villes, ce à quoi s'objecte fermement le représentant syndical René Bélanger, qui craint un « patronage » néfaste[58]. Ce dernier conteste également les pouvoirs spéciaux accordés aux municipalités sur l'embauche et le congédiement[59].

Bien accueilli par la partie syndicale, le nouvel article sur la retenue syndicale est dénoncé par le représentant des employeurs qui y voit la perte d'un « moyen de marchandage » pour les chefs d'entreprises[60]. L'opposition patronale sera encore plus soutenue lorsque le ministre des Ressources naturelles, René Lévesque, proposera d'accorder le droit de grève aux camionneurs[61].

Le 27 juin, au terme du processus, le gouvernement doit se rendre à l'évidence : le *bill* 54, qu'il avait lui-même qualifié « d'instrument de travail », ne pourra pas être adopté par la Législature au cours de la présente session qui prend bientôt fin. Les demandes d'amendements,

---

56. « Picard : Le *Code du travail,* une législation rétrograde », *ibid.*, p. 1 et 2.

57. Les délibérations de cette commission ont été colligées dans Québec, 27e Législature, 1re session (1963), *Débats de l'Assemblée législative. Comité des relations industrielles*, Québec, Gouvernement du Québec.

58. « Cesser de considérer le droit de se syndiquer comme un droit d'exception – Jean Marchand », « L'adoption du *Code du travail* pourrait être reportée à la prochaine session » et « Québec annonce son intention de refaire la loi du service civil », *La Presse*, 20 juin 1963, s.p., trouvés à DAUL, P117, E5, 3.2. Le dernier article rapporte le débat entre Marchand et Lesage-Lévesque sur l'inclusion des fonctionnaires.

59. « Une clause du *Code du travail* conduit à des abus de pouvoir déclarent les chefs syndicaux », *La Presse*, 27 juin 1963, s.p.

60. Jacques Monnier, « Le gouvernement est décidé à maintenir la retenue syndicale », *La Presse*, 22 juin 1963, p. 6.

61. Jacques Monnier, « R. Lévesque suggère : droit de grève à certains employés des services publics », *ibid.*, p. 6. Voir aussi Evelyn Gagnon, « MM. Lesage et Lévesque suggèrent d'accorder : droit de grève au personnel des transports », *Le Devoir*, s.d., ni page, trouvé à DAUL, P117, E5, 3.2.

souvent contradictoires, sont si nombreuses qu'une nouvelle version du projet de loi devra être déposée ultérieurement[62].

Au cours de l'automne, les syndiqués du parapublic vont poursuivre leur bataille contre l'arbitrage obligatoire. En octobre, la Fédération nationale des services (CSN) se prononce contre ce mécanisme et la centrale des enseignants, la CIC, revendique le droit de grève pour ses membres. En novembre, les employés de plusieurs hôpitaux de Montréal rejettent l'arbitrage pour la prochaine négociation collective. Pendant ce temps, des grèves illégales sont tenues par les infirmières de Sainte-Justine et les professeurs de la Commission scolaire de Sainte-Foy[63].

Ces débats et ces contestations de plus en plus ouvertes de l'interdiction du droit de grève dans les secteurs public et parapublic inciteront Gérard Dion à se pencher sur les concepts invoqués pour justifier ce régime particulier.

Interrogations sur l'intérêt public

En novembre 1963, lors du Congrès de l'ACFAS, l'abbé Dion fait part de ses dernières réflexions sur la notion d'intérêt public. Si l'intervention de l'État fut longtemps niée « par les tenants du libéralisme économique et les doctrinaires du libéralisme politique », cela n'est plus le cas ; la chose est communément admise « par tous dans tous les pays ». Ce qui suscite les discussions, « c'est ce que l'on entend par "intérêt public" et le degré et le mode d'intervention de l'État[64] ».

Rappelant ensuite que, dans nos sociétés industrialisées, les rapports de travail sont devenus collectifs, il se penche de plus près sur la fameuse notion « d'intérêt public » :

> La société tout entière est intéressée à ce que les rapports du travail s'établissent, d'une part, dans le respect des droits fondamentaux des agents de la production et la paix publique et à ce que, d'autre part, soit assurée la continuité de la production ou des services. L'intérêt public couvre à la fois ces deux aspects. Le premier consiste dans l'existence et

---

62. « Le *Code du travail* ne sera pas adopté à cette session », *La Presse*, 28 juin 1963, s.p., également trouvé à DAUL, P117, E5, 3.2. Plus tard, Jean-Paul Geoffroy mentionnera qu'il y avait « désaccord sur une cinquantaine de points importants ». Tiré de « 1,500 syndiqués (CSN)... », *Le Devoir*, 24 février 1964, p. 2.

63. Paul Dauphinais (1985), *Analyse historique...*, p. 83-84.

64. G. Dion (1964), « L'intérêt public dans l'aménagement des relations du travail », *Relations industrielles*, vol. 19, n° 3 (juillet), p. 287 (article paru aussi dans *Perspectives sociales* de mai-juin 1964, p. 46-50).

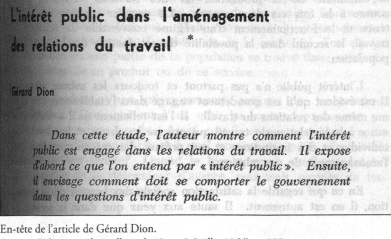

L'intérêt public dans l'aménagement des relations du travail *

Gérard Dion

Dans cette étude, l'auteur montre comment l'intérêt public est engagé dans les relations du travail. Il expose d'abord ce que l'on entend par « intérêt public ». Ensuite, il envisage comment doit se comporter le gouvernement dans les questions d'intérêt public.

En-tête de l'article de Gérard Dion.
Source : *Relations industrielles*, vol. 19, n° 3 (juillet 1964), p. 287.

le fonctionnement d'un régime convenable de relations du travail ; le second dans la possibilité de satisfaction des besoins de la population[65].

Mais il faut reconnaître que ce concept « n'a pas partout les mêmes exigences », qu'il est relatif « aux temps, aux lieux, au contexte de civilisation ». En ce qui concerne les besoins de la population, ceux-ci « n'ont pas tous la même importance ». Quant à la division public/privé, il faut reconnaître que ce n'est pas elle qui permet d'établir l'importance du besoin ou du service. Tout cela conduit Gérard Dion à conclure que, « si l'on considère l'intérêt public à sauvegarder, ce n'est pas tant la qualité de l'employeur en relations du travail [qui] importe que la nature même du service exploité[66] ». Il faut donc se poser les questions suivantes : « Dans quel cas et à quel moment une grève affecte-t-elle vraiment l'intérêt public ? Quand le bien commun est-il en danger ? »

Et cette réflexion l'amène à porter un jugement plus sévère sur le *bill* 54 :

Notre législation actuelle et celle que l'on est en train de préparer tranche cette question d'une façon assez simpliste : elle donne une énumération de ce qu'elle appelle « service public » et prohibe toute grève pour tous les travailleurs indistinctement. L'affaire n'est pas pourtant si évidente quand on considère la législation des autres pays et même notre législation fédérale[67].

---

65. *Ibid.*, p. 287-288.
66. *Ibid.*, p. 288.
67. *Ibid.*, p. 289.

Il y a lieu donc de creuser davantage cette notion d'intérêt public. Premier point essentiel, il existe «plusieurs publics» et leurs intérêts «sont parfois divergents». Le spécialiste en relations du travail propose alors cette réponse :

> Ce qui reste vraiment d'intérêt public, une fois que l'on a réussi à concilier ces diversités d'intérêts, et qui est réellement commun à tous est ordinairement assez limité. C'est ce qui constitue une situation générale d'urgence. Encore ici, il est difficile de donner une définition précise de ce qu'est une situation générale d'urgence. Car il faut porter un jugement de valeur en tenant compte de beaucoup d'éléments qui sont parfois contradictoires. Disons tout de même que c'est celle où la santé ou la sécurité publique sont en danger, celle où le bien-être de la population risque de subir un dommage grave et irréparable[68].

L'abbé Dion rapporte ensuite les résultats d'études effectuées aux États-Unis pour déterminer une «situation générale d'urgence». Quatre conditions doivent se trouver simultanément réunies : en gros, 1) le conflit doit être national ; 2) il doit impliquer toute une industrie ; 3) le produit ou le service doit être essentiel ; 4) l'urgence doit être imminente ou actuelle.

Comme ces conditions sont rarement toutes présentes, le spécialiste en relations du travail fait le constat suivant :

> On est porté à exagérer les effets des grèves et à requérir une action gouvernementale immédiate et drastique, même lorsqu'il est prouvé que ces effets sont insignifiants à l'économie et à la sécurité. Les préjugés inconscients contre l'utilisation de la grève se camouflent facilement derrière des raisons de bien commun. Celui-ci n'est pas engagé si souvent qu'on le croit[69].

À preuve, le récent conflit des débardeurs. Des faits d'actualité prouvent même qu'il existe deux poids, deux mesures. Des commissions scolaires, qui ont récemment fermé «les écoles de leur municipalité sous prétexte qu'elles n'ont pas assez d'argent», n'ont rencontré aucun obstacle lors de tels *lock out* alors que le gouvernement, de l'autre côté, interdit toujours toute grève aux instituteurs. En maintenant la notion de «service public», la législation du travail «non seulement ne correspond point à la réalité» mais elle donne «lieu aussi à une discrimination injuste[70]».

---

68. *Ibid.*, p. 290.
69. *Ibid.*, p. 290.
70. *Ibid.*, p. 293.

De ces observations, Gérard Dion tire quelques grandes conclusions. D'abord, quand l'État intervient parce que l'intérêt public est en jeu, son intervention « doit être basée sur une connaissance de la réalité et sur l'expérience dans ce domaine. Non à partir de fausses théories, de préjugés ou de fantômes ». La première chose essentielle que doit faire le pouvoir législatif, c'est « d'établir des cadres de comportement » qui aideront les parties « à s'entendre pacifiquement et à régler leurs conflits ». Quand il y a « situation générale d'urgence », l'État peut intervenir, mais il doit cependant « s'assujettir lui-même à une procédure compatible avec le régime démocratique dans lequel nous vivons ».

Et, dans ce processus, il ne faut pas oublier, non plus, « que toute forme d'intervention extérieure sur laquelle l'une ou l'autre partie peut facilement compter d'avance est de nature à étouffer et même à détruire la négociation collective ». C'est pourquoi, dans la future législation, « il ne devrait y avoir aucune assurance que, dans un conflit, le gouvernement interviendra sûrement, sauf pour aider les parties à s'entendre entre elles[71] ».

Par cette conférence, Gérard Dion a rejoint les opposants aux dispositions du *bill* 54 relatives aux « services publics ». Et ses attentes devant la nouvelle version du projet de loi viennent passablement de s'accroître.

Deuxième version du *bill* 54, version controversée

Alors que tous s'attendaient à ce que la consultation publique de l'été précédent mènerait à des modifications significatives du projet de loi, le nouveau ministre du Travail, Carrier Fortin[72], dépose, à la mi-janvier 1964, une version très faiblement amendée. Outre les clauses relatives au secteur public qui ont été mises entre crochets et transmises à un comité d'études[73], cette deuxième version du *bill* 54 ressemble étrangement à la première.

---

71. *Ibid.*, p. 295.

72. « M. Carrier Fortin dépose le nouveau *Code du travail* », *Le Devoir*, 17 janvier 1964, p. 2. Signalons qu'Éric Kierans fait alors son entrée à l'Assemblée législative.

73. La formation de ce comité sera adoptée au début de février. La motion adoptée unanimement à l'Assemblée législative le dote d'un double mandat : 1) « étudier la structure de l'organisme qu'il faudra constituer pour la négociation collective des conditions de travail des fonctionnaires » ; 2) « proposer des amendements au chapitre du *Code du travail* concernant les employés des hôpitaux, des municipalités, des commissions scolaires et autres services publics ». Voir « Québec crée un comité de la fonction publique », *Le Devoir*, 8 février 1964, p. 4.

Le ministre du Travail, Carrier Fortin.
Photographe : L. Bouchard, 1966.
Source : BANQ, Fonds de l'Office du film
du Québec, E6, S7, SS1, P6640204.

Parmi les demandes syndicales, seule une revendication a été accordée : le pouvoir d'exiger que la convention collective « soit rédigée dans les deux langues française et anglaise[74] » (art. 51). Sur la question de la syndicalisation des professionnels, le gouvernement va dans le sens contraire, ajoutant à la liste les comptables et les chimistes. En ce contexte perturbé, l'ajout de l'article 98 qui stipule que tout travailleur perdra son statut de salarié s'il participe à une grève illégale risque de provoquer le mécontentement, notamment dans le secteur public. Plus grave encore s'avère être l'ajout de l'article 54 « qui rattache explicitement la convention collective de travail au *Code civil*[75] ». Ainsi, au lieu de répondre aux craintes des milieux syndicaux sur cette question, le législateur vient plutôt les confirmer par cette nouvelle disposition.

Comme les élus étudient d'abord le *bill* 60 sur l'éducation, les réactions ne viendront pas tout de suite[76]. C'est seulement après un nouveau dépôt[77], le 18 février, par le ministre Fortin, que les centrales

---

74.   Soulignons qu'il s'agit ici d'un premier gain en matière de francisation des milieux de travail au Québec. À l'époque, plusieurs employeurs anglophones rédigeaient leurs conventions collectives en anglais seulement.

75.   Gérard Hébert (1965), « La genèse du présent *Code du travail* », p. 28. Cet analyste dira de cet article qu'il « paraît avoir été l'étincelle qui a mis le feu aux poudres ». Comme nous le verrons, les déclarations ultérieures des centrales le confirmeront.

76.   Signalons qu'en s'adressant à des ingénieurs de la fonction publique en train de se syndiquer Jean Marchand déclara, quelques jours avant le dépôt en deuxième lecture du projet de loi, que le *bill* 54 allait « leur couper l'herbe sous les pieds ». Tiré de « Marchand : le *Code du travail* limite certains droits », *Le Devoir*, 17 février 1964, p. 5.

77.   À ce moment-là, des modifications de dernière heure, dont deux plus importantes, sont apportées au projet de loi : 1) à la satisfaction des centrales, on accorde aux organisateurs syndicaux, dans le domaine minier, des privilèges analogues à ceux qui ont été accordés dans

syndicales partiront en guerre. La CSN est la première à lancer le bal, en invitant ses militants à une « assemblée extraordinaire » dans la capitale. Lors du lancement de cette campagne, son président Jean Marchand s'en prend à l'article 54 « qui soumet toute la législation du travail au *Code civil* », cela « sans que personne l'ait demandé ». Il s'objecte vivement à ce que l'on « réintègre les ouvriers dans le monde des maîtres et serviteurs », des « termes qu'employait le *Code Napoléon* dont s'inspire notre *Code civil* pour distinguer ouvriers et patrons[78] ».

Le mot d'ordre de la centrale sera entendu : le dimanche 23 février, 1 500 militants syndicaux assistent à ce que l'on qualifie « d'événement historique ». Les vieux routiers du mouvement le comparent aux actions antérieures, les marches sur Québec, en 1949, contre le *bill* 5 et, en 1954, contre les *bills* 19 et 20. Toutefois, ces dernières n'avaient pas été convoquées à 72 heures d'avis seulement. On salue ce tour de force qui démontre un « regain de vitalité », un « dynamisme retrouvé ». Les orateurs s'en prennent aux principaux points controversés du projet de loi : l'exclusion de la définition de salarié de plusieurs catégories d'employés, notamment des professionnels ; l'obligation du vote secret en cas de grève qui pourrait entraîner des procédures dilatoires ainsi que la soumission du droit du travail au *Code civil*. Jean Marchand invite tous les membres de la CSN à faire pression sur leur « député de comté » afin d'obtenir l'oreille du gouvernement Lesage. À l'unanimité, une résolution est adoptée, demandant de surseoir à l'adoption du *bill* 54 tant que « des pourparlers n'auront pas été engagés [avec le mouvement syndical] et des ententes survenues sur les principaux points en litige[79] ».

---

le cas des exploitations forestières ; 2) par contre, on ajoute les services des transports à la liste des services publics où la grève est toujours interdite. Voir Gérard Hébert (1964), « Le *Code du travail* : historique et contenu : 1 », *Relations*, nº 285 (sept.), p. 261-264. Ce dernier qualifia cette deuxième mouture de « version des maladresses », dans G. Hébert (1965), p. 28. Pour plus d'informations sur les amendements, voir « *Bill* 54 : Lesage ne redoute "ni les marches syndicales, ni les fusils, ni les révolvers" », *Le Devoir*, 21 février 1964, p. 8.

78. « La CSN rallie ses forces pour combattre le *Code du travail* », *Le Devoir*, 20 février 1964, p. 1. La centrale s'oppose également aux dispositions sur le vote secret qui ouvriront, selon elle, « la porte aux employeurs de mauvaise foi ».

79. Evelyn Gagnon, « 1,500 syndiqués adjurent Québec de surseoir à l'adoption du *Code du travail* », *Le Devoir*, 24 février 1964, p. 1 et « Marchand, il ne s'agit pas de "descendre" des politiciens », *ibid.*, p. 1 et 2. Lors de cette réunion, le nouveau secrétaire général adjoint, Jean-Paul Geoffroy, s'en est pris au processus de consultation : soumission d'un vieux projet de 1952 au Conseil supérieur du travail qui n'a permis ni les avancées ni le consensus, ce qui a favorisé l'expression de nombreux désaccords devant le comité parlementaire, et, ensuite, rédaction en solitaire de cette « deuxième version » du *bill* 54. Il conclut « en se demandant si le nouveau gouvernement, après avoir tant combattu le duplessisme, ne finirait pas par ressembler à son adversaire ». Pareille critique a dû faire mal.

Historique, cette rencontre de protestations l'est pour plus d'une raison. D'abord, parce qu'un télégramme en provenance de la FTQ émet le souhait de la formation d'une «front commun de tout le mouvement ouvrier afin d'empêcher l'adoption des clauses les plus odieuses du *bill* 54». Elle l'est également par les nombreux autres groupes qui se rallient à la bataille. Le représentant des employés de la fonction publique y déclare que «les fonctionnaires» se sont rendu compte que tous les articles du projet de loi «les concernent» et, pour cette raison, ils veulent être solidaires des «travailleurs de l'industrie». Le syndicat des ingénieurs de Montréal souligne «la nécessité de la syndicalisation des professionnels». Autre fait d'importance, la Fédération des omnipraticiens du Québec et celle des médecins spécialistes abondent dans le même sens. Ils reconnaissent que «l'assurance-maladie modifie le statut du médecin» et affirment que, même si pour l'heure leurs membres «ne sentent pas le besoin dans l'ensemble de se grouper en syndicats, ils ne veulent pas que la loi, comme c'est le cas du *bill* 54, leur interdise à tout jamais de le faire[80]».

Cette vague d'appui vient définitivement de faire pencher la balance. Le gouvernement ne se trouve plus seulement devant l'opposition des deux grandes centrales. À elles sont venus se joindre les fonctionnaires, les salariés du secteur parapublic, certains membres de professions libérales (ingénieurs, comptables, etc.) et même des cadres. Une expansion du syndicalisme à ces nouveaux secteurs de salariés va lui procurer ses lettres de noblesse, à tel point que bien des gens cesseront de le regarder d'un mauvais œil et commenceront à le voir autrement. En intégrant dans ses rangs les hauts salariés, il touche maintenant la majeure partie de la pyramide sociale, ce qui augmente d'autant son rapport de force. Enfin, l'appui des membres d'une profession aussi respectée que celle des médecins ne fait qu'accroître la pression sur le gouvernement.

Désireuse de maintenir les pressions, la FTQ s'adresse au premier ministre Lesage, affirmant que le présent *bill* 54 «est loin de répondre aux espoirs que s'étaient fondés les travailleurs de toutes les classes» à la suite des audiences de l'été précédent. Son président demande de suspendre l'adoption du projet de loi «afin de nous permettre d'échanger nos vues au cours d'une rencontre[81]». En même temps, cette centrale lance une vaste campagne d'information ; une édition spéciale du *Monde*

---

80.   *Ibid.*, p. 1. Rappelons que cet article se trouvait à DAUL, P117, E5, 3.2.

81.   DAUL, P117, E5, 3.2, «Lettre de Roger Provost, président de la FTQ, au premier ministre Jean Lesage du 28 février 1964», 1 page.

ouvrier est tirée à 200 000 exemplaires. On y demande à tous les membres « de demeurer en état d'alerte[82] ».

À ces voix s'ajouteront celles de plusieurs éditorialistes[83] et de spécialistes en relations du travail. Parmi ceux-ci, Gérard Dion émettra ses commentaires à l'intérieur des pages de *Perspectives sociales*[84]. Il regrette que le *bill* 54 soit « revenu sur la table des députés avec quelques modifications secondaires » seulement. Bien que reconnaissant que ce projet de loi « n'est pas complètement à rejeter », il y note « deux défauts majeurs ». Dans un premier temps, le législateur n'a pas établi les principes de base sur lesquels développer sa loi :

> D'abord, il semble que le gouvernement ne se soit pas encore bien arrêté sur une philosophie sociale en relations du travail. Des questions comme celles du droit d'association, du droit de grève, du rôle de l'État souffrent d'incohérence. Pourquoi nier le droit d'association à certaines catégories de salariés et le restreindre à d'autres ? Pourquoi l'État vient-il se réserver le droit d'écarter les ententes agréées par employeurs et syndicats dans les secteurs de l'éducation et de l'hospitalisation ?...

Ensuite, c'est son manque d'adéquation avec la société moderne qui pose problème :

> L'autre défaut majeur, c'est la méconnaissance de la réalité des relations du travail dans l'économie actuelle. Des efforts ont été faits en ce qui regarde l'industrie de la construction et les travailleurs en forêt. C'est là un progrès. Mais la notion de « services publics » avec tout ce qu'elle implique dans la loi ne cadre pas avec la réalité. Les rapports du travail ne sont pas, non plus, des rapports inter-individuels, mais des rapports collectifs.

Cela amène Claude Ryan à une double conclusion : de un, « la partie consacrée aux services publics et à la fonction publique est à repenser et à refaire » au complet ; de deux, ce projet de *Code du travail*, il « vaudrait mieux de continuer à l'améliorer plutôt que de l'adopter hâtivement ».

Même si Jean Lesage a affirmé que « ni les marches syndicales, ni les fusils, ni les révolvers » n'allaient l'empêcher de remplir son « devoir de premier ministre », il ne pourra pas maintenir ce cap bien longtemps.

---

82. « La FTQ prie ses affiliés de demeurer en état d'alerte », *Le Devoir*, 28 février 1964, p. 3.

83. Voir, entre autres, Claude Ryan, « Un projet toujours boiteux », *Le Devoir*, 28 février 1964, p. 4 ; Gérard Pelletier, « Les conseils de la peur », *La Presse*, 21 mars 1964, p. 4 et Claude Ryan, « Les principes en jeu dans le *bill* 54 », *Le Devoir*, 13 avril 1964, p. 4.

84. G. Dion (1964), « Le projet de *Code du travail* », *Perspectives sociales*, vol. 19, n° 1 (janv.-fév.), p. 9-10. Les prochaines citations proviennent de ce texte.

Au début de mars, il aura beau déclarer devant l'Assemblée qu'il n'a «pas l'intention d'ouvrir le dialogue avec les syndicats[85]», dans les jours qui suivent, sa correspondance va prouver le contraire. En effet, le 5 mars, en réponse à la demande de Roger Provost, il suggère à la FTQ de rencontrer le ministre Carrier Fortin, rencontre qui aura lieu la semaine suivante[86].

Maintenant regroupé en Front commun, le mouvement syndical déclare «l'état d'urgence[87]». Le mois suivant, la FTQ décide de convoquer un congrès spécial auquel plus de 2 000 délégués vont participer. Samedi, le 11 avril, trois experts en relations du travail, Gilles Beausoleil, professeur d'économie de l'Université de Montréal, Guy Merril-Desaulniers, conseiller juridique de la centrale, et l'abbé Gérard Dion procèdent d'abord à une critique du *bill* 54. Ce dernier lui reproche son manque de «principe directeur» ainsi que «d'être irréaliste[88]». Après cela, les nombreux délégués étudient les aspects controversés de cette dernière version du projet de loi.

Le lendemain, le dimanche 12 avril, une première résolution soumise par l'exécutif est adoptée à l'unanimité, à savoir «que le *Code du travail* soit adopté seulement à la prochaine session, afin de permettre d'intégrer les revendications du mouvement syndical et les dispositions affectant la fonction publique». S'adressant aux participants, Roger Provost demande ensuite à l'assemblée «des armes plus puissantes» que de simples «mémoires». Une deuxième résolution «autorisant l'exécutif de la FTQ à déclencher une grève générale ou des grèves tournantes[89]» est alors adoptée.

Cette dernière menace semble avoir porté puisque, le soir même, sur les ondes de Radio-Canada, le premier ministre Lesage annonce que le *bill* 54 subira «d'importantes modifications[90]». Et c'est à la fin du

---

85. Paul Dauphinais (1985), *Analyse historique…*, p. 86.

86. DAUL, P117, E5, 3.2, «Lettre du Premier ministre Lesage à Roger Provost, prés. de la FTQ, du 5 mars 1964» et «Télégramme du ministre Carrier Fortin» fixant cette rencontre au «mercredi onze mars».

87. DAUL, P117, E5, 3.2, Jacques Lafrenière, «Les centrales syndicales critiquent le *bill* 54: l'Association des industriels fait des suggestions», *La Presse*, 7 mars 1964, s.p.

88. Evelyn Gagnon, «La FTQ a reçu le mandat de déclencher une grève générale si le *Code du travail* est insatisfaisant», *Le Devoir*, 13 avril 1964, p. 2. Malheureusement, l'abbé Dion n'a pas conservé le texte de cette allocution dans ses archives; nous avons dû nous contenter de ce bref compte-rendu.

89. *Ibid.*

90. «Lesage: le *bill* 54 sera modifié», *Le Devoir*, 13 avril 1964, p. 1.

mois, le 30 avril plus exactement, que la troisième version du projet de loi sera déposée à l'Assemblée législative[91].

Troisième version, une première victoire

Pas moins de dix-huit amendements[92] sont alors présentés aux députés. Parmi les plus importants, on note : 1) le retrait des articles 54 et 57 relatifs au *Code civil* ; 2) l'extension de la définition de salarié à tous les travailleurs, à l'exception de la direction[93] ; 3) l'abolition de l'obligation légale du vote au scrutin secret avant la grève ; 4) le retrait de la perte du statut de salarié pour celui qui participe à une grève illégale (art. 98) ; 5) des améliorations à la Commission des relations du travail[94]. Quant aux professionnels, s'ils tombent dorénavant sous le coup de la loi, ils devront néanmoins se regrouper dans des associations composées uniquement de membres de leur profession. Pour les employés de ferme, la syndicalisation sera possible seulement si l'exploitation agricole compte au moins trois salariés (art. 20).

Évidemment, cette nouvelle version sera accueillie favorablement par le milieu syndical qui vient d'avoir gain de cause sur la plupart des points soulevés. La CSN se dit satisfaite, mais elle réclame les mêmes droits pour les fonctionnaires. Pour sa part, la FTQ y voit une victoire syndicale ; toutefois, elle décide de maintenir sa menace de grève générale tant que les décisions n'auront pas été prises pour les secteurs public et parapublic[95].

---

91.   Signalons que, le 26 avril, la centrale des enseignants, la CIC, annonçait qu'un congrès d'urgence serait convoqué « si les prochains amendements du *bill* 54 ne satisfont aux besoins vitaux de la profession enseignante ». Résolution rappelée dans « La CIC décrète l'état d'alerte général chez ses 38,000 membres », *Le Devoir*, 11 mai 1964, p. 1.

92.   Il semble que Gérard Dion ait joué un rôle dans l'adoption de ces nouvelles dispositions. À preuve, ce mémo du ministre Carrier Fortin envoyé le 22 avril : « Sincères mercis pour vos notes. J'espère que les nouveaux amendements rencontreront votre pensée... révolutionnaire... soit dit en passant ». Trouvé à DAUL, P117, A5.56. Malheureusement, ces notes adressées au ministre du Travail ne se trouvent pas dans le Fonds Gérard Dion, ni dans les archives du ministère du Travail, ni dans celles de Jean Lesage.

93.   Les exclusions visant les professionnels, les employés de ferme et les domestiques sont abrogées (art. 1m).

94.   DAUL, P117, E5, 3.2, « Communiqué de presse du 30 avril 1964 du gouvernement du Québec », 5 pages et Gérard Hébert (1965), « La genèse du présent *Code du travail* », *Rapport du 20ᵉ Congrès des relations industrielles*, p. 22 et 29-30. Pour ce qui est de la Commission, ses décisions devront toujours être motivées et le nombre de représentants des parties est porté de 6 à 8.

95.   Paul Dauphinais (1985), *Analyse historique...*, p. 93 et *Le Devoir*, 1ᵉʳ mai 1964, p. 1-2.

Les experts en relations industrielles salueront cette nouvelle mouture comme un «tournant décisif» et «une orientation très nette vers une plus grande libéralisation des relations du travail[96]». Dans *Perspectives sociales*, Gérard Dion abonda dans le même sens, affirmant, d'entrée de jeu, que «le jeu de la démocratie a fonctionné[97]». Il souligne l'importance du gain pour les professionnels désireux de se syndiquer ainsi que la disparition des articles 54 et 57, ce qui «met fin à des discussions entre spécialistes sur les rapports entre la législation du travail et le *Code civil*». Dans le but de répondre à un éditorial du *Soleil* qui s'inquiétait de la disparition légale du scrutin secret avant le déclenchement d'une grève[98], il explicite comment cette clause aurait pu inciter des employeurs récalcitrants à un recours fréquent aux tribunaux par mesure dilatoire. Il rassure le public en déclarant que «presque toutes les constitutions des syndicats prévoient déjà l'obligation de tenir un scrutin avant de déclarer une grève». Enfin, il termine par ce message explicite au gouvernement Lesage:

> Les amendements apportés au *bill* 54 laissent espérer que l'on manifestera autant de sens des réalités dans la préparation des modifications de la partie concernant les services publics. Ici, il y a tout un secteur nouveau, celui de la fonction publique. On n'aura pas à se surprendre des discussions, des tâtonnements, des divergences de vues. Après la prise de position spectaculaire de l'opposition au Comité parlementaire de la fonction publique, le gouvernement a les mains libres pour assumer ses responsabilités[99].

Effectivement, maintenant que les dispositions relatives au secteur privé sont, somme toute, fixées, l'attention de tous se centrera, dorénavant, sur le sort des employés des secteurs public et parapublic.

---

96. Gérard Hébert (1965), «La genèse du présent *Code du travail*», p. 30.

97. G. Dion (1964), «Les amendements au *bill* 54», *PS*, vol. 19, n° 2 (mars-avril), p. 34-35. Les prochaines citations proviennent de ce texte. Mentionnons que, dans son allocution au 19ᵉ Congrès des relations industrielles intitulée «Après vingt ans», Gérard Dion ne se prononce pas sur les modifications en cours, se contentant de dresser un portrait de l'évolution de la situation depuis 1944.

98. DAUL, P117, E5, 3.2, «Le nouveau *bill* 54», *Le Soleil*, 6 mai 1964, s.p.

99. Il s'agit probablement de la première reconnaissance du droit de grève par l'opposition unioniste. Soulignons que, le 5 mai 1964, le caucus de l'Union nationale se déclara en faveur du droit de grève à tous les travailleurs de la fonction et des services publics, «à l'exception des pompiers et des policiers». Marcel Thivierge, «Pendant que l'UN leur reconnaît le droit de grève, un comité suggère...», *Le Devoir*, 6 mai 1964, p. 1.

LA BATAILLE DU PUBLIC

Le gros de cette bataille va se jouer en seulement deux mois, soit du début de mai au 10 juillet 1964, moment où la dernière version du *bill* 54 sera déposée. Pour comprendre la suite des choses, quelques faits sont à remémorer, d'autres à signaler.

D'abord, on se rappelle qu'en février les élus avaient transmis toute cette question à un « Comité spécial des relations de travail dans les services publics[100] ». Celui-ci chargea alors un groupe d'experts d'étudier les multiples facettes du problème et de lui faire ensuite des recommandations. À la mi-mars, le comité spécial présidé par Claire Kirkland-Casgrain tint ses audiences publiques afin de permettre aux parties de s'exprimer. Les grandes centrales, les syndicats de fonction-naires, d'infirmières et d'enseignants vinrent y clamer, haut et fort, leur opposition à une prolongation du système d'arbitrage obligatoire en vigueur depuis 1944, y revendiquer le droit d'affiliation des fonc-tionnaires à une centrale syndicale ainsi que le droit de grève pour les secteurs public et parapublic[101].

Ensuite, il faut savoir qu'une disposition du *bill* 54, son article 60, avait fortement indisposé les salariés de deux secteurs, ceux du milieu scolaire et des services hospitaliers. Cet article, qui prévoyait qu'une convention collective ne prendrait effet qu'après son dépôt à la Commission des relations du travail, établissait une procédure parti-culière dans leur cas. On y stipulait qu'après la remise de la copie de la convention au ministre concerné ce dernier, « dans les trente jours de la réception » pourrait « déférer la convention au tribunal d'arbitrage pour qu'il soit statué comme un différend[102] ».

Pour le gouvernement, il s'agissait fort probablement d'une clause formulée dans le but d'avoir un certain droit de regard sur les

---

100. Archives de l'Assemblée nationale, doc. nº 149, « Procès-verbal de la première réunion du Comité spécial des relations du travail dans les services publics tenue le 18 février 1964 », rédigé par Roch Bolduc, secrétaire, 1 page. À sa réunion subséquente, soit celle des 25 et 26 février, le comité décide de distinguer quatre grands secteurs : le monde municipal, le milieu scolaire, les hôpitaux et la fonction publique.

101. Evelyn Gagnon, « Les syndicats s'opposent à une législation qui pourrait être restrictive pour les fonctionnaires », *Le Devoir*, 17 mars 1964, p. 1 et 2. Voir aussi « La CIC : les instituteurs ne sont pas des fonctionnaires », *ibid.*, p. 1. Signalons que le Québec possédait alors, de tout le Canada, la loi la plus restrictive s'appliquant aux employés des services publics. Voir Gérard Hébert (1964), « Le droit de grève dans les services publics », *Relations*, nº 283 (juillet 1964), p. 199.

102. 12-13 Elizabeth II, 1963, Première session, vingt-septième législature, « *Bill* 54, *Code du travail* » (1re version), Québec, Imprimeur de la reine, art. 60, p. 14. Trouvé à DAUL, P117, E5, 3.2.

ententes signées dans deux secteurs qu'il finance de plus en plus ainsi que d'empêcher une explosion des coûts. Cependant, cette clause ne ciblait que la santé et l'éducation. Ainsi, malgré la signature d'une convention collective au niveau local, les employés de ces deux secteurs se retrouveraient avec une épée de Damoclès sur leur tête, la menace d'un arbitrage imposé par le ministre de la Jeunesse (bientôt de l'Éducation) ou par le ministre de la Santé. Bien que, par la suite, tous les articles du *bill* 54 relatifs au secteur public aient été placés entre crochets et remis au comité spécial, une telle disposition avait particulièrement indisposé les salariés concernés, soit les enseignants, les infirmières et les employés des hôpitaux et des écoles.

C'est le 5 mai 1964 que le comité d'experts[103] présente son rapport au comité spécial. En gros, cette étude fait quelques ouvertures et tente de proposer des pistes de solution pour les problèmes vécus dans chaque secteur. D'entrée de jeu, les experts ont expliqué « qu'il n'appartenait pas au comité, mais bien à l'Assemblée législative, de se prononcer sur le droit de grève... dans les services publics[104] ».

Pour la fonction publique, ils suggèrent que l'affiliation des associations syndicales à une centrale soit rendue possible, sauf pour certaines catégories d'employés exerçant des fonctions spéciales[105]. Sur les autres facettes, les solutions proposées sont inspirées du modèle anglais :

> On a suggéré que les fonctionnaires du gouvernement soient régis par une loi spécifique distincte du *Code du travail* en amendant et refondant la *Loi du service civil* et en optant pour la formule en vigueur en Grande-Bretagne qui prévoit :
>
> 1- Une commission du service civil pour le recrutement, la sélection et la formation des fonctionnaires ;
>
> 2- Des négociations des salaires et conditions de travail avec les associations de fonctionnaires les plus représentatives ;

---

103. Ce comité était composé de Jean-Réal Cardin, directeur du Département des relations industrielles de l'Université Laval, de Roch Bolduc, alors conseiller technique au ministère de la Jeunesse, et de deux comptables d'une grande firme montréalaise, Messieurs Marcel Caron et Guy-André Gagnon. Au cours de notre entretien, Roch Bolduc nous révéla que la réflexion sur la fonction publique venait de lui et celle sur les autres secteurs, de Jean-Réal Cardin. Entrevue avec Roch Bolduc du 17 mai 2007.

104. Marcel Thivierge, « [...] Un comité suggère : loi distincte régissant les employés de l'État », *Le Devoir*, 6 mai 1964, p. 1.

105. Sont notamment mentionnés les enquêteurs de la Commission des relations du travail (CRT, l'ex CRO), les conciliateurs du ministère du Travail, le personnel de la trésorerie, du comité exécutif et du vérificateur ainsi que les policiers. *Ibid.*, p. 1.

3- L'arbitrage des différends sur les salaires, heures de travail et congés[106].

En fait, on suggère de reprendre le modèle des *Whitley Councils*, des instances de concertation où représentants des employeurs et des syndiqués se rencontrent mensuellement pour discuter des problèmes liés aux conditions de travail[107]. Il s'agit d'une formule de consultation où les salariés n'ont cependant aucun pouvoir de décision. Concernant le règlement des conventions collectives, on opte pour le maintien de l'ancien système d'arbitrage. Un tel fonctionnement s'appliquerait aux cols blancs tandis que, « dans le cas des ouvriers à l'emploi des services du gouvernement provinciaux, on propose de les assimiler aux travailleurs du secteur privé[108] », donc de leur accorder le droit de grève.

Pour les modes de négociations, les experts laissent au comité le choix de trois solutions : 1) niveau local ; 2) niveau régional à deux parties ; 3) niveau provincial. Ces derniers soulignent cependant quelques avantages liés aux négociations régionales : 1) « confrontation d'unités plus vastes » disposant d'un « personnel de recherches et de négociations plus qualifié » ; 2) capacité « de comparer les variations de conditions de travail et les taux de traitement, dans le but de les adapter aux ressources économiques d'une région donnée[109] ».

Bien que le temps ait manqué pour aborder les trois autres secteurs, le comité d'experts a semblé d'accord, pour les hôpitaux, sur « une formule de négociation au niveau provincial, avec participation du gouvernement ». Il a aussi suggéré la mise sur pied d'un « comité conjoint pour établir un plan rationnel d'analyse des emplois hospitaliers » dans le but de déterminer « des structures de rémunération » pour l'ensemble de ce secteur. Pour le monde scolaire, le rapport propose de « mettre en vigueur un régime de subventions statutaires aux commissions scolaires basées sur la normalisation des coûts de l'enseignement[110] ». En ce qui à trait aux échelles de salaires, elles pourraient être établies par le gouvernement soit « unilatéralement », soit après « consultation des parties ». Enfin, pour le secteur municipal, les experts suggèrent de « garder le mode de négociation actuel », soit l'arbitrage obligatoire.

---

106. *Ibid.*

107. Explications fournies par Roch Bolduc lors de notre entretien du 17 mai 2007.

108. Marcel Thivierge, « [...] Un comité suggère... », *Le Devoir*, 5 mai 1964, p. 1.

109. *Ibid.*, p. 2.

110. *Ibid.*, p. 2. Il s'agit d'un système de calcul permettant une certaine péréquation entre localités plus pauvres et plus riches. Explications fournies par Roch Bolduc lors de notre entretien du 17 mai 2007.

Des réactions variées

Au moment du dépôt de ce rapport, l'opposition unioniste réalise un coup fumant. Ses trois membres du comité spécial tentent de déposer les amendements adoptés en caucus quelques heures auparavant. Les députés de l'Union nationale s'y sont prononcés « en faveur du droit d'affiliation et de grève des employés du gouvernement, des hôpitaux, des commissions scolaires et des municipalités, sauf pour les policiers et pompiers ». Ils ont, de plus, admis « que le gouvernement devait être partie aux négociations concernant les employés d'hôpitaux, mais non à celles concernant les instituteurs des commissions scolaires[111] ». À cause de cette prise de position avancée de ses adversaires, le gouvernement Lesage éprouvera de la difficulté à faire sienne la totalité du rapport des experts, d'autant plus que les pressions des syndicats concernés vont se multiplier.

Du côté des enseignants, la CIC décrète « un état d'alerte générale chez ses 38,000 membres afin que tous soient prêts à des mesures extraordinaires si elles devenaient inévitables[112] ». Son président Léopold Garant rappelle qu'il dispose du pouvoir de convoquer « un congrès d'urgence ». Certaines clauses du *bill* 54, en particulier ses articles 50 et 60, sont qualifiées de « régime vexatoire et injuste, abominable et sans précédent[113] ». La centrale demande à ce que les enseignants soient considérés « sur le même pied que la grande majorité des salariés » et que soit reconnu légalement leur droit de grève.

À la CSN, des prises de position divergentes sont rapportées. D'abord, un de ses vice-présidents, Jean-Robert Gauthier, déclare que le rapport des experts n'annonce « rien de bon pour les fonctionnaires ». Mais il est vite rabroué par l'éditorialiste du *Devoir*, Claude Ryan. Ce dernier déclare que de tels « hauts cris sonnent plutôt faux ». Bien qu'il reconnaisse que ce rapport comporte certaines lacunes, il n'en souligne pas moins les avancées, soit la reconnaissance de l'affiliation à une centrale, la remise de la décision sur le droit de grève au Parlement, la

---

111. Marcel Thivierge, « Pendant que l'UN leur reconnaît le droit de grève, un comité suggère : loi distincte régissant les employés de l'État », *Le Devoir*, 6 mai 1964, p. 1.

112. « La CIC décrète l'état d'alerte générale chez ses 38,000 membres », *ibid.*, 11 mai 1964, p. 1.

113. *Ibid.*, p. 2. Rappelons que l'article 50 stipulait qu'aucune convention collective ne devait contenir des clauses « venant en conflit avec les droits et pouvoirs attribués par la loi aux autorités municipales et scolaires en matière d'engagement, de suspension et de renvoi de leurs employés ».

proposition de former deux organismes distincts pour la fonction publique, l'une responsable de la sélection et l'autre, des négociations[114].

Aussitôt, un communiqué de presse plus nuancé est émis par la CSN. Elle y qualifie le rapport des experts «d'effort de pensée valable dans le domaine complexe des relations du travail» et reconnaît que ce dernier contient des «éléments de solutions». La centrale se dit, entre autres, «d'accord que les fonctionnaires qui représentent le gouvernement dans les problèmes de relations du travail ne devraient pas faire partie d'un syndicat affilié à une centrale syndicale». À l'instar de Claude Ryan, elle reconnaît aussi qu'il «n'y a pas d'objection de principe» à une loi particulière pour les fonctionnaires, «pourvu que le statut spécial accorde aux fonctionnaires les droits syndicaux fondamentaux» et qu'il les protège «contre les décisions arbitraires et unilatérales[115]». Comme ce dernier, elle s'en prend à la proposition des experts «voulant qu'une commission gouvernementale juge des conflits de droit [griefs]», arguant qu'on «ne peut être juge et partie en même temps».

Quant aux recommandations proposant des structures particulières pour les trois autres secteurs, la CSN reconnaît que celles-ci «tiennent compte de la nature de chaque milieu de même que de la pratique syndicale» et qu'elles «constituent une excellente base de discussion». Elle souhaite qu'on lui fournisse «l'occasion de discuter systématiquement le rapport des experts». Enfin, elle précise qu'il s'agit là du «seul communiqué officiel de la CSN» et que les opinions «émises antérieurement par des militants du mouvement n'engagent que ceux qui les ont exprimées[116]».

Craignant sans doute que les pressions exercées sur le gouvernement portent, l'Union des municipalités décide d'intervenir, en se prononçant fermement contre le droit de grève. Dans le but de se faire entendre à son tour, elle convoque «une réunion extraordinaire pour le 13 juin[117]» à Québec. Peu de temps après, on apprend la formation d'un «front commun contre le droit de grève», la Fédération des commissions scolaires ayant joint ses forces à celles des représentants des villes[118].

---

114. Claude Ryan, «Progrès ou recul de la fonction publique?», *Le Devoir*, samedi 9 mai 1964, p. 4.

115. «La CSN: le rapport des experts contient des éléments de solution», *ibid.*, lundi 11 mai 1964, p. 1.

116. *Ibid.*, p. 2. Ce communiqué montre une volonté de poursuivre le dialogue avec le gouvernement Lesage.

117. Paul Dauphinais (1985), *Analyse historique...*, p. 94 et *Le Devoir*, 16 mai 1964, p. 3.

118. *Ibid.* et *La Presse*, 27 mai 1964, p. 8.

Au même moment, les enseignants décident d'accroître la pression. Huit syndicats de l'ouest de Montréal lance un « ultimatum à Québec », exigeant une série de modifications au *bill* 54 afin que l'instituteur soit considéré « un citoyen de plein droit ». Ils réaffirment que leurs membres ne sont pas « des fonctionnaires » et dénoncent la formule d'arbitrage prévue par le projet de loi. Ils qualifient alors cette dernière d'aussi « inefficace que baroque » puisque ces « tribunaux seraient présidés par des juges de districts qui n'ont aucune expérience en matière de relations du travail[119] ». La menace d'une « grève générale » est ensuite formulée par la centrale des enseignants catholiques, la CIC[120].

Tandis que les prises de position se multiplient et que les camps se braquent, le Comité spécial émet ses premières recommandations. Il traite d'abord de deux secteurs : le milieu municipal[121] et les services hospitaliers. Concernant les négociations, il suggère de les mener localement dans le cas des municipalités et sur le plan provincial, pour les hôpitaux. Le ministre de la Santé, le docteur Alphonse Couturier, soulève l'importance « d'établir une convention collective maîtresse », ce qui « aurait l'avantage de stabiliser l'emploi chez les infirmières qui ne voyageraient plus d'un hôpital à l'autre en quête d'un salaire plus élevé ». Quant à la partie patronale, elle pourrait se composer « de représentants » des associations d'hôpitaux et du ministère de la Santé. On propose également que la négociation se fasse « au sein d'un conseil permanent » constitué de représentants des trois parties. Au niveau local, serait institués « des comités mixtes de consultation ». Enfin, serait formé « un comité conjoint chargé d'établir un plan rationnel d'analyse des emplois hospitaliers[122] ». Il semble donc qu'il s'agit là d'une volonté gouvernementale d'étendre l'expérience des *Whitley Councils* au parapublic.

En ce qui concerne l'arbitrage, le comité présidé par Claire Kirkland-Casgrain propose de faire « disparaître certaines dispositions du projet de loi, telle la création de tribunaux du travail constitués de

---

119. Jules Leblanc, « *Bill* 54 : la CIC s'apprête à lancer un ultimatum à Québec », *Le Devoir*, 20 mai 1964, p. 3. Ces enseignants « rejettent énergiquement les articles 50, 60 et 82 à 90 » du *bill* 54.

120. Paul Dauphinais (1985), *Analyse historique...*, p. 94 et *La Presse*, 20 mai 1964, p. 23 ainsi que 25 mai 1964, p. 8.

121. Dans le but de « protéger les employés municipaux contre l'arbitraire », le comité suggère au gouvernement « d'adopter une législation sur le droit de renvoi ». Marcel Thivierge, « Québec négocierait avec les employés d'hôpitaux », *Le Devoir*, 27 mai 1964, p. 1. On y apprend également que, lors de la séance précédente, le comité a remis la décision sur le droit de grève à « l'Assemblée législative ».

122. *Ibid.*, p. 2.

juges de district[123] ». Très rapidement, ce nouveau système d'arbitrage sera salué par la FTQ, qui y voit « un progrès remarquable »; celui-ci serait même « acceptable » au mouvement syndical « si on lui conservait un caractère facultatif ». La centrale accueille également l'idée de négociations au niveau provincial dans le milieu hospitalier, déclarant « qu'il s'agit là d'une innovation inéluctable en raison de la participation prépondérante de l'État au financement de nos institutions[124] ».

Ainsi se dessinerait, entre les centrales syndicales et le gouvernement, une entente sur certains points. Pour comprendre la complexité de la situation et les changements qui s'opèrent dans la société québécoise, attardons-nous aux derniers développements.

Quelques développements

Vers la mi-mai, un débat est survenu sur la place publique, mettant aux prises Paul Gérin-Lajoie, tout nouveau ministre de l'Éducation, et les représentants de la centrale des enseignants catholiques, la CIC. Lors de la présentation de son mémoire annuel, cette dernière s'est dite « guère favorable aux négociations au plan provincial[125] ». Son président Léopold Garant justifie cette prise de position par les « mauvaises expériences » du passé, faisant référence sans doute au règne de Maurice Duplessis.

À cela, le nouveau ministre réplique « qu'un jour où l'autre il faudra bien établir un plan de convention maîtresse, un barème de base » et qu'il vaudrait beaucoup « mieux que les instituteurs soient présents à la table des négociations ». Un délégué s'y oppose, affirmant qu'avec des négociations provinciales « les commissions scolaires deviendraient inutiles ». Le ministre précise alors que ces dernières ont pour but surtout de « s'occuper d'organisation scolaire ». Il soulève aussi la question des « échelles de salaire » à établir, de l'ordre à mettre « dans la question des assurances sociales des instituteurs ». Il évoque également la possibilité d'établir « un régime permanent de consultation[126] ».

Un membre de la délégation lui rétorque qu'un « arbitrage au niveau provincial ne pourra pas donner justice aux instituteurs », que ceux-ci « croient obtenir une plus grande justice localement ». C'est alors qu'un autre représentant de la CIC pose ces deux conditions : « Si on nous donne le droit de grève et la corporation fermée, je ne dis pas que

---

123. « FTQ : réserves et satisfactions au sujet du *bill* 54 », *Le Devoir*, 1er juin 1964, p. 5.

124. *Ibid.*

125. Marcel Thivierge, « La CIC s'oppose à la négociation au niveau provincial – G.-Lajoie veut savoir pourquoi », *Le Devoir*, 12 mai 1964, p. 1.

126. *Ibid.*, p. 2. Ce serait une suggestion d'étendre les *Whitley Council* à l'éducation.

les 38,000 membres de la corporation n'accepteraient pas la négociation provinciale». Ainsi, certains dirigeants de la centrale envisageraient de marchander l'abolition de l'arbitrage et l'obtention du droit de grève contre la négociation provinciale.

Refusant de se prononcer sur le droit de grève, Paul Gérin-Lajoie invite alors la centrale catholique à «explorer à fond tout le problème des négociations au niveau provincial». Car, si la principale centrale syndicale du monde de l'enseignement persistait à préférer l'option locale, ce nouveau ministre de l'Éducation risquerait de voir son pouvoir grandement affaibli.

La situation va se présenter tout autrement dans le secteur hospitalier. Et un conflit en cours avec les infirmières fera rapidement évoluer les choses. Dans la région de Montréal, l'Alliance des infirmières avait accepté de recourir à l'arbitrage pour le renouvellement de conventions collectives échues depuis février 1963. Mais voilà qu'après de nombreuses séances le président du tribunal, Me Paul L'Heureux, remet sa démission à la mi-mai 1964, affirmant que «les règlements actuels, dont il me semble que tout le monde soit prisonnier, ne lui permettent pas de s'acquitter des obligations qu'il a assumées en prêtant le serment d'office comme président de ce tribunal d'arbitrage». En rendant public cet extrait de la lettre du démissionnaire, le secrétaire général de la CSN, Marcel Pepin, déclare que le geste posé «remettait en cause tout le système d'arbitrage des conditions de travail des employés des services publics au moment précis où un comité parlementaire étudie toute cette question des relations de travail dans la fonction publique[127]».

Le geste ne passe pas inaperçu, d'autant qu'il touche 11 hôpitaux de la région montréalaise. Aussitôt, l'Alliance des infirmières, appuyée par la CSN, demande la tenue d'une «réunion d'urgence» avec le gouvernement et les représentants des centres hospitaliers concernés. À cette rencontre tenue le vendredi 29 mai, le ministre du Travail, Carrier Fortin, propose l'avenue suivante:

> [...] que les séances d'arbitrage soient suspendues et que les parties consentent à négocier directement, le sous-ministre du Travail, M. Donat Quimper, agissant comme médiateur. Si, le 3 juin, les parties n'ont pas pu conclure d'accord, un représentant du gouvernement sera invité à prendre part aux négociations[128].

---

127. «Le président du tribunal d'arbitrage démissionne», *Le Devoir*, 26 mai 1964, p. 1.

128. «Faute d'accord, Québec interviendra le 3 juin dans le conflit infirmières-hôpitaux», *Le Devoir*, 30 mai 1964, p. 1.

Ainsi, s'il n'y a pas entente, le gouvernement participerait aux négociations, suivant ainsi « les recommandations » du comité spécial des services publics, cela avant que celles-ci soient adoptées par le Parlement. Et c'est effectivement ce qui va se produire, les deux parties n'étant pas parvenues à s'entendre à l'intérieur du délai fixé.

L'Alliance des infirmières entreprend alors une campagne d'informations du public afin de démontrer le caractère raisonnable de ses demandes : augmentation du salaire hebdomadaire de 66 à 78 dollars ; affichage des postes et prise en considération de l'ancienneté[129]. Choquée par le fait que le gouvernement ait « formulé des offres semblables » à celles des directeurs d'hôpitaux, l'Alliance rompt les négociations et brandit la menace d'une « grève » (journée d'études puisque la grève est illégale) dans les 11 hôpitaux montréalais touchés[130]. Une « longue entrevue » entre le président de la CSN, Jean Marchand, et le premier ministre Lesage permet que soit « évitée de justesse » cette grève, grâce à une entente sur une reprise des négociations à « 2 h 30 » le lendemain après-midi, 9 juin[131].

La démission fracassante du président d'un tribunal d'arbitrage et la menace d'une grève d'infirmières dans plusieurs hôpitaux de la région montréalaise avaient amené le gouvernement à s'engager définitivement dans les négociations. Dorénavant, une intervention du niveau provincial serait acceptée dans le secteur hospitalier, créant là le précédent recherché par l'équipe de Jean Lesage.

Pressions en faveur du droit de grève

Comme on le sait, l'abbé Dion s'est déjà prononcé en faveur du droit de grève dans le secteur public lors de sa conférence devant l'ACFAS à l'automne 1963. Selon le témoignage de Jean Sexton, lui et

---

129. « Les infirmières donnent le détail de leurs griefs sur les salaires et les promotions », *Le Devoir*, 4 juin 1964, p. 1.

130. « Sans une action immédiate du cabinet, "grève" dans les 11 hôpitaux », *Le Devoir*, 8 juin 1964, p. 1 et 8. Par conscience professionnelle, les infirmières s'engageaient à participer aux « services essentiels » organisés par les directions d'établissement.

131. « À la suite d'une rencontre Lesage-Marchand : Hôpitaux, les pourparlers reprennent cet après-midi », *Le Devoir*, 9 juin 1964, p. 1. Les négociations vont se poursuivre et une entente sera conclue au début de juillet. Les infirmières obtiendront satisfaction sur plusieurs points : salaires, caisse de retraite, accès aux postes de direction, comité de « nursing », procédure de griefs et congé de maternité sans solde. Pour plus de détails, voir Johanne Daigle (1983), *L'émergence et l'évolution de l'Alliance des infirmières de Montréal, 1946-1966*, mémoire de maîtrise en histoire, Université du Québec à Montréal, p. 240 et suivantes.

Jean Marchand auraient rencontré des ministres favorables ainsi que le premier ministre Lesage[132] sur cette question.

Dans ce processus, le président de la CSN, Jean Marchand, jouera un rôle essentiel grâce à ses liens avec des membres du Parti libéral. Fait moins connu de l'histoire, son grand ami Gérard Dion sera très près de lui au moment de ces tractations. Le proche collaborateur de ce dernier, Jean Sexton, résume ainsi les événements :

> Après que Jean Lesage eut déclaré, en 1962, sa célèbre phrase : « La Reine ne négocie pas avec ses sujets ! », ça bouillait un peu partout. Jean Marchand était de connivence avec l'abbé Dion ; ils ont alors été chercher des alliés dans le conseil des ministres : René Lévesque, Éric Kierans et Paul Gérin-Lajoie. Là, ils ont eu des discussions entre eux afin de préparer le terrain. Ensuite, ils se sont fait inviter chez Jean Lesage, rue Bougainville, près des plaines. C'est là qu'ils ont convaincu Lesage d'octroyer le droit de grève au secteur public[133].

Aussitôt, ce dernier tint à préciser dans quelle logique cette intervention fut effectuée :

> Ce qui est important de savoir, c'est qu'ils étaient en faveur du droit de grève établissement par établissement, hôpital par hôpital. Cette précision, l'abbé Dion l'a toujours soulignée à ses étudiants. L'esprit, c'était de garder des services offerts à la population : par exemple, si tu ne peux pas aller à Saint-François-d'Assise parce qu'il y a grève, tu pourras te présenter ailleurs. Cet esprit-là sera bousillé après l'arrivée au pouvoir de Daniel Johnson ; son conseiller économique Jacques Parizeau recommandera la négociation centralisée. À partir de là, la donne sera complètement changée[134].

Les propos de Jean Marchand confirment cet argumentaire présenté au premier ministre Lesage :

---

132. Dans sa thèse, Jean Boivin declare : « *[...] influental persons in his surroundings (some intellectuals and Minister mostly) rapidly convinced the head of government...* » Voir Jean Boivin (1975), *The Evolution of Bargaining Power in the Province of Quebec Public Sector (1964-1972)*, thèse de doctorat, Cornell University, p. 101. Cependant, il ne donne aucun nom.

133. Entrevue avec Jean Sexton du 11 mai 2006. Malheureusement, M. Sexton n'a pu nous fournir la date de cette rencontre. Précisons que René Lévesque était d'accord avec l'octroi du droit de grève dans le secteur public. Marchand et Dion réussirent à convaincre ensuite les ministres Gérin-Lajoie et Kierans. Après l'adhésion des trois ministres, les cinq se rendirent rencontrer le premier ministre Lesage à sa résidence. Faits relatés à Jean Sexton tant par l'abbé Dion que par Jean Marchand.

134. *Ibid.* Dans sa biographie de Jean Lesage, Dale C. Thomson évoque la création, à la mi-mai 1964, d'un « comité ministériel composé de Carrier Fortin, ministre du Travail, de Gérin-Lajoie et René Lévesque [qui] se réunit avec Jean Marchand et Marcel Pepin de la CSN pour tenter de sortir de l'impasse » (p. 217).

Lorsque le gouvernement Lesage fut saisi de la proposition plaçant les employés des services publics sur le même pied que les autres travailleurs, la réaction fut vive et négative. Après de longues heures de discussion, et même de négociation, la seule crainte et objection du premier ministre était l'éventualité d'une grève générale dans un secteur aussi vital que les hôpitaux, par exemple[135].

Ailleurs, ils nous livrent le contenu des discussions qui eurent lieu :

> [Le premier ministre] me servait toujours le même argument : « Écoute, Jean, si on paralyse tous les hôpitaux à Montréal, ça n'a aucun sens ». [Je lui ai alors répondu] : « Je suis bien d'accord, mais notre législation a été faite de telle façon que la négociation se fait hôpital par hôpital. Chaque syndicat est accrédité ; on peut paralyser un hôpital, mais je ne vois pas, en pratique, comment on pourrait faire coïncider l'expiration de toutes les conventions collectives pour arriver à un moment donné à une grève générale[136] ».

C'est l'introduction d'une nouvelle disposition légale qui aurait achevé de convaincre le premier ministre :

> Son objection a été contournée par une simple référence à la *Loi des relations ouvrières* (qui reflétait bien le *Wagner Act* américain sur ce point) qui prévoyait que la reconnaissance syndicale était octroyée sur la base des établissements ; autrement dit, dans le cas des hôpitaux, chaque hôpital aurait son syndicat et sa convention collective de travail[137].

À cela, il faut ajouter des arbitrages jugés trop généreux par le gouvernement. Lors d'un arbitrage dans la région de Joliette, un arbitre aurait même « accordé plus que ce que les employés demandaient », ce qui aurait mis le premier ministre « Lesage en furie[138] » et l'aurait amené à conclure que l'ancien système comportait aussi ses failles. En somme, ce serait également une volonté gouvernementale de contrôler le rattrapage qui aurait amené l'abandon du système antérieur[139].

---

135. Jean Marchand (1985), « Les rapports collectifs du travail. Rétrospectives et perspectives », *Le Statut du salarié en milieu de travail*, 40ᵉ Congrès des relations industrielles, Université Laval, p. 243.

136. Jean Marchand (1989), « Témoignage », dans Robert Comeau (dir.), *Jean Lesage et l'éveil d'une nation*, Montréal, PUQ, p. 224. Lors de cette conférence, Jean Marchand confirme que les discussions eurent bien lieu à la résidence de Lesage, sur la rue Bougainville. Il mentionne également avoir été en rapport avec le ministre Carrier Fortin.

137. Jean Marchand (1985), « Les rapports collectifs de travail... », p. 243. Ajoutons qu'au cours de processus le secrétaire général de la CSN, Marcel Pepin, exercera également de fortes pressions pour l'obtention du droit de grève dans le secteur public.

138. Jean Marchand (1989), « Témoignage », p. 224.

139. Fait confirmé lors d'un entretien téléphonique avec le syndicaliste Raymond Parent.

Manifestation et contre-manifestation

Pendant que se poursuivent de telles tractations en coulisses, les protagonistes chercheront à influer sur la future décision gouvernementale concernant les services publics. Tel qu'annoncé, l'Union des municipalités et la Fédération des commissions scolaires organisent leur rassemblement dans la capitale. Une « assemblée générale extraordinaire » regroupant 1 700 délégués se tient au Château Frontenac. En après-midi, une résolution en faveur « du maintien du *statu quo*[140] », soit l'arbitrage obligatoire, y est adoptée.

Au même moment, la CIC tient une contre-manifestation devant le Château, sur la terrasse Dufferin. Près de 350 professeurs paradent bruyamment sous les fenêtres de ce grand hôtel, demandant la fin de ce « régime d'exception ». Leurs porte-parole revendiquent d'être régis par la « loi générale », en argumentant que la grève constitue « le seul et unique moyen de pression dont dispose le travailleur organisé en syndicat professionnel[141] ».

Quelques jours plus tard, l'abbé Louis O'Neill intervient dans le débat. Devant des enseignants montréalais, il affirme que la « récente manifestation des administrateurs municipaux et scolaires n'a fait que confirmer les enseignants dans leur attitude de réserve et de défensive[142] ». Ces derniers en ont contre « l'autoritarisme et le paternalisme » des divers niveaux de l'administration scolaire. Ils en ont surtout contre cette récente prise de position de la Fédération des commissions scolaires en faveur du maintien de l'arbitrage. À ce propos, Louis O'Neill met en garde le gouvernement :

> Dans un tel contexte, les autorités provinciales seraient mal avisées, me semble-t-il, de se donner l'allure d'avoir partie liée avec ceux auxquels les instituteurs reprochent des prises de positions autoritaires, paternalistes et réactionnaires.
>
> [...] Faire une loi générale avec des situations d'exception – comme le projet de *Code du travail* le fait pour les enseignants et les fonctionnaires –, c'est inciter au désordre, mécontenter les groupes concernés...[143]

---

140. Yves Margraff, « Maires et commissaires d'écoles s'opposent absolument au droit de grève pour leurs employés », *Le Devoir*, 15 juin 1964, p. 1 et 13. Voir aussi « La grève, moyen de pression ? », *ibid.*, p. 1.

141. « Les instituteurs veulent bénéficier des mêmes droits que les autres travailleurs », *ibid.*, p. 1.

142. Jules Leblanc, « L'abbé O'Neill : il serait imprudent de priver les maîtres du droit de grève », *Le Devoir*, 19 juin 1964, p. 1 et 16.

143. *Ibid.*, p. 16.

Il conclut sa conférence en affirmant que «ce n'est pas en privant les instituteurs du droit de grève que l'on parviendra à rétablir un bon climat scolaire[144]».

La semaine suivante, l'Alliance des professeurs catholiques de Montréal, comprenant 6000 professeurs à l'emploi de la Commission des écoles catholiques de Montréal (CECM), s'en prend aux nouvelles «normes» édictées par le ministre Gérin-Lajoie. Elle revendique également «la création de conseil d'écoles» de caractère consultatif comprenant «des représentants de la direction et du personnel enseignant[145]».

Ainsi, la situation vient de se détériorer dans le milieu scolaire: les commissaires d'écoles souhaitent le maintien de l'arbitrage alors que les enseignants veulent le droit de grève. La prochaine décision gouvernementale pourrait aggraver les tensions.

Les experts s'interrogent

Daté du 22 juin, un rapport sur l'état des travaux des auxiliaires du «comité spécial des relations du travail dans les services publics» fait état de la confusion qui règne. Le comité présidé par Claire Kirkland-Casgrain a «déjà fait rapport à la Chambre sur trois des quatre secteurs compris dans son mandat». Mais il lui reste à produire «celui du secteur scolaire[146]». Et là, rien ne va plus; cela malgré une série de tractations de dernières minutes. Revenons en arrière pour voir ce qui s'est passé concernant le monde de l'éducation.

Dans leur rapport portant sur ce dernier secteur, les experts ont proposé le «conseil conjoint permanent» [inspiré du *Whitley Council* anglais] pour les négociations, plutôt que le traditionnel «comité *ad hoc*». Pour ce qui est des parties présentes à ces négociations, ils ont dégagé les deux options suivantes: 1) «Si la négociation se fait au niveau local (ou régional), ils proposent que les parties soient la commission scolaire et le syndicat»; 2) «si la négociation se fait au niveau provincial,

---

144. *Ibid.*, p. 1. Signalons que, quelques jours auparavant, l'abbé Dion est intervenu sur les ondes de Radio-Canada dans le but de calmer l'opinion publique devant l'augmentation des grèves. Voir DAUL, P117, E8, 1.31, «Les arrêts de travail dans le Québec», Radio-Canada, 16 juin 1964, 3 pages.

145. «CECM: les professeurs abordent des problèmes d'ordre professionnel et attaquent les "normes" de Gérin-Lajoie», *Le Devoir*, 22 juin 1964, p. 19.

146. ANQ, P688, S1, S55, D34/35, Fonds Jean Lesage, dossier Code du travail, Roch Bolduc, «Les relations de travail dans le secteur scolaire», p. 1 (dorénavant Rapport Bolduc).

ils proposent que le gouvernement soit à la table comme partie patronale conjointe avec les représentants des commissions scolaires[147] ». Quant au règlement des conflits, ils optent pour « un tribunal d'arbitrage de trois membres ».

Évidemment, ces propositions furent étudiées par le cabinet. Lors « d'une séance en mai », ce dernier en vint aux conclusions suivantes :

A) La négociation doit se faire au niveau provincial.

B) Le gouvernement doit être à la table.

C) La formule du conseil conjoint permanent est à retenir.

D) Pour le règlement des conflits de droit et d'intérêt, mêmes solutions que pour le secteur hospitalier, donc pas droit de grève[148].

En somme, le gouvernement Lesage vient d'opter pour la solution où le provincial serait partie prenante à toute négociation. Et sa formule de « conseil conjoint permanent » de négociations vise à faire accepter aux enseignants le maintien de l'arbitrage obligatoire.

Toutefois, les derniers développements vont amener les deux auxiliaires du comité spécial, Jean-Réal Cardin et Roch Bolduc, à souligner les « difficultés » que comporteraient de telles décisions :

A) Les commissions scolaires sont contre la négociation au niveau provincial.

B) Les instituteurs sont contre la négociation au niveau provincial et veulent le droit de grève.

Récemment, les municipalités et les commissions scolaires se sont prononcées contre le droit de grève[149].

Au cours des deux semaines allant du 8 au 22 juin, une série de rencontres sont tenues afin de tenter de trouver une solution qui remporterait l'adhésion. D'abord, des discussions de dernières minutes ont lieu avec des représentants du monde syndical. Lors d'une rencontre entre messieurs Paul Gérin-Lajoie, Arthur Tremblay, Roch Bolduc et Jean Marchand de la CSN, la proposition suivante est formulée : « négociation régionale, droit de grève et commission de conciliation[150] ». Mais le gouvernement désire des négociations qui incluraient le provincial et les commissions scolaires viennent de se prononcer contre le droit de grève. Une rencontre entre Arthur Tremblay et la CIC ne permet

---

147. *Ibid.*, p. 1 et 2.

148. *Ibid.*, p. 2.

149. *Ibid.*, p. 2-3.

150. *Ibid.*, p. 3. Les prochaines citations proviennent de cette page.

pas davantage de dégager une solution, cette centrale étant toujours opposée à toute « négociation provinciale ».

Devant un pareil blocage, les deux auxiliaires du comité d'études se réunissent au Château Bonne-Entente avec le ministre de l'Éducation, Paul Gérin-Lajoie, et son sous-ministre, Arthur Tremblay. Des discussions se dégagent les propositions suivantes : « Négociations régionales, commission de conciliation, droit de grève à placer dans le contexte de la politique financière de l'éducation ». En somme, on tente d'arrimer la suggestion formulée par Jean Marchand avec la volonté du gouvernement de faire respecter son cadre financier[151]. Lors de cette même rencontre du Château Bonne-Entente, on suggère l'idée de ne pas adopter le « *Code du travail* cette année ».

Une conversation entre Roch Bolduc et Me Louis-Philippe Pigeon fait cependant ressortir les difficultés vécues par le gouvernement Lesage :

> Les instituteurs étaient contre le ministère de l'Éducation parce que cela veut dire la prise en mains de l'éducation par des universitaires au lieu des instituteurs.
>
> Ils craignent le ministère à la table des négociations.
>
> Les commissions scolaires aussi.
>
> Le ministre de l'Éducation commencerait son règne avec bien du monde contre lui.

Devant ce portrait peu reluisant, les deux hommes reprennent la dernière « suggestion du Château Bonne-Entente : pas de *Code du travail* cette année ». Mais une telle solution devait être très peu alléchante pour Jean Lesage parce qu'elle aurait signifié le report du débat à la veille d'une année électorale.

La solution sera plutôt trouvée lors d'une autre réunion, celle entre messieurs Gérin-Lajoie, Tremblay, Bolduc et l'abbé Dion. Devant « l'incertitude de la situation et l'équivoque des positions des groupes », la suggestion suivante est formulée : « garder [le] *statu quo* et étudier la question ». On propose alors qu'un « comité d'étude de la question » soit formé, ce dernier devant être composé de : « 4 commissaires, 4 instituteurs, 4 [représentants du] gouvernement ».

Ce rapport de style télégraphique se termine par la conclusion suivante de son auteur :

---

151. Comme le précisera Roch Bolduc, il était devenu nécessaire d'imposer un certain « cadre », puisque le gouvernement finance de plus en plus ce secteur. Entretien avec Roch Bolduc du 17 mai 2007.

Si le ministre cède devant les instituteurs (qui vont faire un «*show down*» cet été et cet automne), il s'affaiblit. Dans n'importe laquelle éventualité, normalisation de l'effort local et des coûts suggérés par les auxiliaires s'impose. Pourquoi pas : négociation provinciale et droit de grève ? Si droit de grève aux instituteurs, quid du municipal, de la fonction publique et des hôpitaux ? Réunion du Cabinet et évaluation politique globale...[152]

Et ce compte-rendu produit le 22 juin révèle un autre élément capital, le rôle joué, à ce moment-là, par Gérard Dion à titre de conseiller du gouvernement Lesage.

Dion et la limitation du droit de grève

Il est certain que le gouvernement avait de nombreuses réticences à accorder le droit de grève dans les services publics, notamment à cause de la crainte d'une «situation d'urgence». À l'époque, le parti au pouvoir disposait d'une formule restrictive, qualifiée par le mouvement syndical de «formule Lévesque-Lesage». Cette dernière prévoyait la «convocation du Parlement dans les sept jours pour prévenir ou interrompre une grève dans un service public [advenant] un cas d'urgence extrême[153]». Mais celle-ci n'était pas suffisante puisque le gouvernement serait appelé à faire des lois spéciales dans chaque situation qui se présenterait. C'est pourquoi une autre solution devait être trouvée.

À la mi-mars 1964, lors des audiences publiques du «Comité spécial sur les relations de travail dans les services publics», les dirigeants des centrales ont admis que des restrictions soient prévues lorsqu'une grève mettrait «en danger la sécurité et la santé publique[154]». Au mois de mai, au moment où le droit de grève devient de plus en plus une possibilité envisageable dans les services publics, il faut maintenant se pencher très sérieusement sur cette disposition spéciale à prévoir en «cas d'urgence».

Autre fait connu, en ce printemps 1964, Gérard Dion a remis au gouvernement Lesage un mémoire de maîtrise qu'un de ses étudiants en relations industrielles, Eugène Houde[155], vient tout juste de terminer

---

152. Rapport Bolduc précité, p. 4.

153. Québec, *Débats aux audiences publiques...*, cité par Paul Dauphinais (1985), *Analyse historique...*, p. 127.

154. *Ibid.*, cité par *ibid.*, p. 126.

155. Eugène Houde, *Le droit de grève dans les services publics*, mémoire de maîtrise en relations industrielles, Université Laval, mars 1964, 163 pages. Information confirmée par Dauphinais (1985), p. 129, note 2. Ce mémoire se trouve d'ailleurs dans le Fonds Gérard Dion.

sur des dispositions utilisées ailleurs pour limiter le droit de grève. En gros, cette recherche présente trois lois existantes : 1) l'article 99 de l'*Alberta Labour Act* de 1955 ; 2) la *Loi Slichter* du Massachusetts de 1947 et 1953 ; 3) la controversée *Loi Taft-Hartley* adoptée par le Parti républicain en 1947.

Dans le premier cas, l'article 99 de la loi albertaine prévoit que, devant une situation d'urgence[156], le lieutenant-gouverneur en conseil peut, par proclamation, rendre la grève illégale et prévoir une procédure d'urgence où le ministre du Travail mènerait une médiation. Dans le second cas, la *Loi Slichter* accorde, dans une même situation d'urgence et pour les mêmes services, un pouvoir très grand au gouverneur de l'État. Celui-ci peut : 1) convoquer les parties devant un modérateur et leur demander de soumettre le conflit à l'arbitrage ; 2) demander aux parties de soumettre leurs doléances à une commission d'urgence ; 3) assurer la production et la distribution des biens ou services essentiels ; 4) mettre ce service essentiel en tutelle et en assurer le fonctionnement. À la fin de la médiation ou de l'arbitrage, les parties recouvrent le droit de grève après « un délai variant entre quinze et trente jours[157] ».

Dans le troisième cas, la *Loi Taft-Hartley* accorde de larges pouvoirs au président des États-Unis, qui est « autorisé à constituer une commission d'enquête, à requérir les tribunaux de rendre une injonction en interdisant la grève pendant une période spécifiée et à proposer au Congrès telles mesures qu'il estime appropriées[158] ». Cette dernière formule est rejetée par Houde parce qu'elle est arbitraire, ayant été utilisée lorsqu'il n'y avait pas « d'urgence nationale » et ayant rarement aidé à régler les conflits. Rappelons que, à l'instar des spécialistes américains, Adolph Sturmthal et d'autres avaient également évalué très négativement cette procédure lors du Congrès des relations industrielles de 1958. Pour sa part, Eugène Houde suggère de s'inspirer de la *Loi Slichter*[159]. Mais le mécanisme de cette loi prévoit un recours à l'arbitrage, une procédure dont ne veulent plus entendre parler les salariés du public.

---

156. Sont visés les services d'eau, d'électricité, de chauffage, de gaz ainsi que les soins hospitaliers. Voir Houde, p. 24-25.

157. Houde, p. 29-33 et Dauphinais, p. 131-132.

158. Résumé de l'OIT, cité par Houde, p. 28.

159. Voir Houde, p. 156 et 158. Un autre spécialiste des relations industrielles, Gérard Hébert, proposa de s'inspirer « des lois du Manitoba et de l'Alberta ». Voir G. Hébert (1964), « Le droit de grève dans les services publics », *Relations*, n° 283 (juillet 1964), p. 201. Ce texte daté du 15 juin paraîtra dans le *Devoir* du 6 juillet, donc trop tardivement pour influer sur les décisions prises.

C'est à ce moment-là que va survenir un événement qui semble avoir influé sur la suite des choses ; vers le 8-10 juin se tient une rencontre entre le premier ministre Lesage et «l'abbé Dion» où l'on discute du «droit de grève» et de la «loi Taft-Hartley[160]». Par après, soit «à la fin du mois de juin et au début du mois de juillet», un «groupe de travail (composé du premier ministre, de certains ministres et de conseillers en relations industrielles[161])» se penche sur toute cette question de la limitation du droit de grève dans les services publics. Outre les trois lois présentées par Houde, ce comité aurait disposé des résultats «de certaines recherches effectuées par le gouvernement[162]». C'est de ce «groupe de travail» que sortira cette disposition contenue à l'article 99 du futur *bill* 54 :

> Si le lieutenant-gouverneur en conseil est d'avis que dans un service public une grève appréhendée ou en cours met en danger la santé ou la sécurité publique, il peut constituer à ce sujet une commission d'enquête qui est investie des pouvoirs d'un conseil d'arbitrage pour faire enquête et rapport sur le différend, sauf qu'elle ne peut rendre une décision...

> Sur la requête du procureur général après la constitution d'une commission d'enquête, un juge de la Cour supérieur peut, s'il est d'avis que la grève met en péril la santé ou la sécurité publique, décerner toute injonction jugée appropriée pour empêcher cette grève ou y mettre fin.

Largement inspiré de la *Loi Taft-Hartley*, cet article accorde un très large pouvoir au gouvernement, en même temps qu'il lui permet de demander une injonction à un tribunal pour rendre illégale une grève.

Gérard Dion s'est expliqué sur le recours à cette procédure. À l'instar d'autres spécialistes en relations industrielles marqués par la période duplessiste, il affirma :

> [...] on se souvenait de ce qui s'était passé, on était en 1964, c'était pas loin des années cinquante. On avait une espèce de méfiance vis-à-vis des gouvernements, quels qu'ils soient. Et c'est la raison pour laquelle on avait mis le «bémol» ; on n'a pas voulu donner au gouvernement, par un arrêté en conseil, le pouvoir d'empêcher une grève. [...] Eh bien, on a dit : «Là, le Lieutenant-gouverneur en conseil est obligé de passer

---

160. Rapport Bolduc, p. 3.

161. Témoignage de Gérard Dion du 11 mars 1965, recueilli par Paul Dauphinais (1985), p. 128-129, notes 11 et 12.

162. Ce dernier n'a pas trouvé de traces de ces recherches et n'a pas demandé à Gérard Dion d'en préciser la teneur. Il ne nomme pas, non plus, les membres de ce groupe de travail. Mais comme l'abbé Dion constituait le seul à en connaître l'existence, il devait compter parmi les spécialistes en relations industrielles. À titre de conseiller juridique de Lesage, Me Pigeon devait également en faire partie. En fait, seules les archives de ce dernier pourraient nous en apprendre davantage.

par un juge». C'était là le «bémol». Pour éviter l'arbitraire, les coups de tête, et tout ce que vous voulez. Et puis, en passant l'injonction devant un juge, il y avait un filtrage[163].

En somme, ce «bémol» se fonde sur une croyance en une indépendance complète des tribunaux. On n'a pas vu, non plus, que le mécanisme prévu ne laissera pas vraiment aux juges leur indépendance puisque c'est le gouvernement qui, en premier lieu, détermine si une «grève appréhendée ou en cours met en danger la santé ou la sécurité publique». De telles critiques émergeront seulement après l'utilisation de cette disposition. Mais, sur le moment, c'est la nouvelle de l'octroi du droit de grève dans les services publics qui retient l'attention.

Un gain substantiel, le droit de grève

Entre le 23 juin et le 8 juillet, le gouvernement Lesage étudie la possibilité d'accorder le droit de grève à certains salariés des services publics. Reste à déterminer quels groupes bénéficieront de cette importante innovation sociale. Puisque la proposition de négociation sur le plan provincial est acceptée pour le secteur hospitalier et que le gouvernement possède maintenant une disposition sur les situations d'urgence mettant en péril «la santé ou la sécurité publique», les salariés des hôpitaux pourront bénéficier du droit de grève.

Il est un autre groupe du secteur public qui réussira à obtenir gain de cause: les employés de la Régie des alcools du Québec (RAQ). Frustrés des retards dans l'obtention de l'accréditation de leur syndicat, ces derniers tiennent, le 25 juin, une assemblée à Montréal où il est «question d'une grève pour hâter les procédures[164]». Lors de cette rencontre, le président de la CSN, Jean Marchand, leur fournit une piste de solution: «amender le *Code du travail* de façon à considérer le personnel de la RAQ comme attaché au secteur parapublic au même titre que les employés d'Hydro, et non plus comme des fonctionnaires, salariés directs de l'État». Le raisonnement se tient puisque la Régie n'est pas «une société de la Couronne au sens juridique, mais une entreprise commerciale qui fait des profits[165]».

---

163. Entrevue réalisée avec Gérard Dion le 11 mars 1985, citée par Dauphinais (1985), p. 155. Selon Roch Bolduc, les hommes politiques désiraient «passer la patate chaude à la magistrature». Voir *ibid.*, p. 156.

164. Evelyn Gagnon, «Québec agrée la demande du syndicat de la Régie», *Le Devoir*, 11 juillet 1964, p. 1.

165. Pierre Godin (1991), *La révolte des traîneux de pieds. Histoire du Syndicat des employé(e)s de magasins et de bureaux de la SAQ*, Montréal, Boréal, p. 77.

Son accord à cette modification, Jean Lesage l'annoncera aux représentants syndicaux, dimanche matin le 4 juillet[166]. Toutefois, la nouvelle ne filtrera dans les journaux qu'une semaine plus tard :

> Désormais, suivant les derniers amendements au *Code du travail* annoncés hier par le premier ministre Lesage, les employés de la Régie ne seront pas considérés comme des fonctionnaires du gouvernement, mais comme des employés de service public, au même titre que les employés de l'Hydro. Ils auront le droit de s'affilier à une centrale et de faire la grève[167].

La journée précédant l'annonce de ces amendements, le gouvernement avait fait connaître ses intentions concernant le monde de l'éducation. En effet, le 9 juillet, le comité parlementaire des services publics informe la presse de la décision qu'il vient de prendre au sujet de ce quatrième et dernier secteur : « un comité formé de représentants des commissions scolaires, des instituteurs et du gouvernement étudiera le mode de législation devant régir les relations de travail dans le domaine scolaire[168] ». Comme le sujet demeure à l'étude, le « *statu quo* est maintenu » pour les enseignants, soit l'arbitrage obligatoire.

Le vendredi 10 juillet, les dernières modifications au *bill* 54 sont déposées par le premier ministre à l'Assemblée législative afin qu'elles puissent être adoptées avant la fin de la session en cours. On apprend alors que « Québec reconnaît le droit de grève aux services publics », sauf pour « les fonctionnaires, les policiers, les pompiers, les instituteurs[169] ». Jean Lesage explique aux journalistes que, dans le cas des fonctionnaires et des instituteurs, il ne s'agit que d'un *statu quo* temporaire. Les recommandations des deux comités qui seront formés donneront lieu à des dispositions ultérieures. Dans le cas des fonctionnaires, le premier ministre annonce, pour « lundi matin », une rencontre avec leurs représentants syndicaux dans le but « de discuter avec eux de la procédure à suivre pour établir un scrutin par lequel les fonctionnaires décideront, à la majorité, lequel des deux groupes ils choisissent comme porte-parole

---

166. *Ibid.*, p. 79-80. Une rencontre préalable avec Jean Marchand a dû avoir lieu mais n'est pas rapportée.

167. Evelyn Gagnon, « Québec agrée la demande du syndicat de la Régie », *Le Devoir*, 11 juillet 1964, p. 1.

168. « Un comité étudiera le cas des enseignants », *Le Devoir*, 10 juillet 1964, p. 5. Le ministre Gérin-Lajoie propose alors l'ajout de 4 membres indépendants à ce comité spécial, portant ainsi son nombre à 16 (p. 8).

169. Titre de l'article de Marcel Thivierge paru à la une du *Devoir*, le samedi 11 juillet 1964.